한국연구재단 학술명저번역총서

● 서양편 ●

한국연구재단 학술명저번역총서

서양편 ● 90 ●

상像과 논리 2

미시微視 물리학의 물질문화

피터 갤리슨 지음 | 이재일·차동우 옮김

한길사

Image and Logic
A Material Culture of Microphysics
by Peter Galison

Published by Hangilsa Publishing co., Ltd., Korea, 2021

• 이 책은 (재)한국연구재단의 지원으로 (주)도서출판 한길사에서 출간·유통합니다.

이 도서의 국립중앙도서관 출판시도서목록(CIP)은
e-CIP 홈페이지(http://www.nl.go.kr/cip.php)에서 이용하실 수 있습니다.

상^像과 논리 2

미시^{微視} 물리학의 물질문화

일러두기

1. 이 책은 Peter Galison의 *Image and Logic*(Chicago and London, The University of Chicago Press, 1997)을 번역한 것이다.
2. 이 책의 원서는 한 권으로 발간되었지만 번역서를 한 권으로 발간하기에는 양이 방대하여 2권으로 분권했다.
3. 원서에서 이탤릭체로 강조한 부분은 고딕으로 표시했다. 다만 저자가 [ ]로 표기한 부분은 그대로 살렸으며, 또한 이중괄호(예: [1980] 1987)인 경우에도 원서대로 적용했다.
4. 독자의 이해를 돕기 위해 각주와 본문에 옮긴이 주를 넣고 '–옮긴이'라고 표시했다.
5. 인명을 쓰는 데 혼동을 피하기 위해 원어명 병기를 원칙으로 하나 본문에는 이니셜과 한글음을 표기하는 것으로 구분했다.
6. 이 책에서 큰따옴표(" ")는 대화 또는 인용 외에 강조로 쓰였다.
7. 가독성을 높이기 위해 원문과 달리 단락을 나누었다.

상(像)과 논리 2

상(像)과 논리 1

제6장 전자적(電子的) 상(像)
상(像)에 대한 부정과 새로운 상(像)

1. 도구와 역사

상(像)을 제작하는 장치에 따른 실험의 수명을 생각하면서 루이 레프린스-링게는 1985년에 다음과 같이 언급했다. "나는 미술가이고 항상 무엇이든 보기를 원했다. 계수기에서는 무슨 일이 벌어졌는지 결코 알 수 없다. 나는 여덟이나 아홉 살 때부터 항상 사진 찍는 것을 좋아했다. 나는 항상 흔적을 갖기를 좋아했다."[1] 상(像)은 어떤 간격도 없고 계수기에 의해 마련된 불연속적인 자료 점들 뒤에 숨어 있는 어떤 절차도 없이 세상에 대하여 충만하고도 완전한 형태의 지식을 제공했다. 단지 좋은 취미 이상으로 상(像)에 대한 그의 몰두는 믿음과 같은 방식이었다. 사진에 대해서는 그의 많은 동료들과 마찬가지로 레프린스-링게 자신도 단지 몇 장에 불과한 구름 상자 사진에 근거해서 새로운 종류의 입자가 존재한다고 제안했다.[2]

거품 상자가 활동을 중지한 지 수십 년 뒤에 거품 상자에서 나온 사진들이 물리학 교과서와 역사책, 대중 잡지, 그리고 학술회의 논문집의 표지를 장식했다. 구름 상자 상(像)들은 반세기가 넘도록 보이지 않는 것의 실재성(實在性)에 대한 논쟁의 길잡이 역할을 했다. 실제로 가장 확실

---

1) 레프린스-링게, 저자와의 인터뷰, 1986년 5월 14일.
2) 레프린스-링게와 레리티어, 「있을 법한 존재」, *Comptes Rendus* 219(1944): 618~620쪽.

한 증거가 필요한 시점에 이르면 물리학자와 역사학자, 철학자, 그리고 사회학자들은 부드럽게 휘어진 흔적으로 이루어진 미시(微視) 물리적 상(像) 주위에 모여 이것은 그 어떤 증거가 보여줄 수 있는 것보다도 더 설득력을 가지고 있다라고 말할 수 있다. 이렇게 순간적으로 포착한 엄청나게 세세하게 묘사된 상호작용에 대해 어떻게 믿지 못하겠다고 주장할 수 있겠는가? 언젠가 비트겐슈타인이 다른 맥락에서 말한 것에 따르면, "모든 것이 그것을 증명하고 있고, 어떤 것도 부정하지 않는다."

그러나 그것에 대해 부정하는 사람들도 있었는데, 그 사람들은 레프린스-링게가 가졌던 강력한 시각적 충동과 비견할 만큼 강력한 반(反)시각적 충동을 지녔으며, 상(像)을 부정하는 사람들은 상(像)에만 의존하는 독창성이 없는 실증(實證) 방법은 피해야 한다고 설파했다. 실험 과학자인 커리 스트리트는 (레프린스-링게에게 철저하게 반대하며) 황금 사건에 대해 "아무리 이상한 일이라도 한 번은 일어날 수 있다"고 비평했는데, 그는 숫자를, 즉 수많은 사건을 원했다. 좀더 일반적으로 논리 실험 과학자들은 압도적인 통계적 중요성과 의지에 따라 실험을 바꿀 수 있는 능력을 원했다. 은유적으로 (그리고 때로는 글자 그대로) 사진기와 그림물감 대신 라디오 진공관이나 회로 등에 둘러싸여 성장한 물리학자에게 미시 물리적 세계에 대한 지식은 X 또는 Y 붕괴에서 나오는 완벽한 시료(試料)를 포착하는 것과는 관계없었다.

그것은 요구되는 사건에 대해 통계적으로 강력한 숫자들을 열거하고, 장치를 조작하여 어떤 효과가 사라지는 것을 관찰하며, 그 장치를 원래 상태로 돌려놓는 등 세상을 가장 미세한 수준으로 조작하는 능력이었다. 논리 실험 과학자 상(像)을 반대하는 전통에서 실험하면 현상소에서 수만 장의 사진을 보내오면 편대를 조직하여 스캔하는 방법에 의해, 결과를 얻기 위해 몇 주일씩 기다릴 필요 없이, 사건이 일어나는 즉시 결과를 얻는다. "논리학자"들에게 실험하기와 실증(實證)하기는 거품 상자 공장에서 굳어진 계층적으로 전문화한 임무들을 산산조각 내는 것을 의미했다. 거품 상자 그룹을 위한 자료는 제작해 저장된 뒤 옮겨졌다. 실험하기란 이런 자료를 멀리 떨어진 장소에서 처리하는 것을 의미했다. 논리 그룹을 위한 자료는 작업하는 순환 과정의 단지 한 부분으로, 물리학자는 순환 과정에서 여전히 자료를 만들어내고 처리하고 취득할 수 있고 장치 자체를 재배치할 수도 있었다.

조직적으로 상(像)을 부정하는 운동의 중심에는 내가 전에 강조했던 이중 의미로의 통제에 대한 문제가 자리 잡고 있었다. 전자적(電子的) "논리 전통의" 많은 실험 과학자들에게 통제는 사진 등록이라는 수동성(受動性)과는 대조되는 행동인, 일종의 베이컨 학파의 통제를 의미했다. 논리학자는 사건들을 선정하고 배경으로부터 흥미로운 현상을 발췌하며 장치를 조작했다. 일부 실험에서 그들은 자연의 이면에서 행동을 취하고, 그러한 이면 행동을 통하여 무엇이 그렇게 되었는지를 실증했다. 전자적(電子的) 실험 과학자에게 그들이 조롱하듯이 부른 "거품 학자"들은 이미 설정된 공장을 바꾸는 능력을 갖지 못하고 그들의 기계에 종속되어 있었다. 논리 실험 과학자들은 우편을 통해 그들의 자료를 받는 것을 원하지 않았고, 그보다도 더 실험하는 곳에서 기술자나 또는 안전 책임자로부터 지시받는 일은 정말로 원하지 않았다. 우리가 앞으로 보게 되겠지만, 통제에 대한 이러한 두 얼굴이 실제로는 하나다. 수많은 장치를 이용하여 입자 물리학을 되찾으려는 다양한 시도들이 한때는 교묘한 술책을 통하여 세상으로부터 인식론적 인정을 다시 획득하려는 귀납적 노력이었으며 동시에 그들 자신의 실험실 생활에 대한 통제를 탈환하려는 작업장의 욕구였다.

비록 길게 부연했지만, 이전 장들에서 나온 이야기들은 하드웨어 수준에서는 상당히 간단한 편이었다. 윌슨의 구름 상자는 글레이저의 손에 의해 거품 상자로 새롭게 발전했고, 파우웰의 손에 의해서는 원자핵 에멀션으로 발전했다. 구름 상자 물리학자들은 에멀션 연구 쪽으로 갔다가 다시 거품 상자 연구로 이어졌다. 수많은 에멀션 물리학자들이 거품 상자로 이동했다. 논리 도구들 사이에서는 우리 이야기가 필연적으로 훨씬 더 여러 갈래로 나뉘어야 하고 도식적으로 정리하기도 쉽지 않다. 장치들 자체가 가이거-뮐러 계수기, 불꽃 계수기, 비례 계수기, 불꽃 상자, 음파 상자, 전류-분배 상자, 자기(磁氣) 변형 상자, 다중(多重) 전선 비례 계수기, 표류 상자, 그리고 그 밖에도 아직 많은 변형 등 끊임없이 변형들의 연속으로 갈라져 나간다. 실제로 장치들의 수가 너무 많아서 이러한 다양성 아래서 실험적 "전통" 또는 도구에서의 "전통"이라는 개념을 거론하는 것이 어떤 의미가 있을지 질문해볼 만하다.

원래 라틴말로 "후세에 전하다" 또는 "전달"에서 유래되어 르네상스 시대에는 **전통**(tradition)이라 불린 용어에는 여러 가지 의미가 함축되어 있다. 첫 번째는 상품 배달처럼 물체를 전달해주는 것이다.[3] 그러나 또한 전통에 대한 초기 개념 중에는 법적 힘을 갖고 있거나 또는 갖고 있지 않은 일련의 관습이나 습관적 행동이 있다. 관습이나 상품을 전달받는 것과 교훈이나 규약을 내려받는 것이 함께 전통의 개념에 포함되어 있었다. 예를 들어 유대인에게는 모세에게서 받아서 미슈나(2세기경에 편집된 유대교의 율법을 말함 – 옮긴이)에 성문화된 것들이 있고, 가톨릭교도들에게는 예수와 사도들로부터 시작하여 사도 바울의 교회에 의해 제도화된 가르침들이 있으며, (수니파) 마호메트교도들에게는 코란에 포함되지 않은 마호메트의 말씀들이 있다. 관습과 종교 의식, 그리고 물질적 구상화(具象化)가 성반(聖盤)과 성배(聖杯)의 새로운 사제에게로의 인도라는, "도구의 전통"이 지니고 있는 신조(信條) 속에서 함께 흘러갔다. 제4장과 제5장에서 반복해서 본 것처럼 나는 연구소의 물질문화에서 "물려주기"가 여러 가지 형태를 가지고 있다고 주장했다. 그것은 실험실 장비를 물려주는 것처럼 글자 그대로의 의미일 수도 있다. 예를 들어 미국과 유럽의 전쟁 연구에 의해 많은 대학들에 기계들이 방에 가득 차도록 전달되었다. 그것은 한 실험에서 이용한 기계의 "부품을 조립"하여 다른 실험에 이용한 것처럼 부분적일 수도 있다.

그러나 그러한 이동은 또한 아주 미묘한 종류일 수도 있다. 크게 봤을

---

3) 『옥스퍼드 영어사전』, 2판, s.v. 「전통」을 보라.

때 이번 장은 레이더와 컴퓨터, 텔레비전, 그리고 전함(戰艦)에서 연구소로 이동한 물건들이 함께 완전히 "새로운" 도구로 결합되는 이질적(異質的)인 방식들을 탐구한다. 이렇게 생산적인 브리콜라주(미술에서 손이 닿는 아무것이나 이용하여 만드는 일을 말함 – 옮긴이)도 대가(代價)를 치르지 않는 것은 아니다. 실험을 통제하고 실험 장치를 통제하는 것에 가치를 두는 실험하기의 우상파괴적 문화에는 저온 학자나 화학자 또는 스캐너와 같은 다른 사람들에게 실험하기의 임무가 넘어가는 것을 허용하는 데 반감이 존재했다.

"도구의 전통"이 분명히 한 것처럼 그 대상(對象)은 문화와 인간 상호작용의 옷을 입고 여행한다. (성반이나 성배와 같은) 대상들은 의미와 상징, 권능, 그리고 연속성의 구체적 요소를 대표하지만 또한 연속성이라는 능력에 가려져서 방해받는다. 더 정확하게는 물체들이 의미로 장식되어 나오기 때문에 변질되지 않고 물려받는다고 상상하지 않는 것이 필수적이다. 처음 유래된 곳과 도착한 곳의 사정으로부터 격리될 수 있어서 순수하게 중립적인 교환이나 또는 기증, 그리고 "기술적 이동"은 존재하지 않는다. 앨버레즈가 수소폭탄 프로젝트로부터 수소 기체 액화 장치를 가져왔을 때 그것은 한 구역의 고립된 하드웨어가 아니었다. 그것은 국립 표준국의 저온 기술자들로 이루어진 인간 하부 구조, 원자력 위원회와의 특별한 관계, 그리고 군사적이며 산업적 측면을 모두 갖춘 실험 연구의 사회적 조직과 함께 왔다. 이것이 앨버레즈의 연구소가 단순히 에니웨톡(제2차 세계대전이 끝난 직후 미국 마셜 군도 북서부의 핵폭탄 실험 장소였음 – 옮긴이) 핵폭탄 실험지의 복사판이었다고 말하려는 것은 아니다. 그것과는 전혀 달랐다. 우리가 이미 본 것처럼 앨버레즈의 거품 상자 시스템은 단순한 하드웨어 그 이상으로 제작되었다. 그것은 모든 단계에서 스캐너로부터 그룹 책임자에 이르기까지 인간의 조정을 필요로 하는 것에 대한 철저한 보장을 채택했다. 그것은 드물고도 유별난 사건, 즉 동물원 명물에 대한 헌신적 애정과 함께 통계의 축적도 포함하고 있었다.

마찬가지로 마리에타 블라우는 치과용 X-선 판을 이용하여 원자핵 에멀션까지 도달했다. 어금니를 촬영한 필름과 뮤온을 촬영한 필름을 뚫어지게 쳐다보고 둘 사이에 어떤 연속성을 찾아내는 것이 의미를 가질지는 모르지만, 1911년의 판 분석 관습과 1938년의 그러한 관습이 전적으로 일치되는 것은 아니다. 그러므로 기계들이 그들의 상황에 영향을 주지 않고 깨끗하게 설치될 수 있으리라고 생각하는 것도 잘못일 수 있지만, 대상(對象)이 그들이 담겨진 문화적 환경 전체를 지니고 있으리라고 가정하는 것도 똑같이 왜곡하는 것일 수 있다. 의복은 닳고, 색은 바래며, 의미 자체도 시간이 흐르면 바뀐다. 이 책의 중심이 되는 주장 중 하나는 대상(對象)의 전달과 관련하여 부분적인 껍질 벗기기와 의미에 있어서 장애로부터의 (불완전한) 해방이 존재한다는 것이다. 레이더의 속도 변조관은 가속기의 속도 변조관이 되었고, 핵무기의 동위원소는 원자핵 상호작용에 이용되는 표적이 되었으며, 포가(砲架)는 분광기 받침대가 되었다. 우리의 역사는 대상(對象)과 의미가 한 분야에서 다른 분야로 이동하면서 그들이 지닌 순응성의 한계를 이해하는 데 충분할 만큼 치밀하고 구체적이어야 한다.

대상(對象)들은 혼성어와 크리올어가 언어를 결합시키는 것과 같은 방식으로 일련의 문화적 관습을 끌어 모은다. 예를 들어 필름 흔적에 담긴 무언(無言)의 크리올어는 거품 상자와 원자핵 에멀션, 그리고 구름 상자 연구가 지닌 일련의 관습을 함께 결합한다. 실험 물리학의 이러한 활동 무대 중 어느 하나에 전적으로 소속되지 않고서도 흔적 인식과 필름 처리, 사건 분류, 그리고 배경 계산의 숙련성은 각 분야의 전문가들로 하여금 여러 영역에 걸쳐 옮겨 다닐 수 있도록 하고 그 과정에서 자신을 갖도록 한다. 초기 거품 상자의 흔적이 파이온 붕괴라고 분류되었을 때 그러한 판단은 구름 상자와 에멀션에서 나온 충분히 유사한 것들에 의해 이미 체계화된 처리 과정에 근거했으며, 그래서 장치나 사건 모두에서 정당성을 확인하기 위해 처음부터 다시 시작할 필요가 없었다. 논리 전통의 물질문화를 탐구하기 위해 우리는 필연적으로 광범위한 장치들과 각 장치가 근거하는 물리적 원리, 각 장치의 전자(電子)적 기능, 그리고 각 장치에서 자료가 해석되는 방법 등에 대해 몰두해야 한다. 왜냐하면 오직 이렇게 때로는 주눅들게 만드는 특이성을 통해서만 여러 세대의 도구 제작자들이 비디콘(광전[光電] 효과를 이용하여 상을 촬영하는 장치 – 옮긴이)으로부터 컴퓨터 메모리에 이르기까지, 그리고 가이거 계수기에서 표류 상자에 이르기까지 왔다 갔다 하게 만든 연구소의 조처와 역사적 연관성, 그리고 개념적 구조 등의 특성을 부여하는 것이 가능하기 때문이다.

상(像) 전통에서와 마찬가지로 논리 전통도 기능과 기술의 연속성, 인적(人的) 구성원의 연속성, 그리고 즉시 이용될 수 있도록 준비된 기계에 의해 만들어진 증거의 연속성 등 세 단계의 연속성에 의해서 정의된다. 두 전통 모두 세기(世紀)가 바뀌는 시기에 시작되었으며, 각 전통은 원자 물리학에 이용될 새로운 종류의 도구가 발명되면서 그 시대를 열었다. 상(像) 전통은, 비록 도구로 상(像)을 만드는 것이 이미 오래전부터 시작되었지만, 내가 제2장에서 주장한 것처럼 단 하나의 사건으로 물리적 현상을 증명한 것이 과학적 사진술을 좀더 일반적으로 사용하게 된 좋은 기회가 되었다는 의미에서 1911년을 전후하여 시작되었다. 마찬가지로 1930년의 동시 측정용으로 배열된 계수기는 기본적으로 새로운 방법으로 통계를 물리적 실험하기의 일부로 끼워 넣었다.

C. T. R. 윌슨의 구름 상자는 입자의 경로가 눈에 보이도록 해주었고 그렇게 함으로써 원자 내부의 과정들을 여러 세대의 물리학자들에게 "실제적"인 것으로 만들었다. 그 흔적들이 너무도 잘 분석되었기 때문에 1930년대와 1940년대에 개별적인 사진 하나하나가 신기한 현상의 증거로 채택될 수 있었고 실제로 채택되었다. 사진으로 촬영된 사건들의 수에 근거한 통계적 논의를 이용하는 것이 물론 구름 상자(상[像]) 물리학자들에게는 선택 사항이었지만, 1930년대의 계수기 (논리) 물리학자들에게 통계적 논의는 필수적이었다. 가이거-뮐러 계수기가 한번 똑딱거렸다고 해서 증거로 채택될 수는 없었다. 전자(電子) 장치는 오직 동시성 또는 비동시성을 축적시키는 것에 의해서만 설득력을 가질 수 있었

다. 예를 들어 대전된 입자가 두꺼운 납판을 투과할 수 있다는 것을 보이기 위해 계수기 물리학자는 납판 위에 놓인 장치와 납판 아래에 놓인 다른 장치가 동시에 측정한 비율이 우연히 그렇게 될 비율보다 더 크다는 것을 보여야만 했다.

최초의 동시 실험과 비동시 실험이 수행된 후 수년에 걸쳐서 두 전통은 완성되었다. 각 전통에 속한 장점도 있었고 단점도 있었다. 한편으로는 상(像) 장치가 세세한 부분까지 제공해 주었으나 자주 "아무리 이상한 일이라도 한 번은 일어날 수 있다"는 비난에서 벗어나기가 어려웠다. 장치에서 어떤 설명할 수 없는 요행이 일어나서 실험하는 사람을 속일 수도 있었다. 반면에 전자(電子)적인 논리 장치는 전형적으로 충분한 통계를 산출해 냈지만, 그것들은 어떤 한 가지의 원자 내부 과정에 대해 단지 매우 부분적인 설명밖에는 기록하지 못한다는 반론의 여지가 있었다. 상(像) 장치와는 달라서 전자(電子) 실험은 "볼 수가 없기" 때문에 설명하려는 현상에 속한 어떤 매우 중요한 성질을 빠뜨릴지도 몰랐다. 이것은 한 쪽이 옳고 다른 쪽이 그르다는 식의 이야기가 아니다. 오히려 이것은 물리학의 서로 경쟁 관계에 있는 하부 문화에 대한 것으로, 그 하부 문화들이 컴퓨터와 통계, 전자(電子) 장치, 그리고 상(像) 주위에 처음에는 시험 삼아 그리고 나중에는 강력하게 세워 놓은 교역 지대에 관한 이야기이다.

고대에서 20세기에 이르기까지 미술에서의 성상(聖像)파괴주의를 연구하면서 데이비드 프리드버그는 진정으로 우상(偶像)이 없는 사회가 결코 존재하지 않았다고 말한다. 심지어 성상(聖像)파괴주의자들까지도 번갈아가며 상(像)을 필요로 하고 두려워하고, 그리고 숭배한다.[4] 나는 순수하게 도상학(圖像學)적인 문화가 물리에서는 결코 존재하지 않았음을 덧붙이고자 한다. 심지어 구름 상자와 에멀션 그리고 거품 상자를 이용하면서 상(像)을 선호하는 사람들마저도 어떤 시점에서는 그들

---

4) 프리드버그, 『상(像)』(1989), 특히 제4장.

의 사진을 달리츠의 통계적 논증과 불변 질량 도표로 변환시킬 필요를 느꼈다(8세기 로마의 레오 3세는 예수나 마리아 또는 성인들의 상을 숭배하는 행위를 금지시켰다. 그로부터 성상에 신성을 부여하는 것은 우상을 숭배하지 말라는 십계명에 위배된다는 성상파괴주의자[iconoclast]와 성상의 가치를 인정하는 성상주의자[iconodule]로 나뉘었다 – 옮긴이). 실험에서 이러한 두 가지 이상적 방법을 옹호하는 사람들은 비록 가끔 서로 상대 방법의 옹호자들과 싸우기도 했지만, 끊임없이 상대 방법의 장점이라고 판단되는 것들을 통합하려고 했으며, 결국에는 이 장과 다음 장에서 보게 되는 것처럼 1970년대 중반에 이르러 숫자와 사진 사이의 경계가 희미해졌다. 비록 황금 사건이 황금 송아지의 경우와는 아주 다르지만, 우리는 우리의 성상파괴주의자들이 조각상을 부수어버린 그들의 선조들과 마찬가지로 상(像)을 포기하는 것을 결코 내키지 않아 했음을 반복해서 보게 될 것이다. 그리고 그들은 사진을 채택하는 대신 다른 것으로 바꾸었다. 새로운 성상(聖像)에 대한 복합적이고 다양하며 비선형(非線型)적 이야기가 이 장과 다음 두 장의 주요 주제다.

2. 동시 측정

러더퍼드가 1898년 우라늄에서 방출되는 방사선을 이용하여 수행한 첫 실험들에서는 그 방사선이 서로 다른 물질을 투과하는 것에 대한 조사와 관계되었다. 이 조사 결과 그는 방사선을 알파와 베타로 분류하게 되었는데, 전자(前者)가 후자(後者)보다 더 효과적으로 투과했다. 러더퍼드와 몇몇 사람들은 1903년까지 자석을 이용한 실험으로 베타선이 빠른 전자의 흐름이라고 동료들을 확신시킬 수 있었다. 알파선은 자석에 의해 진행 경로가 휘어지지 않는 것처럼 보였으며, 그래서 그것이 대전(帶電)된 입자처럼 감속되는 데도 불구하고 자석에 의해 영향을 받지 않으므로 문제점으로 남아 있었다. 브래그는 알파가 단지 이온화된 원자라고 결론지었다. 당시 지식으로는 원자가 매우 많지만 같은 수의 양전기를 띤 전자와 음전기를 띤 전자로 구성되어 있었다. 이온은 단순히 하나 또는 여러 개의 전자가 부족한 원자였다.

전기장과 자기장을 이용하여 알파 입자의 경로가 휘어지게 만든 다양한 실험을 통해 알파 입자의 전하와 질량 사이의 비를 결정할 수 있었다. 이러한 노력에 근거해 러더퍼드는 1907년에 이르러 알파 입자가 이중으로 이온화된 헬륨 원자라고 결론지었다. 이제 그는 그것을 증명해야 되었다. 그는 검출기에 측정이 가능한 정도의 전하 Q가 축적되도록 하고 축적된 입자의 수를 세어보자는 생각이었다. 총 전하를 입자의 전체 수로 나누면 한 입자의 전하를 구할 수 있으리라고 보았다.

몬트리올의 맥길 대학에서 몇 차례 시도했으나 성공하지 못한 끝에 러더퍼드는 맨체스터로 돌아와 방문 연구원으로 일하는 한스 가이거와 협력했다. 그들은 함께 원통형 축전기를 제작했는데, 그 안으로 들어온 전하량에 비례하는 신호를 기록하는 계수기로 이용할 작정이었다. 대전된 입자가 기체를 통과하면, 그 입자는 기체 입자의 일부를 이온화시킬 것이라는 것이 계획이었다. 입자에 대전된 전하가 많을수록 원통형 상자의 음극 벽 쪽으로 흘러들어갈 양이온에 의한 전류가 더 크게 될 것이었다. 존 S. 타운센트의 충돌 이론에 따르면, 그렇게 빠른 속도로 움직이는 이온들이 연쇄적으로 다른 원자를 이온화시킴으로써 애벌런치(avalanche, 반응이 연쇄적으로 유발되어 갑자기 수많은 반응이 일어나게 되는 현상을 말함 - 옮긴이)가 일어나서 원통형 축전기를 통과하는 실제 전류가 증가될 수도 있었다. 감도(感度)를 증가시키기 위해 필요한 조치는 안쪽과 바깥쪽 원통형 표면 사이의 전위차를 높이는 것뿐이었다. 1909년에 이르자 새로운 장치에 의해 이중으로 대전된 알파 입자라는 러더퍼드와 가이거의 원래 가정이 확인되는 쪽으로 진전되는 것처럼 보였다.[5]

---

5) 러더퍼드와 가이거, 「α-입자」, *Proc. Roy. Soc. London A* 81(1908): 162~173쪽. 더 많은 참고문헌을 찾으려면 파이스, 『안쪽 경계』(1986), 61쪽을 보라.

전혀 예상하지 못한 일로 러더퍼드-가이거 계수기로 들어가는 입구에 있는 운모(雲母) 창은 두 물리학자가 예상한 것보다 훨씬 더 많은 알파 입자가 산란되게 만들었다. 비록 그것이 그들의 원래 관심사에 속하지는 않았지만, 이제 산란이 그들의 관심을 끌었다. 가이거와 20세의 학부생이던 어니스트 마스던은 전기 계수기를 이용하지 않는 대신 알파 입자가 부딪칠 때 부딪친 곳에서 빛을 내는 섬광(閃光) 막으로 바꾸었다. 가이거-마스던 결과를 러더퍼드가 어떻게 활용했는지에 대한 자세한 내막은 ─ 러더퍼드가 1911년에 제안한 원자의 원자핵 모형과 맞물려서 ─ 홍미로운 이야기이지만, 나는 계속하여 초점을 연구소의 물질문화에 국한시키고자 한다.[6]

전기 계수기에서는 전위차를 기체 방전 한계 가까이까지 이르게 하여 장치의 감도를 증가시켰을 때 심지어 방사능 물질이 주위에 전혀 없는데도 불구하고 "난폭한 충돌(wilde Stösse)"이 일어나기 시작한다는 것은 문제였다. 검출기 자체에서 무엇인가가 잘못된 것처럼 보였다. 가이거는 1912년에 국립 물리 기술 연구소에서 라듐 연구의 책임자가 되었는데, 그는 그곳에서 감도가 대단히 높지만 잘못 작동하곤 하던 그의 검출기에 다시 한번 더 손을 댔다. 구형의 (1908년식) 러더퍼드-가이거 계수기 그대로의 모양과 크기로 실험을 하던 중 가이거는 전에 연구하던 것보다 훨씬 더 감도가 좋은 장치를 우연히 발견했다(〈그림 6.1〉을 보라).[7] 음전하로 대전된 (날카로운 끝부분에 강력한 전기장을 가지고

6) 러더퍼드, 가이거, 그리고 마스던에 의한 산란 연구에 대해, 그리고 원자의 원자핵 모형을 만들어낸 러더퍼드의 이론 연구에 대해서는 파이스, 『안쪽 경계』 (1986), 188~193쪽을 보라.
7) 러더퍼드-가이거 계수기와 가이거-뮐러 계수기에 대한 뒤이은 논의에 대해 나는 타디우스 트렌과의 논의에서 도움을 받았는데, 더 자세한 것을 알려면 그의 논문을 참조하는 것이 좋다. 즉 예를 들어 트렌, 「가이거-뮐러 계수기」, *Ann. Sci.* 43(1986): 111~135쪽; 트렌, 「가이거-뮐러 계수기」, *Deut. Mus. Abb. Ber.* 44(1976): 54~64쪽을 보라. 알파선과 베타선에 대한 실험에 관해서는 또한 하일브론, 「원자 구조」(1964)를 보라.

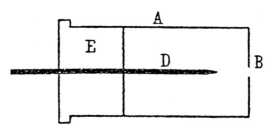

〈그림 6.1〉 가이거의 『계수기』(1913). 뾰쪽하게 만든 가이거의 중앙 바늘을 이용하여 감도가 상당히 좋은 계수관을 만들었는데, 이것은 수년 동안 방사능 실험에서 표준 장치가 되었다. 출처: 가이거, 「간단한 방법」, *Verband. Deut. Phys. Gesell.* 15(1913): 534~539쪽 중 535쪽.

있는) 날카롭게 뾰쪽한 바늘을 이용해 가이거는 알파 입자는 물론 베타 입자도 검출할 수 있는 장치를 만들었다. 강력한 전기장 때문에 바늘과 계수기 벽 사이의 퍼텐셜 차이가 약 1,000볼트를 초과하면, 처음 유발시키는 전자(電子) 수가 훨씬 적더라도 **뾰쪽한 계수기**는 애벌런치를 촉발시킬 수 있었다. 실제로 이 장치의 감도가 너무 좋아서 원자에서 떨어져 나오는 전자에 의해 간접적으로 광자(光子)까지 검출할 수 있었다.

그러나 **뾰쪽한 계수기**는 여전히 그전 장치와 마찬가지로 전과 동일한 "자연적 교란"을 나타냈다. 만일 이 문제가 기체에 섞인 방사능 오염 때문이라면, 압력이 낮아질수록 그 효과가 줄어들어야만 했다. 그런데 결과는 그렇지 않았다. 가이거와 몇몇 사람들은 이러한 이유로 계수기의 벽이나 또는 중심 도선에 그 원인이 있음이 틀림없다고 결론지었다. 그래서 그와 몇몇 사람들은 1926년과 1927년 사이에 도선과 벽을 바꾸고 닦고 코팅을 입히는 등 갖은 노력을 기울였지만 성과는 거의 없었다. 마지막으로, 1928년에 키엘 대학에서 가이거의 박사후 연구원이었던 발터 마리아 막스 뮐러는 저절로 일어나는 방전의 근원을 체계적으로 찾기 시작했다. 원하지 않은 방전이 검출기 외부에서 왔을 것이라고 추론하고, 그는 최후의 수단으로서 두꺼운 벽돌로 계수기를 바깥 세계와 격리시키려 했다. 그렇게 하자 난폭한 충돌이 멈추었다. 뮐러는 그렇게 함으로써 침입자의 근원이 글자 그대로 드러나게 만들었다. 이제 그는 더 이상 지구에서 온 방사성 물질 때문도 아니고 계수기가 오염되었기 때문도 아니라, 그 난폭한 충돌은 4반세기 전에 빅토르 헤스가 기구(氣球) 실험에서 발견한 우주선(宇宙線) 때문에 일어났다고 추정했다.[8]

뮐러의 발견은 두 가지 결과를 가져왔다. 첫째, 난폭한 충돌이 우주선에서 유래되었다는 지적은 과거로 거슬러 올라가 1908년 최초의 러더퍼드-가이거 장치가 정당했음을 알려주었다. 러더퍼드-가이거 검출기는 비록 물리학자들이 이용하기는 했지만 믿을 수 없다는 평판을 오랫동안 달고 다녔다. 이제 이 도구에는 아무런 결점이 없음이 밝혀졌고, 역사의 쓰레기통에서 부활했을 뿐 아니라 초감도의 성능으로 찬양받기까지 했다. 둘째, 이제 우주선 때문에 난폭한 충돌이 발생한다는 것을 알게 되었으므로 이 검출기는 "새로운" 존재를 분석하는데, 그전의 전기 계수기보다 훨씬 더 적용하기 좋고 감도가 높은, 근본적으로 새로운 도구가 되었다. 어떤 하드웨어가 바뀐 만큼이나, 뾰쪽한 계수기에서 전기 계수관으로 바뀐 만큼이나 도구의 변화도 개념적이었다. 난폭한 충돌이 기체에 대한 검출이 아니라 우주선 검출이라는 사건으로 바뀜으로써 가이거-뮐러 계수기는 단 하나의 나사못도 바꾸지 않았지만, 기초적이며 제대로 이해되지 못했고 감도의 한계가 주체스러운 장치로부터 우주선(宇宙線) 물리학자의 도구 상자에서 가장 감도가 좋은 도구가 되었다.

두 검출기가 동시에 신호를 보낼 경우에만 발생된 것으로 기록하는 "동시 측정"은 보어-크레이머스-슬레이터(BKS)의 논문에 대해 1924년 발터 보테가 실험으로 곤혹스럽게 만든 것이 효시가 되었다. BKS의 이론적 변명은 빛이 양자화되지 않았다는 이론을 유지하려는 마지막 시도였는데, 그 논문에서 전자기장은 에너지에서는 연속적으로 변화되는 것으로 기술되지만 전자기장을 방출하거나 흡수하는 원자 차원의 과정에서는 비연속적으로 기술될 수 있다고 주장했다. 인과 관계와 에너지

---

8) 트렌, 「가이거-뮐러 계수기」, *Ann. Sci.* 43(1986): 111~135쪽; 트렌, 「가이거-뮐러 계수기」, *Deut. Mus. Abh. Ber.* 44(1976): 54~64쪽.

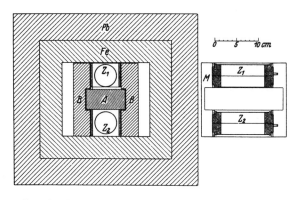

〈그림 6.2〉보테-콜회스터의 동시 측정 실험 장치(1929). 왼쪽은 두 개의 계수관 Z_1과 Z_2를 뒤쪽에서 본 단면으로, 안쪽 지름은 모두 5센티미터이고 길이는 모두 10센티미터다. 원통의 몸체는 아연으로 제조되었고, 끝은 흑단으로 제조되었는데 그곳을 통하여 중앙도선이 삽입되었다. 여기서, 그리고 계수기 준비 과정 전체를 통해 두 실험 과학자들은 가이거와 뮐러를 엄밀하게 추종했다. 계수기는 약 4~6센티미터의 수은주 압력인 건조하고 "방사성 물질이 없는" 공기로 채워졌다. 회로의 출력은 지지대 위에 올려놓은 거울을 미세한 정도까지 움직이게 만들었고, 이 거울은 광선을 반사시켰다. 반사된 빛은 좁고 긴 띠 모양의 사진 필름에 기록되고, 이 필름을 현상한다. 그래서 회로에서 나온 (동시에 측정된) 펄스는 현상된 필름 띠에서 뾰쪽한 못처럼 나타났다. 출처: 보테와 콜회스터, 「우주선(宇宙線)」, *Z. Phys.* 56(1929): 751~777쪽 중 754쪽. © 1929 Springer-Verlag.

보존은 단지 통계적으로 장기간에 걸쳐 보아야만 성립되는 것이었다. 그러면 빛의 진동수가 바뀌고 전자가 빛처럼 산란한다고 이미 증명된 컴프턴 효과는 어떻게 되는가? BKS는 다음과 같이 답변한다. 컴프턴 효과는 단지 통계적 평균으로만 나타났다. 원자 규모의 어떤 개별적 과정도 에너지 보존 법칙을 만족한다고 알려진 적이 없다. 보테와 가이거는 두 개의 독립된 계수기를 이용해 이를 반박했는데, 광자가 전자에 충돌되었을 때 거기서 만들어진 광자가 한 계수기에 도착한 시간과 "충돌된" 전자가 다른 계수기에 도착한 시간이 10^{-3}초 이내로 동시에 일어난다는 것을 보여주었다. BKS 이론은 즉시 폐기되었다.[9]

뮐러의 계수기가 부활된 직후(1929년)에 (가이거의 연구원 중 한 사

---

9) 바서만, 「보어-크레이머스-슬레이터」(1981); 파이스, 『미묘한』(1982), 제22장.

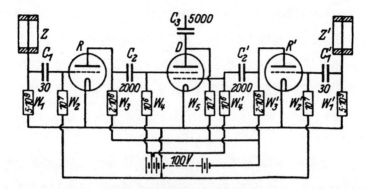

〈그림 6.3〉 보테-콜회스터 회로(1930). 필름 띠가 무서울 정도로 쌓이고 그것을 조사하는 지루한 작업을 배제하기 위해 보테가 이 회로를 설계했는데, 이 회로는 두 계수기가 (Z와 Z′이) 바로 연달아 발사할 때 펄스를 내보내게 되어 있다. 이렇게 기발한 회로는 특히 〈그림 6.2〉에 보인 (바로 두 개의 계수기) 장치를 위해 설계되었으며, 이것을 다른 경우에도 적용할 수 있도록 일반화할 수 있는 방법이 쉽게 드러나지는 않는다. 저항은 옴(W)으로, 전기 용량은 센티미터(C)로 표시된다. 출처: 보테, 「단순화」, Z. Phys. 59(1930): 1~5쪽 중 2쪽. © 1929 Springer-Verlag.

람이었던) 보테와 베르너 콜회스터는 가이거-뮐러 장치를 이용하여 우주선의 본성을 조사했다. 그들은 두께가 4.1센티미터인 금 상자의 위아래에 가이거-뮐러 계수기를 하나씩 장치해 둘 생각이었다(〈그림 6.2〉와 〈그림 6.3〉을 보라). 두 계수기는 모두 하나의 차트 기록기에 연결되어 있었다. 보어-크레이머스-슬레이터를 반대하는 실험에서와 마찬가지로 보테와 콜회스터는 두 계수기의 방전이 동시에 일어나는 비율이 매우 높음을 증명할 수 있었다. 금 상자가 없는 경우 측정된 것 중 약 76퍼센트가 동시에 일어났는데, 그것은 "우연히" 동시에 측정될 수 있는 비율보다는 명백히 더 많은 수치였다.[10] 그렇게 두꺼운 금을 통과할 수 있는 대전된 우주선 입자가 존재했다.

---

10) "Von den so ermittelten Koinzidenzen mussten noch die 'zufaelligen' in Abzug gebracht werden, um die gesuchte Haeufigkeit der 'systematischen' Koinzidenzen zu erhalten"(보테와 콜회스터, 「우주선」, Z. Phys. 56[1929]: 751~777쪽 중 754쪽).

가이거-뮐러 계수기가 지닌 삼중의 합류점과 동시 측정 방법, 그리고 제멋대로인 충돌로부터 우주선을 개념적이면서 기술적으로 분리해 낸 것은 물리 연구에 새로운 장을 열었다. 아래로부터의 자연 방사능은 위로부터의 우주선에게 그 자리를 내주었다. 보테의 연구소는 우주선의 본성에 관한 연구의 중심지가 되었다. 여러 사람들 중 특히 젊은 이탈리아 물리학자인 브루노 로시가 1920년대 말에 연구차 그곳으로 왔다. 가이거 그리고 콜회스터와 함께 수행한 보테의 동시 측정 실험에 깊은 감명을 받고 로시는 가이거-뮐러 관 두 개에서, 세 개에서, 심지어 임의의 개수에서 동시에 방전되는 것을 검출하는 전자 회로를 개발하는 데 그 해를 보냈다(〈그림 6.4〉와 〈그림 6.5〉를 보라).

로시의 장치에서 신호를 발사하는 관이 없으면 진공관 T_1, T_2 그리고 T_3에 들어 있는 그리드의 전압은 0이다. 결과적으로 배터리 P에 의한 전압이 진공관들을 통과하는 전류를 만들어내며, 그 결과로 큰 저항기 R_4의 양단 사이에 전압 강하가 일어난다. 이 전압 강하는 (저항기 R_4의 먼쪽 끝인) A의 전압을 대략 지면(地面)의 퍼텐셜과 같은 값이 되게 한다. 예를 들어 GM_2와 같은 가이거-뮐러 관 중 하나가 방전을 한다면, T_2의 그리드는 전자(電子)들에 의해 대전되고, 더 이상 그 그리드에는 전류가 흐를 수 없게 된다. T_1과 T_3를 통과하는 전류는 여전히 쉽게 흐를 수 있으므로 이것은 A의 전압에 영향을 주지 않는다.

그러나 세 개의 가이거-뮐러 관들이 모두 동시에 신호를 발사한다면, 회로를 통해 전류가 흐를 수 없고 A의 전압은 단순히 배터리 B의 양극 전압과 같아진다. 지면값(0)에서 배터리 전압으로 이렇게 갑자기 상승한 A의 전압을, 다음으로 A의 전압을 이용하여 증폭시켜서 로시가 전화 수신기에 연결한 증폭관의 그리드 퍼텐셜을 알맞게 맞출 수 있다(전화 수신기는 로시의 원본 회로도인 〈그림 6.4〉에는 나와 있지만 간단하게 만든 〈그림 6.5〉에는 나와 있지 않다).[11] 실제로 보테의 회로(〈그림

11) 로시, 「방법」, 『네이처』 125(1930): 636쪽.

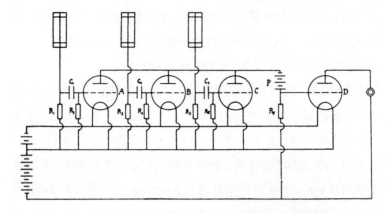

〈그림 6.4〉 로시 회로(1930). 구름 상자가 상(像) 전통에 대응하는 것처럼 로시 회로는 논리 전통에 대응한다. 여기에 있는 장치는 임의의 개수 관에 쉽게 적합하도록 만들 수 있고 ─ 곧 가능하게 된 것처럼 ─ 반(反)동시 측정에도 적용되는 등 아주 일반적인 적용성을 갖는다. 출처: 로시, 「방법」, 『네이처』 125(1930): 636쪽.

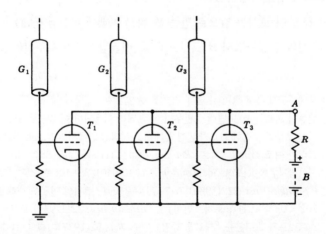

〈그림 6.5〉 간단하게 그린 로시 회로(1964). 세 관 모두의 신호 발사는 세 진공관 T_1, T_2 그리고 T_3의 그리드들을 동시에 대전시켜 A에서 B로 흐르는 전기를 효과적으로 막는다. 그래서 전압 차이를 0에서 배터리의 전압까지 증가시킨다. 그러한 전압 상승은 증폭될 수가 있고 계량기를 구동시키는 데 이용될 수 있다(계량기는 말하자면 10과 같은, 일정한 간격마다 기록하게 하는 계수 메커니즘을 갖는다). 출처: 로시, 『우주선』(1964), 44쪽. 맥그로힐 사의 허락을 받고 전재(轉載)한다.

6.3〉)와는 달리 로시의 회로는 어렵지 않게 일반화할 수 있었다. 동시 측정 회로의 기본 "세포"들은 꼭 필요할 때마다 단순히 유사하게 배치한 진공관과 도선을 더하는 방법으로 확장될 수 있었다.

보테는 그의 실험실에 주렁주렁 걸린 그래프 종이를 보면 마치 "공업용 세탁물을 닮았다"고 회고했는데,[12] 그처럼 로시의 장치는 계수기 출력을 단순히 사진으로 찍은 것에 비해 실제적인 측면에서 굉장한 개선을 가져왔다. 그러나 동시 회로는 단순화시킨 장치 그 이상이었다. 실제로 로시의 아이디어는 반(反)동시 측정뿐 아니라[13] (예를 들어 A와 B가 아님이 반동시다) 어렵지 않게 A 또는 B를 기록하는 것으로 확장되며, 그러므로 도선과 관의 조합에 의해서 어떤 논리의 조합이라도 쓰일 수 있었다(〈그림 6.6a~6.6f〉를 보라). 진공관과 회로, 그리고 전자 계수기(계량기) 등은 곧 상(像)을 제작하는 전통 분야와 구별되는 질서를 갖춘 형태의 실험으로 등장했다.[14]

예를 들어 로시는 납으로 만든 판 바로 아래에 (〈그림 6.6a〉를 보라) 여러 개의 진공관(A와 B 그리고 C)을 배열함으로써 우주선(宇宙線)이

---

12) 보테, 「동시 측정」(1964), 271~279쪽 중 272쪽.

13) 반동시 회로는 1930년대 중반부터 아주 널리 이용되어 이 기술을 활용하는 단지 일부분만 특정한 회로의 변형에 대해 구체적인 면에서 논문으로 발표되었다. 그러한 예로 허조그, 「회로」, *Rev. Sci. Instr.* 11(1940): 84~85쪽; 자노시와 로시, 「광자」, *Proc. Roy. Soc. London A* 175(1940): 88~100쪽; 스완, 「보고서」, *J. Franklin Inst.* 222(1936): 647~714쪽, W. E. 램지의 연구에 대해 보고함, 702~703쪽; 스완과 로처, 「변형」, *J. Franklin Inst.* 221(1936): 275~289쪽; 스트리트와 스티븐슨, 「새로운 증거」, *Phys. Rev.* 52(1937): 1003~1004쪽; 허조그, 「탐색」, *Phys. Rev.* 55(1939): 1266쪽을 보라.

14) 로시의 회로 이후에, 전자(電子)적인 동시 측정 계수의 방법이 급속하게 확산되었다. 예를 들어 에커트와 숀카, 「우연」, *Phys. Rev.* 53(1938): 752~756쪽; 퍼셀과 존슨, 「진공」, *J. Franklin Inst.* 217(1934): 517~524쪽; 존슨과 스트리트, 「회로」, *J. Franklin Inst.* 215(1933): 239~246쪽; 존슨, 「우주선의 세기」, *Rev. Mod. Phys.* 10(1938): 193~244쪽; 모트-슈미스, 「시도」, *Phys. Rev.* 39(1932): 403~414쪽; 무존, 「식별력」, *Rev. Sci. Inst.* 7(1936): 467~470쪽; 투브, 「다중」, *Phys. Rev.* 35(1930): 651~652쪽을 보라.

소나기(입자들이 한꺼번에 많이 출현하는 것을 말한다 – 옮긴이)를 만드는 능력을 가지고 있음을 증명할 수 있었다. 그것은 진공관들을 동일한 직선 위에 배열하지 않음으로써 오직 소나기만이 세 개의 계수기 모두에서 통계적으로 여분의 동시 측정이 가능하게 만들 수 있기 때문이다.[15] 비슷한 논리를 이용해 (프랭클린 연구소의 바톨 연구재단 소속인) 토머스 존슨과 (하버드에서 온) 커리 스트리트는 1932년에 〈그림 6.6b〉의 배열이 (A와 B에 납으로 만든 판을 가져다 놓음) 계수기에 나타나는 동시 측정의 수를 증가시킨다는 것을 증명했다. 만일 한 가지 종류의 대전 입자만 관련있다면, 판과 두 계수기를 연결하는 직선을 그릴 수가 없기 때문에 그러한 결과를 기대할 수 없었다.

그들은 이것이 판에 2차 입자(우주선이 충돌하여 생성된 입자가 다시 충돌하여 두 번째로 생성된 입자를 말한다 – 옮긴이)들의 소나기가 생성되고 있으며, 두 계수기를 작동하게 만드는 것이 바로 이러한 2차 소나기라는 결론에 이르게 한다고 주장했다.[16] 충돌 동역학의 분석에서 추구되어야 할 추가 연구 주제로서 스트리트와 존슨은 (〈그림 6.6c〉에 보인) 좀더 복잡한 배열을 제시했는데, 그것을 이용하여 소나기를 유발시키는 입자의 성질을 알아내고자 했다. 첫째, 그들은 삼중으로 동시 측정된 수가 통계적으로 의미를 가질 만큼 존재함을 증명했다. 세 개의 진공관은 어디서도 직선으로 놓여 있지 않으므로 한 개보다 더 많은 입자가 활동하고 있어야만 했다. 그 뒤에 그들은 다음 세 가지 가정 중 성립하지 않는 것을 하나씩 추려 나가기로 했다. (1) 이온화시키지 못하는 입자가 납판으로부터 몇 개의 이온화시키는 입자를 쳐내어 바닥의 두 계수기에 부딪쳤다. (2) 이온화시키지 못하는 입자가 원자핵 하나에 충돌하여 이온화시키는 입자 하나를 방출시킨 다음, 두 번째 원자핵에 충돌하여 다시 이온화시키는 입자를 방출시켰다. (3) 이온화시키는 입자가 원자핵

---

15) 로시, 「2차 방사선」, *Phys. Z.* 33(1932): 304~305쪽.
16) 존슨, 「우주선」, *J. Franklin Inst.* 214(1932): 665~689쪽 중 682쪽.

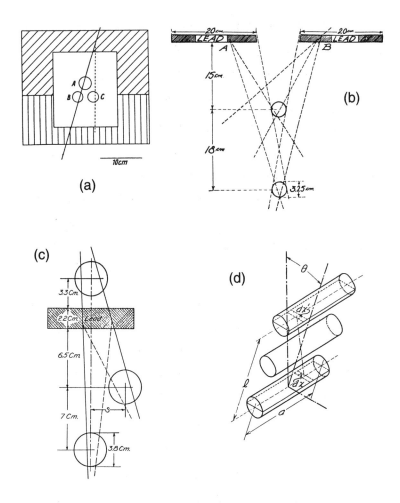

〈그림 6.6〉 논리 진공관들(1932~36년). 전자적 논리가 실험 물리학에 제공한 새로운 언어를 이해하기 위해 동시 실험과 반동시 실험의 대표적인 예들을 잠시 살펴보는 것은 매우 유용하다. 어떤 경우라도 단 하나의 사건이 결코 "황금" 사건이라고 불릴 수 없다. 모든 주장은 결과로 나타난 횟수가 배경에 깔렸거나 무작위적인 방전으로 기대되는 것보다 더 많다는 통계적 논지(論旨)와 연결된 특정한 전자적(電子的) 체계를 바탕으로 예언되었다. 구체적인 실험의 설명에 대해서는 본문을 보라. (a) 로시, 「소나기 진공관」 (1932). 출처: 로시, 「2차 방사선」, *Phys. Z.* 33(1932): 304~305쪽. (b) 존슨과 스트리트, 「2차 소나기」(1932). 출처: 존슨, 「우주선」, *J. Franklin Inst.* 214(1932): 665~688쪽 중 682쪽. (c) 스트리트와 존슨, 「2차 소나기의 메커니즘」(1932). 출처: 존슨, 「우주선」, *J. Franklin Inst.* 214(1932): 665~688쪽 중 684쪽. (d) 존슨, 「우주선 망원경」 (1933). 존슨, 「비교」, *Phys. Rev.* 43(1933): 307~310쪽 중 308쪽에서 전재됨. (e) 램지, 「사진과 개략도」(1936). 출처: 스완, 「보고서」, *J. Franklin Inst.* 222(1936): 647~714쪽

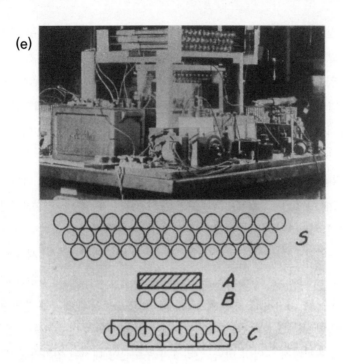

(e)

(f)

BAROMETRIC PRESSURE ELEVATION		76 cm 60 meters			64 cm 1620 meters			52 cm 3250 meters			44 cm 4300 meters		
1	2	3	4	5	6	7	8	9	10	11	12	13	14
0.00	0.00	0.014	0.0017	0.0010	0.066	0.007	0.004	0.138	0.005	0.006	0.206	0.012	0.008
.63	.00				.39	.004	.012				1.28	.017	.033
.95	.00							1.23	.007	.005			
1.27	.00	.320	.0062	.0048	.75	.019	.014				2.82	.037	.035
1.59	.00	.388	.0064	.0054	.89	.017	.012	1.84	.032	.028	3.35	.020	.040
1.91	.00	.398	.0072	.0051	.91	.011	.012	1.98	.040	.025	3.38	.034	.027
2.22	.00	.398	.0065	.0064	.85	.011	.012	2.00	.026	.025	3.44	.038	.030
2.54	.00	.345	.0075	.0061				1.97	.019	.027	3.35	.040	.044
2.85	.00				.72	.018	.013						
3.18	.00							1.59	.017	.034	2.86	.054	.037
4.77	.00	.197	.0037	.0047	.43	.014	.012	0.93	.007	.028	1.84	.039	.030
7.30	.00										1.02	.017	.034
9.85	.00	.102	.0021	.0036	.20	.006	.007	.46	.030	.019	0.79	.009	.018
12.40	.00										.77	.007	.030
0.00	.63				.043		.006						
.00	5.08	.011		.0017	.030		.006	.071		.009	.105		.008
.63	.32										.62		.024
.63	1.59										.39		.021
.63	5.08										.19		.010
1.91	.16	.259		.0057	.60		.015						
1.91	.32	.161		.0042	.37		.012	.85		.028	1.54		.042
1.91	.63	.115		.0047	.19		.008	.60		.029			
1.91	1.11	.069		.0042									
1.91	1.59	.063		.0033	.14		.007	.39		.024	.63		.041
1.91	5.08	.013		.0015	.035		.004	.17		.010	.29		.016

중 702쪽. (f) 우드워드, 「계수(計數)와 통계」(1936). 출처: 우드워드, 「동시 측정」, *Phys. Rev.* 49(1936): 711~718쪽 중 715쪽. (b)와 (c) 부분의 판권 1932는 Pergamon Press, Ltd., Headington Hill Hall, Oxford OX3 0BW, UK의 승낙을 받음, (d) 판권 1933 The American Physical Society.

에서 적어도 두 개의 이온화시키는 입자를 방출시켰다. 바닥의 두 상자에서 일어난 이중 동시 측정 수가 삼중 동시 측정 수와 대략 일치하는 것을 보임으로써 두 저자(著者)들은 아래쪽에서 일어나는 소나기 대부분의 원인이 위쪽에서 온 이온화시키는 입자라고 주장했다. 비록 확실하지는 않더라도 실험 결과는 소나기를 생산해 내는 주요 방사선이 대전되어 있다는 가정 (3)이 옳다는 것을 강력하게 시사했다.

논리 회로의 네 번째 예는 흔히 이용되는 "우주선 망원경"에서 나왔는데(〈그림 6.6d〉), 그 회로에서 존슨은 동시 측정을 위해 세 개의 진공관을 연결하고 그것들을 이용하여 오직 하늘의 정해진 고체각 사이를 통과하는 입자를 기록하도록 했다. 이 동시 측정 망원경이 하늘의 서로 다른 부분을 향하도록 조정함으로써 그는 동쪽에서 오는 입자의 수와 서쪽에서 오는 입자의 수 사이에 통계적인 비대칭성이 존재함을 증명할 수 있었다.[17] 만일 우주선(宇宙線)이 광자라면, 그와 같은 "동쪽-서쪽" 차이가 존재하지 않아야 하나, 만일 1차 우주선이 대전된 입자라면, 그리고 (예를 들어) 양전하로 대전된 것이 우세하다면, 지구 자기장은 입자들이 선택적으로 한 방향을 향하도록 이동시킬 것이다.[18]

동시 회로와 반동시 회로를 함께 이용하는 예시도는 〈그림 6.6e〉에 보인 사진과 개략도에 나와 있는 W. E. 램지의 업적이다. 여기서도 역시 우주 방사선의 본성을 밝혀내려고 시도되었다. S는 가이거-뮐러 계수기가 배열된 것이고, A는 원래 폭발이 일어난다고 생각되는 납구역이며, B와 C는 또 다른 계수기들을 배열해 놓은 것이다. 이 배열은 S를 통과하지 않고서는 어떤 방사선도 A와 C를 지나갈 수 없도록 설계되었다. 그러면 S가 얼마나 효율적인지 어떻게 조사할 것인가? 납을 제거하고 B와 C의 동시 측정 비율을 15분 동안 측정한다. 그다음에 B와 C가 S와 반동

---

17) 존슨, 「비교」, *Phys. Rev.* 43(1933): 307~310쪽 중 308쪽의 그림을 보라.

18) 예를 들어 존슨, 「비대칭」, *Phys. Rev.* 43(1933): 834~835쪽을 보고, 이 시기의 우주선 실험에 대한 좀더 광범위한 논의를 위해서는 갤리슨, 『실험』(1987), 특히 제3장과 그곳의 참고문헌을 보라.

시 측정이 되도록 한다. 만일 15분 동안에 그 비율이 예를 들어 100에서 S를 작동시키고 2로 급격히 떨어진다면, 입자의 통과를 기록하는데 S의 효율이 98퍼센트다. 이제 납을 다시 가져다 놓고 C의 계수기 중 하나보다 더 많은 것이 신호를 발사할 때만 세도록 C를 연결시킨다. 만일 실험에서 단 하나의 방사선이 통과한다면, 한 번도 기록되지 않는다. S는 반동시 측정을 하고 있으므로 그것을 셈에 넣지 않고, 그러므로 단 하나의 방사선은 C로부터도 셈에 포함시킬 수 없다. 만일 단 하나의 방사선이 S를 통과했는데 납(A)에서 소나기가 만들어진다면, 그래서 C에 배열된 여러 계수기들을 통과한다고 하더라도 S를 한 번 통과한 것은 셈에서 제외되므로 실험은 여전히 기록하지 않게 된다. 그러므로 S를 통과하는 것으로는 (광자와 같은) 이온화시키지 않은 방사선과 C를 통과하는 소나기만 기록될 것이다. 이런 방법의 추론을 통해 램지는 소나기의 3분의 2가 광자와 같은 이온화시키지 않은 입자에 의해 발생하고 3분의 1은 전자와 같이 이온화시키는 입자에 의해 발생한다는 것을 입증할 수 있었다.[19] 계수기 실험의 자료는 그림에 의해서가 아니라 동시 측정과 확률에 의해서 표현되었다. 〈그림 6.6f〉에 나온 전형적인 예에서 하버드의 계수기 물리학자인 리처드 H. 우드워드는 사중(四重) 동시 측정 실험에 대한 계수율과 통계 오차를 공개했다.[20]

1934년이 되자 런던에서 개최된 핵물리 학술회의에서 발표자들은 회로도를 자세히 설명한다거나 또는 가이거-뮐러 계수기들을 어떻게 배치했는가라는 점에 대해 어떤 언급을 하지 않고서도 논리적으로 연결된 계수기의 배열을 발표할 수 있게 되었다. 계수기와 논리 회로, 계수 회로, 그리고 통계는 더 이상 자세한 설명이 없더라도 충분히 안정되고 잘 알려진 도구가 되었다. 그러한 실험은 입자의 수명과 흡수도를 분석하

19) 램지의 실험으로 스완, 「보고서」, *J. Franklin Inst.* 222(1936): 647~714쪽 중 702~703쪽에 의해 보고되었다.
20) 우드워드, 「상호작용」(1935). 이 예는 우드워드, 「동시 측정」, *Phys. Rev.* 49 (1936): 711~718쪽 중 715쪽에 나온다.

는 데, 소나기 입자들의 복잡성과 성질을 가려내는 데, 동쪽-서쪽 효과에 대해 더 깊이 탐구하는 데, 그리고 여러 가지 다른 응용 분야에 사용될 수 있었다.[21]

가이거-뮐러 계수기의 작동 이론, 즉 미시적 수준에서 이것이 어떻게 작동하는가에 대한 실질적 지식은 무엇인가? 이런 질문을 쉽게 물어볼 수는 있지만 대답은 그렇게 쉽지 않다. 어떤 의미에서는 전자(電子)와 방전, 확산, 원자 이론과 관련된 1900년 이후 물리학의 대부분이 그 대답과 연관되어 있으며, 온전한 대답은 고전적 형태와 반고전적 형태, 그리고 양자 이론적 형태 모두에 의해 전자(電子) 물리학을 완벽하게 자세히 설명하는 데 있다. 그러나 좀더 적절하게는 계수기가 어떻게 작동하는가에 대한 널리 알려진 반(牛)정량적인 의미가 존재했다. 그것은 우드워드와 같은 사람의 박사학위 논문과 가이거-뮐러 계수기에 대한 몽고메리와 몽고메리의 유명한 1941년 논문이나 또는 1939년에 출판된[22] 레너드 러브의 버클리 강의와 같은 박식한 저술 등에서 찾아볼 수 있는 설명이다. 구리 원통에 둘러싸인 부피 내부의 어떤 곳에서 이온화에 의해 많은 전자들이 (도선 1센티미터마다 대략 100개 정도) 방출된다. 도선과 원통 사이의 전압 차이에 의해 운반된 양 이온들은 (상대적으로 천천히) 원통을 향해 이동하고, 전자(電子)들은 중앙 도선을 (양극을) 향해 (빠르게) 가속되면서 이온화에 의해 추가 전자들을 방출한다. 오실로그래프 조사에서 방전에 의한 급격한 증가가 매우 빨리 (100만분의 1초 이내에) 이루어짐을 알 수 있다. 회로를 통과하는 전류는 충돌에 의한 이온화가 끝날 때까지 구리 원통과 양극 사이의 퍼텐셜을 떨어뜨린다.

1941년에 이르자 계수기에 대해 전해 내려온 지식은 몽고메리와 몽고메리가 그린 자주 복사되는 차트로 요약될 수 있다(〈그림 6.7〉). 도선과 원통 사이에 낮은 전압이 걸리면, 계수기는 마치 이온화 상자처럼 행

---

21) 이러한 논문 중 상당수는 갤리슨, 『실험』(1987), 제3장에 논의되어 있다.

22) 러브, 『기초』(1939); 몽고메리와 몽고메리, 「가이거-뮐러 계수기」, *J. Franklin Inst.* 231(1941): 447~467쪽, 509~545쪽.

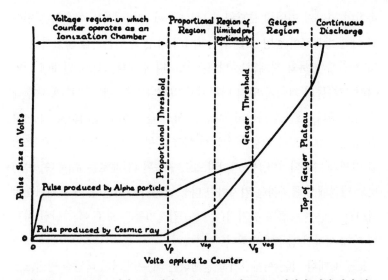

〈그림 6.7〉 코르프, 몽고메리-몽고메리 도표(1955). 이 도표는 가이거-뮐러 관의 행동을 특성화시킨 표준이 되었다. 맨 위 곡선은 알파 입자가 통과하여 생기는 펄스를 보여주는데, 이것은 계수기를 통과하는 경로를 따라 약 1만 개를 남겨 놓았다. (맨 아래 곡선에 의해 대표되는) 전형적으로 빠른 우주선은 그 경로를 따라 단지 30개의 이온을 남겨놓을 뿐이다. (0와 V_p 사이의) 낮은 전압 영역에서 펄스는 단순히 이렇게 남아 있는 이온들이 모인 결과다. V_p와 V_g 사이에서 축적된 이온은 전기장에 의해 가속되고 다른 원자와 충돌하여 그 원자들을 이온화시키며, 그래서 원래 수에 비례하지만 훨씬 더 큰 펄스를 방출한다. 마지막으로 가이거의 임계값인 V_g에서 어떤 이온화든 중앙 도선 전체 길이에 걸쳐 일반적인 방전의 원인이 된다. 계수기는 충분히 방전하고, 그러므로 알파 입자나 베타 입자 또는 어느 속도로든 움직이는 어떤 다른 대전된 입자와도 서로 구분되지 않는다. 출처: 코르프, 『계수기』(1955), 13쪽의 〈그림 1.2〉.

동한다. 전하는 빠른 우주선 입자에 의해 방출되는 30개 정도의 전자에서 시작하여 알파 입자의 결과로부터 나오는 1만 개의 전자에 이른다. 이런 전하가 어떤 2차 이온도 생성하지 않고 전압에 관계없이 중앙 도선에 축적된다. 전압이 올라가면 계수기는 비례 영역으로 들어가는데, 이 영역에서 (전기장이 가장 센 중앙 도선 가까이에서) 타운센트의 애벌런치가 신호를 1배에서 10만 배에 이르기까지 증폭시킨다.[23] 전압을 더

---

23) 최대 배율은 책에 따라 바뀐다. 여기서 나는 클라인네흐트, 『검출기』(1986), 48

높이면 가이거 영역에 도달하게 되는데, 이 영역에서는 이온화 과정에서 나온 방사선이 중앙 도선 위아래에서 더 많은 이온화를 일으키고, 그래서 원래 전하와 관계없는 방전을 일어나게 한다. (1960년대에 걸쳐 여러 그룹들이 가이거 영역 내부에서 일어나는 "유광[流光]" 효과에 대해 조사했다. 사건들 사이의 "유실된 시간"을 줄이고 입자의 흔적을 따라 방전이 보이도록 만들기 위해서 빠르고 큰 펄스와 함께 특별히 조합된 기체가 이용되었다.)[24] 마지막으로, 연속된 (실제로는 준[準]연속임) 방전 영역에서 통과하는 입자마다 다중 방전이 일어난다. 아주 개략적인 의미로 다양한 종류의 전자적(電子的) 검출기들은 모두 이 간단한 차트에 의해 시작된 범주에 속한다.

도구에 대한 이론은 계수기를 설계하는 데 여러 가지 다양한 방법으로 기여한다. 예를 들어 여러 저자들은 전자가 방전을 통하여 움직이면서 무른 X-선을 방출한다고 추측했다. 이 방사선은 원통 표면에서 광(光)-화학 반응에 의해 전자를 추가로 방출하는 원인이 되며, 이러한 가정은 (간편한 방법으로) 진공관을 공기 중에서 굽거나 또는 자유 요오드를 첨가하는 방법으로 원통 벽의 방출 용량을 알맞게 바꿀 목적을 가진 처리법과 관계 있다. 그러나 진공관 제작에 이용되는 대부분의 실제 지침들에는 도구의 자세한 이론을 제작과 연결시키려는 시도조차 포함되어 있지 않았다. 백열이 나도록 도선을 달구는 것은 가짜 방전을 제거하기 위한 방법으로 간주되었다. 유리를 따라 일어나는 표면 누출 또한 문제의 원인이 될 수가 있었다. 그것은 계수기를 세레신에 담금으로써 방지해야 되었다. 그러나 스스로 개발된 모든 자구책 중 가장 필수적인 방법은 내부 표면을 HNO_3와 H_2SO_4를 이용하여 닦는 것이다.[25]

(러브와 같은) 기체 방전 물리학에 대한 전문가들 중 일부는 계수기를 이용한 우주선 실험에서 지도자에 속하지는 않았다. 그러나 계수기 물

쪽을 따랐다.

24) 예를 들어 라이스-에번스, 『상자』(1974), 제6장을 보라.

25) 우드워드, 「상호작용」(1935), 27쪽 이후.

리학자 중 로시와 몽고메리 부자(父子)는 자세한 점까지 가장 큰 관심을 가진 사람에 속했다. 몽고메리 부자는 1940년과 1941년에 널리 인용된 논문들을 발표했는데, 그 논문들에서 가이거-뮐러 방전의 메커니즘을 설명했다. 추가로 고려될 사항에는 전자들이 양극을 향하여 급격히 이동을 시작할 때 뒤에 남겨진 천천히 움직이는 이온 구름에 의해 생성되는 공간 전하의 자세한 구조가 포함된다. 이런 한 무리의 이온들이 전자가 중앙 도선으로 이동하면서 경험하는 전기장을 어떻게 바꾸어 놓았는가? 이온이 음극에 충돌하면 무슨 일이 벌어지는가? 전자들이 추가로 방출되는가? 서로 다른 기체가 음극의 성질을 어떻게 바꾸어 놓는가? 어떻게 기체들이 재결합과 광자 생성에 영향을 주는가? 애벌런치에 의해 방출된 광자가 정확히 어떻게 음극으로부터 광전자가 나오게 만들고, 그 광전자들이 다시 계수기의 전체 길이를 따라 추가로 애벌런치를 유발시키는가? 이와 같은 질문들은 계수기 물리학자들이 즐겨 사용하는 방법의 일부가 되었지만, 구름 상자나 거품 상자 또는 원자핵 에멀션에서 상(像)을 제작하는 사람들의 생활이나 행복과는 전혀 관계없었다.

특히 몽고메리와 몽고메리는 계수기의 가장 이상적인 다섯 가지 성질이라고 생각한 것을 열거했는데, 그것들은 (모든 방사선을 기록하는) 높은 효율, (방전을 기록하는 데 전혀 문제가 되지 않도록) 큰 펄스, (방사선이 통과하지 않으면 셈을 최소화하는) 가짜 기록이 없음, (양극 퍼텐셜의 변화가 빨라야 하는) 빠른 펄스, (방사선 통과와 퍼텐셜 변화 사이의 시간 간격이 최소화되어야 하는) 작은 뒤처짐 등이었다. 각 경우마다 몽고메리 부자는 각 성질을 개선할 수 있는 방법을 이해하기 위해 어떻게 장치 이론이 사용될 수 있는지 설명했고, 어떤 경우에는 장치의 물리적 한계가 무엇인가에 대해서도 설명했다. 1930년대 중반에서 말에 이르기까지 계수기가 제작되는 곳에서는 어디서나 사람들은 기체 방전 물리학과, 실험적 절차, 그리고 경험으로 얻은 매우 대략적인 규칙들에 대해 물리적으로 이해된 과정들의 복잡한 혼합물을 발견했다.[26]

보테-콜회스터 실험과 마찬가지로 이러한 탐구들은 원래 그리고 절대적으로 통계적이었다. 가능한 오차의 계산과 배경을 넘어서는 통계적 부분은 이러한 검출기에서 부수적인 문제가 아니었다. 그것은 어떤 증명의 가능성에 대해서도 근본적으로 중요하다.[27] 물론 통계가 상(像) 전통 내에서도 이용될 수 있는 것이 분명하지만, 어떤 의미에서 대부분의 응용에서 꼭 필요한 것은 결코 아니었다. 실제로 우리가 이미 본 바와 같이 심지어 1950년대 초기에 이르기까지도 구름 상자 자료와 에멀션 자료를 순수하게 통계적으로 분석한 것에 근거한 새로운 입자의 존재에 대한 주장은 큰 저항에 부딪쳤다. 제3장에서 설명한, 베그네레 드 비고에서 새로운 입자임을 지지하는 모든 통계적 논증을 끝내라는 블래킷의 절실한 호소를 기억하라. 존경하는 러더퍼드 경을 인용하면서 블래킷은 그의 동료 상(像) 물리학자들에게 "제기랄, 오차 이론은 집어치우고 제발 실험실로 돌아가서 실험이나 다시 시작하기 바란다!"라고 촉구했다.

　논리 전통에서 통계의 지위는 더 이상 달라질 수 없을 정도였다. 심지어 아주 간단한 동시 측정 방법을 적용할 때까지도 통계를 피할 수가 없었다. 1940년대나 1950년대에 쿠란과 크레그스의 『계수관: 이론과 응용』(1949) 또는 널리 이용된 코르프의 『전자(電子)와 원자핵 계수기: 이론과 사용』(1955) 등 계수기에 관한 교과서를 보면 언제나 계수기의 통계적 조사에 대한 철저한 논의와 자료를 검증하는 통계적 방법을 찾아볼 수 있었다.[28] 심지어 브라디의 『실험적 물리의 방법』(1954) 등과 같은 실험 방법에 대한 좀더 일반적인 단행본에서조차도 전형적으로 로시 회로를 논의하고, 거기에는 "계수(計數)에서의 오차와 통계"에 관한 항

---

26) 몽고메리와 몽고메리, 「가이거-뮐러 계수기」, *J. Franklin Inst.* 231(1941): 447~467쪽, 509~545쪽.

27) 가능한 오차에 대해서는 존슨, 「비교」, *Phys. Rev.* 43(1933): 307~310쪽 중 308쪽을 보라.

28) 쿠란과 크레그스, 『계수(計數)』(1949), 82~108쪽; 코르프, 『계수기』(1955), 231~264쪽.

목이 포함되어 있다. 동일한 교과서에서 비록 우리가 제5장에서 본 것처럼 수명의 결정과 달리츠 도표 분석 등을 포함하는 다양한 목적으로 거품 상자에서도 통계를 인용했지만, (구름 상자와 에멀션 같은) 시각적 방법에 대한 논의는 통계적 추론에서 제외되어 있었다.[29]

통계는 논리 도구라는 바로 그 개념에 새겨져 있는 것처럼 보였다. 그리고 비록 상(像) 전통과 논리 전통 모두 통계를 활용했지만, 이 두 가지가 통계를 활용한 방법은 굉장히 달랐다. 논리 실험 과학자들은 도구 자체를 증명하기 위하여 통계적 조사를 정식으로 사용했다. 도구의 사용 방법에 대한 일반 설명에서 명백한 것처럼 통계는 도구가 제대로 작동한다는 자격을 부여했다. 푸아송 분포로 주어진 표준이 되는 통계적 요동에서 시작하자. (푸아송 분포란 시간 t 동안에 [많은 관찰에 대해 평균하여] 센 수가 $\langle n \rangle$일 때 시간 t 동안에 n번 관찰할 확률 P_n을 말하며 $P_n = (\langle n \rangle^n / n!) e^{-\langle n \rangle}$이다.) 표준이 되는 통계적 논의에서는 이 양을 큰 $\langle n \rangle$에 대하여 적용되는 가우스의 "정상" 오차 법칙과 연관시킨다. 그러면 $(n - \langle n \rangle)$의 표준 편차는 $D = \sqrt{\langle n \rangle}$이 되고, 평균값에 대한 백분율로서의 표준 편차는 $D = 100 / \sqrt{\langle n \rangle}$이 된다. 이와 같이 어떤 계수기가 "제대로 작동하는지" 알아보는 한 가지 널리 보급된 조사 방법으로 어떤 시간 간격 동안에 센 수에 대해 관찰된 표준 편차를 (예를 들어 1분 동안 센 수를 측정하고, 이것을 30분 동안 매분마다 반복함) 1분 동안 측정된 센 수의 평균의 제곱근과 비교하는 것이 있다. 만일 (30분 조사에서 관찰된) D가 (제곱근 규칙에 의해 계산된) D와 다르면, 그 계수기는 제대로 작동되고 있지 않다는 의심을 받았다.[30]

통계의 두 번째 그러나 더 유명한 적용은 하드웨어 영역 내에서 일어났다. 아직 인증되지 않은 도구는 이미 인증받은 것들 중 하나와 비교되었다. 스트리트와 우드워드는 1934년 직선상에 적어도 세 개의 계수기

---

29) 브라딕, 『실험』(1954), 378~383쪽.
30) 코르프, 『계수기』(1955), 236~251쪽.

를 배치하는데 내부 구성체로 후보 계수기를 지정할 때 그러한 조사를 위한 최초 모형을 도입했다(〈그림 6.6d〉에 나오는 우주선 망원경을 보라). 동시 측정 실험에서 후보 계수기를 제외한 다른 것들을 모두 연결하고 계수(計數) 비율 C_{off}를 측정한다. 그다음에 후보 계수기도 포함시키고 전체 배열에 대한 동시 계수 비율 C_{on}을 측정한다. 그러면 계수기의 전체 효율이 비 C_{on}/C_{off}로 정의된다. 만일 새로운 계수기가 발사하는 신호의 수가 친구 계수기가 발사하는 수에 비해 단지 절반에 불과하다면, 전체 효율은 0.5가 된다. 만일 새 계수기가 매번 신호를 발사한다면, 그 계수기의 전체 효율은 1이 된다. 스트리트와 우드워드는 계수기의 행동 중에서 좀더 미묘한 측면의 특징을 묘사하는 데도 통계를 이용했다. 만일 계수기로 들어오는 방사선의 수가 더 적으면 일반적으로 계수기의 효율은 증가하게 되는데, 이렇게 개선된 효율은 측정될 수 있다.

계수기가 방전 후 회복되기까지 기다리는 정해진 "불감(不感) 시간" 동안 전혀 작동하지 않는다는 점이 계수기의 비효율성 중 일부의 원인이기 때문에 효율이 증가한다. 만일 방사선이 드문드문 들어온다면, 방사선이 도착할 때가 바로 계수기의 불감 시간과 일치하는 경우는 별로 없으므로 계수기는 상대적으로 정확해진다. 우드워드와 스트리트의 통계 모형을 이용하면 계수기의 효율에 대해 $E_{total} = e^{-\sigma n}E_\rho$라는 공식을 얻는데, 여기서 σ는 불감 시간이고, n은 계수 비율, 그리고 E_ρ는 계수기가 불감 시간이 아닐 때의 계수기 효율이다. 그러면 이 공식은 실험 과학자에게 어떤 비율 n에서 계수기가 유용할 것인가에 대해 알려준다.[31]

이러한 모든 이유들 때문에 계수기는 하나하나가 통계적 장치라고 간주되었다. 그렇다면 계수기의 개별적인 행동을 제외하고도 동시 측정에 대한 계수(計數)는 논리 전통의 두 번째로 더 이상 축소할 수 없는 통계적 성질을 제공했다. 네 개, 다섯 개, 심지어 여섯 개의 계수기들이 짧은 시간 이내에 신호를 발사했을 때 그러한 발사는 단지 하나의 방사선이

---

31) 스트리트와 우드워드, 「계수기 보정」, *Phys. Rev.* 46(1934): 1029~34쪽.

통과하면서 유발된 것이 아니라 넓게 확산된 급격하게 증가한 개별적인 입자들뿐만 아니라 심지어 우연히 함께 일어난 방전에 의해 유발된 것이라는 가능성이 항상 존재했다. (소나기에 대조적인) 단 하나의 입자가 통과한 때문이라고 말하는 어떠한 논증이라도 한 가정이 다른 가정보다 더 가능성이 높다는 형태를 가져야만 되었다. 결과적으로 단 하나의 사건은 그것이 가이거 계수기에서 나온 한 번 똑딱거림이든 또는 복잡한 계수기들의 배열에서 나온 한 번의 펄스이든 관계없이 그 자체로는 아무런 의미도 없었다. 논리 전통의 자료는 오직 통계적으로 충분할 만큼 모였을 때만 설득력을 가졌다.

상(像) 전통에서 통계가 이용되었던가? 물론 우리는 구름 상자와 원자핵 에멀션 그리고 거품 상자 물리학의 여러 성질들에서 통계가 광범위하게 적용됨을 보았다. 에멀션 분석가는 흔적의 낱알 밀도에서 통계적 요동을 면밀하게 조사했다. 거품 상자 물리학자는 그들이 고용한 요원들이 스캔하는 효율을 측정하고 새로운 강입자 물리학의 영광스러운 시절 "봉우리 찾기"를 할 때 그들이 얻은 결과에 대해 통계적 의미를 부여했다. 달리츠 도표는 달리 말할 수 없을 만큼 통계적이었다. 그러한 예는 얼마든지 있었다. 그럼에도 불구하고 윌슨의 첫 번째 황금 사건에서 시작하여 오메가 마이너스의 발견에 이르기까지 상(像) 전통의 역사 전체를 통해 개별적 상(像)의 권위에 대해 변치 않는 믿음이 존재했다. 스캐너가 흔적 하나를 놓칠 수도 있고, 입자의 수명에 대해 무엇인가 말하기 위해서는 흔적들을 전체적으로 고려해야 할 필요도 있지만, 개별적인 사건의 근본적 권위는 때로는 구체적으로, 때로는 간접적으로 논증을 구성하는 체계의 인식론적 근저에 흔들림 없이 서 있다. 앨버레즈는 뚜렷하게 구별된 단 하나의 사건에 근거하여 캐스케이드 제로와 같은 새로운 대상이 존재함을 발표하러 기꺼이 기자회견을 청할 수 있었다.

그러나 논리 전통에서는 그렇지 못하다. 논리 물리학자가 자료를 해석할 때는 통계가 들어와야만 했다. 그곳에는 황금 사건과 비견할 만한 것이 하나도 없으며 있을 수도 없었다. 어떤 똑딱거림도, 어떤 동시 측정 결과도 복잡하게 얽힌 회로의 어떤 펄스도 필수적으로 통계상의 의미를 갖는다는 확인이 없다면 어떤 누구에게 어떤 무엇도 설득할 수가 없었다.

(동시 회로와 반동시 회로, 기체, 계량 회로, 가이거-뮐러 관, 고압원과 기체 등) 이러한 대상과 (망원경, 호도스코프, 그리고 다른 실험 장치 안에) 조합하는 규칙, 그리고 (자료의 신빙성과 배경 계산을 위해 오차를 통계적으로 이용하는) 추론의 형태 등이 우리가 무언(無言)의 크리올어라고 불렀던 것의 완벽한 예가 된다. 대상들과 기능들을 이렇게 연결하면 크리올어를 형성하는데, 그 이유는 비록 (예를 들어 우주선을 조사하기 위해 설계된 것과 같이) 일련의 특정한 실험에 한정해 연결되어 있다고 할지라도 회로의 패턴과 조합하는 규칙은 외견상 자율적으로 결정되어 이러한 논리 회로의 사용이 각종 전자(電子) 장치를 망라하는 다른 영역으로도 어렵지 않게 옮길 수 있기 때문이다.

기술자들은 이렇게 형체화된 하부 언어를 광범위하게 빌려와서 컴퓨터 제작에 있어서 논리 회로와 계량기들이 중요한 역할을 하도록 했다. 그 둘은 다음과 같이 바로 직접 연결되어 있다. 범용 목적의 최초 전자(電子) 컴퓨터인 ENIAC의 제작자들 중 한 사람인 존 W. 머슬리는 그의 노트에 1941년 8월 3일자로 디지털 전자계산기(electronic calculator)에 대한 그의 첫 번째 탐구를 기록했다. 바로 같은 날 그는 『과학 도구에 대한 종합 논문집』 1938년도 판에 실린 물리학자 토머스 존슨의 우주선에 관한 「가이거-뮐러 계수기의 통제 그리고 계수기의 충격량을 계량하고 기록하기 위한 회로」라는 논문을 참고문헌으로 메모해 놓았는데,[32] 그것은 우주선(宇宙線)이나 동쪽 또는 서쪽 또는 그 어떤 것에 대해 눈에 보이는 어떤 관심도 없는 상태에서 취한 행동이었다. 그런데 논리 크리올어는 심지어 이 두 가지 영역조차도 훨씬 더 멀리 뛰어넘도록 확장되어 사용되었으니, 그것은 섬광관과 체렌코프 관, 불꽃 상자,

---

32) 버크스와 버크스, 『전자 컴퓨터』(1988), 160쪽. 구체적인 참고문헌은 존슨, 「회로」, *Rev. Sci. Inst.* 9(1938): 218~222쪽이다.

1960년대와 1970년대, 그리고 1980년대에 만들어진 많은 종류의 와이어 상자들을 사용하는 도구 제작자들 사이에서 공통어가 되었다.

3. 빛의 집계(集計)

전쟁이 끝난 뒤 불꽃 계수기와 체렌코프 계수기가 폭발적으로 사용되었다. 빠르게 움직이는 대전 입자로부터 빛을 발생시키는 이 두 가지 기술은 전쟁 전 실험하기에 그 기원을 두고 있다. 물론 황화아연 섬광막은 러더퍼드와 그의 조수들이 어두운 방에서 원자핵에 충돌하고 튕겨져 나온 알파 입자의 존재를 신호해주는 번쩍거림을 관찰했던 러더퍼드의 초기 실험으로 거슬러 올라간다. 방사성 물질이 액체를 통과하게 되면 빛이 발생한다는 것도 20세기 초에 알려졌는데, 그렇지만 그 사실이 실험 도구에서는 결코 활용되지 않았다.[33] 1930년대 중반에 이르자 모스크바 물리학자 3인방(파벨 체렌코프, 이고르 탐, 그리고 일리야 프랑크)은 액체 속을 통과하는 방사성 입자에 수반되는 푸른색으로 섬뜩하게 빛나는 광선을 생성하고 분석하며 대부분을 설명했다. 전쟁 전에는 섬광막의 시각적 이용을 신뢰할 수 없다는 평판을 얻었으며, 그런 이유로 러더퍼드는 그 장치 대신 전자적(電子的) 장치로 눈을 돌렸다.

전쟁 말기에도 체렌코프 방사선은 주로 필름과 함께 호기심을 끄는 실험실 효과로 남아 있을 뿐이었다. 섬광 번쩍거림과 체렌코프의 불꽃이 논리 전통의 기본 구성 요소로 바뀌게 한 것은 바로 전쟁 중에 시작되었던 전자(電子) 혁명이었다. 이득이 높은 새로운 광전 증폭관에 부착되고 증폭기와 펄스-높이 분석기, 방사선 연구소와 로스앨러모스로부터 나타난 계량기 등에 연결되었을 때, 오직 그때에만 섬광기와 체렌코프 방사선이 전후 물리학과 연관된 물질문화의 일부분이 되었다.

---

33) 말레는 감마선이 물을 통과할 때 푸르스름한 흰빛이 생성된다는 것을 보여주었다. 참고문헌으로는 젤리, 『체렌코프 방사선』(1958), 7~8쪽을 보라.

평화가 찾아오자 새로운 장치들이 널리 퍼지는 데 오랜 시간이 걸리지 않았다. 물리학자인 하트무트 칼만은 전쟁 전에 베를린의 빌헬름 황제 연구소에서 원자 물리학과 원자핵 물리학의 여러 측면에 대한 연구에 종사했다. 은신 생활을 떨치고 나온 뒤에 (그는 전쟁 중에 베를린의 지하실에서 숨어 지냈다) 칼만은 빛을 만들어내기 위해 나프탈렌 결정과 신호를 증폭하려고 광전 증폭관을 결합하여 이용하는 방법을 조사했다. 칼만이 1947년에 발표한 논문에 바로 잇달아 로버트 호프스태터는— 논리 전통으로부터 직접적으로 — 요오드 나트륨 결정이 훨씬 더 강력한 섬광 효과를 지니고 있음을 보였다(〈그림 6.8〉을 보라).[34]

체렌코프의 편에서 보면 하버드의 물리학자 이반 게팅이 칼만과 비슷한 역할을 담당했다. 전쟁 전의 논리 회로에 철저하게 숙달된 게팅은 우주선(宇宙線)을 조사하는 데 동시 회로와 반동시 회로를 이용했으며, 1930년대에 그러한 회로에서 생기는 전기 펄스를 세는 데 도움을 주기 위해 아주 빠른 새로운 계량기를 발명했다. 전쟁 중에도 그는 MIT의 방사선 연구소에서 전자공학을 계속 발전시켰는데, 그곳에서 발사 통제 레

---

34) 섬광에 대한 초기 전후(戰後) 논문들 중 다음 논문들이 가장 중요한 것에 속한다. 1944년 맨해튼과 버클리의 방사선 연구소의 공동 연구 프로젝트에서 쿠란과 베이커, 「광전 알파 입자」, Rev. Sci. Inst. 19(1948): 116쪽에서는 알파 입자를 세기 위해 RCA 광전 증폭관과 결합된 은으로 감도를 높인 황화아연을 이용했으며, 블라우와 드레퓌스, 「증폭 광전관」, Rev. Sci. Inst. 16(1945): 245~248쪽은 알파 입자의 세기를 측정하기 위해 광전 증폭관과 함께 황화아연을 이용하는 데 주된 관심을 보였다. 가장 중요한 논문들로는 브로저와 칼만, 「자극(刺戟)」, Z. Naturforsh. 2a(1947): 439~440쪽; 나프탈렌이 베타선과 감마선에 민감함을 증명한 칼만, 「정량적 측정」, Phys. Rev. 75(1949): 623~626쪽이 있다. 그 뒤를 바로 이어서 도이치, 「높은 효율」, Phys. Rev. 73(1948): 1240쪽은 감마 감도를 증가시킨 좀더 두꺼운 형광막에 초점을 맞추었으며, 벨, 「안트라센의 이용」, Phys. Rev. 73(1948): 1405~1406쪽은 안트라센의 탁월한 섬광 특성을 증명했고, 호프스태터, 「알칼리 할로겐 화합물」, Phys. Rev. 74(1948): 100~101쪽은 그가 수년에 걸쳐 추구해온 검출기로서 Na I를 이용하는 프로그램을 출발시켰다. 불꽃 계수기는 호프스태터가 전자(電子) 산란과 핵자 구조의 연구를 계속할 때 그의 사역마(使役馬)가 되었다.

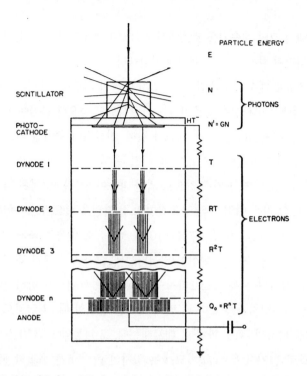

〈그림 6.8〉 불꽃 계수기(1964). 이 도식적 도표에서 에너지가 E(MeV)인 입자가 섬광을 내며 이온화시키고 여기되는 분자에 충돌한다. 이 에너지의 일부는 N개의 광자(光子)로 방출되고, 그중 일부는 (GN) 광전 음극에 충돌한다. 충돌하면서 이 GN개의 광자 중 일부는 광전 음극에서 광전자를 만들어낸다. 광전자들은 그다음에 퍼텐셜을 통과하면서 가속되고, 그래서 $T(=pGN)$개의 광전자가 2차 전극(Dynode 1)에 충돌하고, Dynode 2에 RT개의 전자를 발생시킨다. 이런 과정이 반복되고, 그때마다 R배만큼씩 증가하여 결국에는 양극에 상당한 양의 전자(電子) 전류가 (모두 R^nT) 모이게 되는데, 이 수는 원래 대전 입자의 에너지 E에 직접 의존한다. 출처: 버크스, 『섬광 집계(集計)』(1964), 11쪽.

이더에 대해 연구했다. 그러므로 1946년 말 그는 광전 증폭관이 부착된 루사이트(Lucite)와 플렉시글라스(Plexiglas)(유리 대용으로 사용되는 투명 합성수지의 상표명임 - 옮긴이)를 이용한 체렌코프 광선 발생기를 사용하는 데 필요한 전자 장치를 모으는 데 잘 준비되어 있었다.

　게팅의 연구는 로버트 딕케의 연구와 필적할 만한데, 딕케 역시 1947년에 발표한 전자공학에 대한 그의 전시(戰時) 연구를 이용했다. 게팅과 마찬가지로 딕케는 체렌코프 광선을 새로운 광전 증폭관에 주입시키고,

계속해서 그의 계수기를 로스앨러모스 501 증폭기에 끼워 다시 전시에 고안되었던 필스-높이 분석기에 연결했다.[35]

체렌코프 계수기는 대전(帶電) 입자가 물질 내부를 통과할 때 어떤 특별한 각에서 방사선을 방출한다는 간단하고도 중요한 관찰에 기초를 두고 있다. 쉬운 비유를 들면 다음과 같다. 잔물결이 주어진 빠르기로 정지한 물 위를 진행해 나가고 있다. 만일 배 한 척이 그 빠르기보다 더 빨리 달리고 있다면, V자 모양으로 꺾인 파동이 만드는 고정된 각이 있게 되는데, 그 각은 여러 개의 잔물결이 보강 간섭을 일으키는 속력과 관련되어 있다(〈그림 6.9〉와 〈그림 6.10〉을 보라). 공기 속을 음속보다 더 빠르게 움직이면 동일한 현상이 일어나는데, 초음속 비행기 뒤에 생기는 V처럼 끌려가는 폭음으로 다시 울려 퍼진다. 체렌코프 방사선의 경우 대전(帶電) 입자가 빛보다 더 빨리 매질을 통과할 때 그 입자도 끌려오는 V를 따라서 "꺾인 파동"을 내보내는데, 그 파동의 열린 각은 $\cos\theta = 1/n\beta$로, 여기서 $\beta = v/c$이고, v는 입자의 속력, n은 매질의 굴절률이다.[36] 이 방사선의 각은 운동량이나 에너지가 아니라 속력에 의존하기

---

35) 최초 논문을 찾으려면 체렌코프, "Vidimoje", *C. R. Acad. Sci. URSS*(1934): 451~454쪽; 프랑크와 탐, 「결맞는 방사선」, *C. R. Acad. Sci. URSS* 14(1937): 109~114쪽; 콜린스와 라일링, 「방사선」, *Phys. Rev.* 54(1938): 499~503쪽을 보면 되는데, 이 논문들은 모두 빛을 기록하기 위해 사진 찍는 방법을 이용한 전쟁 전 연구들이다. 전후(戰後) 전자적(電子的)인 체렌코프 검출기는 게팅, 「검출기에 대한 제안」, *Phys. Rev.* 71(1947): 123~124쪽에 의해 시작되었는데, 그것에 관해서는 게팅, 『수명』(1989); 퍼리, 「질량 측정」, *Phys. Rev.* 72(1947): 171쪽; 딕케, 「체렌코프 계수기」, *Phys. Rev.* 71(1947): 737쪽; 젤리, 「체렌코프 효과」, *Phys. Soc. London., Proc.* A 64(1951): 82~87쪽을 보라. 체렌코프 계수기와 불꽃 계수기가 모두 시작부터 계수기로 분류되었다. 예를 들어 새뮤얼 크로 쿠란과 존 D. 크래그스의 『계수관』(1949)은 그들의 설명 중 가이거-뮐러 관에서 순조롭게 불꽃 계수기로 옮아갔는데, J. B. 버크스의 『섬광 집계(集計)』(1964)에서도 마찬가지였다. 그때 그는 검출기들을 한쪽에는 "흔적을 시각화하는 도구"로, 그리고 다른 쪽에는 체렌코프와 섬광 효과를 활용하는 것들을 포함한 여러 가지 "계수기"들로 나누었다.

36) 탐의 이론은 더 계속되어 눈에 보이는 총 방사선은 $dN/dL = (z^2e^2/h/c^2)(1-$

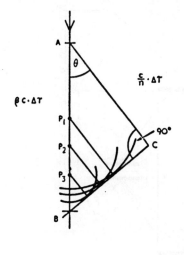

〈그림 6.9〉 체렌코프 방사선(1958). A에서 B까지 속도 βc로 (c는 진공 중에서 빛의 속력임) 움직이는 대전 입자는 모든 점에서 방사선을 방출한다. 임의의 세 점 P_1, P_2 그리고 P_3에서 방출된 작은 파동을 생각하자. 이제 선분 BC가 일련의 작은 파동들의 결맞는 위상을 통과해 나간다고 할 때 각 θ가 존재한다. 이 각은 무엇인가? 만일 대전 입자가 A에서 B까지 진행하는 데 걸린 시간이 $\Delta\tau$라면, $AC = (c/n)\Delta\tau$는 매질에서 $\Delta\tau$ 동안에 방사된 빛이 진행하는 거리이다. AC는 BC에 수직하기 때문에, 그리고 AB와 AC가 주어졌기 때문에 θ는 $\cos\theta = 1/\beta n$으로 고정된다. 출처: 젤리, 『체렌코프 방사선』(1958), 5쪽.

때문에 체렌코프 방사선은 빨리 움직이는 입자의 질량을 결정하기 위해 잘 알려진 운동량의 자기장 굴절 측정과 함께 사용될 수 있다.[37]

체렌코프 방사선의 경우 빛의 방출은 탐-프랑크 이론에 의해 잘 설명되었다. 새로운 섬광체에 대해서도 똑같은 설명을 하지 못할 것은 분명했다. 그것들이 도입되고 여섯 해가 지난 뒤에 지도급 연구자들 중에서 한 사람은 다음과 같이 썼다. "이론은 우리에게 어떤 물질이 좋은 섬광체라든지 또는 어떤 조합이 가장 좋은 성능을 보일지에 대해 아무것도 말해주지 않았다. 우리가 적용하는 지식은 거의 순전히 시행착오로 얻어졌

$1/n^2\beta^2)\,d\omega$(단위 경로 길이당 양자수로 측정하여)가 된다고 예측했는데, 여기서 ze는 입자의 전하이고, ω는 방출된 양자의 진동수에 2π를 곱한 것이며, 다른 양들은 전과 같다. 앞에서 인용된 논문들과 그리고 예를 들어 마터, 「양성자 속도」, *Phys. Rev.* 84(1951): 181~190쪽을 보라.

37) 1951년까지 (단지 전자[電子]뿐 아니라) 개별적인 양성자의 속도를 측정하고 속도 판별기를 설계하는 데 체렌코프 방사선을 이용하는 것이 가능했다. 이 설계에서는 방사체에서 오직 정해진 각에서만 나온 빛을 골라내는 광전 증폭관을 전략적으로 배치했다. 마셜, 「빠른 전자」, *Phys. Rev.* 81(1951): 275~276쪽; 마터, 「양성자 속도」, *Phys. Rev.* 84(1951): 181~190쪽.

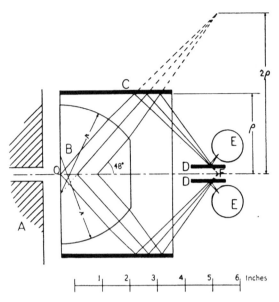

FIG. 1. Counter arrangement (explanation in text).

〈그림 6.10〉 마셜, 체렌코프 속도 계수기(1951). 원래는 시카고 대학 싱크로사이클로트론을 위해 설계되었는데, 마셜이 오직 정해진 속도로 지나가는 입자에 의해서만 신호가 발사되는 검출기를 설계하는 데 체렌코프 방사선의 특성 각을 활용했다. 도표에서 *A*는 전자들이 통과하는 납으로 된 조준기이고, 방사체 *B*는 반지름이 *r*인 회전체로 반지름이 2*ρ*인 예리한 고리 내로 체렌코프 방사선을 집속(集束)시키기 위해 설계되었는데, 여기서 *ρ*는 원통형 반사체 *C*의 반지름이다. *C*는 방사선의 초점을 *F*에 만드는데, 방사선은 그곳에서 (잡음을 피하기 위하여) 동시 회로로 연결된 두 개의 광전 증폭관 *E*로 반사된다. 빛을 포착할 때까지 광전 증폭관의 위치를 움직여 체렌코프 방사선이 결정될 수 있으며, 그것으로 전자의 속도도 결정될 수 있다. 속도 계수기 내부에서는 논리 방법이 이용되었고, 계수기가 논리 회로 내부에 연결되었음을 유의하라(〈그림 6.11〉을 보라). 출처: 마셜, 「빠른 전자」, *Phys. Rev.* 81(1951): 271~276쪽 중 276쪽.

다. 물리학자들은 섬광체로 조사될 수 있는 물질을 찾기 위해 화학자들의 선반을 샅샅이 뒤졌다."[38] 유기 혼합물의 전자(電子) 들뜬 상태라든지 섬광체 내부의 불순물에 전달되는 에너지, 그리고 마지막 방출 과정 등에 대해서 아직 해결되지 않은 의문들이 남았다. 심지어 광전 증폭관

---

38) 콜린스, 「불꽃 계수기」, *Sci. Amer.* 189(1953년 11월): 36~41쪽 중 38~39쪽.

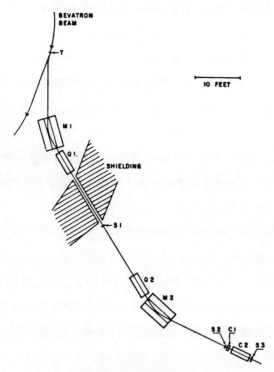

FIG. 1. Diagram of experimental arrangement.
For details see Table I.

〈그림 6.11〉 반양성자 논리(1955). 오래된 다양한 형태의 논리 회로와 함께 마셜의 체렌코프 속도 계수기(〈그림 6.10〉)의 변형을 이용해 체임벌린과 그의 동료들은 6만 2,000개의 음전하를 띤 파이온 중 하나의 반양성자 후보를 고를 수 있었다. 비록 곧 시각적(視覺的) 방법에 의해 재확인되었지만, 반양성자의 경우 당시 시달림을 받고 있던 논리 전통의 승리라고 널리 받아들여졌다. 출처: 체임벌린 외, 「관찰」, *Phys. Rev.* 100(1955): 947~950쪽 중 947쪽.

도 판이 방출하는 전자를 최소화하고 전자(電子)에 대한 반응을 최대화하는 데 몇 가지 시행착오를 수반했다.[39] 새로운 계수기에 대한 신빙성은 장치에 대한 미시 물리적 이론에서 오지 않았다. 전반적으로 보아 신빙성은 다른 도구에 대항하는 연구에 의해 생겨났다. 계수기에 대한 가

---

39) 버크스, 『불꽃 계수기』(1953), 제3장.

장 초기의 인증 시험 중 일부는 이온화 상자에 대한 비교에 의해 수행되었다(전시의 도파관과 함께 사용된 황화아연은 80~100퍼센트의 효율을 내는 것으로 판명되었다.) 체렌코프 집계(集計)는 모두 동시 회로로 연결된 새 계수기와 가이거-뮐러 관이 서로 경쟁한 시험을 통과한 뒤에 동일한 수준의 인증을 획득했다.[40] 그 요점은 구름 상자를 설계할 때 열역학 이론이 기여한 부수적인 역할과 원자핵 에멀션의 개발에서 에멀션 화학 또는 브롬화 은에 대한 양자 이론이 기여한 쓸모없는 역할, 그리고 거품 상자의 설계에서 핵형성 이론이 기여한 간접 역할로부터 우리에게 이미 친숙한 것이다.

논리 전통은 그러므로 다양한 방법을 통하여 모습을 드러낸다. 새로운 계수기를 발명하는 물리학자들은 논리 전통의 궤도를 따라가고 있었다. 장치 자체가 논리 회로를 이용하여 시험되었다. 그리고 섬광기와 체렌코프 계수기가 모두 가이거-뮐러 관과 그 유사 제품들과 함께 즉시 그리고 항구적으로 계수기로 분류되었다. 그러나 아마도 가장 중요한 것으로, 섬광과 체렌코프 계수기가 논리 배열에 배치된 기본적인 통계적 장치로 그 면모를 드러냈다.

새로운 계수기들이 1950년대 중반에 LBL의 세그레-체임벌린 그룹에 의해 논리 전통 내에서 모범적으로 응용되었다. 디랙 방정식에 의해 많은 이론 과학자들은 마치 양전자가 전자의 반대편에 서 있는 것처럼 양성자도 음전하를 띤 다른 짝을 가지고 있을 것이라고 가정했다. 그러나 그러한 가정이 대부분의 실험 과학자들에게는 세상의 자명한 성질 중 하나로 받아들여지지 못하고 있었다. 버클리의 반양성자 실험은 비록 동시 측정 집계(集計)에 근거한 통계적 분류를 사용하는 원리가 전쟁이 일어나기 훨씬 전부터 논리 실험의 유서 깊은 전통이 되어 왔지만, 빛에 기반을 둔 새로운 계수기들을 고도로 복잡한 배열로 연결했다(〈그림

---

40) 예를 들어 칼만, 「정량적 측정」, *Phys. Rev.* 75(1949): 623~626쪽; 젤리, 「체렌코프 효과」, *Phys. Soc. London, Proc. A* 64(1951): 82~87쪽을 보라.

6.11〉을 보라). 베바트론에서 양성자 빛줄기가 구리 표적 T에 충돌하고, 그 결과로 만들어지는 음전하를 띤 입자들은 1.19GeV의 에너지를 갖게 된다. 그러고 나서 그 입자들은 자석 $M1$과 $Q1$에 의해 한군데로 모아졌다. C는 체렌코프 계수기를 가리키고 S는 불꽃 계수기를 가리킨다고 하자. $S1$을 통과한 빛줄기는 자석 $Q2$와 $M2$에 의해 다시 모이고, 마지막으로 $S2$, $C1$, $C2$ 그리고 $S3$의 순으로 통과해 날아갔다. 실험 과학자들은 굉장히 많은 수가 생성된 음전하를 띤 파이온들이 반양성자로 잘못 간주되지 않을까 걱정했으며, 그러한 일이 우연히 일어나는 것을 방지하기 위해 논리적 순서를 설계했다. 메존은 양성자보다 더 가볍기 때문에 에너지가 1.19GeV인 파이온은 같은 에너지의 반양성자보다 훨씬 더 빨리 움직일 것이다(그 에너지에서 파이온의 속도는 $\beta = v/c = 0.99$이고, 반양성자의 속도는 $S2$를 지날 때 $\beta = 0.78$이며, $C1$과 $C2$에서 에너지를 잃은 다음에는 $\beta = 0.765$가 된다). $C1$은 후보 입자가 $\beta = 0.79$보다 더 빨리 움직이면 그 입자는 반양성자보다 가벼움을 나타내기 때문에 신호를 보내는 방법으로 반양성자의 탐색에 도움을 주었다.

〈그림 6.10〉에 보인 마셜의 속도 판별기가 바탕이 되어 만든) $C2$는 선택된 입자의 질량이 양성자의 질량에 가까운 조건이 되도록 훨씬 더 정확한 기준으로 $0.75 < \beta < 0.78$을 적용했다. 세 번째 점검으로, 논리 회로는 $S1$과 $S2$ 사이를 지나가는 시간이 오직 40에서 51밀리마이크로초(10^{-9}초)인 경우에만 그 입자가 진짜 반양성자라고 셈하는데, 이 시간은 양성자의 질량과 비슷한 질량의 입자는 포함하고 잔꾀를 부리는 음전하를 띤 파이온은 제외하는 데 이용되었다. 마지막으로, 단지 $C2$에서만 큰 각으로 산란되어서 마치 반양성자인 것처럼 보일 때까지 속도가 느려진 파이온이 없음을 확인하기 위해 실험 과학자들은 세 번째 섬광기 $S3$를 배치했는데, 그 섬광기는 $S1$ 그리고 $S2$와 동시에 신호를 발사해야만 했다. 이 실험은 모든 요소들이 신호를 내보내야만, 즉 $S1 \cap S2 \cap S3 \cap$ ($C1$이 아님)$\cap C2$여야만 집계에 포함됐다. 이 논리 조합에서 어떤 하나의 특정한 요소는 ($C2$에서 원자핵 산란과 같은) 가짜 효과에 의

해서 복제될 수도 있었다. 그러나 모든 기준들이 만족되어야 한다는 중첩된 요구 사항들은 6만 2,000개의 음전하를 띤 파이온마다 단지 한 개의 반양성자가 존재한다는 추정만 가능하게 만들었다. 마지막으로, 자기장의 세기를 바꾸어줌으로써 체임벌린과 세그레 등은 검출기로 들여보낸 입자의 운동량을 변화시킬 수 있었다. 만일 다른 것들이 모두 똑같이 유지된다면, 전과 동일한 속도 선택기를 통과하는 새로운 운동량의 입자는 전과 다른 질량을 가진 입자라는 신호에 셈을 더하게 될 것이다. 계수기들이 모두 순조롭게 작동되는 상황에서 그들은 장치를 양성자/반양성자 질량에 반응하도록 맞추었을 때 집계된 수가 뚜렷한 봉우리를 나타낼 것인가라는 점이 "새로 검출된 음전하를 띤 입자가 실제로 존재한다는 증거가 될 것이다"[41]라고 천명했다. 바로 그 봉우리가 그들의 계량기에 나타났을 때 저자들은 새로운 입자에 대한 설득력 있는 사례가 나왔다고 발표했다. 단 하나의 셈은 아무런 의미도 없었다. 존재한다는 것에 대한 논의는 통계적이지 않을 수 없었다.

전에는 관찰되지 않았던 또 다른 입자인 뉴트리노도 논리 실험을 통하여 드러났다. 프레더릭 라이네스와 클라이드 코언에 의해 시작된 이 실험의 출발점은 냉전 시의 핵무기 실험이었다. 라이네스는 비록 우주선(宇宙線) 물리학을 공부했지만, 모든 면에서 "로스앨러모스 사람"이 되어 있었다. 전쟁 기간 중에 그는 파인먼의 그룹에서 연구했는데, 특히 원자탄 폭발에 의한 폭풍을 측정했다. (기밀 취급으로 지정된) 박사학위 논문을 완성한 뒤에 라이네스는 전쟁이 끝나가지만 그 연구소에서 연구를 계속하기로 결정했는데, 그곳에서 폭발 후 폭풍을 결정하는 기본 변수인 X-선 측정과 감마선 결정, 그리고 알파선 측정 등을 포함하는 폭풍 효과 측정용 장치 만들기에 점점 더 권위자가 되어가고 있었다. 하는 일의 규모는 물론, 그가 "무한한 자원"이라고 부른 물리를 하는 데 필요한 능력 등을 도저히 외면할 수 없었다. 핵융합과 핵분열을 혼합한 1951년

---

41) 체임벌린 외, 「관찰」, *Phys. Rev.* 100(1955): 947~950쪽 중 949쪽.

5월의 조지 실험(미국의 첫 번째 수소폭탄 실험이다 - 옮긴이)에 대해서 라이네스는 다음과 같이 회고했다. "조지는 사람이 만든 별이었다. 우리는 지상에서 별의 상태를 만들 수가 있었다. 나는 그것이 정말 매혹적이라고 생각했다. 별을 개인 소유로 갖게 되다니. 과학자에게 사물을 바라보는 방법과 사물을 이해하려고 시도하는 방법으로 그렇게도 아주 다른 방법을 제공했다."[42] 1952년 10월의 첫 번째 온전한 열핵 폭탄을 위한 마이크 실험(조지 실험에 뒤이은 본격적인 수소폭탄 실험이다 - 옮긴이)에 대한 준비가 착수되기 전에 라이네스는 수소폭탄에 대한 생각을 중지하고 물리에 대한 생각을 시작할 수 있도록 사직을 요청했다.

그 대신 1951년 여름 동안 라이네스는 그가 두 가지를 모두 할 수 있는지에 대해 의문을 가지기 시작했다. 핵폭발에서 20년 전에 제안되었지만 아직 검출된 적이 없고 잡아내기 어려운 입자인 뉴트리노가 검출될 만큼 많이 생성될 것인가? 여기에 관계된 물리 과정은 역베타 붕괴인데, 이 반응에서는 반뉴트리노가 양성자와 충돌하여

$$\bar{\nu} + p \rightarrow e^+ + n$$

과 같이 양전자와 중성자를 생성한다. 핵폭탄은 굉장히 많은 수의 중성자를 방출하고, 중성자가 붕괴하면서 수많은 뉴트리노가 생성된다. 그러나 이 계획이 점점 자리 잡아 가면서 라이네스와 코언은 이보다 좀더 조용하게 뉴트리노를 제공하는 공급원인 원자로를 이용하기로 결정했다. 핸퍼드(맨해튼 프로젝트에 이용될 플루토늄 생산을 위해 뒤퐁 사가 워싱턴주 핸퍼드에 건설한 시설이다 - 옮긴이)에서 확정적 결과를 얻지 못한 다음 그들은 점점 더 규모가 커지는 그들의 실험을 AEC 산하의 좀더 강력한 사바나강 시설(전쟁이 끝난 후 미국 정부가 뒤퐁 사에 플루토늄 생산 설비 요청으로 건설된 시설이다 - 옮긴이)로 이동하여 수행하기로 했다. 그때까지 그들의 목표는 약 1,400갤런에 해당하는 거대한 통에 담

---

42) 라이네스, 저자와의 인터뷰, 1988년 8월 15일.

긴 섬광체를 이용하여 전자-양전자 소멸의 특징을 나타내는 신호를 관찰하자는 것이었다. 우주선(宇宙線)이나 전자 장치에서 유래된 잡음을 제거하기 위해 이 두 명의 로스앨러모스 물리학자는 두 번째 조건을 추가했다. 중성자가 일단 섬광체에서 벗어나면 카드뮴에 포획되고 그 결과로 수마이크로초가 지난 다음 감마선이 방출되는데, 그 감마선이 "실제" 뉴트리노 사건을 아주 분명하게 만들어 줄 수 있었다(〈그림 6.12〉와 〈그림 6.13〉을 보라). 반양성자 실험에서와 마찬가지로 뉴트리노 탐색에서도 관계된 논의마다 하드웨어로 만들어졌고, 그것이 몇 트럭 분으로, 거기에는 로스앨러모스에서 설계된 프리앰프, 동시 회로, 계량기, 그리고 고압 전원 장치 등이 포함되어 있었다.[43]

이렇게 방대한 전자 장치들을 이용해 라이네스와 코언은 허용된 반뉴트리노의 수가 이론에 부합하는 방식으로 원자로의 출력 값에 따라 변화한다는 것을 입증할 수 있었다. 다음으로, 이미 알려진 양전자 방출체를 지닌 시스템을 이용하고 카드뮴의 중성자 포획에서 나오는 지연된 신호가 그들이 섬광체에 삽입한 카드뮴의 양에 따라 변한다는 것을 이용해 그들은 뒤이어 바로 방출되는 감마선이 진짜 양전자에서 나온다는 것을 증명했다. 마지막으로, 서로 다른 두께의 차폐물을 삽입해 그들은 검출기까지 도달하는 중성자와 감마선의 수를 감소시킬 수 있었다.[44]

우리는 이 두 실험을 이중의 시각에서 바라볼 필요가 있다. 오랫동안 가정되어온 존재인 반양성자와 반뉴트리노에 대한 증명으로서 두 실험은 이론으로 예언된 존재를 실험실에서 구현시킨 단 하나일 뿐인 빼어난 예다. (두 실험 모두 노벨상을 수상했음을 말하지 않을 수 없다.) 그러

---

43) 나는 로버트 사이델이 그의 미발표 논문인 「뉴트리노 사냥」(n.d.)을 인용하도록 허락해 주어서 감사드린다. 그 논문은 라이네스와 코언의 실험에 사용된 전자 장치 중 일부가 로스앨러모스에서 나왔음을 알려주고 있다.

44) 라이네스, 「뉴트리노」, *Ann. Rev. Nucl. Sci.* 10(1960): 1~26쪽; 라이네스, 「뉴트리노」, *J. Phys.* 43(1982): C8.237-C8.260쪽; 라이네스와 코언, 「자유 뉴트리노」, *Phys. Rev.* 92(1953): 830~831쪽; 코언 외, 「검출」, *Science* 124(1956): 103~104쪽.

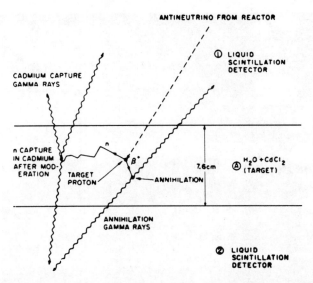

〈그림 6.12〉 뉴트리노의 표시(1960). 사바나강 원자로의 핵분열 반응에서 나온 반뉴트리노가 염화 카드뮴이 녹아 있는 물 표적에 충돌한다. 역베타 붕괴($\bar{v} + p \rightarrow e^{+} + n$)는 검출될 수 있는 두 입자를 방출한다. 양전자는 전자와 소멸하여 그 특징이 되는 0.5 MeV 감마선 두 개를 생성한다. 이들이 두 개의 불꽃 검출기에 의해 동시에 관찰되었다. 물에 의해 감속된 중성자는 카드뮴 원자핵에 포획되어 여러 개의 감마선을 방출할 때까지 좀 더 지연된다. 바로 나오는 신호와 지연된 신호가 함께 반뉴트리노의 존재를 표시한다. 출처: 라이네스 외, 「자유 반뉴트리노」, *Phys. Rev.* 117(1960): 159~173쪽 중 159쪽.

나 동시에 이 실험들을, 상(像) 전통과는 달리 해석 작업의 대부분이 장치 자체에 부속되도록 설계된, 오래 지속된 논리 전통의 고도로 복잡한 실증(實證)이라고 보아야 한다. 뉴트리노에 대한 배경 신호들은 회로에 의해 존재하지 않도록 방지되었고, 반양성자에 대한 배경 신호는 전자 장치에 의해 제거되었다.

인식론적으로 이 실험들은 끝없는 탐구가 아니다. 두 실험 중 어느 것도 거품 상자나 원자핵 에멀션이 그랬던 것처럼 그전에는 알려지지 않은 현상의 범위를 드러내기 위한 방법으로 준비되지 않았다. 이 두 개의 놀라운 전자(電子) 장치들은 모두 실험하는 사람들이 그럴 것이라고 믿는 그 무엇을, 실제로 어떻게 합리적인 대안(代案)들이 통계적으로 제외될 수 있는가를 과시하는 방법으로, 밝히는 것을 목표로 했다. 이 실험들

〈그림 6.13〉 전자 장치에 의한 뉴트리노. 사바나강 실험을 위한 라이네스와 코언의 전자 장치. 펄스 높이와 동시 측정, 그리고 반동시 측정 등을 이용하는 방법으로 배경에서 신호를 포착하는 것이 이 실험의 주요 특징이었다. 출처: F. 라이네스에게 감사드린다.

은 머리 → 세상의 신빙성을 목표로 했다. 만일 가까운 곳에 다른 현상이 존재했다면, 그 현상들도 어떤 다른 방법을 통해서 실험하는 사람들에게 제시되었을 것이 틀림없다. 이 실험들과 그리고 내가 그 실험들이 속한 것으로 분류한 더 큰 전통은 탐구의 대상이 되는 그림이 아니었다. 그곳에서는 그전에 꿈꾸지 못했던 열광적인 황금 사건을 발견하려는 희망에서 매우 신중하게 스캔하는 일은 없었다. 세상 → 머리의 신빙성은 이 게임의 이름이 아니었다.

4. 민주적인 검출기

하이젠베르크보다는 슈뢰딩거에게, 슈윙거보다는 파인먼에게 또는 일반 상대론의 장-이론적 표현보다는 기하적 표현에게 부여하듯이 시각화에 대해 열광하고, 시각화에 누구도 부정하지 않는 꼭 필요한 것으로서 승리자의 역사를 부여하는 것은 조금도 어렵지 않다. 실험에서도 입자 물리학의 구름 상자나 거품 상자 상(像)이 환유(換喩)적으로 물리학의 한 분야 또는 심지어 물리학 자체를 의미하게 되었다. 눈에 보이는 것과 마음에 그리는 것은 과학의 역사와 철학에서조차도 문화적으로 과대평가되었다. 그러나 논리 전통에 대응하는 실험에서의 비시각적인 측면 또는 심지어 때로는 반시각적인 측면도 실험 물리학의 역사에서 우세한 부분을 차지한다. 그리고 1930년대에 전자적(電子的) 논리의 물질 크리올어가 확립되면서 우리는 실험에 의한 탐구에서 성상파괴주의적인 지류(支流)에 대한 추적을 시작할 수 있다.

계수기에 의한 전자(電子) 논리 전통의 수립과 함께 새로운 입자에 대한 증거를 만들어내는 상(像) 전통의 선행자인 거품 상자나 구름 상자, 그리고 원자핵 에멀션 등과 경쟁하려고 분투하는 기술이 출현했다. 새로운 장치인 불꽃 상자 및 그와 유사한 장치들을 역사적으로 분석하는 것은 더 쉽기도 한 동시에 더 어렵기도 하다. 그것들에 대해 조사하는 것이 더 쉬운 이유는 초기 불꽃 상자를 제작하는 일이 수소 거품 상자를 에워싸는 저온 시설을 설치하는 일에 비하면 어린아이들의 놀이만큼이나 쉽기 때문이다. 그러나 엄밀하게는 제작하기가 그렇게 쉽다는 점 때문에 역사가들의 작업은 훨씬 더 어렵게 된다. 고가(高價)의 중앙 집중적인 거품 상자가 설치된 곳은 불과 몇 군데 되지 않는 데 반해, 불꽃 상자는 바로 거의 모든 곳으로 퍼져 나갔다. 거품 상자를 작동시키고 정비하고 자료를 분석하기 위해 20, 30 또는 40명의 물리학자, 기사, 기술자, 그리고 스캐너로 이루어진 팀이 필요한 데 반해 초기 불꽃 상자 그룹은 10명을 넘는 물리학자로 구성된 경우도 드물었다. 거품 상자의 개발은 어느 정도 단계적으로 수행되었다고 이야기할 수 있는 데 반해, 불꽃 상자는 미국과 영국, 독일, 일본, 그리고 소련 등을 망라하는 여러 곳에 걸쳐 산재된 장소에서 다중(多重)의 변형들이 산발적으로 성장했다. 다양한 계수기와 불꽃 상자에 대한 이렇게 민주적이며 심지어 무질서하다고까지 보이는 측면은 그것들이 물리학의 도구로 성장하게 되었지만, 또한 그것들의 기원이 여러 갈래여서 깔끔하게 설명하는 방식을 복잡하게 만든다는 점을 이해하는 데 중요하게 기여했음을 알게 될 것이다.

불꽃 상자가 계수기와 갖는 관계는 여러 면에서 거품 상자가 구름 상자에서 유래되었다는 점과 같은 방식으로 맺어져 있다. 구름 상자에서 거품 상자로의 변천과 마찬가지로 인적 구성에 연속성이 존재하고, 기술에도 연속성이 존재하며, 그리고 실험에 의한 증명의 양식에도 연속성이 존재한다. 그러나 불꽃 상자는 적어도 세 가지 (어쩌면 더 많은) 서로 독립적인 뿌리에서 싹텄기 때문에 그것의 발전에 대한 서술은 그로부터 가지를 친 갈래들, 즉 몇 갈래는 성장이 급격히 멈추었으며, 그리고 어떤 갈래는 여러 개의 더 작은 줄기로 나누어진 것 등 갈래들이 반드시 반영되어야만 한다. 전후(戰後) 기간 중에 출현한 수많은 새로운 도구에서와 마찬가지로 불꽃 상자의 기원을 파악하기 위해서는 전쟁이 끝난 다음에 이용할 수 있도록 축적된 기술에 대한 새로운 지식을 이해하는 것이 필수적이다.

우리가 이미 제4장에서 본 것처럼 원자폭탄 프로젝트와 레이더 프로젝트라는 미국의 제2차 세계대전 거대 무기 프로젝트는 모두 그들의 임무를 완수하기 위하여 새로운 유형의 복잡한 전자 장비들을 만들어내야 했다. 로스앨러모스에서 물리학자들은 여러 가지 목적을 위하여 민첩한 시간 측정 회로를 필요로 했다. 여러 적용 분야 중에서도 맨해튼 프로젝트에 참가하는 과학자들은 플루토늄 폭탄에 내파(內波) 과정을 장치하고 중성자 생성과 증식을 분석하기 위하여 그런 장비를 요구했다. 세스 네더마이어가 가장 복잡한 시간 측정 프로젝트 중 하나인 "크로노트론" 프로젝트를 이끌고 있었는데, 이 장치는 전파선을 따라 서로 반대 방향으로 진행하는 두 펄스가 중첩되는 영역을 결정했다.[45] 궁극적으로 네더마이어의 목표는 계수기에서 나오는 신호 사이의 시간 간격을 결정하고 따라서 결과적으로 매우 빠른 대전 입자의 속도를 측정하는 것이었다. 1945년 여름에 이르기까지 네더마이어 팀은 3×10^{-10}초까지의 차이를 정확하게 시간 측정할 수 있는 장치를 손에 넣었다. 그것은 잠재적으로 논리 전통에 경이로운 기여를 하는 것이었지만, 그것은 다루기 힘든 판 사이의 간격 때문에 어려움을 당했다.

네더마이어의 시스템이 갖추지 못한 것은 시간 측정 시스템의 정확도에 필적하는 정확도를 지닌 계수기였다.[46] 통탄스럽게도 크로노트론과 함께 사용될 예정인 전통적인 가이거-뮐러 관은 원래 약 10^{-7}초 정도의 오차를 내재하고 있었다.[47] 계수기의 정확도가 제한받는 근본적인 이유는 대전된 입자가 통과하면서 방출되는 전자들이 수많은 전자들의 생성을 유도하기에 충분히 센 전기장을 만나기 전까지 관 내부의 어떤 장소에서 중심 도선 쪽으로 끌려가야만 하기 때문이라고 이해되고 있었다. 실험 과학자들은 새로운 입자의 수명을 결정할 셈이라면 서로 연결된 도구들 사이의 이러한 빈약한 관계를 극복해야만 되었다.

칼텍의 헨리 네어 문하에서 연구하는 대학원생이었던 잭 워런 코이펠은 네더마이어가 "검출기를 탐색하면서 얻은 시간 측정 장치"에 의해 제기된 기회를 꽉 움켜쥐었다. 코이펠은 대전된 평행판이 두 판 사이의 전

---

45) 로스앨러모스를 떠나면서 네더마이어는 그 장비를 워싱턴 주립대학의 자신에게 옮기도록 해서 그곳에서 계속 기술을 다듬었다. 호킨스, 트루슬로, 그리고 스미스, 『프로젝트 Y』(1983), 320~321쪽; 네더마이어 외, 「측정」, Rev. Sci. Inst. 18(1947): 488~496쪽을 보라.

46) "아마도 [민첩한 계수기의 제작]을 성공하기 위해 봉착하는 어려움이 클 것이지만, 근본적인 문제는 아니다"(네더마이어 외, 「측정」, Rev. Sci. Inst. 18[1947]: 488~496쪽 중 488쪽).

47) 예를 들어 셔윈, 「짧은 시간 지연」, Rev. Sci. Inst. 19(1948): 111~115쪽을 보라. 마이크로초 물리에 가이거 계수기를 사용하는 어려움의 예로는 로시와 네레슨, 「실험」, Phys. Rev. 62(1942): 417~422쪽을 보라.

제6장 전자적(電子的) 상(像) **783**

체 공간을 통해 일정한 전기장을 만들기 때문에 본질적으로 평평하게 넓힌 가이거 계수기인 불꽃 계수기에서는 민감한 공간 어디서나 수많은 전자들의 생성이 시작될 수 있으리라는 점을 깨달았다. 코이펠에게 남겨진 기술적 문제라고는 이미 알려진 평행판 계수기를 이전의 방전에서 남은 이온들이 재빨리 제거될 수 있도록 수정하는 일이었다. 그 점만 제외하면 오래된 이온들을 말끔히 쓸어내 버릴 수 있는 완벽한 불꽃 계수기에 의해 강력한 네더마이어의 측정 시스템이 완성될 예정이었다.[48]

코이펠의 논문 지도교수인 네어는 계수기 전문가였는데, 코이펠은 그에게서 전극을 어떻게 굽고 비스듬히 만드는지, 저장통을 어떻게 밀폐시키고 기체를 제거하는지, 그리고 전자 논리 회로와 고압 장치의 변덕스러운 행동들을 어떻게 다루는지 등 계수기를 준비하는 비법을 전수받았음이 틀림없다. 수년 동안 계수기 제작은 "일종의 마법"이라고 생각되어 왔는데, 그것은 그런 마술을 발휘하는 마법사 중 한 사람인 브루노 로시가 나중에 한 말이었다.[49] 심지어 물리학 교과서의 무미건조한 문장도 계수기 제작과 관련된 불가사의를 숨길 수가 없었다.

전쟁 전 실험 물리학에서 가장 널리 사용된 교육용 교재 중 하나인 『실험 물리학의 절차』(1938)에서 네어는 그 작업의 기초에 대해 다음과 같이 설명했다. 구리관에 여섯 가지의 보통 질소산을 바르고, 그다음에 0.1 질소산으로 씻는다. 조수는 조립품을 (적어도) 열 번 증류수로 헹구고, 전극을 건조시킨 다음 갈색 검정으로 바뀔 때까지 불꽃 위에서 가열하며, 계수기를 밀폐시키고, 구리가 산화구리에 의해 밝은 붉은빛으로 바뀔 때까지 여러 시간 동안 장치를 가열하고, 공기를 빼내어 진공으로 만든 다음 구리가 어둡고 촉감이 부드럽게 바뀔 때까지 건조한 NO_2를 주

48) 당시의 연구자들은 평행판 계수기가 가이거 계수기의 물질적 유사품이라고 생각했다. 이것은 소급하여 연결짓는 것이 아니다. 예를 들어 피드와 마단스키는 「성질 I」, *Phys. Rev.* 75(1949): 1175~80쪽 중 1175쪽에서 "평행판 계수기는 전극들이 평행한 면대칭을 지닌 기체 계수기를 개작한 것이다"라고 썼다.

49) 로시, 「아세트리」(1985), 56쪽.

입시키고, 그다음에 크실렌을 통하여 거품이 된 아르곤을 주입시킨다. 그 뒤에 밀폐한다. "이상의 단계들이 모든 경우 다 필요하지 않을 수도 있다." 네어는 "그런데 이 절차는 반응 시간이 10^{-5}초보다 더 짧은 매우 만족스러운 계수기를 만들어낸다"라고 고백했다.[50] 만약 성공하면 왜 성공했는지는 모르더라도 그냥 사용하면 된다.

글레이저가 구름 상자에서 연마한 기술을 그대로 거품 상자로 가지고 갈 수 있었던 것과 꼭 마찬가지로 코이펠도 네어 문하에서 공부한 학생으로서 계수기를 배운 능숙한 솜씨와 기술을 새롭고 기발한 도구로 옮겨 놓을 수가 있었다. 그러나 계수기 물리학의 전통이 새로운 가능성들을 열 수도 있었지만, 동시에 그것은 코이펠이 새로운 도구에서 기대했던 선택권을 제한하는 역할도 했다. 가장 중요한 것으로 코이펠은 그의 1948년 학위 논문에서 글레이저가 그의 연구에서 가장 흥미롭다고 생각했던 대전 입자를 추적하는 데 불꽃 계수기를 이용할 수 있는 가능성에 대해 다음과 같이 단지 지나가는 언급으로만 그치고 말았다. "흘러가는 빛 채널이 뚜렷이 보이면서 추측컨대 방전은 그것을 시작하게 만든 이온 주위에 국한되어 있다. 이것은 입자의 경로를 결정하는 확실한 가능성을 가지고 있다."[51] 코이펠은 그 뒤로 이 주제를 더 이상 거론하지 않았다.

비록 공간의 국지화(局地化)가 나중에 굉장히 중요하다고 밝혀졌지만, 우리는 왜 코이펠이 특별한 관심을 갖지 않았는지 이해할 수 있다. 그가 몸담았던 전통인 빠른 시간 측정기와 논리 회로의 전통에서는 첫째로

---

50) 네어, 「가이거 계수기」(1938), 270~271쪽.

51) 코이펠, 「평행판」(1948), 8쪽; 코이펠, 「평행판」, *Phys. Rev.* 73(1948): 531쪽; 코이펠, 「평행판」, *Rev. Sci. Inst.* 20(1949): 202~208쪽을 보라. 마찬가지로 F. 벨라와 카를로 프란치네티, 그리고 D. W. 리와 같은 세 명의 다른 계수기 연구자들은 「불꽃 계수기」, 『누오보 치멘토』 10(1953): 1338~40쪽에서 "이런 유형의 계수기가 지닌 주요 사용처는 매우 짧은 시간 간격의 측정"으로 10억분의 1초 정도까지라는 견해를 견지했다. 또한 벨라와 프란치네티, 「불꽃 계수기」, 『누오보 치멘토』 10(1953): 1461~79쪽을 보라.

그리고 압도적으로 계수기 배열이 주는 이진법의 예/아니오 해답을 소중하게 생각했다. 코이펠은 잠재적으로 성공을 약속하는 시간 측정 회로에 고감도 검출기를 제공함으로써 기술적 간격을 메우려고 했다. 기술적 전통과 이미 받아들여지고 있는 실험적 상황은 공간에서가 아니라 시간에서 국지화를 "필요"로 한다는 점을 명확히 했다. 계수기를 갖추지 못하고서도 크로노트론 시스템은 그 대상의 의미를 모형으로서의 불꽃 계수기가 아니라 새로운 불꽃 계수기라고 정의하면서 기술적 제약 조건들이 지닌 생산적인 동시에 제한적인 기능들을 완벽하게 예증했다.

미국뿐 아니라 해외의 물리학자들도 코이펠의 연구에 대해 공부했다. 그중에서 열심히 읽은 독자 중 한 사람이 에리히 바게였는데, 그 사람도 전쟁 중에 핵분열 프로젝트에 참가했지만 그러나 독일편이었다. 1939년 9월 이 임무에 참가했으며, 그는 열 확산 원리에 의해 동위원소를 분리해 내는 장치를 개발하는 데 주로 노력했다. 우라늄 공급원을 가열하면서 그는 회전하는 원판의 속도를 조절해 더 빨리 움직이고 더 가벼운 U^{235} 원자핵이 틈새로 날아가고 U^{238}을 붙잡을 수 있도록 했다.[52] 1944년 6월에 이르러 세광(洗鑛)통에서는 농축된 우라늄 육가풀루오르화물이 생산되고 있었다.[53] 독일 측 프로젝트에 참가하는 그의 몇몇 동료들과 마찬가지로 바게도 우주선(宇宙線) 물리학을 계속할 수 있는 시간을 내서 낮은 대기권에서 원자핵의 쪼개짐에 대한 문제를 연구했다.[54]

연합 점령군이 독일 전역을 장악하게 되자 새뮤얼 굿스미트가 인솔한 알소스(Alsos) 팀(제2차 세계대전이 끝난 후 독일에 있었을지도 모르는 핵무기 관련 연구를 수색하는 임무를 알소스 작전이라 불렀다 – 옮긴이)은 오토 한과 베르너 하이젠베르크, 발터 겔라흐, 그리고 칼 프리드리히 폰 바이츠제커를 포함한 다른 사람들과 함께 바게도 체포했으며, 그들을

---

52) 어빙, 『독일의 원자폭탄』(1967), 43~49쪽, 88~89쪽; 워커, 『독일의 국가사회주의』(1989), 33쪽, 53쪽, 126쪽, 133쪽.
53) 워커, 『독일의 국가사회주의』(1989), 133~134쪽.
54) 바게, 「원자핵의 와해」(1946), 128~143쪽.

특별 죄수로 분류하여 영국의 팜홀로 데리고 갔다. 그곳에서 영미(英美) 정보 팀은 독일에서 원자폭탄에 대한 탐구가 얼마나 많이 진행되었는지를 알아내려고 했다. 그런데 그곳에서 우리가 제4장에서 본 것처럼 독일 물리학자들은 미국 측이 그 문제에 대해 성공했음을 처음으로 알게 되었다.[55] 1946년 초에 석방된 바게는 핵분열과 우주선(宇宙線) 둘 다와 관련된 문제들을 탐구했다. 예를 들어 1947년에 그는 자발적인 핵분열에서 방출되는 비대칭적인 조각들을 설명하려고 시도한 이론 논문을 발표했다.[56] 원자핵 물리학과 우주선 물리학은 모두 좀더 정확하고 복잡한 측정 도구를 요구했다. 바게는 구름 상자에서 빨리 성장하는 물방울을 검토하는 문제로 관심을 돌렸다.[57] 『피지컬 리뷰』에 발표된 코이펠의 논문에 대한 반응으로 바게는 그의 학생인 젠스 크리스찬센에게 평행판 불꽃 계수기에 대한 미국 측 연구 결과를 재현하고 더 다듬도록 지시했다.[58]

바게와 크리스찬센은 1952년에 그들의 개선된 불꽃 계수기를 발표했으며, 그 후에 곧 바게는 다른 지도 학생인 파울-게르하르트 헤닝에게 학위 논문 주제로 크리스찬센이 개발한 것과 같은 계수기에서 불꽃이 공간상에서 어떻게 행동하는지를 조사하라는 문제를 부여했다. 무엇이 바게로 하여금 코이펠과는 달리 경로를 국지화할 수 있는 가능성의 탐구를 강조하도록 촉진했을까? 구름 상자에 대한 바게의 이전 관심이 불꽃 계수기를 흔적 추적 장치로 변환시키려는 시도에서, 즉 단지 똑딱거림만 존재하는 것에서 그림을 생성하는 것으로 변환시키려는 시도에서 촉매 역할을 했을 것이 틀림없다. 상(像) 전통으로 둘러싸인 일단의 관

55) 프랑크, 『엡실론 작전』(1993); 워커, 『독일의 국가사회주의』(1989), 153~165 쪽; 바게, 디브너, 그리고 제이, 「우라늄의 핵분열」(1957), 42~72쪽을 보라.
56) 바게, "Massen-Häfigkeitsverteilung", Z. Naturforsch. 2a(1947): 565~568쪽.
57) 바게, 베커, 그리고 베코, "Bildungsgeschwindigkeit", Z. angew. Phys. 3 (1951): 201~209쪽.
58) 바게와 크리스찬센, 「평행판 계수기」, Naturwissenschaften 39(1952): 298쪽.

습에 몰두해 있는 사람에게 흔적을 발견하려는 시도는 자연스러웠다. 이와는 대조적으로 코이펠은 순수하게 똑딱거림만 존재하는 과학적 유산에서 유래했으며, 전에 에멀션이나 구름 상자에 대해서는 아무런 경험도 없었다. 논리 전통 내에서 상(像)의 문화는 잘하면 관계없는 것이었고, 아주 나쁘게는 단연코 피해야 할 대상이었다. 뒤이은 세 해 동안에 걸쳐 바게는 헤닝에게 위아래로 장치한 세 개의 불꽃 계수기로 이루어진 시스템의 성질을 조사하도록 했다. 헤닝은 코이펠이 설계한 것에 광증폭기(Aufhellverstärker)를 합쳤는데, 그것은 상자가 신호를 발사한 뒤에 불꽃을 통해 축전기를 방전시켰다(〈그림 6.14〉를 보라). 추가된 전류는 단지 대전된 입자가 전체 장치의 어느 곳이든 뛰어들어서 생기는 사건들만의 불꽃을 밝게 만들었다. 그리하여 단지 밝은 사건만 기록하도록 카메라를 조절하는 방법을 이용해 헤닝은 단지 동시에 일어난 사건들만 효과적으로 기록하는 데 성공했다.

1953년 3월에 시작하여 10월에 이르기까지 헤닝은 필스 회로와 시간 상수, 그리고 동시 회로를 계산하면서 그의 전자 장치를 설계하고 다시 설계하기를 반복했다. 마침내 1953년 10월 17일 토요일에 그는 필름의 프레임 하나하나에 대해 "künstl. Funken(가짜 불꽃)"이라든가 그다음에 "nicht gesehen(아무것도 보이지 않음)" 등을 노트에 기록하면서 필름을 분석하기 시작했다. 더 많은 수의 가짜 불꽃 다음에 …… 무엇인가가 보였는데, "Koinzidenz gesehen?(동시 측정이 보였는가?)"[59] 또 다른 가짜 불꽃이 나온 다음에는 필름을 15초 대신 1분 동안 노출시키는 것으로 바꾸었다. 바로 이어진 부분에서 탄성을 지르는 설명으로 "mit Sicherheit Koinz. gesehen!(동시 측정된 것이 확실히 보인다!)", "vermütlich zwei Koinzidenzen(틀림없이 이중 동시 측정이다)", 그리고 마지막으로 "mit Sicherheit Koinz. gesehen!(동시 측정이 확실히 보임!)" 등이 따라왔다.[60] 이러한 언급들과 그다음 노트에 기록된 것들

---

59) 헤닝, 「작업 일지」, 1953년 10월 17일, 48~50쪽, PHP.

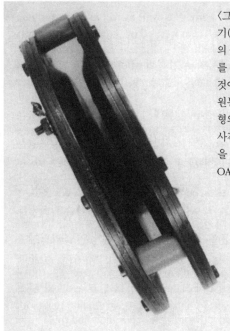

〈그림 6.14〉 알코페 그룹의 불꽃 계수기(1953년경). 파울-게르하르트 헤닝의 불꽃 계수기는 지나가는 입자의 경로를 분명하게 비추기 위해 최초로 사용된 것이었다. 전에는 불꽃 계수기가 완전히 원통 계수기에 흡수되었다. 두 가지 유형의 계수기는 모두 그 부피 내부에서 사건이 발생했는지를 (그리고 발생했을 때를) 결정하도록 고안되었다. 출처: OAP.

에서 헤닝에게 설득력 있는 실험이란 이런 첫 번째 이중 동시 측정임이 분명하다.

그럼에도 불구하고 단순히 이중 동시 측정을 보여주는 것만으로는 다른 물리학자들을 설득하기에 부족했다. 두 점 사이에 선을 그리는 것은 언제나 가능하다. 헤닝은 그 방법을 **삼중 동시** 측정으로 확장하지 않을 수 없었는데, 그의 노트에는 그러한 삼중 동시 측정이 거의 반년이 지난 뒤(1954년 4월 28일)에 아무런 팡파르도 없이 기록되어 있었다.[61] 바게 그룹은 바로 이 실증(實證)을 가지고 불꽃 계수기가 침투한 입자의 경로를 추적하고 그 경로를 공간상의 용어로 기술할 수 있다는 그들의 주장에 대한 결정적인 증거물로 간주했다. 그것은 논리 전통 내에 그림으로 표현하는 능력을 수용하고자 하는 첫 번째이자 매우 시험적인 단계

---

60) 헤닝, 「작업 일지」, 1953년 10월 17일, 48~50쪽, PHP.
61) 헤닝, 「작업 일지」, 1953년 10월 17일, 48~50쪽, PHP; 헤닝, 「작업 일지」, 1954년 4월 28일, 82~83쪽, PHP.

였다.

이중 동시 측정에서 삼중 동시 측정으로 확장하려는 노력은 "공공의" 증거에서 "개인적" 증거를 분리시키는 간격의 예증(例證)이 된다. 그러나 이러한 인식론적인 분리가 반드시 이진법적인 것은 아니다. 많은 공동 연구자들이 관계되는 좀더 복잡한 실험에서는 "신뢰의 고리"가 작은 하부 그룹에서 더 큰 공동 연구를 통해 실험 내의 좀더 넓은 상위 그룹으로 그리고 좀더 넓은 공동 사회를 향하여 밖으로 천천히 팽창한다.[62]

헤닝은 뮤온에 의한 다중 산란이 통과하면서 남긴 불꽃을 촬영하도록 검출기를 장치했고, 그의 결과를 비스바덴에서 개최된 독일 물리학회에서 발표했다. 1955년에 학위 논문을 완성한 직후에 헤닝은 물리학계를 떠나 산업계로 옮겼으며, 그의 연구는 쓰이지 않고 시들어갔다. 바게 자신은 1957년 그의 그룹을 키엘로 데리고 갔는데 그 뒤로 곧 그의 관심사는 (슐레비히-홀스타인의) 기스텍트에 위치한 원자로를 설치하는 일로 바뀌었다. 헤닝과 바게가 모두 이 분야에서 사라지고 나서 헤닝의 학위 논문은 (그리고 그 학위 논문에 대해 발표된 단 한 문단의 요약은) 그대로 묻혔고, 심지어 그의 키엘 동료들 중 "누구도 이 논문을 출판하려고 앞장서야 된다고 느끼는 사람이 없었다."[63] 그리고 그 연구가 마침내 모두 준비되었을 때 바게는 그 논문을 거의 읽히지 않는 새 논문집이지만 그가 자문역으로 있는 *Atomkern-Energie*(원자력 에너지)에 발표해야 한다고 고집했다.[64] 이와 같이 키엘 팀의 연구는 비록 입체 사진술과 흔적을 추적하는 불꽃, 다중 판, 그리고 선별 기록과 우주선에 대한 응용

---

62) 거대 규모의 고에너지 물리 실험에서 신뢰의 고리가 팽창하는 것에 대해서는 갤리슨, 『실험』(1987), 제4장을 보라.

63) 알코페 외, "Ortsbestimmung", *Phys. Verb.* 6(1955): 166쪽을 보라. 이 학위 논문과 거의 동일한 논문이 1957년 3월에 헤닝에 의해 발표되었다. "Ortsbestimmung", *Atomkern-Energie* 2(1957): 81~88쪽. 알코페, 『불꽃 상자』(1969), 1~5쪽은 알코페에서 콘베르시까지 키엘 연구에 대한 간력한 역사를 포함하고 있다. 1972년 10월 11일, OAP.

64) 알코페, 저자와의 인터뷰, 1983년 4월 24일.

등을 사용했다는 점에서 혁신적이었지만, 그 항구 도시 바깥으로는 어떤 즉각적인 영향도 미치지 못했다.[65] 코이펠의 연구로 불꽃 상자로 다가가는 "기대할 만한" 움직임을 보는 것이 어렵지 않은데, 역사적으로는 이 연구가 다른 곳에서 이루어졌다. 유사하게 키엘의 연구가 있으면 또한 어떻게 불꽃 검출기가 더 넓은 미시(微視) 물리학 연구 세계로 연결되지 못하면서도 다수의 장소에서 성장하게 되었는가를 설명해 준다.

순간적인 불꽃 발견에 대한 세 번째 그리고 마지막 예는 파리에서 발생했는데, 조르주 샤르파크가 독일 강제 수용소에서 방면된 뒤 그곳에 정착했다. 1954년에 파리의 광업 대학(École des Mines)에서 공부를 마친 뒤에 그는 프랑스 대학의 핵화학 연구소로 들어가 프레데리크 졸리오-퀴리의 지도를 받았다. 그곳에서 실험 장비는 거의 모두 다 새로 준비해야 했으며, 샤르파크는 특별히 큰 각도의 가이거 계수기를 이용하여 베타 붕괴가 일어난 다음 원자 껍질의 들뜬 에너지 측정에 관심을 돌리게 되었다.[66] 이런 경험으로 샤르파크에게 자신의 전자(電子) 장비를 제작하는 습관을 길러주었을 뿐만 아니라 논리 전통의 교역에서 이용하는 도구들에 대해 계수기에 사용되는 기체의 선택, 불꽃에 대한 이론, 계수기 제작에 대한 기술, 전자(電子) 필터와 동시 회로 그리고 증폭기의 조립 등 자세한 지식 또한 습득했다.

1957년 7월에 이르러 샤르파크는 대전 입자의 경로를 추적할 수 있는 장치를 만들기 위해 그의 관심을 불꽃 과정 자체로 돌렸다. 그는 대전된 입자에 의해 방출되는 전자마다 그 주위에 작지만 (~1밀리미터 정도) 눈에 보일 만큼 전자들이 급격히 많이 생성되는 것을 촉진시키도록 매우 빠른 고압 펄스를 제공하자는 생각을 가졌다.[67] 이 임무를 위해 그는

---

65) 알코페와 그의 동료들에 의해 계속된 연구로, 예를 들어 알코페, "Ansprechvermögen"(1956)이 있다. 키엘 그룹에 대한 추가 참고문헌은 알코페, 『불꽃 상자』(1969)에서 찾을 수 있다.

66) 샤르파크, 「원자 현상」(1954); 샤르파크, 이력서, 1981년 12월 9일, 1쪽, GCP.

67) 샤르파크, 「새로운 검출기」, *J. Phys.* 18(1957): 539~540쪽; 메존과 최근 발견

학위 논문 연구에서 시도된 것과 유사한 기체 혼합비(아르곤과 알코올의 비가 9:1, 그의 학위 논문 연구에서는 아르곤과 알코올의 비가 8:1)를 새로운 계수기에 활용하고 또한 고압 펄스와 민첩한 전자 장비에 대한 그의 솜씨를 적용할 수 있었다. 1957년 말경에 그의 결과를 졸리오-퀴리에게 보고하자 그의 예전 지도교수는 다음과 같이 말하며 자신없이 고개를 끄덕거렸다. "연구를 무척 많이 했고 불꽃 상자를 가지고 벌써 상당히 흥미로운 결과를 얻었음을 알 수 있다. 나도 자네와 마찬가지로 이 연구가 불꽃에 대한 이론을 조사하는 물리학자들에게 상당한 흥미를 불러일으키리라고 생각한다." 샤르파크가 스스로 내린 평가에 동의하면서 졸리오-퀴리는 다음과 같이 말하며 그에게 좀더 생산적인 방향으로 가기를 희망했다. "이런 종류의 연구를 계속하는 것도 바람직하겠지만 기체에 포함된 입자에 의해 방출된 전자(電子) 효과를 증폭하기 위해 애벌런치 효과를 이용하는 것으로 이루어진 자네의 첫 번째 연구로 돌아가는 것이 좀더 가치가 있으리라는 의견에 나는 전폭적으로 동의하네."[68] 코이펠의 연구에서와 마찬가지로 졸리오-퀴리의 의견도 불꽃과 전자 장치는 입자의 경로를 추적하는 사업보다 방전 물리학의 분야에 좀더 잘 어울린다는 것을 시사했다. 불꽃과 기체 그리고 민첩한 전자 장비에 관심을 기울이는 논리적 연구에 대한 무언(無言)의 크리올어는 공간상의 그림에 의한 재구성에 대해서는 거의 어휘를 갖고 있지 못했다.

샤르파크처럼 이탈리아의 실험 과학자인 아드리아노 고치니도 제2차 세계대전 동안 나치에 의해 투옥되었다. 그가 피사에 위치한 그의 실험실로 돌아왔을 때 그는 그곳의 광경이 전쟁 후 파리보다 훨씬 더 피폐되어 있음을 발견했다. 그의 실험실 건물에는 독일군이 주둔했다. 독일군은 이 건물을 사용하는 동안 도서관의 소장품과 실험실의 가장 소중한 소유물인 친필 롤랜드 회절격자(20세기 초 미국 존 홉킨스 대학의 헨

된 입자에 대한 국제 학술회의, 베니스, 1957년 9월 28일에서 좀더 자세한 내용이 발표되었다. 샤르파크, 「검출기의 원리」, 1957, GCP.
68) 졸리오가 샤르파크에게, 1957년 11월 29일, GCP.

리 롤랜드 교수가 발명했다 – 옮긴이)를 포함한 거의 모든 주요 장비들을 파괴하거나 훔쳐갔다. 전쟁이 끝날 무렵 연구를 수행할 수 있는 가능성은 거의 없었고, 실질적으로 단지 즉석에서 변통한 재료를 사용한 실험으로 제한되어 있었다. 전자(電子) 하드웨어를 얻을 수 있는 단 하나의 좋은 공급처는 도시 외곽의 삼림 지역에서 기술 장비 등을 내버리고 후퇴하는 미군 파견단이었다. 이런 부대로부터 고치니는 1950년 마그네트론을 구입했는데, 그것은 레이더에 이용하기 위해 설계되었으며 전쟁의 유품(遺品)이 마이크로파 물리학의 도구로 전환된 것이었다.[69]

1954년 말 고치니는 재생된 마이크로파 공급원을 가지고 화합물에 포함된 미량의 불순물을 검출하는 기술을 고안했다. 그의 아이디어는 다음과 같았다. 만일 시료의 분자가 시료에 포함된 불순물에 의해서 다른 쌍극자 모멘트를 가지고 있다면, 마이크로파는 불순물이 포함되지 않은 시료와 포함된 시료를 다르게 가열시킬 것이다. 액체 중 더 뜨거운 부분과 더 찬 부분이 서로 다르게 빛을 굴절시키므로 빛을 쪼여주면 액체의 순도를 시각적으로 나타낼 수 있다. 이 효과를 두드러지게 만들기 위해 고치니는 전기 쌍극자 모멘트가 거의 없는 화합물인 시클로헥산을 시료로 사용할 액체로 선정했다. 그런데 아무런 일도 일어나지 않았다.[70]

잉여 물자로 받은 마그네트론이 틀림없이 고장 난 것이라고 생각한 고치니는 보통 방법으로 시험해 보기 위해서 마그네트론을 네온 기체로

---

69) A. 고치니, 저자와의 인터뷰, 1984년 7월 12일. 예를 들어 고치니, 「일정한 유전체」, 『누오보 치멘토』 8(1951): 361~368쪽; 고치니, 「패러데이 효과」, 『누오보 치멘토』 8(1951): 928~935쪽을 보라. 역사적 회고록에 대해서는 콘베르시, 「발전」, *J. Phys.* 43(1982): C8.91~C8.99쪽; 특히 유용한 타자 원고, 콘베르시와 고치니, 「전기적으로 펄스화된 트랙 상자와 불꽃 상자 기술의 기원」, 1971년 7월, AGP를 보라. 피사의 연구와는 독립적으로 티파킨과 그의 그룹이 가속기에 사용할 목적으로 가이거-뮐러 계수기로 이루어진 펄스를 주입한 호도스코프 시스템을 개발했음을 유의하라. 예를 들어 비스냐코프와 티파킨, 「조사」, *Sov. J. Atomic Energy* 3(1957): 1103~13쪽을 보라.

70) 고치니가 원래 사용한 화합물 시료가 아직도 1983년의 고치니 사용물의 일부로 피사에 보관되어 있다.

채운 관 옆에 놓아두었다. 제대로 작동한다면 마그네트론은 그런 관이 빛을 방출하게 만든다. 관을 좀더 잘 관찰하기 위해 이 이탈리아 물리학자는 장치 전체를 어둡게 만든 방으로 옮겼다. 그래도 그 관은 여전히 어두운 채로 있었다. 그렇지만 방의 불을 다시 켰을 때 비록 약하지만 네온관은 분명히 빛을 내고 있었다. 고치니는 경험이 많은 계수기 물리학자인 마르첼로 콘베르시에게 자문을 구해야겠다고 마음먹었다. 예상치 못한 행동을 논의한 두 물리학자는 오직 마이크로파의 전자기 펄스로 가속된 자유 전자만이 이온화시켜 원자를 들뜨게 하여 기체를 방전시킬 수 있다고 결론지었다. 이온화시키는 입자는 원자를 들뜨게 하고, 원자가 들뜬 상태에서 내려올 때 빛을 방출한다. (나중에 도구 설계자들은 들뜬 상태에서 내려올 때 방출되는 광자가 관 전체에 방전을 전파시키는 데 중요한 역할을 했다고 결론지었다.) 그래서 콘베르시와 고치니는 어둠 속에서 마이크로파가 애벌런치를 시작할 수 있는 자유 전자가 존재하지 않기 때문이라고 추론했다. 그 결과로 네온관은 빛을 내지 않은 것이었다.[71]

그 현상에 대해 이렇게 대략적이고 즉석에서 만든 정성적 설명에서 두 물리학자는 오직 자유 전자를 가진 기체만 빛을 낸다는 사실을 이용하여 검출기를 제작할 수 있을 것으로 추론했다. 글레이저의 다중(多重) 전하 이론 또는 윌슨의 이온 이론처럼 새로운 장치를 만들어내는 데는 어떤 이론이 그것을 가능하게 만드는 필수적 기능을 발휘한다. 그러나 이 도구들 중 어떤 것을 위해서도 철학적 관계에서 도구의 "이론적 뒷받침"이라고 흔히 불리는 "이론"의 의미인, 수학적으로 분명히 표현되고 실험적으로 확인된 기초가 되는 이론이 존재하지 않았다. 콘베르시와 고치니는 다음과 같은 방법으로 추론했다. 만일 대전 입자가 관을 가로질러 가면 이온과 자유 전자로 만들어진 자국을 남겨놓는다. 마이크로파 펄스가 장치를 가득 채울 때 그전에 대전 입자가 침투했던 그런 관들은 (그리고

---

71) 콘베르시, 「발전」, *J. Phys.* 43(1982): C8.91~C8.99쪽 중 C8.91~C8.92쪽.

오직 그런 관들만) 빛을 발한다. 한 관의 빛이 다른 관의 반응을 유발시키지 않도록 하는 예방책으로 두 실험가들은 관 하나하나를 검은 종이로 만든 보호용 봉투로 조심스럽게 포장했다.[72] 1955년 3월 25일에 필스로 만든 전기장이 순수한 아르곤으로 채운 수산화나트륨 유리관을 활성화시켜 역사상 최초로 계수기와 동시에 직선으로 된 플래시(빛이 번쩍임)를 만들어냈다. 곧 이 이탈리아 팀은 네온으로 채운 더 가는 관으로 바꾸어 사건들을 기록하기 시작했다(〈그림 6.15〉와 〈그림 6.16〉을 보라).[73]

플래시 관의 가장 중요한 성질은 단지 펄스 이전 10^{-5}초 동안만 반응을 하며, 이보다 오래된 흔적은 더 이상 보이도록 할 수 없다는 것인데, 그것은 자유 전자가 유리벽까지 확산되면 그곳에서 이온과 재결합하기 때문이다. 그러므로 콘베르시-고치니 관은 우주선(宇宙線) 입자가 상자 내부에서 산란되고 소나기를 만들 때 그것을 탐지할 수 있는 가능성을 제공했다. 그들이 모방했던 가이거-뮐러 관과 꼭 마찬가지로 이 관도 입자들의 정확한 경로를 2차원으로 투영한 결과를 제공해 주었다. 그리고 교차된 가이거-뮐러 관의 경우와 마찬가지로 관들을 향하게 한 방향이 수직인 면을 교대로 쌓아 놓는 방법으로 어떤 흔적의 경우에는 3차원 성

---

72) 콘베르시와 고치니, 「호도스코프 상자」, 『누오보 치멘토』 2(1955): 189~191쪽 중 189쪽. 더 자세한 논문이 소립자에 대한 1955년 피사 국제 학술회의에서 발표되었다. 콘베르시 외, 「호도스코프」, 『누오보 치멘토』 4 Suppl. (1956): 234~237쪽. 프란치네티는 불꽃 계수기의 이론과 작동에 대한 그의 전문 지식을 그 공동 연구 그룹으로 가지고 왔다. 벨라와 프란치네티, 「불꽃 계수기에 대해」, 『누오보 치멘토』 10(1953): 1461~79쪽; 벨라와 프란치네티, 「불꽃 계수기」, 『누오보 치멘토』 10(1953): 1335~37쪽; 벨라, 프란체티, 그리고 리, 「불꽃 계수기」, 『누오보 치멘토』 10(1953): 1338~40쪽을 보라. 프란치네티와 그의 공동 연구자들은 코이펠에 의한 이전 연구와 피드, 마단스키에 의한 이전 연구를 기반으로 했고 인용했다. 위의 nn. 20과 23을 보라. 두르햄의 울펜데일과 그의 동료들이 최초로 이용 가능한 검출기에 플래시 관을 이용했다. 예를 들어 가드너 외, 「플래시 관」, *Proc. Phys. Soc. B* 70(1957): 687~699쪽을 보라.

73) 콘베르시, 「발전」, *J. Phys.* 43(1982): C8.91~C8.99쪽 중 C8.91~C8.92, C8.93쪽.

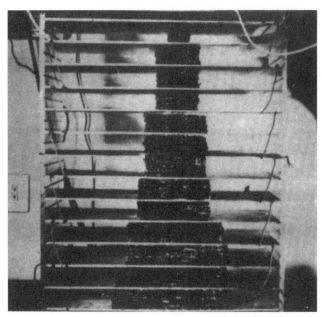

〈그림 6.15〉 콘베르시와 고치니의 호도스코프 장치(1955). 1955년 3월 25일에 최초로
작동한 콘베르시와 고치니의 "호도스코프 상자"는 검은 종이로 포장한 유리관으로 구성
되었다. 비록 논리적으로 결합된 가이거-뮐러 계수기를 쌓아 놓은 것을 본떠서 만들었지
만, 콘베르시와 고치니는 여기서 부분적으로 논리적인 관념과 흔적을 추적하는 관념의
혼성어를 만들었다. 출처: 콘베르시와 고치니, 「전기적으로 펄스화된 트랙 상자와 불꽃
상자 기술의 기원」, 1971년 7월, AGP.

질을 다시 회복시키는 것도 가능했다.[74] 다시 한번 더 논리 전통 내에서
공간이 구체적으로 나타난 흔적을 만들어내고자 하는 방향으로 성급한
시도가 이루어졌다.

　불꽃에 기반을 둔 흔적 검출기를 향한 다른 움직임들 중 일부와는 달

---

74) 실제로 콘베르시-고치니 시스템과 모든 면에서 유사한 반응 유발 시스템이 가
　　이거 관을 가지고 1948년 피치오니에 의해 이용되었다. 피치오니, 「탐색」, *Phys.*
　　Rev. 74(1948): 1754~58쪽. 이것이 플래시 관을 항상 가이거-뮐러 관으로 대
　　치시킬 수 있다고 암시하는 것은 아니다. 가이거-뮐러 관은 중심 도선 주위에
　　악명이 높은 강한 전기장이 있다. 플래시 관은 균일한 전기장에서 작동되며, 그
　　래서 반응이 균일하다.

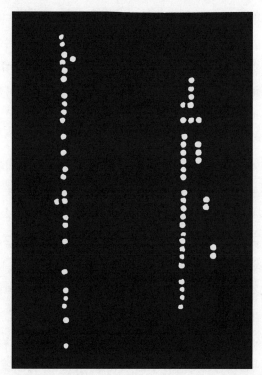

〈그림 6.16〉 콘베르시와 고치니의 호도스코프 상(1955). 호도스코프 상자에서 촬영된 대표적인 흔적 사진으로 단일 흔적 사건과 이중 흔적 사건을 보여준다. 출처: 콘베르시와 고치니, 「전기적으로 펄스화된 트랙 상자와 불꽃 상자 기술의 기원」, 1971년 7월, AGP.

리 이탈리아인들의 연구는 논리 공동체의 관심을 끌었다. 콘베르시와 고치니가 이용한, 반응을 유발하는 펄스 시스템이 지닌 가치를 알아보고, 하웰에서 연구하는 T. E. 크란쇼와 J. F. 드비어라는 두 물리학자는 (코이펠 외의) 불꽃 계수기를 이탈리아 사람들의 펄스로 만드는 기술과 결합하는 방법을 모색했다. 다시 말하면 그들은 오직 입자가 시스템에 들어왔을 때만 고압을 이용하여 판들을 펄스화하는 방법으로 불꽃 계수기에서 발생하는 가짜 방전 문제를 다소나마 해결하려고 했다. 이탈리아 사람들을 따르지 않은 하웰 물리학자들은 불활성 기체가 아니라 공기를 사용했는데, 당시 사람들은 그들이 어려움을 겪은 이유가 바로 그런 선택 때문이라고 생각했다.[75]

다시 한번 더 세상의 한쪽에서는 일시적으로 정지한 것이 다른 쪽에서는 새로운 개량을 위한 출발점이 되었다. 일본 물리학자인 수지 후쿠이는 피사 물리학자의 네온을 채운 장치를 재생하고, 1957년 이후에는 크란쇼와 드비어의 좀더 복잡한 반응을 유발시키는 전자(電子) 장치를 활용하기 위한 준비를 잘 진행하고 있었다. 학부생일 때 후쿠이는 진공 실험에 필요한 유리 세공과 기체 방전, 그리고 고전적인 원자 스펙트럼 등에 대해 철저한 훈련을 받았다. 동시에 일본 물리학은 재정적인 제약 때문에 입자 물리학에 참가하기 위해 경제적으로 실행 가능한 유일한 방법인 우주선(宇宙線)에 관한 연구에 국한되었다. 전쟁의 피해는 단지 제한적인 연구비 재정만을 남겨두었으며, 한국전쟁에 의한 긴급한 수요 때문에 산업적 공급마저도 단 일부만 회복되었다. 그뿐 아니라 1945년 11월에 미국 점령군은 일본 사이클로트론 다섯 개를 파괴했는데, 두 개는 도쿄의 물리 및 화학 연구소에 있었고, 두 개는 오사카 제국 대학에, 그리고 나머지 한 개는 교토 제국 대학에 있던 것이었다.[76]

이러한 제한 아래 활동하면서 1956년 2월의 "아주 높은 에너지 상호 작용에 대한 물리학"을 주제로 일본에서 개최된 한 워크숍에서는 당시 교토에 설립된 핵물리 연구소(Institute for Nuclear Study, INS)의 우주선(宇宙線) 분과를 대상으로 두 가지 프로그램이 지정되었다. 첫째, 물리학자들은 산정에서 원자핵 에멀션을 노출시키고 높이 올려 보낸 기구(氣球)를 이용하여 필름을 대기권 상층부로 보내도록 했다. 둘째, 그들은 광범위한 우주선 소나기의 중심부에 입자가 어떻게 분포되어 있는지 조사하기 위하여 최근에 발명된 콘베르시와 고치니의 검출기를 활용하기로 했다. 이 두 번째 목표를 추구하면서 당시에는 연구 보조원(조수)이었던 후쿠이가 콘베르시에게 『누오보 치멘토』에 발표된 그와 고치니의 논문 복사본을 보내줄 수 있는지 요청하는 편지를 보냈다.[77]

75) 크란쇼와 드비어, 「반응이 유발된 불꽃」, 『누오보 치멘토』 5(1957): 1107~16쪽.
76) 그로브스, 『맨해튼 프로젝트』(1983), 367~372쪽.
77) 후쿠이, 「시대적 검토」(1983), 1~2쪽. 동시에 INS는 핵물리 분과에 사이클로트

후쿠이와 박사과정 학생인 시게노리 미야모토[78]는 네온으로 채운 5,000개의 작은 유리구를 조립하기로 계획을 세웠다. 그때 그들은 그렇게 섬세한 용기들을 광범위한 공기 소나기들의 입자 밀도 분포와 측면 분포를 측정하도록 설계된 7제곱미터 배열로 실험실 마루에 쌓아놓을 예정이었다. 그들이 연구를 시작한 초기에는 무엇이건 이미 만들어진 것을 구입해서 이용할 수가 없었다. 네온 기체와 아르곤 기체, (펄스를 발생시키기 위한) 수소 열음극 방전관, 필름이 자동으로 감기는 카메라, 고속 필름, 그리고 잡다한 고압 장비 등 모든 것을 특별히 주문하여 수입할 수밖에 없었다. 고치니와 콘베르시는 펄스를 생성하는 네트워크로 미국의 전쟁 잉여 물자를 이용했다. 이와는 대조적으로 후쿠이와 미야모토는 사각형-펄스 발생기를 생산하는 일본 제조업자를 찾을 수 없었으므로 그들 스스로 전선을 연결하여 자신들이 사용할 펄스 발생기를 만들어야만 했다. 그 결과로 그들은 상업 제품에서 얻을 수 있는 좀더 정밀한 사각형 파동이라기보다는 급격하게 상승했다가 지수 함수적으로 감소하는 파동을 만들어내는, 저항기를 통하여 방전하는 축전기가 연결된 조잡한 회로를 갖게 되었다. 우리는 후쿠이와 미야모토가 펄스 발생기를 그들 스스로 제작했다는 점이 그들의 성공에 얼마나 중요했는가를 곧 알게 될 것이다.[79] 이것은 큰 규모의 물리학이 아니었다.

이탈리아 사람들의 논문을 받고 나서 후쿠이와 미야모토는 급격하게 상승했다가 지수 함수적으로 감소하는 펄스에 의해 플래시 관에서 신호가 발생되는지를 시험해 보기 시작했다. 1956년 가을 동안 그들은 몇 개의 관에 대해서 첫 번째 긍정적 결과를 얻었으며 그 즉시 INS 워크숍에

론을 제직할 임무를 맡겼다. 미야모토, 저자에게 보낸 편지, 1986년 10월 21일.
78) 미야모토는 "형식적으로는" 후시미의 박사과정 제자였지만 "실제로는" 유츠루 와타세의 대학원 제자였다. 마찬가지로 후쿠이는 형식적으로는 오가타 교수의 조수였는데, 그러나 그가 실제로 속한 곳은 와타세의 실험실이었다. 오사카 실험실은 사실상 와타세 실험실의 조그만 지점이었다. 미야모토, 저자에게 보낸 편지, 1986년 10월 21일.
79) 후쿠이, 「시대적 검토」(1983), 1~2쪽.

서 예고한 커다란 장치를 조립하는 작업에 착수했다. 1957년 12월까지 일본 실험 과학자들은 상당히 많은 양의 기체를 채운 유리관을 확보할 수 있었다. 콘베르시의 설명에 의하면, 다음 단계는 관들을 한쪽 면만 제외하고 검은 종이로 감싸는 것이었다. 기술적인 면에서 어떤 도움도 받지 못하며 실험실에 틀어박힌 채 검은 종이로 5,000개의 작은 유리관을 포장해야 한다는 전망에 그들은 지루함 말고는 어떤 것도 생각나지 않았다. 그들의 지루함을 조금이라고 덜기 위해 물리학자들은 서로 다른 압력으로 기체를 채운 포장되지 않은 몇 개의 관들을 위아래로 쌓았다. 그들은 펄스 발생기를 작동시키고 전등을 모두 껐다. 검은 종이 때문에 콘베르시와 고치니는 결코 볼 수 없었던 놀라운 상(像)이 어둠 속에서 나타났다. 적어도 몇 개의 관 내부에서 흔적들이 형성되고 있었다(〈그림 6.17〉을 보라). 콘베르시와 고치니에게 나타났던 조잡한 2차원 모자이크 대신 일본 물리학자들 앞에는 윤곽이 아주 뚜렷한 3차원의 상(像)이 서 있었다.[80] 비록 정확도는 좀 떨어졌지만, 이 일본 장치는 논리 전통이 거품 상자 물리학의 풍성한 중심지에 있는 그들의 경쟁자들이 지닌 상(像)을 만들어내는 능력 쪽으로 한 단계 더 진전했음을 나타냈다.

후쿠이와 미야모토는 〈그림 6.17〉에 기록된 것과 같은 상(像)을 기초로 하면 그들이 계수기를 이용해서 얻을 수 있었던 것보다 훨씬 더 좋은 공간 해상도를 지닌 새로운 종류의 검출 상자를 제작할 수 있음을 깨달았다. 그러나 깨끗한 흔적은 관들 중 단지 더 높은 압력을 이용한 일부에서만 나타났다. 그들은 각 관에 대해 펄스 높이가 어떤 임계 최소값보다 더 높기만 하다면 기체에서 일어나는 방전이 두 가지 관에서 모두 동일할 것이라고 예상했기 때문에 처음에는 이 현상이 그들을 당황하게 만들었다. 그들은 가장 압력이 높은 관에 필요한 임계값보다도 훨씬 더 높은 전기장에 모든 관들을 노출시켰다고 생각했기 때문에 관들이 균일하

80) 후쿠이와 미야모토, 「호도스코프 상자」(1957); 후쿠이, 「시대적 검토」(1983), 3~4쪽. 미야모토는 압력 시험과 관을 종이로 포장하는 문제는 서로 관계없었다고 기억한다. 미야모토, 저자에게 보낸 편지, 1986년 10월 21일.

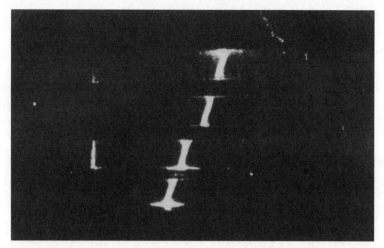

〈그림 6.17〉후쿠이와 미야모토의 흔적(1957~58). 일단 콘베르시 관에서 일어난 방전이 국지화되어 있음을 깨닫게 되자 후쿠이와 미야모토는 유리 상자 시스템에 대해 착수하고 (여기에 보이는 것과 같이) 어느 정도 경사진 흔적까지 포함해서 사진 찍을 수 있었다. 그렇지만 흔적의 각도가 제한받는 것은 상자가 지나가고 있는 단지 몇 개의 흔적에 대해서만 민감하다는 것을 의미하는데, 이것은 여러 해 동안 전자적(電子的) 상(像) 만들기에서 아킬레스건(유일한 약점)이었다. 출처: 후쿠이와 미야모토, 「방전 상자」, 『누오보 치멘토』 11(1959): 113~15쪽 중 114쪽 이하.

지 않은 반응을 보인 것이 그들에게는 당황스러웠다.

결국 그들은 이해하게 되었다. 행운이 그들의 필요성을 향해 미소를 지었다. 서로 다른 압력에 대해 관들이 서로 다르게 반응한 원인은 그들이 임시방편으로 마련한 사각형이 아닌 펄스를 만드는 장비 때문임을 찾아낼 수 있었다. (〈그림 6.18a〉에 보인) 사각형 파동에서 최대 전기장이 모든 관의 임계 전기장 중 가장 낮은 것보다 더 높은 경우를 고려해보자. 예를 들어 최대값이 높은 압력으로 채운 관에 필요한 최소값 E_1보다 더 높은 동시에 또한 낮은 압력으로 채운 관에 필요한 최소값 $E_2 < E_1$보다 더 높을 수 있다. 이런 사각형 파동의 경우 모든 관이 동일한 시간 간격 동안 흔적을 만드는 펄스를 수신한다. 즉 E가 E_1보다 더 큰 시간 간격 t_1은 E가 E_2보다 더 큰 시간 간격 t_2와 같다. 후쿠이와 미야모토는 바로 그렇게 될 것이라고 예상했다. 그런데 그들의 펄스는 〈그림 6.18b〉에 그

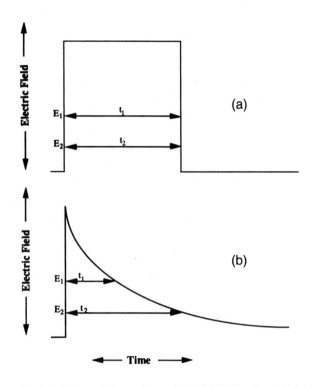

〈그림 6.18〉 후쿠이와 미야모토의 펄스 모양(1959). (a) 사각형 파동 펄스, (b) 비사각형 파동 펄스. 후쿠이와 미야모토의 비사각형 파동 펄스에서는 전압 임계값이 높을수록 펄스 시간 간격이 짧아진다. 그래서 우연히 그들은 (가이거-뮐러 형의 이전 제품에서의 유산인) 높은 압력으로 채운 관에서 갑자기 증가하고 짧은 펄스를 이용하면 생기는 장점을 발견했으며, 즉시 관 모양을 배제하고 유리 상자를 이용했다.

려진 것과 가까운 모양이기 때문에 상황이 동일하지가 않았다. 시간 간격 t_1이 시간 간격 t_2보다 훨씬 더 짧았다. 그러므로 이 두 물리학자들은 높은 압력의 관을 낮은 압력의 관보다 효과적으로 더 짧은 펄스에 노출시킨 것이다. 의도적으로 그렇게 된 것은 아니지만, 그들은 흔적을 추적하는 방전을 만드는 데 최적의 조건을 발견했다. 압력이 높은 관일수록 더 짧은 펄스를 가해야 되었다.[81]

81) 고압 펄스를 전에 사용되었던 10^{-3}초에서 10^{-7}초로 단축하면 방전의 질을 개선시킬 수가 있었다. 후쿠이와 미야모토, 「호도스코프 상자 II」(1957), 4쪽. 콘베르시와 고치니의 선도(先導)를 따라 일본 물리학자들은 시작부터 그들의 주

무엇보다도 후쿠이와 미야모토가 흔적을 관찰했다는 것은 그들이 이제 더 이상 가이거 계수기의 이진법적인 반응에 의해서 검출기의 모형을 만들 필요가 없음을 의미했다. 예상치도 않았는데 갑자기 그들은 수백 겹으로 쌓아올린 원통으로부터 전도성(傳導性)을 갖는 표면으로 만든 몇 개의 유리 상자로 아무런 제약을 받지 않고 기하적 모양을 바꿀 수 있게 되었다.[82] 몇 개월 이내에 그들은 입자의 경로를 보여주는 선명한 사진을 만드는 데 새로운 장치를 사용했으며, 1959년 9월이 되어 두 물리학자들은 그들이 기여한 바를 『누오보 치멘토』로 보내 발표했다(〈그림 6.19〉를 보라).[83] 이제 밀폐시킨 장치에 "방전 상자"라는 명칭을 부여하면서 후쿠이와 미야모토는 그들의 도구 변환을 완성했다. 콘베르시와 고치니의 방식에서 배치되었던 열십자로 쌓아올린 계수기에서 시작한 것이 이제는 사실상 그리고 비유적으로 정의되었다. 여러 가지 종류의 계수기들은 원래의 의미로 이용되는 도구가 되었다. 그것은 경로를 논리에 기초를 둔, 경로를 해석해 내는 데 명백히 도식적인, 상(像)을 만들어 내는 도구였지만, 반응을 촉발시킬 수가 없었던 에멀션이나 거품 상자와는 달리 동시에 반응을 촉발시키는 데 조절이 가능한 논리에 의해 제공되는 인식상 통제의 여지를 가지고 있으며, 그리고 단지 몇 명이 실험가에 의해서 작업장의 통제가 가능할 정도로 충분히 작은 도구였다.

5. 거품 상자의 주도권

미국의 가속기 연구소들에서 거품 상자가 성공함에 따라 미국에 남아 있는 논리 실험 과학자들은 바로 이 일본 장치에 관심을 갖게 되었다. 두 명의 베바트론 물리학자인 윌리엄 A. 웬첼과 브루스 코크는 그들을 방문

요 기체로 네온을 사용했음을 유의하라. 참고표를 조사한 다음 그들은 소량의 아르곤을 혼합함으로써 더 낮은 전기장에서도 작동시킬 수 있음을 발견했다.

82) 후쿠이, 「시대적 검토」(1983), 5쪽.
83) 후쿠이와 미야모토, 「방전 상자」, 『누오보 치멘토』 11(1959): 113~115쪽.

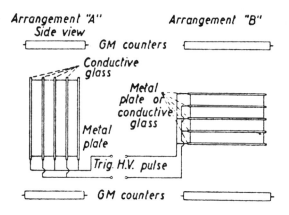

〈그림 6.19〉 후쿠이와 미야모토의 방전 상자(1959). 〈그림 6.17〉에 보인 흔적을 찾아내는 사진을 만드는 데 사용된 상자. 이것은 1960년 LBL에서 논리 전통을 부활시킨 장치인데, 거품 상자의 성공과 비시각적인 실험의 장래를 비방하는 앨버레즈의 1957년 공격의 결합에서 비틀대고 있었다. 출처: 후쿠이와 미야모토, 「방전 상자」, 『누오보 치멘토』 11 (1959): 113~115쪽 중 114쪽.

하고 있던 두 명의 동료인 프린스턴 출신 제임스 크로닌과 로드니 L. 쿨과 함께 다중 상호작용과 붕괴를 대표하는 복잡한 토폴로지를 포착하려는 노력으로 계수기 실험을 할 수 있는 데까지 복잡하게 밀고 나갔다. 논리 전통에 대한 예후는 암울하게 나타났다. 하루가 지날 때마다 일반적으로는 거품 상자가, 그리고 특별나게는 앨버레즈의 그룹이 전자(電子) 도구를 이용하는 경쟁자 모두를 훨씬 앞선다는 것은 점점 더 명백해졌다. 연구소의 정책과 과학적 계획은 서로 뒤얽혀 있었는데, 곧 전자적(電子的) 장치들은 쓸모없게 될 것이라는 믿음이 널리 퍼져나갔다.

　1957년 한 해 동안에 버클리 방사선 연구소의 장래 가속기 제작에 관한 결정이 마무리되어야만 했다. 대규모 거품 상자 물리학을 책임지고 있던 앨버레즈는 (거품 상자 물리학에 적당한) 고에너지와 낮은 세기의 가속기를 강조하고 반면, 높은 세기의 가속기를 사용하는 계수기 실험이 앞으로 기여할 것은 별로 없다고 예측했다. 연구소 책임자인 에드윈 맥밀런에게 1957년 9월 17일자로 보낸 편지에서, 앨버레즈는 높은 세기의 빛줄기와 계수기가 원자핵 물리학과 중간 에너지 파이온 물리학에 기여한 바가 있지만 저에너지는 주로 탄성 산란이 일어나는 영역이라고 표명했다.[84] 그는 그러한 실험을 위해서라면 오직 시각적(視覺的) 검출기, 구름 상자, 그리고 에멀션만이 진정으로 "낮은 통계적 정확도를 갖고서도 제대로 조사할 수 있는 도구"임을 인정했다. 그는 "다른 어떤 사람들과 마찬가지로 나도 단지 그러한 역사적 사실을 잘 알고 있지만, 그러한 역사적 사실이 고에너지 물리학의 장래와는 아무런 관계도 없다고 생각한다"라고 썼다.[85]

앨버레즈는 새로운 양식의 고에너지 물리학이 예전의 중간 에너지 원자핵 물리학과는 결코 유사하지 않다고 주장했다. 고전적 원자핵 물리학이나 중간 에너지 파이온 물리학의 여러 측면에서 늘 그랬듯이 입자들이 탄성적으로 상호작용할 때는 입자의 충돌에 의해 다수의 다른 입자들이 만들어지지는 않는다. 계수기 물리학자가 단순히 얼마나 많은 사건들이 발생하는지 관찰하거나 또는 산란된 입자의 에너지와 산란각을 측정하는 방법으로 총 단면적을 측정할 수는 있다. 그리고 때로는 중성 파이온과 전하를 띤 파이온 사이의 전하 교환에 의해 복잡한 문제가 발생하기도 하지만, 그런 것이 중요한 장애는 아니다. 그렇지만 역사는 운명이 아니다. 앨버레즈는 이제 고에너지 과정이 진정한 관심의 대상이 되는 주제이며, 고에너지 물리학에서 충돌은 거의 예외 없이 비탄성적이라고 주장했다. 충돌과 함께 많은 입자의 생성은 더 이상 예외가 아니라 규칙이었다. 이렇게 새로운 세상에서 계수기 물리학자는 "만일 시각적 검출기를 갖고 있지 못하다면, 그리고 더 좋게는 거품 상자를 갖고 있지 못하다면 훨씬 더 자주 일어나는 비탄성 과정을 진지하게 조사하는 일을 시작하기도 어렵다." 만일 고에너지의 음전하를 띤 파이온이 양성자와 상호작용을 한다면 많은 중성 입자들을 포함한 다양한 종류의 입자가 생성된다. "무슨 일이 일어나는지 알아내기 위해서는 누구든 대전된 입자

---

84) 앨버레즈가 맥밀런에게, 1957년 9월 17일, ELP.
85) 앨버레즈가 맥밀런에게, 1957년 9월 17일, 4, ELP.

를 표시하는 갈래의 산란각과 운동량을 측정한 다음 상대론적 운동학을 이용하여 보이지 않는 갈래의 수와 정체(正體), 그리고 방향을 계산해야 한다."[86] 앨버레즈는 이렇게 사건들을 구체적으로 재구성하는 임무로 흔적 하나하나에 대하여 시각적으로 그리고 엄밀하게 행해져야 하는 임무를 수행하는데 계수기가 전혀 알맞지 않다고 결론지었다.[87]

코크와 웬첼의 1957년 연구 중 몇 가지는 앨버레즈의 편지에서 계수기 연구가 고에너지에서는 적합하지 않은 예로 설명되어 있었다. 이 두 계수기 전문가는 2GeV와 4GeV 그리고 6GeV의 양성자가 표적 양성자와 산란하는 것을 측정하는 전자적(電子的) 실험을 고안했다. 앨버레즈의 예상에 의하면, "단면적 중 탄성 산란에 의한 부분은 전체 사건에서 단지 작은 부분에 지나지 않기 때문에" 코크와 웬첼이 측정한 탄성 산란 단면적은 이론적 측면에서 주요 관심사가 되지 못했다. "언젠가는 전체 작업이 수소가 채워진 거품 상자에서 수행될 날이 올 것이고, 그 과정에서 탄성 산란 단면적이 다시 측정될 텐데, 그러면 이론 과학자들은 상호작용의 실제 구체적 사항들을 얻게 될 것이다."[88] 저에너지의 K 메존에 대한 연구만 제외하고, 앨버레즈는 오래지 않아서 "고에너지 물리학의 정밀 측정 기구로서 계수기는 사라질 운명"이라고 느끼고 있었다.[89] 흔적에 대한 자세한 묘사와 정체성, 운동량, 그리고 공간적으로 어떻게 배열되어 있는가를 알지 않고는, 즉 간단히 그 사건의 상(像)을 알지 않고는 이론이 더 이상 진전될 수가 없었다.

심지어 계수기 물리학자들의 가장 큰 자존심인 통계 능력마저도 앨버레즈의 공격 대상이 되었다. 적어도 앨버레즈에게는 그 점에 대해서도 거품 상자가 앞서 있었다. 최근 몇 주 동안 그의 그룹은 약 20만 장의 사진을 찍어서 단지 며칠 이내에 그것들을 스캔하고 측정하고 그리

---

86) 앨버레즈가 맥밀런에게, 1957년 9월 17일, 5, ELP.
87) 앨버레즈가 맥밀런에게, 1957년 9월 17일, 5, ELP.
88) 앨버레즈가 맥밀런에게, 1957년 9월 17일, 5, ELP.
89) 앨버레즈가 맥밀런에게, 1957년 9월 17일, 9, ELP.

고 분석했다. 이와는 대조적으로 계수기 연구는 아직 발달되지 못한 상태에 있기 때문에 물리학자가 한 실험을 마치고 실험실 현장을 떠난 다음 2~3년이 지난 뒤에야 분석이 끝나서 다른 실험으로 들어갈 수 있었다. "사람들은 계수기 실험에서는 날이 저물면 모든 결과가 노트에 기록되지만 거품 상자나 구름 상자가 무엇을 말해주는지 알아내기 위해서는 오랫동안 기다려야 할 것이라고 믿는 데 익숙해 있다. 이러한 상황이 거꾸로 될 수도 있다는 것을 알면 확실히 이상해 보인다."[90] 이것은 고도로 조준된 또 다른 공격이었는데, 왜냐하면 실험 장치로부터 빠른 반응을 얻어내는 능력은 계수기 물리학자가 스스로를 방어하는 데 중요한 문제였기 때문이다.

실험하기의 본성에 대해 이렇게 온 힘을 다한 싸움은 내가 제5장에서 인용했던 앨버레즈의 계수기를 향한 논박의 맥락을 형성했다. 이제 그것을 좀더 충분히 살펴볼 수 있게 되었다.

나는 계수기 기술이 저에너지 영역에서 그렇게도 잘 수행했던 일을 고에너지 영역에서는 결코 잘 해낼 수 없을 것이라고 믿는다. 다른 사람도 내가 느낀 것과 같은 방법으로 확신을 가지기 위해서는 내가 그랬던 것처럼 그 사람도 수만 장의 거품 상자 사진들을 보았어야만 한다. 누구라도 대전된 입자의 상호작용이 중성 입자들을 생기게 하고 그 입자들이 어느 정도 진행한 다음에 대전된 2차 입자로 붕괴하고 그것은 다시 다른 2차 대전 입자들로 붕괴하거나 또는 전하 교환 반응이 일어나고 그렇게 하고 나서 중성 입자로 다시 나타나는 등의 경우를 직접 본다면, 그 사람도 계수기의 장래에 대해서는 나만큼이나 비관적이라고 생각할 것이다.[91]

---

90) 앨버레즈가 맥밀런에게, 1957년 9월 17일, 8, ELP.
91) 앨버레즈가 맥밀런에게, 1957년 9월 17일, 8, ELP.

그는 물론 계수기에 종사하는 그의 동료들을 위해서 특별히 남겨둔 전문 분야도 있다는 점을 시인했다. 그 사람들은 고에너지 가속기에서 생성된 입자들을 감속시켜서 그 입자들을 조사할 수 있었다. 그러나 그것은 진정으로 고에너지 물리학이 아니다. 그것은 단지 고에너지 기계에서 생성된 입자에 대한 물리학이었다. 그는 반복해서 계수기는 이제 사라질 운명에 놓여 있다고 말했다.

거품 상자는 그렇지 않았다. 새로운 세대의 거품 상자와 자료 분석 시설이 지닌 장점들을 되풀이해 설명하고 나서 앨버레즈는 다시 다음과 같이 공격했다. "내가 방금 쓴 것들을 읽은 다음, 여러분은 아마 다른 많은 사람들이 지난 2년 동안 내게 말한 것과 마찬가지로 '당신은 진심으로 앞으로 거품 상자가 고에너지 물리학에 대한 대부분의 정보를 공급해 줄 것이라고 믿고 있지 않은가?'라고 말할 것이다. 내 대답은 '그렇다……'이다. 2년 전에는 에멀션과 관계된 사람들이나 일반적으로 계수기와 관계된 사람들 중 누구도 내가 재앙의 전조를 미리 알아보았듯이 그것을 깨닫지는 못했는데, 그러나 이제 적어도 에멀션과 관계된 사람들에 관한 한, 사정이 아주 바뀌게 되었다."[92] 앨버레즈에 의하면, 전 세계에 걸친 에멀션 그룹들은 이제 거품 상자 필름을 분석하기 위해서 서로 경쟁하고 있었다. 심지어 맥밀런 자신의 앞에서 LBL 그룹에 속한 사람들까지도 그들의 책상 위에 도착한 마지막 배달 분의 프로판 거품 상자 자료와 씨름하느라 기진맥진해 있었다. 에멀션 기술이 "끝난 것"은 아닐 수도 있었다. 앨버레즈는 에멀션 기술 종사자들이 전문화된 구석에서 바쁜 걸음으로 다닐 수 있도록 허용했다.

그러나 하나의 기술로서 에멀션 기술은 고에너지 물리학에서 다른 것으로 대치되었다. 앨버레즈는 계수기 물리학자들도 동일한 상황에 처하게 되었다고 판단했다. 만일 그들이 아직 그들 스스로 끝났음을 깨닫지 못하고 있다면 곧 그렇게 될 것이었다. 그들의 유일한 희망은 다른 것으

---

92) 앨버레즈가 맥밀런에게, 1957년 9월 17일, 13, ELP.

로 전환하거나 또는 아직 차지되지 않은 특정 분야로 물러서는 데 있었다. 어떤 기념비적인 업적도 아직 세우지 못한 채 앨버레즈는 1955년 반양성자의 발견이라는 계수기 물리학자의 가장 위대한 발견에 버금가는 성공을 추구했다.[93] 거품 상자 그룹이 이러한 발견을 이루어내지 못한 것은 단지 그 실험 시기에 대규모 거품 상자가 "투표하기에는 나이가 아직 어린 초기 단계"에 머물러 있었기 때문이다.

거품 상자로는 수행될 수 없는 실험으로 — 어떤 것이 되었건 — 단하나의 예를 찾아보라는 도전을 받고, 오로지 (나중에 SLAC의 소장이된 지도급 LBL 물리학자인) 볼프강 "피에프" 파노프스키 한 사람만이 양성자를 표적으로 한 큰 산란각의 대전 입자 탄성 산란이라는, 유일한 예를 찾아내는 데 성공했다. 앨버레즈는 거품 상자가 기본 물리학의 "보편적 검출기"가 되었으며, 그래서 거품 상자를 사용하지 않은 모든 실험 과학자들은 새로운 **팍스 피지카**(팍스 로마나를 패러디한 것으로 물리학을 지배하는 거품 상자를 의미 – 옮긴이)에 익숙해지는 것이 좋을 것이라고 결론지었다. 앨버레즈가 작성한 계수기에 반대하는 보고서 복사본은 LBL 전체뿐만 아니라 존경받는 일반 자문 위원회인 AEC의 최고위 과학 자문 그룹들에게까지 회람되었다. 앨버레즈가 전하고자 하는 말은 분명했다. 상(像) 전통, 구체적으로는 거품 상자가 결정적으로 승리했다.

앨버레즈가 전자적(電子的) 실험이 장래가 없다는 조종(弔鐘)을 울리고 있을 때 논리 물리학자인 코크와 웬첼이 마치 포위된 것처럼 느낀 것은 약간 의외다. 앨버레즈의 맹공격이 있은 지 불과 며칠 뒤에 맥밀런에게 호소하면서 웬첼은 "대부분의 루이스 앨버레즈식 평가"에 자신도 동의한다고 시인하고, 그러나 황급하게 "정밀 도구로서 계수기가 아주 사라지려고 하는 것은 아니다"라고 덧붙였다.[94] 첫째, 계수기는 적응성이 뛰어나서 "크지 않고 저렴하며 쉽게 이동시킬 수 있고 필요하면 짧은 시

---

93) 체임벌린 외, 「관찰」, *Phys. Rev.* 100(1955): 947~950쪽.
94) 웬첼이 맥밀런에게, 1957년 9월 27일, 1, ELP.

간 내에 원하는 크기와 형태로 바꾸어 제작될 수 있다"는 점을 강조했다. 고에너지 실험에서 계수기가 지닌 빠른 시간 분해능은 "에멀션, 구름 상자, 그리고 (잠재적으로) 거품 상자가" 유용했던 것 이상으로 입자의 속도에 대해 이용할 수 있었다. 예를 들어 체렌코프 계수기와 비행 시간에 따라서 채택된 장치들은 K^- 입자를 반양성자와 분리시키는 데 지극히 유용한 방법을 제공했다.

반양성자를 조사하는 데 계수기의 효율성을 활용하면서 웬첼과 코크는 저에너지에서 양성자-반양성자 산란의 산란각 분포와 총 단면적을 결정하는 실험에 대한 계획을 수립할 수 있었다. 이론 과학자들은 비록 쌍소멸 과정 자체를 자세히 설명할 수 없었음에도 그러한 과정에 대한 예측을 내놓았다. 그러한 실험을 위해서는 계수기가 거품 상자보다 훨씬 더 많은 자료를 훨씬 더 빨리 만들어낼 수 있어야 한다. 간단히 말하면 웬첼은 거품 상자가 모르기는 하지만 고에너지 물리학에서 가장 유용한 단 하나의 도구일 것이라는 앨버레즈의 주장을 인정했다. 그럼에도 불구하고 웬첼은 "그것을 보편적인 검출기라고 간주해야 할 이유가 없다"고 덧붙였다. "루이스 앨버레즈가 말한 것처럼 그것이 사실이라고 할지라도 완성되기까지는 오랜 기간이 필요하다는 것도 사실이다."[95] "전체 실험의 몇 가지 구체 사항"과 관계되는 이론적 예측에 대해 빠른 해답을 제공하는 방법으로, 계수기는 궁극적으로 대규모 거품 상자들의 몫이 되었을지도 모르는 영역에 대해 조건부 소유권을 주장할 수 있게 되었다.

---

95) 웬첼이 맥밀런에게, 1957년 9월 27일, 3, ELP. 다른 편지에서 코크는 웬첼의 주장에 대해 동의하고, 그들이 수행할 수 있는 일련의 새로운 실험들의 목록과 함께 더 좋은 광전관, 더 좋은 동시 회로, 조밀한 유리 섬광체, 더 빠른 오실로스코프, 그리고 개선된 자료 기록 방법 등 계수기 기술에서 장래가 촉망되는 개선점들의 목록을 첨가했다. "이 기록의 요점은 비록 많은 고에너지 물리학 실험들이 거품 상자와 다른 검출기를 이용해 아주 잘 수행될 수 있지만, 빠른 계수기 기술도 여전히 매우 중요한 역할을 가지고 있다는 것이다"(코크가 맥밀런에게, 1957년 9월 27일, 3, ELP).

이러한 상황 아래서 웬첼의 적절한 방어는 아마도 전자적(電子的) 전통이 만들 수 있는 가장 강력한 보증이었다. 그렇게 궁핍한 형편에 처해서 웬첼과 코크, 그리고 크로닌은 이해할 만한 열정으로 후쿠이와 미야모토의 논문 복사본을 반가이 받았다. 이 세 명의 물리학자들은 1960년 5월 26일에 그들의 이전(以前) 기술을 이용하여 수행한 연구에 대한 계수기 논문을 작성하여 발표하기 위해 제출했다. 그러나 1960년 6월 6일에는 웬첼과 코크가 불꽃 상자를 제작하겠다는 제안서의 초안을 작성했는데, 그로부터 수주일 이내에 분명한 흔적을 보여주는 사진을 만들어 내는 기계를 갖게 되었다.[96] 그가 다시 동부로 돌아온 그 즉시 불꽃 상자판으로는 코이펠의 예전 불꽃 계수기의 부품을 뜯어서 이용하고 설계를 위해서 코이펠의 예전 자료를 활용하면서 크로닌 또한 수정된 후쿠이-미야모토 상자를 만들기 시작했다.[97] 불꽃 계수기가 불꽃 상자의 중심부에 놓여 있다라고 말하는 것은 글자 그대로 말하는 것이기도 하지만 동시에 비유적으로 말하는 것이기도 하다. 그리고 단지 그 정도의 예산만 지출하고서 (그 정도만 받아들이고서라고 말해야 할까?) 사진과 통계 그리고 실험실에 대한 준비 태세를 갖추었다.

새로운 불꽃 상자는 고에너지 양성자 가속기에 이상적으로 어울린다는 것을 스스로 증명했다. 이 상자가 반응하는 시간은 수마이크로초 정도였으며, 불꽃 상자의 양극판과 음극판 사이에 제거용 전기장을 가함으로써 원하지 않는 흔적들을 제거할 수가 있었다.[98] 1959년 말 새로운 검출기에 대한 환희로 붉게 달아오른 얼굴로 크로닌은 코크에게 "나는 마침내 [고전압의] 펄스 발생기를 제작하고 있다네! 당신의 불꽃 상자는

---

96) 코크, 「대전 입자 검출기」(1960); 타이프 된 이 원고는 그 후(1960년 6월 13일)에 벨에 의해, 그 다음(1960년 6월 14일)에는 머피에 의해 수정되었으며, 수정된 형태로 발표된 것이 벨 외, 「불꽃 상자」(1960)다. 수개월 뒤에 그것은 다시 벨 외, 「불꽃 상자」, 『누오보 치멘토』20(1960): 502~508쪽으로 출판되었다.

97) 크로닌, 저자와의 인터뷰, 1083년 1월 4일. 코이펠은 칼텍에서 박사학위를 수여받은 뒤에 박사후 연구원으로 프린스턴 대학으로 갔다.

98) 베알 외, 「불꽃 상자」(1960), 1~2쪽.

어떻게 되고 있는가?"라고 말했다.[99]

6. 반란의 불꽃을 피우며

높은 통계를 자랑하는 전자(電子) 기계들이 다시 경주에 참가했다. 프린스턴의 크로닌은 큰 전기적 펄스를 만들어내는 데 가장 적합한 열음극 방전관을 찾아내기 위해 기술자의 자문을 구했고,[100] 1960년 3월에 이르러 크로닌은 (심지어 이전 모형의 계수기 실험까지도 마무리짓고 있으면서) 크기가 4인치×5인치인 판으로 구성된 여덟 간격의 상자를 시험하는 데 이미 성공했다고 보고할 수 있었다. 새로운 장치에 대한 열정은 구체적인 프로젝트들보다도 더 앞서 뛰어올랐다. "우리는 이제 광학을 제대로 갖춘 더 큰 상자를 제작하고 있다. 그것의 크기는 6″×6″×12″이고 18개의 간격을 갖추게 될 것이다. 아직 구체적인 실험은 계획되어 있지 않다."[101] 거품 상자와는 달리 이 새로운 불꽃 상자는 짧은 기간 내에도 준비될 수 있었다. 프린스턴 사람들은 이 장치를 수주일 이내에 코스모트론에서 시험하고 그다음에는 다가오는 여름에 버클리에서 시험할 수 있기를 희망했다.

소문은 빨리 퍼져 나갔다. 문의하는 편지가 이탈리아의 로마 대학으로부터 메릴랜드 대학에 이르기까지, 그리고 전 세계의 연구소들로부터 쇄도했다.[102] 여기에 버클리 또는 브룩헤이븐의 거대한 수소 거품 상자를 통한 활동과는 경쟁할 꿈도 못 꾸는 기관들이 감당할 수 있으면서 쉽게 조립되는 장치가 나온 것이다. 코크가 말한 것처럼 앨버레즈에 대항하는

---

99) 크로닌이 코크에게, 1959년 11월 24일, JCP.
100) 쿠헤 연구소의 브라디가 크로닌에게, 1960년 2월 17일, JCP.
101) 크로닌이 코크에게, 1960년 3월 22일, JCP. 크로닌-레닝거 가속기에 대한 첫 번째 공개 보고서는 크로닌과 레닝거, 「조사」(1961): 271~275쪽에 나와 있다.
102) 예를 들어 베르나르디니가 크로닌에게, 1960년 4월 1일, JCP; 번스타인이 크로닌에게, 1961년 1월 18일, JCP.

웬첼의 방어에 공감하면서 "불꽃 상자에 대하여 …… 첫 번째 감명 깊은 점은 제작하기가 지극히 수월하며 비싸지 않고 작동하게 하는 데 별 어려움이 없어 보인다는 사실이다. 누구든 지하실에서 하나를 제작해서 작동시킬 수 있다."[103] 이것은 조금도 과장된 말이 아니다. 제러드 오닐의 프린스턴 그룹이 사용한 첫 번째 모형은 "거의 대부분 물리학을 전공하는 대학 2학년 학생들이 만들었으며",[104] 거품 상자의 위험스러운 제작에 필요한 대량의 공학 기술이나 과학적 활동과는 거리가 멀었다.

새로운 장치가 실험 과학자들의 공동 사회에서 인식됨에 따라 그 적용이 급격히 증가했다. 코크와 웬첼, 크로닌, 그리고 (대학원생인) 레닝거는 처음으로 이 장치를 이용하여 편극된 양성자들 사이의 산란과 양성자-양성자 산란에서 스핀-스핀 관계를 조사했다(〈그림 6.20〉과 〈그림 6.21〉을 보라).[105] 이런 실험 들 중 첫 번째 실험이 끝난 지 불과 몇 개월 후인 1959년 11월에 학생들과 교수들이 컬럼비아에서 T. D. 리 주위에 모여서 어떻게 고에너지에서의 약-상호작용 이론을 시험해 볼 수 있는가에 대해 열띤 토론을 벌였다. 멜빈 슈바르츠는 뉴트리노를 이용하면 그것이 가능할지도 모른다고 깨달았는데, 이 생각이 그와 거의 동시에 소련의 첩자로 드러난 뒤 소련에서 물리학자로 연구하고 있던 브루노 폰테코르보에게도 떠올랐다.[106]

전자 대신에 뮤온과의 반응에서 생성된다고 추측되는 두 번째 종류의 뉴트리노는 첫 번째만큼이나 포착하기가 어려웠다. 슈바르츠가 곧 발견

---

103) 아르곤 국립 연구소에서 1961년 2월 7일에 개최된 「불꽃 상자 심포지엄」, *Rev. Sci. Inst.* 32(1961): 480~498쪽 중 486쪽에 나온 논평.

104) 오닐, 「불꽃 상자」, *Sci. Amer.* 207(1962년 8월): 36~43쪽 중 43쪽.

105) 「불꽃 상자 심포지엄」, *Rev. Sci. Inst.* 32(1961): 480~498쪽 중 487~489쪽을 보라.

106) 슈바르츠, 「가능성」, *Phys. Rev. Lett.* 4(1960): 306~307쪽; 폰테코르보, 「뉴트리노」, *Sov. Phys. JETP* 37(1960): 1236~40쪽; 슈바르츠, 「발견」, *Adventures Exp. Phys.* 1(1972): 81~100쪽; 슈바르츠, 저자와의 인터뷰, 1983년 10월 20일.

〈그림 6.20〉 크로닌과 레닝거의 장치(1961). 윌리엄 웬첼, 브루스 코크, 그리고 제임스 크로닌은 후쿠이와 미야모토의 논문 복사본을 받고서 수주일 이내에 작동하는 불꽃 상자를 갖게 되었다. 이 장치와 버클리의 베바트론에서 이 장치로 찍은 산란되는 양성자들의 사진은 실험 도구에 대한 1960년 학술회의에서 많은 주목을 받았고, 다른 많은 그룹들이 가속기와 함께 불꽃 상자를 배치하는 것을 격려했다. 수년에 걸친 낙오 끝에 논리 전통이 다시 돌아왔다. 출처: 크로닌과 레닝거, 「조사」(1961), 273쪽.

한 것처럼 어려움은 바로 가이거-뮐러 계수기의 구부러진 부분과 쌓아 올린 네온을 채운 관들 모두의 공간 해상도가 좋지 않았던 데 있었다. 그리고 수소 거품 상자는—심지어 72인치 버클리 상자까지도—뉴트리노 상호작용을 조사하는 데 이용하기에는 충분히 큰 표적이 아니었다. 1960년 초여름 동안 MIT에서 온 어윈 플레스는 책상 위에서도 잘 작동하는 크로닌의 불꽃 상자에 대하여 슈바르츠와 레온 레더만에게 보고했다. 뉴트리노를 충돌시키기에 더 좋은 표적을 찾고 있던 두 물리학자는 그것을 관찰하는 것을 목표로 프린스턴과 경주를 벌였다.[107] 다시 한번 더 버클리에서 기사(技士)인 우드가 조립했던 "칙칙한" 거품 상자의 초

---

107) 슈바르츠, 저자와의 인터뷰, 1983년 10월 20일.

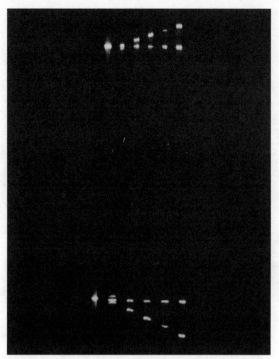

〈그림 6.21〉 코크, 크로닌, 그리고 레닝거의 흔적들(1961). 〈그림 6.20〉에 보인 크로닌과 레닝거의 상자에서 관찰한 양성자 산란. 출처: 브루스 코크에게 감사드린다.

기 단계와 마찬가지로 탁상용 장치를 대규모 공업용 등급으로 변환시키는 것이 열쇠였다.

해군과 AEC, 컬럼비아 대학, 브룩헤이븐 연구소의 자금 지원을 받아 두 번째 뉴트리노에 대한 추적 작업이 수행되었다. 기술자의 급료와 전자(電子) 장치는 브룩헤이븐이 제공했으며, 컬럼비아의 네비스 연구소에서는 운영 자금을 제공했다. 해군은 잉여 물자로 무게가 2,000톤과 3,000톤 사이인 순양함의 갑판을 무상으로 공급했다. 불꽃 상자 뉴트리노 발생 실험의 모범이 되는 기구를 신설하게 되자 컬럼비아와 브룩헤이븐의 공동 기계는 탁상용이던 불꽃 상자를 물리학의 공학 시대로 단번에 바꾸어 놓았다. 뉴트리노와 관련된 사건들 중 오로지 뮤온만 방출되었다는 사실은 순식간에 이 두 번째 뉴트리노가 1930년대의 파울리

〈그림 6.22〉 두 개의 뉴트리노 검출기와 함께 서 있는 슈바르츠. 불꽃 상자를 이용하여 수행된 모든 실험 중 가장 놀라운 것은 아마도 슈바르츠와 스타인버거, 그리고 레더만이 여기 묘사된 장치를 이용하여 실험을 수행한 것이다. 이 장치는 단지 뉴트리노 빛줄기의 성질을 탐구했을 뿐만 아니라(뉴트리노 자체가 단지 수년 전에 검출되었음을 회상한다면 이것은 보통 일이 아니다) 슈바르츠와 스타인버거, 그리고 레더만은 실제로 뉴트리노에는 전자의 생성과 관계있는 한 종류, 뮤온의 생성과 관계있는 다른 종류 등 두 종류가 존재한다는 것을 증명했다. 즉시 이 실험은 1970년대 중반 중성 전류를 공동으로 발견한 페르미 연구소에 본부를 둔 공동 연구 E1A를 비롯하여 다른 많은 사람들에게 본보기가 되었다. 출처: 1- 644-63, 브룩헤이븐 국립 연구소 문서 보관소.

와 페르미 이래 이론적으로 알려지고, 라이네스와 코언 이래 실험적으로 알려진 전자와 함께 방출되는 뉴트리노는 아주 다르다는 사실을 거의 모든 사람들에게 확신시켜 주었다. 두 가지 뉴트리노 가정이 힘차게 물리학으로 들어왔다(〈그림 6.22〉를 보라).[108]

불꽃 상자는 뒤이은 수년 동안에 걸쳐 널리 퍼져 나갔다. 그것들은 있을 법한 모든 크기와 모양으로 제작되었다. 실험 과학자들은 전 세계의

---

108) 덴비 외, 「고에너지 뉴트리노」, *Phys. Rev. Lett.* 9(1962): 36~44쪽.

연구소로부터 참석자들을 끌어들여서 각종 전문화된 학술회의와 소음이 많은 검출기 주위에 모인 좀더 일반적인 모임에서의 분임 회의에 열중했다.[109] 제작하기가 상대적으로 쉽다는 점 때문에 이 장치는 가속기 물리학을 위해 빠르고 반응을 유발시킬 수 있는 검출기를 제공할 뿐 아니라 과학의 미개척 분야에서 연구하는 데 충분히 큰 규모인 괴물 같은 거품 상자에 참여하지 않더라도 입자 물리학 분야의 실험을 수행할 수 있는 기회를 작은 그룹들과 재원이 덜 풍부한 연구소에 다시 찾아줌으로써 수많은 절실한 요구를 충족시켜 주었다. 그와 동시에 불꽃 상자는 거품 상자가 절대적 우위로 올라서면서 시들기 시작했던 (압도적으로 불꽃 상자의 사용을 선호했던) 논리 물리학자들의 열정을 다시 회복시켜 주었다.

상(像) 그룹과 동등한 자격을 같은 조건으로 다시 경쟁할 수 있다는 가능성 때문에 흥분이 논리 공동 사회를 번개처럼 스쳐 지나갔다. 크로닌은 1961년 2월에 IBM 사장인 J. 왓슨 주니어에게 그의 회사에서 생산하는 카드 천공기를 좀더 빨리 배송해 달라고 간청하는 편지를 썼다. 그 기계가 빨리 도착할수록 불꽃 그룹이 그것을 더 빨리 부호 매기는 시스템에 연결해 핵력에 존재하는 몇 가지 불명료함을 해소하는 경쟁에서 이길 수 있는 것이었다. "우리는 최근에 개발된 불꽃 상자 기술을 채택했는데, 만일 우리와 비슷한 실험을 하는 러시아와 영국 그룹들이 좀더 구식인 기술을 이용하여 성공하기 이전에 우리가 결정적인 결과에 도달할 수만 있다면 의심할 여지 없이 이 기술이 승리하게 되는 것이다."[110]

---

109) 예를 들어 1961년 2월 7일에 아르곤 국립 연구소에서 개최된 불꽃 상자에 관한 심포지엄(「불꽃 상자 심포지엄」, *Rev. Sci. Inst.* 32[1961]: 480~498쪽); 1962년 7월 16~18일에 CERN에서 개최된 고에너지 물리학을 위한 도구에 대한 1962년 학술회의의 제5분과 「불꽃 상자」(「불꽃 상자」, *Nucl. Instr. Mech.* 20[1963]: 143~219쪽); 그리고 1964년 두브나에서 개최된 고에너지 물리학에 관한 국제 학술회의에서 발표된 "불꽃 상자와 발광성 상자, 그리고 계수기 방법의 최근 발전 상황"에 관한 분과(「최근 발전 상황」, 스모로딘스키 외, *XII International High-Energy Physics*[1966], 301~377쪽).

논리 전통의 기계가 점점 더 커지고 복잡해질수록 그것들은 어느 때보다 더 많은 사진들을 생산해 냈다. 곧 다른 사람이 아닌 계수기 물리학자들이 사건들을 분석하기 위하여 좀더 좋은 광학과 좀더 빠른 필름-진행 메커니즘, 그리고 (대부분이 여성인) 좀더 많은 스캐너를 요구하게 되었으며,[111] 운동학적 분석과 입자 확인 분석을 위하여 어느 때보다 더 많은 난해한 컴퓨터 프로그램들이 작성되었다. 크로닌이 말한 것처럼 많은 불꽃 상자 공동 연구 그룹에서는 실험 과학자들이 이제 "거품 상자 동료들이 겪은 것과 비슷한 상황에 자신들이 놓여 있음을 발견"하고 있었다.[112] 전통적인 계수기 시스템의 융통성과 작은 크기는 당시 대규모 상(像) 제작 장치에 뒤지고 있었다. 거품 상자 연구소가 지닌 물질문화의 거의 대부분을 흡수하면서 1960년대의 논리 전통을 채택한 연구소는 자신들이 그렇게 오랫동안 반대했던 장소를 점점 더 닮아가고 있었다.

7. 컴퓨터와 물리학 그리고 연구소의 본성

역설적으로 성공은 계수기 물리학자들을 그들이 조소했던 바로 그 세상, 즉 그들에게 저주의 대상이었던 대규모 상(像) 기술, 그리고 그와 연관된 연구 관습으로 그들을 정확하게 데려다 놓았다. 그러나 불꽃 상자가 점점 더 커지면서 "논리학자"들은 그들 전통이 지닌 기술의 핵심 부분인 전자(電子) 장치에 사진술과 "거품 상자 이용자"들의 절차를 보충하도록 강요받았다. 많은 사람들은 곧 회로와 계수기의 순수함 그리고 통제로 돌아가기를 갈망했다. 웬첼은 다음과 같이 말했다. "나의 관심은

110) 크로닌과 엥겔스가 왓슨에게, 1961년 2월 27일, JCP.
111) 로버츠, 「성질」(1964), 368쪽: "필름 스캔의 필요 때문에 인력(여성 인력)이 요구될지도 모른다"; 로젠펠트, 「현재 성과」, *Nucl. Inst. Mech.* 20(1963): 422~434쪽 중 422쪽: "다음에는 스캔용 카드에 구멍을 뚫고 두 명의 전임 여성이 이것을 검증한다(현재 우리는 매년 약 20만 건의 사건을 스캔하고 있다)."
112) 크로닌, 「현재 상태」, *Nucl. Inst. Meth.* 20(1963): 143~151쪽 중 150쪽.

항상 전자 장치였으므로 어느 정도 시간이 흐른 뒤에는 스캔하고 필름을 재구성하는 일에 싫증이 났다. …… 전에는 항상 전자 장치를 가지고 실험했기 때문에 [그 실험들이] 약간 지루했다. 나는 정보를 기록하는데 다른 방법은 무엇이 있을까라고 생각하기 시작했다."113) 1964년이 되자 웬첼의 생각은 대신 들어선 계수기 물리학자들 사이에 널리 공유된 불만이 되었다. 그 반응으로 비슷한 생각을 가진 계수기 물리학자들이 1964년 3월에 CERN에서 "필름이 없는 불꽃 상자 기술과 그리고 관련된 컴퓨터 이용"에 대해서 그들이 생각하기에 소규모의 "비공식적인 학술회의"를 소집했다.114)

원래 조직 위원들은 CERN 프로그램의 장래 방향을 정하기 위해 20인의 사적인 콜로퀴움으로서 이 모임을 계획했다. 그러나 그 생각이 논리 물리학자들의 관심과 너무도 강력하게 공명해 개회식이 시작했을 때 200명보다 더 많은 물리학자들이 참석차 도착했다.115) 그 회의의 개회사에서 P. 프라이스베르크는 예상보다 훨씬 더 많은 참석자들을 환영하면서 "컴퓨터를 온라인으로 연결하여 실험동에서 실험이 수행되고 있는 동안에 물리학자는 몇 가지 특정한 결과를 받을 수 있고, 그 결과로부터 그 물리학자는 역시 실험이 수행되고 있는 동안에 이 정보를 바탕으로 새로운 질문을 제기하는 행동을 할 수 있는, 단지 실험의 운영자가 아니라 실험 과학자로서의 기쁨을 되돌려 받게 될지도 모른다"는, 거기 참석한 많은 청중들과 공유하고 있음이 틀림없는 희망을 털어놓았다. 상(像)이 없는 장치의 궁극적인 승리를 예언하면서 프라이스베르크는 다음과 같이 결론지었다. "새로운 기술을 위해 필요한 많은 비용은 여러분이 처음 시작한 발전 속도를 감소시킬지도 모르지만, 중지시키지는 않을 것이다."116)

---

113) 웬첼, 저자와의 인터뷰, 1983년 3월 7일.
114) 매클라우드와 메글릭, 『필름이 없는』(1964).
115) 프라이스베르크, 「서론」(1964), 1쪽.
116) 프라이스베르크, 「서론」(1964).

G. R. 매클라우드는 그때 그 분야의 대강을 설명하면서 상(像)을 반대하는 움직임에 대한 기술적 근거가 전자 장치와 컴퓨터의 급성장에서 왔다고 강조했다. 수소폭탄에 대한 연구가 첫 번째 대규모 거품 상자 연구에 대한 기술적 선행 조건들을 만족시키는 데 중요하다고 증명된 것과 마찬가지로 다른 군사적 개발 성과들은 계수기 과학자들에게 유용하다고 증명되었다. 매클라우드는 컴퓨터를 온라인으로 연결해 이용하는 것이 인공위성이나 미사일의 유도 장치 그리고 고급 레이더 시스템의 배치에서는 "상당히 널리 사용되고 있는 기술"임을 주목했다.117)

실제로 1950년대의 군사용 문헌을 대강만 읽더라도 군사적 적용을 위하여 컴퓨터의 도움을 받는 기계의 피드백이 얼마나 중요한지를 알려주고 있다. 한 가지 예를 든다면 공군의 1960년판 공군 훈련 명령용 교재인 『유도 미사일의 기초』 중 여러 장에서는 원격 측정에서의 피드백을 위해 온라인 컴퓨터의 중요성을 강조하고 있다. 미사일 발사에서는 통제 표면의 위치와 공기의 속도, 움직이는 속도, 한쪽으로 흔들림, 좌우 회전, 온도, 가속도, 고도, 그리고 포대(砲臺)의 기능 등을 포함하는 많은 채널의 정보가 빠르게 기록되는 것이 필요하다. 대표적으로 미사일에 부착된 그러한 도구 하나하나는 모두 가청(可聽) 진동수 음성 신호를 발생시키는 송수파기(送受波機)에 연결되어 있다. 그다음에 이 신호가 FM 반송파(搬送波)를 변조했다. 전파 분배기를 이용해 그 시스템은 각 송수파기(送受波機)를 점검하고 그 자료를 다시 추적 장소로 되돌려 보냈다. 만일 미사일 유도 정보가 비행 경로의 수정을 위해 늦지 않도록 미사일에 다시 제공되기 위해서는 컴퓨터가 암호화된 정보를 재빨리 처리하여 재송해야 한다.118)

소립자 물리학에서 나중에 발생한 문제들 중 많은 것들이 그전 그러한 원격 측정에 대한 응용에도 이미 존재했다. 예를 들어 미사일에서 오

---

117) 매클라우드, 「온라인 컴퓨터」(1964), 4쪽.
118) 미 공군 훈련 부대와 기술 참모, 『유도 미사일』(1960), 특히 497~569쪽.

는 원격 정보가 때로는 처리할 수 있는 것보다 더 빠르게 도착해서 공군은 자료를 자성 테이프에 빠르게 기록하는 시스템을 개발하지 않으면 안 되었다. 여러 가지 자료 채널들을 분리시키고, 그보다 더 채널들 사이의 간섭을 피하기 위해 새로운 기술이 필요했다. 유사한 기술에 대한 연구가 서로 다른 연구 분야, 특히 고급 레이더 기술 분야, 석유 산업, 화학 산업, 통신 산업 분야 등에서 계속되었다. 집보다 더 가까운 곳에서 입자 물리학자들은 저에너지 원자핵 실험 물리학자들이 빈번히 사용한 다채널 펄스 높이-분석기에서 모방할 수 있었다.[119] 이와 함께 전자 장치의 적용을 위한 이러한 여러 가지 활동 무대들은 계수기 물리학자들이 그림을 그릴 수 있는 기술을 위한 준비된 저장 장소를 제공했다.

1964년의 CERN 회의가 시작하기 전 10년 동안 컴퓨터는 거품 상자 연구에서 필수적인 임무를 수행하고 있었다. 그런 의미에서 컴퓨터는 필름을 분류하고 분석한 다음에는 자료를 유용한 형태로 정리하는 지루하고 반복되는 작업을 훨씬 더 많이 물려받도록 설계되었다. 아마도 어떤 불꽃 상자 물리학는 "지난 수년 동안 이룩된 모든 소립자 물리학은 거품 상자를 통하여 수행되었다는 잘 알려진 사실은 어쩌면 거품 상자 물리학자들이 자료 처리 시설을 잘 개발해 놓았다는 사실과 무관하지 않을지도 모른다"고 생각했을 수도 있다. 실험에 대한 통제의 동기(動機)를 방어할 준비를 갖춘 새로운 종류의 논리적 도구를 가지고 이 물리학자는 "[논리 전통의 자료 처리가 빈약하다는] 이렇게 비참한 상황을 바꾸려고 시도하기 위하여 매우 열심히 노력한 [그러한] 실험 그룹들의 보고서를 경청할 필요가 있다"라고 썼다.[120]

불꽃 상자 연구자들은 새로운 전자(電子) 두뇌가 수행해야 할, 사진의 경로를 간단하게 만드는 것 이상인 추가 임무를 염두에 두고 있었다. 첫째, 논리 실험 과학자들은 컴퓨터를 자료 취득에 이용하고자 했다. 자료

---

119) 매클라우드, 「온라인 컴퓨터」(1964), 4쪽.
120) 매클라우드, 「온라인 컴퓨터」(1964), 9쪽.

가 검출기에서 생성되면, 전자적(電子的) 신호가 컴퓨터에 의해 자성 테이프에 기록되어 나중에 처리될 수 있었다. 둘째, 컴퓨터는 실험 변수와 자석 전류, 계수 비율, 전압 수준, 빛줄기 세기 등을 측정함으로써 **검사와 통제** 기능을 수행할 수 있었다. 그렇게 함으로써 컴퓨터는 실험하는 사람에게 장치가 오작동을 경보하여 부분적으로 엄청난 잘못을 미연에 방지할 수가 있었다. 그러한 작업은 "오늘날에는 새벽 3시에 시달림을 당하는 물리학자가 알아보기 어려운 연필 글씨로 노트에 써넣는 경향이 있는 (또는 더 나쁘게는 쓰지도 않는) 종류의 일을 …… 오히려 좀더 나은 일관성과 신빙성을 가지고 컴퓨터에 의해 자동으로 수행되는[수행될 수 있는]" 업무일지를 유지하는 것과 비견될 만했다.[121]

컴퓨터의 세 번째 기능은 본보기 계산을 수행하는 것이다. 빛줄기 입자가 상자의 어떤 특정한 점에 들어오는 것을 알고 있다고 가정하자. 그러면 컴퓨터로 많은 입자들이 생성될 것인지 아니면 단지 몇 개의 입자만 생성될 것인지 검사해볼 수도 있다. 이와 같이 컴퓨터는 검출 시스템에서 가변성의 논리 요소로서의 기능을 수행하며 어떤 사건을 기록할지 결정하는 데 사용될 수 있었다. 거품 상자와는 달리 전후 관계를 살펴 컴퓨터를 이용함으로써 불꽃 상자는 온라인으로 연결된 컴퓨터에게 논리 판별기로서 로시가 이용한 것을 직접적으로 확장시킨 역할을 부여했다. 컴퓨터는 계산 장치로서 속을 알 수 없는 밀폐된 논리 회로를 갖는 도구 자체의 일부분이 되었다. 이제는 더 이상 동시 회로와 반동시 회로가 각 실험마다 그 실험에 맞게 하나씩 연결될 필요가 없었다. 이것은 에멀션과 거품 상자의 기초가 되는 화학적, 열역학적 처리 과정에서는 얻을 수 없는 완전한 동화였다.

노트들을 비교한 다음에 1964년 회의를 위하여 CERN에 모인 여러 그룹들은 하나의 전형적인 입자 물리학 실험을 위해서 프로그램을 제작하는 데 "1인당 1개월 간 작업량의 몇 곱절"이 필요할 것이라고 동의했

---

121) 매클라우드, 「온라인 컴퓨터」(1964), 5쪽.

다. 이런 작업들이 모두 다 똑같이 어렵지는 않았다. 매클라우드는 "고안하는 것이 프로그래머의 직무 중 일부"인 것에 주목했다. 일단 프로젝트의 책임을 맡고 있는 물리학자들이 이 생각을 끝내면, 그들은 "[자세한 컴퓨터 작업을] 예를 들어 아주 하급인인 프로그램 작성자에게 이 일을 맡길 수 있었다."[122] 모두 합쳐 1964년까지 프로그램 만들기가 불꽃 상자 그룹의 작업 중 10~20퍼센트를 차지했다. M. G. N. 하인에게는 그만한 시간 투자는 다음 말처럼 아주 합리적인 것처럼 보였다. "프로그램의 설계는 오늘날 이것이 실제로 실험 자체를 설계하는 것에 대한 또 다른 이름이기 때문에 관계 그룹에 속한 물리학자들의 시간을 아주 적절하게 사용하게 했다."[123] 다시 한번 더 실험 과학자가 된다는 것이 무엇을 의미하는지 이해하는 일이 다시 문제가 되었으며, 이에 대한 새로운 이해는 실험의 의미에 대해 실험에 대한 설계로서 컴퓨터 프로그램이라는 새로운 해석이 나오게 만들었다. 그런데 거품 상자 실험에서는 컴퓨터 프로그램 만들기가 자료의 추출을 통하여 실험을 정의하는 데 반해, 논리 전통에서는 프로그램 만들기가 장치의 설계에서 시작하여 결과의 기록에 이르기까지 자료 생산의 모든 단계에 다 들어왔다.

언제나 마찬가지로 거품 상자가 경쟁 대상이었다. 전자적(電子的) 기술들이 개발되는 각 단계마다 연구자들은 그들의 기계를 1950년대와 1960년대 초에 그렇게도 많은 물리학을 만들어낸 대규모의 액체 검출기와 비교했다. 거품 상자가 갖고 있는 하나의 명백한 장점은 헤아릴 수 없이 복잡한 상호작용과 붕괴 패턴을 기록할 수 있는 능력이었다. 흔히 그런 종류의 붕괴는 매우 드물게 나타났다. 그럼에도 불구하고 거품 상자 사진은 그렇게나 자세했기 때문에 단지 몇몇 사건이 제공하는 증거가 설득력을 가질 수 있었다. 전자적(電子的) 실험 과학자들에게는 설득력 있는 증거란 그러한 황금 사건으로부터라기보다는 높은 수준의 통계

---

122) 매클라우드, 매클라우드와 메글릭, 『필름이 없는』(1964), 310쪽에 나오는 논의.
123) 하인, 「폐회사」(1964), 374쪽.

에서 오는 경우가 더 많았다. 불꽃 상자를 열렬히 지지하는 아이오와 주립대학의 물리학자 아서 로버츠는 충분히 분석된 거품 상자 사건이 너무도 드물다는 사실이 거품 상자를 가지고 연구하기가 어려운 점 중의 하나라고 생각했다. 다음과 같이 약 상호작용에 대해 생각해 보자.

여러 종류의 입자가 어떻게 붕괴하는지에 대해서만 이야기한다면, 오메가 입자가 렙톤을 방출하며 붕괴하는 것과 중성자가 렙톤을 방출하며 붕괴하는 것 사이에 본래부터 가지고 있는 차이는 없는데, 중성자가 붕괴하는 것을 관찰한 수는 수십만 번에 달한다. 이와 똑같이 흥미로운 오메가 입자의 붕괴에 대해서도 똑같은 일을 하려면 동일한 수의 사건이 필요하다. 우리는 50건의 Λ붕괴는 표본 수가 많다고 생각하는 데 익숙해 있지만 그것은 Λ붕괴가 중성자 붕괴와 조금이라도 다른 무엇이 있다고 물리가 말하기 때문이 아니라 단지 그 실험을 수행하는 데 비용이 많이 들기 때문이다.[124]

이제 실험이 컴퓨터에 종속되어 있음이 점점 분명해지고 있는데, 그것은 단지 자료 분석에 컴퓨터가 필요하기 때문만이 아니라 컴퓨터가 이제 검출기 자체의 일부분을 구성하고 있기 때문이다. 람다 입자에 대한 로버츠의 논평은 자세한 묘사를 취하고 수를 기꺼이 희생시키는 상(像) 전통과 전자적(電子的)으로 대규모 통계를 얻을 수가 있는데 단지 몇 개만으로 만족하지 않으려는 논리 전통 사이의 오래 지속된 불화를 포착했다. 학술회의 참석자 중 한 명으로 좀더 많은 자료를 분류하고 추출하는 능력을 찾고 있던 사무엘 J. 린덴바움은 단지 반농담으로 자신의 그룹은 "CERN과 브룩헤이븐 그리고 동부 해안 전체의 컴퓨터를 어렵지 않게 모두 사용할 수 있다"고 주장했다.[125]

---

124) 로버츠, 로버츠의 논의, 「어떤 생각」(1964), 매클라우드와 메글릭, 『필름이 없는』(1964), 298쪽에 나온다.
125) 린덴바움, 로버츠의 논의, 「어떤 생각」(1964), 매클라우드와 메글릭, 『필름이

린덴바움은 본질적으로 논리 물리학자였다. 앨버레즈와 같거나 또는 레프린스-링게와 같은 사람들이 시각화가 가능한 자료의 미세한 점에 대해 매우 기뻐할 수 있는 곳에서 린덴바움은 퉁명스럽게 "나는 시각적(視覺的) 유형이 아니다"라고 말했다. 그의 경력 초기부터 그가 선택한 도구는 계수기였다. 짧은 기간 동안 에멀션 물리학으로 외도를 했지만 별로 행복하지는 못했고 그에게 "에멀션은 죽어가는 공룡이었다"라는 인상만 남겼다. 그는 "많은 자금이 있는 곳에 설비를 연결시켜야 한다고 생각했다"라고 덧붙였는데, 1950년대 말에 그것은 MANIAC III와 같이 그의 실험을 컴퓨터와 결합하는 것을 의미했다. 그의 주위에 의도적으로—거품 상자의 경험이 아니라—전자적(電子的) 배경을 가진 동료들이 둘러싸게 만들고는 "거품 상자적인 접근 방법에 의한 편견을 지니지 않은 사람들이 가장 잘 수행할 수 있는 새로운 출발"을 원했다. "우리는 처음부터 다시 시작하게 될 것이다." 1962년 가을부터 린덴바움과 그의 동료들은 자료를 거두기 시작했으며, 그리고 새로운 유형의 물리학에 대한 그의 열정은 끝이 없었다.[126]

1962년부터 계속해서 린덴바움은 발표하는 논문마다 한쪽에는 기체 방전 계수기 그리고 그와 비슷한 계수기들, 다른 쪽에는 구름 상자와 거품 상자 같은 "시각적 기술" 사이에 당시로서는 고전적인 구분을 반복하여 열거하기 시작했다. 그들의 다른 실패 가운데에는 계수기가 단번에 모든 방향에서 검출할 수 없으며, 입자의 다중(多重) 생성을 다룰 수 없다는 데 있었다. 이와는 대조적으로 시각적 방법은 많은 수의 사건을 다룰 수 없었다. 린덴바움이 강조한 것처럼 그들의 약점을 극복하기 위해서는 이 두 전통의 장점들을 결합할 수 있는 어떤 방법이 필요했다. 단순히 "계수기와 동시 회로 전자 장치, 그리고 계량기"의 수를 증가시키기만 한다면, 어떤 연구소라도 기가 질릴 뿐만 아니라 하드웨어가 그렇게

없는』(1964), 298쪽에 나온다.
126) 린덴바움, 저자와의 인터뷰, 1984년 12월 21일.

하지 않는다고 하더라도 그 결과로 나오는 자료 처리 문제가 물리학자를 기가 질리게 만들 것이다. 린덴바움은 이것을 해결할 열쇠가 바로 온라인 컴퓨터라고 강조했다.[127]

컴퓨터가 지닌 한 가지 장점은 자료와 곡선에 대해 정보를 되돌려 주는 빠르기다. "거의 즉시 자료를 처리하는 온라인 컴퓨터의 성질 때문에 정상적으로는 원래 눈멀어 있었을 이렇게 복잡한 계수기 시스템에게 놀라운 정도의 시각(視覺)이 구비되어 있다. 이제 우리는 거의 순간적으로 실험이 진행되는 상황을 볼 수 있으며 원할 때는 언제든지 표준 점검을 시행할 수 있다."[128] 여기서 시각(視覺)의 부활은 여러 가지 의미를 가지고 있다. 한 단계에서 계수기의 보지 못함은 그것들이 시각적 기록을 제공할 수 없음을 의미한다. 그것들은 구름 상자나 거품 상자의 상(像)을 생산하지 못한다. 그러나 동시에 린덴바움이 말한 시력(視力)에 대한 찬미는 논리 실험 과학자 자신들을 향한 것이다. 전에는 결코 그런 일이 없었지만 이제는 실험 과학자들이 그들의 실험이 진행되는 상황을 "볼" 수가 있었다. 여기서 "본다는 것"은 무엇이 일어났을 때 그것이 일어난 것처럼 시각화할 수 있으며 그들 앞에서 진행되는 사건들에 대해 통제를 가할 수 있음을 의미했다(〈그림 6.23〉을 보라). 다시 한번 더 우리는 상(像)의 성질과 논리의 성질을 결합함으로써 시력(視力)과 조종할 수 있는 능력을 결합하고자 하는 시도를 알게 된다.

이러한 시력과 그 결과로 얻는 통제가 가능하도록 만든 것은 자료의 생산과 그 자료의 평가 사이에 놓인 철저한 간격이었다. 실험 과학자와 기계 사이에 대화가 통하도록 만들어주는 언어가 이 간격을 메우는 데 필수적이었다. 린덴바움은 다음과 같이 말했다.

언어는 원시인들의 부호를 보내는 신호에서 시작하여 풍부한 어휘

127) 린덴바움, 「온라인 컴퓨터」, *Ann. Rev. Nucl. Sci.* 16(1966): 619~642쪽.
128) 린덴바움, 「호도스코프 시스템」, *Nucl. Inst. Meth.* 20(1963): 297~302쪽 중 300쪽.

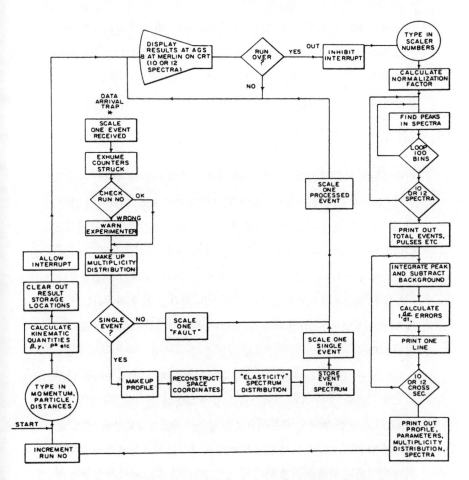

〈그림 6.23〉 린덴바움의 온라인 흐름도(1964). 사무엘 린덴바움은 컴퓨터를 실험 장치 자체와 결합시킨 첫 번째 물리학자들 중 한 사람이었다. 그렇게 하면서 그는 논리 전통을 한 바퀴 빙 돌렸다. 우주선 물리학에 적용된 논리 회로는 계산에서 기본 단위가 되었다. 이제 컴퓨터는 단순히 사실을 좇아 자료를 처리하는 빠른 방법일 뿐 아니라 도구의 일부 분이 되었다. 1964년에 그린 이 흐름도에서 린덴바움의 공동 연구자들은 새로 탄생한 복잡한 온라인 컴퓨터 프로그램이 어떻게 작동하는지를 잘 설명해 준다. 출처: 폴리 외, 「컴퓨터 시스템」, *Nucl. Inst. Mech.* 30(1964): 45~60쪽, 55쪽의 〈그림 10〉.

를 갖춘 문자나 음성의 강력한 현대 언어에 이르기까지 가지각색의 실체가 될 수 있다……. 언어에 의한 의사 전달은 서신의 교환에서 시작하여 개인들 사이 또는 서로 상호작용하는 논쟁의 공개적 회의에서 빠르게 바뀌는 대화에까지 걸쳐 있다. 이와 같이 비록 계산하기가 이제 모든 분야에서 물리학의 언어라는 점에는 의심할 여지가 없지만, 나는 고에너지 물리학에 이용되는 전자적(電子的) 기술을 위한 자료 처리 분야에서 계산하기는 "물리학의 언어"로서 가장 발전되고 가장 많은 열매를 맺는 단계에 도달했다고 믿는다.

린덴바움에 의하면 오직 "물리학자와 물리학자의 다분히 복잡한 검출기 장치 사이"에 존재하는 상호작용에 있어서만 진정으로 "대화식의 언어"가 구현될 수 있는 가능성이 존재한다.[129] 다른 여러 업무들 중에서도 린덴바움은 핵자-핵자 충돌과 파이온-핵자 충돌, 그리고 케이온-핵자 시스템에서 일어나는 고에너지 산란에 관한 다양한 문제들을 언급했다. 이것들은 현상론적으로 반응 단면적이 에너지와 스핀에 의존하는 관계에 대한 이론인 당시 최신 레지 폴 모형에 의해 제시된 예측과 직접적 관련이 있다.

1962년부터 1972년까지 10년에 걸쳐서 린덴바움이 컴퓨터를 대화식으로 이용한 것은 실험 과학자를 실험에 되돌려 준 한 가지 방법으로서, 그리고 또한 적어도 부분적으로는 상(像) 제작자들로부터 상(像)을 제거한 한 가지 수단으로서 감명적이었다. 이러한 새로운 종류의 실험하기가 그렇게도 깜짝 놀라게 해준 것으로, 1963년 이론 과학자 압두스 살람이 핵자 구조에 대한 스탠퍼드 학술회의의 폐회사를 하려고 등단해서 청중들에게 린덴바움의 슬라이드를 비쳐준 일을 들 수 있다. "이곳과 케임브리지 두 곳 모두에서 [린덴바움의 발표에서] 강력하게 나타난 것은 미국 물리학의 실력이었다. 여기서 내가 미국 물리학이라고 한 것은 실험 물리학을 의미한다. 내가 보기에는 그렇게도 효율적인 방식으로 온라인 계산하기를 이용한 것은 마치 마술과 같아 보인다. 나는 다음에 이 학술회의에서 내가 가장 좋아하는 그림[〈그림 6.24〉]을 소개하고자 한다.

---

129) 린덴바움, 「자료 처리」(1972), 209쪽.

나는 린덴바움의 경사(慶事)를 완성시키는 데 필요한 단 한 가지는 저 의
자의 위치에 이론 과학자 한 명이 굴욕적으로 서 있는 것이라고 생각한
다."[130] 단지 잠시 동안만이라고 할지라도 실험을 하는 데 불꽃 상자와
와이어 상자에 연결된 컴퓨터를 이렇게 새롭고 좀더 기본적으로 이용하
는 능력에서 심지어 이론 과학자들까지 감명을 받았다.

1962년과 1963년의 학술회의에서 많은 사람들에게 복잡한 현상에
대한 불꽃 상자의 빠른 (그리고 비싸지 않은) 반응은 불꽃 상자의 중요
장점이었다. 실제로 하드웨어로부터 그 자리에서 조금도 지체하지 않
고 의미 있는 자료를 유도해 낸다는 가능성은 논리 물리학자의 연구 방
식이 지닌 특징이었다. 상(像)과 관련이 없는 검출기에 연결된 컴퓨터
는 계수기 물리학자가 상(像) 능력을 회복하도록 만들어주었는데, 이 능
력을 불꽃 상자가 거품 상자의 기술과 계층적 작업 조직을 향하여 떠밀
려 가기 시작했을 때 이 능력을 잃어버렸다. 심지어 거품 상자 물리학자
들 사이에서도 사진을 분류하고 스캔하고 측정하는 데 대규모 그룹에
의존하는 것에 대한 저항감이 증폭되어 갔다. 우리가 지난 마지막 장에
서 본 것처럼 글레이저는 1960년대 초에 물리학을 떠나 생물학을 시작
했는데, 크게 보면 그 이유는 거품 상자 작업장의 구조가 혼자 또는 작은
그룹으로 운영되는 실험을 할 여지를 조금도 남겨놓지 않기 때문이다.
1960년대 중반에 이르러 막연한 불안이 심지어 앨버레즈에게까지 도달
했는데, 그는 (우리가 본 것처럼) 그가 창조하려고 그렇게도 애썼던 실
험실 생활에 대해 다른 생각을 갖기 시작했다.

논리 물리학자들 역시 실험하는 동안 —— 실제로 수분 이내의 작동하는
동안 —— 그들이 실험 조건에 반응할 수 있는 작업의 스타일을 원했다. 그
것은 당시 고려하고 있던 도구의 설계에 관한 아주 많은 부분이 동기가
되었던, 한때는 지식과 작업에 대한 욕구였다. 매클라우드가 컴퓨터의
조력에 대해 청중들에게 상기시킨 것은 다음과 같다.

---

130) 살람, 「요약」(1964), 397~414쪽.

〈그림 6.24〉 린덴바움과 컴퓨터, 그리고 의자 이론(1963). 이동식 자료실 내부에서 본 광경. 자료를 자동으로 테이프에 기록하고 그것들을 스코프에 나타낸 계산된 자료로서 온라인 컴퓨터로 전송하는 디지털 전자 장치 또한 나와 있다. 오른쪽이 린덴바움이다. 출처: S.J. 린덴바움에게 감사드린다.

우리는 변화하는 실험 변수들의 효과를 상당히 신속하게 볼 수 있다. 우리는 좀 덜 힘들고 좀 덜 무작위적인 방식으로 실험을 짜 맞출 수 있다. 우리는 기록되고 있는 자료가 자신이 기록하고자 하는 자료임을 실제로 볼 수 있다. 그리고 지난 마지막 실험의 결과에 근거한 직관적인 추측에 의해서가 아니라 분석된 자료를 근거로 새로운 실험에 대한 계획을 수립할 수도 있다. 내 생각에 이 모든 것이 물리학자로 하여금 진행되고 있는 것에 대해 훨씬 더 잘 통제할 수 있도록 해주며 그에게 실험을 하는 동안 결정해야 할 변화에 근거로 참고할 정보를 제공한다.[131]

"진행되고 있는 것에 대한 통제"를 위한 매클라우드의 희망은 내가 "논리" 전통이라고 부른 것 내에서 몇 번이고 다시 듣는 후렴이다. 논리 물리학자들은 실제로 실험하는 사람들을 자주 그들의 도구 그리고 그들이 조사하는 대상과 직접 상호작용할 수 없도록 관리 임무를 강제로 떠맡기는 등 실험의 작업장 구조가 변화하는 것을 예리하게 인식하고 있었다. 거품 상자의 수동성(受動性)에 대한 염려는 거품 상자의 작업장에 대한 통제를 획득하려는 물리학자들의 무능력과 결합했고, 그 염려가 전자적(電子的) 논리 실험 과학자들로 하여금 상(像)이 없는 온라인 장치를 개발하게 만드는 원동력이 되었다. 왜냐하면 "시각적(視覺的)인" 불꽃 상자가 ─ 스캐너를 필요로 하고 처리되지 않은 자료가 쌓이는 등 ─ 거품 상자와 유사해지면서 논리 실험 과학자들이 다시 한번 더 전자 장치 쪽으로, 이번에는 컴퓨터 쪽으로 달려갔기 때문이다. 그것이 문제를 수반하지 않는 이동은 아니었다.

계산을 점점 더 많이 사용하는 것을 반대하는 일부 사람들은 컴퓨터가 실험을 자동으로 수행하게 만들어서 결국 발견에 장애가 될 것이라고 주장했다. 그것은 우리가 거품 상자의 세상에서 앨버레즈 그룹이 패턴을 인식하는 컴퓨터를 도입하려는 시도에 맞설 때 이미 얼핏 확인했던 논쟁이다. 매클라우드는 자동화에 대한 그러한 두려움과는 관계없었으며, 다음과 같이 주장했다. "그것은 실제 상황과 너무도 다르다. …… 온라인 컴퓨터를 이용하면 …… 실험하는 동안 결정을 내리는 물리학자의 역할은 단지 직관만에 의해서가 아니라 실제 살아 있는 정보를 근거로 판단을 내린다는 가능성에 의해 더 높아진다. 그는 어떤 주어진 시간에도 무엇이 진행되고 있는지, 무엇이 진행되었는지, 그리고 그의 실험을 수행하면서 앞으로 무엇을 해야 하는지 실제로 인식하게 됨으로써 훨씬 더 좋은 위치에 있게 된다."[132] 통제는 실험의 작업 생활과 실험의 결과를

---

131) 매클라우드, 「온라인 컴퓨터」(1964), 6쪽, 강조가 추가됨.
132) 매클라우드, 「온라인 컴퓨터」(1964), 8쪽.

제대로 구하는 것 모두에 기본적으로 중요하다. 인식론적인 통제와 작업장의 통제는 함께한다.

게다가 도구의 설계는 그 도구로 조사될 수 있는 실험적 문제의 유형와 밀접하게 연관되어 있었다. CERN의 학술회의 중 한 분임 토의에서 이러한 점을 알 수 있는데, 그곳에서 한 실험 과학자가 어떤 특정한 사건들을 고려 대상에서 제외시키기 위해서 컴퓨터가 사용되어야만 한다는 의견을 말했다. 그렇게 하지 않는다면 불꽃 상자의 첫 번째 목적을 잃을지도 모른다. 다시 말하면 실험 과학자가 바람직한 유형의 사건을 위한 논리를 미리 설정할 수 있다는 가능성을 단념해야 할지도 모른다. 만일 컴퓨터가 모든 것을 기록하게 된다면 물리학자는 거품 상자를 이용하는 것이 더 좋을지도 모른다.[133] 통제를 포기하고 사진을 만든다면 이것은 논리 전통을 인도하는 가치관에 대한 배반이 되었을 것이다.

8. 논리의 상(像), 상(像)의 논리

논리학자들이 사진을 제거하는 한 가지 방법은 불꽃 상자의 플래시를 텔레비전 카메라의 전자 눈으로 직접 전달하는 것이다. 불꽃 상자에서는 상(像)이 꼭 필요하지 않다는 효과에 대한 코바르스키의 논평에서 영감을 얻고 IBM에서 CERN을 방문하고 있던 H. 겔런터는 1961년에 텔레비전 기록을 시도했다. 특히 그는 불꽃 상자의 빠른 반복 비율과 불꽃 상자가 만들어내는 빛을 내는 흔적을 이용하고자 했다.[134] 그 뒤 수년에 걸쳐서 LBL과 프린스턴, 시카고, 그리고 룬드/CERN 등에 속한 팀 등 몇 그룹들이 이 생각을 이어받았다. 심지어 지구 위성에 탑재된 장치를 이용하자는 계획안이 나오기도 했다.[135] 비디콘에 대한 이론은 상당

133) 메글릭, 매클라우드와 메글릭, 『필름이 없는』(1964), 305쪽에 나오는 논의.

134) 겔런터, 「자동 수집」, 『누오보 치멘토』 22(1961): 631~642쪽.

135) 매클라우드와 메글릭, 『필름이 없는』(1964): 버논, 「불꽃 상자 비디콘」(프린스턴)에 나온 보고서를 보라; 안드레아 외, 「자동 디지털화」(LBL); 앤더슨 외,

히 간단했고 1964년에 이르러 상업용 텔레비전을 지원했던 좀더 광범위한 기술 기반으로부터 모조리 빌려올 수 있었다. 민감한 요소는 투명한 전도성(傳導性) 표면에 부착되어 있는 광전도성(光傳導性) 층이었다. 이 광전도성 층은 전자(電子) 빛줄기에 의해 균일한 퍼텐셜로 대전된다. 빛이 이 층에 충돌할 때 빛이 쪼인 점들에 위치한 층에서 방전이 일어난다. 전자(電子) 빛줄기에 의해 재충전되면서 전류가 발생하고, 분석이나 재생을 위한 신호를 발송하는 데 바로 이 전류가 사용될 수 있다(〈그림 6.25〉를 보라). 이것은 기술이 어렵지 않게 고에너지 물리학 연구소의 언어로 빠져들어 갔다고 말하려는 것이 아니다. 실제로 일단 비디콘이 그들이 지닌 원래의 텔레비전과 연관된 상황으로부터 절연되면 비디콘 장치에 대한 문서는 전혀 쓸모가 없다는 것이 증명되었다. LBL의 빅터 페레즈-멘데즈의 논평에서 원래의 상황(이 경우에 상업적 상황)과 연구소 상황이 서로 분리된 예를 들어보면 다음과 같다. 그것은 1965년 도구에 대한 학술회의 동안에 있었던 대화에서 나왔다.

리보이: 당신은 이 새로운 비디콘에 대해, 이 새로운 민감한 것에 대해 특별한 해상도와 정확도가 어떤지 말해줄 수 있는가?

페레즈-멘데즈: 에, 첫 번째로 내가 말하고자 하는 것은 RCA의 소책자에서 내가 무엇을 읽든 간에 그것이 별 정보를 제공해 주지 않는다는 것인데, 그 이유는 RCA 소책자가 비디콘의 상업적 이용과 관련된 것들만 말해주기 때문이다.[136]

「비디콘 시스템」(시카고); 파지오, 「비디콘 불꽃 상자」; 다델과 잘스콕, 「비디콘 개발」(룬드); 또한 『고에너지 물리학을 위한 도구에 대한 퍼듀 학술회의의 논문집』, *IEEE Trans. Nucl. Sci.*, NS-12, no. 4(1965); 다델, 잘스콕, 그리고 헨릭슨, 「상황 보고」, *IEEE Trans. Nucl. Sci.*, NS-12, no. 4(1965): 78~82쪽(룬드)을 보라.
136) 페레즈-멘데즈의 논의, 「필름이 없는」(1965), *IEEE Trans. Nucl. Sci.*, NS-12, no. 4(1965), 16쪽.

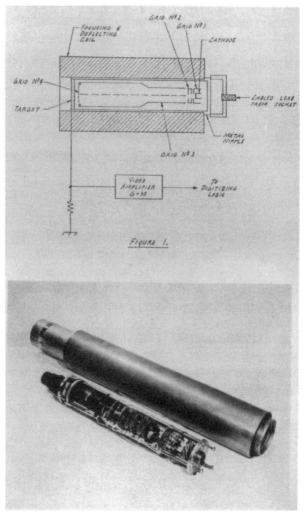

〈그림 6.25〉 비디콘 관(1964). 출처: 안드레아 외, 「자동 디지털화」(1964), 78쪽 다음 판.

특히 비디콘 관의 공간 해상도는 스캔 점의 크기에 의해 제한을 받는데, 그것은 원래 관을 (상업용으로) 사용하려는 사람들에게는 조금도 관련이 없는 성질이다. 또는 CERN 회의에서 겔런터와 페레즈-멘데즈 사이의 다음 대화를 보자. 표면에 대해 고려되고 있는 문제점은 어느 정도 초보적인 것처럼 보였다. 비디오 관에서 나오는 신호를 수정함으로써 테이프의 일부분을 지우는 방법에 관한 것이다.

겔런터: 이전 사건을 지우기 위해서 왜 비디콘의 빛줄기 전류를 증가시
킬 수 없고 또한 [전자(電子) 빛줄기가 민감한 층을 가로질러서
쓸고 나가는 비율인] 소사(掃射) 속도를 증가시킬 수 없는 이유
가 무엇인가?

페레즈–멘데즈: …… [RCA는 그에게 이것이 아무런 도움도 되지 않을
것이라고 말했다.] 실은 내가 이 현상의 물리를 이해하지 못하
지만 그러나 그들이 이것은 그렇다고 그리고 실제로 어떤 속도
라도 관련이 없다고 보장했는데, 여기서 그들은 RCA 사람들로
서, 그들은 삭제 순환을 여러 번 반복하기만 하면 삭제하는 속도
는 별로 관계없다고 주장한다. ……

겔런터: 내 짐작에 그들도 주어진 상황의 물리를 이해하지 못하고 있거
나 아니면 문제를 이미 해결한 것 같다.[137]

역시 물리학자들은 상업용 텔레비전과는 거리가 먼 상황에서 도구가 기
능을 발휘하는 데 원인이 되는 어떤 기초 메커니즘의 이해를 의미하는
장치의 "물리"를 원했다. 그러나 (그렇게 놀라운 일은 아니지만) 이 특
별한 물리학자들의 질문은 RCA와 같은 상업용 회사의 이해관계와 단지
약간만 엇갈렸다. 결과적으로 심지어 비디오 관과 같이 흔한 장비 하나
에 대해서도 물리학자들과 RCA 기술자들이 그렇게나 서로 다른 질문들
을 제기하기 때문에 비록 그 장치 자체는 두 장소에서 모두 완벽하게 작
동하지만, (RCA에서 만든) 표준 설명서가 CERN 또는 브룩헤이븐과 같
은 장소에서는 전혀 불필요할 정도였다. 장치들의 교역 지대에서 말은
전달될 수 없더라도 대상은 전달될 수 있었다.

---

137) 안드레아 외의 논의, 「자동 디지털화」(1964), 매클라우드와 메글릭, 『필름이
없는』(1964), 70쪽에 나온다.

〈그림 6.26〉 음파 상자(1964). 출처: 바든 외, 「음파의」(1964), 46쪽 다음 판.

비록 기술 설명서는 조금도 쓸모없었음에도 불구하고 비디콘은 곧 번성했다. 고에너지 물리학 실험실에서 비디오 녹화기는 불꽃 상자 자체와 마찬가지로 사건을 기록하는 데 너무도 명백하게 유용한 것처럼 보였으며, 제작 비용이 너무도 저렴하기 때문에 어떤 그룹도 이 방법의 발명자(겔런터)에게 감사하는 것을 귀찮아하지 않았다. 그럼에도 불구하고 1966년에 이르기까지 이 방법에 대해서는 SLAC 도구 학술회의에서 발표된 단 한 편의 논문이 존재할 뿐이었다.[138] 그것은 상(像)이 없는 검출기의 나무에서 추가된 또 하나의 그루터기 갈래가 되었다.

좀더 갈라져 나온 또 다른 상(像)을 반대하는 기술로 음파 상자가 있었는데, 그것은 가장자리에 마이크를 배치한 불꽃 상자다. 불꽃이 공

---

138) SLAC 1966에 발표된 비디콘 불꽃 상자에 관한 논문은 시카고 그룹에 의한 힌크스 외, 「스펙트로미터」(1966)였다.

기를 통하여 딱딱 소리를 낼 때 그것은 큰 반향(反響)을 일으켰다. 이런 "탕" 하는 소리를 청취한 마이크는 전기 펄스를 송신했다. 도착 시간을 측정하는 방법으로 — 전자 회로는 적어도 동시 발생의 많은 불꽃에서 애매모호해지지 않는 이상 — 다시 한번 더 혐오스러운 상(像)을 이용하지 않더라도 곧 불꽃의 위치를 재구성할 수 있었다(〈그림 6.26〉을 보라).139) 광범위한 영역에서 이용이 가능한 기술적 시스템들로부터 다른 방법들도 싹터 나왔지만 대부분은 결코 다시 들어보지 못했다. 그렇게 잃어버린 신기술 중 하나가 테이프 녹음기를 이용한 것이었다. 불꽃 상자 바로 아래에 테이프를 통과하게 함으로써 불꽃의 자기장이 테이프에 편극을 일으켜서 낱알의 패턴을 남겨놓을 수 있었다(〈그림 6.27〉을 보라). 그 테이프를 판독기로 읽은 후 오실로스코프로 보내면 테이프의 특정한 위치에 펄스를 만들게 되며, 그러므로 상자의 원래 위치에서 펄스를 만든 셈이었다. 어떤 아이콘도 재생될 필요가 없었다.

지금 다른 곳에서와 마찬가지로 CERN에 모인 청중들은 언제나 상(像)이 없는 채로 남아 있기를 희망하면서 이미 존재하는 다양한 기술의 요소들을 결합하는 방법에 대해 어느 때보다도 더 주의 깊게 지켜보고 있었다. 직접 테이프 방법을 발명한 장본인이 특히 사나운 불꽃 하나가 그의 테이프에 구멍을 뚫었다고 보고했을 때 다른 사람이 다음과 같이 답변했다. "나는 이미 그런 가능성에 대해 생각하고 있었다. 왜 종이 테이프를 이용하지 않는가? 불꽃이 종이에 구멍을 뚫으면 영구적인 기록을 남기게 된다. 컴퓨터는 원래 종이 테이프의 구멍 읽기를 좋아한다."140) 여기에 테이프 기록기로부터 테이프 구동 장치, 컴퓨터로부터

---

139) 풀브라이트와 콜러, 로체스터 대학 보고서 NYO 9560(1961), 샤르파크, 「필름이 없는 불꽃 상자의 진화」, 1970년 4월 15일, GCP에 인용되었다; 메글릭과 커스텐, 「음향」, *Nucl. Inst. Meth*. 17(1962): 49~59쪽; 바든 외, 「음파의」(1964); 블리든 외, 「시스템」(1964).

140) 팔리, 퀘사이의 논의, 「직접 기록」(1964), 매클라우드와 메글릭, 『필름이 없는』(1964), 349쪽에 나옴.

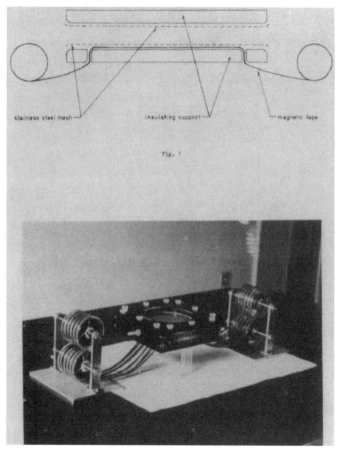

〈그림 6.27〉 테이프에서 태우기(1964). 출처: 퀘사이, 「직접 기록」(1964), 348쪽 다음 판.

종이 테이프 판독기, 오디오 장비로부터 마이크, 상업용 텔레비전으로부터 비디콘 등, 하나하나가 모두 브리콜라주 [손이 닿는 것이면 무엇이나 이용하여 만든] 검출기에 배선된 장치 축제가 있었다.

샤르파크가 입자의 경로를 추적하는 데 정전기적 사진술이 유용할 수도 있다고 예상하자 심지어 사무용 제록스 기계도 목록에 올랐다. 그와 그의 그룹은 제록스에 대한 설명 중 대표적 부분이 다음과 같음을 주목했다. (보통 비정질 셀렌으로) 미리 대전된 층이 전도성 표면에 부착되었다. 빛이 이 전하 패턴을 바꾸게 하고, 대전된 분말 입자들은 표면에서 분산될 때 그들 사이에서 서로 다른 상(像)으로 나타나게 된다. 이 분말 입자들은 그다음 열처리에 의해 고정될 수 있으며, 행운이 따르면 기계에 의해 판독될 수도 있다. 특히 샤르파크와 그의 동료들은 지금까지의 복사 방법을 수정하여 자성(磁性) 입자들을 포함시키기를 희망했다. 그러면 이것은 다시 모든 은행에서 사용되는 표준형 수표 판독기로 읽을 수 있었다. 페레즈-멘데즈와 마찬가지로 샤르파크도 "필름과 지연된 처리의 예속 상태"를 (그의 말 그대로) "억제"시키기를 기대했다. 만일 (아직 제대로 시도해보지 못한 방법인) 전자 사진술에 의한 기록이 제대로 작동한다면, CERN 팀은 실시간 결과에 의해 가능해진 통제를 계속 유지하고, "그 위에 필름 불꽃 상자의 시각화와 영구적 기록의 장점들을 구현"할 수 있었으면 했다.[141] 여기서 빛을 이용하지 않는 사진술과 수동 소자가 필요하지 않은 상(像), 그리고 상(像) 연구소에 수반되었던 통제를 잃어버리게 되었다.

영구적 형상에 대한 샤르파크의 애매모호한 공경(恭敬)은 그림을 폐지하겠다는 평생에 걸친 경력에서 예외가 되었다. 그럼에도 불구하고 그것은 아마도 그가 전자 사진술을 추구하도록 만든 보이는 것의 능력에 대한 증언이다. 샤르파크가 자신의 생각을 발표하고 나서 한 명의 미심쩍어하는 학술회의 참석자는 (역시 정전기적 상[像] 만들기에 사용되지만 판독기도 포함되어 있는) 비디콘에 대하여 제록스 방법이 어떤 장점을 갖는다고 예상할 수 있는지 설명해 보라고 그 생각의 창시자에게 도전했다. 샤르파크는 다음과 같이 답변했다. "만일 당신이 눈으로 미리 스캔할 수 있는 그림을 가지고 있다면, 그것은 중요한 성질이다. 실제로 그것이 우리에게 매력적인 주요 성질이다."[142] 심지어 논리 전통을 통틀어서 가장 성공적인 성상(聖像)파괴주의자까지도 아이콘에 대한 유혹을 느꼈다.

---

141) 샤르파크 외, 「정전기적」(1964), 341~342쪽.
142) 샤르파크 외의 논의, 「정전기적」(1964), 매클라우드와 메글릭, 『필름이 없는』(1964), 344쪽에 나온다.

제록스에 의한 복사하기(그뿐 아니라 일반적으로는 상[像] 만들기)가 샤르파크의 주요 관심사는 아니었다. 그리고 영구적인 시각적 기록을 생성하고 스캔하는 데 필요한 비용이 대체로 너무 비싸 보였다. 대신 몇 십 년에 걸쳐서 그가 창조한 수많은 장치들 중 거의 전부는 중간 과정에서 그림이 만들어지는 것을 의도적으로 피했다. 과연 그답게 샤르파크는 불꽃의 위치를 전자적(電子的)으로 결정하기 위해 불꽃 자체의 성질 중 일부를 이용했다. 한 시도에서 그는 도선에 부착되어 있는 정전기 전하를 이용했다.[143] 또 다른 시도에서 불꽃이 (헤르츠식으로) 라디오 전송(電送)처럼 작동하도록 만들고 루프를 수신 장치로 사용했다. 수신된 신호의 세기는 거리가 멀어질수록 빠르게 감소하므로 이것도 거리를 결정하는 방법의 근원이 될 수 있었다.[144] 그러나 샤르파크의 방법 중 지극히 간단한 원리를 이용한 것이 가장 유망했다. 도선을 통해 흐르는 전류는 전기 저항에 반비례하며, 전기 저항은 도선의 길이에 비례한다(〈그림 6.28〉을 보라).[145]

(〈그림 6.28〉에 끊긴 선으로 표시된) 대전 입자가 축전기를 방전시키고 아래쪽 판에 전하를 저장한다고 가정하자. 아래쪽 판에서는 위아래 면에서 각각 하나씩 두 개의 도선이 나온다. 전하가 두 경로 사이에서 나뉘는 비율은 불꽃이 일어난 위치에서 각 도선까지의 임피던스에 반비례할 것이다. 임피던스는 거리에 비례하므로 Q_1과 Q_2 사이의 비는 불꽃이 일어난 위치에서 판의 가장자리까지 거리의 비에 반비례하게 된다. 그러면 이 두 전하(Q_1과 Q_2)는 서로 반대 방향으로 페라이트 변압기를 통하여 회전한다(그래서 장치 전체에 널려 있는 신호는 어떤 것이나 모두 상쇄될 것이다). 만일 Q_1이 Q_2와 같다면 페라이트 코일을 지나가는 알짜 전류는 없게 된다. Q_1과 Q_2 사이의 차이가 커질수록 전류가 더 커져서

143) 샤르파크, 「위치」, *Nucl. Inst. Meth.* 15(1962): 318~322쪽.

144) 샤르파크, 「국지화」, *Nucl. Inst. Meth.* 48(1967): 151~183쪽.

145) 샤르파크, 파비어, 그리고 매소넷, 「방법」, *Nucl. Inst. Meth.* 24(1963): 501~503쪽.

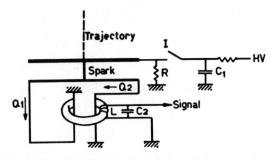

〈그림 6.28〉 샤르파크, 전류 분배(1963). 출처: 샤르파크, 파비어, 그리고 매소넷, 「새로운 방법」, *Nucl. Inst. Meth*. 24(1963): 501쪽, 503쪽 중 501쪽.

변압기의 도선 중 2차 회로에 유도되는 전류도 더 커지게 된다. 그러면 이 신호를 가져다가 예를 들어 오실로스코프에서 측정한다.

이런 단편적인 부분들 ―논리 회로, 비디콘, 음파 센서, 전류 분리기, 테이프 구동 장치와 판독기, 중심 기억 장치,[146] 자성(磁性)적으로 엄격한 지연선(遲延線)―이 모두 합하여 원래의 기능에서 벗겨내고 이제 새로운 부류의 결합을 위한 기초를 형성하는 일련의 절차와 대상인 일종의 객체 혼성어를 형성했다. 제록스 기계는 빛을 비춘 쪽의 표면을 복사하지 않고서도 불꽃을 순간적인 상(像)으로 만들 수 있을 것이다. 압도적으로 강력한 거품 상자와 경쟁하려고 힘들게 노력하면서, 논리 전통의 실험 과학자들은 이렇게 서로 다른 부품들 속에서 그들이 물리학의 경험적 구조를 표현할 수 있는 올바른 언어와 올바른 하드웨어 혼성어를 찾으려고 노력하면서 쉬지 않고 전진했다. 심지어 여기서 묘사된 다양한 조합도 단지 그림을 사용하지 않고 진행하는 방법으로 제안된 수많은 장치들과 방식들을 개척하기 위한 시작에 불과했다.

비록 원래의 기술적, 물리적 소속으로 보자면 구별되지만, 전후(戰後) 수십 년에 걸친 산업 기술과 무기 기술 그리고 통신 기술로부터 끌어낸 서로 공유하는 국지적 기능들의 단편을 통하여 연결된 집단을 이루는

---

146) 크리넨, 「디지털화」, *Nucl. Inst. Meth*. 20(1963): 168~170쪽.

움직임과 대상, 그리고 스스로 찾아내는 지도법 등 이렇게 다양한 분야들이 이제 확장된 논리 전통의 일부분을 형성했다. 이러한 요소들 하나하나를 거꾸로 추적하기란 절망적으로 복잡할 것이다. 대신에 자성(磁性)적으로 엄격한 지연선(遲延線) 하나만 골라서 어떻게 이것이 검출기-제작 사업의 이러한 기술적 방언에서 하나의 중요 부품으로 나타나게 되었는지 잠시 탐구해 보도록 하자. 그러면 훨씬 더 넓은 두 가지 기술적 시스템에서 지연선의 근원을 탐구하고, 또한 입자 탐색의 새로운 시대에서 중요한 구성 요소를 형성하기 위해 어떻게 지연선이 그 두 가지로부터 단절되었는지 지연선의 역사로 눈을 돌리는 동안 잠깐만이라도 참아주기 바란다. 내가 제기하는 바 문제가 되는 것은 대체적으로 범위가 정해진 구성 요소와 절차가 그들의 원래 의미 중 일부 측면을 유지하고 새로운 측면을 추가하며 한 가지 기술적 사용에서 다른 사용으로 옮겨가면서 나머지는 잃어버리는 일반적인 과정의 한 예다.

9. 장애를 제거하는 기억

제2차 세계대전의 정점에서 연합국 측 레이더 연구소들은 끈질기고 치명적인 어려움과의 싸움을 시작했다. 중국과 버마(미얀마의 전 이름)의 산악 지대를 가로질러 진격하면서 연합국의 지상군은 자신들이 일본 공군의 공격에 취약점이 있음을 알게 되었다. 그들에게는 공습에 대한 장거리 경보와 낮게 날아오는 기총 소사에 대한 근거리 경보가 절대적으로 필요했다. 두 가지 형태의 공격에 둘러싸고 있는 언덕이나 계곡 위의 정지한 물체들로 인한 혼란 속에서 방어용 레이더는 너무 자주 쓸모없었다. 이동 표적 표시기 프로그램은 움직이지 않는 물체를 모두 제거하고 단지 적군 비행기에 대한 영상만 남김으로써 이러한 실패를 수정할 예정이었다(〈그림 6.29〉를 보라).[147]

---

147) 구어락, 『레이더』(1987), 616쪽.

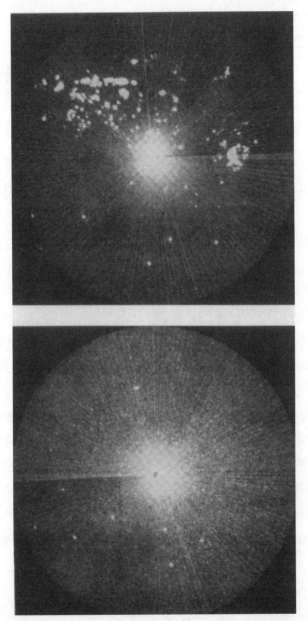

〈그림 6.29〉 이동 표적 표시기(1947). 기억관은 움직이지 않는 "지상의 소란"을 제거하여 일본 전투기를 드러나게 하는 데 첫 번째로 사용되었다. 위쪽, 소란이 포함된 상(像); 아래쪽, 정지한 물체가 제거된 후의 상(像). 출처: 엠슬리와 매코넬, 「이동 표적」(1947), 626쪽.

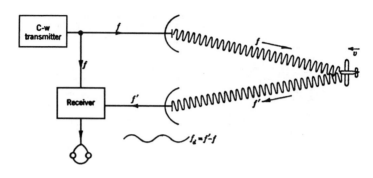

〈그림 6.30〉 낮은 진동수 도플러 효과(1947). 출처: 엠슬리와 매코넬, 「이동 표적」 (1947), 629쪽.

대략적으로 그 해답은 상당히 간단했다. 진동수 f인 라디오 진동수를 갖는 펄스를 전송하고 돌아올 때는 원래 신호의 복사판과 혼합된다. 움직이는 비행기는 이 신호를 진동수 f'로 도플러 이동을 일으키며, 그래서 맥놀이 진동수 $(f - f')$를 이용해 들을 수 있는 신호를 만들어낼 수 있었다(〈그림 6.30〉을 보라). 이 신호는 비행기에 대한 경보를 발동한다. 그리고 흔히 사용하는 방법으로 신호를 펄스로 만들면 그범위도 구할 수 있다.

이제 이동 표적 표시기 그룹은 운전자가 극 위치 표시기를 응시하면 오직 움직이는 물체만 보게 할 수 있도록 정지한 물체의 상(像)을 제거하는 문제를 해결해야만 되었다. 여기서 **지연선**(遲延線)이 결정적으로 중요시되었다. 연이은 소사(掃射)가 〈그림 6.31〉의 패턴 1부터 4까지 만들었다고 가정하자. 만일 첫 번째 소사(掃射)가 일시적으로 저장될 수 있다면, 그것을 두 번째 것에서 제거할 수 있을 것이다. 또한 두 번째 것을 세 번째 것에서 제거할 수 있고, 그렇게 계속된다. 그렇게 하기 위해 수신기는 펄스 사이의 주기만큼 신호를 지연시키는 능력이 있어야 한다. 이것이 가능해진다면, 이전 신호는 전자적(電子的)으로 거꾸로 뒤집어 새로운 신호에 더해 〈그림 6.32〉의 맨 아래에 보이는 것처럼 "상쇄된 신호"를 만들어낼 수 있다.

기능적으로 지연선은 나중에 도착한 펄스와 비교될 수 있도록 마이크

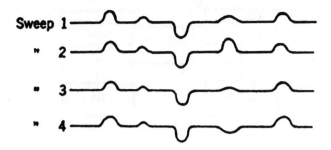

〈그림 6.31〉 연이은 소사(掃射)(1947). 출처: 엠슬리와 매코넬, 「이동 표적」(1947), 631쪽.

로파 레이더 펄스를 저장했다. 물리적으로 그것은 (압전 효과에 의해) 진동하는 석영 결정체에서 전자적으로 펄스를 발생시키고 액체가 담긴 용기에 초음속 진동을 내보내는 방법으로 작동했다. 진동은 용기를 가로질러 전파하고, 그곳에서 두 번째 석영 결정체가 진동을 골라내는데, 이번에는 진동이 전기 신호로 바뀐다. 이동하는 시간 동안에 신호는 "기억"되었다. 윌리엄 쇼클리에 의해 발명된 첫 번째 액체는 물과 에틸렌글리콜의 혼합물이지만, 이것이 곧 존 프레스퍼 에커트 주니어의 손에 의해 수은으로 바뀌었다. 이번(1942년)에는 에커트가 레이더 응용에 대해 연구하면서 지연선에 수은을 도입했는데, 그것은 수은이 더 높은 진동수에서도 사용할 수 있으며 좀더 신뢰할 수 있기 때문이었다.[148]

기억 장치는 곧 에커트에게 매우 다른 상황에서 중요해졌다. 1943년에 에커트와 존 윌리엄 머슬리는 세상의 이목을 집중시키며 첫 번째 범용 전자 컴퓨터인 ENIAC을 제작하고자 하는 노력을 쏟기 시작했다. 그들의 목표는 될 수 있는 한 빨리 전쟁 수행에 필요한 탄도 계산을 신속히

---

148) 윌리엄 B. 쇼클리는 벨연구소에서 첫 번째(물/에틸렌글리콜) 모형을 제작했다. 두 번째 모형은 MIT 방사선 연구소를 위한 무어 학교의 에커트 그룹에 의해서 제작되었다. 엠슬리 외, 「초음파」, *J. Franklin Inst.* 245(1948): 101~115쪽; 버크스와 버크스, 『전자 컴퓨터』(1988), 285쪽; 골드스틴, 『컴퓨터』(1972), 188~189쪽을 보라.

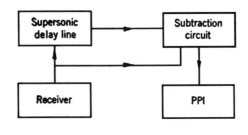

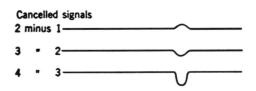

〈그림 6.32〉 지연선의 개략도와 펄스 대 펄스 상쇄(1947). 엠슬리와 매코넬, 「이동 표적」 (1947), 631쪽.

처리하는 장치를 제작하는 것이었다. 빠르기에 대한 관심에서 기억 장치와 프로그램을 저장하는 능력은 제쳐놓고 있었다.[149) 그러나 1944년 무어 학파 팀이 다음 컴퓨터인 EDVAC에 대해 고려하기 시작했을 때 기억 장치는 이 컴퓨터의 중요한 성질이 되었다. 정말이지 존 폰노이만이 그의 영향력이 아주 큰 1945년의 "EDVAC에 대한 보고서의 첫 번째 초안"을 작성했을 때 그 보고서에서 그는 그 기계에 대해 (전자공학적인 묘사에 대항하여) 논리적인 묘사를 명백히 했는데, 인간 마음의 기능들 중 입력, 출력, 중앙 계산, 중앙 제어, 기억 등 다섯 가지 "기관"을 모방했다. 기억 장치는 지연선(遲延線)이 정보가 전달되는 시간 동안 그 정보를 저장

---

149) 컴퓨터에서 저장된 프로그램이라는 개념의 기원은 이런 난처하고도 논쟁 대상인 분야에서 가장 난처하고도 논쟁의 대상 중 하나였다. 독자들에게는 다음 출처들을 추천하는데, 거기에 보면 에커트와 머슬리, 폰노이만, 그리고 다른 사람들 중 누구에게 공로를 배분하는가에 대해 서로 상치되는 주장을 한다. 골드스틴, 『컴퓨터』(1972), 예를 들어 191~192쪽, 253~260쪽; 스턴, 『ENIAC에서 UNIVAC까지』(1981), 예를 들어 28쪽, 58쪽, 168~173쪽; 버크스와 버크스, 『전자 컴퓨터』(1988), 195~255쪽, 285~287쪽.

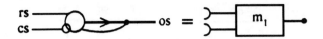

〈그림 6.33〉 폰노이만, 관념적 기억(1947). 한 가지 기술에서 기술적 "의미"에 대한 장애를 제거하는 놀라운 예가 기억의 역사에서 발견될 수 있다. 폰노이만에게 결정적인 점은 부품들이 구현되는 특정한 전기공학적 양식에 너무 구애받지 않으면서 컴퓨터를, 그것도 특히 프로그램이 저장된 컴퓨터를 분석하는 것이었다. 이 과정의 일부분으로 그는 기억을 컴퓨터의 "기관"으로 취급했다. 출처: 폰노이만, 「초고」(1981), 199쪽.

하고, 그다음에는 자료를 이 지연선(遲延線)에 다시 주입하는 피드백 루프로서의 기능을 담당했다(〈그림 6.33〉을 보라). 바로 여기서 에커트가 지연 저장소에 대해 잘 알고 있어서 레이더와 컴퓨터 사이의 연결고리를 제공해 주었다. 폰노이만의 "기억 기관"과 유사하게 구체화시킨 것과 관계해야만 했던 에커트와 같은 사람들에게 기억 장치의 제작은 0.5 마이크로초 길이의 펄스를 이용하는 것을 의미했는데, 이 펄스는 "1" 또는 펄스가 없으면 "0"을 대표했다. 수은 지연 저장소를 통해 신호를 다시 재순환시키는 방법으로 정보는 한 번에 몇 초씩 저장될 수가 있었으며, EDVAC이 갖는 기억 장치는 2,000개의 단어를 갖는데, 그것은 그전의 ENIAC에서보다 100배 더 증가한 것이다. 1951년에 이르러 수은 지연선(遲延線)이 케임브리지 대학의 EDSAC과 파일롯 ACE, 국립 표준 연구소의 SEAC, 그리고 에커트와 머슬리의 BINAC에 설치되었다.[150]

지연선(遲延線)은 그러므로 두 가지 중요한 (그리고 역사적으로 서로 연결된) 시스템인 레이더와 컴퓨터에 그 근원이 있었다. 강한 의미에서 그것의 기술적 "의의(意義)"는 구조적으로나 기능적으로 둘 다에 연결되었다. 구조적으로는 레이더 지연관의 물리적, 전자적(電子的) 구조의 구체적인 면이 에커트에 의해 레이더에서 컴퓨터로 전부 넘어갔다. 기능적으로는 지연선이 레이더와 컴퓨터 모두에서 본질적으로 동일한 추상적 표시법을 가지고 있다. 하나는 방사선 연구소에서 수행된 설계 작업

---

150) 스턴, 『ENIAC에서 UNIVAC까지』(1981), 58~61쪽, 151쪽.

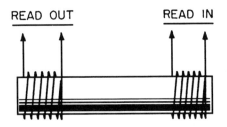

〈그림 6.34〉 컴퓨터 기억 장치로 이용된 자기변형(1953). 폰노이만 방식으로 관념화하는 것은 모두 매우 좋지만, 에커트와 같은 기술자에게는 정확하게 신호가 어떻게 저장될 수 있는가라는 것이 문제였다. 출처: 에커트, 「검토」, *Proc. IRE* 41(1953): 1393~1406쪽 중 1396쪽. ⓒ 1953 IRE(지금은 IEEE).

의 한 단계를 특징짓는 개략도에서, 그리고 다른 하나는 컴퓨터를 위한 폰노이만의 논리적인 부호화 시스템에서 그렇다. 두 시스템 모두의 내부에서 기능적인 면을 강조한다면, 장치의 추상적인 역할을 구체화하는데, 다수의 물리적 구조들이 서로 성공했다는 사실은 그닥 놀랍지만은 않다.

1950년 컴퓨터에 사용하기 위해 수은선에 대한 많은 대용품 중의 하나로 전자기적 지연선(遲延線)이 고려되었다.[151] 1953년 에커트가 기억 장치 분야를 검토할 때 몇 가지 다른 방법들이 추가되었는데, 그중 하나가 자기변형(磁氣變形)으로, 헤이즐틴 전자 회사와 영국 회사인 엘리오트 브러더스에 의해 제조되고 있었다(〈그림 6.34〉를 보라).[152]

자기변형(磁氣變形)은 자기장을 만들기 위하여 코일을 통과하는 전류를 이용했다. 그 자기장은 다시 (예를 들어 니켈과 같은 것으로 만든) 도선을 응축시키는데, 그것이 종파인 음파(音波) 펄스를 발생시켜 그 펄스가 두 번째 코일에 도달하게 되어 있다. 그리고 그 두 번째 코일에서 역변환 효과가 일어났다. 즉 역학적인 압축이 다시 자기장으로 전환되고 그 자기장이 정보읽기 코일에 유도전류를 발생시켰다. 음파 펄스가 도선

---

151) 예를 들어 공학 연구원, 『높은 속력』(1950), 341~354쪽을 보라.

152) 에커트, 「검토」, *Proc. IRE* 41(1953): 1393~1406쪽 중 1396쪽.

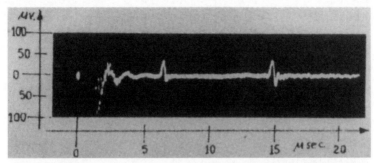

〈그림 6.35〉 위치 지정기로서의 자기변형(1964). 마지막으로 기아넬리와 다른 물리학자들은 계산적인 상황에서 기억 장치를 완전히 제거하고, 신호의 저장은 시간 지연을 이용하는데, 원래의 교란이 발생한 위치를 찾아내는 방법으로서 부차적인 것이 된다. 즉 신호가 장치의 끝까지 도달하는 데 시간이 더 오래 걸릴수록 교란이 그 끝으로부터 더 먼 곳에서 온 것이다. 출처: 기아넬리, 「자기변형 방법」(1964), 328쪽 다음 판.

을 따라 전파되는 동안에 신호가 저장되었다.

레이더 기술자들은 지연선을 이용하여 반사된 신호를 상쇄시켰다. 컴퓨터 설계자들은 그것을 좀더 축약적이고 재생 가능한 기억으로 만들었다. 이제 입자 물리학자들은 자기변형(磁氣變形) 지연선을 기억 장치라는 맥락에서 완전히 떼어냈다. 이렇게 다른 기술적 맥락으로부터 분리된 뒤 지연선(遲延線)에게는, 진동이 도선의 끝에서 습득될 때까지의 이동 시간이 지난 뒤에 불꽃이 도선에 충돌한 위치를 결정한다는, 엄격하게 축소된 목표만 주어졌다. 선에 고도로 복잡한 디지털된 정보를 입력시킨 다음 그것을 기억 장치로 재순환하도록 하는 대신 물리학자들은 이 선을 단순히 하나의 (또는 많아야 몇 개의) 펄스를 불꽃과 수집 코일 사이에 해당하는 도선의 길이에 비례하는 시간 동안만 붙잡고 있는 데 이용했다. 그러한 응용을 처음 사용한 사람은 전기공학자인 (바리 대학의) G. 기아넬리였던 것처럼 보이는데, 그는 1963년에 불꽃과 펄스 도착 사이의 시간을 측정했다(〈그림 6.35〉을 보라).[153]

---

153) 기아넬리, 「자기변형 방법」, *Nucl. Inst. Meth.* 31(1964): 29~34쪽. 이 논문은 1963년 5월 6일 프라스카티 학술회의에서 발표된 논문 「디지털화」를 인용했다. 보고서 LNF/63/54; 또한 기아넬리, 「자기변형」(1964), 325~331쪽

LBL의 빅터 페레즈-멘데즈는 1964년 CERN 학술회의에서 기아넬리의 연구를 듣고서 즉시 자기변형(磁氣變形) 도선들이 전극과는 구별되지만 전극 옆에 놓이도록 장치를 수정하는 문제에 대해 연구하기 시작했다.[154] 스스로 컴퓨터에서 공학 부품을 뽑아내면서 그는 그의 동료 도구 제작자들에게도 같은 일을 해보라고 권했다. 그 뒤에 나온 것이 퍼듀에서 개최된 1965년 도구에 관한 학술회의에 발표되고 녹음되었던 다음과 같은 내용이다.

> 페레즈-멘데즈: 내가 말하고 싶은 [다른] 것은 오래된 컴퓨터 책들이, 특히 1950년경에 영국에서 나온 페란티 회사와 맨체스터 대학의 연구를 다룬 책들이 고에너지 물리학에 유용할 수 있을 뿐만 아니라 자기(磁氣) 코어가 당시 얻을 수 있는 가장 저렴한 부품이기 때문에 컴퓨터 산업에서 포기하기로 결정한 것들에 대해 굉장한 정보 공급원이라는 점이다. 나는 그 책들을 읽고서 굉장한 것들을 발견했다. 나는 페란티 회사 기술자들의 논문을 찾아보았는데, 그들은 자기변형(磁氣變形)과 축전기 저장체, 정전기적 저장체, 그리고 나중에 자기(磁氣) 코어만 남기고 폐기한 물질에 대한 모든 구체적 사항들을 논의하고 있었다.[155]

그리고 도구 제작자들이 일단 자기변형 선에 대한 작업을 시작하자 그 선들은 그들의 시스템에 속한 다른 부품들과 많은 방법으로 결합될 수 있었다. 예를 들어 페레즈-멘데즈는 와이어 상자에 관한 발표에 대해 논평하면서 청중들에게 그들이 일단 와이어 상자를 완성하자 그것을 비례

을 보라.
154) 페레즈-멘데즈와 파브, 「자기변형 입출력」, *Nucl. Inst. Meth.* 33(1965): 141~146쪽을 보라.
155) 페레즈-멘데즈, 히긴보텀의 논의, 「와이어 불꽃」(1965), *IEEE Trans. Nucl. Sci.*, NS-12, no. 4(1965): 199~205쪽 중 203쪽에 나온다.

계수기로도 사용할 수 있고 "그다음에는 이온화 정보로도 활용할 수 있는데 …… 이 신호들을 자기변형적이거나 또는 다른 방법으로 습득할 수가 있었다"라고 연상시켰다.[156]

비록 자기변형(磁氣變形)이 겪어온 구체적인 길은 다사다난했지만, 물리학자들이 등급 낮은 지연선을 입수한 과정은 그들이 취사선택한 많은 그러한 장치에 대한 이야기의 전형적인 예라고 할 수 있다. 어떤 다른 것과 마찬가지로 빌려오는 과정의 근저에는 다른 곳에 다시 적응시키기 위해 원래 물질문화로 정의된 구조적, 기능적 연결을 끊어버리는 일종의 **장애물 제거**가 놓여 있다. 예를 들어 우리는 컴퓨터의 다른 "기관"을 똑같이 복잡한 시스템과 일련의 시스템을 통하여 추구할 수 있다. 컴퓨터로부터 자심(磁心) 기억 장치 또한 떼어내어 새로운 검출기에 배치하는데, 그것은 비디콘이 본격적인 텔레비전 시스템과 같은 더 복잡한 시스템에서 분리된 것이나 꼭 마찬가지였다. 때로는 복잡한 전자적 구동 장치이기도 한 이러한 몇몇 하드웨어는 이와 같이 물질화된 혼성어의 요소가 되었는데, 그 안에서 많은 국지적, 국제적인 관계들이 그 언어를 이용하는 모든 사람들에 의해서 동일한 방법으로 이해되었다. 즉 레이더 기술자와 컴퓨터 제작자, 그리고 고에너지 물리학자 등 모두가 입력-출력의 전자적(電子的) 지식을 공유했다. 그러나 이 장치의 총체적인 기능은 원래의 문화와 받아들인 문화에서 전혀 다르게 이해되었다. 총체적인 관계는 그럴 수 없는 곳까지 국지적인 구조가 전해졌다.

1960년대 중반 상(像)이 없는 장치의 개화기(開花期)는 그다음 수십 년 동안에 걸쳐 고에너지 물리학의 표준이 된 여러 겹 와이어 비례 상자와 표류 상자 등 두 가지의 전자(電子) 시스템에서 절정에 달했다. 샤르파크의 실험실에서는 그의 초기 전자적(電子的) 흔적-추적 상자의 변형들에 대해 연구하면서 첫 번째 여러 겹 와이어 비례 상자를 만들어냈다.

---

156) 페레즈-멘데즈, 히긴보텀의 논의, 「와이어 불꽃」(1965), *IEEE Trans. Nucl. Sci.*, NS-12, no. 4(1965): 199~205쪽 중 203쪽에 나온다.

여러 해 동안 사람들은 와이어 상자를 비례 방식으로 이용하려는 꿈을 꾸어왔지만, 그러나 마지막 결과는 개별적인 비례 계수기들을 3차원으로 배열한 것과 아주 똑같을 것으로 예상했는데, 그 안에서 그 배열의 각 "세포"는 다른 것들로부터 격리되어야 했다. 이렇게 요구하는 이유는 상당히 간단하다. 도선으로 이루어진 평면에 0보다 작은 펄스가 한 도선을 따라 보내졌다고 가정하자. 축전기 연결에 의해 0보다 큰 펄스가 인접한 도선에 나타날 것으로 예상할 수 있는데, 만일 외부 전원에 연결된 도선을 통하여 0보다 작은 펄스를 보낸다면 그러한 현상이 실험실에서 실제로 관찰된다. 결과적으로 여러 도선들을 비례 방식에서 이용하려는 사람은 누구나 적어도 하나의 중간 "자기장" 도선을 가지고 도선들을 서로 차단하려고 할 것이다. 이 여분의 도선이 작동하는 도선들 사이에 필요한 공간을 두 배로 늘렸으며 그래서 가능한 공간 해상도를 상당히 제한했다.

샤르파크와 그의 기사(技士)인 R. 부클리어가 발견한 것에 따르면, 양극 도선 L을 향해 소나기처럼 증가하는 전자들의 애벌런치는 인접한 양극 도선 A에 펄스를 유도하는데, 그러나 애벌런치가 형성되고 뒤에 남은 자욱한 이온들 역시 도선 A에 정확하게 반대의 세기로 펄스를 유도했다. 이렇게 유도된 두 펄스는 상쇄되어 두 양극 도선 L과 A가 실질적으로 서로 독립된 세포처럼 행동하게 만들었으며, 그래서 중간 자기장을 만드는 어떤 도선도 필요하지 않게 되었다. 이러한 독립성이 설계를 대단히 간단하게 만들었으며 양극 도선 사이에 필요한 거리를 아주 많이 좁혀 주었다. 샤르파크의 노트를 살펴보면 1967년 9월에 이르기까지 그들이 자기장 도선을 포기했으며 그로부터 1년 이내에 양극 도선들 사이의 간격을 2센티미터에서 2~3밀리미터로 축소했음이 분명하다.[157]

---

157) 샤르파크, 저자와의 인터뷰, 1984년 7월 6일; 부클리어, 저자와의 인터뷰, 1984년 7월 9일; GCP의 노트들. 여러 겹 와이어 비례 상자의 첫 번째 결과가 샤르파크 외, 「여러 겹 와이어」, *Nucl. Inst. Meth.* 62(1968): 262~268쪽에 나와 있다.

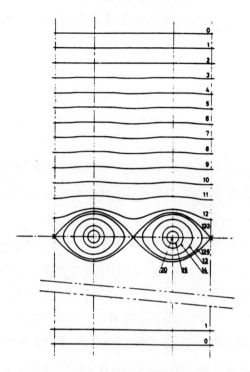

〈그림 6.36〉 샤르파크, 등전위선(1968). 등전위선을 추적하여 그린 이 그림은 여러 겹 와이어 비례 상자의 각 도선 주위에 등전위선이 동심원을 그리는 것을 보여준다. 이와 같이 차폐되지 않은 도선들은 실질적으로 일련의 서로 독립인 비례 상자들이다. 갑자기 가이거와 뮐러의 시대로 거슬러 올라가는 오래된 기술이 여러 번 증식될 수 있었고, 단지 각 도선으로부터 나오는 신호를 증폭시키는 데 필요한 비용에 의해서만 제한되었다. 그리고 그 비용도 1960년대 말에는 가파르게 떨어졌다. 출처: 샤르파크 외, 「여러 겹 와이어」, *Nucl. Inst. Meth.* 62(1968): 262~268쪽, 262쪽의 〈그림 2〉.

　도선의 독립성에 대한 주장이 옳았음을 입증하기 위해 샤르파크는 전도성(傳導性) 종이에 등전위선을 그렸다(〈그림 6.36〉을 보라). 이와 유사한 방법들은 정확하지 못하지만, 도선 주위로는 동심원의 퍼텐셜을, 그리고 도선에서 멀리 떨어진 곳에서는 평면 퍼텐셜을 분명히 표시했다. 한 더미의 비례 계수기들이 하나의 통합된 검출기로 결합되었다. 이 새로운 상자는 100퍼센트에 가까운 효율과 신호를 논리 회로에 보내기 전 추가된 전자적(電子的) 처리를 위해 도선 하나당 2달러 미만이 요구되는 양질의 증폭, 인접한 도선들의 간격이 매우 가까운데도 불구하고 좋은 국지성, 높은 계수(計數) 비율, 그리고 높은 자기장에서도 작동 가능성 등을 약속했다.

다시 샤르파크의 노트에서 1968년이 끝나기 전까지 여러 겹 와이어 비례 상자로부터 표류 상자로 순조롭게 바뀌었음을 알 수 있다. 도선들로부터 먼 곳에서는 (근사적으로) 퍼텐셜 선들이 평평하기 때문에 양극에서 어느 정도 멀리 방출된 전자는 양극을 향해 일정한 비율로 표류해온다(〈그림 6.37〉을 보라). 다시 말하면 여러 겹 비례 상자가 옆쪽에 놓여 있다면, 그리고 입자가 통과한 때와 전자들이 도착한 때 사이의 시간을 측정한다면 사실상 새로운 도구, 즉 표류 상자를 창작한 셈이 된다. 사실상 첫 번째 그러한 실험이 초기의 여러 겹 비례 상자 중 하나를 가지고 실제로 수행되었다. 두 가지 사이의 중요한 차이는 자료가 처리되는 방법과 빠른 계수기가 입자의 통과를 기록했을 때 시간 기록기를 작동시키고, 전자 펄스가 양극에 도착했을 때 시간 기록기를 멈추는 것을 도입한 데 있었다. 샤르파크와 그의 동료들은 1969년에 표류 상자에 대한 그들의 연구를 처음으로 소개하고 1970년에 그전 모형인 여러 겹 비례 상자라는 이름으로 그것에 관한 논문을 발표했다.

우리가 전에 그렇게도 여러 번 본 것처럼 한 장치가 물리적으로 그리고 또한 유추하여 또 다른 장치의 근거로 이용되었는데, 표류 상자도 재구성된 여러 겹 와이어 비례 상자다. 1970년의 논문 「여러 겹 비례 상자에서 이루어진 개발들」에서 "표류 상자"는 논문의 여러 겹 격자에 관한 절(節) 아래의 세부 항목으로 자기장에서 여러 겹 비례 상자를 다루기 전에 포함되어 있다.[158] 하이델베르크의 물리학자인 A. H. 발렌타도 위치를 측정하기 위해 비례 상자를 시간을 기반으로 하는 측정의 활용을 가능하게 한 표류 상자로 끌어올렸다. 자기장 도선을 이용해 전기장을 동

---

158) 샤르파크, 람, 그리고 스타이너, 「개발들」, *Nucl. Inst. Meth.* 80(1970): 13~34쪽.

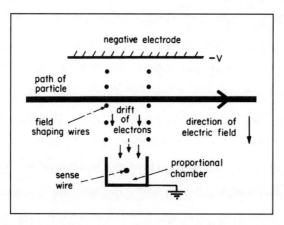

<그림 6.37> 표류 상자의 원리(1974). 자기장을 형성하는 도선들이 상자 전체에 걸쳐 균일한 전기장을 유지하며 그래서 (실선 화살표에 의해 표시된) 통과하는 입자에 의해 원자로부터 자유롭게 떨어져 나온 전자들은 약 마이크로초당 5센티미터의 일정한 평균 속도로 전류가 통하는 도선 쪽으로 움직이게 된다. 결과적으로 (빠른 계수기에 의해 기록된) 입자가 통과하는 때와 전류가 통하는 도선에 애벌런치가 도착한 때 사이의 시간은 입자 흔적의 "높이"를 만든다. 출처: 라이스-에번스, 『상자』(1974), 360쪽의 <그림 10.1.0.1>.

일하게 만들고, 전자 장치의 크기를 축소시키며, 그리고 출력을 컴퓨터에 연결시켜 그와 그의 동료들은 위치 정확도를 단지 0.47밀리미터까지 달성했다. 이 새로운 기술은 전 세계의 연구소에서 표류 길이와 시간 사이의 비례 관계가 어느 때보다도 더 잘 성립하게 되자 급속히 퍼져 나갔으며, 이 장치가 CERN과 페르미 연구소, DESY, 그리고 한 번은 그랬지만 그 뒤에는 결코 아니었던 SSC 등에서 충돌 빛줄기 물리학 분야에 이용되는 사역마(使役馬) 중 하나가 되었다.

논리 전통의 수많은 뿌리들과 제대로 성장하지 못한 곁가지들 모두를 위해 이제 우리는 그 근간이 되는 관습들의 특징을 묘사할 수 있다. 가이거-뮐러 계수기와 1920년대의 다른 전자적(電子的) 계수기들은 기체 속에서의 대전 입자들의 확산과 방전 현상의 복잡성에 근거한 도구의 이론인 통계적 해석을 공유했다. 가이거-뮐러 계수기에서 글자 그대로 불꽃 계수기와 체렌코프 계수기, 그리고 불꽃 계수기가 나왔다. 그것들은 즉시 계수기로 분류되었는데, 모두 가이거-뮐러가 전자적 환경으로 통합한 것, 그리고 시간 재기와 계수(計數)하기에서 그것의 원래 물리적 용도 중 많은 것을 공유했다. 정말이지 불꽃 계수기는 실질적으로 평평하게 만든 가이거-뮐러 계수기에 불과했다. 결국 불꽃 계수기에서 (눈에 보이는 불꽃을 갖춘 불꽃 계수기인) 불꽃 상자가 나왔다. 불꽃 상자로부터는 불꽃을 내는 (판 대신 도선을 이용하는 불꽃 상자인) 와이어 상자가 나왔다. 그리고 샤르파크와 다른 사람들의 와이어 상자 연구로부터 여러 겹 와이어 비례 상자가 나왔으며, 그 분신인 (한쪽 면으로 놓인 여러 겹 와이어 비례 상자인) 표류 상자가 나왔다. 사람들은 한 계수기에서 다른 계수기로 자유로이 왕래했는데, 부분적으로는 기체 혼합, 억제 회로, 증폭기, 논리 회로, 고전압 기술 등 기술적 용어의 대부분이 서로 다른 장치에서 공통이었기 때문에 그것이 가능했다. 그러나 1960년대 전체에 걸쳐 논리 전통에 전념하던 물리학자들은 논리 전통에서는 얻을 수 있었던 실험에 대한 통제를 확보하기 위해서뿐 아니라 대규모 거품 상자와 관련하여 그들이 보았던 생활을 제거하기 위해서도 힘겹게 노력하고 있었다. 논리 전통은 항상 통제를, 물리적 과정에 대한 통제와 그리고 불꽃을 내고 펄스가 왔다 갔다 하는 도구를 둘러싼 실험 생활에 대한 통제를 약속했고 요구했다.

10. 순수하며 포스트모던한 기계

1. 혼성 기계

1957년에 루이스 앨버레즈는 어쩌면 좀 성급할지도 모르지만 논리 전통의 소멸을 축하할 준비가 되어 있었다. 거품 상자는 원자 내부의 세계에 대해 경쟁자인 계수기가 조금도 상상하지 못할 정도로 점점 더 많은 자료와 더 많은 발견, 그리고 더 많은 정확한 정보를 만들어내고 있었다. 시각화(視覺化)의 세상이 승리를 거둔 것처럼 보였다. 그러나 1970년대 초에 이르러 거품 상자의 시대는 막을 내리려 하고 있었으며, 실험실마다 서로 뒤따라 덩치가 큰 검출기를 폐쇄하기 시작했다. 상징적인 행동 이상으로 앨버레즈의 오래된 72인치 상자는 SLAC으로 보내졌을 때 더 확장되었으나, 1973년 11월 16일 오후 3시 30분에 격식을 거쳐 폐쇄되었으며, 전자공학의 새로운 승리에 의해 의도된 대로 전 세계에 걸쳐 산재한 실험실들에서 폐쇄 과정이 진행되었다.[159] 정말이지 끓는 액체가 이룬 마지막 위대한 환호는 CERN의 무거운-액체 거품 상자인 가가멜에서 나온 약한 중성 전류의 발견이었다. 약한 중성 전류에 대한 이론을 세우는 일은 논란이 많은 과정이었는데, 상당히 오랜 기간이 걸렸지만 1973년까지는 어느 정도 완성되었다. 그러나 만일 거품 상자 물리학자들이 경주선 마지막에 자신들이 와 있다는 것을 알았다면, 이 검출기를 통해 구현된 인식론적 이념은 계속 유지되었을 것이다. 어쨌든 논리적인 전자 장치의 영역 내에서 드물지만 가끔 복잡한 사건들이 전에는 상(像) 전통의 범위에 들어 있었던 지울 수 없는 흔적들에 의해 추출되어야만 했다. 한 가지 특정한 검출기에 대한 이 절(節)은 제7장에서 계속되는 혼성 팀, 혼성 장비, 그리고 증명에 이용되는 혼성 방식 등 혼성 기계에 대한 탐구를 시작한다.[160] 이러한 혼성화는 내가 이미 지적한 것처럼 결국에는 실패한 사진 세상에 의존하지 않고 상(像)을 포착하려는 수많은 시도 끝에 겨우 어렵게 생겨났다.

상(像)과 논리의 구분 중 한쪽에는 구름 상자와 거품 상자, 그리고 원자핵 에멀션 등 상(像) 제작자의 순수한 형태가 위치해 있었고, 다른 쪽에는 가이거-뮐러 계수기와 불꽃 상자, 그리고 와이어 상자 등으로 이루어진 순수한 전자(電子) 세계가 위치해 있었다. 단 하나의 물리적 과정이 이들 각각에 모두 관여되어 있다. 구름 상자는 수증기로부터 액체로의 변환에 기초하고 있었으며, 가이거-뮐러 계수기 그리고 그와 유사한 것들은 기체로부터 플라스마로의 변환에 기초하고 있었고, 거품 상자는 액체로부터 기체로의 변환에, 그리고 에멀션은 은 할로겐 화합물로부터

---

159) 폐쇄 예식에의 초대, 1973년 11월 16일, vol. 2, GGP.
160) 갤리슨, 『실험』(1987), 제4장~제6장을 보라.

그 이온 성분으로의 변환에 기초하고 있었다. 그리고 비록 어떤 경우에는 —— 바로 생각나는 예로 계수기가 통제하는 구름 상자와 같이 —— 도구들이 서로 함께 이용될 수도 있었지만, 일반적으로 넓게 생각하면 1960년대 말 이전의 실험하기는 상대적으로 "순수한" 장치에 기초하고 있다고 합리적으로 그 특성을 묘사할 수 있다. 거품 상자에서는 결코 반응을 유발시킬 수 없었고 에멀션의 필름에서도 그랬다. 실제로 이전 흔적들이 새 흔적에 겹치는 배경 문제와 빛깔이 바래는 흔적과 연관된 어려움들 때문에 필름에 대한 시간 통제 기능의 결여는 필름을 사용하는 전체 과정을 통하여 문제점으로 남아 있었다. 그리고 전자적(電子的) 장치들은 수많은 시도에도 불구하고 거품 상자가 자랑했던 자세하고도 전(全) 방향성의 반응을 결코 달성하지 못했다. 그렇지만 1960년대와 1970년대 초에는 혼성 도구들이 표준이 됨에 따라서 상(像)을 추구하는 것과 상(像)을 반대하는 것 같은 순수성(純粹性)은 사라지게 되었다. 이러한 변동은 물리학의 물질문화에 강력한 변화로 받아들여질 수 있었다.

상(像) 추구자와 상(像) 반대자는 서로 대결하면서도 각각은 상대방을 혼합시키려고 했다. 상(像)이 없는 장치는 전자공학을 이용하여 가짜 사진 영상을 생성해 냈다. 어느 곳에서나 "전자적(電子的) 거품 상자"는 성배(聖杯)가 되었다. 유광(流光) 상자도 나왔는데, 그것은 기체를 채운 평행판 상자로 그 내부에서 이온과 전자가 재결합할 때 방출되는 빛은 사진을 만들 수 있는 흔적을 남겼다. 넓은 간격의 불꽃 상자도 나왔는데 거기서는 흔적을 추적하는 능력이 개선되었다. 상(像) 물리학자들 중에서는 좀처럼 성공하기 어려운 반응을 유발시키는 거품 상자를 만들어 실험에 대한 통제를 복원하려는 일련의 끊임없는 시도들이 행해졌다. 상(像) 제작자는 논리학자의 통제와 고도의 통계를 원했다. 논리학자는 자세한 사건에 의한 사건으로서의 자료에 근거해 표방할 수 있는 강력한 능력을 원했다. 검출기 전체를 간결하게 보여준 책의 저자인 피터 라이스-에번스가 글레이저의 발명이 나오고 약 20년 뒤에 다음과 같이 기록했다. "학부생이면 누구나 거품 상자가 외부 전자적 계수기에 의해서 방출되는 특정한 입자의 결합을 기록하도록 촉발시킬 수 없다는 중대한 단점이 있음을 알고 있다. 이와 같이 정상적인 작동 상태에서 상자의 팽창 주기는 가속기에서 입자들이 뿜어서 나올 때와 동기화되었다. 일련의 노출에서 원하는 사건은 우연히 일어날 수도 있고 그렇지 않을 수도 있으며, 그래서 관심 대상이 아닌 사진들은 버린다."[161] 검출기 기술에 대한 대대적인 재검토가 이루어진 마지막 장들 중 하나에서 라이스-에번스는 CERN에서 제작하고 있는 새로운 가속기와 우주선 연구에 무엇인가 유용하도록 거품 상자를 재구성하기 위하여 이 문제를 다시 고려해보기를 희망했다. 심지어 아마도 틀림없이 전후(戰後) 시대의 가장 창의적인 도구 제작자인 샤르파크마저도 반응을 유발시킬 수 있는 액체 검출기에 대해서는 어떤 생각도 내놓을 수 없었다.[162] 그림은 똑딱거림에 비하여 그다지 좋지 않은 출발점임이 증명되었다.

반응이 유발되는 거품 상자는 물리학의 주류(主流)로 들어오는 데 결코 성공하지 못했다. 상(像) 물리학자와 논리 물리학자, 그들의 장치와 증명을 위한 전략은 다른 곳, 즉 컴퓨터에서 다시 만났다.

2. 마크 I과 프사이

상(像) 전통과 논리 전통의 융합을 향한 주저하는 듯한 움직임은 계수기의 호도스코프 배열을 컴퓨터로 확장시키는 것보다 훨씬 더 많이 일어났고, 흔적을 추적하는 불꽃 상자를 사진 찍는 것보다 더 많이 일어났으며, 그리고 거품 상자를 반응이 유발되도록 만들려는 실패한 시도들보다 훨씬 더 많이 일어났다. 그러한 변화에 수반되어 (그리고 실제로 어떤 방법으로는 그러한 변화를 촉진시키며) 실험 그룹의 사회적 구조에서도 동시에 개조가 일어났고, 증명 방식도 바뀌게 되었다. 이러한 변화가 다음 장의 (시간 투영 상자에 대한) 주요 주제이므로 나는 여기서 단지 고

---

161) 라이스-에번스, 『상자』(1974), 312쪽.
162) 샤르파크, 저자와의 인터뷰, 1984년 7월 6일.

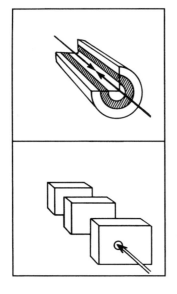

〈그림 6.38〉 개략도. 아래쪽, 고정된 표적 실험에 전형적인 검출기 모양. 빛줄기는 표적에 충돌하고, 그 결과로 나온 입자들은 계수기 배열이나 열량계, 불꽃 상자, 와이어 상자, 필터 등이 될 수 있는 일련의 평행한 평판에 의해 측정된다. 위쪽, 충돌 빛줄기 실험에 전형적인 특성이 되는 원통형 모양. 특히 "끝쪽 모자" 검출기가 구비되어 있으면, 이 검출기는 어떤 방향으로나 날아갈 수 있는 거의 모든 2차 입자들에게 민감하도록 장치될 수 있다.

에너지 물리학이 지금까지 만들어낸 단 하나의 가장 중요한 도구가 아마 틀림없이 무엇이라고 논의함으로써 그러한 개념을 도입만 하고자 한다. 그것은 SPEAR의 충돌 빛줄기 시설에 설치된, 듣기에도 섬뜩한 이름인 SLAC-LBL 솔레노이드 자기(磁氣) 검출기라고 알려진 것이다. 왜냐하면 그것은 이 장치에 의해 프사이(ψ) 입자가 공동으로 발견되었기 때문인데, 나는 이것을 이 장치의 나중 이름인 마크 I 으로 부르고자 한다.[163] 프사이를 통하여 물질의 쿼크 이론을 안내해준 역할과 함께 마크 I 은 또한 타우(τ) 렙톤의 존재에 대한 논란과 프사이가 매혹도를 갖는 메존의 결합 상태라는 주장이 옳다는 신뢰를 부여한 D^0 메존의 생산에 대한 논란에도 이용되었다. 단 하나의 장치로 다른 어떤 장치보다도 마

---

163) 여기서 나의 목적은 혼성의 충돌 빛줄기 검출기가 출현한 본질을 규정짓는 것이지 J/프사이 발견의 종합적인 역사를 말하려는 것이 아니다. J/프사이 발견에 대해서는 새뮤얼 팅이 이끄는 MIT-브룩헤이븐 실험에도 똑같은 비중을 두어야만 한다. 후자에 대해 더 알고 싶으면 리오르단,『탐색』(1987): 262~321쪽; 피커링,『쿼크』(1984), 258~273쪽; 팅, 골드하버, 그리고 릭터, 「발견」, *Adventures Exp. Phys.* α (1976): 114~149쪽을 보라.

크 I은 페르미 연구소와 CERN 그리고 DESY를 포함하여 전 세계의 연구소들에서 그 후 수십 년 동안 고에너지 충돌 빛줄기 물리학을 위한 원형이 되었다.

충돌 빛줄기 시설의 도입은 사용되는 도구의 개념을 몇 가지 방법으로 급격하게 바꾸어 놓았다. 고정된 표적 시설에서는 빛줄기의 에너지 중 상당 부분이 결코 새로운 입자로 전환되지 않았다. 그 에너지는 그냥 입자가 진행하는 경로를 따라 앞으로 전달되어 나갔다. 이와는 대조적으로 충돌 빛줄기 시설은 크기가 같고 방향이 반대인 운동량을 지닌 입자와 반입자를 함께 부숴 버린다. 두 입자는 서로를 소멸시키기 때문에 에너지는 충분히 활용되고 그 결과로 나오는 새로운 입자들은 단지 원래 입자의 경로를 따르는 방향뿐만 아니라 어떤 방향으로도 방출될 수 있다.[164] 〈그림 6.38〉을 흘낏 보기만 하더라도 고정된 표적으로부터 충돌하는 빛줄기로 바뀐 다음 검출기가 받은 기하적 변화가 드러난다. (고정된 표적을 위한) 빛줄기의 방향은 상당히 좁은 원뿔로만 제한되는 대신 충돌 빛줄기 검출기는 가능한 한 전체 구의 대부분에 대하여 탐색해야된다. 여기에 검출기 기하의 변화가 일어났는데, 그러나 우리가 앞으로보게 되는 것처럼 그와 동시에 탁상 위에서 거품 상자로의 이동과 같이실험하기의 사회학에서도 큰 변화가 일어났다.

거의 고체각 4π 모두로부터 입자를 받아들이는, 반응을 유발시킬 수 있는 검출기의 생산은 논리 전통과 상(像) 전통을 결합시키려는 단지 마지막 시도로 우리가 논리 전통에서 강조된 것으로 본 제어와 자료를 그림처럼 대표할 수 있는 가능성을 결합시키려는 시도였다. 4π 검출기를

---

164) 양성자-반양성자 충돌의 경우, 쿼크-반쿼크 소멸은 양성자와 반양성자 내부에서 쿼크들이 정지해 있는 것이 아니기 때문에 그 질량 중심이 가속기에 대해 움직이도록 만들 수도 있다. 나는 충돌 빛줄기 시설의 길고도 중요한 역사를 여기서 검토하지는 않겠지만, 파리스, 「세우기」(1991)를 보라. 그녀는 SPEAR에 중점을 두면서 CEA와 ADONE, 그리고 다른 곳에서 수행된 연구들을 효과적으로 검토하고 있다.

제작하는 것은 상(像) 만들기의 기초가 되었다. 그렇지만 제어는 거품 상자에서 그랬던 것처럼 양보될 수는 없었다. 버튼 릭터의 다음 말을 들어보자.

내가 겪은 일들의 일부는 나로 하여금 실험이 수행되고 있는 동안 실험에서 무엇이 일어나고 있는지 알고 싶게 만들었다. 여행이 끝난 뒤 비로소 어디에 갔었는지 깨닫기보다 내가 있을 곳을 알려고 모르는 것을 탐구해 어디를 갈 수 있는지 더 잘 계획하는 것이 훨씬 더 좋다고 느꼈다. 거품 상자 사업에서는 [여기서는 좀 달랐는데], 물리학자가 수십만 장의 사진을 만들고 나서 그것들을 현상하고 스캔하지만, 실험이 다 끝난 지 1년 또는 2년 뒤까지 실험에서 무슨 일이 벌어졌는지 아무것도 몰랐다.[165]

1950년대 말 이래로 표현된 견해들을 안다면, 릭터의 논평이 조금도 놀랍지 않다. 웬첼과 샤르파크, 프라이스베르크, 매클라우드, 하인, 그리고 인용하기에 너무 많은 다른 사람들도 자료 취득과 분석 사이가 분리되어 있다는 것이 얼마나 지긋지긋한지를 여러 번 강조했다. 도구 제작의 모든 측면에서 논리 전통 실험 과학자들은 어떤 결과든 "그것들이 일어나는 동안"에 그들이 이용할 수 있도록 하드웨어를 만들자고 계속 주장했다. 온라인 결과의 우선권에 대한 이런 주장은 마크 I 공동 연구에서도 중심 사항으로 유지되었으며, 그 팀이 단일 사건 화면을 실시간으로 제공하기로 한 의외로 긴 시간 배정이 그 점을 가장 분명하게 반영했다.

이러한 노력이 혼성의 성질을 가지고 있다는 것은 이 공동 연구의 사회적 구조로부터 볼 수 있을 뿐만 아니라 그 부품들의 물질적 구조에서도 보인다. 특히 마크 I 공동 연구를 구성하기 위하여 세 팀이 참가했다.

---

165) 릭터, 저자와의 인터뷰, 1991년 3월 18일, 34쪽; 릭터가 저자에게, 1995년 11월 11일.

LBL에서 온 한 그룹은 거품 상자 흔적 분석에서 얻은 전문가의 오랜 전통을 함께 가지고 왔다. SLAC에서 온 다른 두 그룹은 그들과 함께 전자적(電子的) 실험하기에 대해 똑같이 오랜 역사를 함께 가지고 왔다. 잠시 동안 이 모험에 대해 버클리 쪽의 형편을 보자. 조지 트릴링은 1970년대 초까지 LBL에서 거품 상자 실험 과학자 중에 가장 고참인 한 사람이었는데, 그는 글레이저와 함께 버클리로 왔다. 거슨 골드하버는 에멀션 세계에서 과학적 생활을 시작했는데, 그의 생애는 1956년 반양성자에 대한 첫 번째 흔적을 기록할 때 정점을 이루었다. 1959년까지 그는 처음에는 윌슨 파우웰과 함께, 그리고 그 뒤에는 트릴링과 함께 거품 상자를 다루었다. 트릴링과 골드하버는 함께 앨버레즈 자신의 LBL 단체에 속한 주요 경쟁자 중 하나인, 대규모이고 성공적인 LBL 거품 상자 그룹을 이끌었다. 골드하버는 또한 윌리엄 치노프스키를 처음에는 방문자로, 그리고 그다음에 영구직으로 버클리로 유치하는 데 도움을 주었다. 비록 치노프스키의 박사학위 논문 연구는 계수기를 이용하여 수행되었지만, 그 또한 1954년에 이르러 완전히 흔적 실험에 전념하게 되었으며, 그 뒤 여러 해 동안 거품 상자를 가지고 연구했다.[166]

이 팀의 다른 LBL 멤버들과 마찬가지로 존 카딕과 게리 아브람스는 모두 거품 상자에 노련한 사람들이었으며, LBL 대학원생들인 존 집스와 로버트 홀러빅, 그리고 스콧 휘태커 등이 그룹을 채웠다. 나중에 거품 상자 사람들과 전자공학 사람들은 그들이 서로 다른 공동 사회에 살고 있다고 느꼈는가라는 질문을 받고, 치노프스키는 다음과 같이 이들 두 그룹 사이의 경쟁을 회상하면서 미소를 지었다. "전자공학을 하는 사람들은 거품 상자에 있는 우리를 내려다보는 경향이 있었다. 반면에 모든 결과를 내는 것은 거품 상자였다. 내 짐작에 어느 정도까지는 그들이 그렇게 열심히 일하는데 별로 대가를 얻지 못하는 것이 공평해 보이지 않았다."[167] 치노프스키는 계속해서 한 입자 ρ에 대한 탐색을 회상했는데

---

166) 골드하버, 저자와의 인터뷰, 1991년 8월 14일, 10~11쪽.

그 탐색에서 전자공학 팀은 거대한 계수기 배열을 장치했지만, 브룩헤이븐의 거품 상자 팀이 불변 질량 도표 분석으로 그 경쟁에서 손쉽게 이겼다.[168] 우리가 제5장에서 본 것처럼 거품 상자 연구는 — 일단 상자가 작동하기 시작하면 틀림없이 — 흔적의 재구성을 위한 프로그램 만들기와 입자 및 과정의 확인 등 거의 전체적으로 분석에 매달렸다. 그러한 숙련됨 — 흔적 구조를 해독하는 정교함 — 이 서로 충돌하는 전자와 양전자의 소멸로 이어졌다. 예를 들어 마크 I에서 이용된 한 흔적 프로그램은 HPD로부터 나온 "길"이라는 아이디어를 활용했는데, 그 아이디어는 LBL의 거품 상자에서 필름을 분석하는 데 골드하버-트릴링 그룹이 이용한 것이다. 또 다른 프로그램은 거의 하나도 손대지 않고 그대로 거품 상자 분석에서 마크 I에 적용되었다.[169] 단지 깊이 연마된 흔적 분석에 대한 노련함이 얼마나 강력한가를 보여주는 표시로서 아브람스와 골드하버, 그리고 카딕은 자기(磁氣) 테이프에서 인쇄된 컴퓨터가 재구성한 흔적 사진들을 자세히 보느라고 여러 시간을 보내고 있었다.[170] 이것은 논리 전통과는 전혀 관계없는 과정이었지만, 부분적으로 새롭게 존재한다고 (또는 의심스럽다고) 추정되는 어떤 효과에 대해서도 버클리 물리학자들의 신임을 더해 주었다.[171]

버클리 그룹과 SLAC 그룹 사이에는 다른 차이도 존재했다. 1960년

---

167) 치노프스키, 저자와의 인터뷰, 1991년 8월 14일, 11쪽.

168) 치노프스키, 저자와의 인터뷰, 1991년 8월 14일.

169) 주요 자료 분석에 사용된 PASS 1 필터 프로그램에서 "길"의 이용에 대한 논의에 대해서는 홀러빅, 「포함되는」(1975), 21~22쪽을 보라. 또한 골드하버, 저자와의 인터뷰, 1991년 8월 14일, 18쪽을 보라. 릭터, 저자와의 인터뷰, 1991년 3월 18일: "이것은 4파이 흔적 검출기가 될 터였는데, 나는 자료 분석에서 거품 상자 사람들의 경험이 이러한 불꽃 상자 단편들에서 …… 물리학으로 변하는 데 필요한 프로그램 짜기에 지극히 유용할 것이라고 느꼈다.".

170) 골드하버, 저자와의 인터뷰, 1991년 8월 14일.

171) 조너선 트라이텔은 그의 학위 논문, 「구조적 분석」(1986)에서 상(像)과 논리의 구분을 이용했는데, 그것은 그 후에 「확인」, *Centaurus* 30(1987): 140~180쪽이라는 논문으로 출판되었다.

대에 걸쳐 버클리 팀은 하드론 동역학과 메존-핵자 공명, 그리고 그 프로그램에서 나온 수많은 새로운 입자들을 분석함으로써 명성을 얻었다. SLAC에서는 핵자 구조를 탐구하기 위해 이용된 전자-핵자 상호작용과 (호프스태터의 프로그램) 전자, 뮤온 그리고 광자들의 상호작용 안에서 양자 전기 동역학에 대한 수많은 조사를 더 강조했다. 거품 상자는 선택적이지 못했기 때문에 LBL은 필연적으로 상당히 넓은 단면적을 가진 사건들만 조사할 수밖에 없었고, SLAC에서는 잡음으로부터 희귀한 사건을 전자적(電子的)으로 잡아내는 일에 표준 임금이 매겨졌다. 이 모든 이유들 때문에 두 하부 문화를 결합하기가 쉽지 않았다.

버클리가 진행시킨 전자적 하드웨어의 한 부품은 "소나기 계수기"였는데, 그것은 (축적된 빛을 이용하는 방법으로 전자와 광자의 에너지를 측정하는) 플라스틱 섬광기와 (광자를 전자-양전자 쌍으로 변환시키는) 납판을 사이에 끼운 구조다. LBL 팀의 이전 경험에 비추어볼 때 어쩌면 소프트웨어와 추적 프로그램이 굉장한 성공을 거두었고, 소나기 계수기가 간혹 그들과 함께하는 논리 전통의 전자적(電子的) 동료들과 마찰을 일으키는 원인이 되는 것을 이해할 만했다.[172] 1972년 12월이 되자 섬광기가 조립 과정에서 심하게 손상되었음이 분명했고, 구출하면 살릴 수 있는 것을 구조하기 위해 응급조치 프로그램이 시도되기 시작했다. 표면에 증기 제트를 보내는 것은 성공하지 못했다. 제작자가 제공한 연마제도 소용없었다. 얇은 판에 아크릴을 분무하는 것도 도움이 되지

---

172) LBL에게 닥친 문제점은 섬세한 플라스틱 섬광기의 표면에 조립하는 동안 과도한 접착제를 제거하려고 잘못 문질렀기 때문에 생긴 미세한 자국들이었다. 이것이 플라스틱의 빛을 투과시키는 성질을 바꾸었으며, 그래서 빛 투과에 대한 감쇠 길이를 줄였다. 예를 들어 홀러빅, 「포함한」(1975), 11~12쪽을 보라. 실제로 늦게는 1973년 8월까지 그 플라스틱을 교체할 것인가 또는 그 어려움의 미봉책을 시도할 것인가에 대해 논쟁했다. "새로운 섬광기 대 존슨의 왁스 논쟁이 있었지만 결론을 내리지 못했다"(린치가 SP-1 물리학자들에게, 1973년 8월 10일, vol. 2, GGP). 마지막에는 두 가지 중 어느 것도 채택하지 않았다. 카딕이 저자에게, 1995년 12월 4일.

못했고, 24시간 동안 50도로 가열하는 것도 원인을 해소해주지 못했다. 그나마 (어느 정도라도) 도와준 것은 존슨이 작업장에서 흔히 보는 글로-코트 상표의 왁스를 섬광기에 바르고 마를 때까지 기다린 것이었다. 마지막에는 이런 임시 해법을 그만두고라도 원래 설계 명세서에 포함된 검출기의 기능들이 달성되었으며, 심지어 예상하지 못한 덤으로 검출기의 반응을 유발시키는 것으로도 이용되었다.[173] 소프트웨어에 포함된 상(像)의 재구성과 분석은 버클리의 강점이었으며, 손상된 플라스틱에 대한 다툼을 제외하면 두 기관 사이의 공동 연구는 별 마찰 없이 잘 진행되었다.

버클리의 상(像) 전통과 스탠퍼드의 논리 전통 사이에 하나의 고리 관계가 마틴 펄에 의해 만들어졌는데, 그가 이 공동 연구에 참가하라고 치노프스키를 초대했다. 펄은 I. I. 라비의 제자였으며 1950년대 초에는 도널드 글레이저와 그가 최근에 제조한 거품 상자를 연구하기 위해 미시간 대학으로 갔다. 펄이 상당히 오랫동안 열광한 것은 뮤온이었다. 전자보다 더 무겁지만 다른 면에서는 전자와 조금도 구별되지 않는 이 입자는 어떤 방법으로건 입자 물리학으로 이해가 되지 않은 채로 존재했다. 라비는 이 문제에 대해 가장 완강했는데, 자주 이 무거운 새로운 입자에 대해 "누가 그런 입자를 주문했는가?"라는 말만 집요하게 반복했다. 글레이저가 미시간을 떠나 버클리로 간 뒤에 펄도 스탠퍼드로 옮겨서 라비의 질문에 답하기 위해 전자와 뮤온 사이에 존재하는 질량 이외에 다른 차이를 찾아내려고 시도하는 방법으로, 6년 또는 7년 동안 힘겹게 나아가기 시작했다. 누가 렙톤의 그렇게 이상한 두 번째 요리를 주문했는지 설명할 수 없어서 펄은 점점 더 많이 주문하기 시작했다. 여러 해에 걸쳐 펄과 그의 SLAC 공동 연구자들인 (J. 다킨과 G. 펠드먼, 그리고 F. 마틴을 포함한) 그룹 E는 뮤온과 전자 사이에 존재할 수 있는 차이를 탐

---

173) 휘태커가 SPEAR 검출기 배달 회사에게, 「선도형 F. 섬광기의 회복」, TN-191, 1972년 12월 5일, MBP; 또한 골드하버, 아브람스, 그리고 카딕이 저자에게, 1995년 12월 4일을 보라.

구하기 위해 전자적(電子的) 수단을 이용했으며, 그리고 그들은 공동 연구에서 더 무거운 렙톤이 그들의 탐색 안에 존재하는지 확인하게끔 마크 I에 뮤온 검출기를 추가하도록 강하게 밀어붙였다. 그래서 바로 이 검출기가 비록 LBL 팀과 SLAC에 소속된 릭터의 그룹 C에게는 마치 하드론 탐색기처럼 보였을 수도 있겠지만, 펄에는 일련의 무거운 렙톤 중 "다음 것"을 알아내는 도구였다. 다른 한 명의 스탠퍼드 실험 과학자인 데이비드 프라이버거가 공식적으로는 그룹 C와 E의 구조 바깥이었던 SLAC의 실험 시설국에서 왔다.

그럼에도 불구하고 SLAC 파견단의 절대 다수는 릭터의 오래 계속된 전자(電子) 물리학 연구에 직접 소속되어 있었다. 릭터의 관심사 중 하나는 새로운 입자를 만들기 위해 전자 충돌로 생성되는 광자를 이용하는 광생성(光生成)이었다. 그러한 노력의 절반은 아담 보야르스키를 포함하는 릭터 그룹으로부터 나왔다. 보야르스키는 컴퓨터 귀재였다. 여러 가지 검출기 요소에서 생성된 자료를 일관성 있는 체제로 만들고, 검출기가 신뢰할 수 있는 온라인 감시 시스템을 갖추었으며, 대규모 공동 연구에 속한 누구든지 접근할 수 있도록 최종 자료 테이프 제작 등이 확실히 이루어지도록 하는 것이 그의 임무였다.

두 명의 SLAC 연구자들인 (로이스 오스본과 함께 MIT 대학원생이었으며 SLAC의 끝부분에 위치한 부서 A에서 릭터의 그룹과 연구한) 로이 슈비터스와 (역시 MIT 졸업생으로 SLAC에서 일했고 그 뒤 SLAC으로 다시 돌아오기 전 CERN에서 일했던) 마르틴 브라이덴바흐 또한 그들의 이전 업무로부터 마크 I 활동에 합류했다. 릭터가 (SPEAR 이전에) 추구한 물리학의 다른 쪽에는 일련의 불꽃 상자 실험이 있었는데, 거기에는 SLAC의 전임 물리학자인 루돌프 라센과 하비 린치가 포함되어 있었다. 라센은 마크 I 공동 연구의 대변인이 되었으며, 그와 린치는 자기변형(磁氣變形) 입출력과 다른 박학한 전자적 지식을 포함하여 불꽃 상자에 대한 그들의 광범위한 경험으로 기여했다. 그룹 C 팀 중 일부 멤버들은 검출기 제작이 아니라 오로지 기계 제작에 몰두했다. 예를 들어 존 리스는 원래

1965~66년에 케임브리지의 전자 가속기(CEA)로부터 SLAC으로 옮겨왔는데, 특히 라디오 진동수(radio frequency, RF) 시설과 빛줄기의 초점을 맞추는 장비를 다루는 새로운 방법 등 가속기와 저장 고리에서의 전문 기술을 가져왔다. 게리 피셔는 SPEAR를 위한 자석을 관리했다.[174]

그룹 C 자체에 대한 설계와 구성의 시초부터 릭터는 충돌 빛줄기 기계와 그리고 검출기에 대한 실험을 착상(着想)했다. 그의 의도는 현장에서부터 명백했는데, 1970년 이후 사실상 어떤 다른 고에너지 물리학 실험과 달리 마크 I과 SPEAR는 단 하나의 제어실을 공동으로 사용했다. 심지어 1971년에서조차 이러한 통합은 흔하지 않았다. 브룩헤이븐과 CERN 같은 연구소에서는 오랫동안 입자의 생산을 그것의 소비와 분리시켜 왔던 것이다.

전체를 망라하는 탐색은 마크 I의 설계에 대한 기초가 되었으며 그것을 그전 어떤 전자적(電子的) 검출기와도 구별되게 만들었다(〈그림 6.39〉를 보라). 전체를 자기장 속에 담금으로써 마크 I 공동 연구는 그 결과로 생성되는 입자들을 하나도 빠짐없이 확인할 수 있기를 희망했다. (소나기 계수기에서) 섬광기를 제외하고도 그 전체의 내부에는 주요 흔적 검출기인 원통형 와이어 섬광 상자와 빛줄기 및 충돌 시간을 감시하는 빛줄기관 계수기, 그리고 (주로 파이온들인) 비슷한 질량을 가진 강하게 상호작용하는 입자들과 구별하여 뮤온을 확인하는 바깥쪽 뮤온 불꽃 상자 등 세 개의 주된 하부 검출기가 있었다.

가장 중심부의 검출기인 관 계수기는 오직 전자-양전자 소멸이 있을 때만 자료의 기록이 일어나게 함으로써 우주선(宇宙線)을 제외하도록 설계되었다. 이 선택은 효과적으로 우주선 사건의 수를 초당 약 1,000개로부터 초당 약 1개로 감소시켰는데, 이것은 극적인 개선이었다. 두 개의 길이가 90센티미터인 반원통형 얇은 판으로 조립된 관 계수기는 〈그

---

174) 리스, 저자와의 인터뷰, 1991년 6월 21일; 슈비터스, 저자와의 인터뷰, 1991년 6월 17일, 13~14쪽.

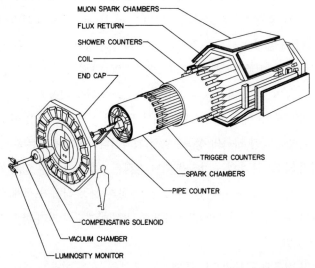

MUON SPARK CHAMBERS
FLUX RETURN
SHOWER COUNTERS
COIL
END CAP

TRIGGER COUNTERS
SPARK CHAMBERS
PIPE COUNTER

COMPENSATING SOLENOID
VACUUM CHAMBER
LUMINOSITY MONITOR

XBL 753-404

〈그림 6.39〉 마크 I의 개략도. 이 분해된 개략도에서 마크 I의 원통형 외부가 노출되어 있다. 이 도구는 여러 가지 방법에서 충돌 빛줄기 검출기의 시대를 열었다. 비례 상자와 불꽃 상자, 반응을 유발하는 계수기, 소나기 계수기, 그리고 뮤온 불꽃 상자 등 이 요소들 하나하나가 전자적(電子的) 논리 전통에서 어떻게 유래되었는지 주목하라. 그러나 이것들이 함께 모여서 새로운 차원의 계산 능력을 갖도록 통합되면, 이 각각의 장치들이 사진술에 의하지 않고 〈그림 6.40〉에 보이는 "그림"들을 만들어냈다. 출처: XBL-404, LBL. 캘리포니아 대학 로렌스 버클리 연구소 측에 감사드린다.

림 6.39〉에서 보는 것처럼 내부에서 전자와 양전자의 무리들이 여행하고 있는 진공 상자 위를 직접 감싸고 있다. 각각의 끝에서 각각의 반원통은 투명 합성수지 관에 연결되어 있는데, 그 투명 관은 검출기 바깥에서 수집한 빛을 광전관이 출력을 측정하는 곳으로 보낸다. 그러면 광전관은 방아쇠로 작용하는 논리 회로에 연결될 수가 있다.[175]

빛줄기 관에서 바깥쪽으로 이동하면서 다음에 놓인 그리고 가장 중요한 검출기는 원형 와이어 불꽃 검출기인데, 빛줄기 선과 평행으로 놓이

---

175) 새로운 관 계수기는 1974년에 설치되었음을 유의하라. 라센이 SP-17 실험 과학자들에게, 「자기(磁氣) 검출기를 위한 새로운 관 계수기」, 1974년 9월 23일, MBP를 보라.

도록 제작되었다. 이 도구는 네 개의 동심 부분으로 나뉘었으며, 각각은 다른 것과 광학적으로 고립되어 있지만 단 하나의 기체 부피를 공유하고 있다. 눈금이 표시하는 것처럼 가장 바깥쪽 상자의 반지름은 53인치이고, 길이는 106인치이며, 그리고 3만 1,900개의 도선이 1/24인치 간격으로 놓여 있다. 이 상자의 효율을 측정하기 위해 다음과 같은 시험이 계획되었다. 네 개의 상자 모두의 내부에 속한 공간의 한 점을 떠난 어떤 흔적이라도 각각 하나의 성공으로 집계되었다. (상자 하나는 신호를 발사하지 않고) 세 개의 공간점을 떠난 흔적은 포함되지 않은 상자 때문에 실패로 집계되었다. 그러면 "효율"은 성공과 성공 더하기 실패의 비로 정의될 수 있는데, 이 양은 각도와 빛줄기 선 아래로의 거리 함수로 계산될 수 있었다.[176]

논리 전통의 근본적으로 통계적인 본성은 "효율"이라는 개념과 이를 계산하는 프로그램에 포함되어 이어진다. 왜냐하면 컴퓨터가 흔적을 재구성했더라도 어느 특정한 상자에서도 불꽃이 존재하지 않는다는 것은 양해될 수 있기 때문이다. 개별적인 불꽃의 위치는 어느 것도 재구성된 흔적에는 본질적이라고 간주되지 않았다.

우리가 본 것처럼 자기변형은 1970년대까지도 흔적을 구성하는 데 사용되는 새로운 기술이라고 할 수가 없었다. 검출 방식 중 하나로서 그것은 더 이상 문제가 아니었다. 그리고 자기장은 입자의 경로를 휘게 만들도록 되어 있으므로 각 입자의 운동량이 (그래서 그 입자의 정체가) 결정될 수 있는데, 여기서 문제는 마크 I을 완전히 에워싸고 있는 자기장 속에서 상자가 어떻게 기능을 제대로 발휘하도록 만드는가에 대해 좋은 아이디어를 가진 사람이 거의 없다는 것이다. 논란 대상은 다음과 같다. (〈그림 6.39〉에 보인 원통형 검출기 주위를 둘러싸는 고리에 도선을 놓는) 표준적인 모양대로라면 자기변형(磁氣變形) 입출력 도선을 자기장

---

176) 홀러빅, 「포함된」(1975), 6~10쪽; 또한 슈비터스가 SPEAR 검출기 분배에게, 「내부 불꽃 상자 배치」, 1972년 3월 16일, MBP; 슈비터스가 SPEAR 검출기 분배에게, 「내부 불꽃 상자」, 1972년 8월 2일, MBP를 보라.

과 수직이 되게 (원통의 축을 향하는 방향으로) 놓아야 한다. 파팀 불로스는 입출력 도선을 원통 축 주위로 나선을 그리도록 한다는 생각이었고(그렇게 하면 도선의 길이 쪽으로 약간의 자기장을 부여하는 셈이다), 슈비터스는 나선의 각도가 주위의 자기장과 30도 정도를 이루어야 한다고 결정했다.[177]

　뮤온 검출기는 고치 모양의 가장 바깥쪽에 붙여졌으며 장치의 나머지 부분은 좀 강하게 상호작용하는 입자들이라도 대부분을 정지시킬 수 있는 두꺼운 콘크리트 층으로 차단되어 있다. 비록 이들의 부피가 커지지 않을 수 없겠지만, 다섯 번째 시도인 자기변형 와이어 불꽃 상자는 뮤온을 찾아낼 수 있을 것으로 기대되었다. 그리고 이것들은 안쪽의 불꽃 상자와 마찬가지로 그들이 일을 맡기 전에 통과해야 할 자체 시험 장치를 가지고 있었다. 서로 다른 전압의 펄스에 어떻게 반응할까? 얼마나 자주 상자들은 (어떤 알려진 신호가 없는데도) "우발적으로" 신호를 발신할까? 상자들의 (동시에 일어나서 진짜 뮤온 사건과 쉽게 혼동될 수 있는) "서로 연관된" 신호 발사가 상자에 알코올을 주입하면 방지될 수 있을까?[178]

　그러면 구성 요소를 이루는 각 검출기는 별도로 정해진 표준에 맞아야 하며, 정해진 측정 효율을 달성해야 한다. 그러나 개별적으로 작동한다는 것만으로는 충분하지 않다. 고에너지 실험 물리학의 인식론적 구조에서 어떤 것도 하부 그룹들 사이의 조정을 이해하는 것보다 더 중요하지 않다. 왜냐하면 과학적 저자(著者)의 기능을 재구성하면서 또한 새로운 효과의 증명을 뒷받침하는 것은 사회적이기도 하고 인식론적이기

---

177) 슈비터스가 SPEAR 검출기 분배에게, 「SPEAR 자기(磁氣) 검출기의 자기장에서 자기변형 막대기의 방향」, 1972년 1월 31일, GGP; 또한 홀러빅, 「포함된」(1975), 7쪽; 릭터가 저자에게, 1995년 11월 11일을 보라.

178) 다킨이 SPEAR 검출기 분배에게, 「μ상자 실적」, 1972년 8월 14일, 파일 "Detector", MBP; 또한 다킨이 SPEAR 검출기 분배에게, 「뮤온 상자」, 1973년 9월 18일, vol. 2, GGP를 보라. 이것은 단면적으로 본 견해에서 뮤온 상자를 설명한다.

도 한 면에서 상호 조정이기 때문이다.[179] 이 책의 앞 장들을 통하여 나는 반복해서 문제에 대한 다양한 접근 방법 사이의 국지적 조정이 논증의 전개와 더 큰 과학 공동 사회의 단결을 이해하는 데 얼마나 중심이 되는가를 강조해왔다. 실험의 규모가 커짐에 따라 이러한 조정 기능이 도구의 제작 자체에서도 훨씬 더 자주 표출된다. 그것은 우리가 마크 I 공동 연구의 크기인 (20~30명의 물리학자) 그룹들로부터 굉장히 큰 규모인 SLAC의 시간 투영 상자 공동 연구나 CERN의 대규모 전자 양전자 충돌기 공동 연구, 그리고 계획뿐이지 결코 제작되지 못한 초전도 거대 충돌 가속기 공동 연구로 옮겨갈 때인 제7장에서 다룰 중심 주제다. 이 구성 요소들을 함께 지탱하는 하나의 요인은 계산의 언어인데, 왜냐하면 빛줄기 관 검출기와 안쪽 흔적 상자, 납 섬광기 샌드위치, 그리고 바깥쪽 뮤온 검출기로부터 나온 출력 신호들을 함께 조화시켜야 하는 것이 궁극적으로 컴퓨터이기 때문이다.

나는 아주 의도적으로 이러한 동시성을 지니게 하는 언어적 성격을 전면에 내세웠다. 한 물리학자가 여러 가지 문제들을 열거한 다음에 말한 것처럼 "선행(先行)의 문제들이 모두 다 풀릴 수 있다고 가정하더라도 우리가 서로 각자에게 의존하는 많은 사람들의 모임이라는 현실을 깨닫기 위하여 올바른 걸음을 내딛지 않는다면, 우리는 여전히 바벨탑으로 향하는 길에 서 있게 된다."[180] 첫 번째 우선 사항: 컴퓨터 프로그램이 옳은 해답을 제공해 주어야 하며, 그러므로 프로그램은 그것을 작성하지 않은 다른 사람에 의해 검토되어야 했다. 이런 **옳음**에 대한 요구 다음 곧 **신뢰성**에 대한 요구(프로그램이 중간에 멈추면 안 된다)와 **명료함**에 대한 요구(프로그램의 내부와 외부 모두에 대한 설명서는 분명하고 잘 지시되어 있어야 한다)가 뒤따랐다. 네 번째 우선 사항은 **효율**에 대한 구속

---

179) 이것은 다른 곳에서 이루어진 연구의 주요 주제다. 갤리슨, 『실험』(1987), 제4장~제6장을 보라.
180) 린치가 SPEAR 물리학자들에게, 1973년 2월 21일, 「컴퓨터 프로그램하기」, GGP.

조건이었다. 자심(磁心) 기억 장치와 CPU 시간 모두에서 부족한 자원을 비효율적인 프로그램이 다 사용해버릴 수 있으며, 오프라인 작업은 비록 그것이 자심 기억 장치가 더 적게 필요로 하더라도 여전히 CPU 시간과는 중요하게 연결되어 있다. 마지막 다섯 번째로, "프로그램은 사용하기가 쉬워야 한다 …… 우리는 다른 사람의 프로그램에 의존하고 사용하는 사람들의 모임이므로 '인간 공학적' 측면에 상당한 관심을 기울여야 한다."[181] 여기 있는 기술과 사회적 구조가 실험의 역사 전체를 통해 꼼짝할 수 없도록 결합되어 있다.

바벨탑은 피할 수 있다고 하더라도 자료 처리에서 부분들을 조정하는 문제가 남아 있었다. 예를 들어 1973년 11월 8일에 라센은 기본적 문제를 제시하는 다음과 같은 메모를 내놓았다. "우리 모두가 원하는 것은 자료 테이프에서 물리를 뽑아내는 것이다. 그렇지 아니한가? 그렇다! …… 오늘에 이르기까지 우리는 그런 준비에 놀랄 만큼 성공적이지는 못했다. 이중 노력, 소프트웨어 프로그램의 사용과 지위에 대한 마찰, 문제 정의에서의 부족 …… 등 많은 문제가 제기되었다. 문제들 중 많은 부분이 상투적인 문구로 '의사소통의 부족'으로 돌릴 수도 있지만, 가장 중요한 허점은 누구나 이해하고 그 안에서 우리가 연구할 수 있는 구조가 결여되어 있다는 것이다."[182] 조정 과정에는 사건을 확인하는 것과 원통형 와이어 불꽃 상자와 뮤온 와이어 불꽃 상자, 방아쇠 계수기, 그리고 소나기 계수기 등 네 가지의 기본 구성 요소들의 성격을 충분하게 확실히 하는 것 등 두 부분이 있었다. 라센이 강조한 것처럼 대부분의 공동 연구자들은 단지 한 가지 하드웨어의 생산과 정량적 정보를 추출하기 위해 거기에 부착된 소프트웨어에 관여하고 있었다. 이제 고립은 끝나야 된다.

라센은 다시 다음과 같이 말했다. "이런 현존의 상황을 공식적으로 만들어 누구든 정보가 필요할 때 누구에게로 가야 할지 알도록 하는 것이

---

181) 린치가 SPEAR 물리학자들에게, 1973년 2월 21일, 「컴퓨터 프로그램하기」, GGP, 강조가 첨가되었다.

182) 라센이 SP-1, SP-2 실험 과학자들에게, 「자료 분석」, 1973년 11월 8일, MBP.

필요하다. 여러 가지 하드웨어 구성 요소들 사이에는 상당히 많은 양의 혼선이 존재하는 것은 분명하다."[183] 이 논평에서 분명해진 것처럼 구조적 체제와 사회적 체제는 함께 움직여야 한다. 와이어 불꽃 상자와 소나기 계수기 사이의 "혼선"은 적절한 소프트웨어들이 연결되었는가에 의존하며, 그것은 와이어 불꽃 상자 그룹과 소나기 계수기 그룹 사이의 조정을 의미했다. 그러므로 공동 연구는 다시 한번 더 하부로 구분되었고, 이번에는 그것이 다음 표에 정리된 것과 같은 "소프트웨어" 구성 요소에 의한 구분이었다.[184]

Cylindrical WSC	Muon WSC	Triggers-Pipe	Showers	Public Analysis Program
Lynch	Bulos	Moorhouse	Kadyk	Boyarski
Hollebeek	Lyon	Feldman	Feldman	Breidenbach
Zipse	Dakin	Larsen	Whitaker	Hanson
Schwitters	Pun		Friedberg	Abrams
Augustin			Perl	Chinowsky
Breidenbach				Goldhaber
Chinowsky				

의미심장하게도 하드웨어의 건물에 존재했던 LBL과 SLAC의 분리는 깨졌다. 원통형 와이어 불꽃 상자는 이제 치노프스키와 두 명의 버클리 학생인 홀러빅과 집스를 제작자인 슈비터스 및 린치와 함께 공동 연구에 합류시켰다. 소나기 계수기도 마찬가지로 SLAC의 하드웨어(뮤온 상자) 측 출신인 펄과 펠드먼을 원래의 LBL 소나기 계수기 제작자인 카딕과 휘태커, 그리고 C. E. 프리드버그에게 소개해주었다.

그러나 이러한 구분 위에 그것을 초월해 통합용 "분석" 프로그램을 만들어낼 수 있는, 지리적으로 대표성을 갖는 초(超)그룹이 존재해야 되었다. 이 소프트웨어는 구성 요소가 되는 소프트웨어에서 출력을 받아서

---

183) 라센이 SP-1, SP-2 실험 과학자들에게, 「자료 분석」, 1973년 11월 8일, MBP.
184) 라센이 SP-1, SP-2 실험 과학자들에게, 「자료 분석」, 1973년 11월 8일, MBP. 골드하버에 의하면, 마지막에는 펄과 펠드먼이 뮤온 WSC 그룹에 참가했고, 아브람스는 소나기 그룹에 참가했다. 골드하버가 저자에게, 1995년 12월 4일.

그것을 분명하고 철저한 보정을 거쳐 일관된 일련의 자료로 엮어낼 것이다. "비록 누구든 자기 자신의 파일을 자유롭게 유지할 수는 있지만, 누구든 '하나밖에 없는' 주요 분석 프로그램을 자기 마음대로 바꾸게 할 수는 없다."185)

다음 달(1973년 12월)에 릭터는 자료 분석 운영 위원회 회의에서 보고했다. 두 개의 최초 자료 압축 프로그램인 PASS 1과 PASS 2에 대한 합의가 나와야 한다. PASS 1은 한 참가자가 쓴 대로 "배경 사건의 가장 분명한 공급원"이 되는 사건들을 "걸러" 냈다.186) 사건들은 기본 자료로 기록되기 전에 정해진 PASS 1의 제약 조건을 만족해야 한다. 전자-양전자 소멸의 순간과 흔적의 검출 사이에 최소 시간이 경과해야 한다. 이것은 흔적의 덩어리가 최소한 물리적 발생일 수 있음을 보장했다. 얼핏 보기에도 그 과정은 우주선으로부터 온 것이 아니라는 명백한 경우가 존재해야 한다. 어떤 흔적이 제대로 된 것이라고 간주되기 위해서는 와이어 불꽃 상자에 충분한 점들이 (적어도 4개가) 존재해야 되었다. 그리고 마지막으로 적어도 하나의 "길"이 존재해야 하는데, 그것은 전하가 반대인 두 흔적에 의해 형성된 럭비공 형태의 구역으로 최소량의 에너지가 빛줄기 선에 수직으로 축적된 것이다. 그다음에 PASS 1이 생성한 걸러진 테이프를 PASS 2가 취해서 그것을 한 번 더 거른다. 이번에는 공간의 어디에 "부딪쳤는지"를 결정하기 위하여 불꽃 정보를 이용하며, 그 뒤에 이 점들로부터 흔적을 만들고, 마지막으로 흔적들을 입자의 종류에 따라 분류했다.187)

불꽃의 사진을 검토해 마크 I 물리학자들은 불꽃이 흔적의 실제 경사도와는 관계없이 원통 표면에 수직으로 전개해 나가는 경향이 있다고 결정했다. 이 "가정"은 (그렇게 인용되었는데) 다시 컴퓨터 프로그램의 조건으로 추가되었다. 가장 내부의 상자(상자 1)에 충돌이 있으면 소프

185) 라센이 SP-1, SP-2 실험 과학자들에게, 「자료 분석」, 1973년 11월 8일, MBP.
186) 홀러빅, 「포함된」(1975), 21쪽.
187) 홀러빅, 「포함된」(1975), 22~49쪽.

트웨어가 상자 2의 지정된 구역에 다른 충돌이 있었는지 탐색하게 되어 있었다. 만일 프로그램이 상자 2의 충돌을 찾아낸다면, 탐색은 상자 3에서 계속되고, 이와 마찬가지 방법으로 상자 4에도 계속된다. 규약에 의해 많아야 상자 하나까지는 점이 존재하지 않는다면 흔적이라고 추정된 것이 "진짜"로 인정받을 수 있다. 그리고 컴퓨터는 해당 공간 점들을 통과하는 나선을 그리려고 할 때 단지 진짜 흔적들만 사용해야 된다. 이러한 "맞추기" 프로그램은 최소 제곱 맞춤법으로 나선형을 결정했으며, 그것이 다 끝나면 원통형 불꽃 상자들 각각을 가로질러 통과하는 점들을 가지고 그 맞춤을 다시 검사하고 어떤 점이라도 표준 편차의 세 배보다 더 벗어나면 그 점은 버렸다. 한 공동 연구자는 다음과 같이 썼다. "점을 삭제하는 목적은 혹시 인식 프로그램의 큰 오차 허용에 의해 내부에 속했다고 하더라도 흔적의 나머지 부분에 적절하게 속하지 않는 교차된 부분을 제거하기 위해서이다."[188]

흔적이 인정되고 통계적으로 나선형에 맞게 만들어진 뒤에라도 추가로 걸러졌다. 예를 들어 다음과 같은 규칙이 있었다. 어떤 두 흔적이라도 (1) 그들이 반대 부호로 대전되어 있고, (2) 공유한 점이 빛줄기에 가장 가까운 상자에 있다는 조건을 만족하지 않는 한, 두 흔적이 공간에서 한 점을 공유할 수 없다. 여기서 그 이유는 소멸에서 방출되는 광자가 첫 번째 상자 전에 물질 속에서 전자-양전자 쌍으로 바뀔 수 있다는 것이다. 그러나 그런 가능성을 제외하면 공동 연구자들이 계산한 서로 관계없는 두 흔적이 0.04세제곱센티미터 이내의 부피에서 교차할 확률은 100억분의 1보다 더 작았다.[189] 분류와 거르기 과정은 계속되었다. 한 프로그램은 확률적으로 정점(頂點)들을 부여했다. 다른 프로그램은 입자를 하드론과 전자, 뮤온, 그리고 "잡동사니"로 분류했다.

분석된 (인정되고 일치되고 그리고 확인된) 흔적들은 두 연구소 중 어

---

188) 홀러빅, 「포함된」(1975), 35쪽.
189) 홀러빅, 「포함된」(1975), 38쪽.

느 한 곳에서 가장 좋다고 판단하는 어떤 방법으로든 수정되고 재분류되어 손으로 스캔받은 실험의 "다듬지 않은 자료"가 되었다. "PASS-2 단계 이후부터는 각 연구소가 스스로 자기 방법을 이용할 수 있고 마지막으로 물리적 결과가 동일한가 아닌가에 대한 교차 검사가 이루어지게 된다."[190]

그런데 이 "다듬지 않은 자료"가 무엇인가? 어떤 의미로 "다듬지 않았는가?" "자료 분석"은 그 자료가 이미 어느 정도까지 분석되었는가에 대한 상대적인 개념이다. 무엇보다도 이 경우에는 PASS 2 다음에 자료와 분석 사이에 그릴 경계가 결정되어야 한다. PASS 2의 사업 끝부분에서는 (출력에서는) LBL로부터 온 물리학자들이 부지런히 거래할 수 있었다. 자료 분석 운영 위원회에 따르면 버클리 그룹이 흔적들을 손으로 스캔하는 것도 무방했지만, PASS 2 테이프가 수정되지 않는다는 점에 합의했다. 운영 위원회는 새로운 PASS 3 테이프가 이제부터 손 스캔에 근거해서 분류한 사건들을 전자적(電子的)으로 요약할 것을 요구했다. 그러나 시각적 "손 스캔"을 이용하여 PASS 2 테이프를 다시 쓸지도 모른다는 가능성이 진지하게 고려되지 않았다면 이런 문제 전부가 제기되지도 않았을 것이다. 무단 횡단자가 있으리라고 의심하지 않으면 "횡단 금지"라는 팻말을 세우지 않는다.

손 스캔 자체도 LBL에서 오랫동안 수립되었던 거품 상자 과정들을 모형으로 자신들에 속한 프로그램을 가지고 있었다(〈그림 6.40〉을 보라). 카딕과 아브람스, 그리고 골드하버는 제5장의 거품 상자 설명서에서 본바 그런 종류의 스캔 규약들을 편집했다. 1954년과 1974년 사이에 존재한 한 가지 차이는 1974년에는 그림이 거품 상자로부터 나온 것이 아니라 오히려 컴퓨터가 재구성한 흔적에서 (PASS 2의 출력에서) 인쇄한 마이크로필름 카드였다는 점이다. 그 마이크로필름 카드는 흔적에 더해

---

190) 릭터가 분배에게, SP1, 2, 「12월 4일의 자료 분석 운영 위원회 회의」, 1973년 12월 5일, 3쪽, vol. 2, GGP.

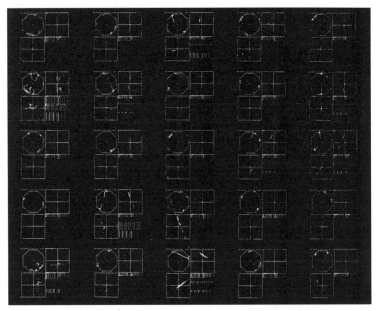

〈그림 6.40〉 전자적(電子的) 상(像)의 손 스캔(1973). 상(像) 전통과 논리 전통을 연결하는 혼성 기능들이 이 그림, 그리고 이것과 같은 수천 개의 그림을 이용하는 데서 분명해진다. 비록 이 상(像)들이 CRT 컴퓨터 출력으로 얻은 것이지만, 순수하게 전자적(電子的) 장치에서 만들어진 것으로 골드하버와 그의 LBL 동료들은 거품 상자 관습의 오랜 역사에서 본뜬 스캔 과정에 대한 근거로 그것들을 이용했다. 그것은 통제가 가능한 상(像)을 창조하는 인식론적인 상(像)-논리 공동 프로젝트에서 한 단계 더 나아간 것이다. 출처: 마이크로필름 카드 세목, GGP.

소멸 순간부터 계수기까지 걸린 시간이 몇 나노초(10억분의 1초)가 되는지도 포함하고 있었다. 만일 컴퓨터가 비행 시간이 "진짜" 사건과 일치하지 않는다고 판단한다면, 관련된 계수기에 의해 마이크로필름 카드에 (가짜를 의미하는) "F"가 찍혔다. 마찬가지로 마이크로필름 카드에 1부터 24까지 표시된 소나기 계수기마다 축적된 에너지의 양을 표시하는 숫자가 찍혀 있었다. 스캐너의 임무는 비행 시간, 에너지, 그리고 흔적의 양식 등을 이용하여 사건들을 바바와 뮤온 쌍, 우주선(宇宙線), 하드론, 그리고 "잡동사니" 등의 종류로 분류했다. 항상 중요한 종류인 첫 번째 바바를 보자. 전자-양전자 산란을 표시하는 이 "간단한" 사건은 (인도 물리학자 호미 바바를 따서 그렇게 명명됨) 공동 연구로 하여금 충돌기에서 일어나는 소멸의 총 수량을 보정하여 확정할 수 있게 해주었다. 스캐너들이 마이크로필름 사진에서 명심해야 할 성질로는 (1) 시간 측정은 5 또는 6나노초여야 하며, 소나기 계수기에서 펄스는 40단위의 에너지인데, 입자가 두 소나기 계수기 사이의 틈새를 따라 미끄러지지 않는 이상 보통 그것보다 훨씬 더 높아야 한다. (2) 밖으로 나가는 두 입자의 방위각 차이는 0이어야 한다. (3) (z를 빛줄기의 축이라고 할 때 $z = 0$인 평면에 대해 측정된) 복각(伏角)의 합은 0에 가까워야 한다. (4) 운동량 보존에 의해 사건들은 선상에 있는 것처럼 보여야 한다. 다시 말하면 세 방향 어느 쪽에서 보든 두 흔적은 하나의 선을 만들어야 한다. (5) 기준이 되는 단위(흔적의 좌표들)는 원점이 상호작용하는 영역의 중심에 있어야 하기 때문에 x와 y에서 0에 가까워야 한다. 그리고 마지막으로 (6) 동일선상의 사건에는 (비꼬이지 않는 선) 정점(頂點)이 부여될 수 없기 때문에 두 개의 흔적의 질을 표시해주는 지표인 카이제곱(xi-squared, XSQ)과 자유도(degrees of freedom, DF)는 0이어야 한다.[191]

스캐너들은 대체로 바바와 동일한 조건으로 뮤온 쌍을 분류했지만, 이번에는 소나기 계수기에서 더 낮은 수를, 그리고 소나기 계수기의 충돌로 기록된 바로 위의 뮤온 검출기에 (원이나 사각형의) 뮤온 기록을 찾으려고 노력했다. 그렇지만 스캔 안내서에 따른 실제 행동은 다른 종류, 즉 "하드론에 있었는데, 그것이 실험의 진짜 목적이었다." 입자 물리학자들에게 하드론은 강한 핵력에 얼마나 민감한가에 따라 정의되었다. 스캐너들에게는 "전자와 뮤온 그리고 감마 입자를 제외하면 어느 입자나 모두" 하드론이었다.[192] 이 두 가지 정의는 원칙적으로 동등하지 않았다 (예를 들면 뉴트리노가 물리학자의 정의로는 하드론이 아니었지만 "전자와 뮤온 그리고 감마 입자"에 속하지도 않았다). 거품 상자나 에멀션

191) 시에, 카딕, 아브람스, 그리고 골드하버, 「SPEAR의 스캔을 시작하며」, TN-194, 1973년 11월 27일, vol. 2, GGP.
192) 시에, 카딕, 아브람스, 그리고 골드하버, 「SPEAR의 스캔을 시작하며」, TN-194, 1973년 11월 27일, vol. 2, 4쪽, GGP.

에서 행해진 스캔에서와 같이 분류는 조작적으로 이루어졌다. 스캐너는 단지 흔적을 남긴 입자만 알면 "되었는데", 뉴트리노는 아무런 발자국도 남기지 않았다.

스캐너들은 약 5 또는 6나노초의 시간 간격을 찾아보라는 지시를 받았지만, 그보다 더 느린 입자도 방심하지 말고 관찰하라는 권고를 받는다. 소나기 계수기에는 전형적으로 30단위보다 더 작은 에너지가 축적된 낮은 펄스가 기록되지만, 계수기가 훨씬 더 높은 펄스를 유발시키는 캐스케이드의 원인이 되기도 했다. 안내 책자는 "자료가 '명백히 검거나 또는 흰' 것은 아니다"라고 경고했으며, "그래서 의문은 무엇이 일어나고 있는가에 대한 감각을 얻는 가장 좋은 방법이 될 것이다."[193] 손 스캔이 요청되는 첫 번째 이유가 바로 정확히 이 "감각"인데, 그것은 자동 분류 프로그램에 대해 체계적이거나 특유의 의문을 제기하는 수많이 기록된 사건들에서 몇 개를 골라낼 수 있는 인간의 느낌이다. 그런데 사람이 분류하는 것은 "해석"이라고 부르고 컴퓨터에 근거한 작동은 단순히 자료 "제공"이라고 부르는 것을 이해할 수 있는가? 나는 아니라고 생각한다.

이번에는 "잡동사니"라는 종류를 보자. 카딕과 아브람스, 그리고 골드하버는 다음과 같이 썼다. "이 종류에는 몇 가지 서로 다른 가능성이 존재하기 때문에 특별한 강조와 논의를 필요로 하며 잘못 판단하면 좋은 사건을 놓치기 십상이다." 비록 어디서나 내포되어 있었지만, 여기서는 특히 구체적으로 판단이라고 말한다. 손 스캔은 물리학자와 스캐너 모두에 의해서 프로그램에 의한 과정의 솜씨에 대한 검사로서 인간 기능에 의한 사정(査定)을 다시 도입하기 위해 설계되었다. 잡동사니에 속한 한 가지 종류는 현상론적으로 수많은 방아쇠와 계수기가 예를 들어 방아쇠 계수기와 소나기 계수기를 합하여 20개보다 더 많이 활성화되는 것이었

---

193) 시에, 카딕, 아브람스, 그리고 골드하버, 「SPEAR의 스캔을 시작하며」, TN-194, 1973년 11월 27일, vol. 2, GGP.

다. 이것을 A형 잡동사니로 분류했다. B형 잡동사니는 이와는 정반대로 단지 하나의 흔적만 보이는데, 컴퓨터가 실제로 흔적과 같은 선을 그리지는 않았다고 할지라도 일련의 부드러운 점들은 어떤 경우라도 "흔적"에 포함시켰다. 이제 C형 잡동사니는 다루기가 좀더 힘들었는데, 시간 폭이 7나노초보다 더 큰 사건들이다. 그러한 사건은 잡동사니일 수도 있지만, 역시 바로 탐색의 목표인 하드론일 수도 있었다. 마지막으로 D형 잡동사니는 단지 하나의 빛줄기만 관계된 배경의 하드론 사건으로 구성되었는데, 그것은 이 사건들이 기준으로 이용한 상호작용 영역 바깥에서 일어났기 때문이다. 스캐너들은 이것들을 빠뜨리지 말고 기록하라는 지시를 받는다. 컴퓨터가 나중에 좌표에 근거해서 그것들을 거르고 그 정보를 이용하여 원하지 않는 사건들을 가려내게 되어 있다. "잘 모르겠으면 모든 사건들을 기록하고, 물리학자의 조언을 필요로 하는 사건에는 표시를 해놓아라."[194]

판단은 특정한 사건에 대한 공개 논의에서 구체적으로 내려지거나 또는 왕겨에서 밀을 가려내는 프로그램이나 계수기 그리고 분석 프로그램에서 은연중에 시행되거나를 가리지 않고 모든 단계에 필요하다. 대단히 흥미롭게도 PASS 2를 통해 LBL과 SLAC의 하부 그룹이 법적으로 함께한 것이 그 특정한 자료에 대한 작업이 완성된 뒤에는 중지되었다. 정말이지 법적으로 지정된 "다듬지 않은 자료"가 확립된 뒤에 두 그룹은 그들의 길을 따로 진행했고, 운영 위원회 위원이 말했듯이 단지 그들의 마지막 "물리적 결과"만 교차 확인했다.[195] 이러한 내부적인 준(準)독립성은 이미 몇 주 전에 다음과 같이 분명해졌던 것처럼 설득력 있는 주장을 펼치는 그룹의 능력에서 사소하지 않은 일부분이 되었다. "골드하버는 만일 이 [분석] 프로그램이 정확히 동일하지는 않지만 같은 물리적 결과

---

194) 시에, 카딕, 아브람스, 그리고 골드하버, 「SPEAR의 스캔을 시작하며」, TN-194, 1973년 11월 27일, vol. 2, GGP.

195) 릭터가 분배, SP1, 2에게, 「12월 4일의 자료 분석 운영 위원회 회의」, 1973년 12월 5일, vol. 2, GGP.

를 내놓을 경우, 우리의 결과가 옳다는 그룹의 자신감을 대단히 많이 증가시킬 것이라고 지적했다."[196] 12월 5일에 그 합의는 분명해졌다. "모든 사람들은 [SLAC과 LBL] 두 연구소에서 도출한 총 단면적이 약 15퍼센트 이내에서 일치한다는 것을 알고 굉장히 기쁘게 생각했다. 이것은 두 연구소에서 물리학자들을 대상으로 한 예비 발표에서 이 단면적들에 부여되기로 한 30퍼센트 오차보다 훨씬 더 작은 것이다."[197]

조금씩 두 문화는 가까워졌다. 처음에는 SLAC 그룹과 LBL 그룹이 비슷한 결과를 얻고 있다는 것이 뉴스였지만, 수개월에 걸친 소프트웨어 설계에 의해 궁극적으로 컴퓨터 프로그램이 이 간격을 메울 수 있다는 점에 대해 양측이 설득되었다. 릭터에게는 프로그램이 사건을 올바른 종류로 분류했고 흔적 프로그램이 적절한 점들을 포함했다고 증명하는 임시 수단이 바로 손 스캔이었다. 아브람스에게는 "눈에서 뇌로 가는 패턴을 인식하는 능력에 필적"할 수 있는 프로그램을 만들어서 "논리 전통의 귀를 열어주는 것"이 목표였다. 그리고 마지막에는 그 결합이 성공적이었음을 양쪽이 다 보게 되었다. SLAC 팀은 마크 I이 모든 방향에 대해서 민감하게 작동하는 최고로 강력한 전자(電子) 장치라고 판단했다. 그리고 LBL 그룹은 이 장치가 전자적(電子的) 거품 상자로 구현된 것이라고 판단했다.[198]

두 번에 걸쳐 계산된 단면적을 손에 들고, LBL과 SLAC의 실험 과학자들은 견해의 일치점을 발견했지만, 여전히 이 숫자가 이론 과학자들에게는 무엇을 의미할지 전체적으로 분명하지는 않았다. 내가 "이 숫자가 이론적으로 무엇을 의미하는지"라고 하지 않고 오히려 이런 방식으로 표

196) 릭터가 분배, SP 1, 2와 실험 과학자들에게, 「11월 21일의 자료 분석 운영 위원회 회의」, 1973년 11월 26일, vol. 2, GGP.

197) 릭터가 분배, SP 1, 2에게, 「12월 4일의 자료 분석 운영 위원회 회의」, 1973년 12월 5일, vol. 2, GGP.

198) 릭터가 저자에게, 1995년 11월 11일; 카딕, 아브람스, 그리고 골드하버가 저자에게, 1995년 12월 4일.

현한 것은 이론이 이미 실질적으로 이 방법의 전 단계에 들어섰기 때문이다. 그러나 실험의 결과가 입자 물리학의 구체적인 모형과 일치할 수 있는지 아닌지는 아직 확인받아야 할 문제로 남아 있었다. 예를 들어 이 자료는 파톤 모형과 일치한다고 판명될 것인가 아니면 벡터 지배 모형과 일치한다고 판명될 것인가? 이런 것들은 말하자면 이론 과학자의 이론이지 실험 과학자의 이론은 아니다.

SLAC 이론 과학자들과 교역 지대를 수립하기 위해 마크 I 공동 연구는 SLAC의 "그린룸"에서 1973년 11월 12일 월요일에 회의를 열기로 계획을 세웠다. 메모에 나온 "주제"는 다음과 같았다. "포함된 것들에는 무엇을 포함하는가? 출연자: 많은 이론 과학자들."[199] 이것은 비록 실험 그룹에게는 외부였지만, 연구소에서는 내부의 접촉이었다. 이런 종류의 전형적인 내부 교제로는 B. J. (제임스 D. 브조르켄)과 헬렌 퀸이 릭터와 게리 피셔에게 보낸 1972년 메모가 있는데, 거기서 이론 과학자들은 다양한 이론적 생각들(예를 들어 와인버그의 Z^0, 조지와 글래쇼의 $J = 0$ 입자, 그리고 네만의 "다섯 번째 힘" 등)을 취해서 SPEAR가 마크 I에서 검출할지도 모르는 중성 공명 상태의 가능성과 특징을 계산했다.[200]

참여하는 연구소의 외부에서 결과를 취하는 결정에서는 다르면서도 사회적으로 더 깊은 경계를 건너야 한다. 정말이지 어떤 공동 연구를 정의하는 요소 중 하나는 결과가 "공개"되었을 때 건너야 하는 경계다. 나는 "공개"에다 인용 부호 표시를 했는데, 그것은 대규모 공동 연구의 세계에서 공동 연구 회의들과 비공식 발표들, 이메일들, 학술회의 발표 논문집들, 팩스들, 그리고 발표된 "물리에 관한" 편지들의 홍수 속에서 바로 어디에 비공개와 공개 사이의 구분이 놓이는가를 결정하는 일이 문제 되기 때문이다. 언제 논문으로 발표할 것인가에 관한 결정은 정해져

---

199) 릭터가 SP1, 2와 실험 과학자들에게, 「특별 세미나」, 1973년 11월 7일, vol. 2, GGP.

200) 브조르켄과 퀸이 릭터와 피셔에게, 「SPEAR에서 중성 공명 상태에 대한 탐색」, 1972년 6월 14일, MBP.

야 할 표준인 논증의 표준과 분리될 수 없게 연결되어 있다. 1973년 8월 초에 골드하버는 단면적에 대해 대강의 계산을 했는데, 다음번 물리 학술회의에서 그것에 대해 발표할 가치가 있는지를 의문하게 되었다. 라셴은 조금이라도 공개될지 모른다는 생각에 겁먹어서 1973년 8월 3일 릭터에게 다음과 같이 썼다. "내 입장은 이렇다(그리고 말 그대로 읽어주기 바란다). 우리가 단면적을 10퍼센트 수준으로 예시하도록 준비되기 전까지는 아무것도, 누구에게도, 언제라도, 어느 장소에서도 말해서는 안 된다. …… 나는 너무 서두른 이야기가 어떤 것이나 틀리기 쉽다고 생각한다. 그것들은 실험의 궁극적인 잠재력을 손상시킬지도 모르며, 많은 사람들이 결과를 기다리고 있다는 주장에 대해 나는 그 칭호에 걸맞은 어떤 이론가도 더 이상 두 배 정도라던가 무엇과 일치한다는 식의 발표를 기다리지 않는다고 생각한다."[201]

1973년 8월 10일자 공동 연구 회의의 회의록에 의하면, 자료 공개에 대한 "날이 선" 논의가 뒤따랐다. "우리가 총 [단면적]이 10퍼센트라고 자신 있게 인용할 수 있기 전까지는 어떤 종류의 공개 발표도 해서는 안 된다는 강력한 입장이 만들어졌다. 그보다 조금이라도 확신이 부족하면 존재한다는 것을 공개적으로 '부정'해야 한다. 기준을 20퍼센트로 낮추어야 한다는 시도도 제기되었지만, 그것은 받아들여지지 않았다."[202] 그러한 논의는 새삼스러운 일이 아니었다. 거품 상자 시절에 이미 질량 도표에서 봉우리의 중요성에 대해 참가자들이 노력하고 있을 때 또는 봉우리가 쌍봉낙타와 더 유사한가 또는 간단한 단봉낙타인가에 대해 팀이 갈라져 있을 때 "날을 세운 논의"들이 크게 유행했다.

마크 I 공동 연구에서 첫 번째 그리고 가장 중요한 물리 문제는 SPEAR

---

201) [라셴]이 [릭터]에게, 「기타 문제들」, 1973년 8월 3일, SPEAR FY 74, no. 1 「기타 메모들」, 1973년 7월 1일부터 1973년 12월 31일까지, 릭터, 그룹 C 책임자(91014 box 4), SLAC에 포함되어 있음.

202) 린치가 SP-1 물리학자들에게, 「(1973)년 8월 10일 회의의 회의록」, vol. 2, GGP.

를 2.4GeV에서 5.0GeV 까지의 에너지 범위에서 200MeV 간격으로 진행시키고, 각 에너지에서 전자-양전자 상호작용이 발생할 가능성에 대해 측정하는 것이었다. 좀더 구체적으로 이 팀은 두 개의 결정적인 양 사이의 비(R)가 에너지에 대해 어떻게 변하는가를 보고 싶어 했다. R의 분자는 e^+e^- 소멸에서 (강하게 상호작용하는 입자로 예를 들어 양성자나 파이온 같은) 하드론이 만들어지는 비율이다. 분모는 e^+e^- 소멸에서 뮤온이 생산되는 비율이다. 상대적으로 최근의 (하드론이 실질적으로 서로 상호작용하지 않는 점 구성 요소들에 의해 만들어졌다는) 파톤 모형은 에너지가 바뀌더라도 변하지 않는 R의 경우에 유리했다. 다른 더 오래된 이론들은 에너지의 함수로 보았을 때 R 값이 감소하는 것으로 제시했다.

　1974년의 상반기에는 이러한 일련의 SPEAR 작업에서 나온 새로운 결과를 이해하는 데 여념이 없었다. 여기저기서 공동 연구에 속한 물리학자들이 자료의 이상한 점들을 지적했다. 어떤 것들은 곧 해결되었고, 다른 것들은 지속되었다. 버클리의 존 카딕은 1974년 1월에 자료를 손으로 스캔하고 3.2GeV에서 (세 개 이상의 갈래를 갖는 사건으로 정의된) 하드론 사건이 비정상적으로 30퍼센트나 더 많다는 것을 발견했다. 물리학자들이 다른 문제에 먼저 열중하고 있어서 이러한 과잉 측정은 무대 뒷배경으로 멀어져갔다. 또 다른 하나의 괴롭히는 염려는 소나기 계수기에서 충분한 에너지가 나타나지 않으며, 그래서 공동 연구자들은 예상한 것처럼 중성 파이온을 기록하는 것인지 아니면 에너지가 예상하지 못한 방법으로 빠져나가는 것인지 확신할 수가 없었다. 검출기에 뉴트리노가 존재해서 새로운 형태의 약한 붕괴가 만들어지는 것인가? 그런데 결과를 다른 곳에서 만든 자료와 비교했을 때 다른 단계의 불확실성에 도달했다. 프라스카티와 CEA는 모두 더 높은 에너지에서 많은 수의 하드론을 생산하고 있는 것처럼 보였다. 1974년 6월에 SLAC에서 온 마티 브라이덴바흐는 이 경우를 다시 시작하고 3.1GeV와 3.2GeV 그리고 3.3GeV에서 R에 대한 자료를 더 수집했다.[203]

어느 것도 더 나타나지 않았고, 그 이유가 드러나고 있다. 감마선 광자의 생성과 에너지를 이해하려는 노력의 일환으로 "변환기"가 (특히 얇은 철로 만든 원통형 깡통이) 빛줄기 관에서 전자가 양전자와 충돌하는 상호작용 영역에 삽입되었다.[204] 충돌로부터 광자가 방출되었을 때 그 광자는 "통"의 옆면을 때리며 전자-양전자 쌍으로 변환하고 그것이 마크 I에서 검출될 수 있었다. 전자-양성자 쌍 생성에서 이러한 증가를 상쇄시키기 위해 반대 부호로 대전된 입자들을 취해 그것들을 전자-양전자 쌍(이른바 ECODE 3 사건)으로 분류하여 그것들이 진짜 하드론(ECODE 5 사건)과 혼동되지 않도록 분석 프로그램이 수정되었다.[205] 감마선에 대한 측정이 완료되고 통을 제거했지만, 상쇄용 소프트웨어는 그대로 남아 있었다. 그 순간 이후로 소멸에서 생성된 어떤 하드론 쌍이라도 컴퓨터에 의해 전자-양전자 쌍으로 재분류되었다. 조용하게 컴퓨터의 심장 속에서 ECODE 5 사건이 ECODE 3 사건으로 바뀌고 있었다. 3.1GeV에서는 어떤 하드론 쌍이라도 관찰하는 것이 불가능했다. 공명 상태가 생기는 어떤 증거라도 나타나면, 컴퓨터는 순간적으로 그것을 없애버리고 말았다.[206] (그로부터 얼마 지나지 않아서 변환시키는 컴퓨터 프로그램은 제대로 바뀌었다.)

SLAC 물리학자 중 한 사람인 로이 슈비터스는 "총 단면적 논문"의 초안을 작성하는 임무를 맡았으며, 윌리엄 치노프스키, 게리 펠드먼, 그리고 하비 린치와 함께 작업하면서 1974년 7월 5일에 예정된 공동 연구 평가에 내놓을 논문 원고를 준비했다. 검출기 효율이라든가 다른 실험 오

203) 골드하버, 다음 팅, 골드하버, 그리고 릭터, 「발견」, *Adventures Exp. Phys.* α (1976): 114~149쪽 중 132쪽에 나온다.

204) 전환기에 대해, 라센이 분배에게, 「74년 5월~7월 주기의 내부 꾸러미」, 1974년 1월 29일, vol. 2, GGP를 보라.

205) ECODE의 목록은 홀러빅, 「포함된」(1975), 47쪽에서 찾을 수 있다.

206) 펠드먼, 저자와의 인터뷰, 1994년 1월 21일; 슈비터스, 저자와의 인터뷰, 1991년 6월 17일; 그리고 골드하버, 다음 팅, 골드하버, 그리고 릭터, 「발견」, *Adventures Exp. Phys.* α (1976): 114~149쪽 중 135쪽에 포함되어 있다.

차 등에 관한 숫자가 더 남아 있었지만, 그래도 결론은 명백했다. "총 단면적은 이 실험에서 다룬 범위에서 C.M.[질량 중심] 에너지에 대한 상당히 부드러운 함수였다. 공명 상태를 표시하는 봉우리나 또는 생성에 대한 임계값이 존재한다는 강력한 증거는 없었다. 점근적으로 척도 불변이라는 예측과 아주 상반되도록 단면적은 3GeV와 5GeV 사이의 C.M. 에너지에 대해 실질적으로 상수였다. 그렇지만 이 결과를 모두 설명해주는 일반적으로 만족할 만한 이론 체계는 아직 나타나지 않았다."[207]

"만족할 만한 이론 체계"가 아직 나타나지 않았다고 표현한 것은 오히려 온화한 편이었다. 그 뒤 7월에 런던 학술회의에서 이 결과가 발표되었을 때 이론 과학자인 존 엘리스는 "전자-양전자 소멸에 대해 연구하고 있는 이론 과학자들 사이에서 어떤 의견의 일치도 없었으며, 파톤이라는 생각을 이용할까 하지 않을까라는 …… 기본적인 의문에서도조차 마찬가지였다"라고 천명했다. 엘리스는 R이라는 양이 0.36에서 70,383에 이르기까지 어떤 값으로나 추론될 수 있었다고 결론지었다. 그다음 릭터가 SLAC-LBL 결과를 발표했는데, 그것은 "쿼크 모형과 심히 일치하지 않았다". 실험 과학자로서 마이클 리오던은 그것을 다음과 같이 호의적으로 표현했다. "실험 과학자들은 이론이 상당히 혼동을 일으킨다고 생각했으며, 이론 과학자들 — 적어도 게이지 장이론에 종사했던 학자들 — 은 곤혹스러운 것은 바로 실험이라고 느꼈다."[208]

SPEAR는 1974년 7월부터 3개월 동안 더 높은 에너지를 준비하기 위해 조업이 중단되었다. 그동안 슈비터스와 스콧 휘태커는 자료를 다시 분석하고, 1.6GeV/빛줄기(총 3.2GeV)에서의 측정이 표시하는 단면적은 30퍼센트 더 높으며, 그리고 1.55GeV/빛줄기(총 3.1GeV)에서의 측정 역시 예상보다 더 높아 보인다는 것을 발견했다. 아직 더 이상한 것

207) 슈비터스가 SPEAR 친구들에게, 「초고」, 1974년 7월 5일, MBP.
208) 리오던, 『탐색』(1987), 259쪽, 261쪽. 이 논문은 엘리스, 「$e^+e^- \to$ 하드론」, 그리고 릭터, 「예비 보고서」를 인용했는데, 두 논문 모두 Proceedings, 1974 PEP Summer Study(1974), IV-30쪽, 37쪽, 41쪽, 54쪽에 나온다.

에 대해서는 1974년 10월 중반에 슈비터스가 그 팀이 수개월 전에 수행했던 이상하게 보이는 여덟 번의 작업 결과를 조사하기 위해 업무일지를 다시 보았다. 1974년 6월 29일에 그 일지는 에너지 스캔이 3.1GeV까지 확대되었다고 표시되어 있었다. "빛줄기를 내리고, 1.55[GeV/빛줄기 = 3.1GeV, 질량 중심]를 위한 준비 완료." 교대조는 자축하면서 "주의할 것, 우리는 정확히 시간을 맞추고 있음"이라고 썼다. "유감스럽게 채워짐, 비뚤어진 빛줄기 배치." 작업 1381은 슬프게도 실패했다. "아이고! 어떤 전원이 다량의 누전을 발생시켰다. 내리고, 작업 끝이다." 작업 1383은 상당히 정상적으로 진행되었다. 작업 1384에서 "조명이 약간 실망스럽다. 아이들이 상황을 조사하고 있다." 그래서 계속되었다. 작업 1387은 "비참했다. 채우기는 .7×10∗30에서 시작하고 있는데 우리는 [대략] 1.2×10∗30이 되리라고 예상한다. 게다가 수명은 단지 1시간 정도일 뿐이다. 게다가 다 채우는 데 한 시간이 모두 필요하다. 그래서 심상치 않다. 우리 뜀박질은 멈춰 섰고 우리는 늪으로 가라앉고 있다." 몇 시간 뒤에 작업 1389, "조건이 안정됨 …… 하던 일을 계속하라!"[209] 그리고 6월 30일 14:10에 1.55 작업이 끝났다, "작업 1389 171 [뮤온]이 1.55에 사용 개시하고 완료됨. 1.60으로 계속됨. 시간 촉박하고 작업 불확실하여 각 에너지에서의 작업을 배경 작업으로 돌림. 우리는 1.6[GeV/빛줄기]에 대한 완전한 스캔을 시도할 것임."[210]

놀랍고도 납득할 수 없게 1.55GeV/빛줄기에서 여덟 개의 사용 가능한 작업 중 두 개(1380과 1383)가 과도하게 많은 수의 하드론을 산출했다. 작업 1383은 팀이 예상한 것보다 꼬빡 다섯 배나 많은 하드론 수확을 산출했다(〈그림 6.41〉을 보라).[211] 10월 22일에 슈비터스는 골드하버와 아브람스에게 이렇게 이상한 작업을 다시 확인해 보라고 요청

209) SLAC 업무일지, 1974년 6월 29일.
210) SLAC 업무일지, 1974년 6월 30일.
211) 골드하버, 다음 팅, 골드하버, 그리고 릭터, 「발견」, *Adventures Exp. Phys. α* (1976): 114~149쪽 중 135쪽에 나온다.

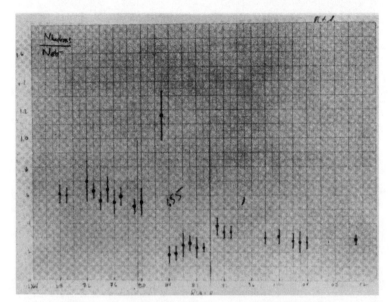

〈그림 6.41〉 슈비터스, 하드론을 과도하게 많이 보여주는 작업을 다시 분석함(1974). 이 손으로 그린 도표에서 슈비터스는 그전 달들에서 기록된 자료를 모두 더했다. 무엇인가가 어울리지 않는 것처럼 나타났는데, 여기에 그 이상한 점이 뚜렷이 드러났다. (총 질량 중심 에너지로는 3.1GeV에 해당하는) 1.55GeV/빛줄기에서 극단적으로 벗어났다. 바로 이렇게 이상한 점과 케이온이 분명히 너무 많다는 점 때문에 실험을 조직적으로 다시 수행하도록 촉진했다. 출처: 팅, 골드하버, 그리고 릭터, 「발견」, *Adventures Exp. Phys.* α (1976): 131~149쪽 중 134쪽.

했고, 그들이 장면 장면을 그렇게 확인했다.[212] 부분적으로 과도하게 많은 하드론 때문에, 그리고 부분적으로 1.55GeV/빛줄기에서 수행된 측정에 대한 구조적으로 일관성이 없는 자료를 정리하기 위해 골드하버는 1974년 11월 4일 월요일에 3.1GeV 부근의 비정상적인 에너지 영역을 다시 고려할 수 있게 해달라고 열심히 로비하기 시작했다. 만일 1.55 GeV/빛줄기 부근에서 무슨 일인가가 일어나고 있다면, 더 이전의 작업과 다른 결과는 그들이 얻을 수 있는 한, 최대한의 에너지 해상도가 필요

---

212) 골드하버, 카딕, 그리고 아브람스가 저자에게, 1995년 12월 4일; 리오던, 『탐색』(1987), 272쪽.

함을 의미하는 것이었다. 아브람스와 골드하버는 아무튼 얼마나 정확하게 가속기 에너지가 알려져 있는지를 결정하라고 릭터에게 강요했다. 그렇지만 거기에는 역류(逆流)도 있었다. 상급 스탠퍼드 실험 과학자인 밥 호프스태터를 포함한 다른 물리학자들은 양자 전기 동역학의 진위를 시험하기 위해 탐구되지 않은 새로운 에너지 영역에 대해 계속하기를 원했다. 릭터는 마크 I을 운영하면서 가속기에 대한 책임도 맡고 있었으므로 그는 쉽사리 밥 호프스태터의 프로그램을 거절할 수도 없었다. 결국 골드하버와 휘태커가 마이크로필름 카드에서 확인한 과도하게 많아 보이는 기묘한 입자들을 납득하게 되자 릭터는 누그러졌고 기계는 다시 3.1 GeV 부근에서 자료를 취하기 시작했다.[213]

1974년 11월 9일 동트기 전에 새로운 자료가 들어오기 시작했다. 하비 린치는 사건들이 CRT를 지나가는 것을 바라보다가 업무일지에 다음과 같이 기록했다. "그 사람은 여러 주일 동안 그 지역에서 부지런히 작업했기 때문에 피곤했다. 그는 개울에 있는 냄비 위로 허리를 구부려 두 개의 작은 반짝반짝 빛나는 노란 덩어리를 보았다. 그는 '알았다!'라고 소리 지르고, 냄비 안에 무엇이 들어 있는지 좀더 조심스럽게 검사하기 위해 일어섰다. 다른 사람들이 보려고 몰려들었는데, 혼란 속에서 냄비와 그 속에 들어 있는 것들이 개울로 빠져버렸다. 그 덩어리들은 금이었던가 또는 황철광이었던가? 그는 진흙들을 다시 한번 더 체로 거르기 시작했다." 진흙을 체로 거르는 것은 무엇보다도 먼저 (2.4GeV와 같이) 이미 알려진 에너지 영역에서 전과 마찬가지로 작동하는지 알아보는 것처럼 기계가 제대로 작동하도록 만드는 것이었다.

　I. 우리의 첫 번째 우선순위는 검출기가 제대로 작동하고 정상적인 분석 프로그램을 이용하여 [자료를 취하도록 사용된 세 개의

---

213) 릭터, 저자와의 인터뷰, 1991년 3월 18일; 골드하버, 저자와의 인터뷰, 1991년 8월 14일.

CPU 컴퓨터인] 트리플렉스가 적절한 기능을 발휘하는지 확인하는 것이다. 우리는 2.4GeV의 빛줄기 에너지에서 $\geq 100\mu$ 쌍에 상당한 것들을 받아들여야 한다. 이 결과는 우리의 이전 결과인 [총 단면적] $\sigma \sim 18nb$과 재생 효율 0.63을 다시 얻어야 한다.

II. "점검" 단계를 마치고 나면, 우리는 1.5GeV부터 1.6GeV까지 0.01GeV 간격으로 에너지 스캔을 시작할 수 있다.[214]

이러한 스캔은 에너지 단계마다 대략 세 시간이 소요되었으며, 린치는 대략 10사건을 기준선으로 하고 만일 "좋은 '봉우리'"가 존재한다면 40사건을 기대했다. 작업마다 팀은 ECODE 5 사건(하드론)을 바바의 수로 나눈 비율을 도표로 그려서 (하드론 생성을 전자-양전자 소멸의 총수로 규격화하기 위해서) 광도(光度)를 표시할 예정이다. 사건들은 CRT 화면에 하나씩 튀어나올 것이다.

1974년 11월 9일 08:00에, 업무일지는 다음과 같이 기록되어 있었다. "고리는 E_0 = 1.5[5?] GeV로 채워짐. 단일-사건 표시에 대한 자료 경계 요망. 아래 표는 손 스캔의 결과임. 37개의 바바 사건과 함께 22개의 하드론 후보가 발견됨. …… 이 모든 것이 옳다면 방아쇠 단면적은 ~ 72nb임을 의미함! 이제 만일 1.50에서 작업할 때 신호가 단지 '사라져' 주기만 한다면 우리는 행복할 것임."[215] 손으로 대조를 마친 다음에 제임스 (이원) 패터슨과 로이 슈비터스는 그들이 놀란 것에 대해 다음과 같이 공식적으로 발표했다. "아래 서명한 우리들은 …… 위에서 JSW[존 스콧 휘태커]가 집계한 것이 자료를 제대로 대표한 것임을 보증한다." 다시 우주선(宇宙線)을 확인하러 돌아갔고, 소나기 계수기의 효율은 여전히 "좋아 보였다." 그런데 15:40에 "큰일 났다! 1.56GeV 빛줄기가 간 뒤에 충돌하는 빛줄기가 나오지 않는다. 희망이 없나?" 더 많은 손 스캔

---

214) SLAC 업무일지, 1974년 11월 9일.
215) SLAC 업무일지, 1974년 11월 9일.

이 이루어지고, 1.56GeV의 미스터리 영역에서 벗어나면서 하드론 생산이 정상적인 수준으로 돌아왔다. 11월 10일 새벽 1:47에 사람들은 1.56GeV 작업을 완료하고 1.57GeV로 진행했다. 그날 아침 10:05에 이 새로운 공명 상태의 봉우리에 훨씬 더 가까이 가려는 시도로, 그들은 1.555GeV에 작업 1460을 설치했으며, 그 작업이 56분 뒤에 종료되었다. 슈비터스는 다음과 같이 갈겨 썼다. "이 선행 채우기는 믿을 수 없을 정도다. 1.55를 작업하는 동안에 우리는 (총 단면적인) τ_T로 실질적인 기준선 값을 보았다. 채우기 도중에 우리는 에너지를 1.555로 올렸고 사건들이 [글자 그대로] 쏟아져 들어오기 시작했다. 시각(視覺) 스캔에 의하면 87개의 바바 중 61개의 하드론이 있었다. 이것은 정말로 놀라운 공명 상태다!"[216)

11월 13일에 공동 연구는 「소멸에서 좁은 공명의 발견」이라는 논문을 『피지컬 리뷰 레터스』에 제출했다. "맵시"라는 단어는 결코 나오지 않았다. 아마도 그것에 가장 가까운 것은 논문의 마지막에 나오는, 널리 회자되고 있는 다음과 같은 구절이다. "새로운 양자수나 선택 규칙이 관계되지 않는다면, 하드론으로 붕괴되는 이 상태의 공명이 어떻게 그렇게 좁을 수 있는지 이해하는 것은 어렵다(〈그림 6.42〉를 보라)."[217)

물론 당연한 일이지만 다른 물리학 공동 사회에 속한 곳에서 맵시가 출현했다. 앤드루 피커링이 능숙하게 보여준 것처럼 이론 과학자들 사이에서 널리 퍼진 몇 가지 대안적인 설명들이 존재했는데, 이들은 모두 새로운 봉우리를 설명하는 데 좋은 자리를 차지하고자 경쟁했다. 맵시를 주장하는 이론 과학자들에게 프사이는 맵시 쿼크와 반맵시 쿼크 등 두 쿼크로 이루어진 결합 상태였다. 이론 계산이 진행될 수 있도록 해준 것은 데이비드 폴리처와 톰 애플퀴스트가 급진적으로 주장한 것처럼 쿼크들을 함께 묶은 힘이 짧은 거리에서 약해진다는 것이었다. 점근적 자유

---

216) SLAC 업무일지, 1974년 11월 10일.
217) 오거스틴 외, 「좁은 공명」, *Phys. Rev. Lett.* 33(1974): 1406~1408쪽.

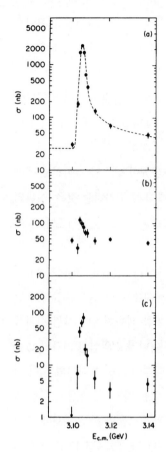

〈그림 6.42〉 3.1GeV에 보인 뾰족한 부분(1974). 『피지컬 리뷰 레터스』가 1974년 11월 13일에 투고 받은 이 결과는 3.1GeV에 놀라운 봉우리를 포함하고 있었다. (a) 에너지의 함수(단위는 GeV)로 측정한 e^+e^- 충돌에서 나온 다중 하드론 상태가 생성되는 단면적을 나노반의 단위로 표시함. (b) 마지막 상태가 e^+e^-로 될 단면적. (c) 파이온 쌍이나 케이온 쌍 또는 e^+e^-가 생성되는 단면적(공동 연구의 뮤온 검출기가 고장 났기 때문에 이러한 서로 다른 결과들 사이에서 어떤 구별도 찾아낼 수 없었다). 하드론 곡선(a)에 보인 놀랄 만한 높이(100배나 솟아올랐음)와 폭이 예외적으로 좁은 것은 물리학에서 알려진 어떤 것과도 같지 않았다. "새로운 양자수나 선택 규칙이 관계되지 않는다면, 하드론으로 붕괴되는 이 상태의 공명이 어떻게 그렇게 좁을 수 있는지 이해하는 것은 어렵다." 정말이지 당시의 논의는 맵시를 포함한—그러나 맵시에 한정된 것이 아닌—가능한 양자수에 대해 이루어졌다. 출처: 어거스틴 외, 「좁은 공명」, Phys. Rev. Lett. 33(1974): 1406~1408쪽 중 1407쪽.

도라 불리는 이 학설은 게이지 이론 과학자들이 프사이가 쿼크-반쿼크 쌍이라고 부를 때 의미한 것의 기본적인 부분이었다.

실험 과학자들에게는 그렇지가 않았다.

3. 다듬지 않은 자료가 없다

물리학자들은 처음에는 이론 과학자들이 그리고 지금은 실험 과학자들 역시 1974년 11월 둘째 주에 시작한 사건을 11월의 혁명이라고 부르게 되었다. 반농담으로 거의 60년 전에 윈터 펠리스(상트페테부르크에 위치한 러시아 황제의 처소임 – 옮긴이)에 불었던 폭풍우가 $J/$ 프사이의 발견을 수반한 물리학의 급격한 불연속으로서의 단절을 불러일으켰다고 빗댔다. 부분적으로 이러한 불화의 언어는 불확실한 시대에 이론 과학자들이 갖고 있는 그들의 하부 문화의 상(像)과 잘 어울렸다. 그것은 "R 위기"라는 강연뿐 아니라 이론이 논의된 과열된 방법에 반영되어 있다. 예를 들어 이론학자인 존 엘리스는 1974년 여름에 SPEAR와 다른 곳 실험학자들이 이론학자들에게 가한 충격적인 일격에 대해 언급했는데, 당시 이론학자들은 "거의 만장일치로" R이 상수일 것이라고 예상했다. R이 상수가 아닌 성질, 특히 에너지에 대해 증가하는 것은 "이론의 붕괴"나[218] "R 위기" 또는 "작은 R 위기"보다 조금도 못하지 않은 것이었다.

그러한 위기에 대한 강연은 1970년대에 석유 산업의 "에너지 위기"에 의해 유행되었으며, 고에너지 이론의 세계에도 퍼졌는데, 그러나 단지 이론 세계뿐이었다. 그리고 정말이지 이론 과학자들이 실험 결과를 설명하지 못하는 그들의 무능력을 위기가 아니라고 의심할 이유가 없는 것처럼 보였다. 문제가 되는 것은 그러한 타격이 도구 제작자와 실험 과학자들에게까지 확장된다는 점이다. 내가 아는 한 이 기간 동안 실험 과학자들 사이에서 단 한 사람이라도 그 위기가 그들의 하부 문화에 속한 방법의 신뢰도나 효율 탓이라고 한 적이 없었다. 1974년 11월 처음 며칠에 이르기까지 SPEAR의 가속기는 1년 반 동안 제대로 작동하고 있었다. 마크 I 검출기는 입자 이론에서 유력하게 행세한 이론 연구의 면전에서 날아다닌 총 단면적에 관한 1년의 학술회의 논문들을 포함해 연중 내내 흔적을 기록했다. 판단과 이론이 검출기와 그 기능에 대한 보증에 관여했던가? 물론 첫 번째 사전 방아쇠 거르기에서 CRT에 대한 손 스캔에 이르기까지 그랬다. 이것은 맵시에 대한 예언과 양자 색 동역학의 "새로운 물리학"과 관련된 발전 사항이 〈그림 6.42〉에 보이는 뾰쪽한 부분에

---

218) 엘리스, 「e^+e^- →하드론」, 이 논문은 *Proceedings*, 1974 *PEP Summer Study* (1974), IV-20~35쪽 중, 20쪽에 나오며 피커링, 『쿼크』(1984), 256쪽에 인용되어 있다.

대해 결정적인 또는 약간의 의미 있는 역할을 했음을 의미하는가? 절대로 아니다.

　그의 통찰력을 갖춘 저서 『쿼크를 세우면서』에서 앤드루 피커링은 매우 다른 견해를 주장한다. 그의 견해는 마크 I에서 나온 사건들에 대한 흥미로운 해석으로, 단지 이 사건 자체뿐만 아니라 이 사건들이 그중에서도 특히 1960년대 초에 쿤의 연구로 시작된 매우 영향력 있는 과학의 반실증적 철학에 굳건하게 근거한 논리의 한 견해를 훌륭하게 보여주기 때문에 계속 추구할 만한 것이다. "빛줄기 에너지를 매우 정확하게 관찰해 실험 과학자들은 그와 같은 [〈그림 6.42〉에 보인 것과 같은 에너지 함수로 표현된 단면적] 곡선들을 얻었다. 그들은 이 곡선들이 진정한 현상을 구체화한 것이라고 보았으며, 그에 따라서 검출기의 성능에 대한 그들의 우려를 제쳐 놓았다. 그들은 검출기가 완벽하게 작동했다고 증명하지는 않았다. 그것이 믿을 만한 증거를 만들어냈기 때문에 검출기는 믿을 만하다고 가정했다."[219]

　무엇이 이 증거가 믿을 만하다고 특징짓는가? 단순히 그것이 이미 존재하는 이론 체계와 일치하기 때문에 믿을 만하게 되었던 것이다. "이론은 자연 현상을 개념화하는 수단이며, 경험적 사실들이 견실해지는 이론 체계를 제공한다."[220] "각 이론은 자기 자신이 인지할 수 있는 영역에 나타나지만, 그 바깥에서는 참이 아니거나 관계가 없어진다"[221]는 쿤의 논리를 채택해 피커링은 새로운 물리학과 예전 물리학에 대한 그의 예를 조사하기 시작했다. "각 현상론적 세상은 그렇다면 이론적이며 실험적인 관습의 일체가 완비된, 스스로 관련된 일관적인 꾸러미다. 공통된 현상들의 모임에 근거해서 예전 물리학 이론과 새로운 물리학 이론 사이에서 선택하려는 시도는 성공할 수가 없었다. 이론들은 서로 다른 세상에 통합된 부분들이며, 그것들을 같은 표준으로 비교할 수가 없

---

219) 피커링, 『쿼크』(1984), 274쪽.
220) 피커링, 『쿼크』(1984), 407쪽.
221) 피커링, 『쿼크』(1984), 409쪽.

다."[222] 마크 I에서 충돌하는 빛줄기 물리학에 대한 관습은 예전 물리학이나 새로운 물리학 어느 것의 "스스로 관련된 꾸러미"에 전혀 포함되지 않았다는 것이 이 장의 요점이다.

내가 이해하는바, 피커링의 주장은 두 부분으로 되어 있는데, 각각 일반적인 주제와 프사이에 대한 구체적인 주장을 담고 있다.

> 1a. 일반적으로 실험에 대한 "이론 구축"이 앞서 시행되며 일련의 실험 결과는 "조절"이라는 수단을 통해서 구분된다. 실험 과학자들은 관심을 갖는 현상을 표시하는데, 그들이 "얼마나 성공적이었는가에 따라 그들의 기술을 조절"한다.[223]
>
> 1b. 구체적으로 맵시를 가정함에 따라 R값에 대한 이론적 예언이 나오게 되었는데, 이 결과가 선행했고 실험 결과(〈그림 6.42〉에 보인 3.1GeV에서의 좁은 공명)를 결정했다. "프사이의 발견은 실험적 기술을 …… 믿을 만한 현상에 맞도록 '조절'한 예라고 볼 수 있다."[224]
>
> 2a. 일반적으로 실험 과학자들은 어떤 효과를 공증하기 전에 그들의 도구가 제대로 작동하는지를 입증하지는 않는다. 도구의 신뢰성은 예상하고 있는 효과를 발견한 결과에서 나온다.
>
> 2b. 구체적으로 마크 I에서 SLAC-LBL 공동 연구는 그들의 검출기가 제대로 작동한다고 ("완벽하게 작동했다고") "증명"하지 않았다. SLAC-LBL 물리학자들은 그들이 예상하고 있던 3.1GeV 공명 상태를 발견했기 때문에 그렇다고 가정했다.[225]

왜 이러한 1a, b와 2a, b가 중요한가? 첫째, 그것들은 이전에 수행된

---

222) 피커링, 『쿼크』(1984), 411쪽.
223) 피커링, 『쿼크』(1984), 14쪽.
224) 피커링, 『쿼크』(1984), 273쪽.
225) 피커링, 『쿼크』(1984), 274쪽.

일련의 실험적 관찰에 대한 추론적인 극한으로서 이론을 취급하는 (피커링이 "과학자의 설명"이라고 부른) 견해의 토대를 손상시키는 역할을 한다. 둘째, 그리고 더 중요하게 만일 실험이 이론에 의해 조절되고 이론이 단절된다면, 물리학에 대한 그림은 실험 자체에 이르는 끝까지 분열되고, "세상"은 두 개의 같은 표준으로 비교될 수 없는 부분으로 나뉜다. (피커링이 말했듯이 "예전 물리학과 새로운 물리학이 쿤의 의미에서 서로 구별되고 연결되지 않은 세상을 구성한다.")[226] 철학적으로 이것은 똑같은 표준으로 비교될 수 없는 경우에 해당한다. 역사적으로 이것은 구역 시대 구분에 기초를 두었다. 그리고 사회적으로 그것은 실험 문화와 이론 문화가 단 하나의 패러다임으로 작동할 수 있도록 충분히 뒤섞여 있다는 진술이다.

1b의 요구 사항에 대한 증거는 다음과 같다. 1974년 10월 중반에 골드하버는 3.1GeV에서 어쩌면 맵시일지도 모르는, 흥미로워 보이는 새로운 현상에 대한 증거로 케이온의 수가 과도하게 많다는 것을 꼽았다. 그렇지만 골드하버의 견해는 결코 보편적으로 받아들여진 것은 아니었다. 나는 11월 11일 이전에 마크 I 공동 연구에 의해 작성된 어떤 논문으로 발표되거나 발표되지 않은 것들 중 맵시에 대한 가설이 옳다고 승인한 경우를 단 하나도 발견할 수 없다. 여전히 더 이상하게 심지어 11월 11일이 지난 뒤에도 실험과 관계된 문헌에 그런 일은 조금도 나타나지 않는다. 물론 인터뷰보다도 오히려 역사적 문헌을 강조하면 구두로 전해지는 역사로부터 더 명백할 수도 있는 요소를 조직적으로 빠뜨리는 일이 가능할 수도 있다. 그렇지만 마크 I 공동 연구에 참가하는 주연 인물들과 가진 일련의 체계적인 인터뷰에서도 나는 맵시가 존재한다는 미리 수립된 확신을 확인하기 위해 자료를 "조절"했다는 것에 대한 지지를 거의 보지 못한다. 슈비터스는 그것을 다음과 같이 말했다.

---

226) 피커링, 『쿼크』(1984), 409쪽.

우리에게 맵시는 결코 [좁은] 공명을 의미하지는 않았다. 우리는 그
것에 대해 진지하게 생각해본 것이 아니었다. 그것은 내가 심지어 기
묘도가 바뀌는 전류에 대한 게일라드와 [리] 그리고 로스너의 논문이
나올 때까지 [맵시를] 제대로 이해하지도 못했다고 ["우리는 그 주말
에 그것을 …… 사람들과 일종의 농담으로 …… 파이-씨스(feces)라
고 발음했다."] 말했을 때 그것이 우리의 마음에 포함되어 있지도 않
았다. 나는 진정으로 그런 문제에 관심을 가지고 있지 않았다. 나는 그
렇게 말하는 것이 우리 대부분 그것을 어떻게 보았는가에 대해 가장
공정한 묘사라고 생각한다. 거기에 관여하며, 사물을 실험적으로 이해
하게 된다면 총 단면적이 상수라는 것에 무엇인가 진정으로 이상한 점
이 있을 가능성에 대해 어느 정도 곤혹스럽게 되는 것은 실험적인 논
점이라 보는 것이 훨씬 더 옳았다. 물론 지금은 그것이 그렇게도 무의
미하게 들린다. 그것에 대해 언급하는 것조차 난처한 일이다! 그러나
때로는 그런 종류의 사고방식에 젖어든다."[227]

브라이덴바흐는 그와 그의 동료가 3.1GeV 영역으로 다시 돌아가게 만
든 주요 관심사가 그들의 자료를 깨끗하게 만들려는, 그들의 조치 중 무
엇이 잘못되었는가를 발견하려는 것이었다고 다음과 같이 회상했다.
"이것[좁은 공명]이 바로 맵시를 주장하는 이론 과학자들이 요구하는 것
이었다는 느낌은 결코 존재하지 않았다. 그것은 전혀 그런 것과는 달랐
다."[228] 휘태커는 다음과 같이 말했다. "우리가 이상한 행동을 찾아내고
이론 과학자들이 그래 당신들이 차모니움(charmonium, 맵시 쿼크와
반맵시 쿼크로 이루어진 입자의 이름임 — 옮긴이)을 발견했다고 말한
뒤에도 우리는 이것이 맵시와 어떤 관계를 가지고 있다는 것을 전혀 알
지 못했다."[229] 치노프스키가 보건대 슈비터스가 10월 중순에 그린 표

---

227) 슈비터스, 저자와의 인터뷰, 1991년 6월 17일, 20쪽.
228) 브라이덴바흐, 저자와의 인터뷰, 1994년 2월 14일.
229) 휘태커, 저자와의 인터뷰, 1994년 2월 24일.

는 전혀 불가능한 것으로 판단되었고 다음과 같이 말했다. "로이 슈비터스가 이 표를 보여주며 '와, 내가 무엇을 했는지 보게'라고 말했고, …… 우리는 서로를 마주 바라보았으며 나는 '이런 일이 벌어질 수 없다는 것을 자네는 알지'라고 말했는데, 그는 '이런 일이 벌어질 수 없다는 것은 나도 알아'라고 말했다. 나는 '어떻게 하지?'라고 말했다. 그는 '앞으로 [그 에너지에서 한 번 더] 돌려보자'라고 말했다."[230]

1974년 11월에 맵시 가설의 중요성을 중시하지 않으면서 린치는 다음과 같이 덧붙였다. "내 생각 중 어느 한 부분에도 매력이란 조금도 존재하지 않았다. 우리는 그 점에 대해 관심을 많이 갖지 않았다. 우리는 상(像)을 반대하는 사람들이었다. 여러분도 알다시피 [전에] 우리가 발견했던 총 단면적이 모든 사람들이 이야기하던 것과 그렇게도 완전히 달랐기 때문에 우리는 이론 과학자들을 무시했다." 1974년 11월 9일 08:00 이후의 시간들에 관해 린치는 다음과 같이 말했다. "그것은 정성적인 차이였다. 그것들은 단순히 CRT를 통해 관찰될 수 있었다. 그것들은 매우 빨랐고 매우 깨끗했다. 수초 간격마다 클릭, 클릭, 클릭 소리가 들렸다. 피에프는 통제실에서 앞뒤로 서성이면서 '이런, 이런'이라고 말하고 있었다. 그는 손으로 머리를 쾅쾅 두드리며 '우리가 실수를 하는 것이 아니기를 바란다', '우리가 실수를 하는 것이 아니기를 바란다'를 연발하고 있었다. 마지막으로 그는 '실수는 없었다'라고 말했다. 결과를 보면, 단순히 그것이 실제 상황임에는 전혀 의심할 여지가 없었다. 우리는 그것이 무엇인지 전혀 알지 못했지만 그것은 사실이었다. 그것이 바로 우리 모두가 느낀 것이다."[231]

심지어 굉장히 큰 공명 상태가 나타난 다음에도 린치는 맵시에 대해 계속 미심쩍어했다. 마찬가지로 리스와 프라이버거, 그리고 그 실험에 참가한 다른 물리학자들은 1974년 11월 9일 이후 날들에서 좁은 공명이 확인되기

---

230) 치노프스키, 저자와의 인터뷰, 1991년 8월 14일.

231) 린치, 저자와의 인터뷰, 1994년 3월 8일.

전까지는 맵시 가설에 대해 실질적으로 아무런 관심도 갖지 않았다.

피커링의 분석에서 근본적인 어려움은 검출기가 "완벽하게 작동하고 있었다"고 "증명"하려는 프로그램상의 움직임과 "이론적 구축"을 근거로 하여 실험에 대해 이론에 입각한 "조정" 사이에 서로 반발이 있었다는 가정이다. 이런 종류의 이분법은 과학에 대한 실증론자와 반실증론자 모두의 특징인데, 실험적 논법이 진행하는 좀더 풍부하고 좀더 미세한 영역의 범위를 모호하게 만들었다.

실험과 이론의 관계에 대한 반실증론적인 논의들은 전형적으로 "관찰"과 "이론"을 대비하며 이론이 실험의 중심으로 침투한다고 주장한다. 우리는 모든 이론에 "독립"인 관찰이 존재한다는 이미 오래전에 폐기된 학설을 주장하는 상상의 적에 대한 반실증주의자의 성급함에 동감할 수 있다. 극단의 경계에는 굽힐 수 없는 연역적 순서를 통하여 관찰이 이론에 이른다는 개념이 놓여 있다. 여기서 좀더 최근의 과학사회학은 (콜린스와 핀치, 피커링, 그리고 다른 사람들은) 자주 쿤과 핸슨, 헤세, 파이어아벤트, 그리고 다른 사람들의 존경할 만한 연구에 의존하고 있었는데, 그들은 과학이란 통일체로 요약된 축적된 자료라고 믿는 고지식함을 비난했다.[232] 그렇게 함으로써 반실증주의자들은 자료가 "개념적 기초 구조"를 통하여 스스로 강화되는 통일체로 융합되면서 발생하는 심리학적, 인식론적 형체를 강조한다.

나는 "관찰"이라는 그렇게도 추상화된 개념을 가지고 마크 I과 같은 실험의 분석을 어떻게 시작이라도 할 수 있는지 알지 못한다. 그 사촌들인 "다듬지 않은 자료"나 "이론"과 마찬가지로 이론과 관찰 사이의 이분법은 내가 가장 흥미롭다고 발견한 중심 현상을 흐려 놓는다. 이런 방법으로 말하는 것은 방해받지 않은 일련의 자료와 어느 정도 일관된 이론적 안건을 암시한다. 예전의 실증론자의 견해에서 자료는 견고하고 이론은 덧없었다. 반실증론자에 의해 채택된 견해에서는 자료가 "조정"이 가

---

232) 갤리슨, 「맥락」(1995)을 보라.

능하고 이론은 강력하고 지배적이다. 두 견해가 모두 적절해 보이지 않는다.

자료는 항상 이미 해석되어 있다. 그러나 "해석된"이라는 것이 지배적 고급 이론에 의해 다듬어졌음을 의미하지는 않는다. 양자 장이론은 점근적 자유도에 이른다는 개념이나 맵시와 결합된 점근적 자유도는 마크 I의 조정을 강요한다는 개념이 실험적 관습과 도구적 관습의 연속성에 대항한다. 자료는 PASS 3 시각 스캔용 테이프에서 이미 해석되어 있다. 그것들은 PASS 2 거르기 프로그램의 사건 확인 부분에서 이미 해석되어 있다. 그래서 우리는 다듬지 않은 것을 찾으러 더 뒤로 돌아가 보지만, 자료는 프로그램이 나선형 궤도를 최소 제곱법으로 최소화하여 재구성하는 PASS 2의 초기 부분인 에덴 상태에 그대로 있지 않는다. 그래서 어쩌면 한 단계 전에는 다듬지 않은 자료가 그대로 남아 있었을지도 모른다. 그러나 거기서도 PASS 1 거르기의 부드럽게 돌아가는 기계들에 의해 공간점들이 조정되고 삭제되고 확인되는 것을 발견한다. 우리는 우주선 사건들을 제외하고, 빛줄기를 계산하며, 전자-양전자 소멸에 대해서 바깥쪽 검출기에 도달하는 충돌의 시간을 재는 빛줄기 방아쇠 계수기들을 발견한다. 원래의 순수하고 오점이 없는 자료는 존재하지 않는다. 대신 일부는 전선으로 단단하게 연결된 기계에 통합된, 일부는 소프트웨어에 정교하게 부호화된 판단이 존재한다. 판단 중 일부는 사건이 표시되는 CRT를, 다른 일부는 히스토그램을, 그리고 또 다른 일부는 마이크로필름에 재구성한 것들을 들여다보는 스캐너와 물리학자를 통하여 들어온다. 해석과 판단은 먼 길을 함께 간다. 그러나 이러한 해석의 움직임을 "이론"이라고 부르는 것은 실험 문화의 본성을 총체적으로 잘못 해석하는 것이다.

그다음에 오는 것은 무엇인가? 우리는 기초 자료가 존재하지 않으며, 끝없이 움직이는 모래 바다에 근거한 실험으로부터 도출된 물리적 결론이라는 침습된 해석에서 결론을 내릴 수도 있다. 이것이 내게는 거꾸로 가는 것처럼 보인다. 상대주의에 대한 전체 부류의 요구 뒤에 놓여 있는 것은 오히려 완고한 관찰이라는 상황과 임의의 해석이다. 우리가 여기서 보는 것은 부분적인 연속과 불연속이 차례로 삽입된 그림과 오히려 더 닮았다.[233] 불꽃 상자를 보자. 그것의 증명은 말하자면 적어도 멀리는 가이거-뮐러 계수기까지 내려가는 장치 유형의 긴 연속으로부터 초래된다. 콘베르시와 고치니의 레이더 플래시 관에서, 후쿠이와 미야모토의 방전 상자에서, 독일의 불꽃 계수기 그룹에서, 웬첼과 크로닌의 원형 장치들에서, 슈바르츠와 스타인버거, 그리고 레더만의 육중한 뉴트리노 검출기에서, 상자의 장기(長期) 정통성이 기초하는 근거를 이룬다. 불꽃 상자 하나가 신호 발사를 실패할 때 무엇이 PASS 1 거르기 프로그램으로 하여금 흔적에서 "부족한" 점을 보간하도록 허락하겠는가? 그것은 수많은 시간의 척도에서 동시에 작동하는 과정들의 그물에 의해 보장된다. 그 뒤에 놓여 있는 것이 논리 전통 내에서 수십 년에 걸친 연구의 집합된 힘이다. 가장 긴 시간 척도에는 통계적 주장에 대한 논리 물리학자의 헌신이 놓여 있다. 1932년에 보테와 콜회스터가 의지를 가지고 자세히 했던 것을 PASS 1은 자동적으로 간단히 해치운다. 두 경우 모두에서 서로 상관없는 충돌에 대한 가망 없음에서 단 하나의 입자가 각 상자를 통과했다는 결론에 이르기까지 개연성이 있는 선 뒤에는 추론이 따라온다.

일반적인 논리 전통의 수립을 일련의 인증들 중 단 하나로 생각해보는 것도 유용할 수 있다. 불꽃 상자의 정당함을 인정하는 것은 속(屬)을 인정한 것이고, 자기변형(磁氣變形) 와이어 상자의 경우는 종(種)을, 그리고 마크 I에 놓여 있는 특정한 와이어 상자의 경우는 개체(個體)를 인정한 것이다. 각 단계마다 그 단계 자체에 속한 일련의 인증 절차가 있다. 그러한 절차들의 시작점은 복잡한 방법으로 중간에 삽입될 수 있다. 지연선(遲延線) 기억 장치는 전시(戰時) 레이더에서 그 근원을 찾을 수 있

---

233) 물리학에서 시대 구분에 관한 의문에 대해서는 갤리슨, 「역사」, *Sci. Cont.* 2 (1988): 197~212쪽; 갤리슨, 「맥락」(1995)을 보라.

고, 자기변형(磁氣變形) 문제들은 레이더 기억을 컴퓨터 기억으로 확장시키려는 노력에서 그 근원을 찾을 수 있다. 페레즈-멘데즈가 자기변형 기억을 사용한 것은 제작자를 보호했지만 저장된 펄스의 기능을 변경시켰다. 더 이상 저장 정보로 채택되지 못하고서 와이어는 이제 원래 불꽃의 위치를 찾기 위한 지연 시간으로 이용되었다.

그래서 다음과 같이 질문한다. 왜 자기변형(磁氣變形) 와이어 불꽃 상자의 결과를 받아들이는가? 그 대답은 즉시 이 모든 방향으로 기억을 거슬러 오른다. 헌신적인 프사이 측정을 유지한 것은 관 계수기와 섬광기, 뮤온 상자 등 서로 다른 하부 시스템을 망라한 것에 대한 헌신들의 곱이다. 그다음에 검출기를 하나의 전체로 결합한 수많은 입씨름과 조정 움직임이 있었다. 인증에 대하여 이렇게 다시 쓰인 역사는 전체 시스템에게 어떤 있을지도 모르는 회의적인 도전에 대한 면역성을 부여할 것인가? 물론 그렇지 않다. 내가 이미 강조한 것처럼 도구에게 부여된 신뢰성은 항상 단 하나의 추론 방식에서 오는 것이 아니다. 구체적으로 이론적인 정당화에 의해 지원되는 기술도 존재하고 어떤 이론에 의한 이해도 전혀 없이 채택된 기술도 존재한다. 한 기계로부터 통째로 훔쳐서 자물쇠와 버팀대 그리고 몸통을 다른 기계에 이식하여 만든 기계도 존재하며, 그리고 이 특정한 기계를 위해 이 특정한 분야에 적용하려 출현한 기술도 존재한다. 그리고 중요한 것은 이 장에서 간단히 보았고, 제7장에서 좀더 광범위하게 논의할 예정인 실험 그룹들이 1970년대에 정반대로 대조적인 상(像) 전통과 논리 전통을 취해 컴퓨터로 그것들을 새롭고 혼성의 전체로 간결하게 구성하기 시작했다.

11. 도구 그리고 실험 작업

1952년과 1964년 사이에 도구류의 르네상스는 물리 과학의 역사에서 어느 것에도 필적한다. 이 기간 동안에 물리학자들은 고압 구름 상자와 수소 거품 상자, 탄화수소 거품 상자, 제논 거품 상자, 방전 상자, 불꽃 상자, 와이어 상자, 플래시 상자, 음파 상자, 전류-구분 상자, 비디오카메라, 그리고 새로운 종류의 섬광기 등을 발명하거나 개선했다. 거기에는 새로운 타이머와 펄스-높이 분석기, 새로운 컴퓨터, 그리고 이 장치들을 결합하고 응용한 수많은 것들이 있었다.

물리학의 물질문화에서 이러한 르네상스를 이해하기 위해 우리는 논의를 몇 가지 수준으로 진행해야 한다. 한 면에는 물리학 질문과 물리학 답변에 대한 이야기가 있었다. 글레이저가 새로운 상자의 제작에 착수하려고 할 때 기묘 입자 문제와 우주선의 기원 문제가 그 부분에 해당하는 물리학 세상을 당황하게 만들었다. 예전 세대의 검출기는 충분한 수의 상호작용을 만들어낼 만큼 충분히 밀(密)하지도 않았고 이 분야를 발전시키기 위해 필요한 만큼 세부 묘사가 가능하도록 공간과 시간이 잘 분해되지도 않았다. 후쿠이와 미야모토에게는 우주선 공기 소나기도 마찬가지로 접근하기 어려웠다. 구름 상자는 단순히 수제곱미터에 걸쳐 일어나는 현상을 다룰 수가 없었다. 코크와 크로닌, 그리고 웬첼 역시 구름 상자와 에멀션에서 처음 관찰되고 그다음 좀더 최근에는 가속기에서 생산된 기묘 입자의 붕괴와 상호작용에 대한 조사라는 물리학 의제를 가지고 있었다. 예를 들어 그들은 람다 제로 입자의 편극 성질에 대해 질문했다.

이와 같이 새로운 도구들은 부분적으로 물리학 내에서 다양한 프로그램에 의한 목표에 의해 유발되었다. 나는 실험 전통의 물리적 야망을 그들이 "단지" 구체적인 이론 문제를 해결하려고 시도한다는 암시로부터 구별하기 위해 의도적으로 **프로그램에 의한**이라고 말했다. 물론 이론 과학자들이 유명한 것으로는 오메가 마이너스 입자의 경우에서처럼 어떤 입자를 "주문"하는 예도 존재한다. 그렇지만 일반적으로 도구에서의 신기술을 촉진시킨 물리에 대한 질문들은 단 하나의 입자의 성질처럼 구체적인 경우는 거의 없었다. 더 일반적으로 실험 과학자들은 여러 단계의 현상에 대해 반응했는데, 약 붕괴와 원자핵의 수명, 그리고 광범위한 공기 소나기 등은 장비 형태의 개혁을 추진한 광범위한 물리학적 관심들을 대표했다.

책략이라기보다는 오히려 그러한 전략과 긴밀하게 연결되어 물리적 목표는 실험 물리학이 향해야 하는 방향에 대해 훨씬 더 넓은 쟁점들을 다루었다. 한 가지 그러한 단절이 내가 "상(像)"이라고 부른 것을 "논리" 전통으로부터 분리시켰다. 우리는 글레이저가 거품 상자로 절정에 달한 원형 도구들을 제작하면서 시각적(視覺的) 검출기 전통 내에서 발전된 숙련됨을 어떻게 이용했는지 보았다. 한때는 전 세계의 연구소들이 거품 상자 프로그램을 설치했으며, 그들은 신속하게 구름 상자 또는 원자핵 에멀션 등 다른 상(像)-형태의 실험에 경험을 가진 물리학자들의 그룹을 함께 불러 모았다. 왜냐하면 가장 쉽게 그들의 솜씨를 새로운 기술에 이전할 수 있는 사람들이 특히 그런 과학자들이었기 때문이다. 마찬가지로 논리 전통의 자원에서는 주로 샤르파크와 F. 벨라, 고치니, D. C. 알포퍼, 헤닝, 바게, 카를로 프란치네티, 코이펠, 코크, 크로닌, 릭터, 슈비터스, 그리고 다른 사람들이 모였다.

제4장에서 논의한 것처럼 "기술적 이동"이라는 널리 이용되는 용어 아래에 숨어 있는 연속성에는 몇 가지 서로 다른 수준이 존재하며, 그들 사이를 구분하는 것은 유용한 일이다. 역사적 연속성 중 한 가닥은 실험 과학자들의 실험실 솜씨를 포함한다. 네버가 그의 대략적인 교과서 스케치에서 묘사한 것처럼 작동되는 계수기를 제작하는 데 필요한 수많은 기술을 요하는 작업이 존재했는데, 그들 중 많은 것들이 제대로 이해되지 못하고 있었다. 코이펠은 그런 기술들을 알고 있었고 불꽃 상자에 대한 그의 중요한 기여에서 그 기술들을 적용했다. 실험에서는 제1원리에 의해 작업하는 것이 항상 가능하지는 않다는 것은 자명한 일이다. 자주 만일 장치와 실험이 제대로 작동한다면 무엇이 효과가 있었을지에 대해 모방해야 한다. 샤르파크는 1962년에 이것을 다음과 같이 설득력 있게 말했다. "우리는 한 물리학자가 그의 상자를 채운 뒤에 기체가 더러워질 때까지 여러 날을 기다린다고 말하는 것을 보게 될 것이다. 그는 그때 상자가 더 잘 작동한다고 말한다. 어떤 다른 물리학자는 상자에서 산소를

제거하기 위해 칼슘 오븐을 가지고 꼼꼼하게 기체를 정화시킨다. 그런데 또 다른 사람은 '소멸용 기체'를 추가하고 또 다른 사람은 아무것도 추가하지 않는다. 마지막에 사람들은 현명한 것을 골라 시행한다. 그들은 무엇이 되었건 상자가 잘 작동한 경우를 시행하며, 왜 그런가에 대해서는 이해하려고 시도하지 않는다!"[234] 이와 같이 실험 과학자들의 한 전통이나 다른 전통에 대한 헌신의 일부분은 실제적이다. 물리학자는 한 영역에서 비록 이론이 미치지 못하더라도 장치가 신뢰할 만하게 작동하게 만드는 방법을 안다. 1964년 강연을 마친 후 칼 스트라우흐는 불꽃 상자와 새로운 유광(流光) 상자 사이에 불꽃이 등록되는 시간 차이에 대해 질문을 받았다. 그는 이론적 대답으로 시작했다. 불꽃 상자에서 불꽃이 보이도록 만들기 위해서는 굉장히 많은 양의 에너지가 이온 경로로 주입되어야만 한다. 그 간격을 가로지르는 나중 입자는 방전이 거의 완성되었기 때문에 남아 있는 에너지가 많지 않다. 그렇지만 유광 방식에서는 갑작스런 방전이 존재하지 않기 때문에 경우가 다르다. 나중 입자들도 여전히 보일 수가 있다.

그러나 그때는 그의 실험 과학자가 모자를 다시 씌운다며, 스트라우흐는 다음과 같이 결론지었다. "나는 이론이 좋은 길잡이가 되지만 단지 실험만이 진정으로 믿어야 하는 것이라고 강조하고자 한다. 그리고 나는 이 점을 조심스럽게 조사한 실험에 대해 알지 못한다."[235] 다른 장소에서 어떤 자세한 계산을 인용한 뒤에 스트라우흐는 다음과 같이 덧붙였다. "갑자기 증가하는 입자들이나 유광(流光), 그리고 불꽃 등이 형성되는 메커니즘은 잘 이해되고 있지 못하며, 자세히는 더욱 알지 못하는데, 그래서 '작동할 수 없는' 것을 시도하는 일을 저지하지 않아야 한다. 결국 흔적 불꽃 상자를 시도하는데 왜 그렇게 오래 걸려야 했는가?"[236] 여기

---

234) 샤르파크, 「불꽃 상자」, *Indus. Atom.* 6(1962): 63~71쪽 중 68쪽.

235) 스트라우흐, 「신기술」, *IEEE Trans. Nucl. Sci.*, NS-12, no. 4(1965): 1~12쪽 중 7쪽, 강조가 첨가되었다.

236) 스트라우흐, 「신기술」, *IEEE Trans. Nucl. Sci.*, NS-12, no. 4(1965): 1~12쪽

서 배우는 교훈은 분명했다. 도구를 제작하는 데 이론을 기다릴 필요는 없고, 심지어 중간에 위치하는 경우도 이온화와 캐스케이드, 그리고 재결합을 설명한다고 주장하는 이론을 적용했다.

때로는 기술적 이동이 단지 숙련됨뿐 아니라 물질적 연결도 관련시킬 수 있다. 단지 NBS/AEC 시설에서 온 사람들만 그들의 지식을 앨버레즈의 연구소로 가져온 것이 아니고, 정부는 수소 압축기 자체를 건네주었다. 그보다 훨씬 더 작은 규모이지만, 고치니의 연구는 미국 군대에서 구입한 레이더 장비로부터 그가 부품을 떼어내서 만든 펄스를 형성하는 기계에 의해 가능하게 되었다. 흔히 코이펠의 프린스턴 불꽃 판을 크로닌이 이용한 경우에서처럼 한 실험은 실제로 다른 실험을 위해 희생된다. 그래서 불꽃 계수기는 이런 가장 글자 그대로의 의미로 불꽃 상자에 포함되어 있다.

기술 이동에는 전체 **구조적 시스템**이 한 장치에서 다음 장치로 이월되는 것을 에워싸는 세 번째 범주가 존재한다. 1930년대에 논리 전통의 물리학자들은 그들의 가이거-뮐러 계수기가 선택적으로 신호를 발사하는 것을 기록하는 전자(電子) 회로를 설계했다. 그로부터 20년 뒤에 콘베르시와 고치니는 그들의 플래시 관을 활성화하는 데 그러한 논리 회로를 응용하여 적용시켰다. 그리고 불꽃 상자와 와이어 상자 실험 과학자들은 나중에 입자가 가속기로부터 도착한 시간에 정확하게 맞춰서 그들의 검출기가 민감해지도록 만드는 것과 비슷하지만 좀더 복잡한 회로를 이용했다. 논리 전통에서 자료를 산출하고 분석하는 데 그렇게 체계적인 유사성은 상(像) 전통 쪽에서도 비슷하다. 거기서는 사진을 처리하는 주위에서 발전된 기술과 숙련됨이 구름 상자와 거품 상자, 그리고 원자핵 에멀션에서 주거니 받거니 했다.

한 전통 내에서 장치들을 연결해주는 숙련됨과 하드웨어의 이동과 함께 현대 도구의 개발에 절대로 필요한 실험 작업과 관련된 좀더 넓은 교

중 7쪽.

환이 존재했다. 1950년대 중반에는 가속기 물리학과 우주선(宇宙線) 물리학 사이의 경쟁이 팽팽했다. 글레이저가 말한 것처럼 그는 거품 상자가 우주선 실험을 물리학 내에서 생명력을 지닌 사업으로 "보존하기"를 원했다. 이와는 대조적으로 앨버레즈는 정부가 베바트론과 다른 거대한 기계들에 쏟아 부은 막대한 투자가 거품 상자를 이용하여 새롭고 상당히 더 좋은 종류의 물리를 생산함으로써 정당화된다고 믿었다. 이와 같이 우주선 물리학을 보존하려는 글레이저의 시도는 고에너지 실험에서 우주선(宇宙線)에 대한 연구를 효과적으로 없애 버린 앨버레즈의 성공적인 대규모 프로젝트로 변질시켰다. 마찬가지로 전자적(電子的) 실험 쪽에서도 일본 그룹과 이탈리아 그룹, 그리고 독일 그룹을 포함한 많은 실험 과학자들은 우주선(宇宙線)을 조사하는 데 그들의 소규모인 새로운 검출기들을 이용하게 할 예정이었다. 이와는 대조적으로 미국 사람들은 처음 시작부터 새로운 플래시 상자를 가속기에 적응시킬 수 있기 때문에 관심을 가졌고, 그것을 그들의 대규모 연구소로 가지고 와서 앨버레즈에 의해 시작된 ─상(像)-논리 구분을 가로지르는─ 경향을 강화시켰다.

고에너지 물리학에서 새로 태동하기 시작하는 분야에 대해 적당한 장소가 어디인가에 대한 논의는 단지 좀더 깊은 구분에 대한 가장 바깥쪽 징후에 불과했다. 가속기 물리학과 우주선(宇宙線) 물리학 사이의 갈라진 틈에서 그리 멀지 않은 아래에 실험실 작업의 본성에 대한 아주 인간적인 관심사가 놓여 있기 때문이다. 글레이저가 우주선 물리학을 고른 것은 단순히 어떤 분야를 선택하는가는 문제가 아니고, 그것은 동시에 "거대한 기계로 이루어진 공장 환경"을 배제한, 작업 양식을 선택하는 것이었다. 앨버레즈가 공학-과학 팀을 개발하겠다고 선택했을 때 그는 의도적으로 그렇게 했는데, 그의 목적은 그가 전쟁 동안에 목도한 두 문화를 더 통합시키겠다는 결정이었다. 그는 계층적으로 구조를 이룬, 전문화된 "선(線)을 이룬 작업"이 급속히 발전한 군수(軍需) 사업에서 그러했듯이 고에너지 물리학을 발전시키는 데도 성공적이라고 증명되기를 희망했다.

실험 작업장에서 앨버레즈가 이룬 변화의 효과는 그와 동시대 사람들에게서 손해 보지 않았다. 불꽃 상자가 발명되기 전부터 이미 물리학자들은 적응성이 좋다면서 전자적(電子的) 계수기의 전통을 옹호했다. 첫 번째 불꽃 상자가 만들어진 뒤 바로 몇 해 지나지 않아 전 세계의 실험 연구자들은 그 장치에 이상적인 작업장에 대한 그들의 상상력을 구현시키려고 했다. 그것이 CERN 학술회의에서 매클라우드가 실험 물리학자들이 "단지 기계를 운전하는 사람이 아니라 실험하는 사람으로서의 즐거움을 …… 되찾아 줄" 장치를 제작하거나 또는 물리학자가 장치에 대한 "제어"를 실험 과학자에게 되돌려 주어서 "실험실 안에서" 질문에 대한 답변을 제공해 줄 수 있는 도구를 필요로 할 것이라는 효과에 대해 남긴 논평의 의미이다.

50년대 전체에 걸쳐서 실험 과학자들은 자주 새로운 기술들이 그들 연구소의 생활을 변화시켜줄 것이라는 낙관주의를 표명했다. 그때는 수소 액화 장치와 레이더, 컴퓨터 자심(磁心) 기억 장치, 텔레비전, 프로그램이 저장된 컴퓨터 등 거의 어떤 기술적 시스템이라도 아주 작은 것을 탐색하는 데 이용될 수 있을 것이라는 느낌을 가지고 있었다. 그런 놀라운 기계들이 유용한 원형(原型)의 역할을 할 뿐만 아니라 물리학자들은 공학과 물리학을 성공적으로 통합시킬 모형을 만들기 위해서 전쟁과 냉전 기간 동안 산업적, 군사적 경험을 활용할 수 있었다. 동시에 교육과 공동 연구가 어떻게 진행될 것인가에 대한 실제적인 우려가 있었다.

지난 마지막 장에서 다음과 같이 광범위하게 검토된 실험의 본성에 대해 코바르스키가 칼스루헤 논쟁에서 강조했던 것처럼 그러한 논쟁점들은 심지어 실험의 본성이 무엇이고 실험실에서 실험 과학자의 위치가 무엇인가라는 질문도 제기했다.

고에너지 실험은 우리에게 매우 높은 비용을 지불하고서도 잠시 동안만 접촉할 수 있는 우주에 대해 우리가 일상적으로 알고 있는 것과는 매우 다른 세상이라는 것을 어렴풋이 알게 한다. 그런 점에서 고에너지 물리학은 우주에 대한 연구 또는 심해(深海) 연구와 직접적으로 유사하다. 이미 명확하게 정해진 종(種) 중 몇 가지 진기한 종들을 수색하기 위하여 해저 탐사선을 보내거나 또는 특별한 종류의 우주 먼지를 수집하기 위하여 우주선(宇宙船)을 보내는 것에 그만한 가치가 있기는 매우 어렵다. 이런 두 범주의 탐구에서 좀더 폭넓은 종류를 탐험하러 나가는 것이 더 의미가 있는 것처럼 보인다.[237]

무엇을 구하는 것에 대한 이러한 과학에서와 마찬가지로 물리학자들은 지금은 모조리 쓸어 담고 나중에 살펴본다. 그러한 미래는 코바르스키에게 이상향일 수가 거의 없다. 그것은 오히려 "행복한 기대에 의해 제공되는 것이 아니라 고에너지 물리학에서 이용되는 가속 장치와 검출 장치에 대한 계속 증가되는 비용의 논리적 결과로 주어지는 …… 용감한 새 세상에 대한 통찰력"이었다.[238] 연구는 공장에서와 마찬가지로 쉬지 않고 돌아가는 몇 안 되는 가속기에 의해 진행될 것이었다.

너무 많이 범람하는 자료에 대해 비록 역설적으로 그 결과는 비슷해도 상(像) 전통과 논리 전통은 서로 다르게 반응했다. 상(像) 쪽에서는 완전한 자동화를 향한 유럽의 돌진이 계속되었다. HPD 장치들이 자료를 스캔하고 물리학자들이 "다듬지 않은" 사진들로부터 점점 더 멀어질수록 일상화된 사건들 중 예상치 않은 것이 튀어나올 가능성은 점점 더 작아졌다. 논리 전통 내에서는 자료 습득 과정의 훨씬 앞부분에서 비슷한 여과 작용이 일어났다. 전자적 방아쇠에 의해 선택되지 않은 사건들은 심지어 자기(磁氣) 테이프에 펄스화된 자취를 남기는 일도 결코 없었다. 그렇게 뜻밖의 발견을 할 가능성조차도 잃어버렸다는 점이 많은 물리학자들의 심기를 흩뜨려 놓았는데, 그런 사람들은 코바르스키의 칼스루헤 청

---

237) 코바르스키, 「일반적인 검토」(1964), 35쪽.
238) 코바르스키, 「일반적인 검토」(1964), 36쪽.

중들 중에도 몇 명 있었다. 에크베르그는 예상치 않은 것을 제외시키는 자동화의 위험성을 한탄했다.[239] 하벤스는 "탐험하는" 실험의 손실을 두려워했다. 하벤스는 반전성(反轉性) 비보존에 대한 "최근" 발견은 오직 계획에 의해서만 연구함으로써 실험 과학자들이 판단의 장애를 입을 수도 있다는 것에 대한 경고라고 주장했다. 하벤스는 "예상치 못한, 그리고 숨어 있는 것에 대한 탐구는 이 시대에 속한 일이 아니다"라고 슬픈 어조로 감개무량하게 말했다.[240] 코바르스키가 그래도 우리는 여전히 "만일 필름을 버리지 않았다면 그것을 펼쳐 다시 볼 수 있다"라고 대꾸했을 때 그는 물론 상(像)이 없는 장치는 제외하고서 그 가능성을 말했다.[241]

기록 보관소의 부활이라는 코바르스키의 선견(先見)은 많은 물리학자들에게 작은 위안이 되었다. 왜냐하면 비록 코바르스키가 연구소의 새로운 질서에 양보한 것처럼 보였으나 고급 기술의 매력에 대한 그의 마지못한 흥미는 청중들을 흥분시켰기 때문이다. 그의 해저 탐사선이라는 모형에는 실험 작업장에서 내쫓긴 물리학자가, 그리고 많은 물리학자들을 그들의 연구로 몰고 갔던 실험에 대한 새로운 생각의 제거가 놓여 있었다.

이와 같이 실험적 시스템이나 이론적 시스템의 요소들 사이에 잃어버린 연결을 찾아내는 것에 더해 우리는 도구의 제작을 결정하는 역동적인 변수로서 실험실 작업장의 구조를 취급해야 한다. 대규모 거품 상자가 작업의 한 형태를 실현시켰던 것과 꼭 마찬가지로 초기의 온라인 불꽃 상자도 다른 경우에서 실례(實例)가 되었다. 물리학자들이 강조하기 시작한 것처럼 자료의 습득과 처리를 위한 컴퓨터 프로그램의 설계는 마치 실험에 대한 설계와 같은 일이 되었다.

---

239) 에크베르그, 베커르츠, 글레이저, 그리고 크뤼거, 『자동 습득』(1964), 39쪽에 나온 코바르스키, 「일반적인 검토」(1964)의 논의.
240) 하벤스, 베커르츠, 글레이저, 그리고 크뤼거, 『자동 습득』(1964), 40쪽에 나온 코바르스키, 「일반적인 검토」(1964)의 논의.
241) 코바르스키, 「일반적인 검토」(1964), 39~40쪽.

채택되고 있는 기술의 양식에 대한 의문도 제기되었다. 어떤 평자(評者)들에게 1950년대의 시스템은 마치 오실로스코프가 사진을 스캔하는 것처럼 고급 기술이 아무렇게나 만들어져 몰골스럽게 놓여 있는 것처럼 보였다. 한 가지 널리 보급된 장치인 음파 상자에서는 송수파기(送受波機)가 음파를 전기 펄스로 변환시키고, 그다음에 컴퓨터가 신호를 분류했다. 다른 검출기에서는 텔레비전 카메라가 불꽃 상자를 가로질러 촬영한 뒤에 방전의 위치를 디지털화했다. 거품 상자 물리학자들은 끓는 수소의 흔적을 사진 찍는 수많은 새로운 도구를 발명했고, 고용인의 도움으로 그 흔적들을 골라냈다. 1964년 CERN 학술회의의 폐회사를 하던 M. G. N. 하인의 강연 중 일부 도구의 낮은 질에 대해서 다음과 같은 약간의 불안감이 나타났다.

나는 내 돈을 음파 상자에 투자하지 않는다. 나는 그것이 너무나도 거품 상자 같아서 그것에 대해서는 19세기의 증기 기관 시대의 느낌을 준다고 생각한다. 특히 내 생각에는 미적 단점은 별문제로 하더라도 여러 개의 흔적을 한꺼번에 다룰 수 없는 점은 왜 그것이 현재의 우세함을 계속 유지할 수 없는지에 대한 실제적인 이유가 될 것이다. 나는 또한 어떤 사진 시스템이나 어떤 비디콘 시스템에도 반대하는데, 그 주된 이유가 불꽃 상자 내부를 광학적으로 실제로 들여다보기 위해 겪을 어려움은 시간이 흘러갈수록 점점 더 난처하게 되리라고 생각하기 때문이다.[242]

하인은 샤르파크의 전류-구분 방법을 선호했는데, 그것은 불꽃의 위치를 결정하기 위하여 불꽃이 만들어낸 전류를 이용했다. 고체 상태 검출기도 하인을 만족시킬 수 있었다. 여기서 우리는 실험에서 실용적 절박성과는 단지 부분적으로만 중복되는 검출기 제작의 미적 감각을 일별

---

242) 하인, 「폐회사」(1964), 374~375쪽.

하게 된다. 그것은 양자 장이론에서 군론(群論)의 대칭성이 지닌 "아름다움"보다 훨씬 덜 논의된 주제인데, 그렇게 된 단 하나의 이유는 아마도 실험 과학자들이 자신들이 일하는 분야에 대해 찬양하는 서사시(敍事詩)를 별로 쓰지 않았기 때문일 것이다. 1973년 마크 I이 사업 개시를 하기까지 시각적 불꽃 상자로부터의 변화가 철저하게 진행되었다.

전후(戰後) 몇 해 동안 도구류의 르네상스는 이와 같이 수많은 시작들에 대한 이야기다. 그것은 이론의 용어로 기술될 수 있는, 어떤 의미로 강한 공명과 약한 상호작용의 동역학을 밝혀낼 필요로 "설명되는" 이야기다. 그것은 똑같이 구름 상자로부터 거품 상자로, 가이거-뮐러 계수기로부터 호도스코프 상자 또는 불꽃 계수기로, 불꽃 계수기로부터 불꽃 상자로, 그리고 불꽃 상자로부터 자기변형, 음파, 자심(磁心), 비디오 등 많은 종류의 상(像)이 없는 전자적(電子的) 검출기로 한 도구에서 다른 도구로 전파된 실험적 숙련됨의 모임에 대한 이야기다.

그와 연관된 의미로 그것은 자연 현상으로 이루어진 세상에 대해 논증을 구축하는 서로 경쟁하는 방법들을 설명하는 역사적 인식론의 일부분이다. 그래서 도구의 르네상스도 전시(戰時)와 전후(戰後) 기술의 역사에 밀접하게 연결되어 있다. 군사적, 산업적으로 개발된 빠르게 시간을 재는 장치와 저온학(低溫學), 펄스를 형성하는 회로, 그리고 컴퓨터 시스템 등이 없었더라면 거품 상자는 물론 좀더 발전된 불꽃 상자도 1950년대에 가속기 물리학을 위해 호기심을 만족시키는 원형 기계 이상으로 발전하지는 못했을 것이다. 마지막으로, 새로운 도구에 대한 이야기는 연구소 혁명의 하나다. 실험 과학자들에게 도구보다 더 중요한 것은 존재할 수 없다. 도구들이 모든 연구소 생활의 무대를 구성한다. 도구의 설계와 사용을 통하여 실험 과학자들은 그들이 기계와 공동 연구자, 기사, 스캐너, 컴퓨터, 그리고 자연과 대화할 수 있는 용어들을 구축하기 위하여 쉬지 않고 노력했다.

음파 상자가 나온 지 4반세기가 지나도록 실험 작업의 특성에 대한 논쟁은 끝나지 않았다. 다른 많은 예들 중에서도 다음 장에서 1970년대와

1980년대에 성행한 서로 다른 종류의 검출기들이 다양한 전자적(電子的) 메커니즘을 서로 이어 공동 사회들의 공동 사회를 형성하고, 물리학자들과 장치들의 모임들의 모임을 형성하게 한 방법들에 대해 조사해보는 것이 유익할 것이다. 에멀션에 의해 제기된 노력의 분할 문제와 거품 상자에 의해 기술자를 위해 창조된 새로운 역할 때문에 제기된 도전, 그리고 전자 도구들의 모임으로 새로 만들어진 이동 동물원에 의해 야기된 예측 불가능에 더하여 통합이 새로운 중요성으로 등장했다. 혼성 장치들의 설계와 운전 그리고 해석에 참여하는 수많은 연구소들과 함께 효율적인 관리와 단일화된 논법의 두 가지 문제가 중심을 차지했다.

만일 점점 더 커지는 물리 실험의 규모를 억제하려는 시도가 조금도 진전하지 못했다면, 상(像) 전통과 논리 전통을 하나로 하려는 노력은 프사이/타우의 발견이 시사하는 것처럼 순조롭게 진행되었을 것이다. 1960년대와 1970년대, 그리고 1980년대는 고에너지 물리학의 다양한 도구를 하나로 결합시킨 마이크로-전자(電子) 영역에서 심오한 기술적 변동을 가져왔다. 왜냐하면 수만 가지의 서로 독립인 채널들에 대해 시간을 재고 분류하며 증폭할 수 있는 집적 회로의 도입과 함께 상(像)들을 전자적으로 합성할 수 있는 시스템이 출현했다. 1980년대에 이르자 역사상 처음으로 오래된 꿈이 실현되었다. 오메가 마이너스 입자를 증명했던 것과 같은 황금 사건이 미시적(微視的) 부스러기들의 바다에서 계산에 의한 그물을 이용해 전자 장치로 만들어질 수 있게 되었다.

그러나 마크 I의 크기에서 다음 세대로 더 크고 규모가 더 높은 곳으로 뛰어오르면서 새로운 동역학이 출현했으며, 그것과 함께 실험하기의 의미도 다시 한번 더 변화했다. 우리가 다음 장에서 탐구할 시간 투영 상자에서 단지 기계와 공동 연구를 한데 묶는 것은 대단히 어렵고 뜻 깊은 작업임이 분명해진다.

제7장 시간 투영 상자
공간 사이로 떨어지는 상(像)

1. 떠다니는 상(像)

내 견해는 다음과 같다. 분석적인 용어로서 "큰 물리"는 마치 "큰 건물"이 건축 역사학자들에게 도움이 되는 만큼 과학 역사학자들에게도 도움이 된다. 어니스트 로렌스가 가속기에 한 것이라든지 또는 루이스 앨버레즈가 거품 상자에 한 것은 틀림없이 큰 물리다. 앨버레즈의 경우 우리는 전국의 기술자들이 육중한 상자를 조립하기 위하여 어떻게 모였는지, 몇몇 대륙에서 온 실험 과학자들이 그들의 물리학 프로그램을 돌리기 위해 어떻게 베바트론에서 자료를 가져왔는지, 그리고 거품 상자에서 일하는 스캐너들의 대규모 팀이 밤교대로 근무하는 투영실의 어둠 속에서 어떻게 그들의 눈을 긴장시켰는지 모두 보았다. 많은 해설가들에게는, 그리고 참으로 당시의 많은 참가자들에게는, 이러한 발전과 그리고 그에 수반되는 어느 때보다 더 큰 장치들을 제작하려는 프로젝트들은 "대규모 실험"의 시작이 300년 전에 로버트 보일(또는 갈릴레이 또는 프랜시스 베이컨)이 실험의 시작은 더 평이하다고 명시한 방법의 전조(前兆)가 되었다.

이 장에서 나는 건축학으로의 은유(隱喩)를 더 진행시켜 확실하지는 않지만 우리는 큰 물리학이 순수한 것에서 혼성의 것으로 이동하는 상징으로 불꽃 상자나 계수기 배열, 에멀션 층 또는 거품 상자의 단계에서 다중(多重) 성분을 가진 전자적(電子的) 검출기라는 굉장히 더 복잡한 단계로의 변환이라고 판단한다는 점을 제안하고자 한다. 이런 이동의 반향(反響)을 우리는 실험 과학자의 정의에서, 증명의 구조에서, 그리고 오늘날의 물리학에서 저자가 무엇을 의미하는가에 대한 자의식적인 재평가에서 느낀다. 이들 모두를 집합적으로 이러한 변화들은 "모더니즘적인" 연구소에서 "포스트모더니즘적인" 연구소로의 이동을 유용하게 나타냈다고 볼 수 있다. 제6장의 마크 I에 대한 논의에서 이미 암시했던 것처럼 사회적, 기술적, 인식론적인 혼성 도구의 전체 영향력은 1970년대와 1980년대의 거대 충돌 빛줄기 검출기들을 제작하는 데서 분명해진다.

입자 물리학에서 상(像) 전통과 논리 전통의 이런 통합은 스탠퍼드 대학의 선형 가속기(SLAC)에 설치된 엄청난 검출기인 시간 투영 상자(Time Projection Chamber, TPC)에 의해 완료되었다. 그것은 전자-양전자 소멸에서 나오는 20개 남짓의 흔적들 각각에서 자료를 취했으며, 그 자료에서 각 흔적을 만든 입자가 무엇인지 알아내고, 그 입자의 운동량과 에너지에 의해 부호화하며, 그 흔적의 정확한 궤도를 결정하고, 그 정보를 운전자에게 즉시 되돌려 줘서 실시간으로 다음 작동으로 가거나 저장하는 것에 대해 결정을 내릴 수 있게 하는 등 전자적(電子的)으로 능숙하게 처리했다. 동시에 TPC는 구름 상자와 에멀션, 그리고 거품 상자의 표현에 의한 상(像) 전통에서 많은 것을 모방했다. 대전(帶電) 입자들이 소멸 사건에서 방출되면, 그것들은 기체 내에 이온화된 흔적을 남겼다. 그러나 이번에는 흔적의 각 부분마다 물리적으로 개입하자는 것이 아니다. 상자의 민감한 부피가 이온의 촉매 작용을 받고 불안정한 상태의 영역을 만들어내는 데 사용되지 않을 것이다. 이제는 눈에 보이는 흔적 주위로 끓음이 갑자기 발생하게 되는 과열된 수소도 존재하지 않았다. 또한 필름 현상액에서 요드화 은이 침전할 수 있는 불안정한 화학적 매질도 존재하지 않았다. 그리고 눈에 보이는 물방울을 응결시키는 과포화된 기체도 존재하지 않았다. 그뿐 아니라 민감한 부피가 불꽃을 내거나 게다가 다른 이온들의 비례 캐스케이드를 만드는 임계값까지 충전되지도 않았다. 오직 기체뿐이었다.

TPC에는 아르곤과 메탄을 제외하고는 아무것도 들어 있지 않다. 입자가 민감한 부피를 통과할 때 전기장이 흔적들을 끝 마개에 위치한 전자 장치의 배열 쪽으로 이동시키고, 거기서 이온 흔적의 각 부분이 도착하는 위치가 원래 입자 경로의 그 부분에 해당하는 지름 위치와 각 위치를 가리켜 줄 것이다. 도착 시간은 ─ 이것이 진짜 신기술인데 ─ 그 흔적 부분의 세로 방향 위치를 놀라우리만큼 정확히 결정한다. TPC라는 개념의 열쇠는 전기장에 (수직하지 않고 오히려) 평행한 자기장의 존재이다. 이 자기장은 흔적이 전자 안개로 확산되는 것을 방지하면서 표류하는 전자(電子)들이 끝 마개 쪽으로 접근하면서 빈틈없는 나선 주위로 회전하도록 내몰 것이다. 흔적들이 모여 이루어진 거미줄을 그대로 유지하면서 전체적으로 측정 장치 쪽을 향하여 이동시키는 방법으로 TPC는 효과적으로 글레이저가 상상한, 캘리퍼스로 측정될 수 있는 고체 흔적들이 만든 3차원 "크리스마스트리"의 전자적(電子的) 구현으로 나타났다. TPC에서 원자 내부 세계의 전체 상(像)이 본래대로의 형체를 그대로 유지하며, 공간을 통하여 기다리고 있는 전자적(電子的) 눈으로 떨어졌다. 전체 상(像)의 꾸미지 않은 이동을 통해 그 모든 복잡함에도 불구하고 TPC는 상(像)과 논리의 융합을 구체화했다.

그렇게도 복잡한 TPC는 홀로 여행하지는 않았다. 기본적으로는 혼성 검출기에 연결된 TPC는 여러 가지 중에서도 뮤온 검출기와 열량계, 그리고 표류 상자 등 한 무리의 다른 장치들도 함께 따라 다녔다. 왜 거품 상자의 제작을 "모더니즘적"이라고 생각하고 TPC 검출기의 제작을 "포스트모더니즘적"이라고 생각하는가? 첫째, 극단적 모더니즘의 건축가는 형태의 조화와 간결성을 향해 손을 뻗었다. 각진 모서리와 기하학적인 것, 이것들은 대표적으로 입방체와 견고한 사각형의 간결성에 기반을 두고 건축된 형태들이었다.[1] 이러한 순수한 형태와 마찬가지로 거품 상

---

[1] 물론 모더니즘 건축물과 포스트모더니즘 건축물 사이의 변화에 대해서는 많은 참고문헌이 존재한다. 특히 도움이 되는 것으로는 콜츠, 『포스트모더니즘 건축』 (1988); 젱크스, 『포스트모던 건축의 언어』(1984)가 있다.

자는 실질적으로 순수한 또는 이음매가 없이 하나로 된 기술이었다. 이러한 과열된 액체 수소 통들은 전자적 계수기나 또는 다른 장치들과 맞물리기를 거절하면서 혼성화를 거부하는 것처럼 보였다. 도널드 글레이저가 계수기를 그의 조그만 상자에 접목하려는 성급하고도 실패한 첫 번째 시도들에서 1960년대 말의 거대한 거품 상자 복합체를 통해 물리학자들과 기술자들은 단지 어색한 덩어리를 만들 수 있을 뿐이었다. 어떤 그룹은 수소 상자 내부에 무거운 액체 상자를 삽입했다. 때로는 물리학자들이 뮤온 검출기를 외부에 부착했다. 그러나 거품 상자를 전자적(電子的) 도구들과 결합하려는 확고한 노력에도 불구하고 그 결과는 결코 반응을 유발시킬 수 있는 상자까지 도달하지 못했다.

그 반대로 우리가 제6장에서 본 것처럼 전자적 전통의 신봉자들은 스캐너들의 "부대"에서 시작하여 개별적인 황금 사건에 대한 의존성과 상(像) 실험 과학자가 그의 사진술 도구와 관련되어 한껏 조롱받는 수동성(受動性)에 이르기까지 필름에 의존하는 연구소의 모든 측면을 지우는 것 이외에는 더 원하지 않았다. 사진술 대신 논리학자들은 철저한 전자(電子) 도구의 본모습을 되찾기 원했다. 건축과 물리 둘 다에서 이러한 순수한 형태에 대한 실리적인 정당화는 불꽃 상자에 사진술 카메라를 부착시킨 순수하지 못하고 절충주의적인 구성에 대한 본능적인 혐오감과 불가분하게 통합되었다. 모더니즘주의자들의 섬세한 감정에게는 절충주의가 간단한 것으로 향하는 길에 놓인 결함이었다.

둘째, 모더니즘주의자들이 **저자(著者)가 되는 것**을 구축하기는 10곳 또는 20곳의 기관들이 한 공동 연구에 참가하던 것과는 다른 방법으로 10명 또는 20명의 인원들과 함께 대규모 거품 상자 시대까지 살아남았다. 앨버레즈는 그가 "참모장"이나 "생산 관리자"를 부리거나 경영 연구 방법이 증언하는 것처럼 중앙 집중적인 회사 관리 기술과 군사적 명령 계통 모두에서 자유롭게 그리고 철저하게 모방했다. 1950년대 중반에서 1960년대 중반에 이르는 기간 동안에 그룹의 규모가 커졌지만, 그들은 개별적인 물리학자 주위에 중앙 집중이 된 채로 남아 있었다. "앨버레즈 그룹"은 모든 권한이 궁극적으로 그에게 다시 돌아갔기 때문에 단순히 이름 그 이상이었다. 언제 무엇을 발표할 것인가에 대한 결정과 기술적인 판단, 방식의 수립, 그리고 심지어 자료 처리의 양식에 이르기까지 모든 것이 단 한 사람에게 집중되었다. 그리고 거품 상자 공동 연구는 앨버레즈의 그룹에 비하여 덜 권위적이었음은 분명히 사실이지만, 그들의 자기력선은 (몇 개만 인용하자면) 손다익 그룹과 (윌슨) 파우웰 그룹, 그리고 글레이저 그룹 등 단 하나의 극으로 되돌아갔다.

밖에서 바라보면 각 그룹은 그들 자신의 작업 방식을 가지고 있으며 비교적 잘 정의된 행동 양식을 대표했다. 해외에서 앨버레즈 그룹을 방문하는 기술 전문가들은 우리가 본 것처럼 그에 의해 대표되는 "충분히 우수한 기술"과 그가 불러 모은 프로그래머들과 저온(低溫) 전문가, 그리고 분석 관리자 등의 팀이 그룹의 인적 구성과 노동력의 배분 모두에서 상대적으로 안정된 통일체를 형성했음을 분명하게 깨달을 수 있었다. "모더니즘주의자"의 특징이 되는 문제점은 비슷하게 구성된 그룹들과 (필름과 분석 기술, 그리고 하드웨어의 수출을 통해) 그들의 작업 양식을 팽창시키는 것 등 일종의 다른 것과의 경쟁에 있었다. 그룹들은 책임자의 이름 아래 경쟁했으며, 실험 공동체 내부의 원동력은 어떤 의미에서는 그전 시대에 서로 경쟁하는 개인들의 원동력을 그대로 복제했다.

내가 지적하고 있는, 저자(著者)가 되는 것에 대한 변화의 상징은 (X가 지도하고 명명한) "X" 그룹에서 선출된 대변인이 임기 동안 자기의 동료들을 "대표"하는 공동 연구로 변화한 것이다. 그것은 단순히 앨버레즈가 은퇴하면 그의 그룹 이름이 그룹 A로 되는 그런 것이 아니다. 그것은 수많은 방법을 통하여 참가자들과 국외자들이 공동 연구를 개인들로 확대하여 생각하지 않는 것이다. 어떤 누구도 결코 72인치 거품 상자가 앨버레즈 그룹에 속한다는 것에 의문을 제기하지 않았지만(비록 법적인 소유권은 AEC에 있지만) TPC의 원래 운영 팀은 그것에 대해 (또는 페르미 연구소와 CERN에 위치한 검출기들에 대해서, 그리고 불운한 초전도 거대 충돌 가속기에 대해서도) 우리가 이곳에서 검토할 터인데, 그들이 제작한 검출기에 대한 통제권을 영원히 보유한다고 꼭 가정할 수는 없다. 아마도 여기서는 건축보다 (예를 들어 문학이나 미술 이론 등과 같은) 다른 문화적 분야의 변화에 대해 생각하는 것이 더 유용하다.

푸코와 바르트는 제2차 세계대전 뒤 여러 해 동안 자율적인 저자(著者)의 붕괴에 대해 지적한 것으로 유명하다. 그들의 연구는 함께 문학적 생산을 이용한 것에 대한 분석이 어떻게 "저자(著者)"라는 개념을 고정시키는가에 대해 강조한다. 저자에 대해서는 오로지 단 한 가지의 (예를 들어 고립되고 순수하게 창조적인 개인이라는) 개념만 존재한다는 가정에서 시작하는 대신 푸코는 우리가 작업과 함께 시작할 것을 제안했다. 그는 문학적 생산 자체에 초점을 맞추면 우리가 구체적인 문화 내에서 작업들이 어떤 가치를 갖는지(또는 갖지 못하는지), 그것들이 어떻게 순환되는지(또는 비밀로 지켜지는지), 그것들이 누구의 공으로 돌려지는지(또는 익명으로 남아 있는지) 등에 대해 알 수 있으며, 그다음에 주어진 역사적 순간에 "저자"의 범주가 지닌 기능을 우리에게 보여주는데 원문(原文)의 상태를 이용할 수 있다고 제안했다.

20세기 후반의 미술가들 중에는 검토되지 않은 "저자(著者)"라는 범주의 의미와 사용에 대해 동시에 의문이 제기되었다. 캐롤라인 존스가 주장하는 것처럼 작업장의 산업화와 기계화는 미술가가 저자임을 확보해야 하는지 아니면 포기해야 하는지에 대한 복잡한 양면성(兩面性)을 야기했다. 그녀는 앤디 워홀이 특정한 기술들을 이용하여 "나는 나의 대상에 대해 전혀 작업하지 않아도 된다. 그 문제에 대해서는 내 조수 중 한 사람이든 또는 어떤 다른 사람이든 내가 할 수 있는 만큼의 설계를 재생시킬 수 있다"라고 말한 것으로 인용했다.[2]

저자(著者)가 되는 것에 대해 그렇게 극적인 상실은 1960년대에 버클

---

2) 문학에서 저자의 죽음에 대해 예를 들어 바르트, *S/Z*(1974); 푸코, 「저자란 무엇인가」(1984)를 보라. 워홀과 스텔라, 그리고 저자라는 개념에 대한 그들의 도전에 대해서는 존스, 「워홀의 공장」, *Sci. Con.* 4(1991년 봄): 101~131쪽; 존스, 「작업장의 기계」(1997)를 보라.

리의 거품 상자가 전성기를 누릴 때, 산업화가 되었음에도 불구하고 없었다. 우리가 앞으로 보겠지만, 그것은 1980년대에 왔다. 앨버레즈의 기간 동안 저자(著者)가 되는 것은 기사(技士)와 기술자에게 동시에 상당한 부분을 허용하고 강력한 계층 구조를 강요한, 확실하게 정해진 시스템에 의해 강화되었다. 그래서 비록 피트 슈베민이나 그의 동료들과 같은 기사들은 어느 정도 자율적으로 그들 자신의 작은 거품 상자를 만들어낼 수 있었지만, 권한은 앨버레즈에서 나와서 그의 참모진들을 통하고, 관리자와 책임 기술자를 통하여 기사들에게 도달된다는 사실이 결코 의문시되지 않았다.

이러한 노동의 구분은 특히 큰 상자들에서는 물리학과 공학 기술 사이에 잘 정의된 (날씨 또는 전쟁에서 이용되는 의미로) "전선(前線)"에 의해 반영되었다. 명백하게 92인치 상자의 시대까지는 물리학자의 계급과 기사(技士)의 계급 사이에 기술자의 계급이 추가되었다(정말이지 어느 정도까지는 대신 들어앉았다). 액화 시스템과 수소 운송 시스템은 전체적으로 우리가 본 것처럼 기계 기술자에 의해 설계되고 조립되며 운전되었다. 때로는 공학 기술과 물리학 사이의 분리가 공간적이었다. 안전 조사 그리고 수소와 용기의 저장과 수송, 그리고 열역학적 특성에 대한 작업은 상당 부분 콜로라도주의 볼더에서 NBS의 저온 기술자들에 의해 수행되었다. 심지어 기술자들과 물리학자들이 동일한 장소에서 작업하는 경우에도 그 활동들은 참가자들이 한 영역이거나 또는 다른 영역이라고 깨닫는 넓은 구역으로 어느 정도 분명하게 구분되었다. 앨버레즈나 린 스티븐슨과 같은 물리학자가 개입하면, 그들은 그들이 "기술자 모자"라고 부른 모자를 쓰고 의식적으로 기술자로 행동했다.

필름 제작과 필름 분석 사이, 그리고 자료 수집과 자료 해석 사이의 급격한 분열을 따라서도 비슷한 전선(前線)이 형성되었다. 시작부터 앨버레즈(그리고 대부분의 거품 상자 책임자들)는 자료 처리를 책임 맡은 팀과 자료를 만들어내는 팀 등 두 팀을 구성했다. 전자(前者)는 투영기(投影機)와 컴퓨터, 그리고 분석 프로그램에 대한 기술(技術)이고, 후자(後者)

는 저온 장비와 사진 장비의 기술(技術)이다. 거품 상자 자체의 제작과 유지, 운전은 실제적으로 버클리뿐만 아니라 전 세계에 걸쳐서 분포되어 있는 분석 "공장"의 제작과 유지, 운전에는 아무런 관계도 없었다. 분석은 공간적, 시간적으로, 그리고 (필름 수출을 통하여) 심지어 기관에서도 자료를 만들어내는 현장에서 분리되어 있었다.

이러한 분리의 한 가지 결과가 원자핵 에멀션 시기에서 이미 명백해진 것이지만, "실험 과학자"는 점점 더 생산 쪽 사람보다는 오히려 분석 쪽 사람과 동일시된다는 것이다. 어느 정도 우리가 지난 마지막 장에서 본 것처럼 그것은 불꽃 상자 후원자들이 거품 상자 후원자들과 그들이 미리 제조한 자료를 피한 고립 때문이었다. 비록 그들이 잠시 동안은 성공했지만, 불꽃 상자는 단지 정말 몇 해 안 되는 짧은 기간 동안만 작고 정교하게 제작된 기계로 남아 있다가 역시 산업적 규모로 확장되고 생산과 소비 사이의 구분이 다시 나타났다.

물리학자와 기술자 사이에서 생산과 소비라는 이런 전선(前線)들에 더해 실험과 이론의 경계라는 세 번째 전선이 추가되어야만 했다. 실험 과학자들이 풍부한 종류의 메존과 바리온들의 존재에 대해 증명하고 있는 동안 이론 과학자들은 그러한 존재들을 취해서 군론(群論)적인 분류와 리지 폴 이론 등의 다양한 방법으로 솜씨 있게 처리했다. (거품 상자 양식인) 큰 물리학의 사회학이 아무리 복잡하더라도 생산 라인에서 구분되는 부분들이 나타났다. 한쪽 끝에서는 실험 과학자들이 노출시킨 거품 상자 필름을 제작하고 있었다. 다음으로 스캔과 측정 정보로 가득 찬 컴퓨터 펀치 카드가 나왔다. 생산 라인의 종착점에서 실험 과학자들(그리고 가끔 컴퓨터들)은 스캔한 정보를 취해서 그것을 히스토그램과 달리츠 도표의 형태인 분석된 자료로 변환시켰는데, 실망하여 쓰레기통만 채우거나 또는 의기양양하게 **입자 자료 책**의 항목들을 채우는 것으로 절정을 이루었다. 소립자의 단면적과 공명 상태, 붕괴, 수명, 스핀, 질량, 반전성(反轉性), 그리고 기묘도 등과 그들의 상호작용 등 항목들이 실험의 하한선이었다. 그다음에 이러한 원자 내부의 존재들은 경험에서 얻은 원리로부터 웅대한 아치를 이루는 해석에 이르기까지의 수많은 이론적 도해(圖解) 속에서 구체화할 준비를 했다.

이제 거품 상자와 불꽃 상자를 뒤이은 육중한 혼성 장치들과 비교하자. 1960년 이전 대부분의 검출기들에서 에멀션과 불꽃 상자, 거품 상자 또는 계수기 배열 등 사용된 기술은 상대적으로 균일했다. 계수기로 반응이 유발되는 구름 상자에서와 같이 서로 다른 기술들이 만나는 곳에서 계수기의 전자 장치는 논리 전통의 주류(主流)에서 수행되는 연구에 비해 간단했다. 1950년대를 통해 구름 상자 연구에 대한 위대한 전문가들인 C. T. R. 윌슨, 칼 앤더슨, R. W. 톰프슨, 루이 레프린스-링게, 그리고 다른 사람들은 물론 전자적(電子的)인 방아쇠를 이용했지만, 그들 관심사의 중심은 해상도를 증가시키고 일그러짐을 제거하기 위해 (온도 구배[句配]라든지 기체 혼합과 같은) 솜씨 좋은 묘기를 활용해서 상자 자체를 어떻게 잘 다루는가에 대해 곰곰이 궁리하는 것이었다.

1970년대에 이르자 상황이 바뀌었다. 거의 모든 검출기가 스스로 작동하지 않았고, SLAC의 마크 I과 같은 실험에서 명백하듯이 전형적인 실험은 수많은 작은 조립 부품들을 복잡하게 결합한 바탕 위에서 수행되었다. 게다가 이런 **물질적인** 혼합은 논증과 하부 그룹 모두가 결합하는 방법을 변화시킨 **사회적, 인식론적** 혼합을 가져왔다. 다섯에서 오십 개의 기관들 어느 곳에서나——불꽃 검출기, 열량계, 뮤온 검출기, 다중 와이어 비례 상자 등——서로 다른 부품들을 제작했으며, 각 기관은 전체 중 그 특정한 부분에 대해 권한을 가지고 있었다. 한 기관은 예를 들어 뮤온 검출기를 설계하고 제작할 수 있었다. 그 기관의 대학원생과 박사후 연구원은 운전하는 동안 뮤온 검출기의 관리를 감독했고, 박사학위를 원하는 학생들은 뮤온 사건의 분석에 파묻혀서 논문을 작성하곤 했다. 궁극적으로 그들의 장치에 대한 신뢰성을 보증하고 그래서 그 검출기와 관련된 어떤 발견에 대한 주장이 확실한가에 대해 기여하는 것은 뮤온 상자의 제작자들과 관리자들의 몫으로 남았다. 간단히 말하면 새로운 현상에 대한 어떤 전체적인 주장이라도 마치 장치 자체에서와 마찬가지로 이 하부 시스템의 통합된 부분들로부터 제작되어야만 했다.

이제 내가 관심을 집중하고자 하는 것은 이러한 혼성화에 대한 탐구이다. 왜냐하면 하나로 된 것에서 혼성으로 된 것으로의 이동은 실험 과학자가 기계와 기술자, 그리고 이론 과학자들과 맺은 관계를 심각하게 바꾸어 놓았다는 것이 내 주장이기 때문이다. 우리가 앞으로 자세히 보겠지만, 물리학자와 기술자 사이의 거시적 조정은 거품 상자 물리학자들이 기술자를 "이용"한 것과 상당히 다른 방법으로 미시적 조정의 문제가 되었다. 부품이 되는 각각의 검출기는 기술자와 물리학자를 모두 필요로 했다. 그러나 그것에 그치지 않고, 각 부품에 속한 하위 부품의 각 측면마다 그러한 통합을 요구했다. 몇 가지 하도급 계약 항목들을 제외하면, 공학과 물리학은 철저하게 배합되어 있었다.

어떤 의미에서 72인치 상자나 심지어 마크 I의 계급 구조에서 초래된 자율의 희생은 1980년대 중반에 출범한 상(像)-제작 검출기들에 의해 선도되었던 혼성의 큰 과학 앞에서 그 존재가 희미해졌다. 72인치 상자에서 물리학자는 기술자에 대한 필요에 직면해야 했는데, 규모나 안전 그리고 저온학 등 모두가 그들이 없으면 진행될 수가 없도록 만들었다. 그러나 물리학자가 분명히 기술자를 지배한다는 느낌은 만일 가까이는 제작 통제에서가 아니라고 하더라도 궁극적으로는 여전히 유지될 수 있었다. TPC에서는 그러한 사실에 대한 어떤 환상도 산산이 부서졌다. 모든 수준에서 물리학자와 기술자의 조정은 필수적이 되었다. 가슴 아픈 일이지만 물리학자들은 한 10년도 넘게 임계 경로 분석을 어떻게 이용하는지, 어떻게 설계를 동결시키는지, 어떻게 체계적 비용 검토를 하는지, 수백의 세부 흔적을 어떻게 탐지하는지, 그리고 물리학과 공학만큼이나 서로 다른 문화를 가진 그룹들에 의해 제작된 서로 다른 조립 부품들을 어떻게 뗏목처럼 함께 묶는지 등 기술자의 언어로 어떻게 말하는지 배워야 했다.

물리학자들이 그들의 자율성에 대한 이 마지막 타격을 심하게 받아들인 것은 아마 그들이 "큰 과학"을 알고 있다고 생각한 때문이다. 중앙 집중적인 계급 구조로서 큰 (모더니즘주의자들의) 장치는 국지적으로는 동시성을 갖지만 전체적으로는 분산된 작업으로서 큰 (포스트모더니즘주의자들의) 장치가 되었다. 전자(前者)인 앨버레즈 유형의 과학에서는 물리학자들이 기술자들에게 부품을 주문할 수 있었고, 때로는 특정한 밀봉막이나 반사경 또는 주름 상자 등의 설계에 기여할 수 있었고 실제로 기여했다. 그러나 TPC와 그 후속 장치들에서 물리학자와 기술자 사이의 조정은 완전히 다른 순서로 이루어졌다. 그것은 준비 단계의 개념적 설계에서 마지막 청사진에 이르기까지, 원형 제작에서부터 본격적인 생산에 이르기까지 매 단계에서 이루어져야 하는 대화였다. 다른 말로 하면 큰 과학이란 단순히 하나의 장치에 굉장히 많은 자금이 소요될 때 일어나는 것이 아니다. 이 장에서 우리는 내가 거시 통합된 큰 과학과 미시 통합된 큰 과학이라고 부르고자 하는 것 사이의 차이를 탐구할 것이다. 도구 제작과 실험의 제작 모두에서 하나에서 다른 것으로 전환되는 시점을 이해하기 위해 우리는 먼저 발명에 대해, 그리고 그다음에 전에는 볼 수 없었던 TPC의 확장에 대해 알아볼 필요가 있다.

2. 시간이 공간으로

데이비드 나이그렌은 완전히 1960년대 말 논리 검출기들이 주종을 이루던 절충주의 제도 속에서 "자라났다." 그 위대한 도구의 르네상스에서는 사실상 검출기의 모든 부분이 수정되었고 바뀌었으며, 그리고 대체되었다. 모든 종류의 불꽃 상자와 와이어 상자가 번성했다. (흔히 글자 그대로) 입출력 시스템은 전후(戰後) 기술인 컴퓨터나 텔레비전, 그리고 레이더 등에서 잘라내 연구소 내부 장소에 용접되었다. 1968년에 워싱턴 대학에서 완성된 나이그렌의 박사학위 논문 실험에서는 중성자 검출기와 감마선 검출기로 구성된 전자적(電子的) 배열을 통해 중성자-중성자 상호작용을 조사했다.[3] 그 뒤에 컬럼비아에서 잭 스타인백과 함께 박사후 과정 연구를 하면서 그는 뮤온 산란을 공부하기 위하여 불꽃 상자를 이용했다. 나이그렌이 컬럼비아에서 검출기를 제작하고 있는 동안 조르주 샤르파크가 다중 와이어 비례 상자에 대한 그의 논문을 출판했고, 나이그렌은 그것을 많은 다른 사람들과 함께 즉시 채택하여 확장하고 개선하기 시작했다.

1972년에 LBL로 온 지 얼마 지나지 않아, 나이그렌은 첫 번째 "부서 특별 연구원"이 되었고, 일상적인 임무의 여유 시간을 이용해 곡률을 측정하고 충분한 이온화 측정을 통하여 입자 형태를 결정하는 데 필요한 많은 수의 표류 비례 도선(導線) 모임의 조립품을 포함한 새로운 검출기 기술들을 익혔다. 다중 와이어 비례 상자의 변형들은 두 가지 면에서 문제점을 가지고 있었다. 첫째, 도선에서 입자가 지나가는 부분의 위치를 정확하게 정할 수 없었다. 둘째, 전기장과 자기장의 상대적 방향이 표류 시간에서 세로의 위치를 추론해 내는 것을 훨씬 더 힘들게 만들었다. 이것들에 대해서는 설명이 필요하다.[4]

수십 년 동안 불꽃 상자의 판과 도선의 면이 빛줄기 방향과 수직하게 장치하는 것이 그동안의 표준 과정이었다. 결국 표적에 대한 빛줄기 입자들의 충돌은 반응 생성물들이 빛줄기 선을 따라 날려 보낼 것이고, 그래서 표준 과정은 반응 생성물의 운동량을 측정하기 위해 그 경로를 휘게 만드는 것이었다. 동시에 전기장의 방향을 빛줄기의 방향과 평행하게 장치하는 것은 언제나 이해될 수 있었다. 판들이나 도선들은 전하가 개입하는 공간을 깨끗하게 만들도록 그러한 전기장을 형성했고 또는 표류 상자의 경우 전기장이 이온들을 가장 가까운 판 또는 도선으로 가게 만들었다. 만일 판이나 도선 면이 흔적에 수직하지 않으면, 많은 초기 상자들의 효율이 떨어졌다. 이러한 "자연스러운" 가정은 전기장과 자기장이 서로 수직임을 의미했다. 그리고 E장과 B장 서로 수직하기 때문에 전자들이 전기장에서 표류될 때 그것들은 자기력선을 가로질러 움직이며,

---

3) 나이그렌, 「중성자-중성자 산란 길이」(1968).
4) 마르크스와 나이그렌, 「시간 투영 상자」, *Phys. Today* 31(1978): 46~53쪽 중 49쪽.

그래서 휘어져 나간다. 표류 경로는 복잡한 방법으로 곡선을 이루기 때문에 표류 시간에서 위치를 추론하는 것이 지극히 어려웠다.

전자-양전자 충돌기인 SPEAR에서 소멸과 함께 나타난 충돌 후 생성물은 아주 넓은 각도로 날아가기 때문에 한동안 주요한 목적은 구의 많은 부분을 가능한 한 많이 "걸치도록" 하는 것이다. 나이그렌은 만일 전기장이 자기장과 수직인 대신 평행하다면 무슨 일이 벌어질까 하는 의문을 가졌다. 결국 우리는 등방성의 상자를 보고 있으므로, 빛줄기의 방향을 선택하는 것과 관련된 자연성이 자연적이지 못하게 되었다. 여기에는 두 가지 결과가 일어났다. 첫째, E와 B가 평행하면 표류 시간은 표류한 거리에 정확하게 비례할 것이다. 둘째, 그리고 이것이 좀더 미묘했는데, 나이그렌은 워싱턴 대학에서 수행한 실험 중 강한 자기장을 전기장에 평행하게 만들었을 때 복잡하지만 설명할 수 없는 불꽃의 뾰쪽함을 기억했다. 그는 아마도 자기장이 입자들을 나선형으로 보냄으로써 표류하는 전자들이 확산되는 것을 억제하여 조준되는 것이라고 추정했다.[5] 조금이라도 더 진행시키려면 그는 이 확산-억제 효과를 정량적으로 취급할 필요가 있었다.

무엇을 참고해야 할 것인가는 어느 정도 명백했다. 존 타운센트 경은 그의 1915년에 출판된 『기체에서의 전기』라는 전하의 이동에 관해서 가장 널리 읽히는 교재를 저술했다. 후속판인 『기체에서의 전자(電子)』 (1947)와 마찬가지로 이 책도 논리 전통의 실질적인 경전이었으며, 모든 종류의 계수기와 전자적(電子的) 검출기의 설계자들에게 표준으로 이용되는 자료였다. 『기체에서의 전자』는 광범위한 결과를 포함한 지극히 간단한 책으로, 단지 몇 가지의 기초적인 수학 원리들을 활용하고 압력을 가한 용기와 서로 다른 기체들, 그리고 전기장과 자기장에 관련된, 책상 위에서 수행할 수 있는 간단한 실험 결과가 기록되어 있다. 나이그

---

5) 나이그렌, R. 챈들러와의 인터뷰, 1990년 12월 3일; 나이그렌, 저자와의 인터뷰, 1992년 1월 28일.

렌이 그의 첫 번째 가장 중요한 비망록의 제1 참고문헌으로 타운센트의 『전자』를 선택했다는 것은 TPC를 논리 전통에 확고히 자리잡게 했음을 의미한다. 이 책에서 그는 자기장의 반(反)확산 능력이 당장 이용할 수 있는 처리 방법임을 알게 됐다.[6]

그로부터 며칠 뒤에 나이그렌은 전기장에 평행한 자기장을 이용하여 확산을 억제할 수 있음을 깨달았고, 제안된 검출기에 대해 첫 번째 비공식 보고서를 작성하기 위해 좌정했다. 1974년 2월 22일자로 보고서는 다음과 같이 시작했다. "양전자-전자 프로젝트[Positiron-Electron Project, PEP]에서 발생하는 사건 전체를 검출하려고 하는 물리학자가 직면하는 실험적 어려움 ……을 고려하자. 그는 높은 배경 아래서 운전해야 하고, 운동량을 측정하며, …… 4π에 걸쳐 일어나는 [즉 모든 방향으로 측정하는] 많은 흔적들을 모호하지 않게 재구성하고, 입자들의 유형을 확인하며, 또한 중성자와 K입자와 γ입자를 측정할 수 있기 위해서는 매우 좋은 공간 해상도를 가져야 한다."[7] 나이그렌의 노트가 중요하게 주장하는 것은 전자 구름에서 보통 만나는 확산 상수 $\sigma_z = (2DT)^{1/2}$를 급격하게 억제하는 가능성이 존재한다는 것인데, 여기서 σ_z는 z-축을 따른 (즉 표류의 방향을 따른) 전자(電子)의 해상도(거리의 제곱을 평균하여 제곱근을 취한 것)이고, D는 확산 상수이며, 그리고 T는 전자 구름이 만들어진 뒤 흘러간 총 표류 시간이다. 특히 전기장과 동일 직선상에 자기장이 존재하면, D는 사이클로트론 진동수 $\omega = eB/mc$에 의존하는 인자만큼 억제될 수 있는데, 여기서 B는 자기장이고, m은 전자의 질량이며, c는 광속이다.

비록 이 결과가 많은 검출기 제작자들에게는 일종의 충격으로 작용했지만, 물리학의 다른 분야에서 그것은 일반적인 지식이었다. 이 양들에

---

6) 나이그렌은 타운센트, 『기체에서의 전자』(1947); 브라운, 『전기적 방전』(1966) 등 두 개의 출처를 인용한다.

7) 나이그렌, 「입자 검출에서 한 가지 기발한 개념을 이용할 수 있는지 조사하기 위한 제안서」, 1974년 2월 22일, 타자한 원고를 광복사한 인쇄본, DNyP I.

대한 유도는 타운센트가 이야기한 첫 번째 주제에 포함되어 있었다.[8] 입

---

8) 우리는 y-z 평면에서 시작하여 n_0개의 전자를 가지고 있다고 가정하고, n은 그 평면에서 충돌을 한 번도 거치지 않고 x점에 도착한 전자의 수라고 하자. dn은 x 와 $x + dx$ 사이에서 충돌하는 수라고 하면

$$dn = -\theta n\, dx \tag{7.1}$$

또는 $n = n_0 e^{-\theta x}$이다. 길이가 x와 $x + dx$ 사이인 모든 자유 경로의 길이를 합하면

그러므로 $$\int_0^\infty x\, dn$$

인데, 이것을 부분 적분으로 적분하면

$$[xn]_0^\infty - \int_0^\infty n\, dx$$

가 된다. 첫 번째 항은 무한대에서 n이 0이기 때문에 사라지고, 두 번째 항은 $n\,dx$ 를 $-dn/\theta$로 치환하면 풀릴 수 있는데, 그 결과는 많은 수의 자유 경로의 합으로 n_0/θ가 된다. l을 평균 자유 경로라고 정의하자. 그러면 우리는 즉시 모든 자유 경로의 합에 대해 또 다른 표현 $n_0 l$을 얻게 되는데, 그로부터 우리는 $l = 1/\theta$이라고 추론할 수 있다.

이 표현은 두 번째 양인 많은 수의 자유 경로들의 제곱의 평균을 유도하는 데 유용하다고 증명된다. 경로의 제곱을 모두 더하면

$$\int_0^\infty x^2\, dn$$

이다. 이것을 한 번 더 부분 적분을 이용하여 적분하면, $2n_0 l^2$을 얻고, 그래서 평균 자유 경로 제곱은 $2l^2$이다. 이 결과를 가지고서 타운센트는 계속해서 확산 비율을 유도했다. 우선 1차원 경우를 생각하자. 밀도가 $\rho(x, y, z)$인 전자들은 x-축에 수직인 두 평면 A와 B 사이에 존재한다. 두 평면 사이의 전자의 총 수는 그러므로 다음과 같은

$$q = \iint n\, dy\, dz$$

로 주어지는 q다. 전자의 확산이 마치 모든 전자들이 단순히 x-, y-, 그리고 z-방향에서 표류 속도(u, v, w)로 움직인다고 할 때 표류 속도가 입자들이 서로 스쳐 지나가는 요동 속도에 비해 아주 작더라도 유용하다고 볼 수 있다. 그러면 우리는 1차원에서 확산 상수 D를 한 영역과 다른 영역의 밀도 차이를 한 영역에서 다음 영역으로 흐르는 입자들의 알짜 흐름과 연결하는 비례 상수라고 정의하여 $\rho u = -D\, d\rho/dx$가 되며, y-성분과 z-성분을 적분하여 $qu = -D\, dq/dx$를 얻는다. 그러면 연속 방정식은 평면 사이의 입자의 수의 변화량 $(dq/dt)dx$가 평면 A 를 통과해 흐른 수(qu)와 그리고 평면 B를 통과해 흐른 수$(qu + [d(qu)/dx]dx)$ 의 차이와 같다는 것을 단순하게 표현한다. 이 차이는 $d(qu)/dx$이고 그러므로

$dq/dt + d(qu)/dx = 0$ 또는 $(qu = -Ddq/dx$라는 표현을 이용하면)

$$dq/dt = Dd^2q/dx^2 \qquad (7.2)$$

이 된다.

무엇이 확산의 비율, 즉 $\langle x^2 \rangle$이 변화하는 시간 비율인가? x와 $x + dx$ 사이에 존재하는 N개의 전자들의 모임에 대해 원점으로부터의 거리 제곱의 평균값은

$$\frac{1}{N} \int x^2 q \, dx = \langle x^2 \rangle$$

인데, 이것의 시간에 대한 도함수는

$$\frac{1}{N} \int x^2 \left(\frac{dq}{dt}\right) dx = \frac{d\langle x^2 \rangle}{dt}$$

이다. 연속 방정식 (7.2)에 의해서 우리는

$$\frac{D}{N} \int x^2 \left(\frac{d^2q}{dx^2}\right) dx = \frac{d\langle x^2 \rangle}{dt}$$

를 갖게 된다. 부분 적분으로 적분하고 표면 항을 버리면 이 식은

$$-2\left(\frac{D}{N}\right) \int x \, dq = \frac{d\langle x^2 \rangle}{dt}$$

가 되고 역시 부분 적분으로 적분하면

$$2\left(\frac{D}{N}\right) \int q \, dx = \frac{d\langle x^2 \rangle}{dt}$$

를 얻으며, 이 결과는 $\int q \, dx = N$ 이므로 간단하게 $2D$가 된다. 시간에 대해 적분을 하면, $\langle x^2 \rangle = 2DT$가 되고, 제곱 평균 제곱근의 정의에 의해

$$\sigma_x = \sqrt{2DT} \qquad (7.3)$$

가 되는데, 이것이 바로 우리가 증명하려던 것이다.

이제 전자들의 모임이 공간의 한 점 P에서 방출되었는데, 분자와 충돌한 전자들이 어떤 방향으로 산란해 나가거나 그 확률은 모두 같다고 가정하자. 많은 수의 충돌 뒤에 전자들은 P 주위에서 대칭적으로 분포하게 된다. 충돌 사이의 간격 t_1, t_2 등은 자유 경로를 속도로 나눈 l_1/V, l_2/V 등에 대응한다. 전자들이 일단 시간 $t_1 + t_2$ 안에 두 자유 경로를 통하여 산란되었다면, P로부터 제곱 평균 거리는 $l_1^2 + l_2^2$이다. 우리의 이전 결과((7.3)식)을 이용하면, 시간 cl/V 뒤에 (여기서 c는 큰 수임) P로부터 제곱 평균 거리는 $2cl^2$이다. 그러므로 제곱 평균 거리 $d\langle R^2 \rangle/dt$가 변화하는 비율은 $2cl^2/cl/V$ 또는 $2lV$이다. $d\langle R^2 \rangle/dt = 6D$를 이용하면

$$D = \frac{lV}{3} \qquad (7.4)$$

자들의 "보통" 확산, 그리고 그 입자에는 전자도 포함되는데, 물론 아인슈타인에 의해 브라운 운동에[9] 관한 그의 첫 번째 유명한 1905년 논문에서 처음으로 유도되었고, 그리고 타운센트가 아인슈타인의 연구를 어느 정도 축소하여 전자의 경우 적용하면 $\sigma_z = (2DT)^{1/2}$가 되는데, 이것이 이제는 전자(電子) 위치의 제곱 평균 제곱근 거리를 대표한다.

TPC에 관한 그의 논문 초안에 발표된 나이그렌의 주요 생각은 대강 이렇다. 표류 방향과 평행한 자기장은 전자가 확산되려는 경향을 억제한다. 그래서 수직 방향으로의 확산 인자인 D_{perp}는 효과적으로

$$D \rightarrow \frac{D}{(1 + \omega^2 \tau^2)} \tag{7.5}$$

로 변환되는데, 여기서 ω는 사이클로트론 진동수 $eB/mc = 1.76 \times 10^7$ rad/sec-gauss이고 τ는 전자와 기체 사이의 평균 충돌 시간이다. 그러므로 효과적인 D_{perp}는 상당히 큰 자기장 값이나 또는 충돌 사이에 충분히 큰 평균 시간에 의해 억제될 수 있다. 좀더 구체적으로 그것은 $\omega\tau \gg$ 1이면 된다.[10]

분산이 억제된 다음 검출기는 끝 마개에 도달하는 점에 의해 각(角) 위치와 지름 위치를 정할 수 있고, 상자에서의 깊이는 (흔적이 만들어진 이후에) 전자(電子)가 끝 마개까지 도달하는 데 걸린 시간에 의해 주어질 수 있다. 그러면 이제 할 일은 어떻게 $\omega\tau$의 높은 값을 얻는가 하는 것이다. 자기장이 56킬로가우스면 사이클로트론 진동수는 약 170기가헤르츠가 된다. 나이그렌은 또한 다른 실험 그룹에 의해 결정된 D값

이 된다.

9) 아인슈타인, 「작은 입자들의 운동」(Bewegung der Teilchen), *Ann. Phys.* 17 (1905): 549~556쪽, 그리고 재판 아인슈타인, 『브라운 운동』(1956), 1~18쪽에 나온다.

10) 나이그렌, 「입자 검출에서 한 가지 기발한 개념을 이용할 수 있는지 조사하기 위한 제안서」, 1974년 2월 22일, 2쪽, DNyP I.

으로 가정했다$(0.2 m^2/sec)$. 우리가 방금 설명한 확산 이론을 이용하면 $D=Vl/3$인데 여기서 V는 전자들의 속력(표류 속도가 아니라 충돌 사이의 속력임)이고 l은 평균 자유 경로다. 전자들이 열적 평형을 이루고 있는 기체에서 V는 $1 \times 10^7 cm/sec$가 된다. 그러므로

$$\tau = \frac{l}{V} = \frac{3D}{V^2} = 6 \times 10^{-11} sec \tag{7.6}$$

즉 $\omega\tau = 60$이다. 이 계산은 분산이 굉장히 큰 60이라는 인자(因子)만큼 억제된다는 것을 암시했다. 구체적으로 그것은 심지어 1미터만큼 표류된 뒤에도 x-방향으로의 분산은 단지 14마이크론임을 의미했다.[11]

　나이그렌의 새 검출기는 LBL에서 (그리고 다른 곳에서도) 몇 가지 이유 때문에 매력적인 것으로 보였다. 공간에서 모호하지 않은 재구성의 가능성, 높은 공간 및 시간상의 해상도, 높은 다중성 (많은 입자) 사건을 다루는 능력, 그리고 민감한 부피가 단지 기체로 채워진다는 단순함 등이 그것이다. 대부분의 검출기와는 달리 그 검출기의 민감한 부피 내에 도선 평면이라든지 다른 물체들이 하나도 포함되어 있지 않았다. 끝 마개에 설치된 전자 장치가 기계의 내부를 텅 비게 만들었다. 동시에 확산이 감소되고 모호함을 제거한 것도 해상도에 굉장한 개선을 약속해 주었다.

　"프로그램"이라는 제목의 문단에서 나이그렌은 공동 연구하는 물리학자와 비판하는 물리학자의 도움을 청하고, 문헌에서 전자-분자 상호작용에 대한 정보를 찾고, 강한 자기장에서 그가 "동반 인자"라고 부른 양 $(1 + \omega^2\tau^2)$을 측정하기 위한 장치를 제작하고, 마지막으로 끝 마개 검출기의 문제를 "조사"하자고 제안했다. 이 마지막 질문은 절박했다. 나이그렌이 걱정한 것처럼 "끝 마개에 도달하는 정보의 질이 매우 높을 텐데, 그것을 구할 수 있는 방법이 있는가?" 한 가지 방법은 와이어 장치를 활

11) 나이그렌, 「입자 검출에서 한 가지 기발한 개념을 이용할 수 있는지 조사하기 위한 제안서」, 1974년 2월 22일, 3~4쪽, DNyP I.

〈그림 7.1〉 꿀벌 집과 공-도선 검출기(1974). TPC의 생각은 자유롭게 방출된 전자들이 끝쪽 평면으로 표류될 때 그것들을 수집할 수 있는 능력에 의존했다. 처음에 나이그렌은 그러한 수집 메커니즘이 매우 가는 도선에 올려놓은 공이 될 수 있다고 제안했다. 여기에 보인 것은 공-도선 수집기의 원형(原型)으로, 굉장히 확대해 사진을 찍었다. 출처: LBL XBB 743 1836, LBL. 캘리포니아 대학의 로렌스 버클리 연구소 측에 감사드린다.

용하는 것인데, 그들 중 많은 것들인 전류 분배, 유도된 펄스 또는 훨씬 더 새로운 기술인 대전된 결합 장치(이것에 대해서는 곧 훨씬 더 많이 다루게 됨) 등은 샤르파크의 실험실에서 거진 나왔다. 이들 중 어느 것보다 훨씬 더 간단한 것은 그가 "이상적인 꿀벌 집"이라고 부른 것을 활용하는 가능성이었다.[12]

꿀벌 집은 도선 바늘의 배열이었는데 방전의 원인이 될지도 모르는 날

12) 나이그렌, 「입자 검출에서 한 가지 기발한 개념을 이용할 수 있는지 조사하기 위한 제안서」, 1974년 2월 22일, 6~8쪽, DNyP I.

카로운 끝을 피하기 위해 백금 공으로 마개를 씌웠다. 각 도선 주위에는 높은 0보다 작은 퍼텐셜로 유지되는 벽들이 있다(그래서 "꿀벌 집"이라는 이름이 붙음. ⟨그림 7.1⟩을 보라). 나이그렌은 1974년 상반기에 공-도선 조립품을 연구하며 보냈는데, 그때 그는 주로 (LBL에서 온) 피터 로브리시와 (에콜 폴리테크닉에서 방문 중인) 마르셀 우르뱅 등 다른 두 명의 물리학자와 함께 일했다. 오래지 않아 LBL을 방문하고 있던 예일 대학의 조교수인 제이 마르크스가 세 사람과 합류했는데, 나이그렌과 그는 나이그렌이 박사후 연구원이고 그가 대학원생일 때 함께 일한 적이 있었다.

1974년 4월에 LBL과 SLAC은 양전자-전자 프로젝트(PEP)를 제작하겠다는 공동 연구 계획을 AEC에 제출했고, 충돌 고리인 SPEAR를 이렇게 대체한 것이 어떻게 가장 잘 활용될 수 있을 것인가에 대한 새로운 의견을 제출해 달라는 요청을 보냈다. SLAC의 1974년 여름학교 중 전반부는 관련된 사람들을 PEP에 대해 교육하는 것으로, 그리고 후반부는 새로운 충돌기를 위해 실험을 준비하는 것으로 할당했다.[13]

1974년 여름학교에서의 발표를 통해 나이그렌은 2월에 논의한 동반인자를 자세히 설명했고 계속해서 공-도선 검출기에 대해 탐구한 일부 결과를 제시했다. 적당한 퍼텐셜이 주어지면, 도선들은 비례 방식으로 행동했다. 한 가지 문제는 전자가 공에 도달하기까지 걸리는 시간이 공까지 표류해가는 시간이고, 또 하나는 만일 전자가 공쪽으로 똑바로 향하지 않는다면 입자가 나선형으로 거기에 들어가는 시간이다. 두 가지 서로 다른 과정에 의해 영향을 받는다는 점인데, 하나는 이와 같이 어떤 단 하나의 시간 측정에도 기본적인 불명확성이 존재했다. 직접 표류 시간과 전자가 백금 공을 향해 나선형으로 돌아 들어가는 데 걸리는 시간을 분리하는 것은 불가능했다. 여기서 컴퓨터가 등장했다. 나이그렌은 흔적에 대한 측정을 대략 40회쯤 반복하고 여러 가지 측정하는 점들 사이의 있

---

13) 스트라우흐, 「개회사」(1974).

〈그림 7.2〉 분산 장치(1974). TPC 동작에 대한 기본 원리를 시험하기 위해 나이그렌은 이 조그만 시험 장치를 제작했다. 방사성 공급원을 이용하여 그는 꼭대기에서 전자들을 방출하고 세로 전기장과 자기장 내에서 그것들의 분산을 측정했다. 만일 TPC 생각이 옳 다면, 전자들은 별로 분산을 일으키지 않고 함께 모여 있어야 한다. 출처: LBL BBC 744 2492, LBL. 캘리포니아 대학의 로렌스 버클리 연구소 측에 감사드린다.

을 법한 흔적 경로를 맞춤으로써 애매함이 해결될 수 있기를 바랐다.[14]

그러면 이 장치의 세 가지 서로 다른 성질을 말해야 할 때가 되었다. 첫째, 처음 시작하는 TPC 그룹은 자기장에 의한 확산 억제가 제대로 작 동한다는 것을 증명해야 되었다. 이 목표를 위해 그들은 위에는 조준된 입구 관과 꼭대기에 방사성 공급원을 설치한 원통형 상자를 설계했다. 전자들이 원통에 들어오면, 그것들은 매우 가는 수직 기둥을 따라 정렬

---

14) 나이그렌, 「시간 투영 상자」(1974).

되었다. 탐침을 아래쪽의 반지름을 따라 이동하면서 물리학자는 지름 분산을 측정할 수 있었다(〈그림 7.2〉를 보라). 다양한 면에서 이 시험 장치는 타운센트가 거장이었던 분야인, 더 오래된 기술적 전통에 완벽하게 어울렸다. 그것은 1974년에서와 마찬가지로 1912년에도 기체 내 전자들의 운동에 관한 몇 가지 연구 중 어느 것이라도 타고난 고향으로 생각될 실험이었다. 심지어 기체의 유형이나 압력, 그리고 자기장을 바꾼다는 실험 계획안마저도 윌슨 시대에 캐번디시 연구소의 물리학자가 추구했을 법한 것과 똑같은 종류의 방법이었다.

분산은 분명히 흔적을 재구성하는 데 적(敵)이 되는 것이 틀림없었다. 그것은 입자의 정체가 무엇인가에 대한 정보를 끌어내는 어떤 시도에도 똑같이 독(毒)이었다. 구름 상자나 에멀션 또는 거품 상자 그림의 시대에는 입자의 유형은 흔히 우리가 이미 본 앨버레즈의 훈련용 설명집에서 논의된 판단을 교묘하게 행사하여 결정되었다. 전자적(電子的) 전통에서 그러한 판단은 자동화 정신에 맞지 않게 진행되었으며, 체렌코프 검출기와 전이(轉移) 방사선 검출기와 같은 다양한 장치들은 고립된 입자들이 항해하며 나아갈 때는 (방출된 빛을 측정해서) 그 분석을 자동화하는 서투른 작업을 해낼 수가 있었다. 유감스럽게도 충돌 빛줄기 검출기의 환경은 입자들이 전혀 고립되지 않게 만들었다. 10개에서 20개까지의 물체들이 어떤 체렌코프 검출기에서나 우글거렸고, 전이 방사선 검출기는 입자들의 운동량이 다음 세대의 기계에서나 예상되는 것보다 훨씬 더 높은 경우에만 겨우 전자(電子)들에게 적용되었다.[15] 대신에 새로운 다중(多衆) 와이어 비례 상자에 대해 연구하는 사람들은 이온화 밀도를 측정하는 데 상자 자체를 이용하고 그 정보를 입자 확인에 활용할 수 있는 가능성에 대해 탐구하기 시작했다.

비록 물질을 통과하는 대전된 입자들로부터 에너지의 전달에 대해 자

---

15) 앨리슨 외, 「이온화 견본 채취」, *Nucl. Inst. Meth.* 119(1974): 499~507쪽 중 499쪽.

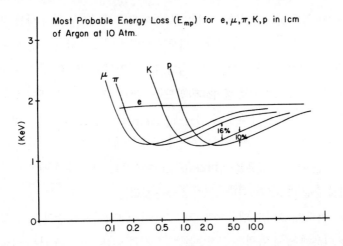

〈그림 7.3〉 구체적인 이온화 손실. 서로 다른 종류의 입자들을 구별할 수 있기 위해 TPC 설계자들은 서로 다른 입자들의 구체적 에너지 손실들을 분류할 수 있어야만 되었다. 이 도표와 이것과 비슷한 다른 많은 도표들이 센티미터당 킬로-전자볼트로 이런 손실을 뮤 온과 파이온, 전자, 케이온, 그리고 양성자에 대해 (GeV/c로 표현된) 운동량의 함수로 만 들어졌다. 세 가지 성질이 즉시 분명해 보인다. 첫째, TPC는 입자의 종류를 구분하는데 굉장히 좋았다. 둘째, 어떤 특정한 임계 에너지에서 선이 교차하는데, 그것은 센티미터당 이온화만을 가지고는 교차하는 에너지에서 입자를 구분할 수 없음을 의미했다. 셋째, 많 은 실험에서 중대한 문제였던 파이온과 뮤온의 구분은 어떤 에너지에서도 그리 크지 않 았다. 출처: LBL XBL 7612-11408, LBL. 캘리포니아 대학의 로렌스 버클리 연구소 측에 감사드린다.

세히 아는 것은 굉장히 복잡하다고 할지라도(한스 베테는 이 주제에 대 한 그의 1932년 논문이 가장 위대한 연구라고 생각했다) 기본이 되는 물리적 아이디어는 간단하며, 그것에 관하여 많은 검출기 관련 논문들 은 널리 알려진 J. D. 잭슨의 전기 동역학 교재를 간단히 인용한다.[16] 특 히 비상대론적인 입자들($v/c \ll 1$)에 대해서 원자로 전달된 에너지는 속 력이 커질수록 감소하는데, 그것은 지나가는 입자들이 운동량을 전달할 만큼 전자(電子)에 충분히 가까이 있는 시간 간격이 더 작았기 때문이다. 상호작용 영역에서 보내는 시간은 속도에 반비례하기 때문에 운동량 전

---

16) 잭슨, 『고전 전기 동역학』(1975), 특히 제13장.

달은 v와 함께 감소한다($\Delta E = (\Delta p^2)/2m$이므로 에너지는 v^2과 함께 감소한다). 날아가는 물체가 일단 상대론적 속력에 이르게 되면, 운동과 수직 방향 근처에서 자기력선이 더 강화되기 시작하고 이러한 강화는 에너지 이동이 전체적으로 증가하게 만드는 원인으로 작용한다. 5에서 수백MeV/c인 감마선의 운동량 범위에서 뮤온과 파이온, 케이온, 그리고 양성자의 질량들 사이의 차이는 동일한 운동량에서 입자들이 상당히 다른 속도를 가지고 있음을 의미하며, 그러므로 이온화에 대한 서로 다른 에너지 손실 비를 의미한다(〈그림 7.3〉을 보라).[17]

옥스퍼드의 웨이드 앨리슨과 그의 그룹은 1974년에 일종의 표류 상자를 이용해 입자 유형을 결정하는 데 특정한 이온화를 이용하는 어쩌면 가장 두드러진 시도를 단행했다. 그들은 지나가는 입자가 전자들을 방출하고 그것들이 민감한 도선에 의해 포획되기 전에 2미터까지 표류하도록 허용하는 상자를 설계했다. 도착 시간에 의해 흔적의 위치가 결정되며, 그리고 펄스의 높이를 적분하면 주요 이온화에 대한 계산을 얻을 수 있었다. 그러나 어떤 개별적인 입자도 센티미터당 넓은 범위의 에너지를 잃어버릴 수 있으므로 각 흔적에서 시료를 여러 번 통계적으로 의미 있는 결과를 내기 위해서는 적어도 100번 이상 수집할 필요가 있었다. 남아 있는 문제는 확산이었다. 전자들이 표류 방향과 수직 방향으로 확산하면, 그것들은 서로 다른 민감한 도선과 혼동하게 만들었으며(혼선[混線]), 그리고 그것들이 표류 방향과 평행 방향으로 확산하면 가까운 간격으로 놓인 흔적들 사이에 불명확성을 초래했다.[18] 표류 상자를 어떻게 바꿀 것인가?

---

17) 마지막으로, 지극히 높은 에너지에서는 대전 입자들이 너무나 큰 가로 자기장을 가지고 있어서 매질을 편극시키기 시작하며, 그러한 에너지(수백GeV 이상)에서는 파이온과 양성자, 전자들이 모두 구별할 수 없게 행동하기 시작한다. 잭슨, 『고전 전기 동역학』(1974), 제13장을 보라.

18) 앨리슨 외, 「이온화 견본 채취」, *Nucl. Inst. Meth.* 119(1974): 499~507쪽. 역사적으로 상당히 중요한 의미를 가지고 있는 것 중에서 큰 표류 거리를 가진 첫 번째 표류 상자가 있다. 예를 들어 사우디노스, 「큰 표류 거리 상자」(1973).

TPC 설계자들을 포함한 많은 물리학자들에게 TPC는 불꽃 계수기가 평평하게 만든 가이거-뮐러 계수기이고 표류 상자가 수정된 다중 와이어 비례 상자라는 강한 의미에서 표류 상자였다.[19] 예를 들어 샤르파크는 1978년에 "가장 복잡 미묘한 표류 상자 중 하나가 …… 제이 마크스와 데이비드 나이그렌에 의해 기술된다"라고 쓸 수 있었다.[20] 그렇지만 동시에 1960년대 말과 1970년대 초의 표류 상자에서 TPC로 이동하는 데 무엇인가가 바뀌었다는 느낌이 있었다. 1981년에 나온 한 종합 논문은 "두 세대의 표류 상자"라고 판정했는데, 그중 첫 번째는 "고전적인 표류 상자"로 거기서는 흔적마다 20개 정도의 점들이 측정된다. 전형적으로 도선 10개 층이 빛줄기(그리고 자기장)의 방향을 따라 연속으로 묶여 있고, 이것들이 패턴 인식을 위해, 다시 말하면 진짜 입자가 충돌했다는 정당성을 확인하기 위해 인접한 도선들도 충돌한 수가 충분히 큰가를 확인하는 데 사용된다. 다른 10개 정도의 평면들은 약 3도쯤 기울어져서 공간 점의 z-좌표를 재구성하기에 필요한 "입체적" 정보를 제공하는데, 그것은 세로 도선들이 단지 지름과 각에 대한 정보만 제공했기 때문이다.[21] 바로 이러한 "첫 번째 세대" 상자들은 보기 위한 목적이라기보다는 오히려 통계적 목적으로 배치되었기 때문에 그것들은 논리 전통의 "고전적"인 실증물이었다.

두 번째 세대가 첫 번째 세대로부터 거의 즉시 두드러지게 튀어나왔다. 이 새로운 장치들은 "복잡한 사건들에서까지도 입자 경로에 대한 완전한 그림을 기록하는 것을 목적으로 했기 때문에 그림 또는 상(像) 표류 상자"였다. 시료를 15~20번 취하는 대신 흔적마다 40~200의 시료를 취했다. 고전적 세대는 공간상의 점을 두 개의 평면에 투영해 그다음에

19) 클락 외, 「시간 투영 상자에 근거한 PEP 시설에 대한 제안」, 1976년 12월 30일, box 2, 18쪽, DNyP II.
20) 샤르파크, 「다중 와이어와 표류 비례 상자」, *Phys. Today* 31(1978년 10월): 23~30쪽 중 27쪽.
21) 와그너, 「중심 검출기」, *Phys. Scripta* 23(1981): 446~458쪽 중 447쪽.

위치를 추론했지만, 상(像) 세대는 "진정한 공간 점"을 찾아내는 데 시간을 할애했다. 그리고 고전적 세대는 입자 유형을 결정하는 데 외부에 부착한 장치를 이용할 수밖에 없었지만, 그림-세대는 입자 유형을 찾아내는 데 많은 시료를 활용했다.[22] 여기서 양의 변화가 질의 변화로 바뀌었다. 15~20에서 40~200으로 가는 중간 어딘가에 계수기는 "그림을 제공하는 것"으로 되었고, 우리는 고전적인 것으로부터 작별하게 되었다. 다시 한번 더 처음에는 극적이지 않았지만, 입자 확인을 효과적으로 하기 위한 좀더 많은 정보를 요구하는 매우 실제적인 과정에서 상(像)과 논리가 융합되었다. 조용하게 이 발견의 극적인 성질들 아래서 인식론적 이동이 일어났다. 사진술을 이용하지 않고서도 전자적 장치가 시각적이 되었다.

상(像) 전통과 논리 전통의 융합은 몇 단계에서 동시에 일어났다. 최초로 전자적 검출기의 출력이 전에는 오로지 상(像) 전통에서만 가능했던 자세함을 가지고 "그림"처럼 보이게 되었다. 그렇지만 그렇게 세세한 표현을 이루기 위해서는 전자적 장치와 그에 수반하는 컴퓨터 처리가 입자의 정체를 확인하는 데 자동화된 통계적 간여를 도입했다.

TPC가 제대로 작동되려면 전하들이 도착할 끝 마개가 정보를 끌어낼 수 있어야 했다. 공과 꿀벌 집을 이용하는 해법은 처음부터 잘 풀리지 않았다. 나이그렌이 그의 첫 번째 논문을 완성하던 때(1974년 2월)에 바로 맞추어 『사이언티픽 아메리칸』 당월 호가 도착했다. 바로 거기서 그는 새로운 기술인 대전 결합된 장치(Charged Coupled Devices, CCD)에 대해 처음으로 읽었으며, 거기서 저자(페어차일드 카메라와 도구 회사에 근무하던 길버트 아멜리오)는 우리를 정보가 처리되고 저장할 수 있는 방법을 영원히 바꾸어 놓을 "혁명의 새벽"으로 데리고 왔다고 주장했다. 반도체와 같은 물질로 제작되고 반도체에서와 같은 양자 전기 원리들에 의해 제작된 이 새로운 장치는 개념적으로는 다음과 같

---

22) 와그너, 「중심 검출기」, *Phys. Scripta* 23(1981): 446~458쪽 중 446쪽, 448쪽.

이 달랐다. 아멜리오는 "그것이 전류의 변조에 초점을 맞추는 능동적인 개념이라기보다는 정보의 조작에 초점을 맞추는 기능적 개념이다"라고 주장했다.[23]

이렇게 지나가는 논평이 1970년대 말과 1980년대에 걸쳐 이루어진 물질문화의 본질에 대한 광대한 변화를 포착한다. 나이그렌과 그의 동료들이 반복하여 주장한 것처럼 그들이 희망하는 것은 물리적 검출기를 이루는 요소들이라기보다는 오히려 정보를 가지고 공간을 가상적으로 분할하는 것이었다. 그러므로 예를 들어 1976년 계획안에서 그들은 (대략 6세제곱미터 정도의) 원통형 부피가 "기준이 되는 부피 자체 내에서 물질적 검출기에 의해서가 아니라 오히려 현대적인 전자 기술을 사용해" 각각 2세제곱밀리미터인 30억 개의 방으로 분할된다고 썼다.[24] 심지어 여기서 "현대"라는 말을 불러낸 것은 추측컨대 "물질적"인 검출기와 정보에 근거한 검출기 사이에 일종의 포스트모더니즘적인 단절을 시사하는, 고에너지 물리학의 경계를 훨씬 넘어서는 과거와의 뒤처진 단절을 알려준다.

기계의 탈물리적 구분에서 중요한 것은 CCD의 새로운 전자 장치의 이용이었다. 기본 생각은 간단했다. 주어진 전자(電子)들의 수(數)라는 형태로 표현된 정보가 장치에 도달한다. 외부에서 조작되는 전압의 방법으로 수집된 전하는 첫 번째와 인접한 비슷한 저장 요소로 보내지며, 그다음에 세 번째 저장소로 보내지는 식으로 계속된다. 아멜리오가 강조한 것처럼 기계적으로는 이들 사이에 놀라운 유사성이 존재한다. 일련의 피스톤에 부착된 크랭크축을 상상하자(〈그림 7.4〉를 보라). 크랭크축이 회전하면, 3번의 피스톤 상단에 담긴 액체는 1번과 2번의 상단에서 넘실거리다가 그다음에는 단지 2번만 덮는 식으로 계속되며 변화하는 퍼텐

---

23) 아멜리오, 「대전 결합된 장치」, *Sci. Amer.* 230(1974년 2월): 22~31쪽 중 23쪽.

24) 클락 외, 「시간 투영 상자에 근거한 PEP 시설에 대한 제안」, 1976년 12월 30일, box 2, 15~16쪽, DNyP II.

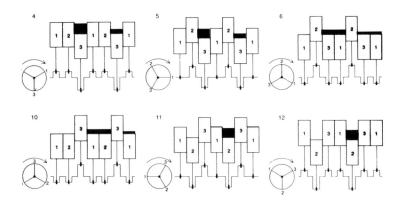

〈그림 7.4〉 CCD의 기계적 유사점(1974). CCD는 『사이언티픽 아메리칸』에 실린 논문을 통하여 나이그렌의 관심을 끌게 되었다. 이 그림은 그 논문에 실린 기계적 유사점에서 뽑아온 것이다. 크랭크축의 두레박이 다량의 물을 왼쪽에서 오른쪽으로 이동시키는데, 이 것과 유사하게 소량의 정보(전하)가 CCD의 기록기를 통하여 이동한다. 출처: 아멜리오, 「대전 결합된 장치」, *Sci. Amer.* 230(1974년 2월): 22~31쪽 중 22쪽. 판권 © 1974 by Scientific American Inc. All right reserved.

셜 에너지는 액체를 점차 오른쪽으로 밀어낸다. 전자적(電子的)으로 액체에 해당하는 것은 전자(電子)들의 수 형태로 주어지는 전하다. 기계적인 경우 변화하는 중력 퍼텐셜은 외부에서 적용하는 전압에 대응된다. 크랭크축과 연결된 막대는 CCD의 추진 전압에 해당하며, 크랭크가 회전하는 비율은 장치를 통하여 전자들 한 묶음을 내보내는 전압의 주기가 얼마나 자주 반복하는가로 정해진 시간(또는 시계 진동수)에 대응된다. 나이그렌이 『사이언티픽 아메리칸』의 논문을 이미 읽었을 때는 기술자들은 이 새로운 장치에 대한 두 개의 서로 다른 기능에 대해 연구하고 있었다. 그 장치는 시각적 빛을 (텔레비전 카메라를 위해서) 전기적 신호로 전환시키는 전기-광 요소의 역할을 할 수 있었으며, 또한 그것은 정보가 한 방에서 다른 방으로 이동할 때 그대로 유지되므로 기억 장치로도 이용될 수 있었다. 어떤 의미에서는 나이그렌과 그의 공동 연구자들이 두 가지 기능에서 차용한 것이다. CCD는 매우 작은 넓이에 굉장히 많은 수를 배치할 수가 있었으므로(1974년까지 0.12인치×0.12인치 칩에 100×100개의 CCD를 장착하는 것이 가능했다)[25] 무수히 많은 수의 서로 독립적인 채널들이 매우 복잡한 소멸 사건의 상을 재구성하기 위해 처리될 수 있었다. 그러나 텔레비전 카메라는 빛을 많은 수의 전자로 전환시킬 때 실리콘에서 일어나는 아인슈타인의 광전 효과를 활용하는 데 반해, TPC의 "신호"는 이미 도선 또는 받침대를 통해 모인 떠다니는 전자(電子)들의 구름이다.

그렇지만 TPC의 대전 결합 장치의 기능을 유사한 이동 기록 장치의 기능, 즉 유사한 정보를 저장하는 전자 장치라고 묘사하는 것이 더 정확할 것이다. 나이그렌의 희망은 끝 마개의 출력 채널 하나하나에서 나오는 사건의 전체 역사를 CCD에 저장하고, 만일 사건이 미리 정해놓은 조건을 만족하는 경우에만 실제로 "읽혀서 출력"될 수 있도록 하는 것이었다. 1975년 동안에는 공-도선 방식이 점점 더 불확실해지기 시작했으며, 1976년 3월에 이르자 마르크스와 나이그렌은 잠재적인 공동 연구자들에게 정보 읽기는 "CCD 지연선을 이용하는 것이 가장 기대된다"고 말하고 있었다.[26] 그다음 아홉 달 동안 불확정성은 점점 더 작아졌으며, PEP 책임자에게 (1976년 12월에) 제출된 계획안은 단호하게 "이 CCD 지연선(遲延線)이 환상적인 기술은 아니지만, 시간이 흐르면 가격이 떨어질 지금의 진열대 위에 올려진 상품이다"라고 주장했다.[27]

구체적으로 페어차일드는 CCD(모형 321)를 약 50달러에 생산하고 있었는데, 그것은 455개의 방 또는 "양동이"를 가지고 있었고, 그 하나하나는 전자들 한 무리로 채워질 수 있으며, 그다음 50나노초(50×10^{-9}초) 뒤에는 바로 옆방으로 이동할 수 있었다. 두레박의 끝과 끝을 이어 23마이크로초(23×10^{-6}초)의 정보를 저장할 수 있었는데, 그것은 전자

25) 아멜리오, 「대전 결합된 장치」, *Sci. Amer.* 230(1974년 2월): 22~31쪽 중 22쪽.

26) [마르크스와 나이그렌], 「시간 투영 상자에 근거한 PEP 시설」, 유치 회의를 위해 배포된 자료, 1976년 3월 15일, 파일 「TPC 정책-내부」, JMP.

27) 클락 외, 「시간 투영 상자에 근거한 PEP 시설에 대한 제안」, 1976년 12월 30일, box 2, 15~16쪽, DNyP II.

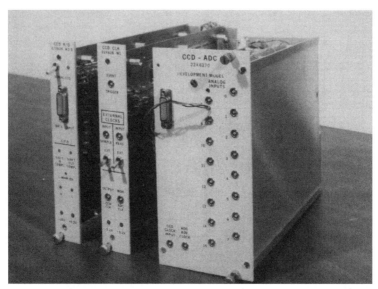

〈그림-7.5〉 페어차일드 CCD 321(1978). 공-도선 전하 수집기는 몇 가지 이유 때문에 적합하지 않다고 판명되었다. 가장 극적으로 공의 곡률이 균일하지 않은 전기장을 형성해서 그것이 표류하는 전자들로 하여금 공의 중심을 기준으로 어디에 도착하는가에 따라서 지극히 변화무쌍한 경로로 끌어들였다. 그것들이 서로 다른 경로를 취했기 때문에 표류하는 전자들 모임이 도착하는 시간이 더 이상 이온화된 장소로부터 표류한 거리에 비례하지 않았으며, 그래서 TPC를 인도하는 원리가 깨졌다. CCD는 전하를 측정하고 그 정보를 효과적으로 컴퓨터에 보내줄 수 있는 전자적 처리 시스템을 갖춘 평평한 전극을 제공함으로써 이러한 상황을 해결할 것이라고 약속했다. 여기에 그려놓은 것은 1978년에 처음으로 사용된 원형(原型) 페어차일드 장치다. 출처: LBL BBC 787 9075, LBL. 캘리포니아 대학의 로렌스 버클리 연구소 측에 감사드린다.

가 전체 상자를 가로질러서 표류하는 시간보다 더 길었다. 다른 말로 하면 사건 전체에서 나오는 모든 정보가 CCD에 존재할 수 있었다(〈그림 7.5〉를 보라).[28]

TPC의 설계와 제작에 대해 훨씬 더 자세히 살펴보면 우리가 이해할 수 있는 것 이상이 될 것이다. 1974년과 1975년 대부분 동안 TPC가 앞

---

28) 클락 외, 「시간 투영 상자에 근거한 PEP 시설에 대한 제안」, 1976년 12월 30일, box 2, 15~16쪽, DNyP II.

을 내다보는 논문들이 언급하는 산업 규모의 시설이 되기에는 아직 먼 길이 남아 있었다. 대신, 그때는 탁상용 모형을 제작하고 여러 가지 가능성이 있는 기체 혼합에 대해 (자기장을 변화시키며) 가로 확산을 탐구하는 실험을 수행하는 시기였다. 끝 평면의 전자 장치와는 별도로 나이그렌과 특히 피터 로브리시를 위시한 그의 동료들은 만일 전기장과 자기장이 잘못 정렬된다면 흔적들에 어떤 변형이 초래될지를 조사했으며, 아직 견본 CCD를 구하지 못했으므로 다양한 조건 아래서 공-도선 검출기에 대한 탐구를 계속했다. 예를 들어 공-도선 검출기는 전자들의 펄스를 받은 다음 얼마나 빨리 원래대로 회복될 수 있을 것인가?[29]

그러나 PEP가 검출기 시설을 선택할 시기가 가까워 옴에 따라 나이그렌과 그의 작은 그룹은 점점 더 위기에 직면해 있음을 깨달았다. 그들은 경쟁에 나설 수도 있었고 포기할 수도 있었다. 그들이 계속해서 헛수고를 하든지 아니면 공동 연구의 조직을 위한 노력을 개선할 수도 있었다. 그들의 선택은 마르크스의 도착과 함께 촉진되었다. 마르크스는 다른 사람들보다 더 거대한 혼성 검출기를 결정하는 정치적 싸움에 자신을 내던졌다. 거의 즉각적으로 마르크스는 조직적인 메모를 인쇄하기 시작했는데, 그때까지 그런 일은 결코 없었다. 나이그렌과 함께 마르크스는 일련의 TPC와 관련된, 대부분 이론 과학자에 의한 세미나를 개최하면서 물리 분과 임원들에게 호소했다.

그러한 세미나의 첫 번째 주제는 "렙톤 검출과 PEP에서의 새로운 현상에 대한 탐색"이었는데, PEP는 SLAC과 LBL이 공동으로 운영하는 충돌 빛줄기 시설로서 SPEAR를 대신하기 위해 1974년 4월에 제안되어 당시 대략 7,800만 달러가 소요되는 것으로 추정되었다. 다른 주제로는 PEP에서 입자 확인의 중요성과 PEP에서의 약 상호작용, 그리고 양자 전기동역학의 시험과 같은 좀더 구체적이고 다양한 이론적 문제들이 포함되었다. 그러나 선택된 주제의 대부분은 현상론에 좀더 근접한 수준으로

---

29) 예를 들어 나이그렌, 「시간 투영 상자-1975」(1975)를 보라.

결정되었다. 말하자면 글래쇼-와인버그-살람 이론의 특정한 결과에 대해 물어보는 것이라기보다 콜로퀴움은 오히려 마지막 생성물이 얼마나 구면 대칭으로 분포될 것인가라든지, 충돌하는 빛줄기로부터 얼마나 많은 입자들이 방출되겠는가라든지, 그리고 서로 다른 방향으로 방출되는 생성물 사이의 상관관계와 같은 하드론이 많이 존재하는 마지막 상태의 거시적 특성을 탐구했다. 세미나 주제의 세 번째 범주는 표류 상자나 TPC, dE/dx가 무엇인가에 대한 확인, 초전도 자석, 액체 아르곤을 활용하는 열량계, 그리고 새로운 종류의 체렌코프 검출기 등 도구가 차지했다. 그다음 세미나의 네 번째 후보는 PEP 정책과 사용자 공동체에 대해 LBL이 취할 "자세", 그리고 "조그만 실험"과 같은 중간의 주제들을 망라했는데, 그것은 특정한 물리적 의문에 대한 즉각적인 물음이었고, 우리가 제6장에서 본 것처럼 연구하는 방법에 대한 탐색이었다.[30]

3. 공동 연구단

"자세"와 규모에 대한 걱정은 새로 시작하는 공동 연구에는 아주 적절한 것이었다. 한 의미에서 LBL은 PEP를 함께 설계하고 있었고, 다른 의미에서 PEP는 LBL을 다시 설계하고 있었다. 왜냐하면 물리학의 규모가 확장되면서 계속되는 생활에 대한 선택 사항이 심지어 앨버레즈의 방식에서도 더 이상 존재하지 않기 때문이었다. 1975년 11월 초에 로버트 버지에게 편지를 쓰면서 마르크스는 LBL 임원들이 전에는 대학교 그룹들이 하던 것과 같은 방법, 즉 어떤 개별적인 그룹도 부서 예산의 대부분을 꿀꺽 삼키지 않는다는 것을 전제로 하는 합의를 따르자고 제안했다. 이제 PEP는 바로 그렇게 하는 것을 위협했으며, LBL 내에서 다른 그룹들에 의한 계획안은 실질적으로 생존을 위해 그들 자신들 사이에서 경

---

30) 마르크스와 나이그렌이 물리 분과 연구 임원들에게, 1975년 9월 26일, 파일 「LBL PEP 세미나」, box 2, JMP.

쟁을 하고 있었다. 다른 그룹들은 앨버레즈가 나이에 비해 연구소로부터 너무 많은 자원을 제공받았다는 점을 제기할 수도 있었다. 그러나 심지어 수소 거품 상자의 전성기에도 대여섯 개의 다른 그룹들이 생존했다. 이제 마르크스의 속내에 의하면, 단지 하나만 생존하게 되어 있었다. "모두가 달라붙을 수 있는 훌륭한 생각이 나타나는 뜻밖의 상황이 아니라면, 우선권에 대한 결정은 독재적인 방법과 준(準)민주적인 방법 등 (어떤 투표도 다 똑같을 수는 결코 없다) 둘 중 하나에 의해 이루어질 수 있다. 나는 여러분이 첫 번째 방법을 선택함에 망설이는 것을 감지하는데 나도 그런 견해에 동의한다. 철학자인 왕은 드문데 자신의 주제에 의해 인정받는 사람은 더 드물다." 제이 마르크스의 견해에 의하면, 오직 이미 말한 — 소장과 부서 책임자 그리고 그룹 책임자로 구성된 것과 같은 — "준(準)민주적인" 존재만 LBL로부터 나온 PEP에서의 일관된 노력을 강행할 수 있으며, 그러한 통일성이 없으면 "LBL의 영향은 약해질 것이다."31)

폭발적인 성장이 시작되는 데까지 그리 오래 걸리지 않았다. 1976년 초에 마르크스와 나이그렌은 TPC를 중심에 둔 주요 PEP 검출기를 설계하는 데 그들 그룹의 초점을 맞추었으며, 그리고 1976년 3월까지 다른 물리학자들을 이 프로젝트에 참여하도록 불러 모으고 있었다. 마크 스트로빙크라는 물리학자는 그가 나이그렌에게 우송한 (〈그림 7.6〉을 보라) 결심 3이라는 형태로 그의 신중한 생각에 대해 각별히 뚜렷한 자취를 남겼다. 몹시 놀랍게도 스트로빙크는 좀더 좁게 정의된 일련의 물리학 문제들과 관련된 "실험"을 추구할 것인지, 아니면 "시설"과 관련된 실험을 추구할 것인지에 대한 다음과 같은 진퇴양난에 빠져 있었다. "비록 내가 지금까지 연구해 온 양식의 물리학이 전혀 아니지만 [실험에 반하여] 시설이 좀더 많은 물리를 하도록 해줄지도 모른다." 만일 그가 시설에 대해 연구할 예정이었다면, 입자를 확인하는 문제를 강조해야 했다. 최소한

---

31) 마르크스가 버지에게, 1975년 11월 7일, 파일 「LBL 정책과 메모」, box 1, JMP.

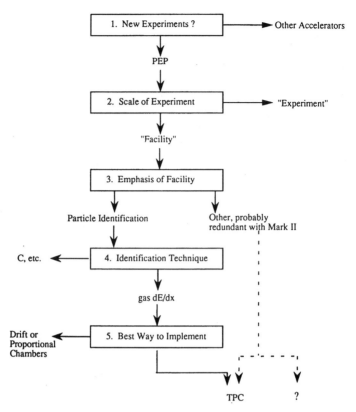

〈그림 7.6〉 참가할 것인가 말 것인가? 스트로빙크의 결심 3(1976). 출처: 스트로빙크가
나이그렌에게 보낸 것을 수정함. 1976년 3월 11일, 파일 「TPC 정책-내부」, box 2, JMP.
캘리포니아 대학 로렌스 버클리 연구소 측에 감사드린다.

그것은 1,000개 중 몇 개의 비율로 케이온으로부터 파이온을 구분해 낼
수 있어야 한다. 분기점 4가 가리키는 것처럼 이것은 체렌코프 방사선에
의해 이루어질 수 있었다(그 경우 스트로빙크는 TPC와 일하지 않기로
선택했을 것이다). 또는 이것이 dE/dx에 의해 이루어질 수도 있었는데,
그런 경우 (분기점 5가 가리키는 대로) 그는 표류 상자나 비례 상자 중
하나를 선택할 수 있었고, 경쟁에 의해 TPC를 선택할 수도 있었다. 궁극
적으로 그의 선택은 dE/dx가 제대로 작동하는지, 긴 표류 거리에 대한
확산이 문제를 일으키지 않는지, 그리고 긴 민감 시간 때문에 신호를 추

출하는 것이 불가능해질 정도로 그림에 너무 많은 배경 흔적들을 허용하는지 보여주기 위해 TPC 옹호자들의 능력에 의지하자는 것이었다. 그러므로 그것은 분담금을 올려야만 하는 공동 연구였다. "명백하게 내가 이 기간 동안 PEP 계획에 참여하는 것은 당신들에 비해 불충분할 것이다. 그것이 TPC에 집중하는가는 분기점 (4)와 (5)에 달렸다. 내 생각에 입자 확인의 가능성을 제외하고 TPC의 장점을 가지고 이 시점에서 TPC에 헌신하는 것을 결정하기에는 충분하지 않다."[32] 다음 수개월에 걸쳐서 나이그렌과 그의 핵심 그룹은 입자 분석 문제에 대해 더 깊이 뛰어들었다. 스트로빙크도 합류했다.

그러나 스트로빙크가 명부에 그의 이름을 올리기 전에 유치를 주관하는 사람들은 특히 그들의 동료를 TPC 프로젝트에 협력하도록 하는 데 도움을 받기 위해 1976년 3월 15일 회의를 개최했다. "우리는 흥미를 조금이라고 가지고 있거나 흥미로 가득 찬 능력 있고 창의적인 공동 연구자들을 필요로 한다. 많은 사람들이 할 일이 많고 물리학과 도구에 결정적인 영향을 미칠 수 있는 충분히 많은 여지가 남아 있다." 특별한 홍정과 예외적인 판매에서와 마찬가지로 이 "기회"도 (광고 쪽지에 말하기를) 그리 오랫동안 제공되지는 않을 것이다. 계획안의 제출 마감인 12월은 LBL이 얼마나 오래 지연할 수 있는가에 대한 한계를 나타낸다. 광고에 제시된 "물리학"은 전자와 뮤온의 4π 검출, 고유한 3차원 정보 읽기와 결합된 4π 흔적 찾기, dE/dx와 비행 시간 측정을 이용한 입자의 확인, 그리고 중성 V를 재구성하는 능력 등 네 범주로 나뉘었다. e^+e^-쌍과 $\mu^+\mu^-$ 쌍의 붕괴로부터 프사이를 발견한 마크 I의 경이적인 성공의 영향으로 "우리는 새로운 현상을 보는 열쇠가 렙톤이라고 추측"하고 있으며, 제안된 검출기 ─CCD 정보 읽기를 갖춘 자석과 뮤온 검출기로 둘러싸인 TPC ─는 그 임무를 멋지게 수행해준다는 약속을 지켰다.[33]

---

32) 스트로빙크가 나이그렌에게, 1976년 3월 11일, 파일 「TPC 정책-내부」, box 2, JMP
33) 「TPC에 대한 도움을 유치하기 위한 회의」, 그리고 손으로 작성한 기록; [마르크

원고에 쓴 기록에 마르크스는 그가 접촉한 사람들의 반응을 다음과 같이 간단히 적었다. "카리터스, 장기적인 참여를 확신하지 못함 …… 마크 II …… 그에게 1981년까지는 언제 와도 환영이라고 말함." 성공하기 위해서는 무엇보다도 이 공동 연구가 LBL에 이미 존재하는 그룹에 속한 사람들을 많이 확보하는 것이 필요했다. 그러므로 예전의 앨버레즈 그룹인 그룹 A가 관심을 가질지도 모른다는 것은 환영할 만한 소식이었다. 1976년 3월 16일에 마르크스는 모리스 프립스타인과 이야기했는데, 그는 "그룹 A의 다른 사람들은 만일 dE/dx가 옳다면 상당히 관심을 가질 것이라고 알려주었다. 이제 참가자가 많다. 계획안이 제출된 뒤에는 좀더 많이 관심을 보일 것이다. 그리고 그런 사람은 지지자가 될 것이다. 즉 한 사람의 그룹 A 물리학자 + 한 사람의 프로그래머 + 몬테 카를로에 대해 연구할 가능성이 있는 린 스티븐슨 등을 데려오려고 시도할 것이다." 그로부터 며칠 뒤에 린 스티븐슨이 "관심을 보였지만" 그러나 아직은 좀더 일이 남아 있는 뉴트리노에 전념하고 있었다. 그가 PEP 연구를 할 수 있도록 자유로워졌을 때 그는 맵시 붕괴를 위해 몬테 카를로를 설계하고 그것을 이미 현존하는 PEP 몬테 카를로에 첨가할 예정이었다. (자석에 대한 바로 그 LBL 전문가인) 필리프 에버하르트는 "우리 내용은 LBL에 가장 잘 어울린다고 말하고" 그러나 초전도 자석에 대해 자문을 하는 이상으로 참가하겠다고 언질하는 것을 망설였다. 그렇지만 그는 잘못 정렬된 E장과 B장에서 입자 경로가 주는 효과를 계산할 수 있었다. 오린 달은 50퍼센트의 시간을 TPC에 대해 될 수 있으면 소프트웨어에 대해 연구하기를 기꺼이 원했는데, 그러나 "1981년 전에 물리학을 하고" 싶어 한다는 조건에 묶여 있었다.[34]

스와 나이그렌], 「시간 투영 상자에 근거한 PEP 시설」, 1976년 3월 15일; 두 가지 파일 「TPC 정책-내부」, box 2, JMP(출석한 사람들은 버지, 에버하르트, 케리터스, 그로브스, 로켄, 샤피로, 스트로빙크, 프립스타인, 달, 웬첼, 스티븐슨, 마르크스, 나이그렌, 로브리시, 우르뱅, 그리고 슈타이너).

34) 마르크스, 손으로 쓴 기록, 1976년 3월 16일, 18일, 21일, 그리고 23일, 파일

달과 스트로빙크가 주저하는 것은 이해될 만했다. 이러한 규모의 프로젝트에 자신이 전념하기로 결정하기 위해서는 어떤 결과가 나오기 전 적어도 5년 동안은 투자해야 되고, 그 뒤에도 자료를 취득하고 처리하기 위해서는 최소한 추가로 수년이 더 필요했다. 물리학에서 30년에 걸친 경력 동안 과학자는 그러한 7년에서 10년까지의 책임을 불과 몇 번 만날 수 있었다. 한 번 실수하면 물리학자에게는 큰 희생이 따를 것이다.

이런저런 많은 견해들이 가리키는 것처럼 초기의 유치 작업은 쉽지 않았으며 명백하게 사회학과 물리학의 혼합이었다. 수를 불리기 위해 TPC 옹호자들의 핵심은 무엇보다도 새로운 장치가 그 상품을 배달할 동맹국들로 이루어진 더 넓은 세계를 설득해야 되었다. 그것은 입자를 확인할 수 있어야 한다. 그래서 1976년 3월의 남은 시일과 4월은 오로지 dE/dx를 해결하는 연구에만 몰두했고, 그 뒤 한 달 반 동안 흔적의 분해 조사에만 몰두했던 것이 놀라운 일은 아니다. 오직 그렇게 한 다음에야 6월의 마지막에 그들은 취지에 대한 편지를 쓰고, 그다음 예산안과 상세한 계획, 몬테 카를로 시뮬레이션, 그리고 가장 중요한 끝 마개의 설계를 포함해, 계획안을 준비하는 더 복잡한 임무가 뒤따르는 4개월 과정을 시작할 수 있었다.[35]

LBL 물리학자 중 핵심 멤버들을 확보하고 나서 마르크스와 나이그렌은 다른 연구소들에서 공동 연구자 섭외를 꾀하기 시작했다. 그들은 1976년 5월 15일에 대가(大家)들의 목록을 만들었는데, 그 목록에 당시 지도급 실험 물리학자들을 "함께 일하면 행복한 사람들", "함께 일하고 싶은 사람들", 그리고 마지막 항목으로 "함께 일하고 싶지 않은 사람들" 등 세 그룹으로 분류해 놓았다.[36]

「TPC 정책-내부」, box 2, JMP.

35) [마르크스], 시간선, 1976년 3월 15일, 파일 「TPC 정책-내부」, box 2, JMP.

36) 마르크스와 나이그렌, 손으로 그린 도표, 1976년 5월 15일, 파일 「TPC 공동 연구」, box 7, JMP. 이 마지막 항목에는 네 사람이 포함되어 있는데, 그들 하나하나가 모두 해당 분야에서 널리 알려진 사람들이고 그중 두 명은 노벨상 수상자다.

단지 공동 연구단만 재정 지원을 받기 위해 필요한 계획안을 작성할 수 있다. 개인은 말할 것도 없고, 어떤 개별적인 기관도 1980년대의 표준이 된 종류의 실험을 수행하는 데에 필요한 수천만 달러를 획득하기 위한 하드웨어나 소프트웨어, 그리고 이론을 개발한다는 것은 불가능했다. 그러므로 1976년 5월에 이르자 나이그렌과 마르크스는 에너지성에 제출하는 공식적인 계획안을 작성하기 위해 이미 공동 연구단을 조직하고 있었다. 여기서 필요한 것이 물리학에 대한 부분이었다. 이 시설은 "겔만식의 새로운 맵시-같은 입자 체계"는 물론 렙톤과 하드론의 붕괴 그리고 광자가 렙톤 쌍으로 전환하는 것 등을 철저히 조사할 예정이었다. 누군가가 이러한 내용을 훨씬 더 상세한 언어로 작성해야 하고, 그런가 하면 다른 사람들은 약 상호작용과 새로운 현상들, 총 미분 단면적, 그리고 제트 등에 관한 단원을 준비해야 했다. 추가로 검출기에 관한 내용을 작성하고 기술적 조사에서 시작하여 비용 추산과 관리상의 강점에 이르기까지의 제목에 대한 긴 부록을 편찬할 세부 그룹이 지정되어야 했다.[37] 마크 I이나 또는 72인치 거품 상자와 같이 수년 전에 상당히 큰 규모의 실험에서도 계획안 단계에서 이렇게 복잡한 것은 꿈도 꾸지 못했을 정도였다.

이러한 수준의 문서를 만들어내기 위해서는 실험 과학자들이 "단기 TPC 실행 그룹"으로 나뉘는 주요 협력적인 노력이 필요했다. 그들의 임무에는 시설의 예상되는 분석에 대한 질문에 답변하는 것 등이 포함되어 있는데, 그들은 몬테 카를로를 이용하는 이론 조사와 이미 작동 중인 다중(多衆) 와이어 비례 상자를 이용한 실험적 시험의 문제점을 기술했다. 마찬가지로 실행 그룹들은 상자의 한 영역에 쌓일 수도 있는 양이온들의 문제도 취급했는데, 그 양이온들은 상자 내에서 주위 전기장의 국지적 요동을 만들어낼 수도 있었다. 그러한 "공간 전하"는 표류 전자들

---

37) 마르크스가 TPC 계획안 분배 목록에게, 1976년 5월 24일, 첨부된 첨가물 「TPC 계획안 개요 #2」, 1976년 5월 20일, 파일 「TPC 정책-내부」, box 2, JMP.

이 정상적이 아닌 전기장을 통하여 떠다닐 때 그것들을 불규칙한 방법으로 가속시키거나 감속시킬 수도 있으며, 상자가 자랑하는 정확도를 손상시킬 수가 있었다. 이론적인 면에서 실행 그룹은 "견딜 수 있는 공간 전하"의 한계에 대한 조사를 수행했다. 실험적인 면에서 한 세부 그룹은 베바트론에서 시험 사용될 예정인 TPC의 시험 모형에 대한 경험적 시험에 착수했다. 또 다른 세부 그룹은 궁극적으로 특별한 입자 종류를 확인하게 될 에너지 손실 측정(dE/dx)을 방해할 수도 있는 불명료한 점들을 검사했다. 그 밖에 다른 세부 그룹들은 비행 시간 측정을 조사했으며, 마지막 완성된 검출기에서 TPC를 보충하게 될지도 모르는 액체-아르곤 열량계가 작동하는 상태를 재점검했다.[38]

이러한 토론 그룹으로부터 TPC의 심장부는 두 가지 종류의 전자 장치가 공급된 끝 평면 부분이라는 데 합의했다. 첫째, 다중 와이어 비례 상자를 형성하는 192개의 도선으로 이루어진 평면이 dE/dx를 결정하기 위하여 통과하는 입자가 만드는 이온화를 측정하게 된다. 충돌의 수를 증가시키기 위해, 그러므로 이온화 시료의 통계적 의미를 증가시키기 위해 상자는 10기압까지 압력을 가하게 되어 있었다. 게다가 위치 결정 전용으로 12개의 도선이 추가되었다. 좀더 구체적으로 전자들은 흔적으로부터 이 위치 결정을 위한 도선 쪽으로 표류하게 되며, 애벌런치가 도착하면 이 도선들 아래 장치된 일련의 전극들(음극들)이 도착 시간을 결정하므로 측정된 흔적 부분의 z-위치가 결정된다(〈그림 7.7〉과 〈그림 7.8〉을 보라).

이미 그때는 심지어 그 장치들이 공식적으로 제안되거나 또는 인정되기 전에도 (제작된 것은 훨씬 더 적었지만) 배경으로부터 신호를 구분해 내는 문제가 중요했다. 거품 상자 물리학자들이 다듬지 않은 자료에 이용될 입자 확인 기술을 설계한 부분으로, 이 새로운 검출기의 중심부에

---

38) 마르크스가 TPC 그룹에게, 「단기 실행 그룹」, 1976년 8월 6일, 파일 「TPC 공동 연구단」, box 7, JMP.

〈그림 7.7〉끝 평면 부분, *dE/dx*와 위치 도선들(1981). 출처: LBL BBC 813 2223, LBL. 캘리포니아 대학 로렌스 버클리 연구소 측에 감사드린다.

위치한 육중한 전자(電子) 장치에서 다듬지 않은 자료가 놀라운 정도로 이미 분석될 예정이었다. 또는 어쩌면 다음과 같은 방식으로 말해야 할지도 모른다. 사실과 해석 사이의 항상 미묘한 차이는 언제보다도 더 이 장치의 내부에서 구름 상자나 에멀션, 그리고 거품 상자가 유행하던 이전 시기에 가지고 있던 의미로 "다듬지 않은 자료"라고 말하는 것이 실질적으로 불가능해지는 정도까지 추구되었다.

1976년 6월에 PEP 학술회의는 이제 확장되고 있는 공동 연구단에게 자신들이 처한 상황 보고서를 제출할 수 있는 기회를 제공했다. 원래 목표인 높은 다중성(多重性) 사건에 대한 조사와 넓은 고체각에 걸친 입자 확인 등은 계속해서 동기 부여의 제목이 되었다. (1976년 6월 3일에) 첫 번째 판으로 나온 계획안에서 마르크스는 "가장 흥미로운 물리학을 현재로는 예상할 수 없다"라고 주장했다. 페르미 연구소에서 나온 자료에는 다섯 번째 쿼크에 대한 간접적인 (그리고 논란 중인) 증거가 있었다. 1974년 말과 1975년의 획기적인 연구에 바짝 뒤이어서 TPC 물리학자

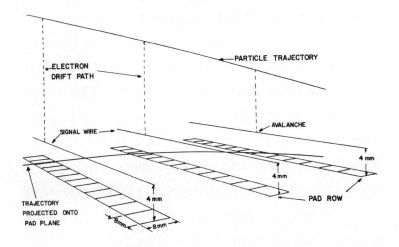

〈그림 7.8〉 지나가는 입자와 도선들(1979). 여기서 TPC를 도식적으로 대표한 것을 볼 수 있다. (빛줄기가 통과하는 시간에 대하여) 방출된 전자들이 도착하는 시간은 CCD의 음극판에 의해 결정되는데, 그것은 8밀리미터 사각형들이 배열되어 있다. 표류 시간은 z-방향의 거리에 비례한데, 그것은 350마이크론으로 고정되어 있다. 이 음극판 열 위에는 도선들의 평면이 놓여 있다. 이 도선들 중 183개는 통과하는 각 입자의 센티미터당 이온화(dE/dx)를 결정하는 데 전용으로 사용되고, 그것이 입자를 확인해준다. (각 음극판 열 위에 놓인) 각 부분마다 그리고 또 다른 15개의 민감한 도선들은 음극 평면에서 x-y 위치를 185마이크론 이내로 고정시킨다. 출처: 판처 외, 「상자」, *Nucl. Inst. Meth.* 161(1979): 383~390쪽 중 385쪽의 〈그림 4〉.

들은 네 번째 쿼크가 그렇게나 많이 흥분시킨 마크 I의 화려한 시절로 돌아가는 것보다 더 바랄 것이 없었다. "새로운 ψ류의 입자와 초-맵시"도 존재할 수가 있었다. 벡터 메존이나 힉스 스칼라, 글루온, 그리고 무거운 렙톤 등과 같은 다른 새로운 입자들도 모두 비슷한 종류의 검출기를 필요로 하고 있었다. 약 상호작용은 두 번째 위치로 분류되어 있었으며, 양자 전기 동역학은 두 개의 문장으로 이루어진 문단으로, 그리고 마지막은 별로 중요하지 않은 듯이 지나가면서 마지막 상태에 두 개의 감마선이 존재하는 충돌이 언급되어 있었다.[39]

입자 확인이 제대로 작동되기 위해서는 검출기가 이온화에 대한 시료

---

39) 마르크스, 「PEP 계획안-I」, 1976년 6월 3일, TPC-LBL-76-24.

를 적어도 200회는 모아야 한다. 이것은 다시 흔적의 센티미터당 더 많은 전자(電子)를 제공하기 위하여 TPC 기체를 압축해야 함을 의미했다. 그런데 압력이 8기압이면 센티미터당 400개 이상의 전자가 나온다는 반가운 소식이 있었다. 여기서 나쁜 소식은 동일한 압력에서 $\omega\tau \approx 1$이 되며 그래서 동반 인자는 60이 아니라 2라는 것이다. 이렇게 전자들의 구역이 원하지 않게 퍼지는 것을 벌충하기 위해 나이그렌과 그의 협력자들은 이제 정보를 추출하기 위하여 전자 장치를 이용했다. 짧은 단위 시간에 도달하는 전자의 수에 대한 시료를 모아 그 결과로 얻는 히스토그램으로 컴퓨터는 무게 중심을 추론해 낼 수가 있었고, 이렇게 해서 그 봉우리의 공간적 원점 위치를 그렇게 하지 않았더라면 상상할 수도 없을 만큼 훨씬 더 정확하게 꼭 집어서 지적할 수가 있었다.[40]

이제 LBL에 예일과 존스 홉킨스, 그리고 UCLA가 합류해 1976년 여름까지 상당한 규모로 성장하고 나니, 심지어 계획안을 작성하는 공동 연구단이 정치 구조를 필요로 했으며, 그리고 공동 연구단은 그 형태에 관해 논쟁하기 시작했다. "본부 위원회"라고 명명된 대표 기구는 "공동 연구단 내에서 중심 되는 결정을 내리는 부서"로서의 역할을 했으며 그 결정을 "원래 그룹들"에 전달했다. 한 계획안에 따르면, 각 그룹은 두 명의 대표를 보내게 되어 있는데, 그중 한 명은 매월 개최되는 회의에 꼭 참석해야 되었다. 각 대표는 그룹의 진행 상황에 대해 보고하게 되며, 그리고 각 그룹은 하나의 투표권을 행사한다. 이 위엄 있는 부서는 새로운 공동 연구자에 대한 조건들을 설정하고, 실험 설계에 대한 선택권을 행사하며, "병참의", "전술적인", 그리고 "정치적인" 계획을 수립하고, 실험 내의 임무를 배분하며, 누가 어떤 발표를 할 것인가를 결정하고, 저자(著者)로 누구를 포함시키고 누구를 포함시키지 않을지에 대한 마지막 조정자가 되는 등의 임무 등을 수행했다. 마지막으로 본부 위원회는 그 구

40) 나이그렌, 「시간 투영 상자」, 1976년 PEP 학술회의에서의 발표, 1976년 6월 23~25일, 복사된 투명 필름용지, in Notebook QCD 191쪽, SLAC.

성원들 중 실험에 관한 "대변인"을 선정하고, 이 대변인이 PEP 관리 부서와 협상을 벌일 때 TPC 공동 연구단을 대표했다.[41] (나이그렌이 대변인, 그리고 마르크스가 부대변인이 되었다.) 본부 위원회의 첫 번째 회의에서 그룹에 임무를 배당하는 것과 인력의 할당, 이론과 실험 모두의 진행 상황에 대한 검토, 그리고 구성 그룹을 표현하기 위해 "원로원" 방식으로 할 것인가 아니면 "의회" 방식으로 할 것인가에 대해 논의했다. 다음에는 자신들의 명칭인 "본부 위원회"(commissariat, 옛 소련의 인민 위원회를 지칭했으므로 이러한 기술이 나옴 – 옮긴이)를 개명하기로 했는데, 공개적으로 사용하기에는 너무 명백하게도 스탈린풍이었기 때문이다.[42] "TPC 집행 이사회"는 분명히 협력체에 더 적합했다.[43]

그 밖에 누가 합류해야 할까? 1976년 8월 16~17일에 개최된 첫 번째 회의에서 이사회는 하버드 대학과 애리조나 대학, 매사추세츠 대학, 그리고 콜로라도 대학을 고려했는데, 모두 "약"해 보였다. 그중 어느 곳도 더 이상 고려되지 않았다. 그룹의 질에 더해 위원회는 공동 연구단에 무능력자를 끼워넣는 문제에 대해 절망적으로 염려하고 있었다. 특히 물리학자들에 의한 확실한 헌신이라는 보장된 인재가 아니라면, 새로운 그룹은 자산이라기보다는 오히려 부담으로 판명날 공산이 더 컸다. 예를 들어 메릴랜드 대학은 단기적으로는 부족한 지원을 받고 있었는데, 이에 반해 워싱턴 대학과 캘리포니아 대학, 리버사이드는 모두 인적 지원에서 다른 격차를 가지고 있었다. 나이그렌은 이 마지막 세 그룹에게 그들이 TPC 연구에 얼마나 헌신할 것인가에 대해 문서로 된 계획을 제출해 달라고 요청했는데, 그것을 바탕으로 마지막 결정을 내릴 예정이었

---

41) 마르크스가 TPC 공동 연구단의 멤버들에게, 「통신과 의사 결정」, 1976년 7월 20일, 파일 「TPC 공동 연구단」, box 7, JMP.

42) 마르크스가 TPC 공동 연구자들에게, 「TPC 본부 위원회의 첫 번째 회의」, 1976년 7월 27일; 마르크스가 TPC 공동 연구자들에게, 「TPC 본부 위원회 회의 안건」, 1976년 8월 4일; 두 가지 파일, 「TPC 공동 연구단과 그룹 내부 조직」, box 7, JMP.

43) 「TPC 집행 이사회」, 1976년 8월 18일, 파일 「TPC 헌장」, DNyP.

다.[44] 이것을 가지고 다음 이사회 회의(9월)에서 워싱턴의 얼마 안 되는 0.5 전임(專任) 해당분(full-time equivalent, FTE)은 후보에 끼지 못하게 했다. 존스 홉킨스는 그 이웃인 메릴랜드 대학을 변호하는 데 실패하자 비록 메릴랜드의 단기 능력은 제한되어 있더라도 장기적으로는 공동 연구단을 돕게 될 것이라고 항의했다. 비록 연구소의 몇몇은 미심쩍어했지만 리버사이드가 (역시 캘리포니아 대학 시스템에 포함되어 있는데) LBL에게 좀더 유망한 것처럼 보였다. 현장에 2.5 FTE를 내보낼 수 있는 리버사이드의 능력은 즉시 굉장한 관심을 끌었으며, 그것을 기반으로 집행 이사회는 공동 연구단의 핵심으로 참가해 달라고 U. C. 리버사이드를 초청했다.[45]

그룹이 모이게 되자 개념 설계도 역시 모이게 되었다. 한 실행 그룹은 1976년 9월 이사회에 dE/dx 불명료성 문제를, 다시 말하면 비슷한 운동량을 가지면서 비슷한 양의 에너지를 잃으려 하는 두 입자를 혼동하는 가능성에 대한 문제를 해결하는 방법들에 대해 보고했다. 못생긴 머리를 다시 치켜든 또 다른 걱정은 양이온의 공간 전하가 TPC에서 조심스럽게 조절되는 전기장을 파괴할지도 모른다는 것이었다. 전자적(電子的) 설계를 미리 준비하고 (예일에서 온) 마이크 젤러는 CCD 자료가 컴퓨터로 전송되기 위해 적절하게 처리될 수 있도록 하는 "존재 증명"을 제공했다. 자신들의 입장에서 존스 홉킨스 그룹은 뮤온 검출기에 대한 그들의 설계를 돕기 위해 더 많은 몬테 카를로 시뮬레이션을 해달라고 탄원했다. 임시 집행 그룹 보고서는 많은 것을 결정하지 않은 채 남겨 놓았고, 그 그룹은 많은 결정적인 의문들이 여전히 해결되지 않았다는 점을 인정했는데, 그중에는 π^0를, 그 붕괴 생성물(그것은 두 개의 광자인데)을 측정해 찾아내는 검출기의 능력도 포함되어 있었다. 다른 문제들

---

44) TPC 집행 이사회의 회의록, 1976년 8월 16~17일, 파일 「TPC 집행 이사회」, DNyP II.

45) TPC 집행 이사회의 회의록, 1976년 8월 21~22일, 파일 「TPC 집행 이사회」, DNyP II.

역시 그대로 남아 있었다. 액체 열량계가 과학적으로 정당하다고 판명될 것인가? 실제로 어떤 중성 입자들을 측정해야 할 것인가?[46] 팀이 서로 다른 도구에 대한 신뢰성 평가에, 서로 다른 세부 그룹을 연결하는 문제에, 그리고 연구의 다양한 방향을 조절하는 문제에 일관성을 가져오고자 노력하고 있는 동안 팀은 곧 서로 용해되는 물리학적, 사회적, 그리고 정치적 속박 조건들을 발견하게 되었다.

그들의 연구가 물리나 사회적인 문제뿐 아니라 정략에 의해서도 좌우된다는 것은 실험 과학자들이 그들 공동 연구단의 상품의 직접적 소비자를 대면할 때 분명해졌다. 그 소비자란 제안된 충돌 고리인 PEP의 중역회였는데, 좀더 구체적으로는 SLAC의 연구소장인 피에프 파노프스키와 LBL의 연구소장인 앤드루 세슬러로 구성된 PEP의 공동 책임자였다. 오랜 경험으로 두 사람 모두 고에너지 물리학에서 이용되는 점점 더 커지고 점점 더 중앙 집중적으로 되어가는 가속기를 개별 연구소의 소유에서 국가적인 "시설"로 전환하라는 정치적 압력을 잘 알고 있었다.

실제로 1965년에 이르러 원자력 에너지에 대한 공동 위원회에서 가속기 연구의 장래에 대해 논의할 때 시설들을 외부 그룹에 공개할 필요성이 계속된 논의의 주제였으며, 연구소들은 하나씩 외부 사용자의 비율이 얼마인지 분석되었다. 그 당시에 "시설"이라는 용어는 어느 정도 아르곤 국립 연구소와 브룩헤이븐 국립 연구소, 케임브리지 전자(電子) 가속기, 로렌스 방사선 연구소, 그리고 프린스턴-펜실베이니아 가속기 등과 같은 가속기 연구소에 적용되는 상징이었다.[47] 그렇지만 TPC가 나옴에 따라 분류가 바뀌게 되었다. 가속기에 정치적 꼬리가 붙자 "시설"은 실험 과학자의 성스런 장소인, 검출기 자체에 적용될 수 있는 무엇이 되었다. 1976년의 지시문에서 파노프스키와 세슬러는 실험 그룹에서 무엇을 원하는지 설명했으며, 그 과정에서 결과적으로 "실험"과 "시설"

---

46) TPC 집행 이사회의 회의록, 1976년 8월 21~22일, 파일 「TPC 집행 이사회」, DNyP II.

47) U. S. 국회, 『청문회』, 89th Cong., 1st sess., 1965, 377~378쪽.

이라는 용어의 개념을 바꾸게 한 물리적 구속과 정치적 구속의 공동 조건에 대해 다음과 같이 분명하게 말했다. "PEP 시설'이라는 개념은 매주 실제적인 문제를 해결하기 위해 고안되었다. 대규모 일반 검출기는 여러 해 동안 유용하게 이용되는 수명을 가질 수 있는데, 그러나 그렇게 오랫동안 PEP를 처음 시작하는 그룹들만 전적으로 이용하게 하는 것은 바람직하지 못하다. 그러므로 우리는 대규모 일반 검출기를 만들어 '우선권 기간'이라고 불리는 처음 기간이 지난 뒤에는 원 제작자들이 아닌 물리학자들도 이용할 수 있도록 하는 것이 필요하다고 결정했다." 이 기간은 12개월에서 18개월 사이의 어디쯤에 해당하며, 그 기간 동안에 제작자들은 그들이 얻을 수 있는 자료를 독점적으로 거둘 수 있도록 허용되었다. "우선권 기간은 제작자들이 초기 발견을 할 기회를 보장하는 데는 충분히 길지만, 검출기의 예상 수명에 비하면 상대적으로 짧다."[48]

"시설" 또는 "실험"이라고 표현하는 명명법은 그러므로 대단히 중요한 정치적-과학적 현안 문제다. 장치를 등급으로 나누는 사람은 누구든 자료를 취하며, 누가 기계를 통제하고, 얼마나 오래 그렇게 할지에 대해 상당한 권한을 행사할 수 있었다. 그리 놀라운 일도 아니지만, PEP 집행부는 그들이 제작하는 것이 무엇인가에 대한 결정 권한을 보장하는 데 급급한 다음과 같은 조항을 첨가했다. "제안자가 검출기를 실험이라고 부를까 또는 시설이라고 부를까에 대해 검토하는 동안 실험 프로그램 위원회(Experimental Program Committee, EPC)는 궁극적으로 어떤 검출기들을 시설로 개발하게 될 것인가를 결정한다." 제안하는 그룹의 의무 중 일부는 그들(제안자들)이 떠난 다음 그 이후 기계를 지원할 사람에 대한, 즉 지원할 사람들이 연구소 내부에서 충원될 것인가 또는 바깥 세계로부터 충원될 것인가에 대한 계획을 수립하는 것이다. 한 가지 해결 방안은 이것이 이용될지 아니면 다른 것이 이용될지는 협의해서

---

48) [세슬러와 파노프스키], 「PEP 시설이 무엇을 의미하는가에 대한 안내」, n.d. [1976년 말], 파일 「PEP 정책」, box 2, JMP.

결정되겠지만 저온이나 진공, 자석, 전원, 전자 장치 등에 대한 지원이 몇 개의 시설을 돌보는 공동 요원을 만들 수도 있다는 것이다.[49]

도선을 목표로 연구하던 36명의 참가자들이 TPC 시설에 대한 그들의 계획안을 1976년 12월 30일에 SLAC 당국에 제출했다. 그때까지 SLAC 의 모든 것은 — 고에너지 물리학 공동체의 다른 곳에서도 — 1974년 11월 혁명인 J/프사이 입자를 중심으로 돌아갔다. 실험 과학자는 더 이 상 아무도 나이그렌이 2년 전에 그랬던 것처럼 그들의 목표가 PEP에서 생산되는 현상을 "엄호"하는 것이라고 말하지 않았다. 이제 물어볼 일련 의 분명한 현상이 존재하며, 계획안은 다음과 같이 그것에 대한 경의를 표하는 것으로 시작했다. "요즈음 e^+e^- 충돌 빛줄기 시설을 운전하면서 만들어진 일련의 굉장한 발견들은 이런 종류의 반응이 고에너지 실험 물리학을 진전시킬 주요 수단임이 밝혀졌다." 제트 사건들은 반응 생성 물이 두 개의 쿼크이고, 그것들이 곧 파이온과 케이온, 그리고 좀더 무거 운 입자들이 포함된 정장(正裝)을 한 하드론으로 바뀌었음을 가리켰다. 그동안 단지 두 해 전에 J/프사이 입자를 발견하는 열쇠였던 (e^+e^- 소멸 에서 하드론 쌍 생성과 뮤온 쌍 생성 사이의 비인) R값이 결정되었고, 새 로운 렙톤인 타우 입자가 존재한다는 놀라운 증명도 있었다.[50]

이러한 새로운 현상을 조사하고 어쩌면 더 보태기도 하려고 PEP-4 공 동 연구단은 TPC 자체, 초전도 자석, 대전 입자에 의해 저장되는 총 에 너지를 측정할 전자기적인 열량계, 검출기의 가장 바깥에서 수백 그램 의 물질을 침투하는 입자가 어떤 것이나 뮤온이라고 부를 뮤온 검출기 등 네 개의 주요 하부 시스템을 갖춘 검출기를 제안했다. 여기서 1974년

---

49) [세슬러와 파노프스키], 「PEP 시설이 무엇을 의미하는가에 대한 안내」, n.d. [1976년 말], 파일 「PEP 정책」, box 2, JMP. 이 항목에 대한 약간의 변형이 「실 험 프로그램 자문 위원회 헌장」, 부록 A, 1978년 9월 12일, 파일 EPAC 1, box G014-F, SLAC에서도 발견된다.

50) 클락 외, 「시간 투영 상자에 근거한 PEP 시설에 대한 제안」, 1976년 12월 30일, box 2, 15~16쪽, DNyP II.

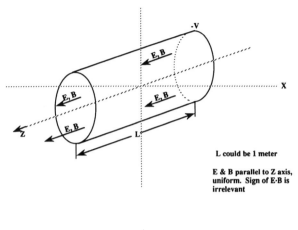

L could be 1 meter

E & B parallel to Z axis, uniform. Sign of E·B is irrelevant

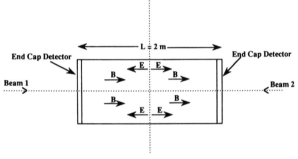

〈그림 7.9〉 나이그렌의 첫 번째 TPC 스케치(1974). 나이그렌이 그린 바래가는 연필 스케치에서 다시 그린 것인데, 이 그림이 전체 규모의 TPC에 대한 기본 생각을 묘사한 첫 번째 것이다. 출처: 나이그렌, 「입자 검출에서 신기한 개념의 사용 가능성에 대해 조사하기 위한 계획안」, 1974년 2월 22일, 2쪽, DNyP I. 캘리포니아 대학 로렌스 버클리 연구소 측에 감사드린다.

2월의 노트에 그린 스케치로부터 수년 뒤 제몫을 다 하게 된 다중(多重) 실험 운영에 이르기까지 시설에 대해 털어놓는 것을 그림으로 보면 유익하다(〈그림 7.9〉에서 〈그림 7.13〉까지를 보라).

이론의 새로운 환경과 SPEAR의 마크 I에서 이룩한 놀라운 실험적 발견들 중 어떤 것도 TPC의 기본 설계를 바꾸지 못했다. 오히려 공동 연구단은 이러한 발전을 장치에 유일하거나 또는 적어도 잘 맞는 그러한 성질들을 강조하면서 "물리학의 목표"를 다시 정립하는 데 활용했다. 마찬

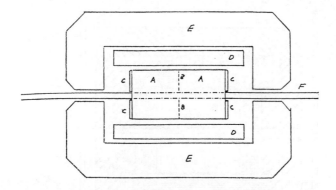

〈그림 7.10〉 TPC 스케치(1974). 〈그림 7.9〉에 보인 예비 스케치를 그린 지 아홉 달 뒤에 나이그렌은 혼성 TPC 검출기의 다른 요소를 대략적으로 그리기 시작했다. (1974년 여름에 그린) 그 장치의 요소들은 다음과 같다. A, 대략 지름이 1미터인 메탄으로 채운 영역, 길이는 2미터. B, 전기장 E를 형성시킬 스크린 또는 포일. C, 끝 마개 검출기. D 초전도 솔레노이드(3.33 텔사). E, B장을 위한 철로 만든 돌아오기 가로대. F, 빛줄기 진공관. 여기에 보이지 않는 것은 방아쇠 섬광기, 보정판, 광도 감시계 등이다. 출처: 나이그렌, 「시간 투영 상자」(1974), PEP-144-18에 나오는 〈그림 2〉. 캘리포니아 대학 로렌스 버클리 연구소 측에 감사드린다.

가지로 페르미 연구소와 CERN에서 1973~74년에 중성 전류를 발견한 것은 글래쇼-와인버그-살람 모형에 대한 더 깊고, 좀더 정확한 조사가 시급히 필요하다고 요청하게 만들었지만, 그러나 이번 역시 그 새로운 약-전자기 통일장 이론도 실험의 기본 구조를 바꾸지 못하고 그대로 두었다. 만일 누군가가 중성 전류의 발견이 중성의 약한 보존인 Z^0 입자가 존재하는 증거라고 본다면, PEP-4가 다음 두 반응

$$e^+e^- \rightarrow \gamma \rightarrow l^+l^- \text{ 그리고 } e^+e^- \rightarrow Z^0 \rightarrow l^+l^- \qquad (7.7)$$

사이에 간섭을 조사할 수 있으리라고 예상되었다. 그렇게 순수하게 렙톤에 의한 현상은 특히 이론 과학자들에게 매력적이었는데 그것은 그러한 현상이 강하게 상호작용하는 입자들에게 나타나는 복잡한 성질을 가지고 있지 않기 때문이다.

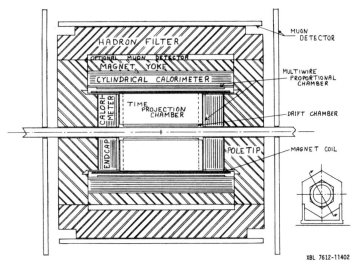

XBL 7612-11402

〈그림 7.11〉 PEP-4 시설에 대한 계획안 그림(1976). 공동 연구단이 함께 모여 공동 연구단의 장치와 사회적 구조가 모두 구분되었다. 1976년에 나온 이 단면 도표에는 〈그림 7.10〉에 포함되지 않았던 몇 가지 요소를 보여주는데, 그중에는 끝 마개 열량계, 원통형 열량계, 그리고 뮤온 검출기가 포함되어 있다. 출처: LBL XBL 7612-11402, LBL. 캘리포니아 대학 로렌스 버클리 연구소 측에 감사드린다.

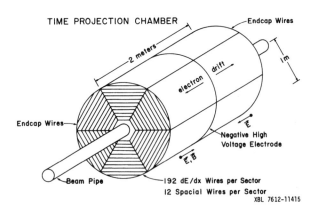

XBL 7612-11415

〈그림 7.12〉 TPC에 대한 계획안 그림(1976). SLAC의 PEP 시설에 TPC 계획안을 제출할 때까지 TPC 자체는 나이그렌의 첫 번째 스케치보다 크기가 두 배로 커졌으며 도선 평면에서 상당히 복잡해졌다. 출처: LBL XBL 7612-11415, LBL. 캘리포니아 대학 로렌스 버클리 연구소 측에 감사드린다.

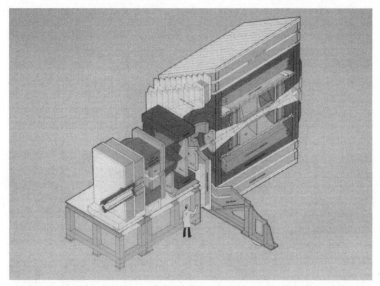

〈그림 7.13〉 TPC/PEP-4/PEP-9 시설(1980). 마지막으로, 1980년에 우리는 단지 전체적인 TPC/PEP-4 시설뿐만 아니라 그것의 "다른 반쪽"인 PEP-9도 보게 되는데, 후자는 시설을 두 배의 혼성으로 만들기 위해 PEP-4와 결합한 실험 공동 연구단이다. 첫째, 각 "실험"은 자신의 혼성 하드웨어와 소프트웨어, 그리고 사회학을 갖는다. 그리고 둘째, 실험의 맨 위에는 두 실험이 행정적으로 결합되어 있다. PEP-4는 "끝 프레임"의 오른쪽에 놓인 더 큰 지름을 갖는 장치다. 출처: LBL BBC 794 4269, LBL. 캘리포니아 대학 로렌스 버클리 연구소 측에 감사드린다.

만일 연구소의 물질문화가 숨어 있던 맵시가 출현 시 바뀌지 않는다고 하더라도 그것은 실험 과학자가 새로운 발견에 아무런 관심도 가지고 있지 않음을 의미하는 것이 아니었다. 반대로 SPEAR에서 발견된 새로운 물리학이 너무도 경이적으로 흥미롭기 때문에 TPC 팀에 속한 많은 사람들은 그것을 반복해보고자 하는 꿈에 들떠 있었다. TPC 공동 연구단은 PEP가 J/프사이 입자와 그 들뜬 상태, 그리고 유사한 일련의 새로운 대상을 만들어내야 할 것이라고 주장했다. TPC는 그것들을 발견하는 데 특히 좋은 위치에 있었다. 그들의 검출기는 들뜬 상태가 붕괴할 때 생성되는 감마선을 모든 각에서 볼 수 있었다. 그리고 타우 입자의 발견과 함께 새로운 세대의 쿼크(꼭대기 쿼크와 바닥 쿼크)가 있다는 널리 인정받고 있는 이론적 주장이 존재했는데, 그래서 만일 그것들이 관찰할 수 있는 에너지 범위 안에 든다면, 그것은 "열광적이고도 실험적으로 도전적인 변화무쌍한 풍부함을 제공"해 줄 것이다. 마크 I이 비율 R의 급격한 변화를 발견한 것과 꼭 마찬가지로 R에 새로운 급작스런 변화가 생긴다면 TPC 공동 연구단은 그것을 틀림없이 관찰할 수 있을 텐데, 그 이유는 그것이 바로 대전 입자가 상호작용 영역으로부터 날아갈 때 그 방향이 무엇이든 바로 정확하게 그런 입자를 사로잡을 수 있도록 설계되었기 때문이다.[51]

그러나 TPC의 실험적 장점들은 사회적 결과도 가져왔다. 상호작용 영역 주위의 한 방향을 향하는 쐐기 모양의 입체각을 조사함으로써 표적이 고정되어 있는 실험은 상대적으로 간단한 불꽃 상자 배열에서 보듯 그들의 장치를 독특하게 만들고 일종의 기술 순수성을 유지할 수 있었다. 당시 사용되는 전문 용어로, 입체각의 각 부분이 "재산" 한 조각이라고 정의되었으며, 그들의 장치를 특정한 각도 영역에 위치시킴으로써 몇 그룹 중 각각은 바로 자신들에게만 해당하는 조각의 물리학을 선정할 수 있었다. 표적이 고정된 검출기는 그러므로 "실험"이라는 범주에 좀더 잘 어울렸다. 충돌하는 빛줄기와 그것들에 부수되어 활용 가능한 물리학이 얼마 안 되는 상호작용 영역으로 집중되는 점은 실험 과학자들이 작업해야 하는 새로운 사회적 세상과 물리적 세상을 창조했다.

크고 고가(高價)이며 포괄적인 충돌 빛줄기 검출기는 어떤 한 그룹에 의한 "개인적인" 소유 관계를 붕괴시켰다. 심지어 충돌 빛줄기 검출기의 구조는 어떤 그룹도 홀로 운영할 수 없는 새로운 그룹들 사이의 원동력이 출현하도록 이끌었다. 원통 대칭인 플라스틱과 금속, 기체, 그리고 집적 회로 등의 이러한 동심원 구조는 연구소들 사이에, 물리학자들 사이에, 그리고 물리적 논증들 사이에 새로운 구조를 실현시켰다. 그러나 "실험"에서 "시설"로의 전환에 문제가 없었던 것은 아니다.

---

51) 클락 외, 「시간 투영 상자에 근거한 PEP 시설에 대한 제안」, 1976년 12월 30일, box 2, 9~11쪽, DNyP II.

공동 연구단의 "시설"이 지닌 스타일은 전자기적 열량계와 뮤온 검출기, 표류 상자, 초전도 자석, 그리고 물론 TPC 자체 등 병렬로 놓인 장치들에 의해 명백해졌다. 이들 각각은 그것을 구성하는 실험실 그룹들 하나하나가 존재함을 보여준다. UCLA는 기둥 끝의 열량계를 제작했고, 존스 홉킨스는 뮤온 검출기를 가져왔으며, 리버사이드는 표류 상자를 지원했고, 예일은 자료 습득을 설계했으며, 그리고 LBL은 자석과 TPC의 제작을 수행했다. 그들의 준(準)자율성에도 불구하고 서로 다른 이 하부 시스템들이 완전히 독립적으로 나란히 앉아 있는 것이 아니었다. 순수한 건축 단계에서는 서로 다른 하부 시스템들이 서로 다른 상대방의 형태와 기능에 구속 조건을 줌으로써 상대방들의 형체에 관여했다.

한 장치의 물질적인 배열은 옆에 있는 장치의 형태를 감싼 반면, TPC의 온도와 기체 환경은 그 주위의 모든 하위 부품들의 작동 조건을 좌우했다. 하부 장치들 사이의 **물질적 경계**를 가로질러 **전자적**(電子的) 경계가 놓여 있었다. 어떤 특정한 부품의 신뢰성을 넘어 전체로서의 기계 장치는 신호를 통하는 것과 함께 소프트웨어의 정교한 조정을 통해 의사를 주고받으며, 전체적인 전자 네트워크 내에서 기능을 다해야 되었다. 하나의 주어진 대학 그룹은 전형적으로 검출기의 특정한 하위 부품에 소속되어 있으므로 각 팀은 기계 중에서 자기 것에만 책임 있는 것이 아니라 그들의 소프트웨어가 다른 이의 소프트웨어 사이의 상호작용에도 책임져야 했다. 다른 방법으로 표현하면 사회적 구조와 기관적 구조, 하드웨어적 구조, 소프트웨어적 구조 등은 모두 조화롭게 진행되어야 했다. 그것들은 단순히 합해지는 것이 아니라 통일체를 이루어야 한다.

계획안 자체와 함께 PEP 당국은 계획안의 수비를 요청했으며, 그리고 TPC의 집행 이사회는 그것의 정치적 측면과 과학적 측면을 통합하여 홍보하는 이 부분을 조화롭게 연출해야만 되었다. 예를 들어 1976년 12월 17~18일 회의에서 이사회는 임무를 분배하기 시작했다. 컴퓨터 시뮬레이션 영역 하나의 내부에서만 몇 가지 조사가 필요했다. 한 그룹은 $\pi, K, P, e, \mu, \eta^0, K^0$ 그리고 Λ^0의 검출을 위한 스펙트럼을 결정해야 되었다. 다른 그룹은 경쟁 그룹의 평면상 설계 대신 원통형 열량계를 이용하여 얻은 "물리학 이득"을 증명해야 되었다. 세 번째 그룹은 4π 입체각을 통하여 측정하면 가능해지는 장점을 증명하기 위한 하나의 감마선 과정과 두 개의 감마선 과정을 탐구해야 되었다. 그리고 네 번째 그룹은 맵시 붕괴와 기대하고 있는 꼭대기 쿼크의 발견에 관련된 과정들을 시뮬레이션 해봐야 되었다. 다른 그룹들은 불균일한 장과 큰 배경, 양이온, 그리고 그들이 "선전했던" 전체적인 정확도 등에 대한 공격에 대비하는 "수비 도구"를 준비해야 되었다. 하부 범주로 묻혀 있는 것이 웬첼에게 배당된 "건축 스케줄"이었는데, 그것은 다음 10년 동안 공동 연구단에게 독(毒)이 될 주제였다.[52] 주제를 배당받은 개인 또는 세부 그룹은 한 쪽을 넘지 않는 요약을 준비해야 되었다. 회의록에 따르면 이것들은 "마치 정치인이 뉴스에 발표하기 위하여 참모들이 간략히 보고하는 것과 같았다."[53]

이러한 요약 발표를 준비하는 일은 계획안이 검토 과정에서 통과하도록 만드는 데 필요한 정치적 위치 조정의 단 일부분에 불과했다. 공동 연구단의 다른 구성원들은 SLAC의 실험 프로그램 자문 위원회(Experimental Program Advisory Committee, EPAC)라고 나중에 개명된 실험 프로그램 위원회의 다른 개별적 위원들과 접촉을 시도했는데, TPC에 배당된 멤버들을 설득하는 것이 목적이었다. 다른 사람들은 공격적이 되기도 했다. "검토자"들은 경쟁 관계에 있는 계획안들 각각에 대한 공격을 준비하기도 했다. 예를 들어 한 팀의 멤버는 배리 바리시-리처드 테일러 계획안에서 자석에 대한 예산 항목이 "실제보다 상당히 낮게 책정되었다"고 지적했다.[54] 훨씬 더 미묘한 것으로는 어떻게 그들

52) TPC 집행 이사회의 회의록, 1976년 12월 17~18일, 파일 「TPC 집행 이사회」, box 3, DNyP II.

53) TPC 집행 이사회의 회의록, 1977년 2월 4~5일, 파일 「TPC 집행 이사회」, box 3, DNyP II.

54) TPC 집행 이사회의 회의록, 1977년 2월 4~5일, 파일 「TPC 집행 이사회」, box

〈그림 7.14〉 원형(原型)(1978). TPC의 시작을 위한 건조 전에—또는 이 장치가 PEP로부터 예산과 허가에 대한 경쟁을 성공적으로 이기기 전에—지지자들은 그 능력을 보이고 정확한 측정을 수행할 축소형 원형을 제작해 작동시켜야 되었다. 출처: LBL CBB 787 9080, LBL. 캘리포니아 대학 로렌스 버클리 연구소 측에 감사드린다.

의 잠재적인 협력자이며, 또한 2γ 공동 연구단이라고도 알려진 PEP-9를 다룰 것인가라는 점이다. 이 그룹은 경쟁의 초기 단계에서부터 빛줄기 선 위에서도 TPC가 입자를 포획하는 데 그리 좋지 않은 어떤 공간 영역에 검출기를 놓겠다고 제안했다. 여기서 TPC 팀은 어려운 문제에 봉착했다. EPAC은 아마 공동 연구단들의 구체적인 공동 연구를 선호할 것이고, 그러므로 PEP-9을 환영하는 것처럼 보이는 것이 PEP-4에 유리하게 될 것이었다. 동시에 공동 연구를 한다는 것은 기술적이고 정치적이며 예산에 관계되고, 궁극적으로 물리에 대한 일련의 또 다른 구속 조

3, DNyP II.

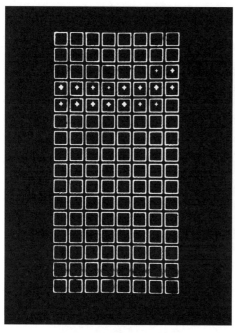

〈그림 7.15a〉 판의 충돌, CCD 원형(原型)(1974). 이 그림은 TPC 원형의 흔적 아래 판에 "충돌"하는 것을 보여주는데, 이것은 도구의 결과 중에서 중요한 것의 하나로 이 신기한 장치를 PEP를 위해 주 검출기로 채택하도록 PEP 위원회를 설득하는 데 이용되었다. 출처: LBL XBB 783 2951, LBL. 캘리포니아 대학 로렌스 버클리 연구소 측에 감사드린다.

건을 받아들임을 의미하는데, 그 구속 조건은 활용이 가능한 물리학적 행동과 TPC 공동 연구단에 의해 축적된 가능한 영향력을 제한할지도 몰랐다. 우리는 집행 이사회의 회의록에서 이러한 긴장의 자취를 본다. 예를 들어 그것은 2γ 공동 연구단에게 빛줄기 관 주위에 120밀리라디안을 허용하는 "공적(公的) 입장"과 이것을 200밀리라디안으로 증가시키는 사적(私的) 검토 사이의 차이다. TPC 이사회는 어느 정도 시들한 어조로 "만일 필요하다면 [PEP-9 대변인인] [조지] 마색과 일부를 공유하는 것에 대해 반대하지 않는다"고 결론지었다.[55]

(1974년 2월에 개최된) 심사에서 TPC/PEP-4 공동 연구단은 (이 이름으로 알려졌는데) 원래의 계획안에는 누락되었던 결정적인 항목인, 제대로 작동하는 원형(原型)(〈그림 7.14〉와 〈그림 7.15〉를 보라)을 가지

---

55) TPC 집행 이사회의 회의록, 1977년 2월 4~5일, 파일 「TPC 집행 이사회」, box 3, DNyP II.

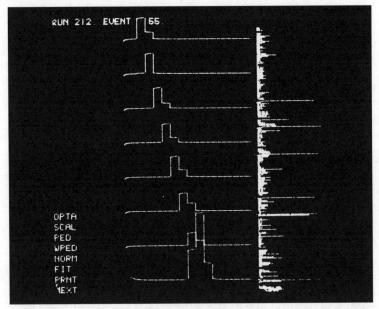

〈그림 7.15b〉 시간 재기 자료, CCD 원형(原型)(1974). 〈그림 7.15a〉와 함께 이 그림은 (TPC 원형에서) CCD의 시간 재기 메커니즘이 전자가 원자에서 방출되어 입자의 궤도를 따라 표류하는 동안 걸린 시간 지연을 효과적으로 기록할 수 있음을 보여준다. 출처: LBL XBB 772-1328, LBL. 캘리포니아 대학 로렌스 버클리 연구소 측에 감사드린다.

고 있었다. 1977년 2월 15일에 공동 연구단은 이 TPC 원형을 버클리의 베바트론에서 작동시켰으며, 이 결과들은 곧 원래 계획안보다 더 그들의 가장 설득력 있는 실적이 되었다. 본질적으로는 실제로 제작될 TPC의 일부분 실물 크기 모형으로서 이 원형은 dE/dx에 대해 이론적인 예측에서 수퍼센트 이내인 해상도를 산출했으며, 그리고 음극판에서 공간 해상도는 220마이크론이었다. 이 새로운 정보와 함께 공동 연구단은 액체 아르곤 열량계가 $\pi^0 \rightarrow \gamma\gamma$ 붕괴에서 방출되는 수많은 광자를 포함하는 하드론 제트에 어떻게 반응할까에 대한 몬테 카를로 시뮬레이션을 급하게 만들었다. 많은 수의 그러한 파이온을 생산하는 소멸 사건의 환경에서 시험해볼 수 있는 열량계의 원형이 아직 완성되지 않았기 때문에 이 몬테 카를로 시뮬레이션은 PEP의 높은 사람들에게 이 열량계가 이런 수많은 광자들을 해결할 수 있고 그 입자들의 기원이 무엇인지 제대로 확인할 수 있음을 설득하기 위해 설계되었다. 그들의 문서로 작성된 방어 도구의 마지막 부분으로서, 에버하르트와 마이클 그린은 1977년 2월 24일이라고 찍힌 메모를 작성했는데, 그 메모는 초전도 자석 설계의 안정성을 옹호하고 그것을 파괴할 수도 있는 힘과 자기장을 발생시키지 않고서도 (갑자기 동력이 꺼지는) "퀜치"로부터 살아남아 있을 수 있다고 주장했다.[56)]

공식적인 "첨부물"이 PEP로 보내지기 불과 수일 전에 공동 연구단은 그들이 얻은 결과를 보고했다. 1977년 2월 24일 나이그렌과 마르크스는 LBL과 SLAC의 연구소장들이 PEP-4 계획안을 승인했다는 공식적인 통보를 받았으며, 그리고 다른 참여 그룹, 예산을 지원하는 기관, 두 연구소, 그리고 PEP 책임자들과 그들이 이 시설에 접근할 수 있는 우선권 기간을 수립하기 위하여 지급으로 협의를 진행하라는 권고를 받았다. 별 힘을 따로 들이지 않고도 연구소장들은 효과적으로 PEP-4와 PEP-9를 합병했고, 이 두 시설은 그들의 검출기를 "통합"하라는 지시를 받았다.[57)]

4. 삽입과 조정

혼성 실험에는 뒤따라서 꼭 나오는 단어인 "통합"은 실행하기보다 말하기가 더 쉬웠다. 일련의 계속된 회의에서 PEP-4 그룹과 PEP-9 그룹은 몇 가지 질문들을 힘들여 만들어냈는데, 그중 가장 중요한 것은 2γ 그룹이 활용할 수 있는 열린각(θ_{max})과 관련되었다. 문제는 다음과 같

---

56) 수정된 계획안이 실험 프로그램 위원회에 1977년 2월 26일, TPC-LBL-77-3로 제출되었다. 거기에는 다음이 포함되어 있었다. 「압력을 가한 TPC 원형으로부터 얻은 임시 결과에 대한 PEP-4 보고서의 첨부물」, 1974년 2월 25일; 하우프트먼과 티초, 「열량계 몬테 카를로 프로그램」, 1977년 2월 23일; 에버하르트와 그린, 「고유한 안정성」, 1977년 2월 24일.

57) 실험 프로그램 위원회의 비서인 피셔로부터 나이그렌과 마르크스에게, 1977년 4월 18일, 파일 「PEP 정책」, box 2, JMP.

다. PEP-9 시설이 사진을 얻기 위해서는 PEP-4를 통과하는 빛줄기 선을 따라 "터널"이 존재해야 되었다. 그 터널이 얼마나 넓어야 하는가? 한편으로 만일 열린 구멍이 너무 크다면 TPC 끝 마개에 의해 기하적 모양이 제한되어 입자의 위치를 정확하게 결정하는 데 필요한 만큼 TPC 전기장을 균일하게 만드는 것이 불가능해진다. 간단히 말하면, 그것은 우선 TPC를 매력적으로 만든 바로 그 특성을 저해했다. 게다가 자리 잡고 들어앉아 있는 2γ 검출기는 장치에 접근하는 데 방해가 될 수 있으며 그리고 TPC의 작동 중인 부피에도 방해가 될 수 있었다. 반면에 만일 열린 구멍이 너무 작다면, 2γ 공동 연구단은 그들의 실험을 가치 있게 해주는 두 개의 광자와 관련된 반응으로부터 방출되는 광자나 대전 입자 중 너무 많은 수를 잃어버릴 수도 있었다.

1977년 3월 동안의 협상은 물리학적인 면과 정치적인 면이 동시에 진행되었다. 나이그렌은 $\theta_{max} = 160$밀리라디안으로 정하는 선에서 타협하려고 했다. 그때 TPC 공동 연구단은 오프라인 소프트웨어 메시지를 가지고 장의 일그러짐을 수정하는 데 대해 연구할 예정이었다. 만일 이것이 실현 가능하다면, θ_{max}는 190밀리라디안까지 높일 수 있었다. 그렇지만 이런 종류의 유연성은 두 공동 연구단에게 거절당했다. TPC는 조금도 기다릴 수가 없었는데, 왜냐하면 그렇게 하자면 열린 구멍의 크기에 결정적으로 의존하는 자석의 설계를 중지해야 하기 때문이고 2γ 실험은 그 대답을 즉시 들어야 했는데, 왜냐하면 그들은 설계를 완성하는 데 그것 역시 필요하기 때문이다. 최종 결론은 다음과 같았다. TPC는 θ_{max}가 200밀리라디안보다 커지는 것을 반대했는데, 그 이유는 장치가 더 이상 작동하지 않을 것이 확실하기 때문이다. 그리고 2γ 대표단은 170밀리라디안보다 작아지는 것을 거부했는데, 그 이유는 실험이 쓸모없게 될 것이기 때문이다. 3월 말까지 두 그룹은 이 30밀리라디안 영역에 대해 협상을 벌이고 있었는데, 이 영역은 이스라엘-이집트 국경에 위치한 타바 지역에 대응하는 입체각이었다.

분리될 수 없는 혼합된 범주를 표시하기 위해 회의록은 한 단원에 "물리/정치/사회"라는 명칭을 붙였다. 여기서 문제는 정보의 통제였다. 누가 자료를 취득할 것인가? 상품을 어떻게 나누는가에 대해서는 두 가지 방식이 존재했다. 하나는 그것을 "물리"로 나누는 것이다. 다시 말하면 중간 상태가 감마선 하나인 사건은 TPC/PEP-4 공동 연구단으로 가고, 중간 상태가 감마선 두 개인 사건은 2γ 공동 연구단으로 가는 식이다. 이 구분이 거부되었는데, 그 이유는 TPC 그룹의 목표 중 많은 것에 대해서 TPC 그룹은 감마선이 두 개인 사건을 필요로 하며, 만일 2γ 공동 연구단이 없다면, TPC 공동 연구단이 스스로 감마선이 두 개인 사건을 포획하기 위해서 (80밀리라디안까지 내리면서) 무슨 방법인가를 취했을 것이기 때문이다. 또 다른 가능성으로 자료를 방아쇠에 따라 구분하는 것인데, 그러나 감마선 하나를 방아쇠로 사용하더라도 감마선이 두 개인 사건 대부분을 얻는 데 반해, 그 역은 성립하지 않는 것이 문제다. 회의록은 다음과 같이 결론지었다. "일반적인 느낌은 각 그룹이 그들 자신의 방아쇠에 의해 얻거나 [사건들 중에서] 그들 자신의 검출기가 중요한 역할을 하여 얻은 모든 자료를 소유한다는 것이다…… 방아쇠가 중복되는 경우에 대해서는 아마 각 그룹이 그 점에 대해 신사적으로 행동하면 될 것이다."[58]

신사적이건 아니건 간에 PEP의 승인을 얻었으므로 그룹은 이제 지금까지 제작한 것 중에서 가장 복잡한 고에너지 물리학 시설을 만들어 내야 했다. 비망록에는 새로운 어조가 들어왔으며, "관리"나 "경계", "통제", "임계 경로", 그리고 "PERT 도표"와 같은 용어들을 포함한 어휘가 물리학의 좀더 전통적인 전문 용어와 합류했다. 마르크스는 1977년 3월 21일에 버지에게 다음과 같이 썼다. "나의 목표는 ……기술적인 노력을 관리하는 것은 기술에 맡기고, 관료주의의 양을 최소화하며, 잉여 비용과 일정 지연 ……을 피하고, 하부 시스템들을 결합하고, 맞물려 있는

---

58) 치엔,「PEP-4와 PEP-9 사이의 양립성 문제에 대하여」, 1977년 3월 25일, 파일 「TPC 집행 이사회」, box 3, 6쪽, DNyP II.

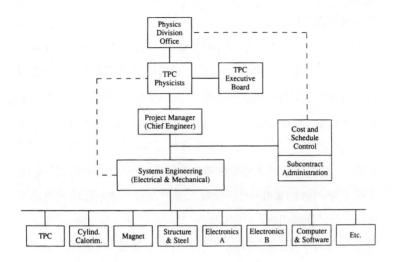

〈그림 7.16〉제안된 TPC 관리 구조(1977). 비록 이러한 초기(1977년) 관리 구조는 나중의 조직 도표(〈그림 7.24〉에서 〈그림 7.27〉을 보라)와 비교했을 때 간단함 그 자체였지만, 앨버레즈 연구소의 상대적으로 중앙 집중적인 작업 구조와는 이미 멀리 떨어져 있다. 여기서는 어느 누구도 중심이 아니다. TPC 물리학자들 그룹이 함께 동맹한 준(準)민주적인 TPC 집행 이사회와 함께 권력의 정점을 대표한다. 출처: 마르크스가 버지에게, 「TPC 프로젝트의 관리」, 1977년 3월 21일, 첨부물, 「TPC 시설에 대한 관리 구조」, 파일 「TPC 정책-내부」, box 2, JMP. 캘리포니아 대학 로렌스 버클리 연구소 측에 감사드린다.

설계와 전체의 건축을 촉진시키기 위해 물리 분서가 통제를 계속 장악하는 것이다." 관리에 숙달되기 위해 마르크스는 시스템 기술 그룹을 만들었는데, 여기서는 "기술적인 결정에 대해 매일처럼 주요 통제"를 가했다. 바로 그것을 통하여 "중간 정의와 통제"를 제공했다.59)

행정 구조(〈그림 7.16〉을 보라)는 프로젝트 간사(그는 또한 책임 기술자임)와 시스템 기술 그룹(여기에는 한 명의 전임 기술자와 몇 명의 자문 물리학자가 포함되어 있음), 그리고 비용과 일정 통제 그룹(이것은 한 명의 간사와 한 명의 행정 조수로 구성됨)이 관련되어 있다. TPC 집행 이사회(이전 명칭은 "본부 위원회"였음)는 물리학자들의 최고 의사

---

59) 마르크스가 버지에게, 「TPC 프로젝트의 관리」, 1977년 3월 21일, 첨부물, 「TPC 시설에 대한 관리 구조」, 파일 「TPC 정책-내부」, box 2, JMP.

결정 기구였다.[60]

　물리학자들은 ── 다시 말하면 시스템 기술 그룹에 포함되지 않은 사람들을 말하는데 ── 건축에 간여하기 위해서는 그들의 의사를 프로젝트 간사에게 알리거나 또는 시스템 기술 그룹에 호소하는 두 가지 수단을 가지고 있었다. 마르크스는 다음과 같이 덧붙였다. "마지막으로, 물리학자들은 그동안 전통적으로 그렇게 해온 것처럼 다양한 하부 시스템과 관련된 기술자들과 서로 영향을 주고받게 될 것이다. 즉 실현 가능한 설계와 건축 기술을 발전시키는 것이 임무인 기술자 임원들과 생각과 통찰력을 함께할 것이다." 기술자들은 "건축에 대한 실행 가능성"을 허용해 주고, 물리학자들은 "과학의 본모습"을 보장할 것이다. 이러한 조심스럽게 편성된 짝짓기는 전체로서 시스템뿐만 아니라 (액체 아르곤 열량계나 또는 고압 시스템과 같은) 개별적인 하부 시스템에서도 필요로 할 단계적 발전을 보장해줄 것이다.

　각 단계는 분명한 중간 이정표와 목표, 목적, 그리고 주기적인 설계 검토를 반드시 포함해야 한다. 주어진 영역에서의 설계는 일정하게 정해진 기간이 지난 뒤 반드시 확정되어야 하며, 그러면 우리는 개발 프로그램의 다음 단계로 진행한다. 이러한 과정은 한 영역에서 결정짓지 못한 것이 다른 영역에 불리한 영향을 주지 않도록 하기 위해 반드시 조정되어야 한다. 때로는 비록 가장 새롭지 않고, 가장 뛰어난 아이디어가 아니더라도 우리의 일정과 예산에 맞추기 위해서는 잘 작동할 수 있는 설계에 만족하며 살아야 한다. 이것이 시스템 기술 그룹 내에서 시스템의 변화를 통제하는 것에 대한 주요 동기다.[61]

---

60) 마르크스가 버지에게, 「TPC 프로젝트의 관리」, 1977년 3월 21일, 첨부물, 「TPC 시설에 대한 관리 구조」, 파일 「TPC 정책-내부」, box 2, JMP.
61) 마르크스가 버지에게, 「TPC 프로젝트의 관리」, 1977년 3월 21일, 첨부물, 「TPC 시설에 대한 관리 구조」, 파일 「TPC 정책-내부」, box 2, JMP.

물리학의 문화라기보다는 오히려 기술의 문화가 앞으로 강력하게 시행될 네 "단계" 뒤에 놓여 있었다. 그 단계들이란 계획안과 원형의 시험 결과를 만들어낼 가능성 조사, 시스템 요구 사항, 구속 조건, 타협을 위한 거래, 그리고 정의 등을 포함해 예비 설계 검토를 만들어내는 정의 단계, 마지막 설계 결정과 내부 전문가뿐 아니라 외부의 "객관적"인 전문가에 의한 "비판적인 설계 검토"에 의해 종료될 설계와 개발 단계 등이 있다. 그리고 마지막으로 건축 단계가 있는데, 그것은 구입과 제작, 조립, 그리고 "시설의 1980년 7월 가동"을 위한 시험 등을 아울렀다. 관리 계획의 뜻깊은 마침표에서 마르크스는 물리학자와 기술자가 무엇을 원하는가에 대한 지도력의 시각을 "'참호'에서 일하는 물리학자와 기술자 그리고 다른 사람들을 위하여 최소의 관료주의를 가지고 잘 정의된 의사 결정, 통제, 그리고 의사소통에 대한 책임"이라고 파악했다. 모든 사람이 그런 것을 원했다. 게다가 그래도 물리학자는 "궁극적인 과학적 통제"를 유지한 반면, 기술자들은 잘 정의된 구속 조건 아래 "조직된 환경 안에서 작업"할 수 있었다.[62]

수많은 문제들이 있었고 긴박했다. 1977년 6월 6일의 TPC 집행 이사회 회의에서 문제가 되고 있는 논쟁점들이 여러 쪽을 채웠다. "우리는 어떻게 E장이 균일하다고 확신할 것인가? 고리 건축과 저항 선택을 잘 지키자. 다른 방법이 있는가? E와 B는 어떻게 정렬되어야 하는가? 장의 모양을 결정하는 방의 건축에 필요한 오차 허용도는 무엇인가?" 이온화에서 나온 전자들이 TPC로 표류되어 내려오게 하기 위해 필요한 전기장을 만들려면 강력한 고압 시스템이 필요했다. "우리가 원하는 최대 고전압(High Voltage, HV)은 무엇인가? 물질을 시험하려면 그보다 얼마나 더 높아야 하는가? (예를 들어 켑톤과 마일라 같은) 유용한 유전물질의

---

62) 마르크스가 버지에게, 「TPC 프로젝트의 관리」, 1977년 3월 21일, 첨부물, 「TPC 시설에 대한 관리 구조」, 파일 「TPC 정책-내부」, box 2, JMP. 이 문서에 대한 1977년 3월 15일자 초안에는 기술자가 기술의 책임을 담당해야 한다는 문장이 빠져 있는 것을 유의하면 흥미롭다.

HV 성질에 대해 무엇을 이미 알고 있는가?" 장치의 다른 면들에 의해 제기되는 환경 조건들 사이의 상호작용과 관련된 일련의 많은 질문들 중에서 전형적인 것들은 다음과 같았다. "방사선 환경에서 HV 세기의 감쇄에 대해 무엇이 알려졌는가? 우리의 무지(無知)를 줄이려면 무엇을 시험해야 하는가?" 그다음에는 얼마나 정확한가 등과 같이 검출기 자체의 차별적인 능력과 직접 관련되는 질문들이 있었다. "상자 내에서 반응을 못하는 점들을 최소로 줄이기 위해서는 감지 도선과 장을 만드는 도선을 어떻게 배열해야 하는가? …… 도선의 끝으로 다가갈수록 민감도와 에너지 해상도는 어떻게 변화하는가?" 마지막으로 상자를 보정하는 일도 자체적인 어려움을 가져왔다. 시험 방사선을 위해서는 (방사성 Fe^{55} 와 같은) 한 공급원으로 충분한가 또는 "서로 다른 에너지를 갖는 몇 개의 공급원이 필요한가?" 그렇게 수많은 질문 뒤에 저자(著者)는 "이런 질문이 앞으로도 20쪽은 더 있다고 확신한다"라는 위압적인 논평 뒤에 회의를 마쳤다.[63]

실험의 그렇게도 많은 영역에서 그렇게도 많이 모르는 것들을 가지고 책임을 효과적으로 배분하는 것보다 더 중요한 것은 없었다. 이러한 구분은 부분적으로는 정치적이고, 부분적으로는 경제적이며, 부분적으로는 실용적인 의사소통의 정교한 춤이다. 예를 들어 열량계를 보자. 그것은 본질적으로 매우 낮은 온도의 액체 아르곤을 담은 큰 통으로 대전 입자가 지나갈 때 이온들을 만들어내고 그 에너지를 기록하도록 만든 것이다. 1977년 6월에 PEP-4에 이 하부 시스템을 배당하면서 다음과 같이 그 이유를 밝혔다. 냉각 시스템을 포함한 저온학과 저장소 등은 수소 거품 상자 시대 이래로 LBL의 전공 분야였다. 팀은 이 임무들이 LBL에 그대로 두어야 한다고 결론을 내렸다. (액체 아르곤을 담은) 저온통은 열적으로나 구조적으로 모두 TPC 자체와 기본적으로 너무 많은 측면에

---

63) [마르크스 ?], 「TPC 문제들」, [1977년] 6월 6일의 TPC 집행 이사회 회의를 위한 것임, 파일 「6/6 TPC 이사회를 위한 임무 목록」, box 7, JMP.

서 상호작용을 하므로 LBL은 자신들이 그것 역시 가져야 한다고 주장했다. 그러나 열량계의 감지 부분인 내부 장치는 TPC의 나머지 부분과 아주 쉽게 분리되었고, 이것은 적절하게 UCLA로 임대되었다. 전자 장치는 더 골치 아픈 경우를 만들었다. 전자 장치의 저 부분은 TPC의 이 부분과 상호작용하므로 UCLA와 긴밀하게 상의하면서 LBL이 책임져야 한다. 그러나 "특별한 전자 장치"는 그 부분이 열량계의 감지 부분에 가장 밀접하게 연결되어 있으므로 논리적으로 UCLA에 남아야 한다. UCLA와 LBL의 노력을 함께 묶기 위해서 인간적인 연결이 필요했으며, 그리고 LBL은 1977년 8월부터 1978년 3월까지 남캘리포니아의 동료 기관에 기술자 한 명을 파견할 계획이다.[64] 이런 종류의 협상이 수많은 하부 시스템 하나마다 반복되었으며 그렇게 해서 복합적인 검출기가 만들어졌다.

그럼에도 불구하고 모든 것이 계획대로 잘 진행되지는 않았다. 마크 II 검출기를 SPEAR로부터 PEP로 옮기는 비용이 초과된 부분은 이전에 PEP-4에 책정된 예산 사용에 위협이 되었다.[65] 1977년 10월에 이르자 공동 연구단은 이미 계획된 내부 일정이 어긋나기 시작했다. 행정 책임을 맡고 있던 기계 기술자인 사이 호로비츠는 그의 동료들에게 다음과 같은 날선 제목의 비망록을 보냈다. "우리의 일정에 대해 우리가 말한 것은 우리의 뜻인가?" 그가 믿건대 공동 연구단은 너무나 어리석게도 1977년 10월 15일로 고정된 중대한 이정표가 "고상하게 …… 어느덧 지나가버리게" 했다. 대신, 팀은 임무를 조기에 마쳐서 다음에 그들이 필요로 하는 시간을 벌 수 있도록 열심히 일해야만 되었다. "마크 II 프로젝트는 당시에는 타당한 이유로 초기 단계에서 변경하도록 승인받았다. 그 때는 계획들이 아무 생각 없이 취급되었고 연이은 변경의 결과에 대한

---

64) [저자 없음], 「TPC-LAD 설계와 건축의 병참술」, 1977년 6월 9일, book 71, HHP.
65) 마르크스가 세슬러와 파노프스키에게, 1977년 6월 21일, 파일 「LBL 연구소장에게 보낸/온 기록」, box 7, JMP.

조언도 무시된 채 진행되었다……. 마크 II 프로젝트를 비방하는 것이 때로는 유행처럼 보일지 모르지만, 산타야나의 말로는 '역사로부터 배우지 못하는 사람은 역사를 반복할 운명을 지고 있다'는 것이다."[66]

그렇게 지연된 이유는 여러 가지였다. 가장 괴로운 것은 물리학자와 기술자, 관리자와 관리 받는 사람, 그리고 전기 기술과 기계 기술 사이에 필요한, 그리고 자주 긴장되는 조정이었다. 만일 그룹들이 그들끼리만 고립되어 작업했더라면 별 문제가 없었을 조그만 세부 사항들이 존재했다. 이제 그들은 통합된 시스템을 구축하고 있었으므로 정렬되지 않은 것들은 매우 분열적이었다. 예를 들어 전기 기술 그룹과 기계 기술 그룹 사이의 일정은 따로 작성되었다. 전기 기술자들은 회계연도를 사용한 반면 기계 기술자들은 달력을 사용했다. 이것이 끝 마개(기체가 든 부피의 마지막 부분이고 상자에서 CCD의 입출력 전자 장치로 연결되는 도선과 연결된 변압기를 포함하고 있다)에 도선을 연결하는 작업의 일정을 짜는 데 의견 차이가 있었다. 그것은 전자 장치실과 압력 용기, TPC 도선 부분, 그리고 전체 기계의 마지막 조립품을 설치하기 위한 계획을 혼란스럽게 했다.

독특한 관리자의 어조를 띤 존 하다(프로젝트 행정관으로 TPC에 데려온 퇴역 군인임)는 지도부에게 이것이 "물리학자와 전기 기술자, 기계 기술자, 공동 연구자들 사이의 효과적인 협동과 조정을 저주하는 조건"이라고 통보했다. 하다는 선도적 전기 기술자가 그의 동료들을 공동 연구단에서 "격리"시켰으며 기계 기술자를 프로젝트 간사로 앉힌 것에 원망하고 있었다고 다음과 같이 불평했다. "나는 …… 프로젝트 간사가 저온 학자이건, [그 전기 기술자가] 프로젝트 간사의 말을 잘 들건 …… 상관없으며 …… 충실하지 못한 것이 성격 장애로 어떤 사람한테서도 단순히 그런 것을 참지 못한다라고 오히려 퉁명스럽게 반응했다."[67]

---

66) 호로비츠가 배포한 것, 「우리의 일정에 대해 우리가 말한 것은 우리의 뜻인가」, 1977년 10월 17일, 파일 「존 하다」, box 8, JMP.
67) 하다가 마르크스에게, 「물리학자와, 전기 기술자, 기계 기술자, 그리고 공동 연

동시에 물리학자와 기술자 사이의 작업 관계는 매우 유동적인 채로 남아 있었다. 나는 실험에서 초기 긴장 중 많은 부분의 근저에는 TPC/ PEP-4 시설의 사회학에서 변화하는 속성 때문이 아닌가 생각한다. 초기 실험 장비에서 심지어 72인치 수소 거품 상자나 또는 베바트론과 같이 큰 장치에서도 기술자가 물리학자에게 종속된 타협지을 수 없는 관계가 존재했다. 기술자들이 버클리 언덕에 위치한 모든 주요 장치들에 분명히 중심적으로 기여한 사람들이지만(예를 들어 베바트론에서 윌리엄 브로벡의 역할은 어떻게 말해도 과대평가하는 것이 아님), 권한은 모두 다 어니스트 로렌스 또는 루이스 앨버레즈 손에 들어가 있었다. TPC 에 대해서는 최초로 도구가 복잡한 수준이 누구든 상관없이 한 개인이 모두 습득할 수 있는 능력을 초과했음이 명백했다. 엄격하게 말하면 누구도 책임을 맡은 단 "한 사람"이 될 수가 없었다. 그리고 결과적으로 프로젝트는 각 단계마다 기술자로부터 자세하고, 지속적인 강력한 개입이 요청되는 협동적인 방식으로 진행될 수밖에 없었다. 이러한 변화는 물리학자와 기술자 모두에게 힘든 일이었다.

1977년 말에 나이그렌과 마르크스에게 도착한 한 익명의 편지에 아마도 (그리고 처음에는 놀랍게 생각될지도 모르지만) 나이 든 기사(技士) 또는 기술자인 어떤 참가자의 명백한 불쾌감이 나타나 있음을 알 수 있다.

나는 기술자들이 상관이고 물리학자들은 자문관으로 — 고갯짓이나 상관이 부르는 소리에 이일 저일로 뛰어다니고 — 자주 무시당하는 조언이나 하는 큰 회사 이야기를 들었다. 나는 어니스트가 절대로 이 이야기를 듣지 않았으면 한다.

이 연구소에서는 물리학자(화학자, 금속학자 등등)가 **상관**이며 기

구자들 사이의 효과적인 협동과 조정을 저주하는 조건」, 파일 「존 하다」, box 8, JMP.

술자는 **몸종**이다. 나는 당신들이 어떻게 이 분야에 들어오게 되었는지 모르지만 여기서는 그렇게 시작되었고 그렇게 하는 것이 최선이다. 물리학자는 기술자들에게 어떻게 해야 한다고 요청하지 않는다. 물리학자는 심지어 기술자들이 어떻게 해야 한다고 말하지도 않는다. 물리학자는 기술자들에게 이렇게 저렇게 하라고 **명령**한다.

당신이 1,300만 달러짜리 프로젝트를 수행할 때 당신은 "친구를 어떻게 사귀고 사람들에게 영향을 줄지" 생각하지 않는다. ……당신은 상관이 되어야 한다. 당신은 발로 밟아야 한다. 당신은 잡놈이 되어야 한다. 당신은 비열한 사람이 되어야 한다. 당신은 개자식이 되어야 한다. ……만일 당신들이 진정으로 이런 "양심이 말라버린 상태"를 택하기 싫어한다면 대안(代案)을 고려해 보아라. 당신은 "좋은 친구"로 남아 있어라. 그럴듯한 약속을 받아들여라. 그러면 당신은 다른 마크 II 실패자로 끝낸다.

당신들 물리학자들은 어쩌면 새로운 하드웨어로 이런 생각을 할지도 모른다. 당신은 개념을 낳는다. 당신은 어딘가로 가서 우리 봉급을 지급할 이 모든 돈을 가지고 집으로 간다. 그러면 프로젝트를 운영할 사람은 누구인가? "당신인가 아니면 기술자인가?"[68]

이러한 어쩌면 노골적이라고 할 수 있는 보고가 성(性)과 권력에 대한 비유적 호소라는 점에서 놀랍지만 여전히 물리학자와 기술자 사이의 사회적 질서를 위배한다면 대혼란으로 갈 수 있다는 경고라는 점에서 특징을 찾을 수 있다. 좀더 일반적으로 기술과 물리학 사이의 올바른 관계를 달성하는 데 있어서 널리 퍼진 염려가 존재했다. 이러한 선상에서 마이클 젤러는 마르크스에게 전자 장치에서의 상황을 보고하면서 (비록 좀 덜 놀랍더라도) 좀더 냉정한 의견을 제시했다. 젤러는 전자 장치 개

---

68) 익명의 인사가 나이그렌과 마르크스에게, n.d. [아마도 1977년 11월 또는 12월], 파일 「LBL 정책과 메모」, box 1, JMP.

발의 어떤 측면들은 잘 진행되고 있다고 주장했다. 그는 몇 명의 기술자들에게 "의심할 여지 없는 신임"을 갖고 있는데, 특히 미치 나카무라 그룹이 그랬으며, 젤러는 그 그룹이 장치의 눈인 새로운 CCD 집적 회로를 시험하는 데 걸출한 성과를 냈다고 보고했다. 나카무라와 카이 리는 완성된 장치에 필요하게 될 수만 개의 채널을 위해 시험 모형으로 이용될 수 있는 16채널을 가진 회로판을 성공적으로 제작했다. 하나의 회로판에 결합될 것으로는 CCD 자체와 시료 채취 사이의 시간 간격을 정하는 시계 메커니즘, 출력 신호의 형태를 결정하는 장치, 그리고 많은 채널들을 서로 격리하는 전자 장치 등이 있었다.

이렇게 원형을 가지고 시험해 보는 것은 시스템의 결정적인 요소일 뿐 아니라 입출력의 이 부분에 필요한 예상 경비가 어느 정도인가에 대한 더 나은 느낌을 공동 연구단에게 줄 수 있었다. 그러나 나카무라와 카이의 성공에도 불구하고 "평가와 원형 만들기의 임무를 기술자들만의 손에 맡겨 놓지 않아야 했다. 우리[물리학자]는 이 시스템이 어떻게 작동하는가에 대해 아주 잘 알고 있을 필요가 있으며, 그래서 물리학자가 이 그룹과 긴밀한 접촉을 맺고 있어야 한다." 젤러는 가장 좋기로는 나이그렌 자신이 이 접촉관 역할을 맡는 것이지만, 다른 사람이 맡을 수도 있다고 판단했다. "미치는 카이의 작업에 방해를 초래하는 물리학자의 무능력을 매우 걱정하고 있다. 카이는 물리학자가 망쳐놓고 자기가 다시 손봐야 했을 때 매우 기분 나빠 했다. 그래서 당신은 이 점에 대해 조심해야 한다. 그런데도 우리는 이 프로그램에 관여해야 한다."[69] 분명한 것은 상관/몸종 쪽지를 쓴 사람이 그랬던 것만큼 물리학자가 아닌 사람이 모두 다 명령을 받는 것에 대해 예리하게 반응하지는 않았다는 것이다.

정말이지 물리학자가 지도자로 돌아와 달라는 호소에 대한 한 가지 분명한 대안(代案)은 규칙이 지배하는 집회(集會)를 원했던 사람들에게서 왔는데, 그 집회에서는 효율만을 따져 누가 무엇을 언제 할지 결정하자

---

69) 젤러가 마르크스에게, 1978년 1월 10일, 파일 「TPC 정책-내부」, box 2, JMP.

는 것이다. "효율적인 비용에 대한 조사"가 한 가지 가능한 방식이었으며, 국방부에서 그것이 발휘할 상당한 영향력으로 비추어 보아 큰 물리학에서 채택될 유망한 후보처럼 보였다. 프로젝트 행정관으로서 하다는 그것이 PEP-4를 위한 관리 도구로서 적절한 것인가에 대해 보고하라고 요청받았다. 비록 국방성에서 그것을 광범위하게 이용했지만, 이제 하다는 그것에 반대 의견을 제시했는데, 그가 주장하기를, 비용 효율이 높다는 것은 단지 출력의 형태가 일정하고 다른 양들을 최대화하고자 할 필요가 있을 때만 제대로 작동하는 조건이라는 점 때문이다. TPC와 연관된 장래의 기술들은 끊임없이 변화하고 있으며, 물리학자들은 기술적인 변형에 광범위한 제한을 정해놓는다면 비용 절감에 대한 조사는 거의 쓸모없었다.[70]

만일 비용 관리가 관리에 대한 중립적이고 개인 감정을 섞지 않는 열쇠를 제공해 줄 수 없다고 하더라도 다른 방식이 여전히 그러한 희망을 주었다. 대부분의 사람들은 "중대 경로 관리"가 좋다고 생각했는데, 거기서는 행정관이 "이정표(里程標)"(중요한 수행 사항들)와 그에 필요한 선행 조건들을 세밀하게 계획하는 것이었다. 그다음에는 손 또는 컴퓨터로, 서로 섞여 있는 가닥들을 함께 짜서 정해진 날짜까지 완수해야 할 임무들의 총괄 목록인 "중대 경로"를 만들어냈다. 이러한 형태의 관리는 프로젝트 관리자에서 시작해 그룹 책임자를 통하여 소프트웨어와 열량계, 그리고 TPC의 끝 마개 등과 같은 항목의 세부 임무까지 모든 단계에서 자세한 보고가 요구되었다. 경로를 최신의 것으로 유지하기 위해 프로젝트 행정 부서는 1978년 1월에 보고서를 제출하라는 요구를 발부했는데 — 그것이 시행하기 위해서는 몇 달이 걸리겠지만 — 거기에는 비용, 인력, 그리고 원래 지정된 것에서 변형된 것들과 함께 "문제점"과 프로젝트에 대한 "하류(下流)의" 영향, 수정해야 될 행동의 제안, 수정을 시

---

70) 하다가 나이그렌과 마르크스에게, 그리고 하다가 에르난데스에게, 「비용 효과적인 접근, 그 가치와 위험」, 파일 「존 하다」, box 8, JMP.

행하는 데 책임질 사람, 보고의 문제 분석을 검토하고 승인할 사람 등이 포함되었다.[71] 이러한 미시적 규모의 권한 행사는 모든 임무를 중대 경로에 맞추어 정렬시킬 것으로 예상된다. 그러나 끝에 가서는 푸코식의 "모세관"에서 분산된 얼마나 많은 권력이 수족(手足)과 손가락을 만들더라도[72] 권력을 가지고 있는 최고 지도력의, 특히 프로젝트 관리자의 기능은 가장 중요한 문제로 남아 있었다.

관심을 끌었던 한 가지 제안은—아주 큰 거품 상자에서 앨버레즈의 오른팔로 행세한 기술자였던 폴 에르난데스가 맡았던—프로젝트 관리자의 기능을 전기 부분과 기계 부분으로 나누자는 것이었다. 적어도 고참 기술자인 사이 호로비츠 한 사람에게 이 길은 시작부터 운이 다한 것으로 보였다. "만일 TPC 프로젝트 관리자의 계획 수립 기능이 기계공학 부분과 전기공학 부분으로 갈라진다면, 그것은 목수에게 집을 지으라고 요청하는 것과 아주 비슷해 보인다. 그러면 그의 망치는 둘로 갈라지고 그 절반은 이 일을 하라고 전기 기술자들에게 주게 된다." 호로비츠는 덧붙여 말하기를, 기능을 둘로 갈랐다고 가정한다면 누가 공유된 표준들을 개발하고 비용을 계획하는 데 길을 인도할 것인가? 누가 프로젝트의 이렇게 맞물려 있는 측면을 통합할 것인가? 누가 인력과 프로젝트 계획, 일정, 그리고 설계의 변경을 조정할 것인가?[73]

결과적으로 프로젝트 관리자의 권력을 축소하는 것과는 거리가 멀게 마르크스는 그것을 강화하기를 원했다. 그는 에르난데스가 TPC를 일정

---

71) 하다가 PEP-4 TPC 프로젝트 보고 부서에게, 1978년 1월 12일; 그리고 마르크스가 분해용, 1978년 1월 16일; 둘 다 book 70, box 1, HHP.

72) 권력의 모세관이라는 주제에 관한 푸코와 연관하여 고전적인 참고문헌은 푸코, 『권력/지식』(1980), 제2장, 「감옥 이야기」, 특히 37~39쪽에 나와 있다. 이런 주제에 관하여 또한 푸코, 『훈련』(1979), 특히 「파노라마적인 주의」와 「교도소에 관한 것」에 관련된 장들.

73) 호로비츠가 에르난데스에게, 「계획이 중앙 집중으로 되어야 할 것인가 또는 전기공학 부분과 기계공학 부분으로 나뉘어야 할 것인가」, n.d. [1978년 1월 중반], book 70, box 1, HHP.

에 늦지 않고 예산에 맞도록 운영하며, 명세서 내용과 품질 요구 사항을 맞추고, 최신 프로젝트 계획을 유지하여 참가자들을 안내하는 것은 물론 과학 대변인에게 통보하는 등의 책임을 맡았으면 하고 바랐다. 아래로부터 올라오는 모든 보고는 그에게 도달하도록 되어 있으며, 그리고 이것들은 다시 과학 대변인에게 가는 월별 보고서로 정점을 이루었다. 메모의 초안에서 마르크스는 버지에게 다음과 같이 갈겨썼다. "당신은 이것이 자존심을 긁거나 또는 연구소의 부서들 사이에서 문제를 일으킬 것으로 생각하는가? 내가 소동을 일으키기 전에 나를 말릴 수 있는 기회는 지금밖에 없다." 버지는 다음과 같이 답변했다. "여보게, 아마 이것이 마지막 행동이라기보다 오히려 '토의용 보고서'여야 하네."[74]

1978년 1월에 팀은 모든 하부 시스템을 포함하는 주요 설계 검토를 준비하기 시작했다. 그때 환등기용 슬라이드 하나에서 에르난데스는 프로젝트 상태가 다음과 같이 (약하지만) 청신호로 판단했다. "일반적으로 TPC의 일정과 비용은 OK다. 문제는 있지만 걱정할 필요는 없다. 누구나 다소 처진 것 같다. 잘못된 부분이 골고루 널려 있다. 전체 평가 등급은 C마이너스이지만 올라가고 있다."[75] 이때까지 마르크스는 "관리 학교"에 출석하고 있었으며(계급 조직과 거리를 두고 있지만 여전히 앨버레즈 시대의 즉흥적인 관리 구조라는 증거에 하나를 더한 것임), 그리고 그는 관리자가 무엇을 해야 하는가에 대해 확고한 견해를 가지고 있었다.[76] 마르크스는 1978년 2월 21일에 나이그렌에게 프로젝트의 방향을 잡지 못하는 하다의 문제들 때문에, 프로젝트 관리 학교에서 얻은 자신의 경험 때문에, "그리고 특히 나 자신의 깊은 관심과 직관 때문에 나

74) 마르크스가 나이그렌에게, 「프로젝트 관리의 책임」, 파일 「TPC 프로젝트에서 프로젝트 관리의 책임과 권한」, box 7, JMP.

75) 에르난데스, TPC 집행 이사회 회의에 보여준 슬라이드 복사본, 1978년 1월 13일, 파일 「TPC 집행 이사회」, box 3, DNyP II.

76) 마르크스는 나중에 이 이틀에 걸친 과정이 제작 위주인 프로젝트 관리에 너무 많이 중점을 두었다고 생각했다. 마르크스가 저자에게, 1995년 12월.

는 제대로 일하는 프로젝트 관리자를 곧 (지금으로부터 1개월 이내) 갖지 못하면 TPC 프로젝트가 실패할 운명이라고 느낀다라고 썼다." 이 영구적인 직책은 "과학적인 지도력"의 책임을 맡아야 하며, 무엇보다 중요하게 "기계 기술과 전기 기술, 그리고 공동 연구자들을 포함하여 모든 영역에서 프로젝트의 맥박을 손가락으로 느껴야 했다." 비록 에르난데스가 프로젝트 관리자였지만, 마르크스는 그 지위에 주어진 권한이 중심적 지위를 지키기에 충분히 범위가 넓지 못하다고 주장했다. 권한의 문제를 해결하려면 물리 부서의 책임자(버지)와 공학과 기술 시스템 부서의 부책임자(하트소), 그리고 LBL 연구소장(세슬러)의 도움을 얻는 것이 요구되었다. 문제가 되고 있는 것은 그들 자신의 미래였다. "우리는 모두 물리학 공동체에서 우리가 현재 누리고 있는 평판을 얻기 위해 여러 해 동안 열심히 일했다. 이러한 평판들이 이제 위기에 처해 있다. 나로 말하자면, 나는 우리가 '사람이 너무 좋아서' 이 프로젝트에 대해 적절한 관리를 요구하지 못했기 때문에 나의 평판이 깨지는 것을 보지는 않을 것이다."77)

프로젝트가 진행되면서, 그리고 지도력이 이전의 노력으로 알려진 해안(海岸)으로부터 더 멀어지는 것을 발견하면서 나이그렌과 마르크스는 프로젝트의 구조가 곧 더 친숙해질 것을 희망했다. 검토 절차는 1977 회계연도의 경과를 평가하도록 요구했으며, 1978년 초에 나이그렌과 마르크스는 다음과 같이 썼다. "프로젝트가 (기초 연구로부터 시작하여 현재 이용하는 개발에 이르기까지) 가지각색의 R&D를 따라 더 다양하게 나타나면서 그것이 나타내는 불확실성도 줄어들고 따라서 위험도도 줄어든다……. R&D 관리와 [좀더 종래의 관리] 사이의 차이는 기초 연구 그리고 여러 가지가 배열된 중에서 가장 탐험적인 끝에서 가장 놀랍게 나타난다. 노력의 본질이 개발 단계로 접근하게 되면, 관리는 전통적인

---

77) 마르크스가 나이그렌에게, 「프로젝트 관리 문제」, 1978년 2월 21일, 파일 「프로젝트 관리」, box 7, JMP.

통제가 적용되는 더 계급적이 될 것이다."[78] 예산 지원 기관들을 확신시키는 데 ── 그리고 어쩌면 자신들을 안심시키는 방법으로 ── 공동 연구단은 자신들의 정통성과 특히 대부분의 이전 실험들의 친숙한 계급 조직으로 돌아가겠다는 자신들의 의도를 강조했다. 대체로 분산된 준(準)민주적인 조직이라는 현실과 독재적 구조의 안정 사이의 이러한 싸움은 이 실험에 대한 가장 초기의 미사여구에서 나타나 18년 뒤 PEP의 마지막 순간까지 계속되었다.

그들이 활동하는 동안 받았던 억압을 설명하기 위해 참가자들은 물리학자들과 기술자들의 서로 다른 태도에서 제기된 "'기술적 밀기'와 '조건에 의한 끌어당기기'의 한 쌍"의 힘을 인용했다. 한쪽에서는 "기술자들이 새로운 발견을 활용해 물질을 설계하는 방법을 모색했고", 다른 쪽에서는 "물리학자들이 현재 또는 장래의 필요성을 만족하기 위해 발전된 항목을 주장하는 '조건에 의한 끌어당기기'를 시작했다." 두 가지 모두를 억제하기 위해 지도부는 "기술적 기초 요소 이론"을 따르기로 약속했는데, 그것은 기술이 원형(原型) 단계에서 충분히 시험한 후가 아니면 기술적 개발을 연기한다는 것이다. 그들이 에너지성(省)의 검토자들을 확신시키기 위해 말한 것에 따르면, 이것은 마지막 PEP-4 장치의 "복잡성을 줄이고 신뢰성을 높일" 것이었다. "신뢰성"은 단순히 전자 부품의 성질만이 아니었다. 그것은 관리 구조에도 포함되어야 했다.[79]

1978년 초에 관리의 책임에 대해 다시 정의한 것은 즉시 대변인과 부대변인, 그리고 프로젝트 관리자에게 영향을 주었다. 그러나 곧 그 밑의 계급들도 특히 마르크스와 나이그렌, 그리고 에르난데스가 "우수 물리 계약자"라고 명명한 계급들에도 또한 구조적 의문에 의해 영향을 받았다. 이 명칭은 처음에 그 이름이 풍기는 것처럼 외부의 산업적 계약자를

78) [마르크스와 나이그렌?], 「1977 회계연도 PEP-4의 검토와 평가」, 파일 「1977 회계연도 PEP-4의 검토와 평가」, box 1, DNyP II.
79) [마르크스와 나이그렌?], 1977 회계연도 PEP-4의 검토와 평가, 파일 「1977 회계연도 PEP-4의 검토와 평가」, box 1, DNyP II.

지칭하는 것은 아니었다. 우수 물리 계약자란 프로젝트의 중요한 부분에서 책임지고 있던 물리학자들이었다. 그들은 임무를 공학 인력과 기술 인력에 하청으로 내준다는 의미에서 "계약자"였다. 새로운 관리 방식에서 그들은 물리학 지도부는 물론 프로젝트에 참여한 다른 물리학자들과 논의한 뒤에 명세서를 지정할 것이었다. 더 중요한 것으로는 각 우수 물리 계약자가 그 명세서를 실시하고 지정된 절차가 시스템에 삽입되기 위해 기술자들과 함께 작업할 것이었다. "이러한 과정은 정기적인 기반에서 기술자들과의 의사소통을 필요로 한다." 추측컨대 이러한 요구 사항들을 이행하기 위한 과정은 기술적인 대안을 제공할 것이다. 이렇게 제안된 거래들을 예산이나 시간, 그리고 명세서에서 반영시키는 것이 물리 계약자의 책무였다. "기술자와 물리학자 사이에 자유롭고 공개적인 의사소통을 격려하도록 관계가 수립되어야 한다." 달리 말하면 물리학자들은 그들의 요구 사항을 기술자들에게 분명하게 제시해야 하며, 기술자들은 물리학자들로 하여금 무엇이 가능하고, 시간과 공간, 변수들, 그리고 자금 면에서 어떤 대가를 치러야 하는지 알도록 해야 한다.[80]

　나이그렌과 마르크스는 기술자들을 "우수 물리 계약자"와 좀 덜 혼동되는 (그리고 어쩌면 좀 덜 산업적으로 들리는) "물리 계약 요원"이라고 고쳐 별도의 쪽지를 썼다. 동시에 그들은 물리 계약에 대해 기술 쪽에 대응하게 된 '책임 기술자' 범주를 새로 만들었다.[81] 이와 같이 각 주요 임무에는 물리학자 한 명과 기술자 한 명으로 된 한 쌍의 지휘부를 갖게 되었다. 여기 몇 가지 예를 보면 다음 표와 같다.

---

80) 나이그렌, 마르크스, 그리고 에르난데스가 TPC 관리와 기술 지도부에게, 「우주 물리 계약자의 책임」, 1978년 4월 5일, 파일 「PEP-4 프로젝트 관리」, box 7, JMP.

81) 나이그렌과 마르크스가 배포용(ME[기계공학]), 1978년 4월 11일, book 70, HHP; 용어 변화의 구체적인 논의에 대해 마르크스와 나이그렌이 배포용, 1978년 4월 25일, book 70, box 1, HHP를 보라.

Task	Responsible Engineer	Physics Contact
Readout System	J. Meng	S. Loken
Compensation Coils	G. Miner	L. Stevenson
Safety	E. McLaughlin	D. Nygren
Trigger Electronics	B. Jackson	M. Zeller
TPC Field Cages	F. Jansen	P. Robrish and D. Nygren

기술자의 지위를 이런 방법으로 올리는 것은 오로지 기술자들이 항의하는 경우와 그리고 그들이 그들에 의한 선택과 윤곽 잡힌 대안을 가지고 물리학자들에게 맞서는 경우에만 의미를 가질 것이다. 1978년 4월 중반 어느 땐가 나이그렌과 마르크스는 부디 "기술자의 책임"이라는 제목의 비망록에 나와 있는 것을 따라 행동하라고 기술자들에게 호소했다. 물리학자들이 마련한 명세서와 요구 사항을 활용하면서 기술자들은 처음에는 물리학자들의 계획을 正確하게 준수하며 실행할 수 있는 가능성을 수립하고 그들의 물리 요원에 대한 이러한 평가를 검토하라고 지시받았다. 그다음에 "거래"나 "규모의 축소" 또는 "일정 조정"을 요구하고 그러한 "분명치 않은 책략"에 대한 결과를 지적하는 등 좀더 능동적인 역할을 취하는 것은 기술자들에게 맡겨졌다. 지도부는 "이 단계 동안에 기술과 물리학 사이에 공개와 비공개의 협동 작업은 절대로 필요하다"고 주장했다. 다시 한번 더 반복하여 나이그렌과 마르크스는 물리학자들의 계획안과 명세서의 많은 부분이 "시안(試案)"이거나 또는 "초기 단계"라고 강조했다. 물리학자들은 선택 사항과 앞으로 진행 방식을 명료하게 해줄 구체적인 배치도와 계산을 가지고 그들을 이끌어 줄 기술자들을 必要로 했다.[82]

책임 기술자, 물리 요원, 프로젝트 관리자, 그리고 프로젝트 행정관이 모두 적절한 위치에 갖추어지고 보고 시스템이 수립되자 작업 구조가 출현하기 시작했다. 그러나 다양한 구성 인자들 사이의 조정에 아직

---

82) 나이그렌과 마르크스가 배포용으로 만든 초안, n.d. [아마도 1978년 4월 중반], book 70, box 1, HHP.

문제가 있었으며, 그래서 다시 한번 더 지도부는 공식화된 관리 방식으로 관심을 돌렸다. 1978년 7월에 한 그룹의 기계 기술자들이 널리 환호하며 맞이한 "중대 경로 네트워크(Critical Path Network, CPN)"를 어떻게 좀더 충분히 활용하고 컴퓨터로 처리할 것인가를 해결하기 위하여 모였다. 이것은 많은 수의 임무들을, 각 임무가 수행되려면 단순히 무엇이 필요한가를 보여주어 네트워크에 배열함으로써 조정하기 위하여 설계된 시스템이었다. 기술자인 D. 오멘이 CPN은 변경 사항이 컴퓨터에 쉽게 입력되도록 허용하여 융통성 있게 운영해야 한다고 한마디 던졌다. 자금이 시스템을 통하여 흘러가는 모습이 실제로 보일 것이고, 각 작업장은 부품의 취득을 네트워크의 남은 부분과 통합할 수 있을 것이다. 다른 그래프로 보여주는 경영 기술도 제대로 역할을 하지 못한 것이 분명하므로 — 이 점에서 TPC는 더 뒤처지고 있었다 — 오멘은 그것들을 계속하여 비판했다. 예를 들어 1950년대 초에 출현한 갠트 차트(Gantt chart, 계획과 실적을 시간의 함수로 나타낸 도표임 – 옮긴이)는 겨우 진척 상황(그것들은 실제적으로 "완수된 비율"을 보여주는 막대그래프였음)을 보여주었고 배열에 대해서는 어떤 것도 드러내지 못했다.[83]

CPN 옹호자들이 TPC 기술자들에게 설명한 것처럼 중대 경로 방법은 대규모 군사 프로젝트와 산업 프로젝트를 위한 계획 과정으로 1950년대 후반에 시작됐는데, 그때 몇 그룹이 관리 통제에 대한 네트워크 개발에 착수했다. 이 유일무이한 중대 경로 방법(1957년)은 설계와 건축, 그리고 제조 공장 관리 프로젝트를 조직화하기 위하여 뒤퐁과 스페리 랜드 회사가 만들었다. 그다음 해에 해군의 특별 프로젝트 부서는 첫 번째 잠수함용 미사일인 폴라리스 생산을 책임진 함대 유도 미사일 프로그램을 관리하기 위해 또 다른 네트워크 시스템을 만들었다. 해군의 기여가 성공함에 따라 프로그램 평가와 보고 기술(Program Evaluation and Reporting Technique, PERT)은 네트워크 관리 시스템에게 굉장

---

83) 브라운, 「회의 기록」, 1978년 7월 18일, book 79, box 2, HHP.

한 대중성을 가져다주었는데, 그것은 이 시스템이 약 3,000명 계약자의 노력을 동원하고 폴라리스를 계획보다도 두 해나 더 빨리 완료하도록 독려한 공을 인정받았기 때문이다.[84] 그러한 성공담은 로렌스 연구소의 무기 담당 부서인 로렌스 리버모어 연구소(Lawrence Livermore Laboratory, LLL)에서 변치 않는 유산이 되었다. 왜냐하면 그곳에서 시스템의 가장 결정적인 특징인 폴라리스 탄두가 설계되었기 때문이다. 그것은 가볍고 고성능의 열핵 폭탄으로 잠수함에서 발사되는 유도 미사일에 탑재될 수 있었는데, AEC의 다른 부서들뿐만 아니라 국방성의 방대한 로켓 프로그램과도 통합 방식으로 조정되어 제작된 것이다.[85]

대략적으로 이야기하면 PERT와 중대 경로 관리는 모두 — 연쇄적인 개발에서 열쇠가 되는 사건들을 지칭하는 — 이정표를 인식하고 각 이정표를 실현하려면 어떤 임무가 완수되어야 할지 결정함으로써 작동했다. 좀더 구체적으로는 교점 또는 사건이 어떤 특정한 임무가 완료되는 시간으로 정의되고 도표에서 삼각형으로 나타낸다. 활동은 시간을 취하는 과정이다. 활동은 화살표의 형태를 취한다. 한 사건이 논리적으로 다른 사건에 의존하지만, 그들 사이에 시간을 소비하는 활동이 요구되지 않으면, "모조(模造)" 논리 장소 소지자로 줄이 끊긴 선으로 표시된 화살표가 그려진다. 완성된 네트워크 도표를 가지고, 관리자들은 어떤 임무가 전체 프로젝트의 속도에 영향을 주는지, 그리고 전체가 완료될 날짜에 영향을 주지 않고 어떤 부분의 노력을 시간적으로 줄이거나 늘일 수 있는지 확인할 수 있었다(〈그림 7.17〉을 보라).

LBL은 이미 1970년대 초 베바트론을 다시 제작할 때 중대 경로 관리를 이용했다. LBL이 로렌스 리버모어와 긴밀한 유대를 맺고 있는 점을 감안하면 아마도 그것은 그리 놀라운 일이 아니다. 그러나 거기에 첨부

---

84) 호로비츠, 『중대 경로 일정잡기』(1967), 5쪽. 동시에 네트워크 관리 방식이 발전소 재건출을 위한 영국의 경영 연구 임원에 의해, 그리고 암호명 PEP 아래 미국 공군에 의해 고안되었다. 록키어, 『중대 경로 분석』(1964), 1~2쪽을 보라.
85) 한센, 『미국 핵무기』(1988), 203~205쪽.

□	=	earliest time task can be done
▽	=	task start
▼	=	task complete
--▶--	=	"dummy event": links one activity that is a precondition for another, e.g. sector production must be complete before cosmic ray test.
▬▬▬	=	actual event, e.g. installation of cryostat

〈그림 7.17〉 중대 경로 분석의 요소. 이것들은 중대 경로 도표에서 흔히 이용되는 부호 중 일부인데, 그중 대부분은 매우 간략한 중대 경로 스케치인 〈그림 7.18〉에 나온다. 예를 들어 바넷슨, 『계획』(1970)을 보라.

된 사항은 처음 짐작할 수 있는 것보다는 더 깊은 의미를 가지고 있었다. 정말이지 이 특별한 컴퓨터 프로그램인 중대 경로 관리 프로그램, 개정판 G(Critical Path Management Program, revision G, CPMG)는 실제로 단 한 사람의 프로그래머 루스 한킨스에 의해 LBL/LLL 연합 시스템으로 설치되었다. 이와 같이 예전의 폴라리스 프로그램의 기지(基地) 기관과 TPC의 기지 기관 사이의 인계는 직접적이었다.[86] 중대 경로 관리를 채택한다는 것은 상징적이었다. 그것은 개별적인 실험이 이제 이 방법이 이전에 적용되었던 가속기와 폴라리스 프로그램, 그리고 수많은 다른 주요 무기 개발 프로젝트 등에 적용되었던 것과 똑같은 복잡성, 예산, 그리고 기관적 가중치를 지니게 된다는 것을 의미했다.

TPC 프로젝트에 중대 경로 관리를 이행시키기 위해 기술자들은 교점(그들의 이정표)을 지정하고 그 교점들은 선행(先行) 교점을 필요로 하는지, 그리고 그러한 전제 조건이 무엇인지를 표시해야 했다. 만일 몇 가지의 선행 임무들이 병렬로 완료될 수 있다면, 그것 역시 표시되어야 했다. 긴 활동들은 식별할 수 있는 구성 요소로 세분되어야 했으며, 각 활동은 기능별 부호와 임무의 명칭, 요구된 인원의 수, 필요한 시간, 그리

---

86) 브라운, 「회의 기록」, 1978년 7월 18일, book 79, box 2, HHP.

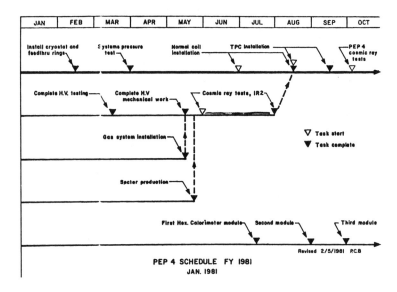

| JAN | FEB | MAR | APR | MAY | JUN | JUL | AUG | SEP | OCT |

PEP 4 SCHEDULE FY 1981
JAN. 1981

〈그림 7.18〉 중대 경로(1978). 중대 경로 관리에 대한 이 작은 견본은 조정되어야만 할 임무가 어떤 종류인가를 가리켜준다. 완전한 중대 경로 도표는 이것보다 몇 배나 더 크고 훨씬 더 복잡하다. 출처: 마르크스, 「PEP-4 상태 보고서」, TPC-LBL-81-23, SLAC 에너지성(省) 검토에서 발표한 세미나, 1981년 4월 2일, JMP. 캘리포니아 대학 로렌스 버클리 연구소 측에 감사드린다.

고 조달 비용 등으로 분류되고, 그다음에 중대 경로를 만들어내는 컴퓨터에 제출되어야 했다(〈그림 7.18〉을 보라). 새로운 정보가 출현하면 컴퓨터가 중대 경로를 개정할 것이었다.[87]

　에르난데스에게는 이러한 안내가 필요하다는 것이 실용적인 면에서 자명했으며, 그는 즉시 기술자들에게 TPC를 위한 모든 기계적 임무를 중대 경로 형태로 바꾸어 놓으라고 다음과 같이 요청했다. "여러분 중에서 [SLAC에서 사용되기 위해 제작된 검출기로 지금까지 가장 큰 것인] 마크Ⅱ 프로젝트의 상황을 기억하는 당신들은 우리가 조정을 이루고 조립품을 SLAC으로 제시간에 발송하려고 하면서 작업 활동의 일정 짜기와 재조정에서 경험했던 거의 대혼란을 기억한다. 이 프로젝트는 마크Ⅱ

87) 브라운, 「회의 기록」, 1978년 7월 18일, book 79, box 2, HHP.

보다 대략 8배쯤 더 큰데, 그래서 우리는 빠른 작업을 위해서 사이[호로비츠]의 임원으로부터 컴퓨터와 프로그램 만들기에서 도움을 받게 될 것이다." 중대 경로는 프로젝트의 예산을 지켜줄 것이고, "당신은 필요한 물건을 주문하고, 임무를 위한 사람을 배정하며, 공작소에 만들 제품 요청서를 제출할 수 있는 마지막 날짜를 즉시 알 수 있을 것이다." 계약 불이행의 경우 거의 불변의 PEP 예산에서 하루에 7,800달러를 지불해야 하는 환경 아래서 그룹은 일정에 대한 통제를 회복하지 않으면 안 되었다.[88]

그렇지만 공식적인 통제 메커니즘만으로는 마르크스가 원한 만큼 관리상의 권한이 생기지 않는 것처럼 보였다. 에르난데스가 1978년 8월 출타 중에 마르크스는 임시 프로젝트 관리자로 그를 대신했다. 그 지위에서 그는 프로젝트의 중앙 지도부에 대해 불만의 소리를 해댔다. 그는 에르난데스가 "물리학자들을 행복"하게 만들려고 아주 많은 노력을 하고 있었으며, 장기적으로는 옳지만 단기적으로는 "불행"을 초래하는 결정을 내리지 않고 있었다고 느꼈다. 선도(先導) 기술자들이 보강되어야만 했다. 표류 상자는 기술자의 도움을 더 필요로 했다. 한 기술자는 책임 기계 기술자와 지원 구조를 위한 선도 기술자 등 이중의 임무를 하고 있었으므로 조수가 절대적으로 필요했다. 선도 열량계 팀은 더 많은 기술 인력을 필요로 했다. 그리고 고압 시스템은 일정에 심하게 뒤처지고 있었다. 가장 나쁜 것은 프로젝트의 심장과 영혼인 TPC 자체가 "불충분한 지도력으로 인해서 실패할 위협을 안고 있었다." "TPC는 황제"를 필

---

88) 에르난데스와 브라운이 기계 기술자들에게, 「네트워크 계획과 비용 추산」, 1978년 7월 10일, 파일 「PEP-4 프로젝트 관리」, box 7, JMP. 약 12년 뒤에 에르난데스는 이 방법이 실패라고 판단했다. "이 중대 경로 시스템은 우리가 요구한 많은 시간과 자금을 사용할 만큼 정신적으로 준비가 되지 않았기 때문에 실패했다. 프로그램은 너무 복잡했고, 우리는 CPM이 요구하는 만큼 컴퓨터에 경험이 있고 헌신적인 인력을 갖추지 못하였다. 그때그때 늦지 않고 완수된 작업의 주간 상황 보고를 만드는 것조차 매우 어려웠다"(book 79, 1990년 12월 11일, box 2, HHP의 묘사에서).

요로 했으며, 마르크스는 그것이 없다면 나이그렌 자신이 물려받아야 한다고 주장했다. "우리는 제대로 하고 있지 못하며, 시스템 내부에 결함이 존재한다. 프로젝트는 적극적인 지도력을 필요로 하고 있다. …… 당신은 내게 솔직하게 말해달라고 요청했다. 나는 그렇게 했다."[89]

그로부터 두 달도 지나기 전에 마르크스 자신이 이제 걱정을 안고 있는 사업의 프로젝트 관리자를 맡아달라는 요청을 받았다. 마르크스는 그것이 그가 원하지도 않았고, 그가 "수행하기 위해 훈련받지도" 않은 임무라고 주장했다. 프로젝트는 일정보다 뒤처지고 예산은 초과되어 "나는 시간을 허비하고 예산이 초과되는 쪽으로 흐르는 오래 지속된 경향을 되돌려야 하는 어려운 처지에 놓여 있다." 그러나 이 "진급"의 주된 효과는 고참 인력들의 지도력이 없다는 외침에 응답하기 위해 "내가 좋아하고 전임(專任) 물리학자로서 내가 기대했던 종류의 일"에서 분리되는 것이었다.[90]

5. 그룹 구조

관리 의무가 고위 계층에게 압박이 되었던 만큼이나 젊은 중간 계층의 물리학자들에게도 역시 부담으로 작용하고 있었음은 분명했다. 1978년 말경에 쓰인 한 TPC 물리학자를 위한 추천서에서 나이그렌은 다음과 같이 언급했다. "나는 이따금 LBL의 그룹 구조가 진취적 기상을 막는다고 생각했다. 내 자신의 느낌은 특정한 물리학자 그룹과의 공동 연구를 위한 연합이 5년에서 10년 뒤에는 성과가 별로 없어지는 경향이 있다는 것이며, 그래서 …… 이런 시간 단위로 새로운 연구 조직을 형성하는 것이 생명력과 열정을 증진시킨다는 것이다."[91] 물론 그는 TPC가 보통보

---

89) 마르크스가 나이그렌에게, 「임시 프로젝트 관리자의 눈으로 본 PEP-4에 대한 견해」, 1978년 8월 14일, 파일 「PEP-4 프로젝트 관리」, box 7, JMP.
90) 마르크스가 버지에게, 1978년 10월 9일, 파일 「LBL 정책과 메모」, box 1, JMP.
91) 나이그렌이 버지에게, 1979년 5월 31일, 파일 「D. 나이그렌의 우편물」, box 2,

다 더 강한 지도력을 장려했으면 하지만 조정된 연구라는 구속 조건과 물리 활동에 대한 결과적인 통제의 상실이 그에게 부담이 되었다.

1978년 5월에 이르자 나이그렌은 그룹 구조의 영향이 크게 걱정되어서 버지에게 "이기심과 헌신, 그리고 습관의 관성으로 이루어진 네트워크가 연구소의 역사적인 그룹 구조를 단단히 묶고 있다"고 불평하는 편지를 보냈다. 거기에는 별 뚜렷한 목표도 없는 너무도 많은 작은 "대학 규모"의 그룹들이 있었다. SLAC은 선형 가속기가 더 좋은 지도부를 가지고 있었기 때문에 LBL보다 더 성공적이었다. 나이그렌이 주장하기를, 다른 LBL 존재와는 달리 TPC는 영구 직원을 두고 있지 않았다. TPC는 "프로젝트 중심으로 운영되며, 그래서 나는 TPC가 결실이 있는 시기의 마지막에 이르면 사람들이 이의(異意)를 제기할 수 있다는 개념을 구체적으로 확인하고 지지한다는 점에서 그 류(類)를 찾아볼 수 없을 만큼 독특하다." 그러나 만일 사람들이 프로젝트에서 떠날 수 있는 것이 칭찬할 만한 것이라면, 프로젝트에 "고참 인력이 모자란다는 것은 문제가 되었다." 이렇게 말함으로써 나이그렌이 의미한 바는 비록 그가 그렇게 구체적으로 적시하여 말하지는 않았지만 현재의 관성으로 LBL에 붙잡혀 있는 인력과 자원은 적어도 쉽사리는 TPC를 향하며 "이의를 제기"할 수는 없다는 것이다. 한쪽에서는 전통적인 그룹 구조가 그것이 너무 완고하고 제한적이었기 때문에 TPC와 같은 프로젝트에 곤경을 초래했다. 다른 쪽에서는 순수하게 프로젝트-중심인 시스템은 너무 "유동적"이며 프로젝트들의 혼합으로 사람들에게 부담을 준다고 밝혀질 수도 있었다.

그러므로 나이그렌은 그룹 구조에 대해 TPC에서 온 물리학자들의 비중이 아주 높은 위원회 수립을 제안했다.[92] 버지의 답장은 "나는 항상 [그룹 조직이] 단지 행정상의 문제라고 말해왔다"로 시작했고, 그러나 마지막에 그는 박사후 연구원을 유인하는 데에 있어 재고(再考)가 필요

DNyP I.

92) 나이그렌이 버지에게, 1979년 5월 31일, 파일 「D. 나이그렌의 우편물」, box 2, DNyP I.

하며, 좀더 일반적으로는 새로운 생각을 낳게 하는 것이 필요하다고 인정했다.[93] 마르크스는 이 위원회에 위촉되었으며, 그리고 이 문제에 대해 곰곰이 생각하기 시작했다. "모형 1: 프로젝트에 기반을 둔 대책 부대"라는 제목 아래 그는 기사(技士)들을 한 프로젝트에 배당할지, 아니면 그들을 공동으로 이용하는 특정 임무별로 배당할지에 대해 고심했다. 다른 임원이나 공간은 프로젝트를 중심으로 조직될 수 있었다. "모형 2: 현재 상황 – 그룹"이라는 제목 아래 그는 프로젝트 지도력을 떠난 그룹 시스템이 "충분한 영향력을 가지고 있지 못하며", "직원의 수를 늘리는 것은 미봉책"(여기서는 명백히 TPC에 대해 이야기하는 것이다)이라고 지적했다. 그러나 현재 시스템의 가장 나쁜 점은 "그룹의 생존이 단지 그룹으로 살아남기 위해서" 작은 활동들을 양산하는 방법으로 일을 왜곡시킨다는 것이었다.[94] 개방적인 타협으로서 "모형 3"은 불량 그룹을 해체하고 희생된 자원을 다른 프로젝트들로 이동시켰다.

위원회 위원들의 생각이 모아지고 있는 동안 프로젝트에 기반을 둔 시스템에 대한 가능성이 점점 더 매력적으로 보였다. 물리 실험 또는 시설 중심으로 조직되어 특별 부대는 "연구소의 현재 물리 방향을 반영하는 역동적인 구조를 만들어낼" 것이다. 그러면 어떤 의미에서는 특별 부대가 초기 연구소를 특징짓던 "전통적인" 또는 "역사적인" 연합이라기보다는 오히려 협력에 대한 변화하는 현실을 반영하도록 "현대적인" (또는 "포스트모더니즘적인"이라고 말해야 할지도 모르는) 구조로서 자리매김했다. 동시에 위원회는 행정적인 자리바꿈의 결과로 필요해지는 공간상의 재조정은 굉장한 도움이 될 것이라고 다음과 같이 주장했다. "그것은 사무실 공간과 실험실 공간을 한군데로 공유함으로써 어떤 특정한 프로젝트에 대해 사람들이 가까이서 작업하는 것을 장려하고 그러면 필수적인 하루하루의 의사소통이 촉진된다."[95] 사람들이 가까운 장소에서

---

93) 버지가 배포용, 1979년 6월 4일, 파일 「그룹 구조」, box 1, JMP.

94) 마르크스, 「특별 부대의 문제점」, 손으로 쓴 기록, 1979년 6월 15일, 파일 「그룹 구조」, box 1, JMP.

일할 수 없었다는 점이 TPC 개발 전 과정을 통해 애석하게 생각되었고, 자주 프로젝트 관리자와 연구소장 또는 전기 기술과 기계 기술 사이의 조정 부족의 탓이라고 지탄받았다.

TPC의 행운이 쇠약해지거나 솟아나오는 동안(실제로는 솟아나오기보다는 쇠약해졌는데) 위원회는 LBL의 조직 구조에 대한 개혁이 어느 때보다도 더 필요함을 깨달았다. 1980년 2월 마지막 보고서가 나올 때까지 위원회는 특별 부대가 박사후 연구원을 유치하고 권한과 책임 사이의 구분을 지우며, (이제는 대체로 모든 프로젝트에 놓여 있는) 과학적 구조와 (여전히 그룹에 놓여 있는) 행정적 인력 구조 사이의 분열을 치유하는 수단이라고 판단했다. 마지막으로, 특별 부대 구조는 심지어 작은 그룹도 작은 핵심 참여자를 유치함으로써 프로젝트를 시작할 수 있기 때문에 신기술을 촉진하게 될 것이다. 특별 부대에 속하지 않은 사람은 누구나 저절로 "신(新)프로젝트 그룹"에 소속되었고, 박사후 연구원과 기사(技士)는 개별적인 물리학자의 지도 아래 연구하게 되었다. 즉시 위원회는 LBL이 마크 II와 자유 쿼크 탐색, 그리고 TPC를 세 개의 특별 부대라고 공식적으로 인정해야 한다고 결론지었다.[96]

그때 최종 결말은 다음과 같았다. TPC 공동 연구단은 대체로 LBL 내부에서 시작했다. 1980년 초에 이르기까지 TPC/PEP-4가 LBL 자원의 대부분을 흡수했을 뿐 아니라 상급 연구소의 조직 구조에 영구적인 각인을 남겼다. 그리고 TPC/PEP-4라는 각인은 그것 자체의 역동성을 반영했다. 기술적·사회적 혼성체이고, 연구소들의 연결, 그리고 기술과 관리의 한 형태로서 특별 부대는 미래 공동 연구단의 원형이 되고 있었다.

---

95) 로켄, 「부서 조직에 대한 임시 생각」, 1979년 8월 17일, 파일 「그룹 구조」, box 1, JMP.

96) 카리터스, 로켄, 마르크스, 오돈, 그리고 스트로빙크, 「물리 부서 구조에 대한 위원회 보고서」, 1980년 1월 2일, 파일 「그룹 구조」, box 1, JMP. 마지막 제출은 카리터스, 로켄, 마르크스, 오돈, 그리고 스트로빙크가 버지에게, 1980년 2월 1일, 파일 「그룹 구조」, box 1, JMP.

6. 일본과의 관계

TPC의 예산 초과는 일찍 찾아왔고 늦게까지 남아 있었다. 공동 연구단이 제시한 많은 생각들 중에서 겨우 살 수 있을 만큼 자금을 얻는 것은 공동 연구단의 외부에서 추가 자원을 유치하는 것이었다. 한 가지 계획은 중동의 산유국(産油國)으로 가는 것인데, 1977년에 그곳은 적어도 잠재적인 기증자(寄贈者)로 여겨졌다. 한 잠재적인 중동 자금원에게 편지를 쓰면서 공동 연구단은 자동차를 주행시키거나 기계를 제작하는 좀더 적절한 문제들에 대한 잠재적인 미래 적용성에 대해 고에너지 물리학의 재정 지원이 필요한 이유를 들기 시작했다.

여러분이 잘 알고 있는 것처럼 물질의 새로운 형태가 지닌 성질에 대한 기본적인 지식의 발달에는 모두 반드시 화학과 전자공학, 그리고 에너지 관리와 생산 등에서 새로운 개념과 상품이 뒤따랐다. …… 자금 부족으로 [TPC] 프로젝트가 지연되거나 심지어 쓸모없게 될 위협에 처해질지도 모르며, 그래서 우리는 도움이 필요하다. 만일 여러분이 아랍 친구들로 하여금 에너지 문제에 관심을 갖고 이 특별한 프로젝트에 수백만 달러 정도를 투자할 수 있도록 관심을 이끌어줄 수 있다면 좋겠다. 그러한 행동은 틀림없이 관심을 끌 것이며 그러한 평판은 석유가 고갈된 뒤 에너지 상황에 대한 진지한 관심(당신이 내게 말해준 것처럼)의 뒷받침이 되어 줄 것이다.[97]

석유 거물들로부터 많은 수의 지원이 도착하지는 않았다. 좀더 유망하기로는 일본 물리학 공동체에 접근하는 것이다. 마크 I에서 새로운 타우 렙톤과 함께 새로운 쿼크 발견에 크게 감명을 받고서 일본 물리학자들은

---

97) 프레드 [얀센]이 브레테리 만에게, 1977년 12월 20일, 파일 「아랍과 TPC」, box 2, JMP.

만일 그들에게 1977년 말에 예비적인 방법으로, 그리고 1978년 10월에 좀더 공식적으로 접촉해 온다면 TPC 개발 참여에 관심을 가질지도 모른다고 알려왔다. 그러한 것이 처음 논의된 회의들 중 한 모임에서 마르크스는 비록 LBL 그룹이 TPC 자체의 도움을 거절하더라도 일본 대표단이 원통형 열량계와 소프트웨어, 전자공학, 막대 끝 열량계 등을 포함한 많은 영역에서 중요한 기여를 할 수 있다고 제안했다. 일본 쪽에서는 예상되는 공동 연구자들이 도쿄 대학 교수인 타다오 후지이의 주위에 포진해 있었다. 후지이는 부교수인 츠네요시 카마에와 두 명의 연구원, 그리고 여섯에서 여덟 명의 대학원생들을 데리고 있었다.[98] 도쿄 대학에서 온 두 그룹(한 그룹은 핵물리학 연구소에서, 다른 그룹은 물리학과에서 왔다)이 공식 계획안을 갖출 때까지 그들은 (새로운 렙톤, 새로운 쿼크, b-쿼크의 수명, 쿼크-글루온 시스템 등) 물리적 목표와 (광자와 전자를 검출하기 위한 원통형 열량계의 제작 등) 공동 연구의 목표, 그리고 마지막으로 (일본에서 강력한 검출기 그룹의 수립 등) "기술적 목표"를 지정할 수 있었다.[99]

미국 사람들이 일본 계획안을 검토한 뒤 그들은 프로젝트가 예산 때문에 기울어가고 있던 시기에 재정 지원을 받을 수 있는 가능성을 분명하게 보았다. 한 공동 연구자가 마르크스에게 "어떤 사람들이 그러한 기부금에 딸려올지도 모르는 조건으로 우리 조직을 운영하는 데 참을 수 없을 정도의 타협을 초래하지 않을까 걱정할지 모른다"라고 썼다. 그 편지를 쓴 사람은 그러나 그런 걱정에는 전혀 근거가 없다고 일축했다. 일본

---

98) 마르크스가 배포용, 「일본과 제안된 공동 연구」, 파일 「일본 공동 연구」, box 1, JMP; 또한 츠네요시 카마에가 나이그렌에게, 1978년 11월 27일, 파일 「일본 공동 연구」, box 1, JMP를 보라.

99) T. 후지이, T. 카마에, K. 나카무라, H. 후지이, J. 시바, H. 아이하라, M. 야마우치, 그리고 H. 오쿠노, 「SLAC-PEP에서 전자-양전자 충돌 실험(PEP-4)의 참여 및 새로운 검출과 자료 다루기 기술의 개발」, 타자된 원고, n.d. [1978], 파일 「일본 공동 연구」, box 1, JMP. 오쿠노를 제외한 전원이 도쿄 대학 물리학과에서 왔으며, 오쿠노는 도쿄 대학 원자핵 연구소에서 왔다.

과 공동 연구를 수행한 자신의 경험에 의하면 재정적인 문제와 "다른" 합의들 사이에는 "전혀 아무런 관계도 없다"는 것이다. "그들[일본 물리학자들]은 가장 이로운 때와 장소에 인력을 제공했으며 …… 어떤 필요한 입장에서도 열심히 연구했다." 이제 꽤나 양면(兩面)적인 찬사가 나왔다. "공동 연구자로서 일본인이 어떤가라는 문제에서 그들은 미국인의 관점에서 봤을 때 이상적이다. 그들은 그들의 작업과 관계되어 자만심을 거의 갖지 않으며 그래서 단순히 지위에 관계된 논쟁으로 시간을 낭비하지 않는다. 일반적으로 많은 그룹의 사람들, 그리고 특히 물리학자들에게 이런 일은 성립하지 않는다. 그렇지만 그들은 매우 열심히, 신중하게, 그리고 정확하게 일한다." 큰 그룹 물리학의 의미에서, 해외 물리학자들에게 속한다고 생각되는 속성들은 새로운 동료로서 필요한 물리학 문화의 미국적 인식이 완벽하게 일치했다. 이 편지의 저자는 결론내리기를, "만일 그들의 연구에 부족함이 있다면, 그것은 그들의 상상력이 부족하기 때문이다. 그들은 권위에 매우 강하게 의존하는 것처럼 보였으며 정해진 절차에서 벗어나는 일은 거의 없다. 우리에게 이런 속성은 아마도 공동 연구를 손상시키기보다는 증진시킬 것이다." 그것은 적어도 공동 연구에 대한 이 옹호자에 관한 한, 상상할 수 있는 가장 좋은 기회이다. "일본과의 공동 연구는 우리에게 자금과 함께 경쟁력 있고, 열심히 일하며, 그리고 협동적인 동료로 구성된 그룹의 모든 것을 가져다 준다. 나는 그것을 강력하게 지지한다."[100]

프로젝트의 세부 세부를 협상하면서 개인이나 그룹이 그들의 참가에 대한 물적 증거를 제시할 수 있어야 하는 것이 거의 항상 필요했다. 연구소의 물질문화는 그룹을 代表했으며, 그것은 그들을 지원하는 기관과 그들의 동료, 그리고 그들 자신에 대한 토템 신앙이었다. PEP 행정 부서와 일본인들은 모두 그렇게 눈에 보이는 징표를 필요로 했다. 예를 들어 한 문서에서 마르크스는 1979년 2월에 버지와 나이그렌에게 만일 일본

---

100) 젤러가 마르크스에게, 1979년 1월 4일, box 1, JMP.

사람들이 그들의 자금으로 원통형 열량계를 제작하여 TPC와 합류한다면, 그것은 그들에게 정치적으로 "확인할 수 있는" 영역을 줌으로써 그들을 돕게 될 것이라고 설명했다. (정말이지 기록상으로 방문 중인 관료들 앞에 전시[展示]된 일본제 열량계 그림을 볼 수 있다.) 동시에 처음 계획 단계 동안에 열량계의 구축을 괄호로 묶음으로써 피에프 파노프스키는 "PEP-4에서 상당한 예산 초과에 대한 담보물로 원형 열량계를 확보"할 수 있었다. 비유를 계속하면서 마르크스는 만일 공동 연구가 나중에 추가로 자금을 더 증액할 수 있다면, 그것은 "열량계의 일부 또는 전부의 '몸값'을 지불"하는 데 이용될 수 있을 것이라고 덧붙였다.[101] 이제 공동 연구단은 열량계의 "몸값"을 지불할 기회를 가졌으며, 일본 공동 연구자들은 그들의 노력을 물질로 구현한 것에 대해 통제하고 전시할 수 있는 기회를 가졌다.

아주 자연스러운 일이지만, 만일 우리가 "TPC에 왜 열량계가 필요한가?"라고 묻는다면, 대답은 몇 가지 수준으로 나와야 한다. "순수한 물리학"의 측면에서는 모든 입자들을 측정할 능력을 갖춘 진정한 4π가 내포된 검출기는 대전 입자뿐 아니라 중성 입자도 측정할 수 있어야 하며, 중성 파이온은 그것이 광자로 붕괴하는 것에서 측정될 수가 있는데, 그 광자들이 열량계에 에너지를 저장하기 때문에 열량계가 필요하게 된다. 그러나 이 사업의 물리적 목표가 절대적인 것은 아니었다. TPC에게는 열량계가 또한 흥정용 권리이기도 했다. 그것은 조건부이자 지도자들의 재정상 책임의 상징 중 하나로, PEP 지도부에게 희생될 수도 있었다. 동시에 (이제 재설계된 육각형의) 열량계는 도쿄 그룹이 그들의 과학 행정관들에게 제시할 수 있는 참여에 대한 실체적인 징표가 되었다.

"헥스"와 같은 검출기 부품은 인류학상의 징표였으며, 그 부품들은 검출기의 나머지 부분과의 사이에서 준(準)자율적일 필요가 있었다. 그것을 제작할 수가 있고, 이동시킬 수가 있으며, 작동시킬 수가 있고, 그리

---

101) 마르크스가 버지와 나이그렌에게, 1979년 2월 5일, box 1, JMP.

고 심지어 재정적 필요로 저당을 잡힐 수도 있다는 (희생할 수도 있다는), 존재에 대한 확인 가능성은 공동 연구의 본질적인 성질이었다. 수년 뒤 일본/미국 합의에 대한 검토에서 발표자의 발표용 슬라이드는 즉각적으로 그 기능과 어떻게 작동하는지, 그리고 시험에서 광자와 전자를 재구성하는 데 어떻게 성공했는지 등 열량계에 초점이 맞추어졌다. 모든 것은 투자의 구체적인 자취를 제시했다. 한 슬라이드에서는 일본 물리학자가 일본인이 아닌 두 명의 공동 연구자와 함께 헥스의 한 부분을 도선으로 연결하는 모습이 보였다. 다음 슬라이드는 동일한 장면인데 단지 일본 실험 과학자만 여기에 확대해 놓은 것이다. 그다음 슬라이드는 헥스에 기반을 둔 다섯 명의 도쿄 대학 대학원생들의 모습이 담겼다. 서로 다른 방법이지만, 이러한 연극적인 공연이 — 존스 홉킨스는 뮤온 검출기를 가지고, 리버사이드는 표류 상자를 가지고 등 — 참가하는 각 기관에 대해 반복될 것이다.[102] 외부 정치학과 내부 사회학, 그리고 세세한 물리학과 공학이 모두 포스트모더니즘적인 검출기의 혼성된 구조 안에서 수렴되었다.

수평적인 조정과 기관들 사이의 조정은 네트워크의 단지 한 차원이었다. 또 다른 차원은 적어도 똑같이 어려운데, 물리학 문화와 기술 문화 사이의 수직적 교역이었다.

7. 물리학자의 꿈, 기술자의 현실

기술자에게 반복되는 악몽은 가장 최근의 기술 또는 갑자기 떠오른 묘안을 포착하기 위하여 물리학자들이 계획을 개정하는 ("재순환하는") 것이다. 1979년 7월 초기까지 마르크스는 이러한 다시 쓴 대본이 그 배역을 연기해야 하는 기계 기술자와 전기 기술자의 사기를 얼마나 많이 저하시키는 효과를 가지는지 너무 잘 인식하고 있었다. 마르크스는 아

---

102) 「TPC 검토 일본/미국 합의」, TPC-LBL-87-05.

마 그의 상관에게 보내는 것 중에서 가장 신랄한 어조를 구사하여 나이그렌에게 다음과 같은 메모를 썼다. "나는 TPC의 어미기판에 관한 화요일 회의에 참석하여 어미기판과 영역 제작 활동에 대한 철학의 완전한 변경과 재설계가 논의되고 있는 것을 보고 충격을 받았다. 아주 명백한 것을 생각나게 해주겠다. 제작품 80에 대한 시험이 석 달 안에 시작하는 것으로 계획되어 있다. 이 시점에서 주요 부분의 변경은 우리 일정이나 예산으로 보아 용납될 수가 없다."[103] 어미기판을 바꾸는 것은 적어도 여섯 달의 지연을 의미할 수 있으며 아마도 25만 달러의 추가 비용이 소요될 것이다. 가장 나쁜 것은 그러한 변경이 "프로젝트의 다른 영역에서 일정을 맞추느라고 별별 고생을 다하고 있는 사람들의 사기에 망연자실하게 하는 영향을 주며, 이러한 변화를 실행하도록 돕기 위해서 다른 영역에서 귀중한 기술 인력을 빌려오는 것이 피할 수 없다는 것이다. 나는 당신에게 다음과 같은 관점을 갖도록 강조한다. 만일 TPC가 이미 존재하는 설계에 따라 일을 할 예정이라면, 그 설계가 아무리 많이 개선된다고 할지라도 절대로 변경을 승인하지 말아야 한다. 만일 TPC가 이미 존재하는 설계에 따라 일을 하지 않을 예정이라면(나는 그러지 않으리라고 생각하지만), TPC에 기본적으로 위협을 가하는 문제를 수정하는 것에만 한정해 최소한의 변경만 승인하라."[104]

마르크스는 선언하기를, 실제로 만일 "생명을 위협"하는 문제보다 조금이라도 덜한 문제를 가지고 이런 크기의 주요 재설계가 허용된다면, "나는 더 이상 프로젝트를 일정이나 예산에 맞추도록 하는 책임질 수가 없다고 느낀다. 나는 또한 기술자나 기사 직원들에게 우리 일정에 맞추어 일을 하도록 독려하는 데 내가 어떤 신뢰성도 유지할 수 없을 것이다." 대신에 그는 기계를 계획대로 완성한 다음 조금이라도 필요하다면

103) 마르크스가 나이그렌에게, 1979년 7월 3일, 파일 「PEP-4 프로젝트 관리」, box 7, JMP.
104) 마르크스가 나이그렌에게, 1979년 7월 3일, 파일 「PEP-4 프로젝트 관리」, box 7, JMP.

나중에 그것을 개선시키자고 제안했다.[105] 기술자들이 불안하게 생각하는 원인 중 하나는 그들 기술자 사이의 계급인데, 마르크스가 손으로 쓴 인터뷰 기록에 따르면 그것을 그들은 "지도력", "방향" 또는 "관리"의 부재라고 보았다. 그들은 정해진 날짜까지 결정이 내려지기를 원했는데 그 결정을 얻지 못하고 있었다. 그들은 그들을 "계속할 수 있도록" 해주는 "개념"을 필요로 했다. 그만두기 직전의 어떤 사람이 마르크스에게, "나는 더 이상 내 직업의 순수성을 훼손하면서 타협할 수는 없다"라고 말했고, 다른 사람들은 모두 너무 많이 "재순환"하고 있다고 입을 모아 말했다. 물리학자들에서도 기술 쪽의 약한 지도력보다 아주 좋아 보이지는 않았다. "노벨상을 추구하는 젊은 물리학자들은 불가능한 것을 원했다. 그들은 실제적 한계 같은 것은 안중에도 없었다." 그리고 기술자들이 제시하기에는 너무 약하다고 느끼는 것이 바로 그런 실제적 한계임이 분명했다. 한 기술자는 참호 속에 엎드려 있는 기술자들이 "자신들을 위해 일어서기는" 불가능하다고 보고했다.[106]

마르크스가 인터뷰한 결과에 대해 재검토하면서 그는 그의 결론을 종잇조각에 손으로 썼다. 그중에는 범상치 않은 구절이 있었는데, 그로부터 우리는 많은 것을 읽을 수 있다.

기술자의 역할 대 물리학자의 역할―우리를 계속 현실적이게 한다.[107]

---

105) 마르크스가 나이그렌에게, 1979년 7월 3일, 파일 「PEP-4 프로젝트 관리」, box 7, JMP.
106) 마르크스, 손으로 쓴 노트, 1979년 7월 10일, 파일 「PEP-4 프로젝트 관리」, box 7, JMP.
107) 마르크스, 손으로 쓴 노트, 1979년 7월 10일, 파일 「PEP-4 프로젝트 관리」, box 7, JMP. 명백하게 이것은 논리 물리학자들이―진공관과 계수기 등 전쟁 전부터 존재했던 것들―모든 것을 처음부터 구축했다고 말하려는 것이 아니며, 표준화된 전자적(電子的) 논리 회로는 1960년대 말과 1970년대에 걸쳐 점점 더 흔해졌다. 새로운 것은 논리 물리학자들을 그들의 기계에서 분리하는

어떤 면에서 마르크스는 단순히 프로젝트가 비용과 일정에 관해 실제적인 경계를 필요로 한다는 견해를 요약하고 있었다. 그러나 다른 면에서 이렇게 규모가 큰 사업의 계제(階梯)마다 떠오르는 긴장은 물리학자들이 그들은 언제나 개입할 수 있고, 그들은 오직 물리학자들만 정할 수 있는 목표를 향하여 기술자들을 도구로 배치할 수 있다는 그들의 전통적인 이해에서 강제적으로 물러날 수밖에 없음을 드러낸다. 왜냐하면 이전보다 실험 장치의 크기가 굉장히 증가했음에도 불구하고, 물리학자들은 여전히 하루는 기술자의 구두를 신고 다음날에는 컴퓨터 프로그래머의 구두를 신는, 팔방미인(무엇이든 대충 아는 사람)인 자화상을 그대로 유지하고 있었기 때문이다. 이미 광채를 잃어버린 TPC와 같은 크기의 프로젝트에서 이러한 자화상은 이제 깨졌다. 물리학자들의 통제에서의 한계는 강력하게 배열된 재정 지원처가 문을 닫았기 때문에 온 것이 아니다. 한계는 사회적, 기술적 세계에 대항했기 때문에 왔는데, 거기서 물리학자들과 기술자들의 반응을 조직화하지 않고 내린 자신들의 결정이 프로젝트를 빙빙 돌게 만들었던 것이다.

광범위한 업무 전체에 걸쳐 물리학자들은 언제 개입하고 언제 물러날지를 배우는 데 어려움에 처해 있었다. 완전히 다른 전선(前線)에서는 (전자들이 끝쪽 판으로 이동하는 것을 촉진시키는) 고압 시스템이 큰 재난에 처할 위험에 빠져들고 있었다. 마르크스는 세슬러와 함께 고압 프로젝트에게 초과 근무 수당 및 이중 교대는 물론 연구소 공작실에서의 우선권과 구입 능력의 신속화, 그리고 전임(專任)의 고압 기술자 배정 등을 승인해달라고 청원했다. 그러나 자금과 연구소 설비가 충분하지 못했다. 여기서의 물리학자들은 어미기판의 경우와 마찬가지로 프로젝트의 지도부가 기술자라면 더 잘 완수했을 것으로 보이는 임무들 때문에 중지하지 않을 수 없었다. 마르크스가 오언 체임벌린과 로널드 마다라스에게 전기장 방과 절연체에 대한 책임을 기술자들에게 넘겨주자고 했을

비유적인 "출입 금지"라는 표시였다.

때 그가 연구소장인 세슬러에게 호소한 것은 더 고참인 물리학자들을 다루는 문제의 미묘함을 시사해 준다. 마르크스는 물리학자로서 그들과 그들의 동료들이 고압선과 전원 공급 저항 상자, 시험 등에 집중해야 한다고 썼다. 이런 영역들에서는 아마 기술자들이 할 수 없는 기여를 물리학자들이 할 수 있었다. 심지어 좀더 구체적으로는 전기장 방을 조립하는 동안에 물리학자들은 장치에서 손을 떼야만 했다. "납땜이나 작은 도구 작업은 물리학자가 아니라 훈련 받은 기사들이 해야 한다."

여기서도 역시 한 방 먹었다. 논리 전통의 모든 것은 물리학자들이 도구의 바로 심장부에서 손수 관여할 가능성, 아니 필요성에 대해 말했다. 그러나 다른 많은 임무에서와 마찬가지로 이런 임무들에서도 마치 절연체의 제작은 기술자들에게 남겨두는 것이 더 좋은 것처럼 기사(技士)들의 작업이 더 효율적이고 더 믿음직했다. 이와는 대조적으로 기술자들이 원형을 정의하고 제작을 감시하면서 그들은 설계 변경의 단계마다 그러한 개조가 20만 볼트에서 작동될 때 시스템의 용량을 감소시키지는 않는지 확인하기 위해 물리학자들과 조정하지 않으면 안 되었다.[108]

전자들이 알맞게 표류할 수 있도록 20만 볼트의 전압을 강하시키기 위해 공동 연구단은 TPC의 평평한 전극 평면을 외부의 고압 전원과 연결해야 되었다. 케이블이 몇 가지 다른 하위 부품들을 전체에 걸쳐 연결시켜야 했는데, 그것이 공동 연구단이 직면한 모든 어려움의 축소판인 주요한 조정상의 위기를 초래했다. 예를 들어 만일 "안쪽 반지름" 풀이를 취한다면(〈그림 7.19〉를 보라), 케이블은 UCLA의 막대 끝 열량계를 관통해야 된다. 그것은 또한 (어쩌면) PEP-9과 표류 상자 중 하나를 관통할 수 있다. 이것은 건축상의 문제일 뿐 아니라 정치적인 문제였다. 거기에는 또한 물리적인 어려움도 있을 수 있다. 배경이 많아질수록 구름

---

108) 마르크스가 세슬러에게, 1979년 10월 12일, 그리고 마르크스, 체임벌린, 마다라스, 브라운, 그리고 호로비츠, 1979년 10월 8일, 「TPC 고압 시스템 부품의 제작에서 물리학자와 기술자가 맡은 역할에 대한 설명」, 파일 「LBL 연구소장에게 보낸/온 기록」, box 7, JMP.

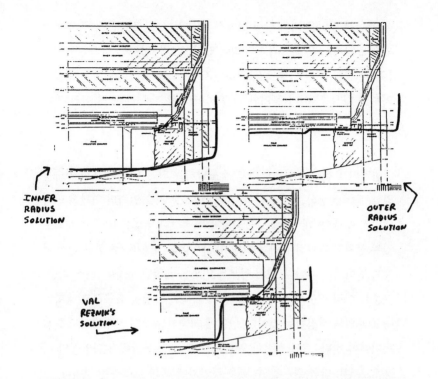

〈그림 7.19〉통합과 고압 케이블 침투의 문제(1978). 이 메모는 공동 연구단의 많은 서로 다른 세부 그룹을 조정하는 일이 얼마나 어려운지와 그리고 서로 다른 많은 그룹들이 소유하는 전자적, 기계적 공간을 통하여 케이블 통과를 위한 구멍을 뚫는 일이 (정치적으로 그리고 과학적으로) 얼마나 어려운지 모든 것을 가리켜준다. 출처: 체임벌린, 고른, 그리고 마다라스, 「TPC 고압 케이블 침투의 위치」, 1978년 7월 10일. 파일 「고압」, box 8, DNyP II. 캘리포니아 대학 로렌스 버클리 연구소 측에 감사드린다.

처럼 자료를 가릴 것인데, 그것은 (감지 부분 주위를 둘러싸는 차폐막 중의 하나인) "보호용 막"이 투과되고, TPC의 위쪽 빛줄기에 추가 물질을 가져다줌으로써 케이블 자체가 물리 분석을 복잡하게 만들 수도 있는 추가 입자 상호작용의 원인이 될 수도 있기 때문이다. 이것은 대안(代案)들이 복잡함을 야기해도 된다고 말하려는 것은 아니다. "바깥쪽 반지름" 풀이는 제작 과정에서 혼란의 원인이 될 수도 있는 끝 평면 부분을 특별히 건축되도록 요청했으며, 게다가 "발 레츠닉의 풀이"도 마찬가지로 자신의 단점을 가지고 있었다. 이 예가 알려주는 것처럼 기계의 혼성 요소들을 통합하는 일은 거의 항상 정치적, 기술적, 그리고 물리적 구속 조건들의 균일하지 않은 혼합과 관계되어 있다(〈그림 7.19〉을 보라).[109]

1979년 7월 17일 마르크스는 나이그렌과 함께 이러한 염려들에 대해 논의하고 다시 한번 더 물리와 기술 사이의 중요하고도 불확실한 관계를 언급했다.

설계의 요건이나 설계의 개념에 도달하는 데, 그리고 자세한 기술상의 설계를 실행하는 데 물리학자를 상대하는 기술 인력의 역할은 만족스럽지 못했다. 내 견해로, 물리학자의 적절한 역할은 지금 설계되고 있는 장치의 과학적 출력을 최대화하는 방향으로 가능한 한 기술적 설계를 압박하는 것이다. 그의 임무는 비록 구체적인 사항이 "최신 기술" 수준은 아니라고 할지라도 그러한 구체적인 사항을 요구하고 과학적 목표에 의해 결정짓는 것이다. 반면에 기술자는 좀더 보수적이고 현실적이어야 한다. 그의 적절한 역할은 어떤 기간 동안에 얼마만큼의 비용으로 얼마만큼 완수될 수 있을 것인가에 대해 조언하는 것이다. 그는 가능성뿐 아니라 비용이나 일정, 신뢰성 등에 관한 구체적인 사항에 대해 물리학자들에게 조언하고, 특히 요구 사항을 변경하는 것의 일차적 파생 효과인 충격에 대해 조언해야 한다. 기술자의 임무는 현실성을 물리학자들의 꿈에 주입하는 것으로 …… 그다음에 그들이 공동으로 받아들일 수 있는 요구 사항들을 작동하는 하나의 하드웨어로 번역하는 것을 돕는 것이다.[110]

실험 과학자와 기술자들 사이의 이런 대화가 없었더라면 어떤 것도 성공하지 못했을 것이며, 기술자들은 "그러한 기술적 타협에서 물리학자

109) 체임벌린, 고른, 그리고 마다라스, 「TPC 고압 케이블이 관통할 위치」, 1978년 7월 10일, 파일 「고압」, box 8, DNyP II.
110) 마르크스가 나이그렌에게, 「PEP-4 기계 기술에 고유한 문제」, 1979년 7월 17일, 파일 「프로젝트 관리」, box 1, DNyP II.

들의 호감을 끌려고 노력하고, 또한 호감을 끌 수 있어야 했다. 기술상의 지도부는 그러한 대화가 일어날 수 있고 개별적인 기술자들이 이런 기술적 논쟁으로 들어가는데, 그들의 지도자들로부터 지원받는다는 느낌을 가질 수 있는 분위기를 조성해야 한다." 마르크스는 현장 기술자들이 그들 스스로 물리학자들의 면전에서 주장을 펴는 것이 가능하지 않으므로 그들의 상급자에 의해 지원받아야 한다고 분명히 믿었다. 기술자들과 물리학자들 사이의 그러한 기술적 논의에서는 자신이 있는 기술 부서의 지도부뿐만 아니라 이 시스템이 무엇을 요구하는지 이해하는 자신 있는 기술자를 필요로 한다. 그러한 논쟁이 없다면, 기술자는 합리적이지 않은 요구 사항에 따라 설계하고 …… 그다음에는 시간이 좀 지난 다음 물리학자들 자신들이 좀더 현실적인 요구 사항들을 깨닫게 되었을 때 설계를 다시 해야 하는 실망스런 임무를 떠맡게 된다. 대화의 이런 절차가 무너져 내리는 것은 기술 부서의 지도부가 실패하고 있다는 가장 큰 징후다."111)

설계를 끊임없이 바꾸는 것과 이정표(里程標)를 무시하는 것, 비용이 목표가 아니라는 듯 기술적 문제를 어설프게 대하는 것 등이 마르크스의 견해로는 프로젝트를 바로 파멸로 이끌어 갔다. 이 비현실적인 계획 전체의 종말이 상상되지 않는 것은 아니다. 실험 과학자들이 어미기판이나 TPC, 선도 열량계, 그리고 고압 시스템 등에 관한 그들의 문제를 격정하지 않을 경우에 대비해 물리 부서 검토 위원회(이 위원회는 전국에서 온 다양한 물리학자들을 포함하고 있는데)는 아주 당연하게 부서의 가장 큰 프로젝트인 TPC/PEP-4 검출기에 초점을 맞춘 1980년 4월 보고서를 발행했다. 이 보고서의 저자들은 일부 건축, 특히 TPC와 초전도 자석이 지연되는 것을 검토했는데, 그것들 중 어떤 것도 아직 끝나지 않았다. "일반적으로 우리는 실험 과학자들이 TPC의 하부 시스템(어쩌면

---

111) 마르크스가 나이그렌에게, 「PEP-4 기계 기술에 고유한 문제」, 1979년 7월 17일, 파일 「프로젝트 관리」, box 1, DNyP II.

모든 것을 완벽하게 하는 것을 희생시키고) 개선을 강조하는 것에서 건축과 시험, 그리고 전체 장치 조립을 강조하는 것으로 전환해야 한다고 느낀다. 현실적인 이정표를 만들고 그것을 맞추어 나가야 한다. 만일 필요하다면, 그리고 인력의 도움이 필요하다면 우선권은 TPC에 주어져야 한다."[112]

보고서 한 권과 함께 동봉한 편지에 연구소장은 버지에게 12개의 끝부분에 대한 "1980년 9월의 완공 날짜는 심지어 우리들 중 가장 낙관적인 사람조차 믿지 못한다"고 언급했다. 그는 덧붙이기를, 초전도 자석을 제 기간 내에 시험하고 인증하는 가능성에 대해서도 마찬가지로 불안하며, 버지에게 제이 마르크스와 만나게 해달라고 요청했다는 것이다.[113] 마르크스는 걱정스럽게 「PEP-4의 일정/예산을 유지하는 데 주요 문제점」이라는 제목의 긴 비망록과 또 다른 「주요 기술적 관심사(또는 제이의 악몽)」라는 제목의 비망록을 발표했다. 이러한 "주요 문제점들" 중에는 여러 가지 신기술의 상태와 여러 세부 그룹들 사이의 경계에 대한 통제, 그리고 전기 인력과 기계 인력, 물리 인력을 서로 다른 건물로 나누는 문제 등이 포함되어 있었다. 그는 "다음에는 서커스 텐트를 지어서 모두를 한군데서 숙박시키도록 하라"고 주장했다. 그다음에는 형체가 너무 꽉 끼는 것으로 드러났고, R&D 단계가 기술 단계로, 그리고 마지막으로 제작 단계로 전환하기로 되어 있는 시기에 요구 사항 변경의 긴 행렬이 발생했다. 이러한 문제점들을 해결하면서 프로젝트에서는 PEP 교차 고리의 효용성에 대한 지연과 셀달 회사에 의한 TPC 절연체의 배달 지연, 그리고 미국 강철 회사에 의한 전기장 방의 배달 지연 등을 겪었다 (〈그림 7.20〉을 보라).[114]

---

112) 브로드스키, 콕스, 데릭, 기틀먼, 퀴그, 스미스, 그리고 워치키가 세슬러에게, 1980년 4월 24일, 파일 「LBL 연구소장에게 보낸/온 기록」, box 7, JMP.
113) 셜리가 버지에게, 1980년 4월 30일, 파일 「LBL 연구소장에게 보낸/온 기록」, box 7, JMP.

〈그림 7.20〉 셸달에서 만든 TPC 절연체(1980). 검출기의 가격과 복잡성이 더해지면서 물리학자들은 외부 용역자들에게 의존했다. 여기에 그런 물건 중 하나인 TPC 절연체가 있는데, 이것은 대학의 반경 바깥 또는 심지어 국립 연구소 공작실의 범위 바깥에서 생산되어야 했다. 출처: LBL BBC 807 9049, LBL. 캘리포니아 대학 로렌스 버클리 연구소 측에 감사드린다.

그러나 밑바탕에 깔린 어려움은 물리학 문화와 기술 문화라는 아주 다른 두 문화를 조화시키는 중에도 거북스럽고 계속 실망시키는 것이 그대로 남는다는 점이다. 마르크스는 문제의 일부가 기술자들과 설계자들이 "물리학자들과 손잡고 일하는" 경험이 풍부하지 못하기 때문이라고 주장했다. "이렇게 경험이 모자란 것이 물리학자들과 기술자들 사이에 활발한 대화가 촉진되는 것을 억제했다. 그러한 대화는 프로젝트의 초기부터 필수적이며 그래야 기술자들이 시간과 비용을 절약하기 위해 변경될 수 있

---

114) 마르크스, 「PEP-4의 일정/예산을 유지하는 데 주요 문제점」, 1980년 5월 14일, 파일 「PEP-4 프로젝트 관리」, box 7, JMP.

거나 그렇지 않은 과학적 요구 사항 또는 지정 사항을 이해할 수 있었을 것이다. 물리학자들 또한 주어진 비용과 일정에 어떤 요구 사항이 받아들여질 수 있는지 …… 그리고 어떤 지정 사항이 제외되면 비용과 일정 면에서 어떤 이득을 얻을 수 있는지, 스스로를 교육시키기 위하여 서로 대화를 필요로 한다."[115] 두 그룹들 사이에 진정한 이해를 가져오는 대신 대화는 "산발적"이고 "산만"한 채로 남아 있었다. 마르크스는 물리학자들 앞에서 자기 할말을 하고, 과학 동료들이 실제적이지 못한 요구를 해오면 적극적으로 항의하며 또는 더 간단하고 더 싸고 더 빠른 대안이 있으면 그러한 사양서를 만드는 기술자 공동체를 원했다. "우리의 기술자들은 충분히 투쟁적이지 못했다."

그러나 잘못은 분명히 기술자 쪽에 모두 있는 것은 아니었다. "그들의 입장에서는 물리학자들이 '큰 프로젝트' 환경에서 일한 경험이 부족했다. 일정상의 필요에 부합하는 방식으로 설계를 결정하는 훈련이 부족했다. 일정을 개선하거나 비용을 절감하기 위해 신중한 모험을 택하는 능력이 없었다. 마지막으로, 물리학자들은 '일들을 개선'시키기 위하여 게임의 마지막 부분에서 설계를 변경하는 것에 저항하지 못했다."[116] 기술자들은 시기에 맞지 않는 변경에 저항하는 데 충분히 강력하지 못했다. 물리학자들은 그러한 결정을 못하게 하려는 의지가 부족했다. 그들은 마치 공장 규모의 건축물 대신 긴 의자 위에서 서투르게 행동하듯이 굴면서 (심지어 큰 거품 상자를 기억하고 있는 사람들까지도) 모든 방향에서 그들을 누르고 있는 미시적(微視的) 통합에 저항하고 있었다.

그 원인이 무엇이었든 1980년 5월 중반에 겪은 마르크스의 "악몽"은 특정한 이름과 주소를 가지고 있었다. "온도가 낮은 자석이 제대로 작동할까? ……우리는 일주일에 한 개의 TPC 부분을 생산할 수 있을까[?]"

---

115) 마르크스, 「PEP-4의 일정/예산을 유지하는 데 주요 문제점」, 1980년 5월 14일, 파일 「PEP-4 프로젝트 관리」, box 7, JMP.
116) 마르크스, 「PEP-4의 일정/예산을 유지하는 데 주요 문제점」, 1980년 5월 14일, 파일 「PEP-4 프로젝트 관리」, box 7, JMP.

수천 개의 전자적(電子的) 채널들 사이에 과도한 혼선이 일어날까? ("우리는 매우 조심했기 때문에 이러한 문제들이 심각한 수준으로 일어나리라고는 예상하지 않지만, 전체 시스템이 작동하기까지는…….") "TPC의 고압은 …… 전자 장치에서 과도한 잡음의 원인이 되지 않고 제대로 동작할까[?]" "전체 H.V. 시스템이 조립되고 돌아가기 전까지는 확실하게 알 수 없다." 그리고 "셀달 회사는 이윤 문제 때문에 이 일에서 탈퇴하기 전까지 대규모 H.V. 절연체를 제작하는 데 성공할까?"117)

셀달 회사의 경우 외부 용역자에 대한 공동 연구단의 완전한 통제가 없었고 그 회사의 불안한 재정 상황 때문에 걱정이 대두되었다. 이런 두려움들 대부분의 특징은 그것들이 조직에 대한 성질이라는 것이다. 그것이 불면(不眠)의 원인이 되는 프리앰프의 기능에 관해서라기보다는 오히려 전자적 채널들 사이의 상호작용이었다. 그것은 걱정했던 200킬로볼트의 구체적인 생산이라기보다는 오히려 섬세한 전자 장치에 대한 고압의 효과였다. 그리고 TPC 부분들의 생산은 원칙적으로 문제가 되지 않았다. 그것은 수많은 복잡한 세부 임무들 사이의 미세한 조정에 관한 문제였다. 해석에 관한 문제를 보여주는 예로 구역의 끝 평면을 기계 기술자와 전기 기술자가 독립적으로 고려한 것이 있었다. 두 그룹은 서로 격리되어 일했기 때문에 전자 장치의 냉각에 대해서는 기계 설계나 전기 설계 단계에서 고려되지 않았다. 결과적으로 그 구역을 구불구불 통과하기 위해 손으로 조각한 대단히 꼴사나운 배관 시스템이 제작되어야 했고, 찬 증류수를 수송하여 냉각했다(〈그림 7.21〉을 보라). 고압 케이블과 마찬가지로 이런 구리로 만든 관들은 다른 방법으로는 철저하게 서로 독립적으로 남아 있으려고 작심한 것처럼 보이는 두 문화를 함께 (겨우 그리고 국지적으로) 결합하는 데 필요한 물질적인 잡동사니였다.

그러므로 이 프로젝트는 마르크스가 며칠 뒤(1980년 5월 19일)에 브

---

117) 마르크스, 「주요 기술적 관심사(또는 제이의 악몽)」, 1980년 5월 14일, 파일 「물리학 TPC 나이그렌 그룹」, box 1, DNyP I.

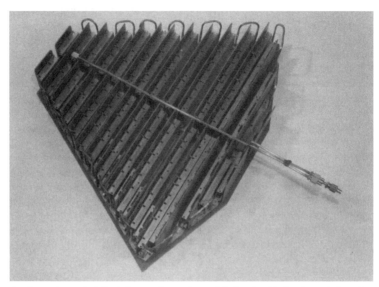

〈그림 7.21〉 끝 부분의 냉각 클루게(1980). 물리학자들과 기술자들을 조정하는 것은 TPC 프로젝트에서 그렇게도 어려운 문제가 되었던 동기화 측면에서 단 하나에 불과했다. 여기서 우리는 보기에도 흉측한 냉각관을 보는데, 이것을 발견했을 때 전기 기술자와 기계 기술자는 서로 상대방의 노력을 잘못 이해해서 TPC의 이렇게 결정적인 측면이 효율적으로 작동하기에 너무 많은 열을 발생시키는 끝 평면을 남겨놓은 사실이 있은 뒤에 이것을 삽입했다. 출처: LBL BBC 806 7183, LBL. 캘리포니아 대학 로렌스 버클리 연구소 측에 감사드린다.

룩헤이븐에서 건축 중인, 문제가 있지만 육중한 고광도(高光度) 충돌기인 이사벨레를 방문했을 때 결코 안정된 상태에 있지 못했다. 브룩헤이븐 그룹도 그들 자신의 어려움이 있었는데, 그것은 주로 초전도 자석에 관한 것이었고, 그러므로 대규모 실험에 관한 마르크스의 발표에 어느 정도 관심을 가지고 참석했다. 그는 "얼마나 커야 큰 것인가?"라는 질문으로 시작했다. PEP-4의 경우 (그때까지) 대답은 물리학자의 봉급을 포함하지 않았지만 대략 100명의 기술자와 설계자, 도표 그리는 사람, 기사, 공작실 근무자, 비서, 그리고 행정관 등을 포함하여 약 1,800만 달러였다. 크다는 것은 또한 복잡하다는 것을 의미했다. 복잡함은 저온 자석을 통해, 200킬로볼트 고압 시스템을 통해, 그리고 소음이 낮은 전자 장치를 통해 들어왔다. 게다가 전자 장치는 상당히 많은 양의 독성 기체(아르곤과 브롬)가 들어 있다는 것을 감안하면, 안전을 위하여 매우 높은 압력 환경(한 10기압 정도)에서 작동해야 된다. 그리고 전자 장치와 기체 시스템을 2미터의 기계 구조 내부에 포함해야 한다는 필요성 때문에 초래된 복잡함은 4밀리미터의 오차 허용도 내에서 정교하게 제작되어야 했다. 마지막으로, 전체적으로 약 2만 5,000채널의 전자 정보를 생산해 내야 되었다.[118]

TPC와 같은 프로젝트들은 (그리고 여기 브룩헤이븐의 청중들은 이사벨레에서 겪은 그들 자신의 경험을 생각해 낼 수 있었다) 여름 공부와 함께 시작했고, 소규모 그룹 탐사 단계를 거쳤으며, 그다음에는 프로젝트의 승인을 받고, "당신의 검출기가 재정적으로 좀더 합리적으로 보이도록 만들기 위하여 예비비를 삭감한 것을 후회하는 두려운 순간까지 당신들은 낙관적으로 살지 않으면 안 된다. 당신은 당신이 속한 지방의 기관(그리고 당신의 공동 연구자들이 속한 기관들)이 자원을 기여하기 위하여 정치적 수단을 동원하기 시작한다. 당신은 텍사스의 석유 사업가나 아랍의 족장 또는 당신의 부자 아저씨가 지원해준다는 공상을 하게 된다."[119]

다시 돌아오니 문제는 프로젝트에서 임원으로 일할 사람을 찾는 것이었는데, 적어도 1980년 5월에는 누구도 선도(先導) 기술자들보다 더 어려운 것처럼 보이지 않았다. 계획안을 작성하는 단계에서 그들이 이사회에 나와야 할 필요가 있었을 뿐 아니라, 프로젝트의 설계에서 무엇이 확실하고 무엇이 유동적인지에 대해 시작부터 분명한 생각을 제시할 필요가 있었다. 오직 그런 다음에만 (그러나 그때는 확정적으로) 물리학자들이 현실적인 비용과 일정에 대한 평가를 주장할 수 있었다. 마르크스는

---

118) 마르크스, 이사벨레에서 발표한 세미나의 슬라이드, 1980년 5월 19일, 파일 「물리학 TPC 나이그렌 그룹」, box 1, DNyP I. 이 문서에는 연필로 "1981년"이라고 써 있으나 옳지 않다.

119) 마르크스, 이사벨레에서 발표한 세미나의 슬라이드, 1980년 5월 19일, 파일 「물리학 TPC 나이그렌 그룹」, box 1, DNyP I.

브룩헤이븐에 모인 사람들에게 그의 고백에 해당하는 다음과 같은 발표를 이어갔다. "선도 기술자들이 당신의 마음을 읽고, 주어진 비용을 가지고 무엇을 할 수 있고 무엇을 할 수 없는지 당신과 논쟁하고 당신에게 솔직하게 말하도록 가르쳐라. ……기술자와 물리학자 사이의 상호작용은 대단히 중요하다. 물리학자들과 기술자들에 의해서 지정 사항과 비용 거래가 논의될 수 있는 초기에 적당한 R&D 단계를 끝내라. 이러한 논쟁은 적극적이고 솔직하지 않으면 안 된다."[120]

논쟁을 한바탕 벌인 뒤에, 그리고 마르크스의 느낌으로는 그들이 그래야 했는데, 다양한 임무들을 "연결시키기" 위해서는 지정 사항과 작업을 할 수 있는 한 단단히 고정시키는 것이 대단히 중요했다. 물리학자들은 시험 설비와 절차를 준비하고, 기술자들이 지정 사항에 맞게 장치를 만드는지 감시해야 하는데, 그러나 다른 점에서는 간섭하지 않아야 된다. "기술자들이 그들의 임무를 그들 방식대로 하도록 보장하라……. 당신의 기술자를 신뢰하든지 아니면 고용을 하지 말라!" 마르크스는 "기타 …… 그러나 중요한 것이라는 제목 아래 물리학을 제외하고 6년 이상 사기를 진작시켜라(전임으로 일하는 사람들이 시간으로 일하는 사람들로 바꾸는 것을 방지하는 방법이다)"라고 덧붙였다.[121]

얼마 지나지 않아서 자석들이 대변인과 동료들, 그리고 청중의 의욕을 짓구겼다. 1980년 8월 27일, TPC/PEP-4 자석에 대한 냉각 시험 동안 절연하려고 꽂아 놓았던 쇳조각이 비극적인 단락(短絡)의 원인이 되어 대단히 비싼 장치를 완전히 못 쓰게 만들었다(〈그림 7.22〉와 〈그림 7.23〉을 보라).[122] 그리고 1982년 10월에 에너지성은 이사벨레 프로젝

---

120) 마르크스, 이사벨레에서 발표한 세미나의 슬라이드, 1980년 5월 19일, 파일 「물리학 TPC 나이그렌 그룹」, box 1, DNyP I.
121) 마르크스, 이사벨레에서 발표한 세미나의 슬라이드, 1980년 5월 19일, 파일 「물리학 TPC 나이그렌 그룹」, box 1, DNyP I.
122) 이사벨레는 1982년 4월과 10월 사이의 단계들에서 끝났으며, (총돌 빛줄기 가속기[Colliding Beam Accelerator]를 대표하는) CBA라는 약어로 1983년 12월까지 잠시 계속되었다.

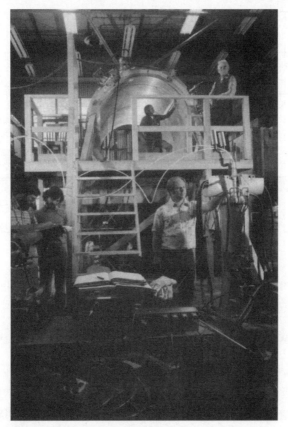

〈그림 7.22〉 초전도 자석 시험(1980). TPC 운영에 가장 중심적인 것이 강력한 자기장을 효과적으로 생산하는 것이었다. 이 그림은 전체 노력을 거의 좌절시킨 비극적인 실패가 있기 전 순간의 초전도 자석의 시험을 묘사하고 있다. 출처: LBL BBC 803 3252, LBL. 캘리포니아 대학 로렌스 버클리 연구소 측에 감사드린다.

트를 중지시켰는데, 주된 이유로는 그것의 자석 개발 프로그램이 너무 값비싸졌고 잘 작동하지도 않았기 때문이다.

자석에 의한 재앙이 있은 다음 며칠이 채 지나기도 전에 PEP-4에 문제가 있음을 깨닫고, LBL 연구소장은 프로젝트 행정부의 인사 이동을 단행했다. LBL의 기술자 케네스 머크가 지쳐버린 마르크스로부터 프로젝트 관리자를 물려받았는데, 마르크스는 임시 프로젝트 관리자와 부대변인을 겸직하여 활동하고 있었다. 머크는 태평양 가스와 전기 회사에

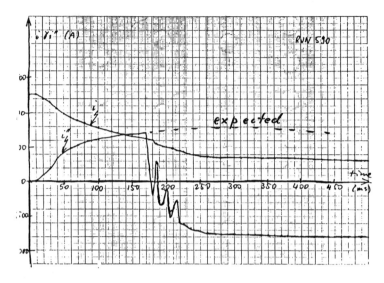

〈그림 7.23〉 거대한 자석 비극(1980). 작동 시작 후 160밀리초에 초전도 자석이 갑작스
럽고 놀라운 실패를 경험했다. 나중에 코일에 섞인 미세한 불순물에서 코일이 단락(短絡)
된 원인이라고 밝혀졌는데, 이 재앙은 이 실험을 거의 중지시킬 뻔했다. 출처: LBL 파일
set III EPAC, 1980년 10월 28일, 파일 「TPC 집행 이사회」, box 3, DNyP II. 캘리포니아
대학 로렌스 버클리 연구소 측에 감사드린다.

서 시험 기술자로 경력을 쌓기 시작했으며, 전기 자동 통제 장비와 보일
러 적하(積荷) 시험이 전공이었다. 1951년에 그는 LBL에 들어왔는데,
그곳에서 그는 베바트론 건축, 특히 진공관 배관과 펌핑 냉각의 작업을
했다. 그는 로버 프로그램 동안 리버모어가 운영하는 네바다 핵무기 시
험에서 기체 취급에 대한 개념 설계를 수행했으며, 그다음에는 앨버레
즈의 72인치 상자를 위한 기체 펌핑과 통제 시스템에 대한 일을 하려고
LBL로 돌아갔다. 그렇게 많은 그의 동료들처럼 대규모 무기와 민간 가
속기 연구에 대한 공통의 경험은 그에게 새로운 유형의 연구를 하게 만
들었다.[123] 프로젝트에 쏟은 노력에 대해 마르크스에게 감사하면서(마
르크스는 부대변인직을 유지했다) 머크는 그가 프로젝트의 일정과 과학

---

123) 머크, 이력서, 파일 「프로젝트 관리」, box 1, DNyP II.

적 목표들을 충실히 지킬 것이라고 약속했다.[124] 선임 전기 기술자인 리 와그너와 예산과 계획 전문가인 에드 호데마허가 새로운 프로젝트 이사로서 머크와 합류했다. 마르크스 자신은 나이그렌과 함께 좀더 구체적인 과학적 행정 역할로 되돌아갔다.[125]

그러나 자석에서의 실패는 심지어 가장 충실한 사람들까지도 혼란에 빠져들게 했으며, TPC 집행 이사회는 "존경하는 동료들에게"라는 다음과 같은 편지를 발표했다. "과거의 지연들이 우리의 신뢰성을 심각하게 해쳤고 PEP 빛줄기에 대한 우리의 장래 이용을 심각하게 복잡하도록 만들었다. 우리와 그리고 LBL의 한 사람 한 사람의 평판이 위기에 처해 있다. 우리는 전체 PEP-4 시스템을 가능한 가장 빠른 시기에 완성하여 PEP에 인도해야 한다." 완공하기까지 총력을 다하는 것 외에는 다른 방법이 없다. "모든 하부 시스템이 이제 전체 일정표에 들어 있다." "참호"에서는 좀더 많은 공동 연구자들이 필요할 것이다. 공동 연구단은 이중 교대를 시행할 것이고 생산을 촉진시킬 수 있는 어떤 새로운 생각도 받아들일 것이다. "이제 우리 공동 연구단이 시작된 지 4년이 경과했으며 우리 검출기를 건축하는 데 마지막 단계에 접근하고 있다. 이제 온 힘을 다하자."[126]

이사회가 빛줄기 시간과 평판의 손실을 가지고 위협했지만, 이미 프로젝트 관리자가 아닌 마르크스는 좀더 부드럽게 설득했다. 1980년 10월 말 사기를 올리려고 하면서 그는 다음과 같이 점심 도시락 모임과 비공식 모임, 그리고 대표자 대회까지 제안했다. "마지막으로 PEP-4를 실현하기 위하여 지난 수년 동안 참호 속에서 열심히 일하며 보낸 여러분

---

124) 셜리가 물리학, 컴퓨터 과학, 그리고 수학 부서의 장들과 공학 및 기술 서비스 부서에, 「TPC 프로젝트 관리」, 1980년 8월 11일, 파일 「PEP-4 프로젝트 관리」, box 7, JMP.

125) 마르크스가 저자에게, 1995년 12월.

126) TPC 집행 이사회가 존경하는 동료에게, 1980년 10월 15일, 파일 「물리 TPC 나이그렌 그룹」, box 1, DNyP I.

에게 나는 그 노력에 깊이 감사의 말씀을 드리고자 한다. 나는 많은 기술적 문제들과 어쩌면 조금도 인정받지 못하고 보낸 긴 세월에도 불구하고 여러분의 높은 사기를 계속 유지시키는 것이 때로는 얼마나 어려운지 인정한다." 그는 1년만 더 있으면 그들이 "지금까지 만들어진 것들 중 가장 좋은 검출기"를 가질 수 있을 것이라고 비틀거리는 부대에게 보장했다.[127]

다른 사람들은 그다지 확신적이지 않았다. 1980년 10월 28~29일, SLAC의 EPAC는 PEP-4의 운명을 논의하러 모였다. 진중하게 표현된 보고서에서 나이그렌은 개발에 가장 중점을 두었다. 원형 정전기 시스템은 운영 표준 이상으로 작동했으며, 고압 정전기 구조는 1980년 12월의 전기 시험 이전에 준비될 예정이었다. 정보 읽기 평판에 대한 작업이 예상처럼 순조롭게 진행되지 못한 것을 인정하면서 나이그렌은 그럼에도 불구하고 11월 초에는 생산 라인이 가동될 수 있을 것으로 희망했는데, 그때쯤이면 매주 12평판 중 하나씩 만들어낼 것이다. (TPC가 알맞은 양의 정제된 기체로 채워지도록 유지하는) 기체 시스템과 (2만 5,000채널들을 디지털 형태로 변환시키고 그 결과를 컴퓨터로 보내는) 자료 취득 시스템은 모두 궤도에 올라 있었다. 소프트웨어 개발은 시뮬레이션을 마친 "다듬지 않은 자료"를 만들어내는 일에 집중하고 있었는데, 이제 다양한 검출기에서 나온 결과의 분석 쪽으로 점점 더 방향을 바꾸고 있었으며, 초전도 코일에 대한 작동 불가 진단이 나오자 EPAC에 완전한 예산을 제공하려는 노력이 진척되고 있었다. 마지막으로, 머크와 와그너를 임명함으로써 LPL은 "프로젝트 목표들을 달성하는 데 대한 우리 기록의 개선"을 희망했다.[128]

---

127) 마르크스가 존경하는 동료에게, 1980년 10월 22일, 파일 「물리 TPC 나이그렌 그룹」, box 1, DNyP I.

128) 실험 프로그램 자문 위원회 (임시 비서인) 커크, 「EPAC 회의의 요약, 1980년 10월 28~29일」, 1980년 11월 3일, 첨부물 나이그렌, 「PEP-4 상황 보고서」, 파일 「EPAC I (1975~1980)」, box G014-F, SLAC.

나이그렌에 의해 미리 배포된 "상황 보고서"와 함께 파노프스키는 EPAC으로 "토의용 보고서"를 보냈는데 그것들은 때로는 불운한 프로젝트에 대한 역사를 열거하는 것으로 시작했다. 원래의 1976년 계획안은 부분적으로 단지 약간 더 높은 비용으로 경쟁자들이 제시하는 특성을 능가한다는 전망 때문에 승인받았다. 그리고 초전도 코일은 (크기가 작아서) TPC가 코일 내부와 잘 어울릴 수 있었으며, 그러므로 자석 개발에 따라 "보조를 맞추지 않아도" 될 것이기 때문에 실제로 장점으로 판단되었다. 이제 치솟는 비용과 자석 개발에서 생긴 재앙에 의해 이 프로그램은 심각한 곤경에 처하게 되었다. 그뿐 아니라 PEP-4를 중심 추적기로 사용할 예정인 PEP-9 공동 연구단은 PEP-4가 없으면 활동 불능이 되었다.[129]

PEP-4가 처한 곤경으로 차단되었기 때문에 PEP-9은 이제 TPC에 대한 임시 대용으로, 보통 자석을 갖춘 대리(代理) 중심 추적기를 급히 찾게 되었다. 이러한 대체는 PEP-9가 "온라인"이 되게 하고 물리를 할 수 있는 기회를 제공하게 될 것이다. 공동 연구단의 TPC 쪽에 대해서는(여기서는 행간을 읽어야만 한다) 불이익도 똑같이 명확해야 되었다. 거기에 소속된 사람들은 물리학을 얻는 데 더 지연될 것이며, 어쩌면 새로운 현상을 발견할 기회조차 잃게 될 것이다. 그러나 곤경에 처한 것과 다른 사람들에 대한 결과를 감안하면 PEP-4 공동 연구단은 강력하게 반대할 입장이 못 되었다. 회의 시간이 되자 PEP-4 대표자들은 "이의가 없었다." 그래서 파노프스키는 EPAC가 코일에 대해 무엇을 할 것인가와 초전도 코일로 제작된 대체품을 기다릴 것인가 또는 보통의 자석을 설치할 것인가에 대해 결정해야만 한다고 결론을 내렸다. 다음으로, 회의에서는 중심 추적기의 교체를 승인할 것인가, 그리고 만일 교체한다면 어떤 것으로 할 것인가에 대해 결정해야 되었다. 마지막으로, 그리고 가장

---

129) 커크가 실험 프로그램 자문 위원회에게, 1980년 11월 3일, 부록 B, 볼프강 파노프스키, 「TPC에 대한 토론 논문」, 파일 「EPAC I(1975~80)」, box G014-F, SLAC.

중요하게 이 회의는 PEP-4의 계속된 개발을 (금지하든 또는 부분적으로 금지하든) 다시 승인해야 되었다.[130]

PEP-4에서 온 필리프 에버하르트는 위원회에 1981년 5월경까지는 실험 과학자들이 초전도 코일을 수선할 수 있을 것이라고 주장했다. 회의록의 어구에 따르면, "위원회는 미심쩍어 하는 것처럼 보였다." 완성된 TPC 부분을 보여주고 설득할 작정으로, 나이그렌은 다시 수개월 이내인 1981년 11월까지 TPC의 설치를 위한 준비가 완료될 것이라고 보장했다. 또한 회의록에 의하면, "위원회는 …… LBL의 예상 일정에 대해 상당히 회의적이었다." 마르크스와 나이그렌, 마섹, 그리고 다른 제안자들이 떠난 뒤 EPAC 위원들은 저녁까지 협의를 계속했다. 초전도 코일은 심각한 곤경에 처한 것처럼 보였으며, TPC는 확실히 인도될 것 같은 위치에 있지 못했다. 그러나 대리(代理) 중심 추적기를 제공한다는 대안에 대해서도 단지 "엇갈린" 평이 나왔을 뿐이어서 위원회는 새로운 관리자인 머크와 와그너를 포함한 일련의 증인들을 다시 불러 "새로운 PEP-4 조직에서 그들의 역할에 대해 좀더 자세히" 이해하기를 원했다. 마지막에는 위원회가 투표에 의해 다른 중심 추적기로 교체하고 진행하는 대신(비록 어떤 한 가지 중심 추적기에 대한 좀더 자세한 계획안을 다시 고려하기로 합의했지만) TPC를 그대로 유지하기로 결정했다.[131] 계획을 처음 수립한 지 대략 6년 뒤인 1981년 7월 1일에 TPC는 최초로 우주선(宇宙線)을 보았다. "샴페인은 굉장히 좋았다"라고 한 사람의 메모는 과장된 것이었다. "TPC는 안정적으로 운영되었다. 그것을 매일 켜고 끄는 데 아무런 문제가 없었다."[132] 여전히 새로운 물리는 없었지만, 적

---

130) 커크가 실험 프로그램 자문 위원회에게, 1980년 11월 3일, III절과 부록 B, 파노프스키, 「TPC에 대한 토론 논문」, 파일 「EPAC I(1975~80)」, box G014-F, SLAC.

131) 커크가 실험 프로그램 자문 위원회에게, 1980년 11월 3일, 파일 「EPAC I (1975~80)」, box G014-F, SLAC.

132) 마르크스, 「TPC의 우주선 시험」, 1981년 9월 15일, 파일 「J. 마르크스 우편물 원본」, box 4, DNyP I.

어도 이 기계의 눈이 열렸으며 그다음에 주위를 둘러보았다.

결과가 나올 것이라는 전망 때문에 누가 어디서 무엇을 말할 것인가라는 문제에 대한 갑작스러운 재검토가 촉발되었다. 1981년 10월 9일에 개최된 TPC의 집행 이사회 회의에서 새로운 부서가 존재하게 되었고, 그 임무는 발표를 단속하는 것이었다. 그 부서의 이름은 SCAT으로 발표 배당을 위한 상설 위원회(Standing Committee for Assignment of Talks)였다. 문제가 된 것은 아주 구체적으로 (LBL, 존스 홉킨스, 도쿄, UCLA, U.C.-리버사이드, 그리고 예일 등) 기관들 사이에서, (학생, 박사 후 연구원 등) 각종 계급들 사이에서, 그리고 개인들 사이에서 몇 가지 단계로 평판도를 나누는 일이었다.[133]

평판도의 유형에 관해서는 의견의 일치가 있었다. 계급 I의 경우 "고에너지 물리학에 대한 최고 수준의 협의회와 회의"였다. 그런 명성을 날린 경우로는 전쟁 후에 시작된 고에너지 물리학에서의 유명한 로체스터 회의에서의 초청 강연과 미국 물리학회의 뉴욕과 워싱턴 회의가 포함되었다. 계급 II 발표에는 아르곤, 브룩헤이븐, DESY, 페르미 연구소, LBL, 러더퍼드, 그리고 SLAC 등 정예만 뽑은, "주요 연구소"에서 열리는 다른 협의회 또는 콜로퀴움이 포함되었다. 규약에서는 미세한 구별도 문제가 되었다. 계급 I의 경우라도 구두로 발표하지 않고 단지 "제출"되기만 한 논문(정규 분과에 단순히 제출만 된 것)은 계급 II라 간주했다. 마지막으로, 계급 III는 학과의 콜로퀴움과 세미나에서 발표한 것, 하드웨어나 소프트웨어에 관한 발표, 그리고 모든 학생들 발표 등 실질적으로 다른 거의 모든 것을 포함했다. "하드웨어"라는 조항에 대한 단 한 가지의 예외는 "PEP-4 검토 형태"의 발표에 해당하는 것이었는데, 그것은 더 높은 계급에 기여한 것으로 인정받았다. 간단히 말하면, 발표의 계급은 발표자의 지위와 발표한 장소 그리고 기여한 성격에 의존했다.[134]

---

133) 「PEP-4 발표를 배당하는 절차: TPC 이사회 초안」, 1981년 10월 9일, 파일 「TPC 집행 이사회 회의의 회의록」, box 4, DNyP II.
134) 「PEP-4 발표를 배당하는 절차: TPC 이사회 초안」, 1981년 10월 9일, 파일

이러한 분류법에 기초해 SCAT는 일련의 저자(著者) 결정 규칙을 시행할 예정이었는데, 내가 제안하건대 그것은 표현에 대한 세 가지 경계, 즉 권력, 재산, 그리고 증명을 분할하는 것이다. 이 규칙 뒤에 있는 압력이 물론 새로운 것은 아니다. 일련의 규칙 각각은 인정받기와 증명에 대해 얽히고설킨 것을 오랫동안 지배했던 보이지 않는 힘을 보이게 만들었다. 그러나 이제 그러한 놀라운 자원들은 하나의 지배권 아래 들어갔고, 공동체의 역동성은 단순히 사회화에 의해 흡수된 것이 아니라 법전으로 기록되었다.

규칙 1: 공동 연구단에 소속된 누구라도 SCAT의 승인을 받지 않고서는 어떤 주제에 대해서도 계급 I 또는 계급 II의 발표를 할 수 없다. 이것은 개인에 대해, 이사회라는 대표자를 통해, 그리고 이사회에서 임명된 부서인 SCAT를 통해 전체로서 공동 연구단의 권력을 강조하는 것이다. 규칙 2: "TPC 소속원이나 사람들 누구에게도 어떤 특정한 물리학의 결과 또는 분석 발표에 대해 특별한 또는 독점적인 권리가 주어지지 않을 것이다." 여기서 요점은 어떤 특정 세부 그룹이 특정 물리에 대해 요청할지도 모르는 어떤 우월적 지배도 인정하지 않는다는 것이다. 규칙 2 뒤에 숨은 두려움이 대규모 그룹의 시대에 널리 퍼졌다. 그것은 자주 의식적으로 일어났는데, 장비를 제작하는 여러 해 동안의 작업 뒤에 마지막 물리학에 대한 (말하자면 불변 질량 히스토그램을 그린다거나 단면적을 계산하는 등) 분석은 몇 안 되는 사람들에게 돌아가는 것이 아주 흔하기 때문이다. 공동 연구단에서 물리학 분석에 기여하지 못한 사람들에게는 그 상황이 집을 짓는 것과 비슷하다. 마지막 기와를 얹어 놓는 지붕일을 하는 사람이 건축물의 진정한 그리고 가장 중요한 건축가라고 칭찬받아 마땅할 것인가? 마지막에 손댄 사람의 소유라는 식을 금지하는 것이 공동 연구단의 그러한 유지책의 본질적인 부분이다. 그것이 없으면, 어떤 사람이 뮤온 검출기를 보정하거나 TPC의 배선을 손보는 일

「TPC 집행 이사회 회의의 회의록」, box 4, DNyP II.

을 하도록 유지하는 사회적 결속력이 분석 프로그램을 향한 홉스식의 돌격으로 붕괴되어 버릴지도 모른다. 규칙 3: "새로운 실험 결과는 발표하기 전에 반드시 이사회의 검토를 거쳐야 한다." 그러한 조항이 없다면 공동 연구단 전체로서 인식론적 참여는 새로운 효과 또는 존재를 발견했다는 어떤 개인의 요구에도 그 뒤에 설 수밖에 없는 것처럼 보였다. 바깥세상에는 공동 연구단이 하나의 준(準)개인처럼 나타나므로 어떤 모순 또는 취소도 공동 연구단 전체를 약화시킬 것이다. 그래서 증명 또는 적절한 실증(實證)은 전체 공동 연구단으로부터 (또는 좀더 정확하게는 공동 연구단이 자신을 대표하도록 선출한 원로원과 같은 부서로부터) 나와야 되었다.[135]

이러한 규칙들이 물리의 일부분인가? 그것들은 단지 "외부의 사회학"일 뿐인가? 나는 여기서 — 과학적 논증을 이해할 때 너무 자주 겪는 것처럼 — 우리가 잘못된 이분법을 가지고 있다고 주장하고자 한다. 다른 구속 조건들 중에서도 이 규칙들은 — 심지어 문제가 되는 개인이 그 분석을 결코 손대지 않았다고 하더라도 — 설계와 제작, 그리고 장비의 시험 등이 포함될 가치가 있는 물리적 증명으로 충분히 한 부분임을 인정받는다고 주장하면서 저자(著者)임이 무엇을 의미하는가를 구성했다. 이러한 규칙들은 그룹의 통제를 유지하면서 당장 공동 연구단의 사회적 단결을 지키도록 행동하며 물리학 결과의 신뢰성을 허용한다는 양면성을 가지고 있었다.

그 이상의 지침들은 필요에 근거한 정치적 실용주의로 상품의 기계적 분배를 혼합시켰다. 예를 들어 계급 I 발표는 PEP-4 기관들 사이에서 순환되는데, LBL에 대해서는 이중으로 혜택을 부여했다. 이와는 대조적으로 계급 II 발표는 공동 연구단에 참여한 사람들이 각 기관에 몇 명 소속되어 있는가에 따라 LBL은 13, 존스 홉킨스, 도쿄, UCLA, 그리고 U.C.-

---

135) 「PEP-4 발표를 배당하는 절차: TPC 이사회 초안」, 1981년 10월 9일, 파일 「TPC 집행 이사회 회의의 회의록」, box 4, DNyP II.

리버사이드는 3, 그리고 예일은 1 등 수치적인 비중을 엄격하게 따랐다. 계급 III 발표에 대한 배당은 SCAT에게 적절하게 통보하기만 하면 요청과 함께 허용되는 방식이었다. 그렇지만 꼭 그래야 한다면 이러한 기준이 다르게 적용될 수도 있었다. "종신 재직권을 받지 않은 사람의 경우에는 거기에 적절한 배려가 주어질 것이다." 단지 SCAT가 통제하는 기능 규모가 어느 정도인가를 가리키기 위하여 말한다면 대략 108개의 계급 I과 계급 II 발표가 이미 일정으로 잡혀 있었다.[136]

그렇게 육중한 규모의 조직이 지닌 원심 회전과의 싸움은 다른 효과도 가지고 있었다. 끊이지 않고 PEP-4와 PEP-9은 자율과 조정 사이에서 그들의 길을 찾아가느라 분투했다. 예를 들어 1982년 5월에 PEP-9은 방아쇠 메커니즘의 일부분으로 PEP-4로부터 자료를 빨리 받고 싶어 했고, PEP-4는 그런 목적의 점검을 지원하는 데에 동의했다. 동시에 PEP-4는 그 보답 차원에서 자신들이 PEP-9의 방아쇠에서 나오는 자료를 달라고 요구하지 않을 것이고, 그래서 두-광자 그룹이 자료 테이프의 분석을 돕는 연구원을 배당하지 않을 것임을 분명히 했다. 만일 PEP-9이 그 방법을 익히기 위하여 PEP-4에 사자(使者)를 파견하고 싶다면 그것은 받아들일 수 있었다. 냉랭한 평화가 한 시설 속 두 시설 사이에 드리워져 있었으며, 공동 연구단은 단지 더 넓은 세계가 그 위에서 데탕트를 강요하는 정도로만 조정되었다.[137]

심지어 PEP-4 내에서도 수많은 그룹과 세부 그룹을 함께 유지하려는 투쟁은 변치 않는 중대사였다. 예를 들어 사람들은 이것을 "대변인"의 역할에 대한 문서가 여러 겹으로 반복된 데서 보는데, 대변인은 넓은 공동체에서는 공동 연구단의 인간적 얼굴을 대표하는 동시에 마음에 드는 일부분이 아니라 전체적 관심을 간직한 지도자를 대표했다. (해럴드

---

136) 「PEP-4 발표를 배당하는 절차: TPC 이사회 초안」, 1981년 10월 9일, 파일 「TPC 집행 이사회 회의의 회의록」, box 4, DNyP II.

137) TPC 집행 이사회 회의의 회의록, 1982년 5월 3일, 파일 「TPC 집행 이사회 회의」, box 4, DNyP II.

티초와 제이 마르크스가 작성한) 1982년 5월의 한 초안에는 저자들이 이 문제에 반영되어 있었다. "큰 공동 연구단에서는 개별적인 공동 연구자가 대개는 자신이 바로 책임져야 할 노력의 일부에 관계있을 것이다. 거기에는 이러한 개별적 노력의 전체성이 공통 목표에 초점이 맞추어져 남아 있지 않을 것이고, 전체적인 계획의 중요한 측면이 한 개인이나 또는 다른 개인의 책임이 아니라는 것이 분명하기 때문에 무시될 것이라는 진정한 위험이 존재한다." 이것은 대변인의 임무였다. 대변인("대변 남자[spokesman]"가 그리 오래 지나지 않아 다른 많은 실험에서 "대변 사람[spokesperson]"이 되었다)은 실험의 단기와 중기 목표를 정의할 것이며, 필요할 때마다 개정될 수 있는 문서를 만듦으로써 그렇게 할 것이다. 물론 대변인은 이사회 그리고 TPC 공동 연구자들의 자문을 구할 것이지만, 공동 연구단이 확장되면서 책임의 개인적 생각에 대한 필요가 강해졌다. 그 문서가 강조한 것처럼 "공동 연구단은 전체적 문제를 자신의 주요 책임으로 생각하는 지명된 개인이 존재한다는 점을 인지함으로써 안정적이다."[138]

지도력에 대한 문제는 시의적절했다. 나이그렌은 다양한 이유로 공동 연구단의 지휘부에 속한 그의 지위에서 사임하고자 했다. 그리고 대변인을 맡고 있는 제이 마르크스도 다른 직장으로 옮기기 위한 탐색을 시작했다. 1982년 8월에 마르크스는 TPC 이사회에 편지를 보내 1년 동안 프로젝트를 떠나 워싱턴의 에너지성에 근무하면서 고에너지 물리학의 국가적 프로그램에 기여하겠다고 통보했다.[139] 그것은 LBL의 부소장인 헤르만 그룬더가 이끈 움직임이었는데, 그는 이러한 임명이 연구소에 행운을 가져다주는 데 도움이 되기를 희망했다.[140] 비록 집행 이사회는 즉

---

138) [티초와 마르크스], 대변인의 역할에 대한 제목이 없는 초안, 파일 「TPC 집행 이사회 회의 회의록」, box 4, DNyP II.

139) 마르크스가 TPC 이사회 이사들에게, 1982년 8월 5일, 파일 「TPC 집행 이사회 회의 회의록」, box 4, DNyP II.

140) 마르크스가 저자에게, 1995년 12월.

시 새로운 대변인의 선택에 대해 협의를 시작했지만, 너무 과도하게 민주적인 프로젝트로서 이미 인식되고 있던 권한의 분산이 명백하게 파노프스키와 SLAC과 에너지성 두 곳에 있는 다른 사람들을 걱정하게 만들기 시작했다.

거의 9년째가 되고 1982년에 이르러 예산이 4,000만 달러를 초과하는 프로젝트는 중단될 위험에서 제외되는 관료적인 관성을 갖게 되리라고 생각될 수 있다.[141] 그것은 실수였다. 쿼크 붕괴를 효과적으로 기록하는 능력에서 검출기의 예산 지원에 이르기까지 모든 단계에서 공동 연구단은 소멸에 직면해 있었다. 정말이지 검출기를 온라인으로 만들려는 2년 동안의 절망적인 작업 뒤에 EPAC는 1983년 5월 14일에 여전히 또 다른 사형 선고를 내렸다. 다시 한번 더 프로젝트는 벼랑 끝에 섰다. "우리에게 발표된 것을 근거로 EPAC는 연구소장이 PEP-4(TPC) 공동 연구단을 위한 어떤 추가 운영도 지금으로서는 승인하지 않을 것을 권고한다. 우리는 공동 연구단이 마지막 물리적 결과에 이르기까지 프로그램을 수행하는 데 필요한 지도력과 조직 그리고 인력을 가지고 있는지 확신하지 못한다."[142] 파노프스키는 즉시 새 대변인인 리버사이드의 벤저민 C. 셴에게 이러한 문제들이 "치유"되지 않는 한, 1984년 1월에 PEP-4를 위한 빛줄기를 제공하지 않는다고 통보했다.[143] 공동 연구단은 즉시 방어를 규합하려 했다. 1983년 5월 27일에 셴은 파노프스키에

---

141) 서로 다른 방법을 비용을 계산하면 흔히 그 결과는 매우 달라진다. 그러나 1982년 최소 예상은 프로젝트를 완료할 때까지 2,832만 달러로 평가될 수 있었으며(파노프스키와 세슬러가 윌렌마이어에게, 1976년 2월 26일, 파일 「PEP 정책」, box 2, JMP), 1981년과 1982년 회계연도에 추가로 1,104만 6,000달러가 예상되었다(「TPC의 상태」, 1989년 11월, 파일 「LBL 연구소장에게 보낸/온 기록」, box 7, JMP). 이 금액은 물리학자들의 봉급과 다른 많은 것도 포함하지 않았음을 유의하라.

142) 실험 프로그램 자문 위원회가 파노프스키에게, 「PEP-4 운영 시간」, 1983년 5월 14일, DNyP.

143) 파노프스키가 셴에게, 1983년 5월 16일, DNyP.

1030

게 집행 유예를 요청하는 편지를 보냈다. "[부대변인인] 로이 커스와 나는 모두 공동 연구단에게 우리 노력에 대한 EPAC의 부정적 인상에 대해 당신이 알려준 대로 우리는 예정에 맞추어 물리를 생산해 내지 못했고, 계산과 분석은 조직적이지 못했으며, 일을 연속적으로 시행할 뿐 충분한 사전 계획을 세우지 못했고, 적절한 지도력과 관리 조직을 가지고 있지 못하며, 너무 민주적으로 운영되어 효과적이지 못하다는 점 등을 설명했다. 우리는 이런 인상들을 지울 결심을 하고 있지만 그것들이 대체적으로 근거가 없다는 점을 주장한다."[144]

물리적인 근거에 대해 논의하면서 셴은 실제로 다듬어진 dE/dx 보정을 포함한 새로운 반(反)분산 개선에 의해 곧 중요한 결과들이 나오기 직전이며 활력에 찬 자료의 획득이 곧 자료 요약 테이프 형태로 나올 것이라고 주장했다. 좀더 인간적인 근거로 그는 승인의 중지가 공동 연구단에 속한 젊은 사람들의 사기를 심각하게 손상할 것이며, 물리학자와 대학원생을 유치하기 어렵게 만들고, 자금 지원 기관들을 쫓아버리며, 공동 연구에 참가하는 기관들의 지원이 삭감될 것이라고 호소했다.[145] 흥미롭게도 "너무나 민주적"이라고 인지하게 되자 장점이었던 것이 (어떤 철학자-왕에게 제출하지 않더라도) 이제 공동 연구단의 부담이 되었다.

이제 협력자를 모을 시간이 되었으며, LBL의 고참 이론 물리학자이자 지금은 물리 부서의 책임자인 J. D. 잭슨이 공동 연구단의 방어에 동참했다. EPAC에 속한 각 위원들에게 개별적으로 편지를 보내면서 그는 우선 그들에게 1983년 5월 17일의 냉각과 초전도 자석의 활성화를 알려주었다. 이 자석은 (2,200암페어를 초과하는) 최대 전류를 잘 견뎠고, 그러므로 거의 10년 전에 TPC가 설계했던 총 1.6테슬라의 자기장을 제공해 줄 것으로 기대되었다. 그렇지만 맹비난이 시작되었다.

---

144) 셴이 파노프스키에게, 1983년 5월 27일, DNyP.
145) 셴이 파노프스키에게, 1983년 5월 27일, DNyP.

[EPAC부터] 파노프스키에게 온 간략하고 잔인한 메모는 비난하는 것이 너무 광범위하고 너무 구체적이지 못해서 공동 연구단에게 쓸모가 별로 없거나 아예 없었다. 그렇지만 바깥 세상에 대한 메시지는 매우 분명했다. 수시간 내에 TPC가 PEP에서 끝났다는 메시지는 고에너지 물리학자가 있는 곳이면 글자 그대로 어느 곳이나 모두 도달했다. 어떤 사람은 그 소식이 어떤 장소에는 광속보다도 더 빠르게 또는 빛 원뿔에서 거꾸로 진행하여 도달한 것 같은 인상을 받았다. 청중들이 당신의 권고를 과도하게 단순화하고 잘못 해석했다고 주장할 수도 있겠지만, 그 메시지가 원했던 피해는 이미 다 입었다.[146)]

잭슨은 계속해서 무능력하다는 일반적인 비난과 그것에 대한 구체적인 근거 모두에 대해 반론을 폈다. "나는 위협적인 30분간의 인터뷰를 근거로 베타 마이너스를 부여하고 그래서 어떤 불쌍한 사람의 일생을 결정하는 영국 조사 위원회가 생각난다." 실험 과학자들의 사기를 꺾는 대신, 그리고 대변인과 공동 연구단에게 낙인을 찍는 대신 그는 EPAC와 연구소장 모두에게 그들이 할 수 있는 모든 면에서 TPC를 지원하라고 강요했다.[147)]

잭슨이 개입한 것과 같은 날(1983년 5월 31일) 파노프스키는 U. C. 산타크루스에서 온 물리학인 아브라함 사이덴을 임명하여 프로젝트의 상황과 EPAC에 제출된 보고서에 대한 체계적인 조사의 지휘를 맡겼다. "나는 위원회가 자료 요약 테이프에 도달하기까지, 그리고 그것으로부터 물리적 결과를 추출하기까지 소프트웨어 활동에서 이룩한 [PEP-4와 PEP-9의] 과거 업적을 상당히 자세하게 조사해 주었으면 한다. 나는 소프트웨어 연구에 대한 적절한 계획의 측면에서 그룹들의 성과와 시기에 맞는 방식으로 물리학을 추출해 낼 수 있는 전망에 대해 이해하고 싶

---

146) 잭슨이 실험 프로그램 자문 위원회 위원들에게, 1983년 5월 31일, DNyP.
147) 잭슨이 실험 프로그램 자문 위원회 위원들에게, 1983년 5월 31일, DNyP.

다."[148] 파노프스키는 무엇인가가 발생하면 올바른 문제가 무엇인지 알 아내기 위해 위원회가 "조기 경보 시스템"을 수립하는 메커니즘을 찾아 낼 필요가 있다고 주장했다. (연구소 자금 모두의 공급원인) 에너지성이 TPC/PEP-4와 PEP-9이 모두 SLAC의 프로젝트로 간주하고 있고, 두 가지가 모두 문제가 되면 연구소 자체의 장래가 위험에 처해지므로 연 구소장으로서 파노프스키는 특히 걱정했다. 파노프스키의 편지 복사본 이 잭슨에게도 도착했으며, 어떤 방법으로든 TPC에 대한 좀더 진지한 조사가 실시될 것이라는 확신을 분명하게 주었다.[149]

사이덴은 1983년 6월 16일에 위원회가 세 가지 영역에 집중할 것이 라는 점을 PEP-4가 알도록 했다. 첫째, 위원회는 첫 번째 **물리적 결과**가 무엇이고, 그것을 얼마나 빨리 기대할 수 있으며, 얼마나 많은 사람들이 필요한 소프트웨어와 물리 분석에 일하고 있는지를 알고자 했다. 둘째, 위원회는 두-광자 물리학의 자세한 성질을 좀더 자세하게 알고자 했다. 무엇이 TPC/PEP-4와 PEP-9 사이의 관계인가? 마지막으로, 위원회는 하드웨어와 소프트웨어의 문제점을 찾아내는 데 책임자가 누구인지, 그 리고 일단 문제가 확인된 뒤에는 어려움의 해결을 달성하는 데 지도부 가 어떻게 관여했는가를 알고자 했다.[150]

할 일이 절박한 때에는 무엇도 마음을 집중시킬 수 없다. 셴은 자세한 조직 도표와 자료 운영에 대한 요약, 소프트웨어와 분석 프로그램에 대 한 설명, 물리학 주제들, 그리고 장래 계산에 필요한 것과 능력에 대한 전망 등을 수집하기 시작했다. TPC/PEP-4의 과학 담당 대변인과 (셴) 그의 부대변인 (커스) 아래 하드웨어, 소프트웨어, 그리고 물리 조정 그 룹 등 거의 동등한 복잡성을 가진 세 개의 조직 구조가 편성되었다(〈그 림 7.24〉에서 〈그림 7.27〉을 보라).

---

148) 파노프스키가 사이덴에게, 1983년 5월 31일, DNyP.
149) 파노프스키가 사이덴에게, 1983년 5월; 잭슨이 사이덴에게, 1983년 6월 13 일; 두 가지 모두 DNyP에 포함되어 있다.
150) 사이덴이 셴에게, 1983년 6월 16일, DNyP.

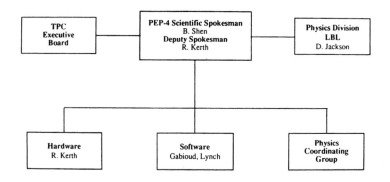

〈그림 7.24〉 전체적인 관리 구조(1983). 그 조직 구조가 공격을 받고, TPC 공동 연구단은 1983년에 에너지성과 SLAC을 효과적이고 다시 확신시켜줄 수 있다고 기대되는 방식으로 개정하고 정성껏 마무리했다. 특정한 대변인을 지정하고 하드웨어와 소프트웨어, 그리고 물리 사이에 3조로 나뉜 구분을 유의하라. 출처: 셴이 PEP-4에 소속된 사람들에게, 1983년 6월 17일, DNyP. 캘리포니아 대학 로렌스 버클리 연구소 측에 감사드린다.

셴은 이메일을 이용해 며칠 더 빠르게 물리 조정 그룹(Physics Coordinating Group, PCG)을 설치했다. 셴은 그것이 여러 그룹 사이에 노력의 중복을 피하기 위해 필요하다고 주장했다. 그룹은 "흥미 있는 주제"를 정의할 수 있었다. 물리적 결과를 제공하기 위한 계획을 내놓아야 한다는 중압감 아래서 공동 연구단은 분석을 어떤 부분과도 다르지 않은 활동으로 취급하기 시작했다. 자원은 많지 않았고 시간은 정해져 있었다. 이제는 더 이상 전과 같이 과다(過多)하고 자유분방한 방식으로 작업하는 것이 가능하지 않았다. PCG의 임무로는 중요도와 가능성, 인력, 몬테 카를로, 계산의 부담, 그리고 시간 척도를 평가하면서 모든 물리학 주제에 대한 검토를 위한 모든 계획을 "중대하게 재고"하는 것을 포함했다. 표류 상자나 자료 버퍼에 집중된 일반적 접근으로부터 "물리학" 하기가 더 이상 면제되지 않았다. 여기서 착인점은 임무들을 규격화된 구성 단위로 잘라 공략하기에 가장 효과적인 경로를 결정하자는 것이었다. 예를 들어 여기에 셴이 PCG에 내리는 작전 명령들 중 하나가 있다. "마찰과 중복, 중첩을 피하기 위해서 여러 그룹들 사이에서 물리 주제를 조정하라. 예를 들어 광도 측정이나 몬테 카를로 등 한 가지의 물리 주제나

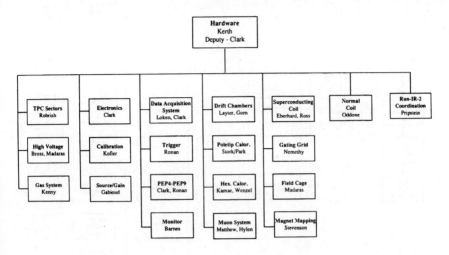

〈그림 7.25〉 하드웨어 조직(1983). 대조되는 〈그림 7.25〉~〈그림 7.27〉에서 동일한 사람이 하드웨어, 소프트웨어, 그리고 물리 등 세 "조직"의 각각에서 서로 다른 권한을 가진 위치에 나타날 수도 있음을 유의하라. 출처: 셴이 PEP-4에 속한 사람들에게, 1983년 6월 17일, DnyP. 캘리포니아 대학 로렌스 버클리 연구소 측에 감사드린다.

그룹에서 흔히 더 많은 것이 요구되는 노력을 조정하라." 발전 상황을 추적하고, 문제를 예상하며, 그리고 물리학에 대한 의제를 내놓는 것 등은 모두 PCG의 범위 안에 놓여 있었다. 장비 제작과 물리 분석 사이에서 작업의 합리화에는 아무 저지선도 존재하지 않았다.[151]

이제는 물리학 분석에서 필수적인 부분을 수행하고 있는 몬테 카를로 제작자들 또한 미시적 조정의 대상이 되었다. 예전에 이 그룹은 "소프트웨어 워크숍"을 수행했는데 거기서 다양한 참가자들이 그들의 프로그램을 발표했다. 곧 이어 부분적으로는 대단히 비판적인 EPAC가 주의 깊게 지켜보는 가운데 셴은 또 다른 공식적인 세부 그룹의 설치를 통하여 시뮬레이션을 개조하기 시작했다. "그 워크숍 이래 [몬테 카를로에 대한] 노력은 여전히 사람들 자신의 흥미와 필요에 의해서 유발된 개인적

151) 셴이 칸, 갈티에리, 호프만, 마다라스, 마루야마, 매슈스, 그리고 스토크에게, 이메일, 1983년 6월 5일 23:44에, 파일 「TPC 집행 이사회 회의 회의록」, box 4, DNyP.

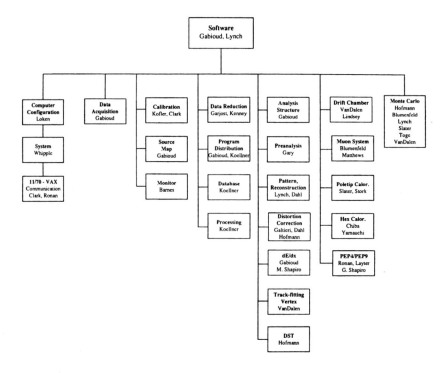

〈그림 7.26〉 소프트웨어 조직(1983). 출처: 셴이 PEP-4에 소속된 사람들에게, 1983년 6월 17일, DNyP. 캘리포니아 대학 로렌스 버클리 연구소 측에 감사드린다.

인 노력이었다. 이러한 노력들 사이에는 의사소통과 조정이 부족하다."
PCG에서와 꼭 마찬가지로 몬테 카를로 세부 그룹은 중복되지 않은 작업 구분과 거기에 더해 표준화된 소프트웨어 및 그에 수반되는 문서들을 시행할 수 있었다.[152)

자료 분석은 그 복잡한 정도와 제작 및 유지에 필요한 노력에서 하드웨어와 비견할 정도로 된 것은 사소한 일이 아니다. 이것은 혼성 실험 입자 물리학, 그리고 점점 더 플라스마 물리학이나 천문학, 그리고 응집 물질 물리학 등과 같은 분야의 새로운 방식이 지닌 특징이다. 전에는 모든

---

152) 셴이 블루멘펠드, 호프만, 린치, 슬레이터, 토게, 그리고 반달렌에게, 이메일, 1983년 6월 5일 23: 44에, 파일 「TPC 집행 이사회 회의 회의록」, box 4, DNyP.

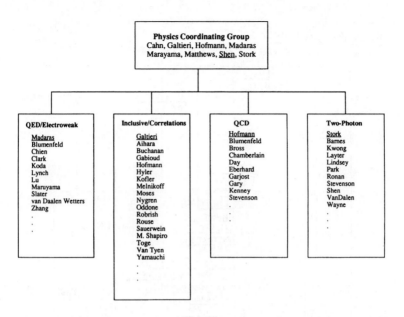

Physics Coordinating Group
Cahn, Galtieri, Hofmann, Madaras
Marayama, Matthews, <u>Shen</u>, Stork

QED/Electroweak	Inclusive/Correlations	QCD	Two-Photon
<u>Madaras</u>	<u>Galtieri</u>	<u>Hofmann</u>	<u>Stork</u>
Blumenfeld	Aihara	Blumenfeld	Barnes
Chien	Buchanan	Bross	Kwong
Clark	Gabioud	Chamberlain	Layter
Koda	Hofmann	Day	Lindsey
Lynch	Hyler	Eberhard	Park
Lu	Kofler	Garjost	Ronan
Maruyama	Melnikoff	Gary	Stevenson
Slater	Moses	Kenney	Shen
van Daalen Wetters	Nygren	Stevenson	VanDalen
Zhang	Oddone		Wayne
.	Robrish	.	.
.	Rouse	.	.
	Sauerwein		
	M. Shapiro		
	Toge		
	Van Tyen		
	Yamauchi		
	.		
	.		

〈그림 7.27〉 물리 조정 그룹(1983). 출처: 셴이 PEP-4에 소속된 사람들에게, 1983년 6월 17일, DNyP. 캘리포니아 대학 로렌스 버클리 연구소 측에 감사드린다.

계급 구조에서 (앨버레즈와 같은) 단 한 명이 정점을 이루었다. 이제 그들 모두를 지배하는 단 한 사람이 없는 (또는 심지어 단 한 기관이 없는) 완전히 새로운 구조가 출현했다. 물리 분석은 한 장소에서 절정을 이루었고, 시뮬레이션은 다른 장소에서 절정에 달했으며, 검출기 부품과 검출기 조정, 그리고 자료 취득 등이 하나하나가 자신만의 철탑 같은 절정을 가지게 되었다.

예를 들어 자료를 처리하는 데는 무엇이 연관되어 있는가? 물리적으로 자료 테이프는 몇 가지 이유로 다섯 번의 분석을 거쳐 나간다. 프로그램의 크기가 단순히 활용할 수 있는 컴퓨터의 용량을 초과했으며, 처음 과정의 결과는 다음 단계 과정으로 들어가기 전에 이해되어야만 했고, 마지막으로 연속적인 단계들이 준비되는 동안 어느 정도의 분석이 이루어지면 작업은 가속될 수 있었다. 〈그림 7.28〉은 기본 순서를 가리킨다. (온라인으로 처리되는) 과정 1에서 방아쇠 비율이 추적 관찰되었으

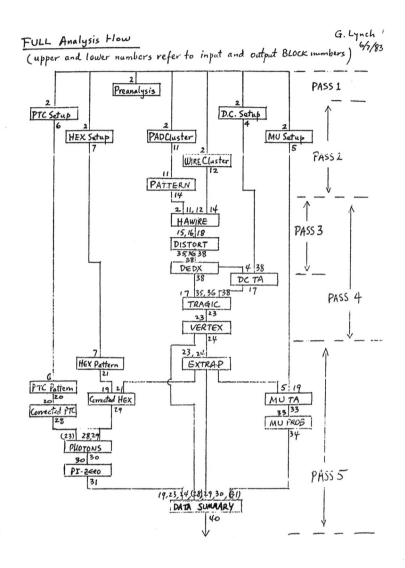

〈그림 7.28〉 전체 분석 흐름(1983). 본문에 지적된 것처럼 이 프로그램들은 혼성 검출기의 다양한 부분에 의해 생신된 자료를 지배하고 조징했다. 이렇게 자료에 대한 대규모의 재구성 뒤에 자료 요약 테이프가 만들어지며, 이것이 실험의 새로운 "다듬어지지 않은 자료"가 된다. 비록 자료가 가장 "원시적"이라고 간주될 수 있을지라도 혼적을 결정하는 공간 점들은 전기장에서 불균일성을 상쇄시키고 이동하는 전자들의 통계적 중심을 찾기 위하여 이미 여러 차례 처리되었다. 출처: 센이 PEP-4에 소속된 사람들에게, 1983년 6월 17일, DNyP. 캘리포니아 대학 로렌스 버클리 연구소 측에 감사드린다.

며, 그리고 PREANALYSIS라고 불리는 프로그램이 많은 수의 방아쇠를 거부해 빛줄기가 가로지르는 위치에서 떠나서 일어났다고 계산된 사건들을 잘라냈다. 이러한 비정상적 충돌들은 우주선(宇宙線) 또는 빛줄기가 관 속에 들어 있는 기체와 부딪쳐서 생겼을 수 있는데, 그 결과로 거의 3분의 1에 해당하는 사건들이 종합적으로 테이프별로 대략 7,000개의 방아쇠로부터 5,000개로 축소되었다. 오프라인으로 실행되는 두 번째 과정은 테이프당 약 한 시간 정도 걸리는데, 그동안에 (프로그램 PAD 클러스터에 의해) 1만 4,000개의 음극판으로부터 나온 출력을 조사하여 TPC에 속한 3차원 점들의 위치가 결정되었다. 또 다른 (PATTERN이라는) 프로그램은 음극판의 점들로부터 흔적을 구성했고 육각형 열량계(HEX 장치)와 막대 끝 열량계(PCT 장치) 등 두 열량계를 보정했다. 그리고 흔적의 배열과 축적된 에너지에 대한 이러한 정보를 이용해 컴퓨터는 훨씬 더 많은 수의 방아쇠를 배제할 수 있어서 총수를 5,000개에서 2,000개로 축소할 수 있었다. 마지막으로, 보조 프로그램들이 표류 상자(DC 장치)와 비례 도선들(WIRE 덩이), 그리고 뮤온 상자(MU 장치)를 보정했다. 컴퓨터가 표류 속도와 정점의 위치 등을 찾아내는 데는 더 이상의 정보를 필요로 하지 않았으며, 이러한 변수들이 그 뒤 다음 번 과정을 위하여 이용되었다.

과정 3(컴퓨터에서 대략 45분 동안)에서 dE/dx와 흔적 변형으로 한 과정으로부터 다음 과정까지 변화를 결정하기 위하여 테이프가 면밀하게 조사되었다. 도선에 대한 자료는 (이것이 특정한 에너지 손실을 결정하기 위하여 이용되는데) 과정 2에서 (HAWIRE에 의해) 음극판의 출력에 의해 재구성된 흔적들과 연결되었다. 도선 자료들 사이의 차이와 컴퓨터가 주무른 음극판이 발생시킨 흔적들은 그러면 표류 속도에 대한 개선된 측정뿐 아니라 상자에 존재하는 변형의 측정이 되기도 했다.

과정 4에서 컴퓨터는 알려진 보정 원인에 대한 반응을 도선에 의한 반응과 비교해 dE/dx의 정해진 값(DEDX)을 산출하는 데 이용했고, 그것은 시간비행 정보와 함께 입자 확인에 기여했다. 전기장과 자기장에 대한 이전 측정들에서, 컴퓨터가 이번에는 (DISTRORT를 이용하여) 사건에 따라 변하는 양이온의 좀더 일시적인 효과와 함께 E와 B의 불균일성을 수정할 수 있다. 컴퓨터는 또한 흔적들을 연결해서 주요 정점(VERTEX)을 찾고 두 개의 표류 상자에 포함된 점들을 흔적과 관련시켰다. 마지막으로, 과정 5는 TPC 흔적들을 열량계와 뮤온 검출기(EXTRAP)까지 연장시켰고, 광자와 π^0의 위치를 찾아냈으며, 제트에 대한 후보를 찾아내거나 쿼크와 반쿼크가 반대 방향으로 방출되는 쿼크-반쿼크 쌍 생성의 원인이 되는 강하게 상호작용하는 입자들의 고도로 조준된 폭발 등과 같이 마지막 사건 처리를 수행했다(테이프 하나마다 약 30개의 이러한 제트 후보가 존재했다).[153]

사이덴에게 보내는 셴의 공식적 반응으로 TPC는 엄격한 의미에서 물리를 연구하는 16명 중에서 선출된 8명의 전임 물리학자에 대응하는 인력을 갖출 것이라고 위원회에게 보증했다. 단기적으로 가장 높은 우선권은 모든 대전 입자와 π^0, γ, 뮤온 생성에 대한 내포(內包) 단면적(다시 말하면 모든 반응 생성물의 조합을 포함하는 단면적)의 결정이 될 예정이었다. 이러한 수(數)들은 실리적인 물리였다. 이 수들은 아주 다양한 이론들을 검사하는 데 유용하게 쓰이지만 독일 함부르크의 HETRA를 제외한 다른 어떤 가속기에서도 구할 수 없는 것들이었다. 같은 선상에서 공동 연구단은 ρ, $K*(890)$, $\phi(1020)$과 같은 몇 가지 알려진 입자의 생성 비율을 결정할 수 있었다. 이 모든 것들은 1974년의 TPC 본 설계 시기부터 예상되었던 질문들이다. 1970년대 중반에 출현한 색 상호작용에 대한 게이지 이론인 양자 색 동역학(Quantum Chromo-Dynamics, QCD)에 대해서는 똑같이 이야기될 수가 없다.[154]

그렇지만 1983년까지는 QCD에 대한 시험이 상당히 일상적이었으며, PEP-4가 조사하겠다고 제안한 구체적인 물리 주제로는 (쿼크의) 맛

---

153) 가비우드, 「82년 11월과 83년 6월 사이의 TPC 자료 분석 조직」, 1983년 6월 16일, DNyP.
154) QCD의 역사에 대해서는 피커링, 『쿼크』(1984)를 보라.

식별이 포함되었다. 즉 주어진 상호작용과 운동량, 그리고 진동수에서 (업, 다운, 기묘, 맵시 등) 어떤 종류의 쿼크들이 생산되는지 확인하기 위해 붕괴 생성물을 이용하는 것이다. 예를 들어 가로방향의 (빛줄기가 지나가는 선에 수직인) 운동량 분포를 조사하기 위하여 전자와 뮤온을 추적할 수 있다. 파편 함수의 결정이나 (즉 양성자 또는 중성자 내부의 쿼크 분포를 고정시키는 것이나) 제트 속에 들어 있는 케이온과 바리온의 성분을 확인하는 것, 그리고 전자와 케이온 사이의 상관관계를 계산하는 것 등은 모두가 쿼크-글루온 상호작용의 내부 구성과 동역학에 대해 더 많이 드러낼 것을 약속했다. 마찬가지로 그룹은 가벼운 쿼크 제트를 무거운 쿼크 제트와 비교하는 방법으로 QCD를 검토하기 위해 감마선을 가지고 맛 식별을 검사할 수도 있었다. 이 팀이 이용할 수 있는 표준이 아닌 방법으로는 전하 $4/3e$ 또는 $2/3e$로 대전된 입자인 고립된 쿼크 생성에 대한 한계를 정하는 것이다. 마지막으로 그들은 전에는 관찰하지 못한 메존으로 두-감마를 생성하는 상호작용에서 등록될 수도 있는 F^*의 신기한 쿼크 결합에 대해서 조사할 수도 있었다.[155]

그러므로 전자와 기계, 전자기, 구조, 소프트웨어, 그리고 물리 등 많은 활동 면들 사이와 그 내부에서 통합이 필요했다. 다시 한번 더, 그러나 마지막이 아니게 PEP-4와 PEP-9은 상호 불신을 가지고 상대방을 바라보았다. 파노프스키와 그의 EPAC로부터 이러한 관계를 다시 한번 재평가하라는 명령을 받고, 두 "실험"의 지도자들은 1983년 7월 17일 한데 모였다. 이제 싸움은 θ_{max}의 값에 대한 것이 아니고 자료 자체를 어떻게 나누는가에 대해서였다. 공동 연구단에 보내는 이메일 보고에서 한 위원은 이 평화 회담의 인상에 대해 다음과 같이 보고했다.

1. 한-감마 물리와 두-감마 물리를 완전히 공동으로 연구하자는 문제

---

155) 셴이 사이덴에게, n.d. [내부 근거에 의하면 1983년 6월 20일 에너지성 검토 직후], DNyP.

에 대해

　　PEP9은 그렇다고 대답하기 쉽고

　　PEP4는 아니다라고 대답하기 쉽다.

2. 모든 두-감마 물리의 공동 연구에 대해

　　PEP9은 아니다라고 대답하기 쉽고

　　PEP4는 그렇다고 대답하기 쉽다.

3. 모든 두-감마 물리와 두 검출기 모두를 필요로 하는 주제에 대해

　　PEP9은 아니다라고 대답하기 쉽고

　　PEP4는 어쩌면 그렇다고 대답할 수도 있다.

4. 두-감마 중에서 1회 식별과 무식별 부분에 대해

　　PEP9은 50퍼센트 이상 좋다이고

　　PEP4는 글쎄라고 대답했다.

5. 두-감마 중에서 1회 식별만의 경우에 대해

　　PEP9은 50퍼센트 미만 이상 좋다이고

　　PEP4는 50퍼센트 이상 좋다.[156)]

여기서 우리는 자료와 명성이 서로 연결되어 있는 완벽히 차려입은 성질을 본다. 문항 1을 보자. PEP-9 공동 연구단에게 한-감마와 두-감마 물리를 전반적으로 공유하는 것은 가치 있는 행동이다. PEP-9 공동 연구단은 더 이상 물리의 독점적 부분을 갖지 못하게 될 것이지만, 확장된 영역은 빛줄기 부근에서 추출될 수 있는 더 많은 부분을 포함하게 될 것이다. 그렇지만 PEP-4에게는 그런 총체적인 공동 연구가 정말이지 불리한 흥정으로 보일 것이 틀림없다. (자신들도 이미 어느 정도는 갖고 있는) 두-감마 사건의 더 넓은 부분에 접근한다는 것과 교환해 혼자만 상당히 잘 할 수 있는 다른 물리학을 공유하기로 한 것이다. 문항 2도 마찬

---

156) [셴], 이메일, [1983년 6월 17일], 파일 「TPC 집행 이사회 회의 회의록」, box 4, DNyP II.

가지로 이해될 수 있다. PEP-9에게 모든 두-감마 물리를 공유한다는 것은 PEP-4 자료를 통해 얻을 수 있는 약간의 추가 두-감마 물리와 교환으로, 유명해지기 위한 유일한 요구를 포기하는 것을 의미했다. 정확하게 바로 그런 이유 때문에 PEP-4에게는 그것이 아주 훌륭한 거래였다. 일주일 뒤 셴은 그가 사이덴에게 편지를 보낼 때 단지 "우리는 좀더 공식적인 공동 연구 합의에 이를 수 있기 위하여 논의를 하는 중이다"라고 언급하면서 그 문제를 얼버무릴 수밖에 없었다.[157] 아홉 해 뒤인 1992년에 심지어 공동 연구단들 사이의 공동 연구가 끝나가려고 허둥거리는 중에도 이 협상은 여전히 그대로 진행되고 있었는데, 자료 분석에 대한 소프트웨어에서조차 보이는 그들의 준(準)자치권의 흔적이었다(〈그림 7.29〉를 보라).[158]

1983년 8월 12일까지 PEP-4와 PEP-9의 상황에 대한 특별 위원회는 전반적으로 이미 확신이 서 있었다. 위원회가 결론짓기를, PEP-4가 실패한 주 원인은 물리 분석에 실제로 전념한 사람의 수가 적었기 때문이며, 아마 이러한 약점은 일그러짐의 수정을 수행하는 데 필요했던 막대한 노력을 감안하면 피할 수가 없었을 것이다. 예를 들어 위원회는 dE/dx의 해상도가 단지 약 $\sigma = 3.6$퍼센트에 불과한데, 그것은 "비록 인상적이기는 하지만", K로부터 π를 구별하는 데 겨우 3σ의 수준으로, 그리고 p로부터 K를 구별하는 데 겨우 2σ의 수준으로 수행하는 능력을 산출할 뿐이라고 지적했다. 하드웨어에 관한 한, 사이덴의 위원회는 상당히 낙관적이었다. 초전도 자석은 운동량의 해상도를 3.5배만큼 줄일 수 있었으며, TPC 내에서의 일그러짐을 제거하면 추가로 4배까지 더 줄일 수 있었다. 비록 이렇게 결합된 14라는 인자도 아직 2배만큼 너무 높지만, 위원회는 이 장치가 "경쟁력"을 가지고 있다고 생각했다.[159] 파노프스키

157) 셴이 사이덴에게, 1983년 6월 23일, 파일 「TPC 집행 이사회 회의 회의록」, box 4, DNyP II.
158) 엘리오트 블룸, 저자와의 인터뷰, 1992년 2월 27일.
159) 사이덴이 파노프스키에게, 1983년 8월 12일, DNyP.

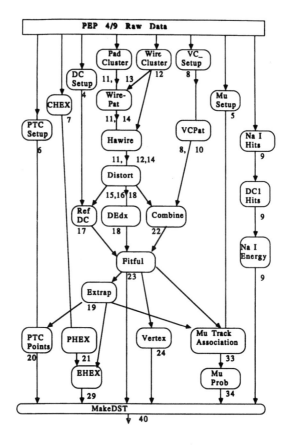

〈그림 7.29〉 PEP-4/PEP-9의 자료 분석(1992). 1992년의 자료 분석 프로그램을 1983년의 그것과 대조하면, 자료 요약 테이프가 만들어지기까지 전 과정에 걸쳐서 실험의 각 부분 사이의 조율을 높이기 위해 얼마만큼의 노력을 했는지 알려준다. 예를 들어 EXTRAP 프로그램은 (이것은 1983년에 흔적들을 TPC로부터 열량계와 뮤온 검출기까지 연장했는데) 1992년에는 막대 끝 열량계에 이르기까지 포함하기 시작했음을 유의하자. 그러나 가장 중요한 것은 1983년 흐름도에는 PEP-9 숫자가 하나도 포함되지 않았으며, 1992년에 실리기는 했지만, PEP-4의 소프트웨어 "것츠"에 연결되지 않고 "다듬지 않은 자료"에서 바로 자료 요약 테이프로 들어간 것을 유의하라. 출처: 마이클 로년, LBL, 1992에 삼사드린다.

도 동의했고, 셴에게 비록 연구소장으로서 11월의 EPAC 회의 전까지는 공식적으로 아무 말도 할 수 없지만, 그에 관한 한 "필요한 조치는 …… 시행되었다"라고 알려주었다.[160]

8. 이론과 자료의 조정

TPC/PEP-4 내에서 LBL을 다른 연구소들과 엮는다든가 또는 물리학자들을 기술자들과 엮는 것에서 어려운 것만큼이나 실험 과학자의 문화를 이론 과학자의 문화와 조정하는 것은 완전히 다른 차원의 문제들을 제기했다. 여기서 우리의 관심은 이러한 접촉의 역동성에 있다. 구체적으로 나는 이 두 영역 사이의 교역 지대에서 이루어지는 연구를 탐구하고자 한다. 이러한 틈새 구역에 "현상론적" 물리학자들이 존재하는데, 그들은 손에 납땜인두를 들고 있는 사람들과 분필을 들고 있는 사람들 사이에서 중재자로 행동하는, 모든 주둔지에서 온 모형을 만드는 사람들이다. 누가 모형을 만드는 사람이고 그들의 전문적인 활동 그리고 실험과 이론에 대해 좀더 잘 수립된 전통 사이의 관계는 무엇인가라는 질문에는 사회-역사적인 또는 사회적인 일면이 존재한다. 거기에는 또한 모형을 만드는 사람은 그들보다 좀더 전통적인 환경의 동료들에게 어떻게 이야기하는가라는 언어적 또는 수사학적인 측면이 존재한다. 그리고 마지막으로, 거기에는 이론 과학자와 실험 과학자 그리고 현상론자들에 의해 가정된 믿음에 대해 존재와 법, 그리고 근거 사이의 관계는 무엇인가라는 이해되어야 할 철학적 차원이 존재한다.

강 상호작용의 이론인 QCD를 정의하는 라그랑지안과 음극판 사이의 간격은 물리학의 역사에서 전례가 없었다. 만일 선례를 찾아본다면 오직 일반 상대성 이론만이 그 모든 계산적인, 그리고 관찰상의 어려움과 함께 이론과 실험 사이에 비견할 만한 간격을 제공했으며, 심지어 일반 상대성 이론도 1915년에 아인슈타인의 세 가지 정량적인 예언과 함께 제안되었다. 이와 같이 다양한 일그러짐과 전기장의 재구성, 그리고 다른 분석 프로그램을 거쳐서 "충돌"한 음극의 중심점으로부터 자료를 취해서 입자를 확인하기까지 복잡한 쌓아 올리기 과정을 알아보았으므로 우

---

160) 파노프스키가 셴에게, 1983년 8월 22일, DNyP.

리는 이제 위에서 아래로 내려오는 움직임을 살펴보기로 한다. 1970년대 말과 1980년대 초에 QCD는 위로부터 어떻게 보였고, 그리고 TPC/PEP-4 이론 과학자들과 실험 과학자들은 두 문화가 만일 전체적이 아니라면 국지적인 합의를 이루는 교역 지대로서 중간 근거를 어떻게 짜 맞추었을까?

쿼크 이론은 세 가지 서로 다른 국면을 통과해 오면서 그 자체로서 복잡한 역사와 전통을 가지고 있었다. 1964년부터 시작하여 겔만과 조지 츠베이크는 19세기 동안 주기율표에서 원자가 가진 기능과 아주 흡사한 분류의 도구로서 사용하기 위하여 쿼크라는 개념을 도입했다. 1967년 또는 1968년에 이르자 쿼크라는 생각과 SU(3) 그룹 내에서 쿼크의 수학적 표현법은 대부분의 입자 물리학자들에 의해 대체적으로 드미트리 멘델레예프의 주기율표만큼이나 중요하다고 받아들여졌다. 그리고 19세기 화학자가 실질적인 형체로서의 원자 실재성(實在性)을 향한 정통적인 불가지론을 존속시켰던 것과 마찬가지로 1960년대의 많은 입자 물리학자들은 쿼크의 실재성(實在性)에 대한 지지를 자제하고 있었다. 그러한 존재론적인 절제는 SLAC의 한 팀이 전에는 시도되지 않은 고에너지의 전자들을 이용하여 중성자와 양성자의 내부에서 산란시킨 일련의 자료를 산출했을 때인 1969년에 도전받았다. 수년 동안에 걸쳐서 일반적으로 알려진 해석은 예를 들어 중성자의 내부는 복잡하지만 연속적으로 전하가 분포되어 있다는 것이다.

그러나 SLAC의 연구가 나온 지 수개월 이내에 리처드 파인먼은 새로운 자료가 전자들이 중성자와 양성자 내부에 위치한 점과 같은 존재들에 의해 산란된다는 해석과 일치한다는 것을 보였다. SLAC의 이론 과학자인 브조르켄에 의해 인도되는 다른 사람들은 파인먼이 그렇게 불렀고 이제 **실체화된 쿼크들인 "파톤"**을 확인하기 위한 작업을 계속 추진했다. 만일 쿼크의 이론화에서 첫 번째 분류에 의한 단계를 "멘델레예프 쿼크" 기간이라고 부를 수 있다면 쿼크-파톤 일치화는 "러더퍼드 쿼크" 시대를 예고했다. 그런 후 1969년과 1974년 사이의 입자 물리학의 폭발적인 기간에 파톤 자체를 동역학적으로 취급하게 되었다. 즉 전기 동역학의 성공적인 양자 이론인 QED의 모형을 그대로 모방해 이전의 "강력(强力)"은 게이지 양자 장이론으로 대치된 양자 장이론인 QCD로 통합되었다.[161]

1980년대 초에 이르자 QCD는 어떤 이론 과학자의 교육에서나 표준 과정의 일부가 되었고, 그에 대한 종합 논문과 교재가 풍부해졌다. 이론 과학자들에게 이론이 튼튼해진 것은 특정한 실험과의 정량적인 연결에서가 아니고, 현상의 서로 다른 영역 사이에서 그 이론이 제공한 정성적인 설명과 이론 내부의 연결을 조합한 것에서 왔다. 옥스퍼드의 이론 과학자인 C. H. 르벨린 스미스가 1981년에 리콘트르 드모이론 학술회의에서 종합 강연을 했을 때 QCD에 대한 논의를 "왜 내가 믿는가"라는 말로 시작했다. 그 믿음은 실험과 이론을 자세히 정량적으로 비교하는 과정에서 그에게 온 것이 아니라 그가 "선험적(이론적)" 이유라고 부른 것에서 온 것처럼 보였다. 예를 들어 색을 도입하지 않고서는 약-전기 이론이 규격화될 수 없었다. 실험 물리학자가 할 수 있거나 말할 수 있는 어떤 것도 그 이론이 임의의 정확도까지 계산하는 데 충분하려면 변수의 갯수가 무엇인지를 증명할 수 없었다.

그러나 이론 과학자의 경우 1980년대까지 재규격 가능성은 진리인지 아닌지를 가려내는 시금석이 되었으며, 그것을 강화함으로써 이론 과학자들에게 색은 어느 때보다 더 매력적으로 보였다. 또 다른 이론적 고려는 이론이 보여주는 대칭성에서 왔다. 만일 업, 다운, 그리고 기묘 쿼크들의 질량이 (약 300GeV 정도인) QCD의 전형적인 에너지 척도와 비교해 작다면 이 세 쿼크를 아주 다양한 방법으로 서로 바꾸어 놓더라도 이론은 변하지 않는다는 카이랄 대칭성이라고 불리는 것이 이론에 내재되어 있었다. 카이랄 대칭성은 다시 지난 실험들과 대략 일치하는 많은 예언을 쏟아냈다. 이론 과학자들에게 카이랄 대칭성은 그 자체만으로도

---

161) 쿼크에 대한 생각의 발달에 대한 뛰어난 논의로 피커링의 『쿼크』(1984)를 보라. 피커링은 산란과 공명을 포함한 이전의 이론들로부터 생각이 어떻게 돌고 도는가에 대해 할 말이 많다.

호소력을 가지며, 강 상호작용에 대한 어떤 상상할 수 있는 이론에 대해서도 초(超)-이론적인 구속 조건이 되었다. 어떤 그런 후보든 적어도 근사적으로라도 카이랄 대칭성을 만족하지 않으면 안 되었는데, QCD는 만족했다. 이러한 선험적 이유들에 더해 르벨린 스미스는 소박한 파톤 모형의 성공과 그리고 때때로 그것을 수정에 이르게 하는 것까지도 설명하면서 QCD가 지닌 설명 기능을 인용했다.[162]

다른 증거들은 새로운 실험과 예전 실험으로부터 발췌될 수 있었다. 중성 파이온이 두 개의 감마선으로 붕괴되는 비율은 상당히 오랫동안 이론이 예언하는 것보다 약 세 배 정도 더 빈발하는 것으로 관찰되었다. 쿼크는 세 가지 색을 띨 수 있다는 가정만으로도 붕괴의 비율에 대한 예언은 처음 예언된 것보다 세 배가 될 것이다. 이론 과학자들은 못 찾고 있던 3이라는 인자를 되찾아서 실험과 맞출 수 있었다. 마찬가지로 (e^+e^-가 하드론을 생산한 비율을 e^+e^-가 뮤온을 생산한 비율로 나눈 비인) R도 추가로 3이라는 인자를 비슷하게 "필요"로 한다는 것이 드러났으며 그것도 세 가지 색이라는 가정에 의해 제공될 수 있었다. 심지어 1970년대 말에 DESY에서 발견된 세-제트 사건도 QCD에서 e^+e^- 소멸로부터 가상 광자가 방출되었다는 간단한 정성적 설명을 발견할 수 있었다. 그렇게 하고 나서 광자는 쿼크-반쿼크 쌍을 만들어냈으며, 추가로 두 입자 중 하나가 글루온을 방출하여 세 번째 제트를 제공했다.[163]

QCD를 시험했다고 얘기된 과정들 중 어느 것도 정량적으로 그렇게 하지 못했음을 시인하면서 르벨린 스미스는 그것이 "예상된 것처럼" 제대로 작동했다는 이유로 그 이론을 옹호했다. 결국 예언이 만들어지는 데 거의 보편적인 도구인 섭동 이론이 섭동 급수가 수렴하지 않는 조건에서 사용되어야만 할 때 아무도 너무 많은 것을 기대할 수는 없었다. 그는 "그렇지만 모든 경우 이 이론의 정성적 성공이 색 상호작용의 다른 좋

---

162) 르벨린 스미스, 「종합 강연」(1981), 432~435쪽.
163) 르벨린 스미스, 「종합 강연」(1981), 432~435쪽.

은 특성 그리고 '선험적' 논증과 함께 …… QCD가 옳다고 나를 확신시켜준다"고 주장했다.[164]

하랄트 프리츠슈는 이런 이론의 발전 중심에 있던 이론 과학자들 중 한 사람이었다. 1979년에 그는 르벨린 스미스와 마찬가지로 그 이론이 실험과 수치적으로 가깝게 대응하기 때문이 아니라 이론적인 장점들을 나타내기 때문에 더욱 이 이론을 다음과 같이 인정했다.

현재 대부분의 입자 물리학자들은 전자기 상호작용과 약 상호작용이 비(非)아벨리안 게이지 장의 시스템에 의해 기술될 수 있다는 것과 W보존과 Z보존의 질량은 게이지 대칭성이 저절로 무너지면서 발생한다는 것을 아주 확신하고 있다. 게다가 강 상호작용이 순수하고 깨지지 않은 비(非)아벨리안 게이지 이론, 즉 색을 지닌 쿼크와 글루온의 이론이 (QCD가) 구현된 것이라는 전망은 매우 설득력을 얻고 있다. 이것은 특히 구조적으로 가장 간단하고 아름다운 이론인 아인슈타인의 일반 상대성 이론이 다름 아니라 바로 밑바탕이 되는 게이지 대칭성으로 공간과 시간의 대칭성을 채택한 비(非)아벨리안 게이지 이론이라는 사실로 보아 아주 만족스러운 일이다.[165]

실험 과학자에게 일반 상대성 이론에서 가능한 게이지 이론의 재공식화를 근거로 쿼크를 믿는다는 것은 대단히 이질적으로 보였을 텐데, 옳은 이론이 재규격화가 가능해야 한다는 형이상학적 가정보다도 더 이질적으로 보였을 것이다. 실제로 실험 과학자들이 그들 자신의 평론에서 QCD를 검토할 때는 그런 이유 때문에 아인슈타인 방정식을 스핀이 2인 질량이 없는 양자 장이론으로 다시 공식화하는 것은 전혀 나오지도 않는다. 그러나 프리츠슈에게는 QCD가 자체로서 가치 있는 것으로 보

---

164) 르벨린 스미스, 「종합 강연」(1981), 432~435쪽.
165) 프리츠슈, 「색과 맛의 동역학」(1980), 279쪽.

였을 뿐만 아니라 그것은 "만일 완성된다면 물리학의 궁극적인 목표라고 간주될 수 있고, 기초 이론 물리학에서 발전의 마지막이라고 이야기할 수 있는" 대통일 이론의 전조(前兆)로 나타났다. 비록 그와 그의 동료들의 즉각적인 목표와는 거리가 멀더라도 프리츠슈는 "우리가 모든 상호작용에 대한 궁극적인 이론을 생각해볼 수 있는 단계에 도달했다"고 주장함으로써 이 방법을 선전했다.[166]

"궁극적인 이론", 카이랄 대칭성, 중력과 입자 물리학을 연결하는 비(非)아벨리안 수학, 이것들은 TPC/PEP-4 실험 과학자들의 마음을 거의 10년 동안이나 빼앗았던 이온화 측정, 자석, 그리고 자료 기반 등과는 매우 먼 거리에 존재했다. 그렇지만 이제 TPC가 결국 작동하고 있었다. 그것은 곧 SLAC에서 온라인에 접속하려고 하고 있었으며, 거기에는 어떻게 물리학이 이러한 두 공동체 사이에서 조정될 것인가라는 해결되어야 할 어려움을 회피하지 않아도 되었다. 캘리포니아주 몬테레이 부근의 학술회의 센터인 아실로마에서 공동 연구하던 기관들로부터 온 실험 과학자들이 그들 사이에서, 그리고 실험 과학자적인 견해를 가진 선별된 그룹의 이론 과학자들과 어떻게 이론과의 간격을 좁힐 것인가에 대한 견해를 나누기 위해 모였다. 한 세부 그룹은 QED와 약-전기 물리를 시험하는 데 가능한 방법에 관심을 집중시켰고 다른 세부 그룹은 두-광자에 대한 물리를 탐구했다. 세 번째 팀은 제트 생성의 동역학에 대한 통찰력을 얻겠다는 희망으로 반응 생성물에서 발견된 입자들 사이의 상관관계에 관심을 집중시켰다. 마지막으로 공동 연구단의 노력 가운데 급속히 가장 두드러진 것은 한 QCD 세부 그룹이 1982년 중반에 LBL에 온 독일 물리학자인 베르너 호프만 주위에 모였다.

호프만은 칼스루헤에 위치한 CERN의 교차하는 저장 고리(Intersecting Storage Ring, ISR)에서 1977년에 양성자-양성자 상호작용에 관한 그의 박사학위 논문을 완성했다. ISR에서 보낸 박사후 연구원 시절

---

166) 프리츠슈, 「색과 맛의 동역학」(1980), 317쪽.

에 그는 쿼크 운동에 대한 탐색 도구로 제트를 이용하며, 이 연구를 계속했다. 1981년이 되자 그는 그에 대한 (『하드론의 제트』라는) 책을 저술할 정도로 그 주제에 깊이 빠져 있었다.[167] 호프만에게 TPC는 그것을 가지고 조사를 계속하는 데 완벽하게 들어맞는 장치였다. 전통적인 충돌 검출기와는 달리 TPC는 반응 생성물 각각의 성질을 자세하게 확인할 수 있어서 실험 과학자가 마지막 상태 입자들 사이의 상관관계를 자세히 검사할 수 있었다. 양자수 "기묘도"는 강 상호작용에서 보존된다. 그래서 만일 기묘 입자가 마지막 상태 입자들 중 한 장소에 나타났다면 TPC 공동 연구단은 그들의 자료 중 부스러기들 어디엔가 꼭 있어야 하는 반기묘 쿼크를 탐색할 수 있다(그리고 십중팔구 발견할 수 있다).

이러한 상관관계를 통하여 면밀히 조사함으로써 호프만은 충돌에서 생성된 초기 쿼크들이 "자유" 쿼크는 제외하더라도 다른 쿼크와 그리고 파이온이나 양성자, 케이온 등과 같이 관찰될 수 있는 결합된 존재로 만들어지는 것들에 대한 동역학을 분석할 수 있으면 했다. "하드론화"라고 알려진(〈그림 7.30〉을 보라) 이렇게 정교한 쿼크들 그리고 글루온들 사이의 재결합은 두 부분으로 구성된 과정으로 발생할 수 있다. 첫째, (불확정성 원리에 의해 높은 운동량 영역인) 짧은 거리 척도에서 두 개의 쿼크는 마치 QED에서 전자-양전자 쌍을 만드는 두 개의 전자처럼 행동할 수 있다(운동량이 클 때는 QCD의 상호작용 세기가 더 약해지고 그러면 섭동 이론이 잘 성립했다). 그다음이 어려운 부분이다. (더 낮은 운동량이 관계되는) 긴 거리 척도에서 쿼크들은 아주 강한 상호작용 세기로 함께 결합하기 때문에 섭동 이론으로 간단해진 가정들은 틀림없이 성립하지 않을 것이다. 간단히 말하면 하드론화 과정이 세 배로 어렵게 나타난다는 것이었다. 첫째, QCD는 새롭고 대체로 시험을 거치지 않는 이론으로 나왔기 때문이며, 둘째, 하드론화 과정 자체가 QCD로부터 간단한 방법으로 추출될 수 있는 것보다 훨씬 더 많은 물리와 관련되어 있

---

167) 호프만, 『하드론의 제트』(1981).

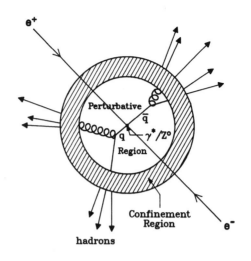

〈그림 7.30〉 하드론화. 하드론 생성을 도식적으로 대표한 것. 전자와 양전자가 서로를 중심부에서 소멸시키며 가상 광자 또는 가상 중성 벡터 보존(γ^* 또는 Z^0)을 생성하는데, 그것은 다시 (q와 $\bar{q}$로 표시되는) 쿼크 – 반쿼크 쌍으로 물질이 된다. 표시된 것처럼 방출되는 이 쿼크들은 글루온을 방사한다(구부러진 선). 시공간 그림의 높은 운동량 부분에서 (소멸 사건에 가까운 "섭동 영역"이라고 표시된 곳) 결합 상수는 작고 그 과정은 QED에서 이용된 것과 유사한 방법으로 취급될 수 있다. (사건으로부터 거리가 증가함에 따라) 운동량이 감소하면, 결합 상수는 커지고 섭동 이론은 성립하지 않게 된다. 이런 이유 때문에 쿼크와 글루온의 재결합 과정은 간단하지 않으며 틀림없이 섭동 방법 하나만으로는 이해될 수 없다(이렇게 문제가 되는 부분은 여기서 빗금으로 표시했고 "가둠 영역"이라고 표시함). 가장자리에서 바깥으로 나가는 검은 화살은 ("하드론") 파이온과 람다 또는 케이온과 같이 관찰된 존재들이다. 출처: 게리, 「모형의 시험」, LBL-20638(1985).

기 때문이고, 셋째, 공동 연구단은 건축을 위한 위기의 몇 해 동안에는 실질적으로 물리학에 시간을 전혀 사용할 수 없었기 때문이다.[168]

아실로마에서 TPC 공동 연구단과 만나려고 LBL에서 내려온 이론 과학자들 중 한 사람이 이언 힌치클리프였는데, 그는 그의 발표 앞부분에서 "QCD는 쿼크가 어떻게 ⇒ 하드론인지 예측할 수 없다. 우리는 단지 모형을 만들 수 있을 뿐이다"라고 말하는 슬라이드를 비춰 주었다. 몬테카를로 시뮬레이션의 예측 불허성에 내재된 위험에 대한 경고와 그리고

168) 호프만, 저자와의 인터뷰, 1992년 6월 16일.

제트라는 전체 개념이 이러한 대상을 어떻게 정의하느냐에 불확실하게 의존하는 것 등 그는 이론상 해석 중에서 QCD의 "분명한" 부분에 대해 대략 설명했다. 만일 힌치클리프가 실험 과학자들과 접촉하기 위해 손을 내밀었다면, 호프만은 그를 중간 지점에서 만나고자 했던 실험 과학자였다. 호프만의 강연은 세 가지 목표를 설정하는 것으로 시작했다. 첫째, 그는 실험 과학자로서 그의 정체성을 거듭 주장한 수사학적인 입장을 취하면서 근심에 찬 청중들에게 여기서부터는 "이론 없이(+, −, ×, ÷ 제외하고는 수학이 없이)" 진행된다고 말하며 안심시켰다.[169]

QCD 세부 그룹은 즉시 그들의 이해력을 넘어설 정도로 복잡하다는 문제에 직면했다. QED에서는 전기력의 세기를 특징짓는 결합 상수가 $\alpha = 1/137$이라고 정의되어 있다. α가 아주 작기 때문에 기본 이론을 섭동 급수로 전개하는 것이 가능하며, 그 급수에서 각 항은 그전 항보다 $1/137$배만큼 더 작다. 그러므로 원하는 양을 마음먹은 만큼 정확하게 계산하는 것은 대단히 쉬운 일이다. 단순히 급수 전개에서 얼마나 많은 항을 취할지만 선택하면 된다. QCD에서는 슬프게도 그와 유사한 결합 상수 α_s의 크기가 1 정도이므로 급수 전개에서 멀리 가더라도 항들이 전형적으로 그렇게 더 많이 작아지지 않는다. 그래서 QED에서는 네 개의 광자를 방출하는 것과 관련된 과정은 광자 두 개를 방출하는 것과 관련된 과정보다 훨씬 덜 일어나게(약 137^2배 덜 일어나게) 된다.

그렇지만 QCD에서는 네 개의 글루온을 방출하는 가능성이 두 개를 방출하는 가능성보다 특히 더 작지 않다. 게다가 충돌에서 쿼크들과 글루온들이 큰일을 벌인 뒤 일단 서로 멀어지면 QCD는 개별적인 쿼크 상태가 제외되고 쿼크들의 결합 상태만 보인다고 예측했다. 메존과 바리온으로 재결합하는 과정도 아직 이해되고 있지 않으며 QCD를 직접 시험하려면 그러한 과정에 대한 이해가 필요할 것은 두말할 나위도 없다. 이

---

169) 힌치클리프, 「이론」, 그리고 호프만, "QCD 조사"에 나온 「실험」, TPC 아실로마 워크숍을 위한 것, 1983년 4~6일, TPC-LBL-83-83.

와 같이 QCD 세부 그룹에 속한 사람들은 그들의 이론 물리 동료들에서 장벽으로부터 먼 쪽에 서 있었다. 1983년 2월에 호프만이 기록한 그들이 협의한 내용의 요약에 의하면 높은 차원 효과와 하드론화라는, 이러한 두 가지 고려들은 이론과 실험 사이에 똑바로 서 있었다.

이것으로부터 상당한 이론적 입력과 이론과의 상호작용이 필요하다는 것은 명백하다. 중요하게 노력할 사항은 기술적인 문제를 푸는 것이 아니라 대신에 여러 가지 모형의 물리적 영향과 차이를 이해하는 것이다. 명백하게 그러한 주제는 단기 과제가 아니며, 현재 PEP-4 그룹의 통합된 지식이 이러한 문제를 공략하는 데 충분한지도 분명하지 않다. 반면에 장기적 기반에서 이 모든 일들을 이해하는 것이 거의 어떤 종류의 제트 물리학에 대해서도 필요한 구성 요소라는 것은 일반적인 합의인 것처럼 보인다.[170]

회의가 끝날 때까지 그룹은 자신들에게 일련의 과제들을 배당했는데, 모두 실험과 이론을 중개하리라고 기대되는 성장하는 세부 분야를 파악하는 것과 관련되어 있었다. 어떤 의미에서는 그것이 10여 년 전에 나온 파인먼의 원래 파톤 모형의 후손들인 셈이다.

구체적으로 공동 연구단은 제트 생성에 대한 서로 다른 "모형"들과 그것들이 파톤의 단계 그리고 관찰할 수 있는 입자의 단계 모두에서 무엇을 시사하는지를 이해하는 것에서 시작해야 함을 알았다. 그다음에 공동 연구단은 관계되는 몬테 카를로 시뮬레이션을 손에 넣고 "어떤 차이가 기초적인가를 찾아내기 위해" 그것들을 충분히 탐구해야 되었다. 왜냐하면 자세한 컴퓨터 시뮬레이션에 의해서만 모형들이 실험 결과에 상응하는 그래프를 만들어낼 수 있기 때문이다. 마지막으로, TPC/PEP-4 세

---

170) 나이그렌과 세부 그룹 조직자가 PEP-4 공동 연구자들에게, 「아실로마 물리 워크숍에 대한 요약」, 1983년 2월 7일, TPC-LBL-83-5.

부 그룹은 시뮬레이션과 모형의 이런 합성을 중간에서 만날 수 있도록 컴퓨터 프로그램을 갖추고 있어야 했다. 자료 테이프에 기록된 산란되어 나간 잡동사니들 중 제트를 찾고 그 특성을 알아내기 위해서는 컴퓨터가 필요한 것이다.

매우 일반적인 수준에서 모든 모형들은 이론과 실험을 결합하기 위하여 설계되었다. 그러나 좀더 구체적으로는 이 결합이라고 하는 것이 어떻게 발생하게 되는가에 대해 이해할 필요가 있다. 모형들이 제공하는 스스로 알아내는 지도법은 단지 기초적인 진리로 향하는 경로를 안내하는 푯말로서만 유용한 것이었던가? 모형 자체가 세상의 진정한 이론의 후보였던가? 그것들은 단순히 일련의 자료 점들을 깔끔하게 통과하는 원호에 대한 다항식을 찾는 데, 곡선 맞추기 알고리즘이 사용되는 방식의 경험적인 요약들이었던가? 모형은 "기본" 이론인 QCD로부터 추론된 것인가?

파인먼과 필드는 실험 과학자들의 의문에 대해 좋은 출발점을 제공해 주었다. 대략 30년 전에 파인먼은 양자 전기 동역학 이론을 만들어내는 데 꼭 필요한 사람이었다. 그 이론은 시작부터 구조가 없는 존재인 전자와 광자가 관계되는 전기 동역학의 상호작용을 설명하려고 설계된 것이었다. 1970년대에 이르자 QED는 대부분의 이론 과학자들에 의해 "기본" 이론의 바로 원형이라고 간주되었다. QED가 개발되는 데 파인먼이 그렇게도 없어서는 안 될 역할을 했기 때문에, 그리고 약-전기 이론과 색 동역학 이론들이 그렇게도 명시적으로 QED로부터 따왔기 때문에 많은 물리학자들은 새로운 게이지 물리학에 대한 그의 뿌리 깊은 의심에 대해 놀라워했다. 그는 현상에 더 가깝도록 추론하는 것이 훨씬 더 좋다고 믿었다. 파인먼이 파톤과 쿼크가 동일한 것이라고 열성적으로 주장한 사람들에 속하지 않았다는 것은 우연한 일이 아니었다.

이러한 산란 중심들이 추가로 가져야 할 성질들에 대해 침묵한 것은 더욱 그다운 일이었다. 예를 들어 1972년에 광자와 하드론에 대한 책을 마무리지을 때 파인먼은 물질적 실체를 QCD 유형의 쿼크에 또는 파톤을 쿼크에 속한다는 생각을 보류했다. 왜냐하면 비록 저에너지의 쿼크를 고에너지의 파톤과 일치시킬 수 있다고 하더라도 "존재"하는 대상보다는 오히려 대수(代數)적인 규칙성을 발견했을 가능성이 남아 있기 때문이다. "이런 견해로부터 파톤은 우리가 사상누각을 지을 때 이용했던 불필요한 가설물처럼 나타날 수 있었다." 그것만으로 파톤으로서 쿼크의 중요성은 순수하게 "심리적"인 것으로 보일 수도 있었다. 그러나 파인먼이 무엇을 심리적으로만 유익하다고 부르는 것이 그 자체로는 비난이 아니었다. 쿼크가 존재한다는 가정은 사람들로 하여금 다른 "정당한 기대"를 하게 하고, 결국 쿼크가 자연을 기술하기 위해 고안된 어떤 이론적 구조보다도 더 실제인 것처럼 "실제가 되는 것"도 가능했다.[171] 쿼크의 존재론적인 운명은 상당히 열린 채로 남아 있었다.

그로부터 그리 오래 지나지 않아서 뉴트리노가 쿼크와 렙톤(약 중성 전류)으로부터 조금도 바뀌지 않은 채로 산란될 수 있다는 것이 발견되었을 때, 고에너지 물리학자들은 글래쇼-와인버그-살람의 약-전기 이론이 옳으며 파톤을 쿼크로 적용할 수 있음에 대한 강력한 증거로서 이 뉴스를 축하했다. 파인먼은 그렇지 않았다. 그는 1974년에 실험으로부터 무엇이 더 가깝게 나오는지에 논의를 국한시키는 것이 더욱 적절하다고 주장했다.[172] 비슷한 근거에서 제트 현상에 대한 그의 견해도 그의 이전 존재론적 주저함과 완전히 일치했다. 파인먼은 제트라고 알려진 강하게 상호작용하는 입자들이 조준되어 발생한 급격한 파열은 글루온을 방출하고 그것은 다시 더 많은 쿼크를 만든 다음 그 쿼크들은 쿼크-반쿼크 쌍(메존)이나 세-쿼크 조합(핵자와 다른 바리온들)으로 결합되면서

---

171) 파인먼, 『광자-하드론』(1972), 269~270쪽.
172) 파인먼은 바리시 외의 팀이 중성 전류 탐색을 자제하라고 권고했는데, 주로 그가 글래쇼-와인버그-살람 이론에 대해 의문을 가졌기 때문이다. 중성 전류의 존재가 논란의 여지 없이 틀림없다고 판명되었을 때 파인먼은 그 현상을 단순히 약-전기 이론의 시험으로서가 아니라 자체로써 논의되어야 한다고 주장하였다. 갤리슨, 『실험』(1987), 238~240쪽을 보라.

진공으로부터 하드론을 생성하는 쿼크 쌍들의 구체적 발현이라는 생각을 받아들이지 않았다. 파인먼과 그의 공동 연구자인 리처드 필드는 그들의 공동 논문에서 계속하여 독립 파편 모형이 하나의 이론이라고 주장하는 것을 다음과 같이 회피했다. "비록 이 모형이 어쩌면 쿼크 제트의 원인이 되는 물리적 메커니즘에 대한 진정한 설명은 되지 못한다고 하더라도 이 모형으로부터 나오는 많은 예측들은 아주 합리적이고 어쩌면 실제 쿼크의 제트인 것처럼 보이게 한다. ⋯⋯ 이 연구의 목적은 실험을 설계하는 데 유용한 모형을 제공하고 ⋯⋯ 거기에 더하여 렙톤이 발생시킨 제트를 하드론 충돌에서 발견된 높은 $P_\perp$ 제트와 비교하기 쉽게 만드는 표준을 제공하자는 것이다."[173] ($P_\perp$는 운동량에서 빛줄기 방향에 수직인 성분이다.)

어떤 면에서 파인먼과 필드는 현상들의 서로 다른 영역을 통합하는 것이 이론을 현실적으로 해석하도록 강요한다는 견해에 격렬하게 반대한 철학자 바스 반 프라센의 입장과 다르지 않음을 취하고 있었다. 반 프라센은 대신에 다양한 영역을 하나의 이론적 지붕 아래로 가져오는 것의 가치는 실용적이다라고 주장한다.[174] 그러한 입장에 의하면 통일은 현실주의자에 의해서만큼이나 도구주의자에 의해서도 강력하게 추구되어야 할 것이다. 비록 반 프라센의 연구에는 다른 많은 특징들도 있었지만 나는 오직 통일이 꼭 현실주의를 시사할 필요는 없다는 특별한 주장에 대해서만 강조하고자 한다. 여기서 파인먼과 필드는 논문 전체를 통해 그들의 주요 목적이 양성자 충돌에서 생성된 제트의 동역학을 SLAC의 전자-반전자 충돌에서 관찰된 제트와 연결시키기 위한 것이라고 강조했는데, 그러나 그들은 이를 위해 그 모형이 현실적으로 해석되어야만 한다고 다음과 같이 결론지음으로써 그 목표를 따르지 않았음이 분명했다. "우리는 우리의 제트 모형이 실험에 의해 검사될 흥미로운 하나의 이론

---

173) 필드와 파인먼, 「변수화」, *Nucl. Phys. B* 136(1978): 1~76쪽 중 1쪽.
174) 반 프라센, 『과학』(1980).

으로서가 아니라 오히려 어쩌면 어떤 일반적인 성질이 실험적으로 기대될 수 있는지를 알려주는 믿을 만한 안내라고 생각한다. 특히 이 모형은 하드론 [높은 $P_\perp$] 제트를 렙톤이 발생시킨 제트와 비교하는 프로그램에 도움이 될 수 있다."[175] 나는 우리가 파인먼과 필드의 모형을 뉴턴의 만유인력 이론이나 아인슈타인의 일반 상대성 이론 또는 파인먼의 QED까지도 예증하는 이론적 시각이 아니라 오히려 예를 들면 19세기에 이루어진 전기 저항의 확립 뒤에 놓여 있는 것과 같은 표준화의 전통으로 보기를 제안한다.[176] 저자들은 다음과 같이 설명한다. "우리는 비교하기 위하여 분석이 쉬운 어떤 '표준' 제트 구조를 갖는다면 유용하다고 판명될 수 있는 것으로 생각했다. 그래서 하드론 실험은 '실제 제트가 '표준' 제트와 이런저런 방법으로 다르다고 말할 수 있고, 그러면 렙톤 실험은 그들이 동일한 '표준' 제트와 비슷한 방법으로 차이가 나는지 아닌지를 알아볼 수 있다."[177] 정확하게 말하면 파인먼-필드 모형은 보존 법칙을 강제로 성립하게 하기 위하여 일련의 어쩌면 임시변통의 가정들을 도입했기 때문에 파인먼은 그들의 "독립 파편" 모형이 옳다고 상상할 수도 없었고 상상하지도 않았다.

그 모형은 다음과 같은 방법으로 작동한다. 파인먼과 필드는 파톤 q_0가 운동량 W_0와 방향 w로 나타난다고 가정했다. 그것은 (어떻게든) 반-q_1과 q_1이라고 표시된 한 쌍의 다른 쿼크를 창조하고 다음 q_0 형태의 파톤이 반-q_1 형태의 파톤과 결합하여 메존을 형성한다. 그 뒤에 예를 들어 반-q_2와 q_2 같은 쌍들이 진공에서 비슷하게 창조되고, q_1 파톤은 반-q_2 파톤과 결합하여 두 번째 메존을 형성한다. 이 과정은 확률 함수에 따라 계속되는데(〈그림 7.31〉을 보면 이 그림에서 반-q_2는 $\bar{q}_2$로 표시되었다), 확률 함수에서 $f(\eta)\,d(\eta)$는 처음 메존(q_1과 반-q_2)이 원래

175) 필드와 파인먼, 「변수화」, *Nucl. Phys. B* 136(1978): 1~76쪽 중 74쪽.
176) 쉐퍼, 「옴의 제조 공장」, 발표되지 않은 논문, "교환의 매체"에 대한 학술회의에서 발표됨, UCLA, 1989년 12월 2일.
177) 필드와 파인먼, 「변수화」, *Nucl. Phys. B* 136(1978): 1~76쪽 중 2쪽.

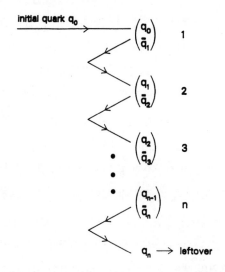

initial quark q_0

$$\begin{pmatrix} q_0 \\ \bar{q}_1 \end{pmatrix} \quad 1$$

$$\begin{pmatrix} q_1 \\ \bar{q}_2 \end{pmatrix} \quad 2$$

$$\begin{pmatrix} q_2 \\ \bar{q}_3 \end{pmatrix} \quad 3$$

$$\begin{pmatrix} q_{n-1} \\ \bar{q}_n \end{pmatrix} \quad n$$

$q_n \longrightarrow$ leftover

〈그림 7.31〉 파인먼-필드의 독립 파편 모형. 새로운 "제트" 현상을 특징짓고 표준화하기 위하여 설계된 독립 파편 모형은 의도적으로 "기본" 이론을 만들려는 어떤 시도도 자제했다. 초기 쿼크 q_0는 그 뒤 쿼크들 q_1과 $\bar{q}_1$로 나뉘고, q_0와 $\bar{q}_1$는 메존을 형성하고, 그런 식으로 계속된다. 이 모형을 "조절"하기 위해 메존의 세로 (제트 방향과 교차하는) 운동량의 폭을 고정하는 변수가 선택되며, 또 다른 변수는 제트 방향으로 운동량의 포물선 분포를 지배한다. 다른 변수들은 쿼크 형태들 사이의 비율을 고정한다. (엄밀한 의미에서) 아직 "이론"은 아니고 아직 "실험"도 아닌 그러한 모형 세우기는 한쪽에서는 이론 과학자, 그리고 다른 쪽에서는 전자-반전자와 양성자-반양성자 충돌 빛줄기 실험 과학자들에 대한 공통되는 만남의 장소로서의 역할을 한다. 출처: 게리, 「모형의 시험」, LBL-20638 (1985).

제트 운동량으로부터 η만큼의 부분을 가지고 나머지 캐스케이드로 가는 확률이다. 각각의 그러한 파편으로 나누어지는 것이 그전의 것과 독립이고, 말하자면 주사위를 새로 던져서 결정된다. (분포는 오직 질량 중심 기준계에서만 주어지는 것을 유의하라. 분포가 다른 기준계에서도 성립할 것이라고 의도되지 않았다.) 결국 단 하나의 쿼크가 남고, 빛줄기의 운동량은 더 많은 파톤 쌍을 만들기에는 부족하게 된다. 이제 무작정으로 시도하는 실험적 맞추기 문제가 나온다. 저자들은 (메존의 제트에 세로인 평균 운동량, 서로 다른 종류의 쿼크들 사이의 비, 그리고 메존의 스핀 등) 3차원 변수들과 함께 그 결과로 나온 제트가 실험 자료를 맞추도록 함수 $f(\eta)$를 선택할 수 있는가? 그렇게 할 수 있는 것처럼 보였고, 이때 선택한 것은 $f(\eta)$가 하나의 조절 가능한 변수를 갖는 포물선 형태라 하고 세로 평균 운동량은 330MeV로 정하며, u와 반-u 쌍보다 s와 반-s 쌍이 절반만큼 창조되도록 허용하고, 유사 벡터 메존과 같은 비율로 벡터 메존도 존재하는 것으로 요구하는 것이었다. 이러한 기본 가정들은 그다음에 제트를 만들어내고 특정한 메존 쌍들 사이의 상관관계나 제트의 총 전하 등과 같이 실험으로 관찰될 수 있는 양을 계산하는, 컴퓨터를 돌린 시뮬레이션으로 기록될 수 있었다. 그러나 이러한 파편으로 나누는 방식은 무엇인가? 만일 누가 그 뒤에 놓여 있는 가정들이 QCD로부터 필연적으로 나오는가라고 묻는다면 대답은 널리 알려진 대로 "아니다"다. 이 모형의 예언들은 물리적으로 충분히 합리적이어서 우리는 장래 실험을 설계하고, 자료와 비교할 합리적인 근사의 역할을 하는 데 유용할 만큼 충분히 실제에 가까울 수도 있다고 기대한다. 우리는 이 모형이 정상적인 물리 이론이라고는 생각하지 않는다."[178]

만일 누가 이 모형이 완전히 가짜냐고 묻는다면 그 대답은 역시 "아니다"다. 파인먼은 평범한 철학적 도구주의와는 다른데 그것은 그가 그러한 "맞추기" 방식보다 더 깊은 이론의 가능성을 부정하지 않는다는 의미다. 그는 (나중에 그렇게 불려진) 독립 파편 모형이 "궁극적으로" 옳은 이론이라고 주장하지 않음을 여러 차례 명백하게 표명한 반면, 어떤 그런 이론이 발견될 수도 있을 가능성을 사전에 제외한 것은 아니다. QCD는 그가 기다리고 있던 구세주가 아니었고, 그는 제트 아래서 포섭된 모든 부류의 현상들이 언젠가는 쿼크 동역학의 내부 비밀을 드러낼 능력에 대해 다음과 같이 여전히 의심스럽다는 견해를 유지했다.

쿼크 제트는 자주 하드론 충돌만을 조사하는 도구로 사용되기 위해서가 아니라 오히려 그 자체가 흥미로운 주제로서 조사된다. 쿼크 제

---

178) 필드와 파인먼, 「변수화」, *Nucl. Phys. B* 136(1978): 1~76쪽 중 74쪽.

트는 실제로 어떻게 발생되는가? 우리가 배운 바로부터 우리는 그것이 제트 형성의 과정과 관계된 효과를 좀더 본질적으로 조사하기 위하여 [들뜬 상태의 메존이 다른 메존으로 붕괴하는] 공명 붕괴의 효과에 의해 가려진 그러한 성질들의 뒤를 보도록 실험 과학자들의 재능을 발휘하게 할 것이라고 생각한다. 이와 관련해 가장 기본적인 실험적 의문은 렙톤에 의해 유발된 제트가 실제로 쿼크에 의한 원인을 조금이라도 가지고 있는가 그렇지 않는가다. 심지어 그 점에서도 우리는 어려움에 처해 있다.[179]

그러한 어려움은 상호작용에 대한 자료를 추출하는 데 불가피하게 필요한 평균하기에서 나왔다. 제트의 물리가 개별화된 현상에 초점을 맞출 수 없다는 사실은 밑바탕이 되는 과정에 대해 기초적인 정보를 추출해 내는 물리학자의 능력에 대하여 파인먼을 비관적으로 만들었다.

좀더 일반적으로 파인먼은 파편 모형이 그 자체로서 이론도 아니고, 또한 QCD의 결과도 아니라고 생각했다. 질량이 없는 초기 쿼크가 여러 개의 질량이 있는 메존으로 바뀔 수 있다는 등 이 모형은 에너지와 운동량을 보존하지 않기 때문에 그 자체로는 충분한 이론이 되지 못했다. 거기에는 더 높은 스핀 상태를 만들어내기 위한 메커니즘과 (양성자 또는 중성자와 같은 세-쿼크 결합으로서) 바리온을 생성하는 어떤 방법도 존재하지 않았다. 그리고 사슬의 마지막에서 하나의 쿼크가 자유롭게 떠돌아다니도록 남겨 놓음으로써(〈그림 7.31〉을 보라) 양자수가 보존되지 않았다. (시간이 지나면서 모형의 여러 부분이 수정되었다. 예를 들어 두 제트는 그들의 자유 쿼크를 메존으로 짝지어줄 수 있게 되었다. 그리고 개별적인 파톤들은 에너지와 운동량을 보존하기 위해 인위적으로 어느 정도 부양시킬 수 있게 되었다.) 그 모형에 문제가 아무리 많다고 하더라도 파인먼은 독립 파편 방식이 당연하게 "진정한" QCD에 대한 빈약

---

179) 필드와 파인먼, 「변수화」, *Nucl. Phys. B* 136(1978): 1~76쪽 중 74쪽.

한 "근사적" 사촌이라고는 전혀 생각하지 않았다. 그는 QCD에 대한 의문을 품었을 뿐만 아니라 SLAC이나 함부르크의 DESY에서 관찰된 제트가 쿼크와 조금이라도 관련 있다는 것은 여전히 확인되지 않은 것이며, 이 의문을 해결하기 위해 실험이 이용될 수 있다는 데 문제가 있다고 생각했다. 독립 파편 모형이 할 수 있는 것은 그 표준에서 벗어나는 부분을 버려 분명하게 되도록 TPC/PEP-4 공동 연구단을 위한 기준점을 수립하는 것이었다.

대서양의 다른 쪽에서는 룬트에 위치한 이론 과학자들 한 그룹이 파인먼과는 매우 다르게 QCD와 하드론화에 접근했다. QCD를 의심스럽게 보는 대신 그들은 QCD를 받아들이고, "기본" 이론에 대한 지식을 그들의 모형 세우기를 위한 "영감"으로 사용할 방법을 탐색했다. 그리고 파인먼은 제트가 궁극적으로 쿼크 모형에 제공해 줄 것이 별로 없다고 생각했던 것에 반해 룬트 그룹은 모형 세우기와 실험적 제트 생성 사이의 변증법을 누가 뭐래도 쿼크와 그것들의 강-동역학적인 상호작용에 대한 어느 때보다도 더 풍부한 설명으로 꼭 인도할 것이라는 가장 높은 기대를 가지고 있었다. 보 앤더슨과 그의 동료들이 1983년에 주장한 것처럼 파편 모형은 실험을 "기본 이론"(즉 QCD)과 비교하는 데 필요했다. "그러한 모형이 한편으로는 전적으로 현상론적인 변수화이고 한 언어에서 다른 언어로 번역하기 위한 경험 법칙이라고 볼 수 있다. 그 자체로 그 모형들은 실험을 계획하는 데뿐 아니라 실험을 분석하는 데도 유용하다. 반면에 우리는 언제나와 마찬가지로 현상론과 연관하여 동기(動機)와 구성을 위한 일반화된 원리로서 공헌하는 동역학적인 이론 체계를 구하려고 시도할 수도 있다."[180]

파인먼은 이 두 손 중 어느 하나라도 좋아하지 않았을 수 있다. 룬트 그룹에게 실험하기의 "언어"는 관찰될 수 있는 붕괴를 가진 하드론의 언어였다. 여기서 묘사하는 어휘는 1960년대의 거품 상자 물리학의 오래

---

180) 앤더슨 외, 「스트링 동역학」, *Phys. Rep.* 97(1983): 33~145쪽 중 34쪽.

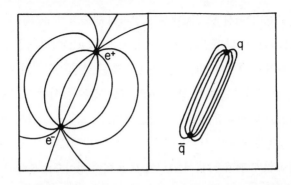

〈그림 7.32〉 QCD에서 장을 표시하는 선. QCD의 스트링 모형은 양자 장이론의 기본 원리와 단지 약하게만 관계된다. 그러나 매우 개략적으로는 전기 동역학의 장을 표시하는 선들을, 그것의 궁극적인 기본이 되는 예를 들어 양전자에서 전자로 잇는 선들을 (그러나 그 선을 공간의 매우 큰 부피에 대해 그렇게 해야 함) QCD의 그런 선들과 대조하면 도움이 된다. QCD에서는 쿼크와 반쿼크 사이에서 장을 표시하는 선들이 매우 가는 "빛줄기 관" 내부로 제한된다. 어떤 의미에서 QED에서는 이 선들이 QCD와는 다르게 널리 퍼지는 것은 전기 동역학의 힘을 나르는 광자가 서로 잡아당기지 않기 때문이다. 반면에 QCD에서 빛줄기 선들이 좁은 공간에 제한되어 있는 것은 QCD 힘을 나르는 글루온들이 서로 잡아당기는 인력을 받기 때문이다. (광자는 전기적으로 중성이지만, 글루온은 색을 띠고 있다. 색은 QCD의 전하이고 전기 동역학에서 전기 전하에 대응하는 기능을 담당한다.)

된 예비물로 람다와 파이온, 케이온, 양성자, 그리고 시그마 등을 포함하고 있는데, 그것들은 그들의 생성과 변환을 기술하는 동역학 속에 묻혀 있었다. "현상론적 변수화" 또는 "경험 법칙"이라고 해석되는 룬트 모형은 이러한 실험 언어를 "기본 이론"의 언어인 쿼크, 글루온, 그리고 그들의 상호작용과 연결짓는 수단으로 제의받았다. 파인먼은 QCD가 "진정한" 이론이라고 별로 믿지 않았기 때문에 그러한 "번역"을 실행하는 데별 흥미를 느끼지 못했다. 비슷한 이유로 파인먼은 그 자신의 파편 모형의 기본 구성 요소를 이해할 수 있기 위해 QCD 원리를 탐색하려고 하지도 않았다.

룬트 그룹을 안내하는 생각은 두 쿼크 사이에서 색이 형성하는 장이 스트링처럼 행동할 수도 있다는 것이다(〈그림 7.32〉를 보라). 글루온은 스스로 "색 전하"를 나르고 있으므로 글루온끼리는 서로 잡아당긴다. 그것은 마치 QED에서 광자들이 전기 전하에 단순히 반응하는 대신 스스로 전하를 나르는 것과 같다. 이런 이유 때문에 QCD에서 장을 표시하는 선들은 전기 동역학의 경우처럼 가능한 모든 방향으로 나가려 하지 않고, 두 쿼크 사이의 단지 한 선 주위로만 쪼그라든다. 이런 "스트링"은 한 쌍의 쿼크를 함께 붙잡고 있는 역할을 한다. 〈그림 7.33a〉에서 반쿼크는 왼쪽을 향하고 쿼크는 오른쪽을 향하는데 그 뒤에 그들은 그들의 스트링에 의해 다시 끌려온다. 이 그림에 보인 이런 방식으로 흔들거리는 쿼크들은 정지한 메존을 묘사하는 것이다. 다른 기준계에서는 흔들거리는 쿼크들이 오른쪽으로 움직이는 메존을 형성한다(〈그림 7.33b〉).

이전의 게이지 이론 과학자들과는 사뭇 다르게 이 스웨덴의 모형 제작자들은 그들이 보는 세상을 이론의 추상적 장점들로 보강할 수가 없었다. 여기서는 마지막 통일에 대한 기대도 없었고, 중력과의 구조적인 유사성에 대한 이야기도 없었으며, 이론이 아름다움에 대해 추상적으로 반추(反芻)할 장소도 없었다. 게이지 이론 과학자들은 진정한 이론의 신호로 재규격화를 내놓거나 (부분적) 통일의 황금 예로 글래쇼-와인버그-살람 이론을 가리킬 수 있었지만, 그것들은 QCD의 어떤 것을 자료 요약 테이프의 어떤 것과 연결하려고 시도하는 현상론자들에게 열린 길이 아니었다. 또한 현상론자들은 게이지 이론 과학자들이 늘 했듯이 대칭성에서 시작하여 힘의 법칙을 유도하는 미학(美學)적 방식으로 물러갈 수도 없었다. 그들 노력의 요점 전체는 실험과 좀더 직접 연결된 개념을 취하고 이론 내부의 논증을 버리는 것이다. 그들은 세상의 언어로 고전 문헌을 저술하는 것이 아니었다. 그들은 게이지 이론 과학자나 실험 과학자처럼 기능을 발휘할 수도 없었다. 대신 그들은 이론 과학자와 실험 과학자들 사이를 국지적으로 매개하는 혼성어를 작성하는 것이었다. 그러나 순수하게 이론적인 기초 지식에 대한 본래의 호소력을 잃었기 때문에 현상론적 모형의 근거를 수립하기가 더 어려웠다.

룬트 그룹은 다음과 같이 말했다(담당 책임자의 말을 바꾸는 것보다 오히려 직접 듣자). "그렇지만 그러한 모험적 사업을 성공으로 이끄는

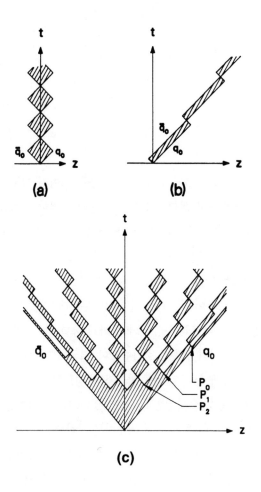

(a)

(b)

(c)

〈그림 7.33〉 스트링과 요요, 그리고 메존. (a) 시공간 도표에서 대표된 스트링 모형은 정지한 질량 중심 주위로 진동하는 쿼크-반쿼크 쌍(메존)을 보여준다. (b) 그 동일한 메존을 움직이는 기준계에서 관찰한다. 두 경우 모두 빗금 친 영역은 장이 0이 아닌 시공간 영역을 가리킨다(즉 스트링이 발견될 수 있는 곳). (c) 룬트의 스트링 모형은 쿼크-반쿼크 쌍이 에너지와 운동량을 보존하며 더 많은 $q - \bar{q}$ 쌍을 생성하는 것을 허용한다. 이 방식은 파인먼-필드의 방식과 매우 차이가 나는 것을 유의하라. 파인먼-필드 파톤은 하나하나씩 파편이 생긴다. 룬트 모형에서는 갈라지는 것이 전체로서의 스트링 시스템이다. 게다가 파인먼-필드 모형에서는 기준계를 바꾸면 입자 수와 로렌츠 불변이 위배된다. 룬트의 스트링 방식에서 메존의 수와 보존 법칙은 계속 유지된다. 출처: 게리, 「모형의 시험」, LBL -20638(1985), 49~50쪽.

데는 쉽게 취할 수 있는 수단이 별로 없다는 것을 명심해야 한다. 아주 오래전에 베이컨이 우리에게 이야기한 것처럼 모형 계산과 실험상의 발견을 비교하는 방법으로는 실제로 단지 우리가 틀렸다는 것만 배울 수 있다. 만일 예언이 일치한다고 하더라도(비록 어느 정도 자신 있다고 느낄 명백한 이유가 존재한다고 하더라도!) 우리가 올바른 기본 방향으로 가고 있다고조차 안심할 수가 없다."[181]

이러한 자신감을 이루기 위해 룬트 그룹은 게이지 이론 과학자들이 하지 않았던 방법으로 실험 그룹들과 굉장히 긴밀한 접촉을 유지해야만 되었다. 예를 들어 보 앤더슨은 1983년 11월 말 TPC로 와서 스트링 이론에 대해 일련의 강의를 했다. 1984년에도 다시 룬트 그룹에 속한 한 사람이 UCLA에서 TPC가 조직한 학술회의에서 발표했다. 호프만은 1983년에 TPC 그룹이 이론과의 연결을 다루는데 "통합적인 능력"에 대해 꽤 절망적으로 걱정했지만, 1986년까지 실험 과학자들과 현상론적 이론 과학자들 사이의 접촉이 증가했으며, 결국 앤더슨과 호프만은 『피직스 레터』에 제출한 논문의 공동 저자가 될 정도였다.

파인먼과 필드는 그들이 (인식론적으로) QCD "이전(以前)"의 개념들이라고 취한 것에서 그들의 모형 세우기를 시작했고, 그중에서 가장 중요한 것이 파톤이었다. 앤더슨과 동료들은 대단히 간소화한 모형(스트링)을 취했으며, 이 모형이 한쪽에서는 QCD와 다른 쪽에서는 실험과 공통으로 성립하는 결과들을 찾아보았다. 그런데 세 번째 선상의 추론이 QCD의 상당 부분과 결합하여 어떤 순수한 실험적 결과를 낳았다. 이것이 (파인먼과 필드 중에서) 리처드 필드가 슈테펜 볼프람과 같이 추구한 전략이었다.

필드와 볼프람에 의한 이러한 "구역 모형"은 쿼크들이 높은 운동량을 가졌을 때 QCD는 정당한 섭동 이론이라는 주장을 진지하게 받아들였다(〈그림 7.34〉를 보라). 그래서 상호작용의 초기 단계에서 구역 모형

---

181) 앤더슨 외, 「스트링 동역학」, *Phys. Rep.* 97(1983): 33~145쪽 중 34쪽.

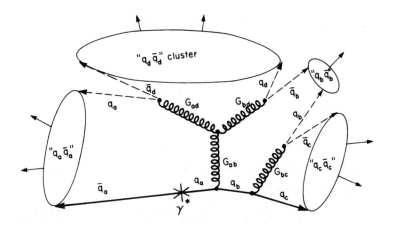

<図> 필드와 볼프람의 QCD 모형(1983). 색 단일항 구역을 격리시키는 데 이용된 과정을 도식적으로 그린 것. 각 파톤 선은 (쿼크는 한 개, 글루온은 두 개의) 스피너 색 지표를 나른다. 마지막 상태의 글루온들은 강제적으로 서로 선형적인 $q - \bar{q}$쌍으로 나뉜다 (끊어진 선). 각 군(群)-이론적인 "스트링"의 끝에 존재하는 쿼크와 반쿼크는 색 단일항 (색 중성) 구역으로 결합된다. 이와 같이 생성된 구역은 서로 독립적으로 하드론으로 붕괴한다. 각 구역의 붕괴는 구역이 정지한 기준계에서 등방성이라고 가정되며, 마지막 상태는 간단한 위상-공간 모형에 의해 결정된다. 출처: 필드와 볼프람, 「QCD 모형」, *Nucl. Phys. B* 213(1983): 65~84쪽 중 73쪽.

은 단순히 섭동 QCD에 근거한 계산만 포함시켜 글루온 방사(放射)를 포함한 제트 형성의 초기 성질들에 대한 자세한 설명을 얻었다. 그다음에 이 구역 모형에서 시간이 흐름에 따라 쿼크의 특성 운동량이 감소하고, QCD는 이제 더 이상 섭동 이론으로 정당하게 이용할 수 없게 되었다. 이 시점에서 구역 모형은 하드론의 형성에 대한 통찰력을 제공하는 능력을 잃게 되며, 그래서 누군가(또는 오히려 컴퓨터)가 단순히 쿼크들을 높은 질량을 가진 "구역"으로 모으고 그 구역이 그 뒤에 우리가 알고 좋아하는 시그마와 람다, 양성자 등등 하드론으로 붕괴되도록 허용한다. 이러한 마지막 상태에 존재하는 입자들 사이의 비는 관찰된 것과 일치하도록 손으로 집어넣는데, 그러나 그 입자들의 에너지와 운동량 분포는 그들이 태어난 구역의 운동과 조합으로부터 나온다.

구역 방식에 기여한 한 사람으로 당시 칼텍에서 이론의 박사후 연구원이었던 토마스 고트샬크는 1984년 6월에 개최된 TPC UCLA 워크숍에서 다음과 같은 방법으로 선전했다.

교리(敎理)

1). QCD는 (L_{QCD}가 진정으로 무엇을 의미하건 간에) 하드론의 물리를 진정으로 기술한다

2). 짧은 거리에서는 (초기에는) 섭동 이론이 QCD에 대한 "합리적"인 근사를 제공한다

3). 그 뒤 시간에는 QCD의 특성이 왜인지 변화한다. 두드러진 현상은 (선형) 가둠이 된다──섭동 이론이 성립하지 않는다

4). 하드론은 무색이다

5). 하드론은 주로 사건의 늦은 시간에 형성된다

6). (아직 알려지지 않은) 하드론 형성에 대한 메커니즘을 특징짓는 것은
    (i) 국지성
    (ii) 보편성

7). 파이온은 질량 껍질에 놓이지 않은 요요다. 직접적인 하드론-파톤 ≒ 연결이 의심스럽다

파문(破門)

독립 파편 모형, 즉 파인먼-필드 모형 또는 그것과 같은 모든 것.[182]

종교 분리주의자들처럼 구역주의자들도 이제 본 교회인 파인먼-필드 모형을 떠났다. 필드는 이제 볼프람-필드 모형 뒤에서 권력을 휘둘렀으며, 고트샬크는 (볼프람-필드로부터 빌려와서) 교회의 교리를 신부들의

---

182) 고트샬크, 「파편에 대한 QCD 구역 모형」, TPC QQ 분석 워크숍에서 발표된 강연, 1984년 6월 1~2일, 슬라이드 복사본, MRP.

파문이라고 불렀다. 어떤 의미에서 종교적 용어들이 우리를 놀라게 하지 않는다. 논쟁이 되고 있는 문제는 참가자들이 자연의 기본적인 존재라고 집착하고 있는 것으로, 그것들이 전혀 다른 형태로 나타난다는 것이었다. QCD에서 기본 대상은 쿼크와 글루온이다. 그것들은 상대론적 양자장이론과 그리고 그것과 함께 가는 진공 요동, 상대론적 불변, 재규격화, 그리고 수많은 보존 법칙 등 전체 이론적 가정들에 묻혀 있다. 파인먼과 필드의 쿼크는 QCD의 쿼크와 단지 매우 특정한 성질들을 몇 가지만 서로 공유한다. 예를 들어 쿼크와 글루온 사이에는 아무런 동역학적 연결도 존재하지 않는다. 심지어 원칙적으로도 독립 파편 모형은 운동량과 에너지를 동시에 만족시킬 수 없다. 그리고 한 기준계에서 전자-반전자 충돌은 15개의 입자를 만들어낼 수 있고, 다른 기준계에서는 23개를 만들어낼 수 있듯이 상대론적 불변이 결여되어 있는 것이 명백했다. 파인먼과 필드는 이러한 방법과 다른 방법에서 QCD와 격리된 현상론적 모형을 만들어냈다.

1983~84년에 이르기까지 고트샬크와 같은 젊은 이론 과학자들 중 많은 사람들은 QCD를 이용하면서 자랐다. 그것이 암송해야 할 교리(敎理)의 첫 번째 줄이었다. 파인먼과 필드의 청중은 이론 물리학에서 파인먼의 평소 청중들이 아니었다. 놀라운 일이 아니었지만, 그것을 기꺼이 환영한 것은 실험 과학자들이었다. 왜냐하면 그것이 한 일은 특정한 실험 방식의 국지적인 상황으로부터 빠져나오는 길을 제공한 것이었기 때문이다. 돌연히 양성자와 반양성자를 충돌시키는 실험이 전자와 반전자를 충돌시키는 실험과 연결될 수 있었다. 비록 파인먼과 필드가 에너지-운동량 보존에서 시작하여 상대론적 불변에 이르기까지 책에서 각별하게 유지되는 모든 이론들을 위배했다고 할지라도 그 방식은 이러한 매우 다른 실험적 활동들을 조정할 수 있었다. 파인먼과 필드의 모형은 실험 내부의 혼성 언어로 쓸모가 있었다. QCD가 아니라 그것이 그들의 결과를 분리하는 데 결과들의 경쟁과 의사소통, 그리고 연결 등에 의해서 실험 과학자들에게 도움이 되었다. 파인먼과 필드의 독립 파편 방식은

QCD와 실험 사이에 교역 지대의 시작을 제공했다.

이러한 모형들 하나하나는 서로 다른 목표와 조합에 대한 구별되는 법칙과 함께 자체적 동기를 가지고 있었다. 호프만은 1987년에 "제트의 물리 뒤에 놓인 주요 목표는 …… 섭동 QCD에서 개발된 기술들을 시험하는 것이고, 섭동이 성립하지 않는 영역의 현상론적 모형은 물론 더 깊은 지식을 유도하는 것이다"라고 썼다.[183] 그러나 이런 "원리주의자" 방침의 비난 속에도 급진적인 불일치가 지속되었다. 스트링 모형을 만드는 사람들은 그들의 기본 존재인 스트링 자체의 설득력을 신장시키기 위해 일차원 QED를 인용했다. 구역 이론 과학자들은 파톤에서 하드론으로 직접 이동하는 것을 거부했다. 그들은 먼저 어떤 더 높은 질량의 구역이 형성된 뒤 오직 그다음에야 하드론으로 붕괴한다고 주장했다.

구획–상대론자의 견해에서 이러한 모형들은 마치 밤배처럼 상대에게 서로 전해줄 것이다. "쿼크" "제트", "파편"은 독립 파편 모형과 스트링 모형, 구역 모형, 그리고 QCD 등 서로 다른 그림에서 너무 다르게 관계되어 필드와 파인먼의 "쿼크"가 구역주의자들의 "쿼크"나 스웨덴의 스트링 사람들의 "쿼크" 또는 프리치나 르벨린 스미스가 "믿었던" QCD "쿼크" 중의 하나라고 확인하는 것은 요행이 아니면 신소리가 될 것이다. 그러나 그것들의 서로 다른 이론적 각인의 덕택으로 이러한 현상론자들이 더 이상 한 이론을 공통의 표준에 반하는 것으로 평가할 수 없다는 것이 진실인가? 아니다. 대표하는 이러한 시스템이 1960년대 과학철학의 예전 의미에서 비교할 수 없게 되었는가? 명백하게 아니다.

이론 과학자들과 모형을 만드는 사람들이 함께 많은 회의와 공동 연구를 가진 다음, 일련의 장소와 연관되는 유대가, 즉 TPC의 출력을 모형에, 그리고 그것에 의해 간접적으로 기본 물리학의 높은 이론에 어떻게 연결하는가에 대한 국지적 합의가 이루어졌다. 구체적으로 TPC 공동 연

---

183) 호프만, 「제트 물리학 PEP 그리고 PETRA」, SLAC 여름학교 1987, LBL-24086.

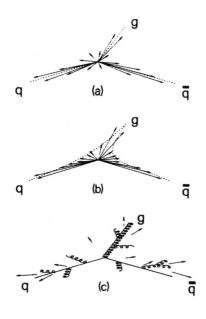

〈그림 7.35〉 감소에 대한 세 가지 각본. 세-제트 사건에서 (쿼크-반쿼크 쌍으로부터 기인
된 사건인데 둘 중 하나가 글루온을 방사[放射]함) 쿼크 제트와 반쿼크 제트 사이에서 방
출되는 관찰된 입자 수가 감소하는 것이 관찰되었다. (a) 이러한 감소는 파인먼-필드의
독립 파편의 기반에서는 설명될 수가 없다—모형 자체가 등방위성 입자 생성을 미리 가
정한다. (b) 룬트의 스트링 방식에서 글루온은 스트링의 비꼬임에 해당한다. 비꼬임의 계
속되는 움직임은 그러면 비꼬임이 이동하는 방향으로 입자가 선택적으로 생성되게 된다
("부추김 효과"). (c) 구역 모형은 이 감소를 다르게 설명한다. 낮은 운동량에서 쿼크와 반
쿼크로부터 방사된 글루온들은 상쇄 간섭을 일으키고, 그 부분에서 입자의 생성이 억제
되는 경향이 있다. 출처: 아이하라 외, 「파톤」, *Phys. Rev. Lett.* 54(1985): 270~273쪽 중
271쪽.

구단은 세-제트 사건을 조사했고, 하나의 제트당 입자 수와 같은 자료의
전체적 성질을 설명하기 위해 (독립 파편, 스트링 파편, 그리고 구역 파
편 등) 세 가지 기본 방식들에 각각 제대로 작동하는지 조사했다. 그다
음에 그들은 세 가지 모두를 제트들 사이에 방출되는 것으로 관찰된 입
자 수라는, 관찰된 성질과 비교하는 시험을 수행했다. 세 가지 방식을 고
려하고, 각각을 e^+e^- 소멸로부터 방출되는 글루온과 쿼크-반쿼크 쌍을
설명하기 위해 설정하자. 독립 파편 모형은 모든 방향으로, 그리고 대략

동일한 비율로 메존을 만들어냈으며, 이에 따라 그렇게 큰 비대칭성으로 인도하지 않았고, 모형에 대한 어떤 "손질"도 도움이 되는 것처럼 보이지 않았다(〈그림 7.35a〉). 이와는 대조적으로 스트링 모형은 쿼크로부터 글루온으로 향하는 한 스트링을 가졌고, 글루온으로부터 반쿼크로 향하는 다른 스트링을 가졌다(즉 글루온은 스트링에서 비꼬임으로 나타났다). 만일 글루온이 오른쪽을 향한다면 스트링으로부터 방출되는 메존은 어느 것이나 오른쪽으로 "부추김"을 가지고 시작한다. 그러면 특수 상대성 이론은 우리에게 스트링이 정지한 기준계에서의 생성이 등방성(等方性)이라고 할지라도(실제로 이 과정은 독립 파편 방식과 실질적으로 동일하다) 실험실 기준계에서는 스트링 뒤에 입자의 감소가 일어날 것이라고 말해준다. 그러므로 입자들은 쿼크와 반쿼크 사이에서 감소된 것처럼 나타난다(〈그림 7.35b〉).

마지막으로, 구역 방식에서 거기에는 감소가 일어나는 세 가지 원인이 존재하는데, 하나하나를 분리해 컴퓨터 시뮬레이션으로 검사할 수 있었다(〈그림 7.35c〉). 첫째, 섭동 QCD는 쿼크 또는 반쿼크로부터 가상 글루온이 방출되는 것을 허용하며, 그것들은 쿼크와 반쿼크 사이의 영역에서 상쇄 간섭을 일으켜 그 부분에서 감소가 일어나게 만든다. 둘째, 실험실에서 관찰된 입자들은 색을 가지고 있지 않기 때문에 쿼크와 글루온의 색 지표가 상쇄되어야만 한다. 쿼크는 한 개의 지표를 (빨강, 파랑 또는 초록을) 나르며 글루온은 두 개의 지표를 나른다. 그것들은 색-중성인 결합으로 쿼크들(또는 쿼크-반쿼크 쌍)을 연결하도록 되어 있다. 그래서 반-빨강/초록 글루온은 빨강-반빨강 쿼크 쌍과 함께 결합하여 이 쌍을 초록-반초록 쌍으로 바꿀 수도 있다. 구역은 색-중성이도록 요구되어 있으므로 쿼크를 반쿼크와 연관시키면서 끝나는 것보다 쿼크와 글루온 사이에서 끝나는 구역이 더 많게 된다. (이를 준용[準用]하면 쿼크와 반쿼크 사이보다 반쿼크에서 글루온 사이의 영역에 더 많은 구역들이 존재한다.) 마지막으로, 글루온을 쿼크 또는 반쿼크에 묶는 덩어리가 움직이고 있으며, 그래서 (스트링 모형에서와 마찬가지로) 관찰된 하드

론의 부추겨진 원점은 글루온 뒤 영역에 감소가 일어나게 한다.[184]

QCD로부터 예측까지 "내려오는" 것이 저절로 되는 것은 결코 아니었다. 그리고 이것은 "어려운" 계산의 문제가 아니다. QED를 유효 숫자 10자리까지 계산하는 것은 "어려운데", 그것은 굉장한 영리함과 인내가 요구되는 과제다. 여기서는 그런 종류의 문제가 아니다. QCD는 널리 사용되어 온 섭동 이론을 이용해 하드론화 예측을 일관되게 허용하지 않는다. QCD에서는 운동량이 작아지면서 강 상호작용의 결합 상수가 커진다. 쿼크가 서로 그리고 글루온과 결합하기 시작할 때는 거의 어떤 계산에서도 섭동 급수는 아무런 의미가 없게 된다. 이러한 원리 내에 포함된 계산할 수 없는 성질에 직면하자 굉장히 많은 노력이 모형을 만들어내는 데 들어갔으며, 그것들 하나하나가 기초 이론과 연결된다고 (또는 아무런 연결이 안 된다고) 추정되었다. 모형이 그것을 계속될 수 있게 만들었다. 세 모형들 각각을 적재적소에 배치해서 호프만과 현상론자들은 결국 TPC의 출력과 교차하는 예측과 주장을 시작할 수 있었다.

이 출력 자체도 매우 여러 번 처리된 것이었다. 〈그림 7.28〉에 나온 긴 여행 뒤 표류 전자는 자료 요약 테이프의 내용으로 변환되었다. 그런 다음에 이 테이프는 공동 연구단의 "제트 발견" 프로그램을 통해 돌렸는데, 이 프로그램은 매우 비구면(非球面)적이고 검출기의 허용도가 빈약한 경로를 따라 놓여 있지 않은 축을 갖는 사건들을 골라냈다. 마지막으로 후보 제트마다 1.5GeV와 적어도 두 입자를 갖는 사건들을 선정하면, 그 결과로 얻는 출력은 3,022개의 "세-제트" 사건을 가진 자료가 되었다. 그것은 QCD로부터 이온까지 먼 길이었으며, 그리고 여기 〈그림

---

184) TPC/PEP-4/PEP-9 공동 연구단에 의한 세 모형의 분석은 다음 논문에 나와 있다. 아이하라 외, 「쿼크와 글루온」, *Z. Phys. C* 28(1985): 31~44쪽; 아이하라 외, 「파톤」, *Phys. Rev. Lett.* 54(1985): 270~273쪽; 게리, 「모형의 시험」, LBL-20638(1985). 구역 모형과 스트링 모형이 독립 파편 모형을 이겼다는 결론은 JADE 공동 연구단에 의한 연구를 확인하였다. 바르텔 외, 「입자 분포」, *Z. Phys. C* 21(1983): 37~52쪽.

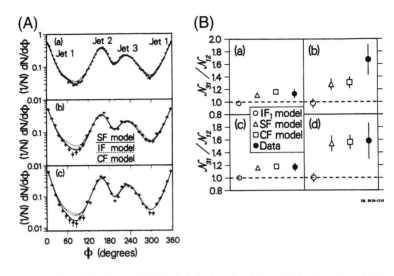

〈그림 7.36〉 모형과 자료. (A) 무거운 입자 대 각 그리고 (B) 파이온과 감소. (A) 여러 가지 파편 방식을 더 시험하기 위해 세-제트 시료에서 입자의 방위각 밀도, $(1/N)\,dN/d\phi$가 사건 평면에서 입자의 방향과 제트 1 사이의 각 ϕ의 함수로 그려져 있다. TPC는 아주 정확하게 입자를 확인할 수 있으므로 서로 다른 종류의 입자들, 여기서는 케이온과 양성자, 그리고 람다에 대해 모형과 실험 사이의 차이를 도표로 그릴 수 있었다. 예상된 대로 파인먼-필드 모형은 제트 1과 제트 2(대략 40도~120도) 사이의 "감소" 지역에 있는 입자 수를 너무 많게 예측했다. 스트링 모형이 제일 잘 맞았고 구역 모형이 그다음이었다. 제트들 사이의 계곡을 더 조사하기 위해 그때 공동 연구단은 제트 i와 제트 j 사이의 영역을 값이 0에서 1까지의 값으로 변수화된 영역으로 나누었다. N_{ij}는 0.3과 0.7 사이의 입자 수로 정의된다. (B) N_{31}/N_{12}에 대한 도표로, 말하자면 쿼크-반쿼크 영역에 대한 쿼크-글루온 영역의 과잉 입자다. 독립 파편 모형은 등방성, 즉 $N_{31}/N_{12} = 1$이라고 예측한다. 맨 위쪽 열은 서로 다른 파이온 운동량에 대한 서로 다른 모형을 보여준다. 아래 왼쪽은 모든 파이온의 운동량이고, 아래 오른쪽은 (A)로부터 무거운 입자를 다시 도표로 그린 것이다. 결론: 스트링과 구역 모형은 비슷하게 우수하고 독립 파편 모형보다는 확실히 더 우수하다. 출처: 아이하라 외, 「파톤」, *Phys. Rev. Lett.* 54(1985): 270~273쪽 중 272쪽; 게리, 「모형의 시험」, LBL-20638(1985), 202쪽.

7.36〉에서 우리는 결국 대결 구도를 보게 되는데, 그것은 QCD와 다듬지 않은 자료 사이의 대결이 아니라 오히려 필연적으로 일련의 모형들과 PEP-4/PEP-9의 고도로 처리된 자료 사이의 대결이다. 첫 번째 결론은 독립 파편 모형이 익사한 것처럼 보였다는 것이다. 어떤 임시변통이 에너지 보존도 변수를 어떻게 다시 조절하더라도 그 감소 비율을 제

대로 맞출 수가 없었다. (구역과 스트링 등) 다른 두 모형에 대해서는 감소 효과를 설명하는 데 두 성질이 견딜 수 없는 것처럼 보였다. 하나는 과정 초기에 쿼크와 반쿼크 사이에서 입자의 생성을 억제한 사건이었다. 한 가지 묘사는 이것이 서로 상쇄 간섭을 일으키는 가상 글루온들의 결과로 나타났다. 다른 묘사에서는 비꼬임 자체가 비꼬임이 움직이는 방향을 따라 선택적으로 입자를 생성했다. 둘째 결론은 QCD의 색과 닮아 보이는 무엇이 어떤 역할을 하는 것처럼 보였다는 것이다. 스프링 모형에서 색의 흐름은 다시 이 비꼬임과 대응하며 스트링 결합을 강화한다. 구역 모형에서 색의 흐름은 쿼크들과 글루온들, 그리고 반쿼크들을 첫 번째 글루온 쪽에 더 많이 치우치도록 구체적으로 함께 묶는다. 저자(著者)들은 결코 QCD를 "증명"했다고 주장하지 않을 것이다. 그들은 전체적인 구성에서 출발해 세부 사항에 이르는 하향식과 기초 원리에서 출발해 전체를 구성하는 상향식을 이용해 그 이론이 국지적이자 실험적으로 결과적인 의미를 지닌다는 특색을 주는 방식을 만들어냈다.

이 자료를 가지고 베르너 호프만은 1987년의 하드론화 모형의 문제로 돌아가 "파편 모형들의 결투"라고 부른 것을 내놓았다. 비교의 목적으로 에너지 보존이 정확히 성립하는지 또는 근사적으로 성립하는지 또는 쿼크와 글루온 사이에 정확한 상호작용이 존재하는지와 마찬가지로 모두 다 상대론을 위배하는 모형과 먼 곳에서 작아지지 않는 모형 사이의 근원적인 잘못 짝짓기에 대해 말한다. "결투"의 한가운데서 단지 한 가지가 걸렸다. 이렇게 다양하게 QCD를 개념화한 것들 각각이 예를 들어 얼마나 평면적일까 등 제트의 구조에 대해 무엇이라고 말할 것인가? 날이 저물고 총구의 연기가 사라졌을 때 오직 룬트 모형 제작자들만 상대적으로 상처를 입지 않고 걸어 나간 것처럼 보였다. 총 450개의 자료점을 가지고 있는 열여덟 가지의 분포가 제출되었다. 널리 이용되는 통계적 χ^2 시험이 이제 심판자로 이용되었다. 룬트의 스트링 모형은 χ^2이 960으로 걸어 나갔고, 한편 웨버의 구역 모형은 χ^2이 2,870으로 지척거렸으며, 칼텍 모형은 χ^2이 6,830으로 비틀거렸다. 호프만은 "자료는 (무거운 구역 대신에) 정상적인 메존과 바리온을 주요 하드론으로 할 때 스트링 모형을 선호하는 것으로 보인다"라고 결론지었다.[185]

비록 예전의 마크 I과 같은 극적인 형태는 아니더라도 여기에는 TPC/PEP-4 결과가 끼어들 장소가 있었다. TPC 공동 연구단의 F^* 발견은 11월의 혁명과는 비교될 수 없었다. 그럼에도 불구하고 이 서로 다른 모형에 대한 판정과 그 모형들이 근본성이나 도구성에 대해 서로 다른 요구를 하고 있는데도 불구하고 교역 지대를 형성하는 것은 단지 1980년대 말을 위해서뿐 아니라 자료에 대해 QCD가 무엇이라고 말하는지 알아야 하는 모든 장래 실험을 위해 QCD를 조금이라도 이해하는 데 대단히 중요한 부분이 되었다. 1980년대의 10년 동안은 표준 모형을 "단지 확인"하기만 하는 시기였다고 간단히 처리하는 것은 쉬운 일이다. 나의 견해로 그것은 대단히 잘못하는 것이다. QCD와 같은 이론과 자료 요약 테이프 사이의 인식론적 간격을 면전에 두고 무엇도 배울 수가 없었다. 이론 과학자들은 점점 더 QCD가 당연하다고 받아들이고 그것을 이용하여 대통일 이론이나 또는 심지어 더욱 의욕적인 1980년대와 1990년대의 스트링 모형을 만들어내는 동안 QCD가 실험실에서는 전혀 투명하지가 못했다. 무한히 결합된 배경(背景)을 가지고 있는데, 거기에는 전경(前景)이 없었고 결코 있을 수도 없었다. 이것은 맹목적인 실험적 장애였으며, 정밀 측정과 모형 세우기의 결합이 헤쳐 나갈 수 있는 것을 제외하고는 아무것도 아니었다.

서로 다른 파편 모형과 스트링 모형에 대한 χ^2 중요도 시험의 한 가지 반응은 그것이 다양한 모형들 사이에서 진정으로 공평하지 않을 수도 있다는 것이다. 그것은 실제로 해석되지 않은 계산법들 사이의 비교인 단지 도구주의의 한 형태일 뿐이었다. 이제 쿼크 모형을 단순히 기호에 의한 조작으로 바꾸는 것이 논리적으로 가능했지만, 참가자들이 그런

---

185) 호프만, 「제트 물리학 PEP 그리고 PETRA」, SLAC 여름학교 1987, LBL-24086, 14쪽.

방법으로 취급하지 않은 것이 분명했다. 이것은 예를 들어 모형의 "인위적인" 측면과 "자연적인" 측면 사이에서 자주 만들어지는 구별에서 명백히 나타난다. 누구나 분석의 섭동적 국면과 비섭동적 국면 사이의 급격한 차별이 "자연"의 어떤 무엇에 대응할 수 있기가 어려울 것임을 인식했다. 이렇게 "고도로 인위적인" 요소는 "파톤 파편에 대한 어떤 현실적인 이론에서도 극복되어야만 할" 것이었다.[186] 그리고 스트링 공동체가 원하는 것도 바로 그런 조정이었다.

하드론화에 대한 좀더 자연스럽고 철학적으로 방어될 수 있는 모형에 대한 탐색이 UCLA에서 온 TPC 공동 연구자인 찰스 뷰캐넌의 연구에서 두드러진다. 1987년도의 『피지컬 리뷰 레터스』에서 뷰캐넌은 룬트 모형의 근본적인 동역학을 **설명**하는 프로그램을 시작했다.[187] 견해를 방어하기 위해 LBL에서 열린 1989년 1월의 강연에서 뷰캐넌은 행성 운동이 발전한 단계와 하드론화가 발전한 단계 사이의 대응 관계 도표인, 철학-역사상의 기발한 비유의 지원으로부터 도움을 받았다(〈그림 7.37〉을 보라). 초기 자료는 코페르니쿠스 등에 의해 확인된 행성 운동에 관한 것이었는데, 그것은 30GeV 전자-반전자 충돌에 대한 PETRA와 PEP의 첫 번째 운전과 유사했다. 이러한 여전히 원시적인 관찰 결과 위에 쌓여서 예상될 수 있는 것은 고작해야 1620년까지의 "많은 변수" 현상론인 주전원(周轉圓) 물리학이었으며, 이것은 뷰캐넌이 주장하기로는 1978년의 (파인먼-필드의) 독립 파편 모형에 대응했다. 뷰캐넌에 의하면 코페르니쿠스와 파인먼은 그들의 결과를 그가 다른 곳에서 "실제 생산 메커니즘"이라고 부른 것과 연결하려는 희망을 어느 정도 포기했다.[188] 대신

---

186) 호프만, 「제트 물리학 PEP 그리고 PETRA」, SLAC 여름학교 1987, LBL-24086, 8쪽.

187) 뷰캐넌과 전, 「예언적인 모형」, *Phys. Rev. Lett.* 59(1987): 1997~2000쪽; 그리고 앤더슨과 호프만, 「상관관계」, *Phys. Lett. B* 169(1986): 364~368쪽.

188) 뷰캐넌과 전, 「예언적인 모형」, *Phys. Rev. Lett.* 59(1987): 1997~2000쪽 중 1997쪽을 보라.

Paradigms

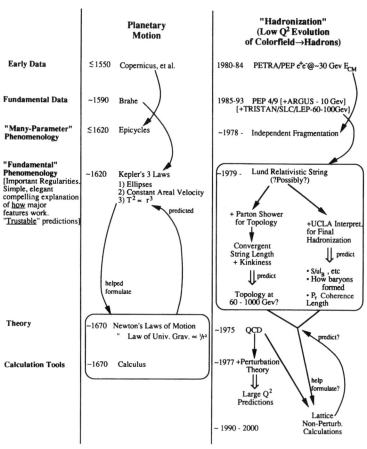

〈그림 7.37〉 뷰캐넌에 의한 케플러 이론과 스트링 이론(1989). 뷰캐넌이 1989년에 만든 슬라이드에서 다시 그린 것으로, 이 도표는 몇 가지 수준에서 읽어야 된다. 첫째, 하드론 물리학에 대한 논란이 많았던 현상론적인 분석이 물리 과학의 역사에서 가장 존경받은 삽화(揷畵)로 코페르니쿠스의 『천체의 회전에 관하여』로 시작되었고, 뉴턴의 『프린키피아』로 종료되었던 이야기와 대응되었다. 둘째, 그것은 그 이야기로부터 뛰쳐나와서 어떤 독자에게는 "근본적인" 현상론인 모순 어법처럼 들릴지도 모르는 범주를 강조한다. 왼쪽 기둥에 ("중요한 규칙적인 것. 어떻게 주요한 성질들이 작동하는가에 대한 간단하고 우아하며 감탄스러운 설명. '신뢰할 수 있는' 예측" 등) 자세히 설명된 것이 이 범주뿐이다. 뷰캐넌이 "이론"과 하드론으로부터 쏟아져 나오는 자료 사이를 중개할 수 있는 이론의 영역에서 개념적이고 부분적으로는 설명적인 공간을 수립하려고 시도하는 것이 여기 케플러의 세 법칙에 현대적으로 대응하는 것이다. 출처: 뷰캐넌, 「'색이 만드는 장'의 하드론화에 대한 완전한 묘사로서 룬트의 대칭 파편 함수: UCLA(하드론 수준) 해석에서의 발전」, LBL에서 발표된 강연, 1989년 1월 6일, 슬라이드의 복사본, MRP.

그들은 세상을 관찰(실험) 하나에 의해 추진되는 용어로 기술하기로 선택했다.

뷰캐넌에 의하면 "근본적인" 현상론으로의 접근은 그 뒤에 나왔다. 1620년이라는 해는 (또는 그 무렵에는) 타원 궤도, 변하지 않은 실제 속도, 그리고 (주기의 제곱이 반지름의 세제곱에 비례한다는) 조화 법칙 등 케플러의 세 가지 법칙의 시작을 알렸다. 케플러의 현상론이 "근본적"이도록 만든 것은 (뷰캐넌에 의하면) 그것이 "중요한 규칙적인 것을 드러냈다는 점이다. 어떻게 중요한 성질들이 작동하는가에 대한 간단하고 우아하며 감탄스러운 설명이었다. '신뢰할 수 있는' 예측들이었다." 주전원 시대를 케플러가 깨뜨린 부분은 변수들의 수를 감소시킨 것이었다. 하드론에서도 이와 동일한 역사적 진화가 일어날 것으로 기대되었다. 파인먼-필드 모형은 어떤 "자연스러운" 해석도 없는 많은 매개 변수들을 도입해야 되었고, 원래의 룬트 모형도 10개에서 12개의 그러한 매개 변수를 유지해야 되었지만, UCLA 모형은 단지 세 개의 변수와 관찰할 수 있는 물리로부터 구할 수 있는 세 개의 "자연스러운" 매개 변수만 필요로 했다. 마침내 (뉴턴의 운동 법칙과 거리의 제곱에 반비례하는 법칙 같은) 이론이 QCD에 대응할지도 몰랐다. 섭동 QCD와 격자(格子) 비섭동 계산들은 그러면 모두 UCLA에 근거한 스트링 모형의 일부에서 유도되었으며, 다시 그것들을 예측하는 데 도움이 될 수도 있었다. 이와 같이 장기적으로 뷰캐넌은 다음에 설명한 것과 같은 어떤 방식이 TPC의 출력을 QCD의 파악하기 어려운 영역과 결합할 수 있기를 희망했다.[189]

QCD ⇔ 격자 계산 ⇔ UCLA의 "근본적" 현상론 ⇔ TPC 자료

---

189) C. 뷰캐넌, 「'색이 만드는 장'의 하드론화에 대한 완전한 묘사로서 룬트의 대칭 파편 함수: UCLA(하드론 수준) 해석에서의 발전」, LBL에서 발표된 강연, 1989년 1월 6일, 슬라이드의 복사본, MRP. 웨버와 룬트, 그리고 UCLA 모형들을 비교하기 위해서는 뷰캐넌과 전, 「e+e- 소멸에서 메존과 바리온의 형성을 설명하는 간단하고 강력한 모형」, 1990년 5월, UCLA-HEP-90-003, MRP.

파인먼의 표준화시키는 항목과 뷰캐넌의 "설명적인" 근본적 현상론 사이에는 광대한 철학적 차이가 놓여 있었다. 그 의미에서 전체적인 차이가 만연했다. 다양한 전문가들이 "결투"의 국지적 조정 임무에 동의할 수 있다는 것은 오랫동안 추구했던 그리고 자주 파악하기 어려웠던 조정의 신호다. 그것은 대단히 많은 양의 연구를 대가로 치르고 사들인 균형성이었다.

여러 가지 하드론화를 위한 모형들을 함께 모으면 학술회의와 수많은 논문을 준비하는 데 충분히 풍부한 세부 분야인 새로운 업무가 구성되었다. 어떤 사람은 그것들이 예를 들어 1930년대의 많은 원자핵 모형들에서 이용된 많은 근사적 모형들과 "유사"하다고 말할 수 있다. 그러나 내게는 그렇게 하는 것이 요점을 제대로 짚지 못한 것처럼 보인다. 여기 우리는 모든 것을 전부 갖춘 이론인 QCD를 가지고 있는데, 그것이 많은 이론 과학자들에게는 자연을 설명하는 동시에 굉장히 많은 양의 자료를 만들어내는 훌륭한 사례(事例)다. 파편 모형들은 모든 의미에서 중간 영역이 되었다. 그것은 전문적으로 (앤더슨과 같은) 이론 과학자들과 (뷰캐넌과 같은) 실험 과학자들 모두를 흡수한 영역이며, 글루온과 소프트웨어 및 하드웨어의 혼란을 헤치고 변조된 계속해서 재처리되는 이온화 흔적들을 수반하는 색 흐름과 같은 "근본적인" 이론의 요소들을 조정한 영역이다. 이론 과학자들이 거품 상자 사진에 몰두할 수 있었던 시기로부터, 또는 실험 과학자들이 자기들 스스로 해석을 내릴 수 있었던 시대로부터 세상은 변했다. 나는 이렇게 새로운 현상론적 지역에서 단순히 긴 계산 이상의 무엇이 일어나고 있다고 주장하고자 한다. 10년 이상을 조용하게 이 모형을 만드는 사람들은 QCD와 자료 요약 테이프 모두의 의미를 그들 사이의 영역에 존재하는 확실하지 않은 경로들의 지도를 작성하면서 정의하기 위해 노력하고 있었다.

그 결투에 더해 TPC 공동 연구단은 파이온의 생산에서 나타나는 (보제-아인슈타인) 양자 상관관계의 검사를 통해 하드론화 과정을 탐구했다. 그 생각은 다음과 같다. 상호작용에서 입자들이 생성될 때 입자들의 양자 역학적인 파동 함수는 보강적으로, 중성적으로, 또는 상쇄적으로 상호작용을 일으킬 수 있다. 수십 년 전(이미 1956년)에 R. 핸베리-브라운과 R. Q. 트위스는 별에서 방출되는 광자를 조사하는 데 이런 상관관계를 이용했다. 두-광자 사이의 상관관계를 관찰함으로써 그들은 광자를 방출하는 물체의 지름을 계산해 낼 수 있었다. 입자 물리학에서 거슨과 슐라 골드하버는 1959년에 이 분석을 확장하여 양성자-반양성자 소멸에서 방출되는 같은 부호를 지닌 파이온 쌍들에게 적용했다.

이러한 같은 부호를 지닌 쌍들은 반대 부호를 지닌 파이온 쌍들과 비교했을 때 작은 열린 각을 선호했다. 왜 그런가? 양자 이론의 초기 시대로부터 보존(스핀이 반정수의 짝수 배인 입자)들은 동일한 입자들이 교환되었을 때 대칭적인 파동 함수를 갖는 데 반해, 페르미온(스핀이 반정수의 홀수 배인 입자)들은 그러한 교환에 대해 반대칭적인 양자 상태 함수를 갖는다. 이것은 동일한 상태에 두 개의 완벽하게 동일한 보존을 생성하기 위한 진폭은 $A(p_1, p_2) + A(p_2, p_1)$의 형태로 쓸 수 있음을 의미했다. 여기서 $p_1 \sim p_2$는 두 입자의 (거의 동일한) 운동량이며, 직접 진폭 $A(p_1, p_2)$는 교환 진폭 $A(p_2, p_1)$과 보강적으로 간섭하게 되어 있다. 작은 열린 각의 경우 두 개의 동일한 부호를 지닌 파이온들은 비슷한 운동량을 지닌 동일한 입자이고, 그래서 보제-아인슈타인 간섭이 그들의 수를 증대시키는 원인이 될 것이다. 반대 부호를 지닌 파이온들의 경우 입자들은 구별할 수 있으며, 그래서 그런 상관관계가 일어나지 않는데, 그리하여 그 효과가 1950년대 말에 관찰되었다.[190]

---

190) 핸베리-브라운과 트위스의 1956년 연구에 대해서는 「별 간섭계」, 『네이처』 178(1956): 1046~48쪽을 보라. 입자 물리학에 대한 응용은 다음 논문에서 나왔다. 골드하버 외, 「파이온-파이온 상관관계」, *Phys. Rev. Lett.* 3(1959): 181~183쪽; 골드하버 외, 「보제-아인슈타인 통계의 영향」, *Phys. Rev.* 120 (1960): 300~312쪽. 상관관계 연구에 대한 뛰어난 논의가 다음 논문에 나와 있다. 에이버리, 「보제-아인슈타인 상관관계」(1989), 이 논문은 아이하라 등에 의한 일련의 TPC/PEP-4/PEP-9 공동 연구단 발표 논문에 전체 참고문헌 목록으로 나와 있다.

1980년대를 향해 앞으로 나아가면 TPC 물리학자들은 하드론의 생성 메커니즘을 탐구하는 데 보제-아인슈타인의 상관관계를 이용하고, 그래서 e^+e^- 소멸이 쿼크-반쿼크 쌍을 생성한 원래 사건과 궁극적으로 하드론 제트의 출력 사이에 분명하게 말하기 어려운 영역을 밝게 비추기를 원했다. 특히 파이온들의 상관관계는 파이온 공급원의 분포에 의존할 것이며, 그래서 그 상관관계는 원래의 쿼크-반쿼크 쌍이 글루온을 방출하고 더 많은 쿼크와 반쿼크 쌍, 그리고 계속해서 그러한 것들을 방출하는 번잡한 다중(多重) 단계 과정을 파악하는 데 도울 수 있을 것이다. 1950년대 말의 저에너지 원자핵 물리학에서 파이온의 공급원이 움직이지 않는다고 가정하는 것은 합리적이었다. 1980년대 SLAC에서 수행되는 매우 높은 에너지 실험에서는 많은 상관관계가 정지한 공급원 모형과 차이가 난다는 것을 드러냈는데, 그것은 하드론화 과정에 대한 상대론적 모형과 일치했다. 이 분야와 입자들의 등록과 확인에는 일그러짐을 상쇄하는데 언제나 그렇듯이 TPC와 관계된 모든 어려움이 존재했다. 거기에는 서로 경쟁하는 (강 상호작용 공명의 붕괴에 의해 생성된 파이온과 같은) 물리적 효과들이 존재했다. 그리고 거기에는 하드론화 과정 자체에 대한 서로 경쟁하는 모형들 사이에서 이론적 설명 방법을 분명하게 골라내는 데 어려움이 존재했다.

1989년까지 공동 연구단은 시뮬레이션과 계속된 시험을 통해 두 파이온 사이와 세 파이온 사이에서 실제 상관관계를 제거하기 시작했다. 파이온의 상관관계에 기여하는 다른 물리적 효과를 제거하고, 여러 가지 모형들에 관해 단 하나의 결론을 도출하는 일이 더 어려웠다.[191] 이러한 과제들은 TPC 시설이 빛줄기 선 바깥에서 먼지가 쌓이기 시작한 것보다 훨씬 뒤인 1990년대까지 계속되었다.

자료 처리가 얼마나 복잡한지 알려주는 표시로 보제-아인슈타인 분석의 대부분은 1986년과 1987년 일부, 그리고 1988년 가을까지 걸

---

191) 결론에 대해서는 에이버리, 「보제-아인슈타인 상관관계」(1989)를 보라.

치는 2년 반의 폐쇄 기간 동안에 수행되었다. 이렇게 긴 휴지기를 지나 TPC/PEP-4 공동 연구단은 마침내 1988년 가을 동안에 다시 활동을 개시했다. 그러나 1988년까지 (그때 SLAC의 연구소장이던) 버튼 릭터는 바로 온라인으로 연결 중인 골치 아픈 새 기계 스탠퍼드 선형 충돌기(Stanford Linear Collider, SLC)가 "물리학을 위해 만족할 만큼 작동"할 때까지 PEP/SPEAR 고리로 입자들을 주입하기를 주저하고 있었다.[192] TPC 공동 연구단이 그것을 이해한 바에 의하면 릭터의 입자에 대한 인색함은 신규 모집과 예산 확보, 그리고 이미 어려움에 처한 공동 연구단이 그동안 가지고 있던 강점에 위협이 되었다. 딱 들어맞는 사례는 U. C. 리버사이드가 보이는 점점 더 증가하는 반항심이었다. 가지고 있는 자료가 별로 없으므로 리버사이드의 상급 물리학자들은 그들의 학생들에게 제공해 줄 것이 별로 없었다. 셴은 관련된 일에서 물러났고, 다른 사람들은 실험에서 철수한다고 푸념했다. 마이크 로넌에게 보내는 편지에서 셴은 "나는 우리의 많은 노력을 TPC에 쏟을 수가 있다고 말할 수 있기를 바라지만, 그러나 무엇을 기대할지 알지 못하면서는 그렇게 할 수가 없다. …… 우리가 새로운 TPC의 일부가 될 것인가는 당신에게 달려 있다."[193]

SLC의 문제들은 계속해서 TPC/PEP-4/PEP-9의 행진을 방해했다. 공동 연구단은 항의할 수도 있었고, 릭터는 호의적이지만 입자 "세대"의 수를 (예를 들면 거기에는 얼마나 많은 종류의 뉴트리노가 존재하는가를) 결정하는데 CERN에 대항하는 SLAC의 경주가 연구소의 우선권이 되어야 할 것이라고 동정적이지만 끈질기게 답변할 수도 있었다. 이 측정에 대한 열쇠는 Z의 생성으로, 그것도 굉장히 많은 수를 생성해야 되었다. CERN은 수만 개의 Z를 만들기 위해 확장하고 있었고, 스탠퍼

192) 블룸 등이 릭터에게, 1988년 12월 22일, 인용하는 편지, 1988년 11월 9일, 릭터가 공동 연구단에게, 블룸의 노트 「TPC 노트 1989-A」에서, EBP.
193) 셴이 로넌에게, 이메일, 1989년 1월 30일 17:04:10에, 파일 「TNP 노트 1989-A」, EBP.

드 기계는 일정보다 많이 뒤처져 돌아가고 있었다. 1989년 4월에 릭터는 TPC에 있었던 LBL의 동료였으며 지금은 LBL의 물리 부서 책임자인 피에르마리아 오도네에게 다음과 같은 이메일을 보냈다. "우리는 SLC가 안정되어 물리를 만들어낼 때까지는 TPC을 시작하지 않을 예정이다. 당신은 단지 다섯 개의 Z가 물리 프로그램을 만들지는 않는다는 것을 잘 알고 있으며, 우리는 기계가 좋은 작동 상태를 갖추도록 하는 데 상당히 더 많은 일을 해야 한다." 만일 그들이 더 많은 Z를 만들 수 있다면 — 굉장히 더 많은 Z를 만들 수 있다면 — 아마 연구소는 1989년 7월이나 8월쯤 TPC를 데려올 수 있을 것이다. "만일 [아홉 달이 지연된다는] 최악의 경우를 가정해 계획을 세워야만 한다고 느낀다면 그렇게 하기를 바란다." 연구소의 어느 곳에서나 높은 긴장이 감돌았으며, 릭터는 "다음 몇 달 이내에 우리가 살아가는 위기 방식에서 벗어날 수 있을 것"이라고 희망하면서 결론을 내렸다.[194]

TPC/PEP-4/PEP-9 공동 연구단이 가진 유일한 희망은 TPC에 입자를 주입시키도록 Z를 만들어내는 SLC와 PEP 사이에서 교대로 운전하는 스위치를 도입하는 것이다. 1989년 7월에 오도네는 릭터에게 LBL이 원한 계약 조건이 TPC 프로그램에 계속 관계하는 것을 충족한다고 편지를 썼다. 이것은 1989년 여름 동안 PEP/SLC 스위치를 성공적으로 시험하고, 남은 1989년과 1990년(350~400pb^{-1})에 TPC에 상당한 수의 전자-양전자 충돌을 제공하며, LBL의 다른 활동에 대한 에너지성으로부터의 충분한 지원을 포함했다. 만일 TPC가 물리학을 작동시킬 수 있다면 SLC가 충돌 빛줄기 조건에서 PEP에 입자를 주입할 수 있는 조건으로 갈 수도 있을 것이며, 그러면 SLC는 즉시 작동이 가능한 조건으로 돌아갈 것이다. 오도네는 이러한 기술적 묘기가 실제로 실행될 수 있을지 의심했고, 결론으로서 만일 이러한 변경이 성공하지 못한다면 그는 (그

---

194) 릭터가 오도네에게, 이메일, 1989년 4월 26일 16:43:55에, 파일 「TNP 노트 1989-A」, EBP.

리고 LBL은) 바로 그만큼 행복하게 물리 프로그램을 즉시 중단하는 대신 R&D 프로그램을 운영한다는 장기 가능성과 어쩌면 그리 멀지 않은 장래 어느 날 B 메존을 조사하게 될 수도 있을 것이라고 말했다.[195] TPC의 르네상스에 대한 희망은 오래가지 못했음이 증명되었다.

1989년 10월이 되자 오도네와 릭터는 적당한 수의 상호작용이 필요하다고 말하고, LBL이 당면한 TPC로부터 (초전도 거대 충돌 검출기 개발과 같은) 새로운 프로젝트로 자원을 이동시키라는 압력을 인정하면서 합의문에 서명했다. 이러한 상황 아래서 1990년 동안 최소 200pb^{-1}이 PEP로 제공되어야 했으며, 이 프로젝트가 가치 있으려면 1991년과 1992년 동안 약 400pb^{-1}가 제공되어야 했다. 마지막으로 LBL은 SLAC이 TPC를 위해 운영 자금으로 25만~30만 달러에 해당하는 정도만큼 떠맡고자 했다. 만일 이 조건들 중 어느 하나라도 지켜지지 못한다면 LBL은 TPC 참가를 중단할 것으로 예상되었다.[196]

그렇지만 SLC는 계속하여 불안정했고, 종말을 앞둔 장치와 SLAC은 Z^0의 폭을 결정하기 위해 충분히 큰 비율로 Z^0를 생산해야 된다는 매우 큰 압력을 받고 있었다. 이 입자의 폭은 SLAC가 CERN과의 널리 알려진 경쟁에서 희망을 가질 수 있었던 단 하나의 매개 변수였다. 1990년 9월 6일 오후에 릭터는 오도네에게 팩스를 보내 비록 PEP/SLC 전환이 잘 동작하는 것처럼 보이더라도 SLC의 조건이 안정되어 있지 못하며 그래서 1990년 동안에는 추가 연장이 인정되겠지만, 이미 축적된 것에 단지 10pb^{-1}로부터 50pb^{-1}까지만 더해질 수 있을 것이라고 알려주었다. 그래서 그가 1991년 2월부터 시작하여 PEP에 상당한 양의 광도(光度)를 제공해 줄 수 있을 것이라고 희망하면서 릭터는 PEP 운영을 중단시켰고, 그들과 함께 1990년의 나머지 기간 동안 TPC의 운영도 중단되었다.[197]

그다음 날 오도네는 1990년 9월 10일 예정의 "TPC 운명에 대한 긴급

195) 오도네가 릭터에게, 1989년 7월 16일, DNyP.
196) 오도네와 릭터, 「TPC의 운영에 대한 이해에 대한 비망록」, 1989년 10월 25일, DNyP.

회의"를 소집했다. LBL이 TPC로부터 철수한다는 결정이 내려졌다. 처음 시작한 지 16년 뒤에 SLAC의 TPC는 마침내 종말을 고했다.

9. 결론: 통제와 분산

1. 마지막 확장

TPC는 전형적인 고에너지 실험이었는가? 다시 한번 더 우리는 "전형적인 것"의 부적당함과 마주친다. 1970년대 TPC와 함께 시작한 검출기 시설에 대한 확장은 1980년대와 1990년대에도 계속되어 CERN의 충돌 빛줄기 LEP에 (OPAL, L3, ALEPH, 그리고 DELPHI 등) 네 개의 주요 시설이 건축되고 운영되었다. 각각 수백 명의 공동 연구자가 있고 수억 달러의 예산을 쓰고 있다. 그중에서 ALEPH와 DELPHI 두 시설은 캘리포니아 TPC에서 개발된 시간 투영 상자 개념을 활용했고, 나머지는 앞에서 논의되었던 와이어 상자와 다른 상(像) 제작 검출기의 결합을 이용했다. 페르미 연구소에서는 이른바 D0와 그 경쟁자인 충돌 검출기 시설(Colliding Detector Facility, CDF) 등 두 개의 다른 양성자 충돌 빛줄기 검출기가 전 세계로부터 물리학자들을 끌어들이고 있다. 이 여섯 개의 검출기들은 어느 정도까지 SLAC과 DESY에서 진행된 연구로 결합되어 1990년 중반의 고에너지 물리학 세계를 구성했다. 단지 여섯 개의 대상으로 구성된 우주에서 무엇이 전형적이고 무엇이 전형적이 아니라고 말하기는 어려운 일이다.

TPC/PEP-4의 위기 중 많은 것은 장소에 따라 특유한 경우였지만(어떤 다른 곳에서도 자석 코일이 불타지 않았다), 그 검출기의 제작으로 만들어진 긴장은 정말이지 이러한 새로운 세대의 혼성 기계를 건축하는 데 특유한 것이었다는 사실은 여전히 분명하다. 예를 들어 검출기의 개

---

197) 럭터가 불름, 로넌, 그리고 셰퍼드에게, 팩스, 1990년 9월 6일 15:53에, DNyP.

별 부품에 대학과 연구소의 그룹들이 관련된 것은 거의 보편적인 관행이다. DELPHI는 재산을 다음과 같은 방법으로 분배했다. 마이크로 스트립 정점(頂點) 검출기, CERN/밀란/세클레이/러더퍼드. 방아쇠 장치에 연결된 내부 와이어 검출기, 크라카우/암스테르담. 시간 투영 상자, CERN/파리/룬트/오르세이/세클레이, 고리 상(像) 체렌코프 계수기, 암스테르담/아덴스/CERN/오르세이/파리/스트라스부르/웁살라/부퍼탈, 전자기 열량계, 에임즈/볼로냐/CERN/제노바/칼스루헤/밀란/로마/스톡홀름/바르샤바 등등.[198] 다른 큰 검출기 하나하나도 모두 비슷한 그룹으로 나뉘어 구분되어 있었다. 각 검출기는 기계의 계획과 건축 그리고 분석 국면의 일부분으로서 전체 검출기의 가상적 재현을 창조하기 위하여 설계된 대규모 몬테 카를로 시뮬레이션 프로젝트를 가지고 있었다. 각 검출기는 자료를 통합하고, 그것을 단계별로 처리하며, 그것을 분석하기 위해 준비하는 엄청난 문제와 씨름하지 않으면 안 되었다. 그리고 각 검출기는 점점 더 증가하는 양의 자료를 수용하면서 물리학자와 기술자를 결합해야 되었다.

TPC/PEP-4/PEP-9이 시사하는 것처럼 충돌 빛줄기 검출기 시대에 관리는 어려운 임무였다. CDF는 1994년에 꼭대기 쿼크의 존재를 요구하는 보도회가 열렸을 때 오르내리는 구름처럼 몰려든 약 400명 정도의 멤버들로 둘러싸여 있었다. D0는 1994년을 기준으로 40기관으로부터 온 424명의 멤버를 자랑했다. ALEPH는 1990년까지 30기관을 대표하는 475명을 상대했다.[199] 각 검출기는 자체적 의사 결정 구조를 만들어 냈다. L3와 같은 어떤 검출기는 단 한 사람의 지도자 (새뮤얼 팅) 주위에 지도자 권한이 고도로 집중되어 있었으며, 이에 반해 다른 곳에서는 좀 더 민주적인 구조를 유지하려고 시도하기도 했다.

예를 들어 D0는 우리에게 좀더 공식적이기는 하지만, TPC/PEP-4/

---

198) "DELPHI", *CERN Courier* 24(1984년 7~8월): 227~229쪽.
199) 디캠프 외, 「ALEPH: 검출기」, *Nucl. Inst. Meth. A* 294(1990): 121~178쪽에 나온 ALEPH 자료.

PEP-9과 비교할 만한 지배 구조를 제시했다. TPC/PEP-4/PEP-9와 마찬가지로 D0도 비록 (새로운 그룹을 받아들이는 것과 같은) 어떤 순수하게 기관적인 기능들은 배제되었지만, 집행 위원회가 있었다. 그러한 임무들은 기관 이사회에 의해 행사되었다. "부대변인"의 선택은 전체 공동 연구단의 투표를 통해서 이루어졌으며, 몇 곳의 다른 충돌기 공동 연구단과 마찬가지로 대변인 추천 위원회가 투표를 위한 후보를 선정했다. "전과 마찬가지로" 두 명의 "물리 위원장"이 이끄는 물리 그룹들이 존재했는데, 이 위원장들은 실험 결과물의 모양을 정하고, 컴퓨터 자원을 배당하며, 실험 방아쇠와 같은 문제에 대해 자문하는 다섯 물리 그룹 각각을 지휘했다. 다른 "위원회"는 다음과 같다.

방아쇠 인정(방아쇠 결정에 대한 자세한 실행에 대해 책임을 맡는다)
오프라인 계산 정책 위원회(사건과 시뮬레이션을 감독하는 책임을 맡는다)
대변인 사무국(누가 어디서 발표할지를 조정한다)
분석 계산 계획 위원회(계산 환경에 대한 장기 변화를 추천한다)

이것들과 함께 현재 운영과 개선 운영, 그리고 설계 방아쇠와 자료 취득, (특정한 입자에 대한 세부 검출기를 포함하여) 프로그램을 다루는 그룹, 그리고 특별한 목표(전자, 뮤온, 타우온 등) 그리고 몇 가지 더 높은 수준의 현상(제트와 잃어버린 에너지 등)과 관계된 그룹 등이 있었다.

D0와 TPC/PEP-4/PEP-9, 그리고 모든 다른 충돌기 공동 연구단에서는 저자(著者)에 포함시키는 문제가 다루기 힘든 논쟁점이 되었다. 한쪽에는 자료의 설계와 구축, 취득 또는 분석 등에 대해 조금이라도 참여했으면 누구든지 모두 포함시켜도 좋다는 가능성이 있었다. 여기서 금방 눈에 띄는 위험은 개별적인 저자(著者)라는 의미가 증발해버릴 수도 있다는 것이다. 다른 쪽에는 배타성(排他性)이 놓여 있었는데, 그렇게 해서는 어떤 조건이라도 선택하면 즉시 제기되는 모든 문제들이 함께한

다. 예를 들어 D0는 1991년에 "저자(著者)"를 몇 가지 전제 조건을 요구하는 것으로 정의하고 시작했다. 첫째, 논문의 저자 목록에 포함되기 위해서는 공동 연구단은 저자 지망자가 공동 연구단의 "현재 멤버"여야 한다고 주장했다. 그것은 적어도 1년 동안의 기간을 실험에 전념하고 관계되는 논문을 제출하기 전에 1년 미만 동안 동료들을 떠나 있던 사람을 말한다. 둘째, 저자가 될 사람은 교대 근무, 그리고 장치 또는 결과의 분석에 모두 상당한 기여를 해야 된다. 여기 맥락에서 "교대 근무"란 관계되는 실험 장비 운영 기간 동안 한 사람당 평균적 교대에서 적어도 작업 절반에 참여하는 것을 의미했다. "검출기에 기여"했다는 것은 하드웨어에 1년에 해당하는 노력을 했든지 또는 자료 취득에 사용된 소프트웨어에 동일한 양의 시간을 기여한 것을 의미했다. "분석에 기여"했다는 것은 논문을 유도하는 데 이용된 자료를 분석하는 데 중요한 기여를 한 것을 의미했다. (물리학자가 아닌 사람이 저자가 된다든지 하급 대학원생이 저자가 된다든지 또는 컴퓨터 프로그래머가 저자가 된다든지 등) 이러한 규칙에 조금이라도 어긋나면 집행 위원회의 승인을 받아야 되었다. 1994년에 그러한 문제를 판정하는 임무가 저자(著者) 선정에 관한 위원회로 송부되었다.

　D0의 저자 선정 위원회는 누구의 이름이 『피지컬 리뷰 레터스』의 표지 쪽에 장식될 것인가를 결정했다. 거기서 논문에 무엇이 들어갈까에 대해서는 결정하지 않았다. 어떻게 400명의 물리학자가 무엇이라도 쓸 수나 있을까? 편집 위원회의 도움을 받는다. 표지에 쓰이는 것은 보통 분석의 특별한 부분을 작성한 사람과 네 명의 다른 사람으로 구성된다. (D0에서만 통용되는 말로 "대부[代父]"라고도 알려진) 자문관은 논문 준비를 감독하기 위해 선정된 공동 연구단에 기반을 둔 전문가였다. 대부는 논문이 나오게 된 물리 그룹이나 또는 프로그램 그룹과 관계된 사람과 합류했고, 그다음에 두 명의 다른 사람으로 적어도 그중 한 사람은 원래 그룹에서 나온 사람이 아니었다. 편집 위원회가 반대 없음을 천명하면 그 논문은 공동 연구단의 나머지 사람들에 의한 비판을 받기 위해 전

자 게시판에 "게시"되었고, 그다음에 여러 부류의 멤버들에게 공개되는 "공개 독회"가 뒤따랐다.

이 모든 규칙들은 자료 취득이 시작하기 전에 수립되었다. 자료 취득이 시작되자 많은 멤버들은 이 규칙들의 개정이 필요하다고 느끼게 되었다. 특히 교대 근무에 대한 강조는 어울리지 않는다는 견해가 널리 공유되었다. 다른 똑같이 중요한 과제로 대신할 수도 있을 것이고, 그래서 1994년 6월에 공동 연구단은 일련의 새로운 규칙을 입안했는데, 그것은 최종적인 기여를 매주 12시간 동안 "서비스 과제"에 전념하는 것으로 정의했다. 그렇지만 이제 "서비스 과제"는 다음과 같이 자료 취득을 대신할 수 있는 것들이 포함되었다.

1. 설계 구축 또는 D0나 그 밖에 그것의 시험 시설을 위한 검출기 부품의 결함 조사
2. 시뮬레이션, 자료 취득, 또는 자료 처리를 위한 소프트웨어의 설계, 실행 또는 결함 조사
3. 몬테 카를로 사건 또는 시험 시설에서 얻은 사건들의 처리
4. 교대 근무
5. 연구 보조금에 대한 인력, 관리 또는 행정, 그리고 전자(電子)인지에 대한 확인과 같은 기술적인 주제에 대한 물리 주최자 또는 조정자로서의 작업

1991년의 원래 규칙들의 요점은 분명했다. 공동 연구단은 모든 저자(著者)들이 실험의 핵심에 공헌하기를 원했다. 모든 사람이 통제실의 기기 옆에 앉아 있어야 했으며, 적어도 정해진 시간 동안 그 자리에 있어야 했고, 기계에서 나온 자료를 추출하는 데 대해 무엇인가를 해야 했다. 그렇지만 실험이 진행되는 동안 어떤 경우에는 다양한 과제 중에 어떤 하드웨어와도 전혀 관계없는 노력을 포함하기도 한다는 점이 분명해졌다. 소프트웨어 개발과 자료를 추출하고 조정하며 수집하고 분석하는 데 필요

한 대량의 프로그램을 만드는 노력 등이 이제 실험 과학자가 되는 데 필수적인 부분이 되었다.[200] 누구든지 주요 충돌기 실험들을 하나하나 거치고 동일한 견해를 나타내는 협약을 직접 또는 간접으로 이끌어낼 수 있었다. 그렇지만 어느 곳에서나 무엇이 저자로 인정받게 될 것인가에 대한 확장된 (또는 어쩌면 계약된이라고 말해야 할지도 모른다) 개념의 필요성이 발견된다.

책상 위에서 작업대로 C. T. R. 윌슨 또는 도널드 글레이저와 같은 개인 연구자에서 세실 파우웰과 같은 가내 공업으로, 루이스 앨버레즈의 물리 공장에서 국가적 그리고 국제적인 TPC/PEP-4/PEP-9과 페르미 연구소 기계로 급격히 상승하는 검출기의 크기를 놓고 볼 때 확장 과정에 끝이 있을 것인가라는 질문이 나올 법하기도 하다. 끝이 있긴 하다. 구름 상자에는 수천 달러가 사용되었고 거품 상자에는 수백만 달러가 사용되었지만, TPC와 LEP나 페르미 연구소의 비슷한 기계들에 대한 청구서는 수억 달러 이상으로 치솟았다. 1990년대 초에 텍사스주 왁사하시에 위치한 초전도 거대 충돌기(Superconducting Supercollider, SSC)에 속한 두 교차 지역의 지하에 들어설 예정이었던 10억 달러 검출기를 마지막으로 그 끝에 도달한 것처럼 보였다. 결코 완성되지 못한 SSC 검출기는 과학 도구의 점근선(漸近線)이며, 입자 에너지와 공동 연구단의 규모, 예산 사용, 정치적인 관심, 그리고 맹목적인 크기만의 추구 등에서 한계에 도달한 경우다. SSC에서 우리는 120억 달러가 소요되리라고 예상되었던 연구 도구를 갖게 되는데, 이 금액은 국가적 문제에 대

---

200) [이름이 삭제됨], 「D0 논문의 저자 선정에 대한 규칙, 1994년 6월 2일」, 저자 선정 규칙으로부터, D0NEWS, 이메일, ca. 1994년 5~6월. 흥미롭게도 한 참가자가 저자를 정의하는 데 유연성이 필요하다고 강조한 이메일을 보냈다. "어떤 개인에게나 재주가 혼합되어 있기 때문에 (새로운 멤버에게 서비스를 강화하는 것이) 말이 되지 않을지도 모르지만 …… 우리가 여기서 고용한 어떤 총명한 젊은 사람이 어떤 물리 분석 때문에 특별히 D0에 흥미를 느꼈다면 …… 나는 그 개인에게 그러한 연구를 하지 못하도록 막는 것은 무모하다고 생각한다."

한 국회 청문회를 통과해야 할 만큼 큰 것이었다.[201]

공동 연구단의 규모에 있어서는 물리학자들만 모두 합하면 그 수가 페르미 연구소나 LEP의 500명 정도가 아니라 1,000명을 넘었다. 미국의 고에너지 실험 물리학자의 수가 2,500명 정도이고, 세계 다른 곳을 모두 합해도 대략 같은 수라고 할 때 100 정도의 인자를 더 곱할 여지가 없다는 것은 분명하다. 100억 달러에 100을 곱한 1조 달러는 미국 국가 전체 예산의 규모다. SSC가 예정되었던 두 개의 카운티가 속한 면적에 해당하는 에이커에 100을 곱한 장소를 차지하는 10만 명의 과학자가 참여하는 프로젝트는 존재하지 않을 것이다. 그러므로 제작되지 않은 SSC 검출기에서 우리는 (스티븐 와인버그의 말을 바꾸어 표현하면) 마지막 실험의 꿈으로 20세기 후반의 대규모 물리학의 그렇게도 많은 부분을 격려하는 이상(理想)들이 강화된 상(像)을 본다.

SSC를 위해 두 가지 검출기가 승인되었다. 하나는 솔레노이드 검출기 공동 연구단(Solenoidal Detector Collaboration, SDC)의 감독을 받았고, 다른 하나는 감마와 전자 그리고 뮤온 공동 연구단(Gammas, Electrons, and Muons Collaboration, GEM)의 감독을 받았다. 그것들의 물리적 목표는 표준 모형의 아킬레스건을 탐구하는 것이다(〈그림 7.38〉을 보라). 왜냐하면 ─ 표준 모형의 현상론적 예측에 존재하는 잘못을 발견하려는 페르미 연구소와 CERN의 모든 시도를 실질적으로 물리쳐서 ─ (약-전기에 상호작용에 대한) 표준 모형이 아무리 성공적이라고 할지라도 자연의 여러 가지 상호작용을 분리하는 대칭성 깨지기 과정에 대한 메커니즘은 분명히 적절하지 않았다. 표준 모형에서는 고에너지로 가면 전자기 상호작용과 약 상호작용이 구별할 수 없게 되며, 그 둘 사이에 어떤 구별도 할 수 없는 힘을 나르는 입자에 의해 매개된다. 그렇지만 우리가 살고 있는 그보다 훨씬 더 낮은 온도에서 상호작용은 서로 다른 것이 자명하다. (예를 들어 뉴트리노가 양성자, 전자, 그리고

---

201) SSC에 대한 정치적 논쟁에 대해서는 켈브스, 『물리학자』(1994), 서문을 보라.

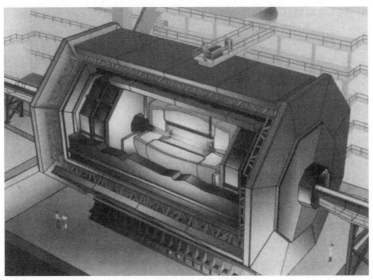

〈그림 7.38〉 솔레노이드 검출기 시설(1992). 출처: 솔레노이드 검출기 공동 연구단, 『설계』(1992), 표지 그림.

반뉴트리노 등으로 붕괴하는 것을 지배하는) 약 상호작용은 표준 모형에 따르면 원자핵보다 더 크지 않은 거리에서만 작용하는 짧은-범위 힘을 통해 전파된다. 전자기에는 그러한 한계가 없다. 우리가 별을 볼 때는 우리 은하의 바깥쪽 가장자리 너머에 존재하는 대상으로부터 나오는 광자를 받는다. 표준 모형에 따르면 상호작용이 갈라지는 것은 이렇게 대칭성 깨짐이 존재한다고 추정되는 "힉스" 입자의 효과 때문인데, 이 이름은 영국 물리학자 피터 힉스에서 유래된 것이다. 그러나 표준 모형을 이론 체계로 만드는 데 힉스 메커니즘이 대단히 유용했다고 하더라도 자체 일관성이라는 이론적 근거에 의해 만일 힉스 입자의 질량이 너무 크다면 그것은 옳을 수가 없다. 너무 큰 힉스 질량에 대해서는 이론이 의미를 갖지 못한다. 그러므로 이론 자체의 판단에 의해 SSC의 설계 에너지인 약 40TeV 아래서 무엇인가 흥미로운 것이 벌어져야만 되었으며, 바로 그런 이유 때문에 거대 충돌기가 입자를 소멸시키도록 설계되었다. 옹호자들은 힉스가 발견되거나 아니면 대칭성 깨짐을 설명할 수 있는 어떤 다른 메커니즘이 떠오르게 될 것이라고 주장했다. 어떤 방법으로든 현재 이론의 결점이 드러날 것이다.

SSC 에너지에서는 양성자-반양성자 소멸에서 생성되는 입자들의 수가 굉장히 증가하며, 입자 확인 소프트웨어와 하드웨어가 그것을 따라잡기 위해 확장되어야만 했다. 자료를 수확하기 1년 전부터 GEM과 SDC를 제작하고 있던 SSC 물리학자들은 심지어 관찰된 상호작용의 일부만 제외하고 모두 다 버린다고 하더라도 SSC가 페타 바이트(10^{15}바이트에 해당함 - 옮긴이)의 정보를 저장해야 한다고 산정했는데, 이것은 2,000만 권의 도서를 소장하고 있는 국회 도서관의 내용 정보의 50배에 해당했다. 초원에 들어서기로 한 고리 자체는 그 둘레가 54마일이며, 한 마을을 에워싸고 SLAC과 페르미 연구소, 그리고 CERN과 같은 훌륭한 연구소들보다도 몇 배 더 큰 거리에 걸쳐 펼쳐질 것이다. SSC의 지도부는 이전의 그렇게 많은 입자 물리학 시설이 그랬던 것처럼 어쩔 줄 모르고 진행하기보다는 건축가 모셰 사프디에게 의뢰해서 연구소에 대해 미리 계획을 세우고 싶어 했다. 사프디는 물리학자들과 함께 그들이 필요로 하는 공간과 공동체에 대해 어떻게 생각하는지를 알아보기 위해 다른 연구소를 둘러보았다.

시작부터 SDC의 컴퓨터 건축에 포함된 것이 일본과 유럽, 그리고 미국에서 적어도 두 장소에 위치한 일련의 "지역 센터"로 계산을 분산시키는 일이었다. 이 센터들 각각은 약 1만 대의 VAX 기계에 해당하는 계산 능력을 갖게 될 것이며, 저장된 자료의 큰 묶음을 이용하여 서로 계산을 주고받고 반복된 계산 과정을 수행하는 다중(多重) 사용자를 지원할 것이다.[202] 그리고 SSC 자체를 통제하는 수준에서 "높은 수준 운영 통제"는 "장소에 구애받지 않게" 되는 것이 SDC 기술 설계 보고에 천명된 목표였다.[203] 화상(畵像) 회의가 시작부터 포함될 것이며, 기술적으로 가

---

202) 솔레노이드 검출기 공동 연구단, 『설계』(1992), 10-16의 17쪽.
203) 솔레노이드 검출기 공동 연구단, 『설계』(1992), 9-1.

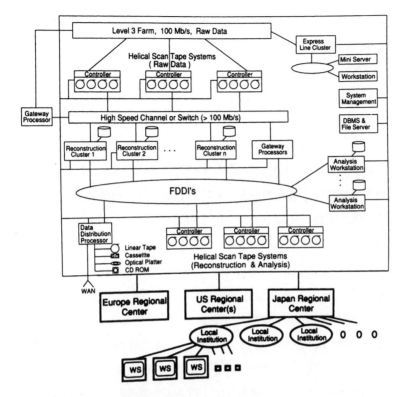

〈그림 7.39〉 SDC의 분리된 통제(1992). 원격으로 운영되는 통제실은 SDC의 실현되지 못한 계획에 따르면, 물리학자들이 "현장"에 직접 오지 않아도 여러 대륙에 걸쳐서 교대 근무를 하는 것이 가능했다. 출처: 솔레노이드 검출기 공동 연구단, 『설계』(1992), 10-15, 10-17.

능하다면 광역 네트워크와 멀티미디어 워크스테이션이 "'개인적인 화상 회의'의 약속을 지킬 수 있게" 할 것이다.[204] 그러나 회의는 차치하고라도 아주 빠른 네트워크는 일본의 원격 통제 센터의 설립을 허용할 수도 있었다. 그러면 일본 물리학자가 소멸 사건이 일어난 곳에서 1만 2,000 마일 밖에서 자료를 교환하는 작업을 지시할 수 있었을 것이다. 그리고 만일 그 센터가 성공적이라면 SSC의 중심 단지(團地)에서 유럽에 이르

---

204) 솔레노이드 검출기 공동 연구단, 『설계』(1992), 10-8.

기까지 또 다른 원격 통제 장소들이 다른 곳에 계획될 것이었다(〈그림 7.39〉를 보라).[205]

그러나 만일 SDC의 국제적인 성격이 자료의 취득과 분류, 그리고 분석이 최대로 분산되도록 영향을 미쳤다고 하더라도 그 지방의 힘이 완전히 흩어진 것은 아니었다. 1992년 10월에 CDF의 멜리사 프랭클린은 사프디에게 실험 과학자들을 "임시"로 통제실이자 가속기 물리학의 센터에서 차로 반시간 거리인 단지(團地)의 동쪽 부분으로 이동시키려는 계획에 대하여 침통한 의문을 갖는다고 표명했다. 그녀의 두려움은 만일 정당하지는 않다고 하더라도 적어도 사실적이었는데, 이론 과학자들과 가속기 물리학자들은 중심이 되는 서쪽에서 풍족하게 살았다면, 실험 과학자들은 "산업 시설과 임시변통으로 마련한 것에 쪼그려 앉아 있는 생활을 하게 될 것이다. 이것은 가속기 사람들과 검출기 사람들, 그리고 이론 물리학자들 사이에 불화와 분열을 조장하는 쪽으로 몰고 갈 수도 있었다." 또는 그리고 이것은 프랭클린이 보기에 전혀 개선된 것이 아닌데, 물리학자들이 단지의 서부로 이동하고 "단지 기사(技士)들과 '좀 덜' 물리학자인 사람들만 …… 검출기를 수리하도록 해서 이 과정에서 검출기 물리학자들의 중요성을 깎아내릴 수도 있었다. 여기서 문제가 되는 것은 미묘한 계급 제도에서 지위에 관한 것이다." "기사들과 지원 인력의 다른 계급은 언급하지 않는다고 하더라도" 가속기 물리학자들과 검출기 물리학자, 그리고 이론 과학자들 사이에는 이미 공동체의 결여가 긴급한 사안이었다.[206] 사프디가 사람들이 여기저기로 다니는 CERN에서의 경험에 대해 질문을 받았을 때 프랭클린은 대부분의 미국 연구소들보다 훨씬 더 자금이 풍족한 기관인 CERN이 일의 지시를 원격으로 하는 경우가 더 많고, 미국 물리학자들이 현장에서 유지와 건축, 그리고 재건축 일을 더 많이 해야 한다고 대답했다. 로이 슈비터스도 비록 작업의 유형

---

205) 솔레노이드 검출기 공동 연구단, 『설계』(1992), 9-4.
206) 모셰 사프디가 초전도 거대 충돌기에게, 「SSC 종합 계획」, 1992년 10월 26일, 파일 「멜리사 프랭클린과의 대화」, MSP.

에 대해 "미국 사람들은 기계를 가지고 실제로 조작하는 일을 좋아하지만 유럽 사람들은 먼 거리를 받아들이고 전자적 통제를 통해 일하는 것을 좋아한다"고 지적하기는 했지만 동의했다. 사프디는 이것이 난처한 문제이긴 하지만, "나의 느낌으로는 우리가 기본적인 종합 계획 전략 문제에 대해 이견을 좁히고 있다"고 결론지었다.[207]

전선(前線)과 센터를 집중시키는 문제를 가지고 사프디는 구체적으로 유럽 사람들이 중앙 시설과 중심에서 멀리 떨어진 실험과의 관계에 대해 다루는 방법을 알아보려고 CERN으로 가는 여행 일정을 준비했다. 사프디는 1992년 11월에 CERN의 한스 호프만에게 다음과 같이 질문했다. "[CERN 물리학자들은] 얼마나 자주 단지의 한쪽 부분에서 다른 쪽 부분으로 이동하는가? 물리학자들은 모두 중앙 본부에 사무실을 가지고 있는가, 그리고 그들이 얼마나 자주 CERN 내부의 다른 장소로 움직이는가?"[208] 좀더 일반적으로 그는 사무실에서, 실험실에서, 그리고 그것들 사이에서 작업하는 관습에 대해, 중앙 실험실로부터 사람들이 오가는 움직임에 대해 알고자 했다.

그 방문으로 사프디는 비록 단지의 "본루(本壘)"가 OPAL 또는 ALEPH만큼이나 크더라도(그리고 멀더라도) "단지의 핵(核)"은 사회적, 지적, 행정적인 중심점으로 공헌한다는 확신이 더 굳세게 나타났다(⟨그림 7.40⟩과 ⟨그림 7.41⟩을 보라). 사프디는 계속하여 "CERN에서 이야기한 사람들은 모두 SSC의 개발 초기에 활용할 수 있는 한, 생기 넘치는 단지를 갖는 것이 중요하다고 강조했다"고 말했다. 중심부를 나중에 건설하는 것은 너무 늦을지도 몰랐다. 습관이란 되돌리기가 쉽지 않다.[209]

그렇지만 CERN의 규모는 SSC와 많이 다르고, 프랭클린과 마찬가지로 많은 사람들도 센터가 어떨지는 자명하다고 생각했다. UCLA의 고

207) 모셰 사프디가 초전도 거대 충돌기에게, 「SSC 종합 계획」, 1992년 10월 26일, 파일 「멜리사 프랭클린과의 대화」, MSP.
208) 사프디가 호프만에게, 1992년 11월 4일, MSP.
209) 사프디 외, SSC 연구소(1993).

〈그림 7.40〉 SSC 단지 센터의 모형(1993). 종합 계획에 따르면 중앙 시설의 "H"로의 다리를 형성하는 네 개의 건물은 단지의 죽음 센터가 될 예정이었다. 왼쪽으로부터 두 번째 건물이 활동 센터이고, 세 번째는 도서관이며, 네 번째는 강당이다. 왼쪽 두 건물 앞에는 카페테리아가 서 있고, 오른쪽 두 건물 앞에는 회의장이 있다. 출처: 사프디 외, 『SSC 연구소』(1993). 미칼 사프디가 촬영했다.

참 실험 과학자이고 GEM의 대변인인 배리 바리시는 중앙 집중적인 단지라는 생각이 특히 센터가 가속기 통제 센터 부근에 들어서고 루 코바르스키가 "죽음의 현장"이라고 부른 교차 지역 부근에 있지 않다면 전혀 편하지 않았다. (임시 실험실 대용으로) 실험실이 지리적으로 멀리 떨어진 두 개의 장소로 분리된 비참한 상황으로 인해 여전히 크게 동요해서 그는 통합된 실험실에 대한 생각에 동의했다. "우리 GEM 그룹을 위해, 그리고 특히 단기 방문을 온 많은 실험 과학자들을 위해 …… 우리 교차 지역이나 가까운 곳에서 시간을 보내면 상당히 매력적일 것이다. 동쪽의 중앙 단지는 우리가 이용하는데 훨씬 더 자연스럽다는 것은 전혀 비밀이 아니며, 나는 이 기간 동안 실험 그룹들이 서쪽 단지 현장을 이용할지에 대해 심각한 의문을 가지고 있다."[210]

이 대화들에서 우리는 실험 작업의 국지적 측면과 분산된 측면 사이에 고유한 긴장을 본다. 오직 현장에서만 이론 과학자와 기술자, 기사, 실험

---

210) 바리시가 슈비터스와 사프디에게, 1993년 1월 10일, MSP.

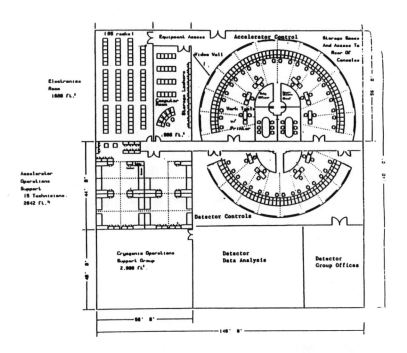

〈그림 7.41〉 SSC 통제 센터의 청사진(1993). 1970년대 이후 연구소의 두 기둥은 분산과
집중이다. SSC 통제 센터에서 우리는 강력한 구심력이 작용하는 것을 보는데, 그것은 여
기에 모든 검출기의 통제가 위치할 뿐 아니라 주입 가속기 통제, 시험 빛줄기 통제, 충돌
기 통제, 그리고 수도와 전력, 통신, 화재, 그리고 방사능을 포함한 감시/통제 시스템이 위
치해 있기 때문이다. 하루 종일 운영되는 이 본부는 전체 연구소의 "신경 중심"이 되어 왔
다. 동시에 철저하게 세계화된 공동 연구단에 수반되는 통제와 저자(著者) 되기의 분산
을 도모하기 위해 서로 다른 몇 대륙에 검출기 통제 센터들을 도입할 계획이 세워지고 있
었다. 출처: 티모시 E. 투히그가 분배용으로, 「SSC 중앙 통제로 제안된 예비 건물 지정 사
항」, 1993년 2월 3일, MSP. 미칼 사프디가 촬영했다.

과학자, 그리고 가속기 물리학자들 사이의 사회적 계급이 잘 타협될 수
있다. 단지 현장에서만 일이 확정되고 슈비터스가 특성적으로 미국식이
라고 받아들인 실험이 바뀔 수 있다. 동시에 국제화에 대한 요청이 명백
했다. 이것은 많은 장소로부터 인간과 기술 그리고 자금 등의 자원에 크
게 의존하는 공동 연구단이다. 여기에는 다중(多重) 문화주의가 추상적
으로가 아니라 컴퓨터 구조물로 존재했다. 지역 센터들은 세 대륙에 걸
쳐 계획이 착수되었다. 캘리포니아에서는 시뮬레이션을, 일본에서는 교

대를, 왁사하시에서는 입자 충돌을, 그리고 분석은 유럽의 네 나라에 퍼져 있다. 우리는 이미 TPC/PEP-4/ PEP-9에서 그렇게 했듯이 실험이 어디서 수행되는가라고 물어볼 수 있다. 저자 선정 위원회와 대부(代父), 편집 위원회, 대표자 회의, 그리고 가상 논문 등이 (자의식이 강하게) 저자가 되는 범주를 복잡하게 만든다. "누가 저자(著者)인가?"라는 질문은 해석적으로 한참 생각해야 하는 문제가 아니라 에너지성(省)과의 10억 달러 계약에 대한 문제이다. 마지막에는 자기가 결코 본 적이 없는 장치의 한 부품을 위한 시뮬레이션 소프트웨어 한 가지에 대해 연구한 박사후 연구원도 저자가 충분히 될 수 있었다. 이렇게 전에는 없었던 혼성(混成) 속에서, 그것을 모두 함께 붙잡고 있기 위해 어려움은 계속해서 필요했다.[211] TPC/PEP-4/PEP-9의 역사 전체를 통하여 분명한 것처럼 분산과 결속의 힘은 긴장 속에서 그대로 유지되었다.

2. 갈라짐의 위험

1974년부터 1985년까지 실질적으로 매 순간마다 TPC/PEP-4/PEP-9 시설은 갈라설 위협을 받았다. 흔적의 공간 상(像)이 기체로 확산될 때, 자석의 도선이 탈 때, 자석이 그 받침대로부터 쪼개질 때, 기체가 열량계를 못쓰게 만들 때, 고압 시스템이 불안정해질 때, 소프트웨어가 연결되지 않을 때, 대학 그룹이 떨어져 나갈 때, PEP가 프로그램을 취소할 때, 에너지성이 철수할 때, 물리학자들과 기술자들의 공동 연구가 찢어질 때, 그리고 실험 자료가 이론과 제대로 맞추어지지 않을 때 등 위험은 어느 곳에나 숨어 있었다. 그리고 자료 취득 시스템은 한 하부 기계의

---

211) 저자 선정에 관한 이메일로 보낸 문서의 서문에서 D0 집행 위원회는 400명의 소속 멤버들에게 모든 물리 논문의 표지에 그들의 이름을 계속해서 포함시킬 것이라고 다음과 같이 다짐했다. "어떤 특정한 주제에 대한 밀접한 관여가 부족하기 때문에 개인별로 이름을 삭제하는 것은 그 논문의 영향을 약화시키는 경향을 보이리라 예상되며, 그래서 강력하게 억제한다"(집행 위원회, D0, 「D0의 물리와 기술 논문에 대한 저자 선정의 범위」, 저자에게 보낸 이메일, 원본은 1991년 3월 14일에 마지막으로 개정되었다).

출력을 다른 기계의 출력과 맞물리게 만들 수 있는지, PEP-9은 PEP-4 와 통합될 수 있는지, PEP 자체는 마지막 단계에서 새로운 입자 가속 시스템인 SLC로 바꾸는 시스템을 통하여 효과적으로 온라인으로 가져올 수 있는지 등으로 그 목록은 이어진다. 이렇게 굉장한 프로젝트의 순간마다 문제는 준(準)자율적인 부분들이 만일 균일하지 않다면 적어도 조정된 전체로 통합될 수 있는가다. 조정의 문제는 물리학의 이런 새 시대의 역사를 바로 (사람들과 기관들 사이의 조정에서) 사회적 역사로 만들고, (검출기 부품들 사이의 조정에서) 기계의 역사로 만들며, (자료를 모형 그리고 이론과 조정하는 데서) 인식론적 역사로 만든다. 이러한 각각의 역사 안에서 현장에서 일어나는 원심력은 TPC를 끝내라고 위협했다. 이렇게 파괴적 충격에 대항해 다양한 국지적 결합력이 소집되었다. 거기에는 과제 중심의 그룹 구조와 중대 경로 관리 시스템, 외부에서 부과된 심사 과정, 실험 과학자와 기술자를 쌍으로 조정하는 등을 성문화하려는 움직임이 있었다. 그리고 거기에는 QCD라는 대양과 TPC 자료라는 바다 사이에서 이동하는 모래톱과 같이 서 있는 새로운 혼성어라는 모형을 세우는 시스템이 있었다.

참가자들이 갈라질 것이라는 문제를 제기하곤 했던 특정한 정치적 산물인 이러한 시설 조직에서 미국 정치적 문화의 발자국을 보는 데 알렉시스 토크빌(1805~59, 프랑스의 정치가 및 저술가로『미국의 민주주의』라는 저서로 유명하며 19세기 초 미국의 정치 사회적 시스템을 분석했다 - 옮긴이)을 필요로 하지 않는다. "의회"로 할 것인지 또는 "원로원"으로 할 것인지의 선택을 시작했던 공동 연구단을 설립하는 문서를 작성하던 때부터 특정한 수사(修辭)가 조직적 구조에 흠뻑 배어들어 있었다. 또한 그 수사(修辭)가 "단순한 수사(修辭)"로 끝나지만은 않았다. TPC 프로젝트가 활동을 끝낸 뒤 그리 오래지 않아 그것에 대해 회상하면서 마르크스는 다음과 같이 썼다. "어떤 의미에서 우리[나이그렌과 마르크스]는 1960년대의 정치적, 문화적 환경의 산물이었다. 그것은 권위를 매우 신임하지 않고 계급 조직에 대해 회의(懷疑)하는 시기였다. 나는 우리가 그런 견해를 공유했고 그래서 자연스럽게 그것이 공동 연구단을 조직하는 우리의 접근 방법에 영향을 미쳤다고 믿는다."[212] 그러나 (비록 계급적인 것이었다고 하더라도) 마르크스와 나이그렌은 민주적 원칙을 적용하려는 시도를 멈추지 않았으며, 그것이 TPC 집행 위원회에서 실험이 발표되는 수백회의 학술회의 대변인을 선정하는 것에 이르기까지의 의사 결정 형태를 취하게 만들었다. 실제로 공동 연구단은 중앙 집중화하고 간소화하며 지배하려는 모든 압력에 대항해 그 민주적 구조의 유지를 그렇게나 강하게 주장해서 민주주의 자체가 PEP 집행부의 몇몇 검토 기회에서 논쟁의 주제가 되기도 했다. 센과 나이그렌, 마르크스, 그리고 다른 사람들은 반복적으로 외부인들이 다수자에 의한 과잉 지배라고 보는 것으로부터 프로젝트를 방어해야 되었다.

우리는 공동 연구단의 역사를 개인적 권위와 민주적 동의 사이의 모든 정치 철학적 논쟁들 중 가장 오래된 것의 한 단원으로 읽을 수 있다. 제이 마르크스가 버지에게 "이제 철학적 왕은 거의 남아 있지 않으며 그 주제에 의해 인식되는 사람은 더 남아 있지 않다"고 항의했을 때 그의 어조는 반쯤은 빈정대는 것이었지만 — 물리적 우선권의 결정을 민주화하자는 — 그의 의도는 진지했다. 공동 연구단에 속해 있으면 누구인지에 관계없이 그도 민주적 의사 결정 과정의 설계자였다. 그러나 프로젝트가 발전하면서 심지어 마르크스까지도 좀더 중앙 집중적이고 규제된 지도부를 강력히 요구하게 되었고, 그와 동시에 그보다도 훨씬 더 선임(先任)인 물리학자가 포함된 그룹에 대해서도 권위를 행사하려고 버둥거렸다. 이러한 논의는 초기 프로젝트 관리자의 기능에 대해 그가 실험의 전자적 부분 개발을 적절하게 지시했는지, 그는 일정과 예산상의 제한을 강제시킬 수 있을 것인지 등이 반복하여 격렬하게 분출되었다. 나중에 비슷한 긴장이 실험의 물리 측면과 기술 측면 모두의 지도력에 관한 것으로, 그리고 좀더 구체적으로는 여러 대변인과 부대변인의 관리 결여에

---

212) 마르크스가 저자에게, 1995년 12월.

관한 것으로 폭발했다. 때로는 민주적 대표에 대한 요구와 계몽된 독재자에 대한 욕구 사이에서 격렬하게 갈팡질팡하면서 공동 연구단은 단지 개인과 기관의 모임만 아니라 전기공학과 컴퓨터 프로그램에서 시작하여 고에너지 이론에 이르기까지 서로 다른 수많은 하부 문화의 모임을 조정하려고 분투했다. (공동 연구단에서, TPC 집행 위원회에서, 그리고 SLAC의 실험 프로그램 자문 위원회에서) 지배에 대한 이러한 논쟁이 플라톤의 『국가론』이 지닌 웅변은 갖지 못했을지라도 열정은 조금도 부족하지 않았다.

예산은 초과되고 시간은 남아 있지 않아서 TPC는 위기와 위기 사이에서 비틀거렸다. 모든 사람이 인정했던 것처럼 위기 상황이 이보다 더 어려울 수가 없었다. 평판이 걸려 있었고, 100명이 훨씬 넘는 사람들의 수년 동안의 업적도 마찬가지였다. 좀더 구체적으로 말하면 권한에 대한 의문이 몇 가지 방법으로 제기되었다. 하나는 작업장에서 자율과 통제에 대한 문제였다. (예를 들어) 전기 기술자는 기계 기술자와 물리학자에 의해 적절하지 않은 간섭을 받았다고 느꼈을 때 이에 대항해 그들 작업의 보조(步調)와 구조를 지킬 수 있겠는가? 기계 기술자와 전기 기술자 모두가 물리학자에게 "대항해" 이러한 "개선"은 비용과 일정, 그리고 신뢰성을 손상시킬 수 있다고 정당하게 지적할 수 있겠는가? 종합 시뮬레이션의 프로그램 중 서로 다른 부분들이 서로 맞아 떨어진다고 누가 주장하겠는가? (또는 누가 주장할 수 있겠는가?) 누가 PEP-4와 PEP-9의 전자 장치가 서로 호환된다고 주장할 만한 힘을 가졌는가? 누가 팀에게 파편 모형에, 그리고 궁극적으로는 QCD에 상응하는 형태로 시뮬레이션 자료를 만들어내고 자료 요약 테이프를 처리하라고 명령할 수 있겠는가? 누가 발견을 공개할 수 있다고 판단할 것인가?

이와는 대조적으로 거품 상자 공동 연구에서 나타난 더 간단한 권력 구조는 최상부를 향하여 피라미드처럼 올라가는 권한을 보여주었다. 그리고 그러한 구조에서는 단순화라는 개념, 즉 과제를 일상화한다는 개념이 거품 상자 연구에 대한 일부 측면에 대해 시간과 운동 조사, 그리고 "공장 현장" 방법의 적용을 이해하는 데 유용했다. 가까이 있는 작업자들을 서로 경쟁시키고, 측정 업무를 부품에 따라 나누며, 심지어 히스토그램의 생성까지도 자동화하는 것 등 이런 모든 조처들은 앨버레즈와 다른 사람들이 고전적으로 이용하는 공장 관리 전략과 잘 맞아떨어졌다. 그러나 심지어 거품 상자 조직 내부에서도 작업에 대한 단 하나의 시스템이 유력하게 효과가 나타나지는 않았다. 우리가 본 것처럼 (사람을 돕기 위하여 기계를 사용한) 앨버레즈가 인도하는 서로 상호작용하는 기술들과 연관된 작업 관습과 (그림을 해독하는 기계의 기술적 부적절성을 상쇄하기 위하여 사람을 이용한) 비행 위치 장치의 로봇을 이용하는 작업 모형과 연관된 작업 관습 사이에는 놀라운 차이가 존재했다. 작업장에 대한 통제는 과학적 발견의 성질에 대한 매우 다른 이해라는, 그리고 궁극적으로는 인간이 잘하는 것이 무엇인가 하는 서로 다른 상(像)이라는 맥락에서 파악되어야 했다.

그럼에도 불구하고 여러 거품 상자 그룹들은 중앙 집중적이고 잘 조직된 계급을 공동으로 가지고 있었다. 그것들은 잘 정의된 지도부 구조를 가진 중앙화된 시스템이었다.[213] TPC 시대에 도달할 무렵 그러한 피라미드식 구조는 중앙으로 모이지 않는 네트워크가 되었다. 이것은 동급의 사람들에 의한 민주주의라고 말하려는 것은 아니다. 대학은 그동안 고안된 것 중에서 가장 계급적인 사회 시스템 중 하나이며, 각 대학에서 온 물리팀도, 정교수에서 시작하여 부교수를 거쳐 조교수, 박사후 연구원, 그리고 대학원생까지 예외는 아니었다. 어떤 "뒤이은" 계급의 수립을 방해한 것은 참가하는 다양한 기관들 사이에 존재했던 맹목적인 경제-정치적 관계였다. 각 기관은 모두 다른 기관들이 필요했고, 어떤 그룹도 다른 그룹에 의해 제공되는 정치적, 재정적 지원을 잃어도 좋을 여력이 없었다. PEP에서 선정(選定) 위원회와 맞서거나 또는 에너지성에서 심사자들과

---

213) 시스템과 시스템 공학에 대한 참고문헌은 물론 굉장히 많다. 특히 흥미로운 것으로는 휴즈의 연구로, 『권력의 네트워크』(1983)와 함께 관계된 논문들은 복잡한 기술 시스템 내의 신기술에 대해 생각하는 방법을 제공한다.

맞서는 것은 자립하는 그룹들 사이에 통합되고 공평한 관계를 나타냄을 의미했다. 그러한 시스템에서는 어떤 대학 팀도 동일한 (또는 거의 동일한) 참가 단위로 공동 연구단에 들어가지 않을 수 없었다.

결과적으로 공동 연구단 내에서 어떤 한 그룹이 절대적으로 우세할 수가 없었다. 비록 LBL이 어떤 다른 그룹들보다도 더 "센터"라는 명칭을 요구할 수 있었지만, LBL 역시 리버사이드와 예일, 도쿄, 존스 홉킨스, 그리고 UCLA에서 온 다른 대학 그룹들과 나란히 연구해야 했다. 대학-내부 구조는 계급 제도에 완벽하게 적응되어 있었다. 대학교들 사이의 공동 연구는 서로 다른 계급 제도를 융합시켰으며 그래서 계급 제도들에서 어떤 계급에서나 저항이 발생하게끔 되어 있었다.

중앙 권한에 대한 이러한 저항이 스스로 나타난 한 가지 방식이 공동 연구단의 다중(多重) 초점을 갖는 성격이라고 부를 수 있는 것에 존재한다. TPC 설계에는 중심이 있었는데, 그것은 데이비드 나이그렌의 책상 위에 놓여 있는 것이 분명했다. 어미기판 전자 장치 개발의 중심은 상당 부분 LBL의 전기 기술자들에게 놓여 있었고, 물리학자들은 좀더 주변에 떨어져 있었다. 그리고 제트 물리에 대한 스트링 모형을 세우는 문제가 나왔을 때는 그와 관계된 분석이 베르너 호프만과 스웨덴의 스트링 그룹 주위를 회전했다. 중심이 사라졌다고 말하는 것보다는 오히려 중심이 증식했다고 말하는 것이 더 낫다.

순수하게 중앙 집중적인 구조를 갖는 대규모 공동 연구단을 상상하는 것도 분명히 가능한 일이다(실제로 CERN의 성공적이고 잘 알려진 한 그룹이 극히 계급적인 구조를 유지하고 있다는 것을 지적할 수 있다). 그렇지만 내가 여기서 간략히 묘사한 계급 제도들에 대한 일종의 민주적 융합을 향한 압력이 많은데, 유럽에서도 그렇겠지만 유럽보다는 미국에서 더 많다. 궁극적으로 미국의 고에너지 물리학 공동체는 대학 그룹들로부터의 계속성을 유지하고 있다. 이것들은 자원을 실험에 투입할 때 결국에는 "인원 수로 투표 결과가 결정되는" 단위들이다. 대학원생들과 박사후 연구원들을 유치하는 것은 대학을 통해 이루어지고, (예를 들면

SLAC, 페르미 연구소, CERN 또는 DESY와 같은 곳의) 시설 위원회가 1억 달러 또는 5억 달러를 모을 수 있는 것은 오로지 참가하는 기관들로 이루어진, 정치적으로 받아들일 수 있는 조합을 모으는 것을 통해서만 이루어진다. 1980년대에 이르자 주요 장비에 대한 예산의 지원을 받기 위하여 앨버레즈가 다소나마 직접적으로나 개인적으로 AEC와 교섭할 수 있는 가능성마저도 더 이상 존재하지 않게 되었다.

공동 연구단의 네트워크 구조가 주어지고, 지배에 대한 새로운 방식이 필요하게 되었다. 앨버레즈의 조직은 1940년대의 대규모 사업과 제2차 세계대전의 전시(戰時) 명령 구조가 교차하면서 태어났다. 그 조직은 지도자와 참모장, 그리고 각종 부서를 지휘하는 수많은 다른 대리인들이 있었다. 이와는 대조적으로 TPC는 그 조직 특성 중에서 대부분을 거대한 조합체로부터 흡수했는데, 그 조합체는 수많은 회사들을 조화롭게 통합한 것으로 그들의 작업을 폴라리스 미사일의 조직 작업과 같게 만들었다. 중대 경로 방법은 우선권의 부여를 합리적으로 만들 수 있는 방법으로 자원을 분배하고, 어느 정도 동일한 세부 그룹들을 공동의 목표를 향하여 안내하려는 한 가지 시도였다.

중앙 집중적인 계급 제도로부터 분산된 네트워크로 이동된 것을 반영하는 두 번째 기관의 구조는 예전 LBL 그룹의 구조에 대한 비판과 관계되어 있다. "골드하버-트릴링 그룹"이나 "앨버레즈 그룹" 또는 "파우웰 그룹"에서는 이전에 연구소가 개인들의 지도에 거의 전적으로 의존했지만, TPC 공동 연구단의 멤버들은 역사적 지도자들이 수용할 수 있는 최대 적재량이 아니라 과제를 중심으로 돌아가는 구조를 요구했다. 조정의 세 번째 방식은 원래 스탠퍼드와 버클리를 결합시키려고 설치되었지만 마침내는 고에너지 물리학 공동체 전체를 둘러싼 컴퓨터 네트워크였다. 이러한 마이크로파 연결은 그룹들 각각이 자료에 접근하거나 자료를 감독하고 조절할 뿐 아니라 TPC 시설의 행동을 온라인으로 실제로 지시하는 것을 가능하게 만들었다. 이 세 가지 구조들, 즉 중대 경로 방법과 특별 대책 위원회, 그리고 컴퓨터 네트워크화 등은 모두 이와 같이 기능을 배가시켰다. 첫 번째 경우 각각은 단순히 구성하고 있는 기관들의 연방주의자적인 배열을 반영했다. 그렇지만 동시에 각각의 옹호자들은 이러한 사회적 기술들을 수단으로 사용하여 국지적 문화와 계급제도의 다중성을 강압적으로 균일한 존재로 만들기보다는 하나로 통합하기를 희망했다. 매우 현실적인 의미에서 이러한 사회적이며 관리상의 기술들은 새로운 교역 지대가 합해지는 것을 부각되게 만들었다.

단일 센터로부터 멀어지는 책임의 분산에는 우리가 본 것처럼 마찰이 없지 않았다. 분석의 한 측면에서 PEP-4 시설은 때로는 하위 부품의 힘든 조정이었는데, 각 조립품은 하나의 기관을 대표했다. 뮤온 검출기를 표류 상자와 조정하는 것은 한꺼번에 기술적이고 사회적인 행동이었다. 그것은 U. C. 리버사이드와 존스 홉킨스에서 온 두 팀을 제휴시키는 것을 의미했는데, 각 팀은 각각에 대응하는 장치를 설계하고 제작하며 유지하고, 프로그램하며, 분석했다. 마찬가지로 PEP-9로부터 나온 자료를 PEP-4로부터 나온 자료와 통합하는 것은 두 기관의 공동 연구 사이에 존재하는 긴장으로부터 결코 분리할 수 없었다. 중대 경로 방법이나 특별 대책 위원회와 같은 위에서 아래로 내려오는 구조는 개인들이 면대면 접촉을 하도록 하지 않았으며, 어미기관의 냉각 시스템이나 도선을 연결할 때의 큰 실수 등이 그 결과다. 비록 그것이 참가하는 물리학자들에게는 어렵게 얻은 교훈이었으나, TPC를 세우는 과정에서 물리학자들과 기술자들 사이의 관계에 대한 다른 개념에 도달했는데, 그것은 그 중심에서 멀어진 그리고 서로 다른 성분으로 구성된 구조라는 점을 인정하여 내가 "포스트 모더니즘적"이라고 부른 관계다. 이러한 혼성 공동 연구단들은 여러 측면에서 구별되는 서로 다른 정체성을 소멸시키지 않고 협력을 만들어내려고 시도하는 분산에 대한 실험이다.

근본적인 방법으로 TPC는 전기 기술자와 기계 기술자, 이론 과학자, 그리고 현상론자들을 포함하는 전문적인 하부 문화 사이의 공동 연구단이었다. "물리적인 접촉"과 "책임 있는 기술자"들 사이의 강요된 결혼은 한 번 이상 서로 찢어질 뻔했던 두 문화를 조정하려는 한 가지 시도였다.

물리학자들이 그 자신의 검사되지 않은 능력으로 위험들과 맞선 이런 노력들을 열거하면서 나는 주인과 노예에 대한 헤겔의 우화(寓話)가 생각난다. 처음에 주인은 모든 것을 가지고 있는 것으로 나타난다. 그의 의도와 욕망은 다른 사람이 (노예가) 일을 하기 때문에 즉시 충족되는 것처럼 보인다. 주인에게 세상은 그러므로 어떤 반대도 제기하지 않는 것처럼 보인다. 그의 주위의 모든 것은 무한히 고분고분한 것처럼 보인다.

이와는 대조적으로 노예는 끊임없이 다루기 힘든 장소인 개별적이고 완고한 세상과 만나는데, 그곳에서 그는 그의 뜻을 멋대로 펼 수 없다. 그는 "단순히 [세상에 대해] 일을 할 뿐이다." 그래도 처음에는 순수한 기쁨을 제외하고는 무엇도 가지지 않은 것처럼 보였던 주인이 자기 주위의 모든 것이 덧없는 것이라고 인식하는 운명에 처한다. 그가 세상에 대해 경험한 유일한 것은 세상이 변한다는 것뿐이었다. 그렇지만 노예는 세상이 그의 욕망에 쉽사리 순응하지 않았기 때문에 영속과 객관적 타당성에 대한 경험을 갖게 되었다. 그의 일은 영속적인 방식으로 사물을 변화시킨다. 헤겔이 부른 대로 이런 "로빈슨과 같은 사람들"에게는 철학적인 것은 물론 도덕적인 판단이 존재한다. 헤겔에 의하면, "노동은 절제되고 점검된 욕망이며, 그것은 덧없이 미루어진 것이다." 주인의 침몰 뒤에 놓인 것은 그가 자제심을 갖지 못한 때문이다.[214]

이렇게 절제하고 검사하며 길을 열려는 욕망에 대한 도덕적 권고는 제이 마르크스에 의한 점점 더 절망적인 호소 속에서 명백해지는데, 그는 그의 동료 물리학자들에게서 "신중한 모험을 무릅쓰지 못하는 무능력" 위에 "설계를 결정하는 데 불충분한 훈련"을 보았다. 대신에 그룹으로서 그들은 "설계 변경에 저항할 수 없었다." 훈련, 신중, 그리고 저항하는데 무능력 등의 용어를 인용하면서도 마르크스는 예를 들어 어떻게 입출력 평면을 수정하는가와 같은 순수하게 기술적인 문제에 대해 이야기하고 있다. 그러나 이런 말하기 방식을 선택함으로써 마르크스는 또한 (그리고 실험

---

214) 예를 들어 루카스, 『젊은 헤겔』(1975), 326~328쪽을 보라.

에서 그와 동시대의 많은 사람들은) 물리학자들의 문화 속에 내재된 좀 더 깊은 결점을 비판하기 시작한 것이다. 역으로 어쩌면 물리학자들이 그들의 전문적 지식의 위치에 익숙해 있었기 때문에 마르크스는 "우리 기술자들이 충분히 도전적이 아니어서" 자신의 팀은 좀더 "자신 만만한 기술자"와, 좀더 강력한 기술자들의 지도력이 필요하다는 것을 발견했다. 그러한 의문은 양쪽 모두를 곤란하게 만드는 것이 틀림없다. 익명으로 마르크스와 나이그렌에게 보낸 기술자의 편지는 잃어버린 유형의 지도력을 되돌려달라는 구체적 요구였는데, 거기서 "어니스트"는 기술자(하녀)에게 물리학자(주인)의 권한을 부여했다.

만일 마르크스는 물리학자와 기술자 사이에 그가 원했던 종류의 "대화"나 "논쟁"을 촉진시킬 수 없다는 그의 무능력에 의해서 계속 좌절했다면 그것은 부분적으로 그가 이미 정착된 문화적 합의에 거슬려서 노력하고 있었기 때문이다. 너무 많은 물리학자들은 설계라는 용어로 지시하는 것을 좋아했고, 기술자들은 대결을 피하기 위해 그들의 반대를 얼버무리는 것에 익숙해 있었다. 마르크스와 다른 사람들은 입안자와 제작자 사이에 개발된, "가능성 단계", "정의 단계", "설계와 개발 단계", 그리고 "세세한 설계 검토" 등 일련의 교환 절차를 도입했다. 이러한 범주(範疇)들은 실험 과학자가 기술 문제와 건축 문제에 침투하며, 그리고 역으로는 물리 문화에 기술 문화를 삽입시키기 위해 물리 문화와 기술 문화 사이의 "전선(前線)"을 갈라놓는 역할을 했다.

어떤 의미에서는 물리학자들과 기술자들이 얼굴을 맞대고 만나도록 요구함으로써 마르크스는 헤겔의 주인이 꾼 악몽을 피하고자 시도하고 있었는데, 그 주인은 물건의 제작과 유리되어 있었으므로 마지막에는 완전히 무력하게 되어 버렸다. 기술자의 지식을 책상 위에 올려놓고, 비록 그것이 물리학자의 처음 의향과 반대될 때라 하더라도 물리학자는 대규모 건축의 현실성과 마주 대하기 시작했다. 예산을 초과하고 일정에는 늦었지만 그럼에도 불구하고 작업하고 있는 TPC의 존재는 "현실을 물리학자들에게" 주입하자는 공동의 열망에 대한, 그리고 "그것을 번역하자면" 마르크스가 말한 것처럼 "현실을 하드웨어의 작동하고 있는 부분에" 주입하자는 꿈에 대한 마지막 증언이었다.

전자 장치에 대한 면대면 접촉을 보충하기 위해 공동 연구단은 기술적 해법과의 조정 문제를 거론했으며, 그 과정에서 기관들 사이에는 이미 존재했던 탈중심화를 실험에도 반영했다. 분산의 첫 번째 단계에서 자료가 서로 다른 연구소들에서 분석될 수 있었다. 자기(磁氣) 테이프의 운반은 결국 1950년대와 1960년대의 거품 상자 필름을 내가는 것과 어떤 중요한 방법으로도 서로 다르지 않았다. 공동 연구단이 LBL과 SLAC 사이에 마이크로파 컴퓨터 연결을 설치하고, 뒤를 이어서 참가하는 기관들 사이에 전체 규모 네트워크를 설치했을 때 실험의 탈(脫)국지화는 상당히 더 진전되었다. 이러한 변화와 함께 공동 연구를 수행하는 물리학자들이 멀리 떨어진 곳에서 분석 프로그램을 수정하거나 공유된 지식의 대화식 공동 관리를 유지하기 위해 자료에 접속하는 것이 가능해졌다. 마지막으로 실험의 탈(脫)공간화를 완성하면서 멀리 떨어진 공동 연구자들이 TPC로부터 실시간에 나오는 자료를 관찰하고 검출기 장치를 적절하게 수정하는 것이 가능해졌다. 이 단계에서 우리는 다음과 같은 합리적인 질문을 할 수 있다. 실험은 어디에서 행해지는가? 만일 사람들이 로스앤젤레스와 뉴헤이븐, 그리고 도쿄로부터 실험 장치를 관찰하는 것에서 수정하는 것까지 모든 것을 하고 있다면, 여전히 실험은 "정말"로 팔로알토(캘리포니아 서쪽 스탠퍼드 대학이 위치한 근방의 도시 이름이다 – 옮긴이)에서 수행되고 있는가?

3. 모더니즘적인 것과 포스트모더니즘적인 것: 순수와 혼성(混成)

건축가와 건축 역사가는 건물의 구조에서 모더니즘과 포스트모더니즘을 구분하는 것이 유용함을 발견했다. 하네스 마이어와 같은 데사우 바우하우스(1919년 독일에서 발터 그로피우스가 설립한 독일 최고의 건축 설계학교다 – 옮긴이) 출신의 건축가가 지은 순박한 작품들을 예로 들 수 있는 고도의 모더니즘은 기하적 형태의 순수성에 몰입했다. 순수한 모더니즘주의자의 1920년대의 건축은 1970년대와 1980년대에 건축 분야로 들어온 프랭크 게리에 의한 절충하는 혼성 작품과 예리한 대조를 이룬다. 결정적인 대조는 미스 반데어로에(1886~1969, 독일에서 출생한 유명한 건축가로 미국에서 활동했다 - 옮긴이)의 표어인 "모자란 것이 많은 것이다"와 로버트 벤투리의 다소 빈정대는 답변인 "모자란 것은 지루한 것이다" 사이를 들 수 있다.[215] 이 점을 너무 강하게 강조하지 않으면서 그와 같은 무엇이 에멀션판이나 액체 수소 통과 같은 1950년대의 이상화된 검출기, 그리고 1970년대와 1980년대의 특색을 이루는 전통과 그룹, 전공, 그리고 부품들의 환상적인 집합 사이의 변화를 특징짓는다.

TPC/PEP-4/PEP-9은 어떤 종류의 검출기인가? 그것은 심지어 단 하나의 이름으로 부를 수도 없고 굉장히 다양한 기능과 발단이 물리적으로 구현된 혼성(混成)의 존재다. 그것은 체렌코프 고리이고, 1960년대의 기술을 기반으로 하는 표류 상자이며, 기체 열량계이고, 선도(先導) 열량계이며, 뮤온 검출기이고, 그리고 물론 기발한 시간 투영 상자다. 이러한 구성 부품들의 뒤에 존재하는 과학적 원리들은 다양하고 로렌츠 전기 동역학에서 양자 변환에 이르기까지 수많은 물리 원리들을 이용하여 얻었다. 게다가 그 구성 부품들을 만든 기관들도 매우 다양하다. 앨버레즈 산하 그룹 A가 수소 거품 상자를 총체적으로 통제했다면, 바로 동일한 그 그룹이 TPC의 단지 몇 부분만 지배했다. 이러한 크기를 갖는 기계의 모든 부분을 단지 하나의 기관이 건축할 수 있다는 것은 정치적으로나 재정적으로 또는 정말로 과학적으로 생각할 수도 없는 일이었다. 마지막으로 기술자들과 물리학자들의 역할이 (정말이지 기술자들의 종류와 물리학자들의 종류가) 다양했다. 저온 기술자와 전기 기술자, 기계 기술자, 그리고 구조 기술자 등이 모두 그들의 전문 지식을 기계로 가져와야 했다. 물리학자 쪽에서는 하는 일이 두 배의 전문 분야로 갈라졌는데,

---

215) 클로츠, 『포스트모더니즘의 건축』(1988), 142쪽.

한 번은 하드웨어를 중심으로 갈라졌고, 다시 하드웨어를 함께 끌어모으는 통합적인 컴퓨터 프로그램 주위에서 갈라졌다. 각 부품은 따로따로 그리고 조직은 전체로서 소프트웨어에 의존했다. 기계도 두 배로 존재했는데, 첫째는 회로에서 그리고 그다음에는 소프트웨어의 가상현실에서다.

우리가 상(像) 전통과 논리 전통에서 자세히 조사했던 과거의 ("모더니즘적인") 하나로 단위를 이루는 (거품 상자와 원자핵 에멀션, 가이거 배열, 불꽃 상자 등과 같은) 기계에서 여러 그룹들 사이의 조정은 항상 중요한 특징이었지만, 대부분의 경우 전문성이 잘 정의되었고, 그래서 책임도 분명했다. NBS 기술자들은 안전 문제를 조사할 수 있었고, 에르난데스와 기계 기술자들은 모양을 고친 상자를 설계한 그들의 결과를 이용할 수 있었다. 이제 심하게 혼성으로 구성된 검출기에서 이러한 접촉들 사이를 타협하는 일은 실험의 주된 관심사가 되었다.

이론을 보자. 아마 거품 상자 시대의 상징적인 순간은 앨버레즈 그룹이 Ξ(1530)의 발견을 공표한 회의였을 것이다. 1962년 7월 5일에 그곳 강당의 회의장에서 겔만은 SU(3) 이론을 활용해 팔중항의 마지막 멤버인 Ω^-의 존재를 예측했다. 전혀 모호하지 않은 실험 결과와 똑같이 명료한 이론적 해석, 결정적인 실험적 답변, 이것들은 실험 과학자와 이론 과학자의 범주뿐만 아니라 실험과 이론의 범주가 잘 정의된 경계, 그리고 어느 정도 분명한 상호작용의 방식을 가지고 있던 물리 시대의 특징을 나타내는 상표였다.

우리가 본 것처럼 TPC의 시대는 더 다를 수 없을 만큼 전과 달랐다. 물리에서 무엇을 할까를 논의하기 위해 TPC 그룹들이 아실로마에 모였을 때까지 그들의 연구를 이론 과학자들과 연결한다는 것은 별로 기대되지 않는 것 이상이었음이 명백했다. 그것은 그룹 자원을 초월하는 저위에 놓여 있음 직했다. 그 틈에 다리를 놓으려는 노력으로써 양쪽의 물리학자들은 자신들을 변화시키지 않으면 안 되었다. 이론 과학자 쪽에서 볼프람과 폭스, 고트샬크, 앤더슨과 같은 사람들은 사건 시뮬레이션의 자세한 점들과 재규격, 카이랄 대칭성, 그리고 대통일과 같은 투명한 무형의 세상으로부터의 먼 길을 통해 그들을 데려온 구체적인 실험 조건에 대해 자신들을 던져 넣어야만 되었다. 실험 과학자 쪽에서 그것은 베르너 호프만과 찰스 뷰캐넌이 스트링 모형의 근본이 되는 기저에 대해 공동 저자가 되는 논문을 쓰기 시작했음을 의미했다. 그리고 그것은 뷰캐넌과 그의 동료들이 이제는 더 이상 자료의 수집과 제시라는 좀더 전통적으로 이해되고 있는 실험 과학자의 역할에 초점을 맞추지 않고 "기본적"인 현상론을 찾기 시작했음을 의미했다. 대칭적인 룬트 파편 함수에 나오는 윌슨 고리의 역할은 어미기관의 냉각이나 열량계의 제작 또는 자료 검사의 시행 등과는 아주 동떨어져 있었다.

TPC를 1974년에 유행한 와이어 상자의 변형이라고 대하고 있던 실험 과학자는 1990년의 다국적 공동 연구단을 대하고 있던 실험 과학자와 같지 않다. 1976년 본격적인 계획안이 짜맞추어지면서 TPC/PEP-4 시설의 건축이 시작되었을 때 LBL의 그룹 A는 앨버레즈 시대의 유산으로 존재했다. 실험 과학자들은 거대한 장비의 제작에는 기술자들이 필요하다는 것을 알았다. 거기에는 의심의 여지가 없었다. 그러나 필요의 의미가 물리학자가 정한 과제를 실행시키는 대상으로 기술자를 본다는 시각이 내포되어 있었다. 물리학자에게는 "의지"가, 기술자에게는 "도구성"이 존재했다. 마찬가지로 실험 과학자들은 이론 과학자들의 연구를 이용할 수 있었지만, 심지어 마크 I의 연구에서도 하드론화의 모형을 세우는 데 발생되는 비교적 중요치 않은 산업적 필요도 존재하지 않았다.

1990년에 이르자 역할의 정의가 변화했다. 물리학자들은 실험실의 대본(臺本)에서 자신의 역할을 다시 쓰고 있었다. 거품 상자 시대에는 서로 관계없었던 활동들이 이제 모든 단계에서 조정되어야만 했다. 앨버레즈의 시대에는 저온 기술자가 자료 처리와 시뮬레이션에 대해 걱정할 필요가 없었다. 그것은 다른 부서에 속했다. 72인치 상자를 계획하는 실험 과학자는 실질적으로 람다 입자의 붕괴 거리보다 더 정교하지 않은 이론의 기반 위에서 계획을 세웠다. 관습들 사이에서 그렇게 투명하고 예리하게 정의된 전선(前線)은 훨씬 더 복잡해졌다. 예를 들어 컴퓨터는 이제 어디에나 들어와 있었다. 컴퓨터는 설계 과정 동안 검출기에 대한 시뮬레이션을 만들었다. 컴퓨터는 정보가 테이프에 기록되기 전에도, 중간에도, 그리고 후에도 자료를 분류했다. 시뮬레이션은 모형을 시험하고 배경을 계산하기 위해서 사건들을 만들어냈다. 시뮬레이션은 사건들이 어떻게 "보이는지" 보기 위해서 검출기를 흉내 냈다. 모든 단계에서 정반대라고 생각되는 활동들이 이제 어느 때보다도 더 정교한 형태로 다음과 같이 서로 맞물려 있었다.

설계::실행
자료::해석
물리::기술
하드웨어::소프트웨어
실험::이론
현실::시뮬레이션

이러한 변화는 학생들이 훈련되고 평가되며, 그리고 그들이 TPC에서 할당된 기간을 마치고 난 뒤에 취업하는 방법도 달라지게 만들기 시작했다. 공동 연구단의 75명 정도인 박사과정 학생들 중 한 명에 대해 나이그렌은 추천서에서 그 학생이 신속하게 작업했으며 도구 개발과 시험 설치, 자료 취득, 그리고 소형 컴퓨터 등에 상당한 관심을 보였다고 다음과 같이 말했다. "TPC와의 경험은 [그 학생에게] 대규모 작업에 대한 특별한 성질에 관해서 많은 것을 가르쳐 주었으며 [그의] 사람을 대하는 능력을 향상시켜 주었다." 이러한 "사람을 대하는 능력"은 혼자 일하거나 또는 자기가 선택하는 작은 그룹에서 일할 때보다 100명이 팀을 이루며 일할 때 훨씬 더 중요해진다는 것은 자명하다. 나이그렌은 계속해서—TPC가 배출한 것이 큰 물리학의 새로운 세대를 위한 물리학자라는—다음과 같은 측은해 보이기까지 한 조건부 보증을 했다. "목표가

…… 분명히 정의되고 잘 고안되면, [그는] 굉장히 생산적이 된다 ……
나는 그가 [당신의 가속기 연구소] 프로그램의 많은 도전적 측면에서 가
치 있는 팀의 일원이 될 수 있을 것으로 믿는다."216)

만일 고에너지 물리학 공동체가 젊은 "팀을 이루어 협력하는" 물리학
자란 무엇인가 또는 무엇이어야 하는가에 대한 새로운 그림을 애써 채
택했다면 걱정은 거기서 끝나지 않았다. 심지어 고참 물리학자들까지도
프로젝트의 개시(開始)에서 그들이 "물리를 수행"할 시기까지의 쉬어야
만 하는 오랜 기간에 대해 염려했다.217) 실제로 1976년에 프로젝트 계
획안이 LBL을 떠난 뒤 단지 몇 개월 뒤에 제이 마르크스는 버지에게 행
정 부서에서 보내는 기간이 얼마나 위협적인가를 가리키는 다음과 같은
편지를 썼다. "TPC는 장기(長期) 프로젝트이기 때문에 나의 LBL 임기
동안에 나는 어떤 '물리' 연구도 하지 못할 것이다. 게다가 TPC R&D에
서 내가 맡은 것은 어떤 틈이라도 생기면 메우는 만능선수의 역할이다.
나는 내 것이라고 내가 관심을 가질 수 있는 특별한 하드웨어나 소프트
웨어를 갖지 못할 것이다. 이것은 임원 위원회의 협의 사항 중 일부가 틀
림없는, '보여주고 말하기'에서 피할 수 없이 나에게 불리하게 작용할 것
이다.218)

마르크스에게 행정과 "물리" 사이의 관계가 크게 다가왔다. 다른 사람
들에게는 긴장이 다른 곳에서 나왔지만, 분야를 가리지 않고 사람들은
다음과 같이 질문하고 있었다. 무엇을 실험하기라고 말할 수 있는가? 검
출기 설계인가? 컴퓨터 시뮬레이션인가? 하드론의 모형 세우기인가? 교
대 근무인가? 저자(著者)가 된다는 것 바로 그 생각이 이러한 걱정들을

216) 나이그렌이 [신상 문제이므로 수신자와 날짜를 삭제함], 파일 「기타 메모」,
box 2, DNyP II.
217) 나이그렌이 [신상 문제이므로 수신자와 날짜를 삭제함], 파일 「기타 메모」,
box 2, DNyP II.
218) 마르크스가 버지에게, 1977년 11월 2일, 파일 「LBL 정책과 메모」, box 1,
JMP.

언제보다도 더 정교한 범주들로 구체화시켰는데, 그 범주들은 산산조각이 난 행동들을 반영하기 위해 도입되었고, 그 행동들은 합하여 기계와 논증, 그리고 마지막에는 실험을 만들었다.

이러한 방법과 그리고 다른 방법들에서 전통적인 직업을 정의하는 경계들은 실험하기의 물질문화를 따라 변화했다. 기술자와 물리학자, 자료와 해석, 하드웨어와 소프트웨어, 실험 과학자와 이론 과학자, 현실과 시뮬레이션, 이 모든 것들이 한때 그것들을 정의했던 완고한 구분들 사이를 가로질러 흩뜨려지기 시작했다. 몇 개 안 되는 거대한 기계들로 발전된 입자 물리학 분야에서 각 검출기는 그 자체로서 세계였다. 가장 큰 다국적 회사와 마찬가지로 검출기 공동 연구단도 갈라지려는 힘에 대항하여 손상되지 않고 그대로 남아 있겠다는 간단한 과제를 제외하고 경쟁 자체에는 별 큰 관심이 없었다.

다양한 하부 문화의 역동성에 의해 수천 가지 방법으로 잡아당겨져서 시간 투영 상자는 단지 고에너지 물리학의 상징일 뿐 아니라 중앙으로 집중된 권한의 정당성이 강제력을 발휘하는 힘의 대부분을 잃어버린 우리 문화의 상징이기도 하다. TPC는 포스트모더니즘에서 실험이었다.

제8장 몬테 카를로 시뮬레이션
가상현실

1. 서론: 시뮬레이션

우리가 시간 투영 상자와 같은 기계 ─또는 문제라면 거의 어떤 20세기 후반의 대규모 신기술 장치─를 볼 때 우리는 두 가지를 보고 있다. 우리는 대규모 집적 회로와 저온 자석, 기체, 섬광 플라스틱, 그리고 도선들이 층층이 쌓인 물질적인 대상을 본다. 그러나 그다음에는 마치 이 기계로부터 어슴푸레하게 길버트 라일(1900~76, 영국의 철학자로 사람에 대한 데카르트 철학식의 개념과의 충돌을 기계에서의 유령이라는 독단적 주장으로 특징지었다 – 옮긴이)의 유령을 불러낼 수 있는 것처럼 우리는 다양하게 중첩된 가상 기계들을 벗겨내기 시작한다. 만일 이 세기의 마지막 10년 동안 제작된 표류 상자를 보고 있노라면 그전에는 시뮬레이션이 존재했다는 것을 확신할 수 있다.

불꽃 계수기 전에도 그 시뮬레이션이 존재했다. 그들 사이의 상호작용 전에 존재한 것이 그들 사이의 경계에 대한 시뮬레이션이었다. 그리고 기계를 켰을 때 자료를 추출하고 처리하며 정돈하고 해석할 미시 물리적 사건들을 흉내 내는 여전히 다른 시뮬레이션들이 행동을 시작한다. (심지어 제7장에 나온 작업 흐름도를 살짝 보기만 해도 분명한 것처럼) 사회적으로 실험은 적어도 이중으로 존재했다. 열량계의 "소프트웨어적 측면"은 그것의 "하드웨어적 측면"이 무엇인가 조금이라도 산출하기 위해서 꼭 기능을 발휘해야 되었다. 컴퓨터에 기반을 둔 시뮬레이션이 없었더라면 TPC와 같은 검출기는 귀머거리이고 장님이고 벙어리였다. 그들은 자료를 취득할 수도, 처리할 수도 없었고, 결과를 산출할 수도 없었다. 이것을 훨씬 더 심한 말로 표현할 수도 있다. 컴퓨터 기반의 시뮬레이션이 없었다면 20세기 후반 미시 물리학의 물질문화가 그저 좀 불편하게 되는 것이 아니다 ─ 그런 물질문화가 만들어지지도 않는다. 이것이 단지 입자 검출기에 대해서만 성립하는 것도 아니다 ─ 플라즈마로 가열되는 거대한 토카막이나 핵분열·핵융합이 복합된 핵무기, 그리고 로켓 유도 시스템과 같은 기계들은 그것들을 조종하는 컴퓨터 기반의 가상 대응체와 분리될 수가 없어서 모든 것이 시뮬레이션에 묶여 있다. 그러나 완전한 실험도 아니지만, 그렇다고 완전한 이론도 아니면서 이렇게 필요한 절차인 복잡한 과정들에 대한 가상 대상체는 무엇인가?

물질문화에 대한 이러한 준(準)물질적 차원을 파악하기 위해 나는 처음에는 핵무기, 강화시킨 A-폭탄, 독성 기체, 일기 예보, 파이온-핵자 상호작용, 수(數) 이론, 산업 화학, 그리고 양자 역학 등의 분야와 활동의 무질서한 모임처럼 보이는 것에 초점을 맞추려고 한다. 어떤 존재도 그것들을 함께 하나로 묶지는 않는다. 그것들은 어떤 분명한 체제나 패러다임에도 속하지 않는다. 그것들은 시간에 따라서 부드럽게 이야기될 수 있는 어떤 하나의 역사도 갖지 않는다. 그러나 이러한 활동들의 관습은 제2차 세계대전 직후 수년 동안 엔리코 페르미와 존 폰노이만, 스테니슬러 울람, 그리고 다른 사람들이 이렇게 넓게 퍼진 영역들 사이를 이리저리 이동할 만큼 충분히 조화를 이루었다. 그것들은 공통적으로 해석되는 법칙들을 공유하지는 않았고, 가장 분명한 것은 공통의 존재론을 공유하지도 않았다. 그것들은 기능들의 새로운 집합을, 고도로 다양하게 분산된 주제들을 조정할 수 있을 만큼 충분히 풍부한 과학 지식을 만들어내는 새로운 방식을 공유했다.

그것들의 공통적인 활동은 컴퓨터를 중심으로 모였다. 좀더 정확하게 핵무기 이론 과학자는 발생 초기의 "계산을 위한 기계"를 변형시키고, 그 과정에서 이론과 실험 모두 쉽지 않은 연결을 유지하고 있는 또 다른 현실들을 창조했다. 통계와 게임 이론, 시료 얻기, 그리고 컴퓨터 프로그램 짜기 등을 근거로 이러한 시뮬레이션들은 내가 "교역 지대"라고 부르는, 근본적으로 서로 다른 활동들이 전체적은 아니지만 국지적으로 조정될 수 있는 활동 무대를 구성했다.

이렇게 다양한 영역에서 일하는 사람들에게 이런 시뮬레이션의 가장 놀라운 성질은 그들이 활동하고 있는 것과 동시에 연구하고 있다는 것이다. 기본적인 착상(着想)은 컴퓨터의 도움으로 실행하기가 지극히 간단해진 방법으로 무작위성을 활용했다. 우리가 π를 임의로 정확하게 계산하고 싶다고 가정하자. 정사각형에 내접하는 반지름이 r인 원을 그린다(〈그림 8.1〉을 보라). 그다음 그 정사각형 내에서 발생시킨 점들의 무작위적 취합을 가지고 정사각형 내에서 발생시킨 점들의 총수에서 원내부에 속한 점들의 수가 차지하는 비를 계산한다. 점들의 수가 매우 많아지는 극한에서 이 비는 정사각형의 넓이($4r^2$)에서 원의 넓이(πr^2)가 차지하는 비에 수렴하게 되며, 그래서 결과는 $\pi/4$일 것이다. 이와 유사하게 (모나코에 위치한 도박의 중심지 이름을 따서 명명된) 몬테 카를로 절차는 대단히 더 복잡한 수학적 시스템을 풀기 위해서뿐만 아니라 해석적 풀이를 허용하지 않는 물리적 과정들을 모방하기 위해 도입될 수 있었다.

수학 역사의 연대기로 돌아가면 몬테 카를로 방법의 요소 중에서 많은 것들이 어떤 특별한 노력으로 드러날 수 있다. 예를 들어 π를 찾기 위해 사용된 몬테 카를로 방법과 같은 기술들이 존재했는데, 넓이 계산을 위한 수치(數値) 방법의 풍부한 유산은 적어도 아르키메데스까지 거슬러 올라간다. 그러나 단지 제2차 세계대전 중과 직후에 컴퓨터의 출현과 함께 이론을 이용하기에는 너무 복잡하고 실험을 이용하기에는 시간이 많이 드는 넓은 부류의 문제들을 다루려고 만들어진 일반적인 해결 방식이 되었다. (룰렛으로 선정된) 무작위 수를 이용하여 핵무기 설계자들은 완전히 해석적인 영광스러운 방법으로는 계산하기 너무 어려운 확률적인 절차를 흉내 낼 수 있었다.[1] 그러나 물리학자들과 기술자들은 곧 몬

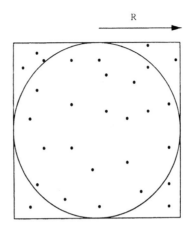

〈그림 8.1〉 π에 대한 몬테 카를로 계산. 물리학의 일상적인 부분으로 전자 컴퓨터와 몬테 카를로 시뮬레이션의 도입이 있기 오래전에 확률 문제가 아닌 것을 푸는 데 이용될 수 있었던 무작위적인 사건들에 대한 몇 가지 예가 존재했다. 예를 들어 여기 정사각형 내부에 무질서하게 선정된 점들을 이용하여 그 사각형에 내접하는 원의 넓이와 전체로서 사각형 넓이의 비를 계산할 수 있다. 원의 내부에 찍힌 점의 총수를 사각형 전체에 찍힌 점의 총수로 나눈 비는 시료의 수가 점점 더 많아질수록 $\pi/4$에 수렴한다.

테 카를로를 단순한 수치(數値) 계산 방식의 낮은 지위에서 더 높이 들어 올렸다. 그것은 "실험하기"가 수행될 수 있는 또 다른 현실—어떤 경우에는 더 선호하는 현실—을 구성하게 되었다. 첫 번째 수소폭탄의 설계라는, 과학 역사에서 지금까지 수행된 것 가운데 가장 복잡한 물리 문제에서 증명을 받고 나서 몬테 카를로는 물리학을 실험과 이론이라는 전

---

1) 몬테 카를로 방법에 대한 거의 모든 역사적 자료는 더 넓은 컴퓨터의 역사에 속한 세부 항목으로 나온다. 이것들 중에서 몇 가지가 특히 유용하다. 계속해서 일어나는 컴퓨터의 모든 역사는 골드스틴, 『컴퓨터』(1972)로부터 대단히 많은 혜택을 입었는데, 몬테 카를로 방법에 대해서는 295~297쪽을 보라. 컴퓨터에 대한 폰 노이만의 과학적 업적에 대한 가장 좋은 역사는 아스프레이, 『폰노이만』(1990)인데, 몬테 카를로 방법에 대해서는 110~114쪽을 보라. 19세기 확률적 시뮬레이션에 관한 가장 신뢰할 수 있는 참고문헌은 스티글러, 「시뮬레이션」, *Stat. Sci.* 6(1991): 89~97쪽이다. 여기서 스티글러는 특히 드포르스트, G. H. 다윈, 그리고 골턴의 연구를 참고한다. 또한 스티글러, 『통계의 역사』(1986), 265~299쪽을 보라.

통적이고 사회-지식적인 두 기둥으로부터 멀리 떨어진 곳으로 안내했다. 몬테 카를로는 실험 영역과 이론 영역 모두로부터 빌려와 융합시켜서 그 중간에 해당하는 흉내 낸 현실을 형성했고, 그 결과로 얻은 혼합물을 이용하여 흔히 알려진 방법론 지도에서는 어디라고 할 수도 없고 모든 곳이라고도 할 수 있는 미지의 땅을 구획지었다. 그것들이 실험과 이론의 전통적인 범주에서 장소를 찾으려고 애써 노력하면서 시뮬레이션을 하는 사람들은 제2차 세계대전 후 수십 년 동안 실험 과학자 또는 이론 과학자가 되는 것이 무엇을 의미하는가에 대한 정의를 수정하고 또한 그렇게 정의하는 것을 도왔다. 수년 동안 대단한 성공을 이루고 더 많은 성공을 기대하면서 A. N. 마셜은 1954년 3월에 "아무것도 지불하지 않고 무엇인가를 얻는 것처럼 보인다"라는 놀라움과 함께 "몬테 카를로" 학술회의를 개최했다.

어쨌든 수많은 전공분야로부터 형성된 임시 공동체에 속하면서 본질적으로 공통점이 없는 멤버들은 자신들에게 "어떻게 모든 것이 마지막에는 다 제대로 되는 것인지" 설명해야만 되었다. "특정한 경우들에 대한 이 방법의 효용성은 믿을 수 없을 만큼 좋아 보였다. 그 결과는 정말 글자 그대로 보아야만 했으며, 본 것을 믿지 않을 수 없었다."[2] 이 장에서는 학문 분야 지도 전체를 망라하는 분야에 대한 암호를 해독할 것이라는 약속으로 이러한 **보편적인 특성**에 대한 탐구 역사를 추적할 것이다.

전쟁 중 로스앨러모스에서 물리학자들은 곧 중심적인 문제가 바로 핵무기의 핵분열 핵심부에서 중성자들이 우라늄 핵을 쪼개고 산란시키고 다시 결합하는 과정을 이해하는 것임을 깨달았다. 실험으로는 임계 질량을 충분히 자세하게 조사할 수 없었다. 이론은 곧장 풀리지 않는 적분-미분 방정식으로 이어졌다. 그러한 문제에 대해 몬테 카를로의 가상현실은 유일한 해결책이었다. 컴퓨터에서 일련의 무질서한 산란을 모형으로 만듦으로써 시료를 취하는 방법이 그러한 과정을 "재창조"할 수 있었다.

---

2) 마셜, 「도입부의 단서」(1956), 14쪽.

시뮬레이션은 핵분열 무기의 설계(좀더 특별히는 세부 사항)를 발전시켰다지만 A-폭탄 이론 과학자들에게는 어느 정도 보조 수단으로 남아 있었다. 전쟁이 끝나고 관심 대상이 핵무기 연구에서 열핵 무기로 바뀌었을 때 몬테 카를로는 필수적이 되었다. 열핵 무기에는 페르미의 야금 연구소 원자로에 대응하는 것이 없었기 때문에 물리학자들이 평화 시에 연구할 수 있는 통제된 핵융합의 경우도 존재하지 않았다. 대신, 스테니슬러 울람과 엔리코 페르미, 존 폰노이만, 니콜라스 메트로폴리스, 그리고 수많은 다른 동료들은 가상세계를 세웠는데, 거기서 (그들의 용어로) "실험"이 수행될 수 있었다. 이러한 가상현실은 작업대 위에 존재하는 것이 아니고, 진공관 컴퓨터인 JONIAC과 ENIAC, 그리고 메트로폴리스가 적절하게 명명한 것처럼 MANIAC에 존재했다.

이 이야기는 몇 가지 서로 교차하는 평면에서 진행된다. 이것은 물리적 측정과 방정식들로부터 정보를 추출하는 새로운 방법인 인식론의 역사에 담긴 설화(說話)다. 이것은 더 이상 줄일 수 없는 확률적 상호작용에서, 분리된 개체로 구성된 자연을 전제하는 대표 방식으로써 형이상학 역사에 대한 이야기다. 이것은 점점 더 커지는 핵심 전기 기술자들의 목소리에 의해, 그리고 나중에는 컴퓨터 프로그래머에 의해 도전받는 실험 과학자와 이론 과학자의 전통적이고 전문적인 범주인 작업장의 역사다. 전체적으로 이것은 잠재적인 파괴 능력에 제한이 없는, 그리고 슈퍼-폭탄의 개발과 꼼짝없이 연결된 기본 물리학에 대한 설명이며, 도구로서의 컴퓨터에서 자연으로서의 컴퓨터로 바뀌어 버린 계산하는 기계에 대한 묘사다.

2. 무작위적 현실

컴퓨터는 실험실에 널려 있는 다른 도구들과 마찬가지로 도구로서 출발했다. 폰노이만은 컴퓨터에 대해 언급할 때 그가 전지(電池)나 또는 중성자 발생기에 대해 논의하는 것과 정확하게 동일한 방법으로 할 수 있었다. 예를 들어 폰노이만은 1946년에 줄리언 헉슬리에게 "우리는 이 기계를 물리 연구소에서 사이클로트론이 사용된 것과 동일한 의미로 사용하고자 한다"라고 썼다.[3] 컴퓨터의 역사에서 끊임없이 반복된 것처럼 컴퓨터 제작에는 상당히 잘 구별되는 두 전통이 존재했다. 하나는 물리적 관계들을 매개체에서 재창조하거나 또는 그것들이 자연에서 일어나는 것과 다른 크기로 재창조하여 유사한 방식으로 작동하는 기계를 만들려고 했다. 그런 것들 중에 속할 수 있는 것들로는 모형 배 수조(水槽) 또는 풍동(風洞)을 포함하는 유사 장치 모형들과 함께 조화 분석기라든지 포격(砲擊)용 컴퓨터, 그리고 네트워크 분석기 등이 있다.[4]

그러한 모형들은 오랜 역사를 가지고 있다. 예를 들어 19세기 영국 전기 기사가 전자기 현상에 포함된 관계들을 재현하기 위해 도르래와 용수철, 그리고 회전자를 연결하는 것을 생각하자. 그러나 여기서 우리의 흥미를 끄는 것은 디지털 정보 처리에 전념하는 두 번째 전통이다. 실제로 나의 관심사는 그보다도 상당히 더 좁아서 전쟁 후반기와 전후(戰後) 기간 동안에 나타난 복잡한 자연을 흉내 내기 위하여 디지털 장치를 이용하려는 시도다.

일본이 항복하고 나서 로스앨러모스의 실험실은 흩어지기 시작했다. 그러나 흩어지기 전에 과학자들은 나중에 핵무기의 주된 노력으로 돌아가게 되면 필요하다고 증명될지도 모르는 그들의 지식을 수집하고 기록하기 위해 모였다. 한 가지 그러한 회의가 여전히 가설에 머문 핵융합 무기를 논의하기 위해 1946년 4월 중반에 소집되었는데, 그 무기는 심지어 히로시마와 나가사키의 참화가 있은 뒤에도 엄격히 기밀 취급으로 지정된 보고서에 나오는 다소 무시무시한 장치였다. "열핵 폭발은 크라카토아의 화산 폭발과 같은 …… 샌프란시스코 지진에서 쉽게 계산할

---

3) 폰노이만이 헉슬리에게, 1946년 3월 28일, JNP.
4) 예를 들어 골드스틴, 『컴퓨터』(1972); 아스프레이, 「수학적 수용」(1987), 168쪽; 아스프레이, 『폰노이만』(1990); 버크스와 버크스, 『전자 컴퓨터』(1988), 74~87쪽, 106~107쪽; 스턴, 『ENIAC으로부터 UNIVAC까지』(1981), 8~14쪽을 보라.

수 있는 10^{25}ergs와 같은 값을 가진 자연적 사건은 물론 핵분열 폭탄과도 그 효과 면에서 비교가 안 될 정도라고 예측할 수 있다.[5] (제2장에서 빅토리아 시대의 자연 철학자가 시도했던 것처럼) 이제 더 이상 시험관에서 크라카토아를 모방하려고 시도하지 않는 로스앨러모스의 물리학자들은 이제 생체 조건에서 그러한 모방을 기도하고 있었다.

설사 H-폭탄의 파괴 능력을 상상하는 것이 그렇게 어려운 문제가 아니었다 하더라도 그것을 설계하는 일은 어려운 문제였다. 비록 초기 폭탄 제작자들은 중수소가 스스로 지속되는 핵융합을 시작하게 만드는 것이 비교적 쉬우리라고 생각했지만, 전쟁 기간 중 연구는 그 문제가 훨씬 더 복잡하다는 것을 가르쳐 주었다. 그것과 동일한 보고서의 어떤 다른 부분에서 로스앨러모스 물리학자들은 다음과 같이 논평했다. "열쇠가 되는 물질의 원자핵이 지닌 성질은 에너지가 원자핵 반응으로부터 공급된다는 점에서 여전히 필수적이지만, 그 현상에 대한 통제와 이해는 핵분열 폭탄에서의 경우와 비교해 훨씬 더 큰 정도로 순수하게 원자적인 것만 고려하는 것과 관계된다. 그 반응이 의존하는 것은 지극히 높은 온도의 물질에 대한 복잡한 행동이다. 그러므로 예측을 위해 중요하게 필요로 하는 것은 현대 물리학의 전체 이론적 구도에서 유도되는 물질과 방사선의 일반 성질에 대한 깊은 통찰력이다."[6] 저자(著者)들이 "현대 물리학의 전체 이론적 구조"를 필요로 할 것이라고 말했을 때 그들이 과장하고 있는 것은 아니었다. 단지 수소화물의 원자핵 물리와 단단한 방사선과 연한 방사선의 분산, 그리고 폭발의 유체 역학 자체가 어려웠을 뿐만 아니라 그것들은 동시에 그리고 놀랍게도 태양 중심 온도에 근접하는 온도에서 분석되어야 했다.

에너지가 어떻게 손실되었는가? 온도의 공간 분포는 어떠했던가? 중수소-중수소와 중수소-삼중수소 반응은 어떻게 진행되었는가? 그 결과

---

5) 브레처 외, 「초(超)」, LA-575, 1950년 2월 16일, 4쪽.
6) 브레처 외, 「초(超)」, LA-575, 1950년 2월 16일, 3쪽.

로 생기는 헬륨 원자핵은 그 에너지를 어떻게 축적했는가? 이런 문제와 다른 문제들이 해석적 수단으로 해결될 수 없었으며, 또한 유사 장치에 의한 "유사성" 처리에도 적합하지 않았다. 실험은 불가능한 것으로 밝혀졌다. 절대온도 수억 도는 실험을 꿈도 꾸지 못하게 만들었다. 페르미의 원자로에 해당하는 것이 열핵 반응에는 존재하지 않았으며 활성 물질로 만든 벽돌을 쌓아 임계값을 얻는 어떤 흥미로운 접근 방법도 존재하지 않았다. 이론과 실험이 실패한 곳에는 어떤 종류의 수치적인 모형 세우기가 필요했으며, 여기서 1945년 말에 바로 작동을 시작한 원형(原型) 컴퓨터인 ENIAC(Electronic Numerical Integrator and Calculator, 전자 수치 적분 및 계산기)보다 더 좋은 것은 있을 수 없었다.[7]

첫 번째 컴퓨터가 다룬 첫 번째 문제가 열핵 폭탄이었다는 것은 단순한 우연이 아니었다. 3년 동안 맨해튼 프로젝트는 어마어마한 규모로 성장했으며, 전쟁이 끝날 무렵에는 모든 종류의 신기술을 호령했다. 이러한 개발에서 열쇠가 되는 선수는 헝가리에서 망명해온 수학자이자 물리학자인 존 폰노이만이었는데, 전쟁 기간 내내 자동 계산에 대해 생각하고 있었다. 애버딘 성능 시험장(미국 메릴랜드주의 애버딘에는 미 육군의 각종 성능 시험장이 위치해 있다 - 옮긴이)의 (그리고 1940년에 시작한 과학 자문 위원회에서의) 탄도학에 대한 자문관으로서 초기 연구에서부터 폰노이만은 복잡한 물리 문제를 컴퓨터에 적용시키는 문제에 관심이 있었다. 1941년에 이르자 그는 그 해에 국가 방위 연구 심의회(National Defense Research Council, NDRC)에 소개했고 1943년부터 1945년까지는 맨해튼 프로젝트에 소개한 기술인 충격과 폭발에 대한 전문가로서 널리 인정받고 있었다.[8]

이러한 프로젝트들 하나하나가 모두 자체적인 복잡성을 가지고 있지만, 아마 가장 어려운 문제는 효과적인 핵폭발이 보장되도록 플루토늄

---

7) 브레처 외, 「초(超)」, LA-575, 1950년 2월 16일, 20쪽.
8) 아스프레이, 「수용」(1987), 171쪽.

을 충분히 빠르고 정확하게 함께 모으는 데 필요한 내파(內破) 계산과 연관되어 있었다.[9] 플루토늄을 둘러싸고 있는 중성자 반사 벽에 대한 유체 역학은 무엇이었던가? 핵분열 중심부의 유체 역학은 몰려드는 폭발파에 의해 충돌하면 어떻게 변화할 것인가? 플루토늄과 반사 벽의 복잡한 운동 속에서 폭발파 자체는 어떻게 움직일 것인가? 이런 것들은 손으로 풀릴 수 있는 가능성이 별로 없고, 닫힌 형태로 풀릴 가능성은 훨씬 더 없는 계산들이며, 그래서 폰노이만은 어떻게 연립 미분 방정식을 차분(差分) 방정식으로 바꾸고, 이것을 다시 컴퓨터가 이해할 수 있는 언어로 바꿀 수 있을까에 대해 이해하는 쪽으로 나아갔다.[10]

여기에 유체 역학적인 충격의 열역학 모형을 디지털로 처리하기 위해 설계된 수치(數值) 방법에 관해 폰노이만의 1944년 연구에서 나온 한 가지 예가 있다.[11] 이것은 물리적 모형에서 근본이 되는 대상들이 계산될 수 있다는 매우 철학적이지 못한 필요성에 의해 종종 어떻게 조절되는가를 보여준다. 문제가 되는 것은 열전도와 점성이 무시될 수 있는, 압축될 수 있는 기체 또는 액체다. 라그랑지안 형태로 운동 방정식은 물질의 기본 부피를 a라는 양으로 표시하여 구축되는데, 이 양의 위치는 시간 t에서 x로 정해진다. 우리는 이 기체의 특성을 열역학 상태 방정식으로 기술하며, 그것은 기체의 내부 에너지를 $U = U(V, S)$로 표현하는데, 여기서 U는 견줌 부피 $V = \partial x/\partial a$와 견줌 엔트로피 S의 함수다. 규격화된 질량 단위는 밀도가 단위(1)과 같게 만들며, 그러므로 x와 $x + dx$ 사이에 위치한 물질의 양은 단순히 da이다. 기체의 밀도는 견줌 부피의 역수가 되며, 압력 p와 온도 T는 보통의 열역학 방정식에 따라

$$p = -\frac{\partial U}{\partial V}, \quad T = \frac{\partial U}{\partial S} \tag{8.1}$$

9) 호드슨, 「임무 변화」(1992)를 보라.
10) 베테, 「서론」(1970), 3쪽을 보라.
11) 폰노이만, 「수치 방법」([1944] 1963), 6: 367쪽.

로 주어진다.

운동 방정식은 x를 a와 t의 함수로 제공하기 위해 설계된다. 운동량 보존($dp/dt = 0$)은 시간 도함수인 $m\partial x/\partial t$와 공간을 따라 움직일 때 압력의 변화에 대응하는 항인

$$\frac{\partial^2 x}{\partial t^2} = -V\left(\frac{\partial p}{\partial x}\right)_{t\,=\,일정}$$ (8.2)

두 부분을 갖는다. 여기서 $V = \partial x/\partial a$를 치환하면

$$\frac{\partial^2 x}{\partial t^2} = -\frac{\partial}{\partial a}\, p\left(\frac{\partial x}{\partial a},\, S\right)$$ (8.3)

가 된다. (내부 에너지와 외부 에너지의 합인) 총 에너지의 보존은 질량 단위가 1로 규격화되었음을 상기하면 바로

$$dE = \frac{\partial U}{\partial V}\, dV + \frac{\partial U}{\partial S}\, dS + \left(\frac{\partial^2 x}{\partial t^2}\right) dx = 0$$ (8.4)

가 된다. 이것을 열역학적 관계인 (8.1)과 결합하면, (8.4)식은

$$dE = -p\,dV + T\,dS + \left(\frac{\partial^2 x}{\partial t^2}\right) dx = 0$$ (8.5)

가 된다. (8.3)식에서 우리는 $\partial^2 x/\partial t^2$ 대신 $-\partial p/\partial a$를 치환할 수 있다. 부분 적분으로 적분을 수행한 뒤에 (8.5)식의 우변의 첫째 항과 셋째 항은 서로 상쇄되며 그 결과는

$$\frac{\partial S}{\partial t} = 0$$ (8.6)

가 된다.

이것은 폰노이만의 주장 중에서 결정적인 부분이다. 에너지 보존의 조

건으로서가 아니라 그 귀결로서 엔트로피가 보존된다는 결과 때문에 p
가 V만의 함수라고 가정하고 (8.3)식의 풀이를 구할 수 있다. 해석적 방
법과 수치 기술이 모두 이렇게 잘 이해된 쌍곡선 미분 방정식에서 완벽
하게 잘 성립한다. 그렇지만 만일 그 시스템에 충격이 가해지면, 우리 물
질 중 약간의 양이 충격을 가로질러 가면서 엔트로피가 변화한다. 엔트
로피의 변화(그러므로 운동 방정식 [8.3]에서 곁수의 변화)가 충격의 경
로에 의존하므로 이 문제는 굉장히 더 복잡해졌다. 쌍곡선 미분 방정식
대신 변화하는 곁수를 갖는 쌍곡선 미분 방정식을 갖게 될 수도 있는데,
그것은 일반적으로 해석적으로나 수치적으로 모두 풀릴 수가 없다.

폰노이만의 중심 생각은 내부 에너지가 두 개의 서로 상호작용하지 않
는 부분들로 $U(V,S) = U_*(V) + U_{**}(S)$와 같이 나뉠 수 있다고 가정하고
(S가 상수가 아닌) 충격의 경우에서도 (8.3)식의 간결함을 되찾자는 것
이었다. 그러면 열역학적 방정식 (8.1)에서 단지 $U_*(V)$만 p에 기여하고,
이 양은 우리가 p_0라고 표시할 수 있는데, 충격을 받지 않았을 때와 마찬
가지로 엔트로피에 의존하지 않는다. 그저 쉽게 말하자면 에너지 $U(V,$
$S)$가 이런 방법으로 나뉜다는 폰노이만의 가정은 "상호작용을 하지 않
는" 물질을 가정한 것에 해당하며, 그 물질은 일련의 용수철에 연결된 정
해진 질량의 구슬들을 가지고 정확하게 모형으로 만들어질 수 있다. 충
격은 여전히 전파될 수 있지만, 그러나 엔트로피는 압력에 기여하지 않
는다.

a가 마이너스 무한대에서 플러스 무한대까지 아무 정수 값이나 가질
수 있고

$$x = x(a,t) \equiv x_a(t) \tag{8.7}$$

라면, 우리는 미분 방정식 (8.3)을 기계 부호로 적합한 차분 방정식의 근
사적 시스템으로

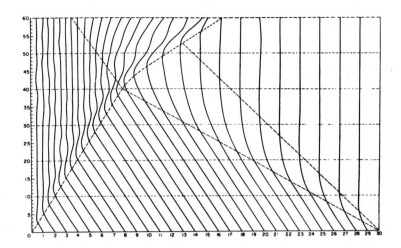

〈그림 8.2〉 충격 시뮬레이션(1944). 애버딘 탄도학 연구소에서 폰노이만은 그의 "용수철에 연결된 구슬들"의 충격 문제를 펀치 카드 계산기에 넣었다. 여기서 y-축은 시간을 표시하며 x-축은 "분자"와 r들의 원래 위치를 표시한다. 실선들은 개별적인 구슬의 "세계선"이다. 정확한 유체 역학 방정식이 풀릴 수 있는 경우에 대해 충격 파면이 왼쪽 아래로부터 점선으로 보인다. 오른쪽 아래로부터 나온 두 점선은 "희박해진 파동"의 앞쪽과 뒤쪽인데 그것은 충격보다 더 앞서서 움직인다. 수치 결과와 정확한 풀이가 근접해 있기 때문에—그리고 수치 연구가 보여주는 추가의 자세한 묘사 때문에—감명을 받아 이러한 조사에서 심지어 정확한 풀이가 존재하지 않는 영역에서도 나중에 "컴퓨터 시뮬레이션"이 된 폰노이만의 관심사가 시작되었다. 출처: 폰노이만, 「수치 방법」([1944] 1963), 377쪽의 〈그림 2〉, 판권 1963, Pergamon Press Ltd., Headington Hill Hall, Oxford OX3 0BW, UK의 허락을 받았다.

$$\frac{d^2 x_a}{dt^2} = p_0(x_a - x_{a-1}) - p_0(x_{a+1} - x_a) \qquad (8.8)$$

와 같이 간단히 할 수 있다.[12] 이 식을 일단 기계로 처리하게 되면 그 결과로 나오는 시뮬레이션은 마치 충격파를 사진으로 찍은 듯이 그래프로 대표한 것을 만들어낼 수 있을 것이다(〈그림 8.2〉를 보라).

무슨 일이 벌어졌는지를 설명하면 다음과 같다. 순수하게 계산상의 이유 때문에 (즉 충격 문제를 전기-기계적인 계산기로 처리하기 위해) 폰

---

12) 폰노이만, 「수치 방법」([1944] 1963), 6: 367쪽.

노이만은 엔트로피에 대한 의존성을 제거하는 것을 포함하도록 그의 연구 목표를 재정의했다. 그때까지는 이것을 하기 위한 유일한 방법은 충격을 상쇄시키는 것뿐이었다. 그의 새로운 접근 방법은 용수철에 연결된 구슬들을 도입해 모형을 수정하는 것이다. 이와 같이 용수철에 연결된 구슬들은 새로운 계산상의 장치에 적합하도록 구성된 실제 기체의 모형이다. 이것은 바로 해석적 기술이 조금도 쓸모없을 때에도 물리 시스템을 흉내낼 수 있는, 오직 기계에 의해서만 계산될 수 있는 모형이었다.

그다음에 폰노이만은 기계에 의해 지시되는 표현법의 타당성을 옹호해야 되었고, 그래서 그는 그럴듯한 것들의 요구 사항을 담은 긴 목록을 가지고 그렇게 했다. 첫째 그는 미분 방정식의 시각적으로 "대표"되는 논의로 형세를 역전시켰다. 특히 그는 "실제"로는 (폰노이만의 용어로) 일련의 불연속적인 분자들인 것을 기술하기 위해 연속체를 사용함으로써 세상을 왜곡시키는 것이 오히려 유체 역학 방정식인 (8.3)식이라고 지적했다. 이와는 대조적으로 용수철에 연결된 구슬들은 "이러한 물질의 준(準)분자적인 묘사"에 실제로 "대응"하는 것이다. 폰노이만이 인정한 것처럼 물론 어떤 장치도 6×10^{23}개에 달하는 이러한 구슬을 처리하지는 못하지만, 또 한편으로는 유체 역학 방정식조차 결코 그렇게 굉장히 많은 숫자를 노골적으로 요구하지 못한다.

다소 재치 있게 폰노이만은 다음과 같이 결론지었다. "실제 $N \sim 6 \times 10^{23}$은 정말 많은데, 그러나 그보다 훨씬 더 작은 N도 이미 충분히 클지 모른다. 그래서 $N \sim 6 \times 10^2$으로 충분할 가능성도 있다."[13] 만일 보통 한 개 또는 두 개의 입자를 취급하는 역학 이론을 생각하고(미시 물리학), 10^{23}개의 입자를 취급하는 통계 역학 또는 실험을 생각한다면(거시 물리학), 폰노이만이 여기서 하고 있는 것은 중간 매체를 통하여 거시 세계와 미시 세계 사이에 불안정하게 자리 잡고 있는 **중간 크기 물리학**이라고 부를 수 있는 지역을 개척하려고 한다. 이러한 중간 영역이 두 극한

---

13) 폰노이만, 「수치 방법」([1944] 1963), 6: 368쪽.

중 어느 하나가 가지고 있는 전통적인 정당성도 갖지 못하기 때문에 폰노이만은 이러한 표현법이 사물의 "진정한" 상태에 대한 합리적인 대역(代役)임을 보여주기 위해 다른 논증이 필요했다. 이러한 추가 논증에는 간단하게 만든 분자 간 힘과, 에너지 형태들 사이에서 에너지가 감소하는 과정 등에 대한 방어를 담고 있었다. 이런 근거와 다른 근거들로 폰노이만은 특히 구면 대칭성이 성립하는 경우 더 복잡한 상태 방정식과 더 많은 공간 차원에 대한 성공을 예측했다. 안쪽을 향하는 구면 충격파는 정확하게 원자폭탄의 심장부에 위치한 초(超)임계 모임 쪽으로 플루토늄을 발파하는 데 필요한 것이었다.

폰노이만도 알고 있었던 것처럼 1944년의 것과 같은 충격 계산은 전쟁 막바지에 폭탄 제조자들이 직면한 수학적-물리적 어려움 중에서 단지 소소한 부분에 불과했다. 왜냐하면 만일 플루토늄 폭탄이 단순한 "총을 모아놓은" 우라늄 폭탄에 비해 더 어려운 계산상의 문제점들을 내놓았다면, 어떤 원자폭탄 문제도 열핵 무기를 제작하는 문제에 비하면 심지어 조금이라도 어렵다고는 말할 수 없었을 것이기 때문이다.[14]

로스앨러모스가 만들어지기 전부터 상상되었던 수소 무기는 1942년 여름 이래로 무기 설계자들의 마음속에 담겨져 있었다. A-폭탄을 선호하는 바람에 H-폭탄이 한쪽으로 밀려났을 때 에드워드 텔러 주위의 작은 그룹만이 전쟁 기간 동안 (사람들이 부른 대로) 초고성능 폭탄에 대한 연구를 계속했다. 그리고 핵무기에 대한 전쟁 노력으로 남겨진 미해결 문제들 중 수소폭탄이 가장 어려운 동시에 잠재적으로 가장 중요한 문제였다.

바로 위에서 기술한 것과 같은 기계를 기반으로 하는 유체 역학 모형의 성공을 기반으로, 폰노이만은 1945년에 (열핵 무기에 대한) 굉장히 더 복잡한 문제를 새 ENIAC에 시도하기 위해 스탠리 프랑켈과 니콜라

---

14) 수소폭탄에 대해 더 많이 알려면 갤리슨과 번스타인, 「어떤 빛에서도」, *Hist. Stud. Phys. Sci.* 19(1989): 267~347쪽과 그곳의 참고문헌을 보라.

스 메트로폴리스를 초대했다.[15) 용수철에 연결된 구슬 충격 모형에서와 똑같이 한 가지 어려움은 차분 방정식이 실제로 "밑바탕이 된" 미분 방정식의 본질적인 성질을 묘사하는 설득력 있는 경우를 제시하는 것이었다. 또 다른 문제는 ENIAC에 의해 허용되는 제한된 수의 입자들이 10^{23}개의 입자로 이루어진 더 복잡한 세상의 현실에 제대로 "대응"할 것인지를 증명하는 것이었다.

계산이 시작되기 전에 메트로폴리스와 그의 공동 연구자들은 광자와 원자핵에 의해 축적된 에너지와 원자핵 융합에 의한 에너지의 방출, 그리고 흉내 낸 폭탄의 유체 역학 등을 간단하게 기술하는 몇 개의 미분 방정식을 만들었다. 그런 다음 미분 방정식들이 차분 방정식으로 번역되고 배선(配線)에 의해 컴퓨터로 입력된 다음 ENIAC은 초당 한 장꼴로 펀치 카드를 뱉어내기 시작했다. 1945년 12월과 1946년 1월 동안의 6주에 걸쳐 컴퓨터는 계속 돌아갔다. 심지어 모든 장비가 완벽하게 작동하더라도 한 가지 특정한 중수소와 삼중수소 배열을 조사하는 데 시뮬레이션은 여러 날이 필요했다. 각각의 카드가 출력되면, 그것은 다음 시간 단계를 위한 입력으로 다시 들어갔다. 이 연구에서 융합될 수 있는 물질의 온도와 배열이 시간 함수로 나왔다.[16)

메트로폴리스와 프랑켈은 그들의 결과를 1946년 4월의 초고성능 폭탄 회의에 제출했다. 전시(戰時)의 텔러 그룹 전원이 참석했고, 그들과 함께 A-폭탄에 크게 기여한 이론 물리학자인 로버트 서버와 로스앨러모스 이론 그룹의 전시(戰時) 책임자였던 한스 베테, 수학자 스테니슬러 울람, 그리고 나중에 미국인이 유감으로 생각한 소련 첩자인 클라우스 푹스가 참석했다. 울람은 바로 5일 전에 J. 턱과 함께 핵분열 장치에서 나온 제트가 유입된 중수소에서 어떻게 열핵 반응이 시작될 수 있는가에 대해 순전히 이론에 의한 로스앨러모스 논문을 완성했다. 이제 이 회의에

---

15) 골드스틴, 『컴퓨터』(1972), 214쪽.
16) 메트로폴리스, 저자와의 인터뷰, 1991년 5월 21일; 또한 아스프레이, 『폰노이만』(1990), 47쪽을 보라.

서 울람은 ENIAC에서 바로 나와 신선한 프랑켈과 메트로폴리스의 결과를 들었다. 100만 장이 넘는 IBM 펀치 카드에 의해 처리된 뒤 그들은 이 프로그램이 성공적으로 돌아갔고 초고성능 폭탄이 설계된 대로 폭발할 것이라는 조건부로 (만일 그러한 용어를 이용할 수가 있다면) 낙관적으로 만들었다고 보고했다.[17] 그러나 심지어 인공 두뇌학의 도움을 받고서도 초고성능 폭탄 문제는 ENIAC이 모형을 세울 용량을 너무 많이 초과한다는 것이 분명했고, 그래서 울람은 새로운 기계를 활용하는 데 좀 더 효율적인 방법을 찾기 시작했다.

열핵 무기와 확률, 중성자 증식, 역학, 혼자 하는 카드 게임 사이의 어딘가에서 울람은 몬테 카를로를 대략적으로 묘사하기 시작했다. 몬테 카를로의 공개적인 면모는 1947년 9월 3일에 미국 수학회에 의해 접수된 울람과 폰노이만의 짧은 요약에 처음 나타났다. 단지 미분 방정식을 공부하기 위한 새로운 계산 과정을 갖게 되었다고 말하면서 저자들은 그 기술이 통계적 절차와 확률적 절차를 결합한 그들의 이전 연구를 바탕으로 수립되었다고 강조했다. 그들은 "이 과정이 일련의 '혼자 하는 카드 게임'을 노는 것과 유사하며 계산하는 기계에 의해 수행된다. 그것은 주어진 분포와 함께 …… '무작위적인' 수를 필요로 한다"라고 썼다.

"무작위적"에 따옴표를 씌웠는데 그것은 그 수를 발생시키는 과정 자체가 결정론적일 수 있기 때문이다. 예를 들어 함수 $f(x) = 4x(1-x)$, 여기서 $0 < x < 1$은 0과 1 사이의 또 다른 수를 만들어낼 수 있다. 그 수는 다시 $f(x)$에 대입할 수 있다. 저자들은 다음과 같이 계속했다. "수를 이런 방식으로 '끄집어내서' 적당한 게임을 노는 방법으로 여러 가지 다른 분포를 구할 수 있다." 이 장의 나머지를 차지하는 주제 중에서 많은 것은 이런 초기의 간결한 의사소통에 이미 존재하는 "무작위적", "게임", "모형", "유사성" 등의 요소들을 탐구하게 될 것이다.[18]

---

17) 울람[과 턱?], 「열핵 조사를 위한 임시 제트 실험의 관심사」의 초안, SUP; 손으로 쓴 노트는 이 문서가 LA-560(울람과 턱, 「열핵 반응을 시작할 가능성」)에 대한 초안임을 가리키고 있다.

몬테 카를로라는 이름은 메트로폴리스가 만든 신조어(新造語)였으며, 1949년 9월호『미국 통계학회 잡지』의 공식적인 기고 논문에 처음으로 인쇄되었다. 분명히 폰노이만이 유체 역학 계산을 하며 선도한 것을 뒤이어 울람과 메트로폴리스가 단지 극히 일부의 물체들만 취급할 수 있었던 고전 역학 학자들의 견고한 대지(大地)와, 다루는 물체들의 수가 $N = 10^{23}$인 통계 역학자들의 더 새로운 세계 사이에 놓인 역학에서 아직 풀리지 않은 미지의 영역을 가리키며 시작했다. 이렇게 중간 크기의 아직 해결되지 않은 영역이라고 볼 수 있는 것이 또한 순열 조합 분석에도 존재했는데, 거기서 숫자들이 계산하기에는 너무 컸으며 큰 수의 법칙에 들어가기에는 아직 충분히 크지 못했다. 울람과 메트로폴리스는 그들의 주장을 새로운 영역에 포함시키고 그들의 방법에 대한 열쇠를 다음과 같이 발표했다. "혼자 하는 카드 게임의 결과가 성공으로 나올 확률을 계산하는 것은 (여기서 우리는 단지 그러한 게임만을 의미할 뿐 얼마나 게임을 잘하는지는 고려하지 않는다고 이해한다) 전혀 가망이 없는 과제다. 반면에 큰 수 법칙과 확률 이론에서 점근(漸近) 정리 등은 그러한 확률을 구하는 데 심지어 정성적으로까지 조금도 도움이 되지 못한다. 명백하게 실제적으로 도움이 되는 절차는 임의의 주어진 게임에 대해 충분히 많은 예를 만들어낸 다음 그중에서 성공한 부분의 상대적인 비율을 검사하는 것이다."[19]

이런 방법은 위의 π에 대한 "계산"에서 본 것처럼 또는 많은 차원 공간에서 (예를 들어 20차원) 유한한 부피를 계산하는 데서처럼 추측에 의해 결정되는 요소가 전혀 존재하지 않는 경우까지도 적용될 수 있다. 즉 그 부피는 각 축에 대해 일련의 부등식을 지정함으로써 정의될 수 있다. 단위 입방체를 20개 축 각각에 따라 10개의 부분으로 나누면 그 결과로

---

18) 울람과 폰노이만, 「확률적인 것과 결정적인 것」, *Bull. Amer. Math. Soc.* 53 (1947): 1120쪽.

19) 메트로폴리스와 울람, 「몬테 카를로 방법」, *Amer. Stat. Assoc.* 44(1949): 335~341쪽 중 336쪽.

10^{20}개의 입방체가 나온다. 조직적으로 상자 하나하나를 검사해서 그 안에 점이 들어 있는지 보는 것은 부드럽게 표현하더라도 실제적이지 못하다. 대신 저자들은 단순히 표본 입방체를 골라낼 수 있다고 제안했다. 말하자면 입방체를 10^4번 골라내 점들의 총수(10^4)에서 점이 정해진 부피 속에 들어 있는 부분의 비율을 찾아내는 것이다. 좀더 물리적으로는 우주선 소나기를 이해하는 데 동일한 종류의 어려움이 따른다. 우주선 소나기에서는 높은 에너지의 양성자가 원자핵과 충돌해 다른 입자들로 이루어진 소나기를 만들어낸다. 이렇게 만들어진 입자들은 다시 더 많은 입자를 만드는 원인이 된다. 이런 연쇄 작용은 대단히 복잡한 방식으로 계속된다. 비록 이 절차의 각 단계는 그전에 주어진 확률에 의해서 수행되기 때문에 정해질 수 있는 프로그램에 따라 계산될 수 있지만 전체 풀이를 구하는 일은 해석적인 방법의 한계를 초월한다.

이러한 경우들(혼자 하는 카드 게임인 솔리테르, 부피 결정, 입자 소나기 등) 각각에서 저자들은 천문학적으로 많은 확률들의 총수 중에서 절차가 특정하게 구현된 것들을 표본으로 고르자고 제안했다. 그러면 이렇게 표본으로 고른 것으로 구성된 "실험"의 특성으로부터 그것의 통계적 성질을 조사하는 것이 가능했다. 일반적인 절차에 대한 이러한 예시에 초점을 맞추었기 때문에 몬테 카를로가 실험인 것처럼 보였다. 그렇지만 작업대가 없다는 점에서 이론처럼 보였다. 그래서 이것이 속한 범주 자체가 문제가 되기 시작했으며, 도발적인 반어법을 이용해 울람과 메트로폴리스는 다음과 같이 천명했다. "이 실험들은 물론 어떤 물질적 장비를 이용하지 않고 단지 이론적으로 수행된다."[20] 문제가 된 것은 "실험"이라는 범주의 경계였으며, 다음에 거론될 사건들이 보여주는 것처럼 그러한 개념의 확장이 반대 없이 진행된 것은 아니었다.

그렇게 철학적으로 미세한 차이들은 메트로폴리스와 울람의 반송 주

---

20) 메트로폴리스와 울람, 「몬테 카를로 방법」, *Amer. Stat. Assoc.* 44(1949): 335~341쪽 중 337쪽.

소인 핵무기로부터 기대되는 주요 사업에 밀려 뒷자리를 차지하고 있었다. 핵분열의 경우 문제는 플루토늄과 같은 활성 물질을 통하여 중성자가 확산되는 정도를 계산하는 것이었다. 그러한 경우에 중성자는 원자핵으로부터 (탄성적으로 또는 비탄성적으로) 산란될 수 있으며, 원자핵에 의해 흡수될 수도 있고, 또는 원자핵이 (n개의 중성자를 방출하며) 분열하는 원인이 될 수도 있다. 각 절차마다 미리 정해진 확률을 가지고 있으며, 주어진 에너지를 갖는 중성자 그룹들에 볼츠만의 미분-적분 방정식을 적용시키는 것보다는 유한한 수의 중성자를 표본으로 고르는 것이 훨씬 더 간단하다. 언급되지는 않았지만, 의심할 여지 없이 핵분열과 동등한 것이 핵융합인데, 울람은 당시 거기에 대해서 열심히 일하고 있었다.

몬테 카를로 방법이 작동하기 위해 울람과 폰노이만은 수많은 무작위 수가 필요했는데, 컴퓨터로 생성되면 더 좋았다. 그 무작위 수를 가지고 산란과 핵분열, 그리고 핵융합의 무한한 세상의 표본을 고를 수(실험할 수) 있었다. 책에서 수천 개의 (방사능 붕괴와 같이 "진정으로 무작위"한 물리 과정에서 만들어진 무작위 수인) "진정한" 무작위 숫자를 빌려오는 것은 전혀 실제적이지 못했으며, 그래서 두 물리학자는 "가짜 무작위" 수를 만들어내는 일을 꾀했다. 전후(戰後)에 시도된 것들 중에서 가장 이른 하나에 이용된 폰노이만의 방식은 8-자리 수 또는 10-자리 어떤 수를 "종자" 수 n으로 취하여 절차를 시작하는 것이었다. 일련의 추가 숫자들이 (전형적으로 다항식인) 함수 $f(n)$을 반복적으로 적용하여 나타나게 되어 있었다. 예상할 수 있는 것처럼 이 과정에서 사람들은 몬테 카를로 게임에서 어떻게 정해진 함수를 반복적으로 적용하여 진정한 무작위 수가 만들어질 것으로 기대할 수 있는지 의아하게 생각했다. 짧게 답하자면 그와 울람도 $f(n)$이 그런 것과 조금이라도 비슷한 일을 할 것으로 예상하지 않았다는 것이다. 고전적인 의미에서 무작위 수를 만들어내는 것이 불가능해서 그들은 그 용어의 의미를 확장했다.

당시 폰노이만의 입장은 1948년 1월 오크리지 연구소의 물리학자인 앨스턴 하우스홀더와 가진 대화에서 나타났는데, 하우스홀더는 의아해서 "이것은 무작위로 선정된 단 하나의 수가 그 뒤로 무한히 많은 무작위 수를 만들어내는 경우인가?"라고 질문했다.[21] 하우스홀더는 그 대가(大家)의 답변을 기다리는 동안 몬테 카를로에 대한 오크리지의 연구가 중단되게 생겼다고 덧붙였다. 폰노이만은 무작위 수를 무한히 발생시키는 것과는 거리가 멀고, 유한한 기계가 $f(n)$을 차례로 적용시키면 시간이 충분히 흐름과 함께 유한한 수들이 주기적으로 반복되면서 영원히 계속될 것이라고 대답했다. 예를 들어 기계가 10-자리 수를 저장할 용량을 가지고 있다고 가정하자. 그러면 10-자리 수가 한 번도 반복되지 않고 만들어진다고 하더라도 숫자가 10^{10}개 만들어진 뒤에는 $f(n)$이 필연적으로 이미 만들어진 수를 만들어야만 하고, 전체 주기가 정확하게 반복되게 되어 있다. 폰노이만은 "결과적으로 어떤 함수 $f(n)$도 이러한 조건 아래서 충분히 오래 지속된다면 무질서한 수열의 기본적인 성질을 지닌 수열을 만들어내지 못한다"라고 인정했다. 그와 울람의 기대는 좀더 절제되어 있었다. 그들은 컴퓨터가 "1,000에서 10,000까지 사이의" 어디쯤에서 만들어내기를 원했는데, " …… 그 정도까지라면 그럴듯하게 '무질서'한 것으로 보였다." 그러한 수열은 단지 "실제적 목적에서 무작위"이면 된 것이다.[22]

"실제적 목적에서 무작위"라는 표현에서 폰노이만은 숫자가 두 조건을 만족시킬 것을 의미했다. 첫째, 개별적인 숫자는 같은 크기의 무작위적인 표본에서 기대할 수 있는 것만큼 균등 배분되어야 한다. 둘째, k번째 이웃과의 상관관계가 $1 \leq k \leq 8$에 대하여 (여기서 k는 원래 종자 수에 포함된 숫자의 수) 0이어야 한다. 무작위 수를 발생시키는 절차상의 과정은 다음과 같이 이루어졌다. 첫 번째 n_0는 무작위로 선정된 8-자리 수다. 이것은 예를 들어 $n_1 = n_0^2$에 대입되고, 이 결과의 가운데 여덟 숫자

---

21) 하우스홀더가 폰노이만에게, 1948년 1월 15일, JNP.
22) 폰노이만이 하우스홀더에게, 1948년 2월 3일, JNP.

를 뽑아서 $n_2 = f(n_1)$에 대입한다.[23] 아마도 "순수" 수학에서 훈련 받은 덕택임을 인정하면서 폰노이만은 다음과 같이 고백했다. "무작위 수를 만들어내는 산수상의 방법을 고려하고 있는 사람은 누구나 두말할 나위 없이 죄를 진 상태에 있다. 왜냐하면 여러 번 지적된 것처럼 무작위 수라는 것은 처음부터 존재하지 않기 때문이다. 단지 무작위 수를 만들어내는 방법만 존재할 뿐이며, 그리고 물론 엄밀한 산수상의 과정은 그러한 방법이 아니다."[24]

그 뒤 수년에 걸쳐 폰노이만의 간단한 무작위 수 발생 계획과 상관관계 시험은 다른 것들로 대체되었으며,[25] 단순히 "무질서"가 무엇을 의미하는가에 대한 긴 논쟁이 뒤따랐다. 그러나 몬테 카를로의 사용자들에게는 추상적인 수학 개념이 변두리로 밀려났다. 1954년 1월의 몬테 카를로 심포지엄에서 거짓 무작위 수를 발생시키는 다양한 방식의 자세한 수학에 대해 광범위한 논의가 있었는데, 거기서 진공관 회로의 열 소음 요동이나 또는 방사성 물질의 붕괴율과 같은 "진정한" 물리적 발생 장치의 사용에 대해서는 가끔 한 번씩 언급되는 데 그쳤다. 진정한 무작위 수에 대응하는 거짓 무작위 수로 바꾸는 경제적인 실용성을 인정하면서도 몹시 화난 청중 가운데 한 사람인 E. C. 피엘러는 다음과 같이 선언했

---

23) 하우스홀더가 폰노이만에게, 1948년 1월 15일; 그리고 폰노이만이 하우스홀더에게, 1948년 2월 3일을 보라. 두 가지 모두 JNP에 있다. 울람 또한 1949년 9월에 열린 학술회의에서 이렇게 "그럴듯하게 무작위"하다는 개념에 찬성했다. "기계가 일련의 무작위 수들의 제조를 흉내 낼 수 있다는 것이 이상하게 보일지 모르지만, 이것은 정말이지 가능하다. 실제로 그것은 0과 1 사이에 균일하게 분포되어 있으면서 다르게는 상관관계가 없는 일련의 수들을 만들어내는 것으로 충분하다"(메트로폴리스와 울람, 「몬테 카를로 방법」, *Amer. Stat. Assoc.* 44 [1949]: 335~341쪽 중 339쪽).

24) 폰노이만, 「여러 가지 기술」([1951] 1961).

25) 폰노이만의 원래 발생 계획은 충분히 신뢰할 만한 거짓 무작위 수를 제공해주지 못한다는 것이 처음에 경험적 근거에서, 그리고 나중에는 엄밀한 수학적 근거에서 의심을 받았다. 토처, 「적용」, *J. Roy. Stat. Soc. B* 16(1954): 39~61쪽 중 특히 46~47쪽을 보라.

다. "그렇지만 [거짓 무작위 수의] 그런 성질에 대한 훌륭한 연구에도 불구하고, 모든 결정론적 과정에 대한 나 자신의 자세는 기껏해야 마지못한, 그리고 당황스러운 받아들임이라고 고백하지 않을 수 없다. 나는 내가 무작위 수를 얻고 있다고 느끼지 못한다. 만일 정말로 '올바른 집합'에 대한 탐색 자체가 환상이 아니라면, 나는 무질서에 대해 제대로 된 시험을 적용하고 있는지 의심이 갈 뿐이다." 분명히 그에게 문제가 된 것은 "시험에 의한" 정의에 대한 개념으로, 그것에 관해 그는 다음과 같이 계속했다. "내가 훨씬 더 선호하는 것은 특히 [맨체스터에서와 같은 특정한 장치에 의해] 내가 무작위적인 것의 특성이라고 직관적으로 받아들일 수 있는 절차에 의해 발생된 수다." 그럴 때는 그리고 오직 그럴 때만 무작위성을 **구성**하는지에 대해서가 아니라 가능한 잘못의 (그의 말을 빌리면 "질적 통제"인) 감시로서 시험이 실시될 수 있었다.[26]

피엘러에 대한 대답으로 학술회의의 주요 기고자들 중 (옥스퍼드에서 과학적 실험의 설계와 분석에 대한 강의를 맡고 있고 하웰에서 자문역으로 일하는) J. M. 햄머슬리와 (역시 하웰의) K. W. 모턴 두 사람은 다음과 같은 과장된 질문을 연달아 퍼부었다. "무작위 수들이 언제라도 존재한 적이 있었던가, 그런 수를 주문하면 만들 수가 있는가, 그렇다면 어떻게 만드는가, 그런 수를 알아볼 수가 있는가, 그리고 그것들이 잘못된 것인지 시험해 볼 수 있는가?" 엄격함이 아니라 실용성이 요구되었다. "이것들은 기분 전환용의 철학적 사색들이다. 그러나 적용하는 수학자는 그것들이 요점을 비켜나 있다고 간주해야 한다. 그는 몬테 카를로 연구에서 무작위 수가 꼭 필요한 것이 아님을 알고 있다. 그 대신 근사적인 무작위 수나 거짓 무작위 수, 그리고 근사적인 거짓 무작위 수 등 모두가 다 해낼 수 있을 것이다. 그리고 그에게 남아 있는 유일한 문제(그럼에도 불구하고 만만찮은 문제)는 얼마나 거짓이고 얼마나 근사적인가 하는 것이다."[27] 그들의 대답은 하루 정도면 충분히 거짓 무작위 수와 근사적

---

26) 피엘러 외, 「논의」, *J. Roy. Stat. Soc. B* 16(1954): 61~75쪽 중 62쪽.

인 무작위 수를 걱정할 필요가 없다는 것이다. 문제마다 각각 고유한 요구 사항이 있을 것이다. 모든 시험을 수집하고 그러한 특징들을 첩첩이 쌓아 올리는 것은 비참할 것이다. "다수의 부정적인 원리들로 둘러싸여 있을 때 긍정적인 무엇을 구축하는 것은 거의 불가능하다." 여기서 관심의 핵심은 주어진 문제에 대한 "올바른 해답"을 구하는 것이다. 그와 같은 올바른 해답을 구하는 것은 주로 문제 자체의 어떤 구조적인 특징에 대응하는 "무작위적인" 수열에서 어떤 규칙성도 갖지 않는 것을 의미했다. 정말이지 어떤 적분 문제에 대해서는 수열 1, 2, 3, 4, 5, 6, 7, 8, 9, 0, 1, 2, 3, 4, 5, …면 충분했다.[28]

거짓 무작위 수 발생기의 적절성에 대한 이런 논의들은 무익한 것이 아니다. 한 저자(著者)는 1960년대를 거짓 무작위 수 발생기의 "암흑시대"라고 불렀다. 여러 가지 "시험"들을 근거로 저자들은 서로 다른 방식들 사이에서 판단하려 했다. 그러나 많은 노력을 기울였음에도 불구하고 컴퓨터의 여왕인 IBM 360의 RANDU에 설치된 무작위 수 발생기는 무작위적이지 않은 것으로 유명했으며, 1980년 후반에 이르기까지 의심하지 않고 그대로 사용한 저자(著者)들을 재앙으로 몰아넣었다. F. 제임스는 거짓 무작위 철학을 다음과 같이 신랄하게 요약했다. "만일 거짓 무작위 수 발생기가 정해진 수의 시험에 통과했다면 그다음 시험에도 통과하게 될 것이고, 그 다음번 것이 우리 문제의 해답이다."[29] 물론 행운이 이런 방법으로 따라올 이유는 없었다.

실제로 예전의 IBM 709에 설치된 무작위 수 발생기는 시험들을 모두 잘 통과했지만, 그 무작위 수들을 몬테 카를로에 적용시켰을 때 놀라울 정도로 격한 요동침이 일어나서 1962년에 어떤 고에너지 물리학자

---

27) 햄머슬리와 모턴, 다음 논문 피엘러 외, 「논의」, *J. Roy. Stat. Soc. B* 16(1954): 61~75쪽 중 73쪽에 나온다.

28) 햄머슬리와 모턴, 다음 논문 피엘러 외, 「논의」, *J. Roy. Stat. Soc. B* 16(1954): 61~75쪽 중 73쪽에 나온다.

29) 제임스, 「몬테 카를로」([1980] 1987), 656쪽.

〈그림 8.3〉무작위적이지 않은 무작위성(1963). 무작위 수 발생기에 대한 가장 간단한 시험이 단위 간격에서 숫자들이 균일하게 분포되어 있는지 검사하는 것이다. 그다음으로 연속된 점들의 쌍이 단위 사각형에 도표로 그렸을 때 상관관계에 있지 않는지 검사할 수 있다. 1960년대 초기의 두 발생기인 GAS1과 RANNO는 두 시험을 모두 통과했다. 그러나 연속된 특정한 세 점들이 고려되었을 때(첫 번째 요소 z는 0.1보다 더 작고 다음 두 점들을 x와 y라고 취했을 때) RANNO는 오른쪽에 보인 그림을 만들었고(그래서 시험에 실패함), 한편 왼편에 있는 GAS1은 시험을 통과한 것처럼 보였다. 출처: J. 라치, 예일 컴퓨터 센터 비망록 번호 27, 1963년 10월 29일.

(조지프 라치)는 전혀 믿지 못하게 되었다. 연속된 점들($x, y,$ 그리고 z)로 이루어진 세 수를 취해 그는 $z < 0.1$인 점들의 부분 집합을 고려해 컴퓨터로 하여금 화면에 x와 y를 도표로 그리도록 했다. 가장 놀라운 구성을 갖춘 화면 정보에서 컴퓨터는 일련의 경사진 띠들을 보여주었는데 그 띠들 사이에는 아무것도 없었다(〈그림 8.3〉을 보라). 왜 그런가? 당시에 라치는 말할 수가 없었지만, 그렇게 분명한 구조는 "무작위" 발생기가 명백하고도 심각한 결점이 있음을 보여주었다. 근저(根底)에서는 이 어려움이 모든 그러한 "곱셈에 의해 일치시키는 발생기"는 띠를 생산한다는 수(數)-이론적 분석에 의해 설명될 수 있었다. (곱셈에 의해 일치시키는 발생기는 $r_i = ar_{i-1} + b \bmod m$ 형식 중 하나로, 여기서 m값은 전형적으로 2에 사용하고 있는 컴퓨터의 단어 크기만큼 멱수를 취한 수다. 그러므로 5-비트 수열에 대한 초보적인 예로는 $a = 21, b = 1, m = 32,$ 그리고 $r_0 = 13$이라고 놓는 것이다. 이렇게 선택하면 $21 \times 13 + 1 \bmod 32$ 또는 274/32의 나머지가 되는데 그 값은 18이다. 이제 13자리에 18을

집어넣고, 그런 방식으로 수열 13, 18, 27, 24, 25, 14, …를 얻는다.) 라치의 분석은 또한 다른 곱하기 수(수 a)를 선택하면 그러한 띠가 "사라지게" 만드는 것이 가능함을 시사했다. 많은 사람들이 얻은 교훈은 시험 하나만으로는 한계가 있다는 것이다. 임의의 시험들을 차곡차곡 쌓아놓는 대신 도표로 그리고 보는 것이 더 좋다.[30]

보잉 과학 연구소의 수학 연구 부서에 근무하는 조지 마사글리아는 수(數)에 대한 민코프스키 기하학을 멋있게 응용하여 라치의 띠를 피할 수 없다고 증명한 논문을 1968년에 발표했다. 어떤 곱셈 합동 발생기라도 점들을 초(超)평면으로 보내면 항상 그렇게 되었다. 곱하는 수를 바꾸면 (마사글리아의 논문으로부터 배운 것인데) 초평면을 변경할 수가 있지만, 그것들이 없어지지는 않았다. 마사글리아는 이러한 "결함"이 처음 시작하는 값이나 곱하는 수 또는 나누는 수를 조정해서 제거될 수는 없다고 경고했다. 어떤 방법을 이용하든 점들을 모두 포함하는 평행한 초평면들의 시스템이 많이 존재했다. 이것은 좋지 않았다. 시스템의 어떤 물리적 성질이 초평면과 일치되는 경우에 몬테 카를로를 적용시키면 언제나 판단을 그르치게 하는 결과가 나올지도 몰랐다. 마사글리아는 더 나쁜 것이 실질적으로 세계의 모든 컴퓨터에 장치된 이러한 무작위 수 발생기를 이용해 "지난 20년 동안에 그러한 규칙성이 몬테 카를로 연구에서 좋지 않은 그렇지만 알아보지 못한 결과를 만들어냈을지도 모른다"는 것이라고 주의를 환기시켰다.[31]

---

30) 제임스, 「몬테 카를로」([1980] 1987), 657쪽과 J. 라치, 미발표(1962)를 포함; 워노크, 「무작위 수 발생기」, *Los Alamos Science* 15(1987): 137~141쪽.

31) 구체적으로 마사글리아는 n-공간에서 부피가 2^n인 대칭적이고 볼록한 집합이 (원점을 제외하고) 좌표가 정수인 한 점을 가져야 한다는 것을 보인 민코프스키의 유명한 "수(數)의 기하학"의 결과를 이용했다. 민코프스키의 정리로 마사글리아는 곱셈을 이용해 일치시키는 발생기가 단위 n-입방체 내부에서 n개의 한 벌을 만들어내는 데 사용한 어떤 나누기 수 m을 가지고도, 모든 점들을 포함하는 평행하는 초평면이 $(n! / m)^{1/n}$개 미만이 존재함을 증명할 수 있었다. 마사글리아, 「평면에서의 무작위」, *Proc. Nat. Acad. Sci.* 61(1968): 25~28쪽.

상황에 대한 이렇게 더 깊은 수학적 이해와 함께 평면의 최대 수가 증가될 수 있었으며, 그리고 평면들의 방향과 간격이 몬테 카를로 목적에 맞도록 개선될 수 있었다. (한 종합 논문은 2^{64}라는 반복 주기를 낼 수 있는 맥길 대학의 "슈퍼-두퍼"를 칭찬했다.) 그러나 무작위 수 발생기의 유형이 어떤 다른 것이라고 하더라도, 그것이 얼마나 많은 상관관계 시험이나 또는 분포 시험을 통과했다고 하더라도 그것이 "무작위적"이지 않다는 사실은 또한 명명명백했다. 『로스앨러모스 사이언스』에 기고한 한 저자(著者)가 말했듯이 "이러한 조건들을 '무작위성에 대한 시험'이라고 부르는 것은 거짓이라고 알려진 가정을 시험하기 때문에 판단을 그르친다." 시험에 통과하지 못했다는 것은 물론 조심하라는 경고가 틀림없다. 그럼에도 불구하고 "모든 시험에 통과한다고 해서 …… 주어진 문제에 대해 발생기가 제대로 작동하게 만들기 충분하지 않을 수도 있지만, 그 발생기를 장치하는 프로그래머들을 기분 좋게 만드는 것은 사실이다."[32]

모든 사람이 더 좋다고 느끼지는 않았다. 위스콘신 대학의 (급진주의자들에 의해 1970년 늦은 8월에 폭격당한) 메디슨 교정에 위치한 미군 수학 연구 센터의 S. K. 자렘바는 시험에 근거한 또는 심지어 물리적으로 근거한 무작위성의 전체 철학이 참으로 잘못되었다고 다음과 같이 생각했다. "'무작위 수'라는 용어는 일반적 의미로 무작위성이란 절차가 지닌 성질이며, 그것을 정해진 수열에 적용한 것이 잘못된 믿음의 원인인데, 그러한 수열은 실제로 단지 확률적인 과정에만 적용될 수 있는 성질을 가지기 때문에 잘못된 이해로 인도되기 십상이다."[33] 자렘바가 본 것처럼 몬테 카를로 계산에서 무작위적인 또는 거짓 무작위적인 순서에 대한 확률적인 정당화는 그야말로 요점을 벗어난 것이다. 문제 —자렘바에 의하면 유일한 문제—는 얼마나 효과적으로 표본을 구하는 절차

---

32) 제임스, 「몬테 카를로」([1980] 1987), 667쪽; 이 인용은 워노크, 「무작위 수 발생기」, *Los Alamos Science* 15(1987): 137~141쪽 중 140쪽에 나온 것이다.
33) 자렘바, 「준-몬테 카를로」, *Stud. App. Math.* 3(1969): 1~12쪽 중 2쪽.

가 의문시되고 있는 적분을 근사하는가에 대한 것이다. 구체적으로 (준-몬테 카를로를 안내하는 원리에 따르면) 우리의 눈을 표본점들의 철학적 상태에 고정해서는 안 되고, 어떤 적분과 가능한 한 가장 좋은 점들 x_k로 이루어진 표본에 근거한 근사값 사이의 다음과 같이 주어지는

$$E = \left| \int f(x)\,dx - N^{-1} \sum_k f(x_k) \right|$$

오차 E를 최소화하는 데 고정해야 한다.

다시 본론으로 돌아가자. 차원이 d인 단위 입방체 Q^d에 속한 각 점의 좌표 x는 0과 1 사이인 일련의 점들 S를 취하자. 함수 $v(x)$는 원점에서 점 x에 이르기까지 직사각형 부피에 놓여 있는 S에 포함된 입자의 총수를 대표한다. 이제 x_i는 x의 i번째 좌표를 대표하고, N은 입방체에 속한 S 점의 총수라고 하자. 원점에서 x까지의 부피는 명백하게 좌표들의 곱으로 주어진다. 예를 들어 삼차원에서는 $x_1 x_2 x_3$가 꽉 찬 직사각형의 부피가 된다. 1916년의 헤르만 바일까지 거슬러 올라가는 결과의 투를 따라[34] 우리는 이제 원점에서 x까지 꽉 찬 직사각형 부피에 (만일 점들이 입방체에 무작위로 분포되어 있다면) 있을 것으로 예상하는 점들의 수와 그 부피에서 실제로 발견된 점들의 수 사이의 차이로 국지적 불일치 $g(x)$를

$$g(x) = \frac{v(x)}{N} - x_1 x_2 x_3 \cdots x_d$$

와 같이 정의한다. 국지적 불일치에 근거해 자렘바는 그다음에 전체로서 입방체에 대한 전체 불일치를 정의했다. 그러한 기준의 하나로 그는 극단적 불일치라고 명명한 기준이 있는데, S에 속한 모든 x에 대해 $g(x)$의 최대값의 절대값으로 정의했다. 이것은 삼차원에서

---

34) 바일, 「균등 분포」, *Math. Ann.* 77(1916): 313~353쪽.

$$D(S) = \sup\{|g(x)|\} \qquad Q^3\text{에 존재하는 모든 }x$$

가 된다. 또 다른 완벽하게 좋은 전체 불일치로 이용될 기준으로

$$T(S) = \sqrt{\int (g(x))^2\, dx}$$

로 주어지는 평균 제곱 불일치가 있다. 홀라우카와 콕스마, 스미르노프, 그리고 콜모고로프에 의한 수학적 결과에 나온 강력한 급수(級數)를 정리하면서 극단적 불일치와 평균 제곱 불일치를 가지고 오차 E의 경계를 정하는 것이 가능했다.[35] 무작위 수 또는 거짓 무작위 수에 대해 이 오차는 표본으로 뽑은 점들의 수 n에 따라 $1/\sqrt{n}$처럼 감소했다.

자렘바의 보고에 따르면, 이제 무작위 수의 발생에 대한 철학이 바뀌어야 했다. 그 목표는 무작위적인 세트보다 더 작은 전체 불일치를 갖는 (즉 덜 구역으로 모여 있는) 세트 S를 찾는 방법으로 오차 E를 최소로 만드는 것이어야 한다. 특히 무작위적 수열보다 더 균일하게 분포된 점들의 세트인 경우 이 오차는 무작위 수 또는 거짓 무작위 수인 경우보다 훨씬 더 빨리 감소함을 보이는 것이 가능했다. 어쩌면 극한의 경우, E가 n에 따라 $1/\sqrt{n}$처럼이 아니라 $1/n$처럼 감소할지도 몰랐다. 이것은 굉장한 개선이었다. 그것은 물리적 몬테 카를로 또는 거짓-몬테 카를로에서는 100만 개의 점을 필요로 한데 반해 "준-몬테 카를로"는 단지 1,000개의 점들로도 결과를 얻을 수 있다는 것을 의미했다. 어떤 사람이 낮은 불일치의 미끼를 저항할 수 있을까? 그럴 수 있는 사람이 있었다.

그 분야의 많은 연구자들은 거짓-몬테 카를로에서 바로 준-몬테 카를로로 바꾸기는커녕 오히려 그렇게 하기를 피했다. 자렘바는 다음과 같이 애석해 했다.

---

35) 예를 들어 홀라우카, 「함수」, *Ann. Mat. Pura Appl.* (4) 54(1961): 325~334쪽; 자렘바, 「준-몬테 카를로」, *Stud. App. Math.* 3(1969): 1~12쪽에 인용된 콕스마와 다른 사람들에 의한 논문을 보라.

통계학자들이 때때로 너무 낮은 불일치도를 가진 수열의 사용을 경고한 것은 이상하다. 예를 들어 [소련의 응용 수학자인] 골렝코는 [무작위적 수열에 의해 주어지는 것보다 더 작은 극단적 불일치를] "가장 바람직하지 않다"고 사용하지 않았다. 이런 경고의 원인이 무엇인지는 설명되지 않았다. 어쩌면 그 뒤에는 결정적인 절차에 따라 구했다고 알려진 경우에도 마치 무작위로 취한 수인 것처럼 가장하려는 의도가 숨어 있지 않았는지 의심스럽다. …… 무작위성이라는 애매한 개념에 매달리는 대신 무작위적인 기원이라고 가장하지 않지만, 계산에서 가장 좋은 정확도를 보장하도록 고안된 수열로 연구하겠다고 바라는 것이 더 좋을지도 모른다.[36]

그러한 가장 좋은 보장은 준(準)-몬테 카를로에서 나왔다. 그렇게 준(準)무작위적인 수열 중 하나는 "급진적인 역함수"에 의해 발생된 것인데, 이것은 수 n을 취하고 그것을 새로운 수 $\phi(n, b)$로 바꾸는데, 여기서 b는 진법이다. 이것은 다음과 같은 방법으로 작동한다.

1. 시작하는 수 n_0를 선정한다(예를 들어 $n_0 = 14$).
2. 진법 b를 선정하고(예를 들어 $b = 3$), n을 b진법으로 표현한다(여기서 14 =112).
3. 숫자의 순서를 거꾸로 하고(여기서 211), 그리고 그 결과를 1의 부분으로 표현한다. 그래서 $\phi(14,3) = 211/1000 = 0.211$이 된다. 비슷한 방법으로 전체 수열 $\phi(1, b), \phi(2, b), \phi(3, b), \cdots \phi(N, b)$가 준무작위로 입력 1, 2, 3, $\cdots N$ 그리고 b에 의해 주어진다.[37]

---

36) 자렘바, 「준-몬테 카를로」, *Stud. App. Math.* 3(1969): 1~12쪽 중 6쪽. 골렝코의 말은 슈라이더, 『몬테 카를로 방법』(1966), 278쪽에서 인용되었다.
37) 워코크, 「무작위 수 발생기」, *Los Alamos Science* 15(1987): 137~141쪽 중 141쪽.

몬테 카를로의 의미에 대한 긴장은 문헌에도 나타나 있다. 고에너지 물리학자들 사이에서 널리 유포된 F. 제임스의 몬테 카를로에 대한 논문은 다음과 같은 방법으로 말한다. "우리는 이제 무작위적이라는 모든 가면을 떨쳐냈으므로 독자는 이 시점에서 몬테 카를로라는 이름을 그대로 보유하고 있는 것에 대해 반대할지도 모른다. 엄격하게 말하면 그가 옳지만, 어쩌면 준무작위적 수열의 사용을 포함하도록 몬테 카를로의 개념을 확장시키는 것이 더 정당할 수도 있다."[38] 그는 준(準)-몬테 카를로가 계속해서 높은-차원 공간에 적용하는 것이 가능하고, 차원과 관계없이 어느 정도 동일한 수준으로 작동하며, 적분된 함수의 연속 성질에 대해 걱정이 없다고 주장했다. 이런 의미에서 준-몬테 카를로는 여전히 몬테 카를로였다. 역시 중요한 것으로는 준-몬테 카를로의 이론이 보통 구적법(求積法)의 이론에 비해 몬테 카를로 이론에 훨씬 더 가까웠다.

예를 들어 사다리꼴 규칙은 일차원 적분을 n개의 세부 간격으로 나누며, 한 특정한 세부 간격 내에서 적분될 예정인 곡선 안에 내접된 사다리꼴의 넓이로 적분을 계산한다. 어떤 곡선의 테일러 급수 전개를 생각하자. 이 전개의 상수항은 크고 첫 번째 도함수 항은 그보다 더 작으며, 두 번째 도함수 항은 여전히 작은 식으로 도함수의 차수가 높아질수록 점점 더 작아진다. 그러면 사다리꼴은 상수항과 첫 번째 도함수 항을 처리하며 오차는 주로 두번 째 도함수 항에 존재한다. 그 항은 간격의 제곱에 비례하고, 간격은 n을 나눈 간격의 수라고 할 때 당연히 $1/n$처럼 감소한다. 그러므로 오차는 $1/n^2$과 같이 감소하며, 이것은 몬테 카를로의 $1/\sqrt{n}$보다 훨씬 더 빨리 감소한다. 사다리꼴 규칙에게는 유감스럽게도 높은 차원 적분의 표본을 택하기 위해 필요한 점들의 수는 n^d처럼 증가하는데, 이것은 d차원에서의 오차가 $n^{-2/d}$에 비례하게 한다. 몬테 카를로의 경우 차원에 관계없이 $1/\sqrt{n}$과 같이 수렴한다 —— 차원에 독립인 것은 물리적 몬테 카를로나 거짓-몬테 카를로 또는 준-몬테 카를로 모두

---

38) 제임스, 「몬테 카를로」([1980] 1987), 662쪽.

에 성립한다. 비록 다른 구적법(求積法) 규칙들은 단순한 사다리꼴 규칙보다 더 낫지만, 모두 다 정상적인 표본 선택을 요구하며, 모두 다 차원이 커질수록 나빠지고, 모두 다 충분히 높은 차원에서는 결국 몬테 카를로의 오차보다 더 큰 오차를 내게 된다.[39] 여러 가지 유형의 몬테 카를로가 상당히 많은 공통점을 가지고 있으므로, 그리고 그것들은 구적법 기술의 다양하고도 역사적으로 풍부한 여러 종류에 기인한 측면에서만 차이가 발생하므로 제임스는 무작위성의 존재에 대한 차이를 무시하고 공통된 이론과 관습을 담은 "몬테 카를로"의 의미를 주장했다.

의미를 정함에 있어 국지적(局地的)인 관습들이 존재론의 전체적인 논점(論點)에 우선한다. 이것이 구름 상자에서 TPC까지 반복하여 발생하는 우리 주제들 중 하나다. 여기서도 다시 나왔다. 몬테 카를로에 대한 프로그램을 파내려 가면 무작위 수를 발견하게 되는데, 어쩌면 그러한 무작위 수를 부르는 프로그램 한 줄이 "random x"다. 그러나 FORTRAN의 표면상으로는 간단한 이 한 줄에 몬테 카를로의 그 의미에 대한 어떤 결과적인 철학이 존재하는데, 왜냐하면 "무작위"가 연구자들의 다른 그룹마다 다른 것을 의미하기 때문이다. 어떤 사람들에게 그 용어는 전자적(電子的) 소음이라든지, 우주선(宇宙線) 도착 시간 또는 알파 붕괴와 같은 순수하게 물리적 과정을 가리켰다. 다른 사람들은 "무작위"를, 분포와 상관관계를 조사하려고 설계된 일련의 시험들을 성공적으로 통과한 거짓 무작위 급수에게 수여한 자격을 나타내는 이름이라고 보았다. 또 다른 사람들은 그런 시험들을 무시했다. 그들은 무작위성에서 본 것이 바로 얻은 것이라고 주장했다. 결국 적절하지 않은 것으로 판명되곤 하는 일련의 알고리즘들을 신뢰하기보다는 그래프를 그리고 보는 것이 더 좋다. 마지막으로 주어진 응용문제에 대해 연구하면서 (또는 연구에 실패하면서) 일련의 숫자들이 가진 사후 검증의 유용성 학파를 형성한 자렘바

---

39) 제임스, 「몬테 카를로」([1980] 1987), 특히 646쪽 이후. 구적법 중 가장 좋은 것의 하나인 가우스 규칙에 대해 10-점 가우스 규칙은 38차원보다 더 큰 경우에만 몬테 카를로보다 더 서서히 수렴한다.

와 같은 사람들이 있었는데, 여기서 응용문제란 무작위성이라는 "환상"의 포기를 즐기며, 근사(近似) 작업을 신속히 마치는 주어진 경우를 정당화시키는 동일-분포(즉 준 무작위성)를 목적으로 하는 철학이다. 우리는 무작위의 "진정한 성질"에 대해 이렇게 전체적 불일치를 다시 살펴보겠지만, 당장에는 그것들이 어떻게 상상되었든 무작위 수 발생기들이 급격히 성장하는 시뮬레이션 기술에게 숫자들을 맹렬하게 쏟아 붓고 있는 것으로 충분하다고 치자. 폭탄과 지구, 비행기, 뉴트리노, 글루온, 은하(銀河) 등이 모두 그 기술의 수중으로 들어가고 있는 것처럼 보인다.

효과적으로 몬테 카를로는 그러므로 시뮬레이션에 이중으로 종속되어 있다. 첫째, 컴퓨터는 무작위성의 수학을 흉내 내고, 그러면 몬테 카를로가 그렇게 흉내 낸 무작위 수를 이용하여 물리학에 대한 시뮬레이션을 실행한다. 만일 전자(前者)가 이미 무작위의 성질에 대해 관심을 가진 일부 수학자들과 통계 역학자들, 그리고 물리 관련 과학자들을 괴롭혔다면, 후자(後者)는 실험 과학자와 실험의 의미에 관해 똑같이 강력한 논쟁을 촉진시켰다.

3. 인공 폭탄

지금까지는 몬테 카를로의 단지 공개적인 면만 보았다. 메트로폴리스와 울람의 논문이 1949년에 발표된 때까지 몬테 카를로 분석에 의한 강도 높고 복잡한 프로그램이 이미 두 해도 더 넘게 비밀리에 진행되고 있었다. 기밀 취급을 받은 것 중에서 가장 이르게 몬테 카를로를 물리계에 적용한 것이 1947년 3월 11일에 나왔는데, 그때 폰노이만이 핵분열을 흉내 내기 위해 그와 울람의 방식을 계획했다. 그 계획안은 로베르트 리히트마이어에게 보내는 비밀 편지에서 작성되었는데, 리히트마이어는 로스앨러모스의 이론 부서 책임자인 베테의 후임으로 부임한 사람이었다.

문제의 대상은 무기의 여러 요소에 확산시키는 중성자에서 관찰되는 매우 복잡한 현상을 어떻게 대표하는가에 대한 도전이었다. 이 문제는 조립된 전체가 폭발할지도 모른다는 점 때문에 더 어려웠다. 이것은 전혀 과장하지 않아도 로스앨러모스가 직면하고 있는 가장 급박한 이론적 문제이었다. 왜냐하면 그 결과가 두 가지 결정적인 문제에 답해줄 것이기 때문이다. 임계 질량은 얼마인가? (임계 질량은 얼마나 많은 물질이 만들어져야 되는가, 그리고 폭탄은 얼마나 커야 되는가를 결정했다.) "활동성" 물질을 어떻게 효율적으로 이용할 수 있는가? (효율성은 얼마나 많은 에너지가 방출될지를 결정해줄 것이다.) 한 가지 일련의 방법은 볼츠만의 수송 방정식에 의거해 설계되었는데, 구면 대칭성이 있건 없건 어떤 시스템에서나 입자들이 시간에 따라 움직이는 모습을 추적하는 미분-적분 방정식이었다. 그러한 방정식을 다양한 핵반응이 수반된 폭탄이라는 현실적인 경우에 대해 푸는 것은 불가능했으며, 그래서 이론 과학자들은 모든 중성자들이 동일한 에너지를 가졌으며 산란은 모두 등방적으로 이루어진다는 단순화한 가정을 만들었다.

그런 동일 속도 풀이를 여러 다른 속도들을 구해 결합함으로써 그들은 중성자가 어떤 경로를 지나갔는지에 대한 허술한 모형을 짜 맞출 수가 있었다. 궁극적으로 1944년 여름 몇 달 동안 파인먼과 그의 그룹은 반사재(反射材) 내에서 일어나는 산란을 좀더 현실적으로 취급해 몇 가지 속도 그룹에 대한 풀이를 한 가지 그룹으로 환산해 제공하는 방법을 성공할 수 있었다. 그때야 겨우 베테와 한 그룹의 이론 과학자들이 임계 질량에 대한 계산을 믿을 만하다고 여기게 되었다. 효율성을 해석적으로 계산하는 것이 더욱더 어려웠는데, 그것은 누구도 확산 문제를 임계값에 도달한 시스템에 대한 폭발적인 유체 역학적 방정식과 어떻게 결합하면 좋을지 알지 못했기 때문이다. 그런 계산들은 추측들과 경험에 의한 보간(補間)법들과 다른 근사법들을 결합해 만들어졌다.[40]

---

40) 확산 방법에 대해서는 호드슨 외, 『임계적 조립품』(1993), 179~184쪽; 또한 와인버그와 위그너, 『연쇄 반응로』(1958), 제8장을 보라.

전쟁이 끝나자 가지각색의 치밀한 사고에 의해 임계성과 효율 계산이 개선되었지만, 이러한 개선 후에도 여전히 많은 질문들이 답을 구하지 않은 채로 있었다. 만일 새로운 몬테 카를로가 중성자들이 중심부와 반사재(反射材)를 통과하는 동안 날고 튀면서 핵을 분열시킬 때 중성자들 중 상당 부분을 실제로 추적할 수 있다면, 좀더 작고 좀더 강력한 핵무기를 생산해 보려는 희망으로 현장에 남았던 로스앨러모스 과학자들에게는 절대로 필요했을 것이다.

폰노이만과 울람은 그러므로 그들이 몬테 카를로를 이용해 중성자 증식 방법을 풀어냈을 때 핵무기 설계의 출발점을 말하고 있었다. 리히트마이어에게 보내는 편지에서 폰노이만은 "스텐 울람에 의해 제안된 원리에 따라" 컴퓨터를 이용해 표본 중성자들의 여행 경로를 "뒤쫓음"으로써 임계 조립품(추측상 폭탄 또는 원자로)를 흉내 내는 것이 가능하게 되었다라고 썼다. 가장 간단한 경우로 폰노이만은 보통 플루토늄 또는 농축 우라늄인 핵분열에 대해 활성인 물질(A라고 줄여서 표현됨)과 중성자를 핵분열이 이루어지는 중심부로 반사시켜 보내는 베릴륨과 같은 반사재(反射材)(T라고 줄여서 표현됨), 그리고 핵분열에서 방출되는 중성자에서 에너지를 제거하는, 그래서 그 중성자들이 핵분열을 발생시킬 가능성을 높이는 전형적으로 수소의 어떤 형태인 감속 물질(S라고 표시함) 등이 구형으로 배열된 물질을 고려했다. 그러면 구면 대칭성 때문에 그 문제를 마치 단 하나의 공간 차원에서 일어나는 것처럼 취급할 수 있었다.

문제의 다른 많은 매개 변수들은 변하지 않게 고정시키고 간단히 그전의 실험이나 이론에서 구한 값을 대입할 수 있었다. 이것들은 원자핵에 의해 산란되거나 포획되는 중성자에 대한, 그리고 핵분열에 의해 방출되는 새 중성자에 대한, 속도에 의존하는 단면적들 중 전부는 아니더라도 일부를 포함하고 있었다. 폰노이만은 간단하게 만들기 위해 만들어진 모든 중성자들이 등방성(等方性)으로 나타난다고 가정했다. 몬테 카를로의 통계적 특성은 핵분열에서 생성된 중성자의 수를 선택하는 것을 (말

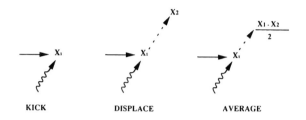

〈그림 8.4〉차기, 이동, 그리고 평균. 몬테 카를로 시뮬레이션은 대략 단계적으로 여러 번 반복되어 진행된다. 첫 번째 그러한 시뮬레이션 중 하나에서는 중성자들이 어떤 미리 정해진 속도 분포에 따라 움직이도록 되어 있다. 그러면 어떤 특정한 중성자는 원자핵을 차고 난 다음 원자핵과 중성자 모두 다음번 단위 시간 동안 반동(反動)되었다. 차기가 있은 뒤 원자핵의 위치와 원래 위치 사이의 평균을 취해 중성자의 역사가 반복되었다. 이러한 주기는 100개의 중성자와 중성자들이 들어왔던 물질이 일관성 있는 상태가 될 때까지 계속되었다.

하자면 두 개, 세 개, 네 개 등으로) 통해 가중치를 두었지만, 미리 프로그램된 속도 분포로부터 무작위적인 방법으로 정해지는 중성자의 속도를 통해, 그리고 가장 중요하게는 상호작용들 사이에서 중성자가 취하는 무작위적인 자유 경로를 통해 몇 가지 방법에서 나타났다. 이렇게 체계화시켰을 때의 문제는 폰노이만이 인정했듯이 자력으로 움직이지 못하는 것이다——시간이 흐르고 에너지가 방출되는 동안 물질이 돌아다니도록 만드는 유체 역학을 고려하지 않은 탓이다.[41]

폰노이만은 이러한 "비활성적 임계성"에 대한 시뮬레이션이 물질의 이동도 고려하는 것으로 전개할 수 있는 방법을 정하기 위해 계속 노력했다. 먼저 100개의 중성자들이 짧은 시간 간격 Δt 동안 진행하며, 주위의 물질에 전달한 에너지와 운동량이 계산되었다. 중성자들에 의한 이러한 "차기"와 함께 물질은 이동하게 되어 있다. 물질이 이동한 위치와 원래 위치 사이의 중간 위치에 있다고 가정하고, 100개의 원래 중성자들의 역사를 다시 계산하게 되었다(〈그림 8.4〉를 보라). 이런 되풀이 과정

---

41) 폰노이만이 리히트마이어에게, 1947년 3월 11일, 『수집된 업적』(1961), 5: 751~762쪽 중 751~752쪽.

은 중성자 역사와 물질 이동의 "'일관성 있는 시스템'이 구해질 때까지" 반복될 것이다. 그러면 컴퓨터는 이 마지막 상태를 다음 시간 간격 Δt의 기저로 사용했다. 광자도 같은 방법으로 취급될 수 있었고, 또는 만일 광자-물질 상호작용 때문에 간소화가 그럴듯하지 못했다면, 빛은 등방성의 검은 물체 복사를 위해 설계된 표준 확산 방법을 통하여 취급될 수도 있었다.[42]

이것은 몬테 카를로 방식의 첫 번째 성공이기 때문에, 그리고 이것은 지구 과학에서 비행기 설계까지 그 뒤에 나온 수천 가지의 시뮬레이션들이 가지고 있는 결정적인 성질들을 포착하기 때문에 좀 자세히 볼 만한 가치가 있다. 유체 역학을 고려 대상에서 제외하기 위해 첫 번째 시도로 폰노이만은 총 반지름이 R인 구면 대칭의 기하(幾何)를 도입하고, N개의 균일한 동심 구껍질 또는 지역으로 나누었는데, 여기서 지역 수 i는 $r_{i-1} \leq r \leq r_i$ 그리고 $0 = r_0 \langle r_1 \langle r_2 \langle \cdots r_{n-1} \langle r_N = R$을 만족하도록 중심으로부터의 거리 r 되는 곳의 점들로 정의되었다. 지역 i에는 A와 T, 그리고 S의 부분이 x_i, y_i, 그리고 z_i만큼 존재한다고 하자. 이제 폰노이만은 일련의 속도에 의존하는 함수들을 정의했는데, 그 함수들은 입사 속도가 v인 중성자의 경우 세 가지 물질 각각에 대해 중성자 흡수(a), 중성자 산란(s), 그리고 중성자 유도 핵분열(f)의 세제곱센티미터당 단면적을 제공했다. 단면적(Σ)은 상호작용의 가능성을 주며 입사하는 중성자에게 주어진 상호작용이 일어나는 부분으로 여겨지는 넓이라고 상상할 수 있다. 여기서 그 넓이들은 세제곱센티미터당으로 표현된다. 상호작용의 결과는 세 가지가 존재할 수 있다.

1. A, T, S에서의 흡수:

$$\sum_{aA}(v), \quad \sum_{aT}(v), \quad \sum_{aS}(v) \tag{8.9}$$

---

42) 폰노이만이 리히트마이어에게, 1947년 3월 11일, 『수집된 업적』(1961), 5: 753쪽.

만일 중성자가 흡수되면, 그것으로 이야기가 끝난다. 다른 중성자는 나오지 않는다.

2. A, T, S에서의 산란:

$$\sum_{sA}(v), \quad \sum_{sT}(v), \quad \sum_{sS}(v) \tag{8.10}$$

만일 산란이 일어나면, 속도 v'를 갖는 "새로운" 중성자가 나타나는데, 여기서 새로운 속도는 이전 속도에 매질에 적절한 함수(활성 매질에서는 $\phi_A(\rho)$, 반사재에서는 $\phi_T(\rho)$, 그리고 감속 물질에서는 $\phi_S(\rho)$)를 곱한 것으로 주어진다. 각 함수는 1과 0 사이의 값을 취하며, 무작위 매개 변수 ρ의 함수인데, ρ 또한 0과 1 사이 값을 취한다. 그러므로 중성자가 상호작용하는 물질에 따라서 (A, T, 또는 S에 따라) $v' = \phi_A(\rho)v$, $v' = \phi_T(\rho)v$ 또는 $v' = \phi_S(\rho)v$이다.

핵분열은 오직 활성 물질 A에서만 일어나는데, (이 방식에 의하면) 두 개, 세 개, 또는 네 개의 중성자(8.11식에 표시되어 있는 것처럼)를 만들어내며, 폰노이만은 이것들이 모두 속도 v_0로 나온다고 가정했다. 이러한 확률들은 세 가지의 표현으로 주어진다.

3. A, T, S에서의 핵분열:

$$\sum_{fA}^{(2)}(v), \quad \sum_{fA}^{(3)}(v), \quad \sum_{fA}^{(4)}(v) \tag{8.11}$$

이제 중성자는 위치(r)와 속도(v) 그리고 반지름과 만드는 각(θ)에 의해 지정될 수 있다 ─〈그림-8.5〉를 보라. 편리하게 만들기 위해 폰노이만은 $s = r \cos \theta$라고 써서 θ를 다른 변수로 만들었는데, 그러면 $(r^2 - s^2)^{1/2}$가 직선으로 이은 경로와 시스템의 중심 사이에 가장 가까이 접근할 수 있는 점이 된다. 산란이 등방적이라면 모든 각은 다 똑같이 일어날 확률을 가지고 있고, s는 $-r$과 r 사이에 동일하게 분포된다. 폰노이만은 무작위 변수 σ가 s의 특정한 새 값을 고정시키도록 했다. 마지막으로 주

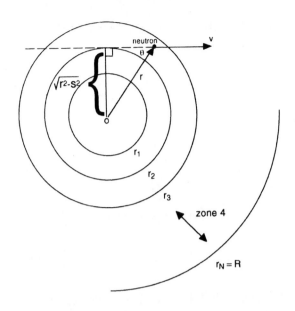

〈그림 8.5〉 폰노이만이 시뮬레이션한 중성자. 몬테 카를로의 첫 번째 응용에서 폰노이만은 (추측컨대 원자폭탄에 대한) 분열하는 시스템의 모형을 일련의 동심구로 어떻게 세울 것인가에 대해 자세히 안내했다. 각 동심구는 분열과 산란, 그리고 감속 물질에 대해 자신의 상대적인 비율을 가지고 있다. 본문에 설명된 것처럼 몬테 카를로는 일련의 "인공적"인 중성자를 발생시키고, 컴퓨터는 거짓 무작위 수 발생기로 하여금 어떻게 각 중성자가 산란되고 분열을 일으키고 흡수되는지, 그리고 그런 일이 일어날지 말지를 지배하도록 허용함으로써 중성자들의 운명을 추적했다. 비록 이 첫 번째 몬테 카를로는 물질이 정지해 있도록 했지만, 좀더 복잡한 시뮬레이션에 의하면 중성자들이 확산되면서 폭탄이 폭발할 수도 있었다.

어진 중성자가 유람하는 경로와 속도는 우리에게 비행 시간 t를 제공한다. 그리고 중성자가 들어오고 있는지 또는 나가고 있는지에 따라 새로운 지역은 $i + 1$ 또는 $i - 1$로 표시된다. 그러면 각 중성자는 다섯 가지의 양들 $i, r, s, v,$ 그리고 t에 의해 완벽히 기술된다.

중성자에 대해 비축해둔 갖가지 운명에 대한 확률은 얼마인가? 거기에는 A, T 또는 S 중 하나에 의한 흡수, A, T 또는 S에 의한 산란, A에 의한 핵분열로 중성자가 두 개, 세 개 또는 네 개 방출되는 경우 등 일곱 가지의 확률이 존재한다. 그러한 상대 확률들을 각종 합으로 바꾸어 목록으로 만드는 것은 어렵지 않은데, 여기서 $f1$에서 $f6$까지는 다음과 같은 관계들로 정의된다.

1. A, T 또는 S에서 흡수: $f1 = \sum_{aA}(v)x_i + \sum_{aT}(v)y_i + \sum_{aS}(v)z_i$

2. A에 의한 산란: $f2 - f1 = \sum_{sA}(v)x_i$

3. T에 의한 산란: $f3 - f2 = \sum_{sT}(v)y_i$

4. S에 의한 산란: $f4 - f3 = \sum_{sS}(v)z_i$

5. 중성자가 두 개 방출되는 핵분열: $f5 - f4 = \sum_{fA}^{(2)}(v)x_i$

6. 중성자가 세 개 방출되는 핵분열: $f6 - f5 = \sum_{fA}^{(3)}(v)x_i$

7. 중성자가 네 개 방출되는 핵분열: $f - f6 = \sum_{fA}^{(4)}(v)x_i$

간격들 $(0, f1)$, $(f1, f2)$, $(f2, f3)$, $(f3, f4)$, $(f4, f5)$, $(f5, f6)$, 그리고 $(f6, f)$ 등은 그러므로 그 길이가 일곱 가지의 확률들 각각에 비례한다. 즉 길이 $(f4, f5)$는 반사재에서 두 개의 중성자가 방출되는 핵분열이 일어날 확률에 비례한다. 그러므로 0과 f 사이에서 무작위로 선정된 수는 화살 던지기 놀이에서 선분$(0, f)$에 화살이 무작위로 맞은 위치라고 상상할 수 있다. 예를 들어 $f4$와 $f5$ 사이에서 맞은 점은 중성자 두 개가 방출되는 핵분열일 수 있다.

$$0 \underline{\hspace{1cm}} f1 \underline{\hspace{0.5cm}} f2 \underline{\hspace{1cm}} f3 \underline{\hspace{1cm}} f4 \underline{\hspace{1cm}} f5 \underline{\hspace{1cm}} f6 \underline{\hspace{1cm}} f$$

무작위 (또는 거짓 무작위) "화살"은 0과 1 사이의 무작위 μ를 선정하고 μf를 0과 f 사이에 놓음으로써 던져진다. 우리의 무작위 변수들은 그래서 하나가 더 추가되는 멤버로 μ를 얻는다.

이러한 가정들과 함께 우리는 이런 계산에서 단지 중성자의 경로 길이를 결정하는 확률 요소를 더 지정하는 것만 필요하다. $\lambda = 10^{-fd^1}$을 중성자가 i번째 지역을 통해 (이 지역에서 비율 x_i 활성 물질이고, y_i가 방사재이며, z_i가 감속 물질이다) 충돌하지 않고 거리 d^1만큼 진행할 확률이라고 정의하자. 여기서 f는

$$f = \left(\sum_{aA}(v) + \sum_{sA}(v) + \sum_{fA}^{(2)}(v) + \sum_{fA}^{(3)}(v) + \sum_{fA}^{(4)}(v) \right) x_i$$
$$+ \left(\sum_{aT}(v) + \sum_{sT}(v) \right) y_i + \left(\sum_{aS}(v) + \sum_{sS}(v) \right) z_i \qquad (8.12)$$

로 주어진다(f의 단위는 cm^{-1}이다). 주사위를 던지든, 표를 참고하든 또는 컴퓨터에서 발생시키는 프로그램을 짜든, 어떤 방법으로든 단위 간격 위에서 균일하게 분포된 점들의 집합으로부터 확률 λ가 선정되어야 한다. 그렇게 선정된 하나하나는 속도가 v인 중성자가 폭탄이나 원자로 내에서 한 번 유람하는 d^1을 $d^1 = -(\log_{10}\lambda)/f$라는 관계를 이용하여 지정한다.[43]

그러면 ENIAC을 위한 절차는 명백해진다. 카드는 단 하나의 중성자에 대한 i, s, r, v, 그리고 t의 값을 기록한다. (ρ, σ, μ 또는 λ와 같은) 필요한 무작위 수는 다음 세대의 중성자들을 출발시키기 위해 각각 따로 입력시킨다. 진공관들이 윙윙거리는 소리와, 그리고 카드들이 섞이는 소리와 함께 ENIAC은 그다음 그러한 값들을 취하고 중성자를 첫 번째 상호작용으로 보낸 다음 i', s', r', v', 그리고 t'의 값을 갖는 다른 카드를 뱉어 낸다(또는 어쩌면 네 개의 중성자를 내보내는 핵분열의 경우 $C', C'',$ C''', C'''' 등 네 장까지의 새 카드를 뱉어 낸다). 만일 중성자가 빠져나가거나($i \geq N+1$) 또는 흡수되면($v' = 0$), 컴퓨터는 그 카드를 나머지들로부터 따로 분류해 놓는다. 나머지 카드들은 모두 컴퓨터를 통해 다시 돌아가며, 이 주기가 반복된다. 100개의 중성자가 각각 100번씩 반복하므로 폰노이만은 하나의 "조립체"마다 약 다섯 시간의 작동 시간이 필요하

---

43) 폰노이만이 리히트마이어에게, 1947년 3월 11일, 『수집된 업적』(1961), 5: 753쪽.

다고 예측했다. 그러한 계산 과정 중에서 컴퓨터는 효율성이나 임계 질량과 같이 단지 폭탄 설계자들의 표준 목표만 계산할 수 있는 것이 아니고, 중성자 통계에 대해 전에는 들어보지 못한 자세한 점들까지 제공해 줄 수 있다.

볼츠만 방정식에 대한 복잡한 근사법을 이용해 임계값과 효율성에 대한 아주 대충 정한 추정값을 얻으라고 분투한 수년이 지나고 나서 이 새 방법은 기적적이라 보였음이 틀림없다. 마이크로초씩 흘러가면서 그들은 폭발이 일어나는 과정을 관찰할 수 있었다. 각 순간에 중성자들이 얼마나 많이 존재했는가? 카드의 숫자를 센다. 어떤 특정한 순간에 공간 분포나 또는 속도 분포를 원하는가? ENIAC은 그것에 대해서도 답할 수 있었다. 그것은 마치 라플라스의 꿈의 기계가 현실로 나타난 것과 같았다(라플라스는 어느 순간 우주에 존재하는 모든 입자의 위치와 속도가 주어지면 우주 전체의 운명을 제시해 주는 기계에 대한 생각을 했다 – 옮긴이). 모든 입자를 추적할 수가 있게 되었다.

리히트마이어는 로스앨러모스에서 그의 지위에 걸맞을 법한 방식으로 (1947년 4월 2일에) 답했다. 논의 중인 핵무기에 대해 거기서는 원자로에서 채택된 것과 같은 특성을 갖는 감속 물질은 필요하지 않았다(또는 우라늄 수소화물 또는 플루토늄 수소화물이 중성자의 감속제로 작용한 문제 많은 "수소화물 장치"는 필요 없었다). 이런 환경 아래서 "물론 물질 S는 [우리에게 흥미 있는] 시스템에서는 생략될 수도 있었다." 마찬가지로 폭탄에서 반사재 자체도 전형적인 핵분열이 일어날 수 있었는데, 특히 당시 고려 대상이었던 새로운 농축 무기에서는 더욱 그러했다. 거기에는 "49 중심부"와 (플루토늄) 그리고 핵분열을 일으킬 수 있는 "우라늄 반사재"가 있었다.[44] 리히트마이어는 로스앨러모스의 설계자들이 두 개, 세 개, 또는 네 개의 새로운 중성자를 방출하는 중심부 핵

---

44) 리히트마이어가 폰노이만에게, 1947년 4월 2일, 『수집된 업적』(1961), 5: 763~764쪽에 포함되어 있다.

분열에서 서로 다른 속도 의존성을 구별하는 자료를 구하지는 못할 것이라고 덧붙였다. 그는 방출되는 중성자의 수를 고정시킨 무작위 변수가 있는 하나의 함수를 사용할 것을 제안했다. 마지막으로, 다른 몇 가지 수정과 함께 다음

$$\sum_{fT}(v) \neq 0, \quad \sum_{a,\,sS}(v) = 0$$

과 같은 간단한 대입을 통해 폰노이만의 모형이 더 최신의 폭탄 설계 문제로 만들어졌다. 기초적인 몬테 카를로 전략은 그대로 있었으며, ENIAC이 다른 장소로 이동한 후 아직 준비가 끝나지 않았기 때문에 로스앨러모스의 한 동료(벤트 칼슨)는 간단하게 만든 경우에 대해 손으로 계산하기 시작했다.

울람 역시 비록 그의 노력은 폰노이만보다 더욱더 초고성능 폭탄 쪽으로 끈질기게 향해 있었지만, 이 방법을 이용하기 시작했다. 울람으로부터 온 아마도 초고성능 폭탄에 대해 몬테 카를로를 손으로 실행해 보겠다는 그의 시험적 노력을 암시하는 내용의 (다른 근거들에서 이것이 바로 그가 했던 것이 분명하다) 잃어버린 편지에 대한 답으로 폰노이만은 1947년 12월에 다음과 같은 그의 열정적인 지지를 보냈다. "나는 손으로 하는 몬테 카를로 과정의 자세한 점들을 보기 위해 큰 기대를 품고 기다리고 있다. 당신이 나에게 그것에 대해 말해준 내용은 무척 흥미를 자아내며, 어찌 되었든 통계적 방법을 연속체 물리의 깊숙히 놓인 문제에 처음으로 대규모 적용을 하는 것이므로 이것은 매우 유익할 것이 틀림없다."[45] 폰노이만에게 이 계산은 당장 그리고 동시에 초고성능 폭탄과 불연속적인 물리학을 유체 역학의 연속적인 물리학에 적용할 수 있는지 탐구하는 데 기여하는 것이라고 생각되었다.

로스앨러모스가 초고성능 폭탄에 대한 새로운 주요 시뮬레이션을 위

---

45) 폰노이만이 울람에게, 1947년 12월 17일, SUP.

해 이번에는 몬테 카를로로 준비를 갖춤에 따라 폰노이만은 1949년 3월에 울람에게 다음과 같이 썼다. "그렇지만 나는 '초고성능 폭탄'에 대해 연구를 했고, 일주일 전쯤에 관계된 비(非)-몬테 카를로 단계들에 대해 논의를 마쳤다."[46] 이 "논의"는 방정식과 저장, 그리고 필요할 것으로 생각되는 논리적 단계 등 계산의 논리적 구조에 착수했음을 의미했다. 그는 그가 계산에 대한 "시간 경제"라고 부른 것으로서, 그것이 서로 다른 기계에서는 어떻게 작동할 것인가, 무엇을 정확하게 계산해야 할 것인가, 그리고 어떤 몬테 카를로를 통해 계산할 것인가 등을 결정할 필요가 있었다. 이러한 결정들이 분명하게 해결된 것은 아니었으며, "몇 가지 상호적으로 의존하지만 서로에 의해 결정되는 것은 아닌 절차에 관한 선택들이 가능했고, 또한 중요했기" 때문에 그는 상당한 양의 "혼란"이 존재한다고 보고했다. 전체 중에서 가장 어려운 것은 광자를 어떻게 다루는가라는 문제일 수 있었는데, 왜냐하면 광자들이 시간 간격 Δt 동안 가장 많은 수의 지역을 가로질러 갈 수 있기 때문이었다. 중성의 무거운 입자들(중성자들)과 대전 입자들은 Δt 동안 더 작은 수의 지역(보통 단지 한 지역 또는 두 지역)을 가로지르므로 더 짧은 컴퓨터 시간을 요구했다.[47]

계산을 위해 폰노이만은 시공간을 분할했는데, 거기서 Δt는 1/10세이크였고(셰이크는 폭탄 제조자들끼리 통하는 용어로 10^{-8}초에 해당한

---

46) 폰노이만이 울람에게, 1949년 3월 28일, JNP.
47) 폰노이만은 다음과 같이 덧붙였다. "나는 이제 적어도 첫 번째 시도로는 합리적으로 경제적인 절차에 가까이 왔다고 생각한다. 나는 광자를 예전의 '블랙잭' 방법으로 다루려고 하는데, 이 방법은 이런 주위 환경에서 이런 종류의 특색에 매우 잘 어울리는 것처럼 보인다. 다른 종류들(추측컨대 중성자들)은 정상적인 MC 방법에 의해, 그리고 물론 그들 중 하나(추측컨대 헬륨 원자핵과 같은 대전된 입자들)는 '국지적 축적'에 의해 다루려고 한다." (다시 말하면 그들의 모든 에너지가 한꺼번에 축적되었다. 폰노이만이 울람에게, 1949년 3월 28일, JNP). 나는 "블랙잭 방법"이 무엇이었는지 모르는데(메트로폴리스도 기억하지 못한다), 그렇지만 나는 그것이 무작위 충돌을 발생시키는 간단한 방법이 아니었는가 추측한다.

다), 100개의 그런 간격이 존재했다. 그가 그의 처음 핵분열 몬테 카를로에서 언급했던 유체 역학은 이제 선택 사항이라기보다는 필수적인 것이되었다. (반지름 r에서) 공간은 다음

$$0 = r_0 < r_1 < \cdots < r_{19} < r_{20} \sim 100, \quad r_{i+1} - r_i = aq^i (i = 1, \cdots, 19) \quad (8.13)$$

에 따라 나뉘었는데 여기서 흉내 내어진 초고성능 폭탄은 일련의 이러한 20개의 동심 지역들에 의해 기술되었다. 만일 이 지역들의 반지름이 기하적으로 커진다면, $r_{20} = 100$이기 때문에 q는 1.1이어야 하며, 처음 지역의 반지름은 $\alpha = 1.75$로 주어진다.[48] (나는 여기서 공간 단위는 계속해서 센티미터라고 가정한다.)

시뮬레이션 단계들 중에서 많은 것이 몬테 카를로 방법과 관련되지 않았다. 그러한 단계들은 폰노이만이 전문가가 된 일종의 유체 역학 계산에 의해 세워졌다. 이러한 결정론적인 작업은 단위 시간 Δt 동안에 그리고 단위 지역 Δr 만에 100개보다 더 적은 수의 곱하기 단계를 (100(M)이라고 표시되었는데, 여기서 (M)은 모든 작동이 수반되는 곱하기 단계이고 M은 그러한 작동들이 보충되지 않은 곱하기 단계를 표시한다) 이용했다. 거기에는 20개의 지역과 100개의 시간 간격이 존재한다. 각 단계마다 약 네 번의 반복이 필요하다고 추산하면, 이것은 20×100×4=8,000번의 반복을 의미했다. 단계의 수에 단계마다의 반복 횟수를 곱하면 8,000×100 (M)이 된다. 다른 말로는 초고성능 폭탄에 대한 계산에서 비(非)-몬테 카를로 부분은 0.8메가(M)가 되리라는 것이다. 몬테 카를로를 검사하고 작동시키는 데 추가 곱하기가 필요하지만, 이 0.8메가(M)는 "손" 계산과 여러 가지 컴퓨터에 의한 계산을 비교하는 데 대략적인 지침이 된다.

만일 손에 의한 곱하기에 필요한 시간이 $M = 10$초라면 손에 의한

---

48) 폰노이만이 울람에게, 1949년 3월 28일, JNP.

〈그림 8.6〉 프린스턴의 IAS 기계 옆에서 오펜하이머와 함께 서 있는 폰노이만(1952). 출처: 교수진 파일, 「오펜하이머와 폰노이만 그리고 컴퓨터」, 1952년, PUA. 프린스턴 대학 도서관 측에 감사드린다.

$(M) = 8M = 80$초이고, 메가$(M) = 8 \times 10^7$ "사람" 초 $= 2.2 \times 10^4$ "사람" 시간에 해당한다.[49] 나는 여기서 잠깐 멈추고 폰노이만이 "사람"에 이유 없는 인용 부호를 씌웠는데, 그 이유는 아마도 이러한 수백만 번의 계산을 실제로 수행하는 사람이 모두 여자이기 때문이었을 것이라는 점을 지적하고자 한다. 그래서 폰노이만의 "사람" = 여자다. 그뿐 아니라 폰노이만의 부인인 클라라 폰노이만, 허먼 골드스틴의 아내인 아들르 골드스틴, 포스터 에번스의 아내인 세드라 에번스, 텔러의 아내인 오거스타 텔러, 존 윌리엄 머슐리의 아내인 캐슬린 맥널티 머슐리, 그리고 다른 많은 사람들의 아내들이 모두 이런 초기 컴퓨터의 프로그램을 작성했다. (실제로 "컴퓨터"라는 단어는 보통 여성 계산하는 사람을 가리켰는데, 나중에야 이 용어의 의미가 여자에서 기계로 바뀌었다.) 이 모든 것들이 폰

---

49) 폰노이만이 울람에게, 1949년 3월 28일, JNP.

노이만의 인용부호를 이용한 이상한 용어들의 배경인데, 그런 용어로 1 "사람" 년 = 50 "사람" 주 = 50×40 "사람" 시간 = 2×10³ "사람" 시간 등 이 있다. 그러므로 하나의 메가(M)는 손으로 하는 데 11 "사람" 년이 걸리며, 그래서 초고성능 폭탄에 대한 시뮬레이션에서 결정론적인 부분은 한 사람의 계산 인력이 계산하는 데 8.8년을 필요로 한다.

0.8메가(M)라는 계산은 폰노이만에게 "초고성능 폭탄"에 대한 시뮬레이션이 ENIAC에 의해, 뉴욕의 SSEC IMB 컴퓨터에 의해, 그리고 프린스턴 대학의 고등 연구소에서 제작될 예정인 "우리의 미래 기계"(〈그림 8.6〉을 보라)에 의해 계산되는 방법을 비교할 수 있게 해 주었다.

ENIAC에서는 곱하기 시간 M이 단지 5밀리초에 불과했으며, 그래서 (M) = 40밀리초이고 메가(M) = 4×10⁴초 = 11시간이었다. 그러므로 0.8메가(M) = 8.8이며, 이것은 전형적인 운영 효율과 합해졌을 때 16시간을 일하면 하루 만에 완료될 수 있었다. 그런데 폰노이만도 알고 있었던 것처럼 이 계산은 비현실적인 결과다. ENIAC의 기억 공간이 충분하지 못했기 때문에(그것은 단지 20단어만 기억할 수 있었다) 이 문제는 전혀 실행될 수 없었다. 그렇지만 뉴욕의 SSEC IBM 기계는 충분한 기억 공간을 가지고 있었다. 이 기계는 곱하기 계산에서 ENIAC보다 약 25퍼센트 정도 더 느렸지만 다른 방법으로 빠르기를 보완했다. 그리고 앞으로 나올 기계는 동일한 초고성능 폭탄의 결정론적인 부분을 약 15분 내에 흉내 내기에 충분하리만큼 빠르게 동일한 작동을 계산할 수 있었다(로스앨러모스 기계인 MANIAC[〈그림 8.7〉을 보라]은 프린스턴 고등 연구소의 기계와 거의 비슷하다).[50]

다음에 폰노이만은 지금까지 무시되었던 몬테 카를로(MC) 단계들을 추가시키는 효과에 대해 기술했다. 만일 a를 다음 비

$$a = \frac{\text{MC 단계를 위한 시간}}{\text{비-MC 단계를 위한 시간}} \qquad (8.14)$$

---

50) 폰노이만이 울람에게, 1949년 3월 28일, JNP.

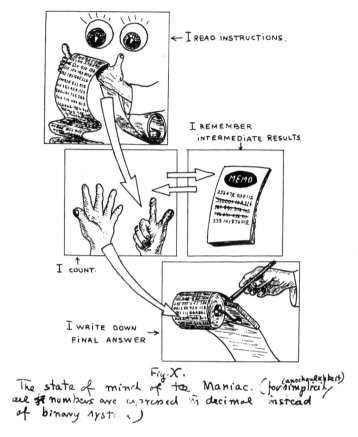

내부 텍스트(이미지의 일부):
- ← I READ INSTRUCTIONS.
- I REMEMBER INTERMEDIATE RESULTS.
- MEMO
- I COUNT.
- I WRITE DOWN FINAL ANSWER →
- Fig. X.
- The state of mind of the Maniac. (for simplicity (anschaulichkeit) all the numbers are expressed in decimal instead of binary system.)

〈그림 8.7〉 가모의 MANIAC. 가모는 항상 그의 만화용 펜을 준비하고 다녔는데, 이 그림은 MANIAC이 설치된 직후에 스케치했다. 출처: 울람, 손으로 쓴 일기, SUP.

라고 정의한다면 총 시간은 비-MC 시간을 1+a로 곱한 것이 될 것이다. 몬테 카를로 단계에서는 단 하나의 광자에 대해 60(M) 미만이 걸리고, 광자 이외의 다른 입자에 대해서는 40(M) 미만이 필요하다. 거기에는 300개의 광자와 700개의 다른 종류 입자가 존재한다. 이것을 계산하면 (300 × 60 + 700 × 40)(M) = 46,000(M)이 된다. 비록 이것이 비-몬테 카를로 단계에서 요구되는 100(M)보다 훨씬 더 커 보이지만, (유체 역학과 같은) 비-몬테 카를로 단계에서는 각각에 대하여 꼭 한 번씩 검토되어야 하는 20개의 지역이 존재하지만, (예를 들어 광자 상호작용 같은) 몬테 카를로 단계는 단지 하나의 지역에서만 일어난다. 그래서 $a = 23$이고, 초고성능 폭탄에 대한 시뮬레이션에서 필요한 시간의 전체 양은 비-몬테 카를로 합계의 24배가 될 수도 있다.[51] 이것은 계산을 단 하나의 컴퓨터(여자)에게 맡긴다면 주어진 열핵 폭탄 시뮬레이션을 하기 위해 211.2년이 걸림을 의미했다. 어떤 의미에서 이 수(數)는 인간 컴퓨터를 자동 컴퓨터로 대치하기 위해 광대한 자원을 투입하기로 한 역사적인 결정을 내리는 데 결정적인 요소가 되었다.

고도로 도식화(圖式化)된 몬테 카를로 시뮬레이션과 함께 일하면서 1949년이 지나가는 동안 울람과 C. J. 에버렛은 초고성능 폭탄에 대한 초보적 결과를 컴퓨터에 설치할 수 있었지만, ENIAC의 제한된 용량에 적응시키기 위하여 단계마다 가정들과 간소화를 도입하지 않을 수 없었다. 포스터 에번스는 1949년 9월 폰노이만에게 유체 역학의 표현들, 에너지 발생 항들, 그리고 반응률 등에 도입한 수정 사항에 대해 보고하는 편지를 썼다. 8월에 있었던 소련의 "조 1" 폭발(1949년 8월 29일에 시행되었던 소련의 최초 원자탄 폭발 시험을 말한다 – 옮긴이)이 아직 울려 퍼지고 있을 때 에번스는 "러시아의 '핵폭발'이 폭로"됨에 따라 연구소에서 "상당한 관심"이 고조되고 있다라고 보고했다. "아마도 현재 문제[즉 초고성능 폭탄 문제]는 또다시 힘의 '불균형'으로 이어질 터인데," 이전 불균형은 아마 미국이 1945년 이래로 가지고 있던 핵분열에 대한 독점이었다.[52]

(애버딘의 ENIAC으로 갈 운명이었던) 이러한 초기 계산에서 문제가 된 것은 구면 대칭인 기하에서 초고성능 폭탄을 시작하게 만드는 데 필요한 삼중수소의 양을 결정하는 것이었다. 특히 설계자들은 다음 반응 $D + T \rightarrow {}^4He + n(14.1 MeV) + 17.6 MeV$에 대해 조사하기를 원했다 —— 몬테 카를로는 이 14 MeV 핵융합 중성자들과 대전 원자핵 일부의

---

51) 폰노이만이 울람에게, 1949년 3월 28일, JNP.
52) 에번스가 폰노이만에게, 1949년 9월 23일, FEP.

동역학을 추적할 수 있을 것이다.[53] 중성자들은 그들의 에너지를 어떻게 저장하는가? 이렇게 빠른 중성자에 의해 충돌될 때 중양자는 어떤 각으로 반동하는가? 단지 첫 번째 중성자 충돌만 의미를 가질 것인가, 아니면 그다음 것들도 포함될 필요가 있는가? 이러한 질문들과 수많은 비슷한 질문들이 1950년의 대부분을 차지했다.[54] 드디어 프로그램을 설치하고, 울람은 1950년 3월에 폰노이만에게 다음과 같이 썼다. "에버렛이 어떡해서든 모든 것들을 아주 완전하게 공식으로 만들 수 있게 되어서 이제 컴퓨터에 의해 작동될 수 있었다. …… 그것은 여전히 추측들에 근거할 수밖에 없었고, 내가 아는 한 폴란드 사람처럼 느끼기 시작하고 있다. 그 사람은 돈을 벌려고 체스 챔피언을 가장하고 작은 마을에서 20명의 상대방과 아홉 가지의 시범 경기를 '동시'에 진행하다가 20게임을 모두 지고서 창문을 통하여 달아나지 않을 수 없었다!"[55]

ENIAC이 초고성능 폭탄 문제를 계산하기 시작했을 때 그것은 체스의 거장들도 정말 자신들을 창 밖으로 던져야 할 것처럼 보였다. 심지어 (삼중수소가 더 많은) "5퍼센트 문제"도 해결되지 않은 채로 진행되었다. 문제는 이것이었다. 낮은 에너지 광자들을 많이 고려하게 되면 그것들은 빨리 움직이는 전자들을 냉각시켰다. "보통의" 실험실 컴프턴 효과에서는 고에너지 광자가 전자(電子)와 충돌하면 전자는 에너지를 얻고, 광자는 에너지를 잃는다. 여기서는 그 반대가 성립했다. 저에너지 광자들이 고에너지 전자와 충돌해서 에너지를 얻고, 결과적으로 전자들은 냉각되었다. 에번스가 폰노이만에게 말한 것처럼 "이런 환경 아래서 5퍼센트의 혼합이 점화될지는 분명하지 않다."[56] 이런 것들과 같은 결과는 고전적

53) 에번스가 저자에게, 1991년 3월 22일.
54) 폰노이만이 에번스에게, 1950년 2월 11일; 에번스가 폰노이만에게, 1950년 2월 21일; 폰노이만이 에번스에게, 1950년 2월 28일; 에번스가 폰노이만에게, 1950년 3월 6일; 에번스가 폰노이만에게, 1950년 4월 14일; 폰노이만이 에번스에게, 1950년 4월 18일; 에번스가 폰노이만에게, 1950년 5월 16일. 모두 FEP에 포함되어 있다.
55) 울람이 폰노이만에게, 1950년 3월 17일, box 22, JNP.

초고성능 폭탄으로 전혀 가망이 있어 보이지 않았다. 적어도 훨씬 더 복잡한, 광자들을 제대로 고려하는 또 다른 몬테 카를로가 필요했다. 그리고 그 계산은 울람과 텔러가 폭탄에 대한 설계를 철저히 바꾼 뒤까지 수행되지 않았다.

초고성능 폭탄에 대한 시뮬레이션 중의 하나가 나오고 있는 가운데 (초기 그러한 시뮬레이션은 손에 의해 수행된 것처럼 보인다) 울람은 1950년 1월 말경 폰노이만에게 메시지를 보냈다. 처음 결과는 언뜻 보기에 폭발에 대한 가망이 없어 보였으며, 울람은 유체 역학적인 불안정성이 반응을 억제할지도 모른다는 처음 걱정은 잘못된 것이라고 다음과 같이 판단했다. "유체 역학은 적어도 지금까지는 위험한 것과 거리가 멀고, 일들이 제대로 되기 위한 유일한 희망으로 남아 있다!" 그의 조심스러운 기술적 낙관주의와 함께 비슷한 정치적 예상이 나왔다. "나는 '정치적' 문제에서 믿지 못할 부분이 준비되고 있다고 생각한다." 그가 옳았다. 나흘이 지나기 전에 트루먼 대통령은 H-폭탄에 대한 집중적 노력을 계속할 것이라는 그의 결정을 공개했다. 울람이 이 효과에 대해 내부 정보를 가지고 있었는지에 대해서는 나는 알지 못한다. 확실히 그랬던 것처럼 보일 뿐이다.[57] 어찌되었든 폰노이만은 그 결과에 매우 기뻐했다. "이 '승리'에 대해 내가 어떻게 생각하고 있는가를 당신에게 말할 필요도 없다. 그렇지만 아직 많은 문제들이 남아 있으며 간단하지 않은 문제도 포함되어 있다."[58] 정치적인 원인과 기술적인 원인이 구분되지 못하게 뒤엉켜서 폭발 시뮬레이션을 원하는 사람들은 "희망", "승리", "가자" 편에 섰고, 계산이 실패하리라고 믿는 사람들은 "위험", "난제(難題)" 뒤에 숨었다.

공개적으로는 미국이 수소폭탄을 제작해야 할 것인지 격렬한 논쟁 대상으로 된 데 대해 울람과 폰노이만은 모두 저자세를 취했다. 알베르트

56) 에번스가 폰노이만에게, 1950년 8월 23일, FEP.
57) 울람이 폰노이만에게, 1960년 1월 27일, box 22, JNP.
58) 폰노이만이 울람에게, 1950년 2월 7일, SUP.

아인슈타인은 텔레비전에 출현하여 그 무기는 세상이 완전히 파멸하는 데로 가까이 데려가고 있다고 경고했다. 한스 베테와 빅토르 바이스코프는 공개 석상에 나와서 열핵 무기에 의해서 예상되는 파괴의 수준은 실질적으로 인류의 멸망에 달한다고 주장했다. 게다가 베테는 그 폭탄을 제작하는 것이 과학적으로 불가능함을 증명했으면 하는 그의 희망을 감추지 않았다. 그러나 화학자인 해럴드 우레이는 『뷸레틴 오브 아토믹 사이언티스트』라는 논문집에서 만일 러시아 사람들이 H-폭탄을 먼저 갖게 된다면 그들은 "공산주의 천년기"의 도래를 추구하면서 즉시 최후통첩을 발할 것이라고 주장했다. 오직 압도적인 정치적, 상업적, 관념적, 그리고 군사적 강대국만 이런 위협에 대처할 수 있었다. "나는 수소폭탄을 반드시 개발하고 제작해야 한다고 결론짓는 것이 매우 불행하다. 나는 우리가 무기 경쟁에서 의도적으로 져야 한다고 생각하지 않는다. 그렇게 한다면 우리의 자유를 잃어버리게 될 것이며, 그리고, 페트릭 헨리(1736~99, 유명한 "자유가 아니면 죽음을 달라"고 주장한 사람이다 - 옮긴이)와 함께 나는 나의 생명보다도 나의 자유를 더 가치 있게 여긴다."59)

베테는 1950년 동일 호의 『뷸레틴』 논문집에서 다음과 같이 반론을 썼다.

나는 가장 중요한 질문이 도덕에 관한 것이라고 믿는다. 우리 자신의 나라 내부뿐 아니라 국가 사이에서도 도덕과 인간적 품위를 항상 주장한 우리들이 총체적인 파괴를 가져올 무기를 세상에 가져올 수 있겠는가? …… 어떤 사람은 우리의 자유를 잃는 것보다 우리의 생명을 잃는 것이 더 좋다고 주장한다. 그리고 나도 그것에 대해서는 개인적으로 동의한다. 그렇지만 나는 그것이 문제가 아니라고 믿는다. 나는 수소폭탄을 가지고 싸우는 전쟁에서는 우리 생명보다도 훨씬 더 많은

---

59) 우레이, 「미국」, *Bull. Atom. Sci.* 6(1950): 72~73쪽 중 73쪽.

것을 잃을 것이고, 실제로 모든 우리 자유와 인간의 가치를 동시에 잃을 것이며, 너무나 철저히 잃기 때문에 예상할 수 없을 만큼 오랫동안 그것들을 다시 회복할 수 없으리라고 믿는다.[60]

베터의 가장 강력한 반대자는 에드워드 텔러였는데, 그는 『뷸레틴』 논문집에 기고한 글(「실험실로 돌아가라」)에서 그의 동료 과학자들이 "메존과 함께 밀월(蜜月)을 즐기고" 있는 것에 대해 맹공을 가했다. "밀월은 끝났다. 수소폭탄은 저절로 만들어지지 않는다."[61] 국내 책임은 로스앨러모스에 있었다.

울람은 이러한 소논문들을 충실하게 읽었지만 바깥세상에 의해서는 조금도 영향을 받지 않으며 진행되어 온 굉장히 복잡한 계산의 한가운데에서 이러한 뜻밖의 사건은 우스꽝스럽게도 잘못된 정보에 근거했거나 아니면 심지어 아무런 관계도 없는 것처럼 보였다. 그는 세속과 아주 초연한 자세로 1950년 3월 24일 폰노이만에게 다음과 같이 농담을 걸었다.

수소폭탄에 관한 새로운 신문 기사들 전체를 재미 삼아 읽어 보자. 시카고의 『뷸레틴 오브 아토믹 사이언티스트』에 실린 자카리아스와 밀리컨, 우레이, 아인슈타인, 그리고 에드워드의 말들이 모두 나름대로 재미있다.

나는 당신에게 공동으로 이 주제에 대해 "최종"적인 기사를 하나 쓸 것을 제안한다. 이 기사는 두 외국 태생인 과학자의 가명으로 나갈 텐데, 그들은 다양한 프로젝트의 "핵심 인사"로, 원자 과학자는 아니지만 그러나 수소폭탄의 전문가이고, 전에는 레이더나 잠수함 탐지 등의 연구에 종사한 과학자들이다. 첫 번째 문단에서는 비밀과 자유 의사소통

---

60) 베테, 「수소폭탄」, *Bull. Atom. Sci.* 6(1950): 99~104쪽 중 102쪽, 125쪽.
61) 텔러, 「실험실」, *Bull. Atom. Sci.* 6(1950): 71~72쪽 중 72쪽.

의 결여가 얼마나 기초(과학)의 발전을 방해하고 새로운 생각의 개발을 막는지 말할 것이다. 다음 [문단]에서는 어떻게 자연에는 결코 비밀이 없는지 그리고 어떻게 어떤 과학자라도 5분 안에 저절로 그러한 비밀을 알아낼 수 있는지 지적함으로써 첫 번째 문단을 증명할 것이다. 그런 뒤 다음 [문단]에서는 어떻게 수소폭탄이 너무 크고 그리고 부도덕한지, 그다음 것은 유용하기에는 너무 큰지, 그러나 결정적으로는 실제로 충분히 크지 못한지 쓰게 될 것이다

그다음 누구에게라도 그것을 제작하기나 할 수 있는지 분명하지 않다는 것, 그 뒤에 러시아가 아마 그것을 이미 갖고 있을지도 모르지만 우리 모두 그것이 수학적으로 불가능하기를 기도하자고 쓰게 될 것이다.

그 뒤에 에드워드의 호소와 마찬가지로 모든 과학자들에게 [그것에 대해] 그 프로젝트에 시간의 7/8을 사용하고 [다른 주제에] 3/4를 사용하여 연구하라는 가엾은 호소를 쓰게 될 것이다.[62]

이 글에서 울람은 인용 부호 사이에 도덕적 설교를 집어넣어 그것이 담고 있는 텔러와 베테, 아인슈타인, 그리고 다른 사람들과 관련된 부분을 피하면서 논쟁에 초연했다. 그는 효과적으로 논쟁과 그 논쟁이 찬성하는 책략에 대한 시뮬레이션을 만들어냈지만, 적대감과 과잉 살상력, 그리고 과학적 책임 등 언어에서의 시뮬레이션을 만들어내지 않았다.

그럼에도 불구하고 울람이 그 폭탄을 필연적으로 만드는 것이 가능해야 한다고 생각한 것은 아니었다. 1950년 동안 그들의 컴퓨터를 이용하지 않은 계산 중 하나에서 울람과 에버렛은 중양자와 삼중수소를 이용한 핵융합을 시작하려면 엄청나게 많은 양의 터무니없이 비싼 수소 동위원소인 삼중수소가 필요함을 보였다. 1950년 여름이었던 그때 두 저자(著者)들은 중양자의 질량에서 열핵 반응의 행동을 조사하기 위해 몬

---

62) 울람이 폰노이만에게, 1950년 3월 24일, SUP.

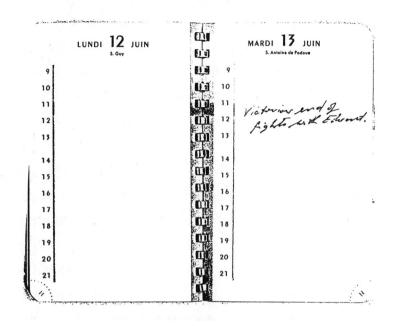

〈그림 8.8〉 울람의 일기, 「승리로 끝남」(1950년 6월 13일). 출처: 울람, 손으로 쓴 일기, SUP.

테 카를로 방법을 이용했다. 아직도 비밀문서로 분류된 보고서인 LA-1158에서 울람과 페르미, 그리고 플랑크는 물질 운동에 대한 유체 역학과, 방사선 에너지와 물질 사이의 상호작용, 그리고 온도와 밀도, 기하학에 의존하는 원자핵들 사이의 (추측컨대 중양자-중양자와 중양자-삼중수소 사이의) 각종 반응을 도입했다. 비록 계산 규모는 작았지만(그 계산에서는 여전히 책상 계산기와 줄자를 사용할 수 있었다), 그들의 결론은 이 반응이 중양자의 부피 내에서 전파되지 않는다는 것이다. 두 종류의 연구는 초고성능 폭탄에 대한 조종(弔鐘)을 함께 울리는 것처럼 보였다. 그것은 빛을 내지도 않고 타지도 않을 것이다. 그보다 약간 뒤에 (폰노이만과 포스터 에번스, 그리고 세드라 에번스에 의해) 위에서 논의된 전자(電子) 컴퓨터를 통한 대규모 몬테 카를로 시뮬레이션이 그들의 평가를 재확인했다.[63]

누구에게 들었건 텔러는 울람의 실패라는 폭탄에 대한 소식을 믿을 수 있다고 받아들였다. 울람의 1950년 5월 10일자 포켓 일기장에는 "에드 워드 텔러와의 싸움"이라고 적혀 있었다. 1950년 6월 13일까지 더 많은 자료를 갖고서 울람은 텔러의 가장 큰 프로젝트를 이겼다는 사실을 즐기고 있었다. "에드워드와의 싸움은 승리로 끝났다"(〈그림 8.8〉을 보라). 간결한 기재 사항도 여러 가지 의미를 포함하고 있다. 크게 보아서 울람은 트루먼의 H-폭탄 보증이라는 국내 정치의 "승리"에 대해 마음을 빼앗기고 있었다. 여기서 "승리"는 폭탄 설계를 두고 텔러와 벌였던 울람의 개인적 싸움에서의 승리를 의미한다. 이 프로젝트에 이미 쏟아 부은 엄청난 평판과 자원을 생각하면, 울람의 애매한 보고서가 1950년 후반부 내내 계속되었던, 기술상의 전쟁도 끝내지 못하고 또한 도덕적 전쟁도 끝내지 못했다는 것이 그렇게 심하게 놀랄 일도 아니다. 대통령의 명령이 떨어진 뒤 거의 정확하게 1년이 지난 1951년 1월까지 무기에 있어서 기술적 성공에 대한 전망도 별로 밝지 못했으며, 노기(怒氣)는 점점 엷어지고 있었다.

1951년 1월 18일 목요일에 울람은 (그 폭탄은 불가능하다고 기대하고 주장했던) 한스 베테와 에드워드 텔러 사이의 만남을 "재미있는 싸움, 한스와 에드워드" 또는 며칠 뒤 "큰 싸움, 상당히 재미있음"이라고 기록했다. 그런 다음 1951년 1월 18일과 25일 사이 어느 때쯤 울람은 수소폭탄의 근본적으로 다른 배열이 그것을 가능하게 만들지도 모른다는 점을 깨달았다. 핵분열 폭탄을 가지고 굉장히 높은 온도를 만들어내려고 시도하는 대신 A-폭탄을 사용하여 핵융합이 가능한 물질을 압축할 수도 있었다. 높은 압력은 훨씬 더 낮은 열로도 반응을 진행시킬 수 있었다.[64] 1951년 1월 25일에 그의 기재 사항 어조가 "'두 개의 폭탄'에 대해 에드워드와 상의"라고 급격히 변화했다. 분명히 울람은 중성자를 이용한 압축이라는 생각을 텔러에게 가지고 갔으며, 텔러는 자기 자신의 생각을

63) 울람, 「조사」(1965), 2: 978쪽의 서문.
64) 손으로 쓴 일기, SUP.

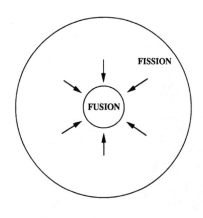

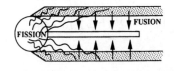

〈그림 8.9〉 방사선 내파(內破). 오래전의 (텔러-울람 전의) 핵융합 실험(위쪽)에서는 많은 양의 핵분열 물질이 제한되고 중앙에 위치한 영역에 핵융합을 일으키기 위해 사용되었다. 방사선 내파(아래쪽)에서는 원자폭탄(핵분열 폭탄)이 X-선을 만들어내고, 그것은 수소와 그 동위원소가 들어 있는 물체를 둘러싸는 물질을 이온화시킨다. 그러면 팽창하는 플라스마가 수소 연료를 매우 높은 압력까지 압축하며, 더 낮은 온도에서 폭발하게 만든다. 이 너무 간단하게 요약된 스케치의 중심에는 계속해서 핵분열 될 수 있는 물질이 존재하는데, 그것은 바깥쪽으로 폭발한다. 열핵 무기를 폭발시키기 위해 외부의 원자폭탄을 사용하자는 생각은 울람과 텔러의 공동 노력으로 말미암은 것이다.

보냈는데 —그 생각이란 같은 효과가 "방사선 내파(內破)"에 의해 더 쉽게 얻어질 수 있다는 것으로 —내파란 핵분열 폭탄에서 나온 X-선으로 만들어진 팽창하는 플라스마에 의해 원통형으로 배열된 핵융합 연료가 압축되는 것을 말한다(〈그림 8.9〉를 보라). (그러므로 거기에는 문제가 되는 "두 개의 폭탄"이 존재했는데, 모두 압축과 관계된다.)

싸움은 끝났다. 울람은 1951년 1월 26일에 다음과 같이 기록했다. "원통형 전파를 위한 설치에 대하여 베테, 에번스, 그리고 카슨 [마크]와 논의. 논의된 것을 조니 [폰노이만]과 함께 기록하고 한스 [베테]에게 보낼 편지를 씀." 그다음 몇 주 동안에 걸쳐 울람은 논문 중에서 그에게 해

〈그림 8.10〉 가모의 거북이와 토끼(약 1951년). 다시 한번 더 가모의 사악한 펜이 일을 저질렀다. 여기서 텔러는 거북이처럼 한 단계 한 단계 일하는데, 자신의 모자에서 당근을 꺼낸 울람에 의해 수소폭탄 문제에서 완전히 패배당했다. 출처: 울람, 손으로 쓴 일기, SUP.

당되는 부분을 완성했으며 서론 부분의 윤곽을 잡았다. "(텔러와 공동으로) 렌즈를 썼음. 다중(多重) 촉매 작용에 의한 폭발의 방사선 렌즈와 수소를 함유한 렌즈"라는 어느 정도 비실제적인 제목이 다음 달 2월 15일에 출현했으며, 1951년 3월 9일에 공식적으로 출판되었다.[65] 단지 이 보고서에 대해 알 수 있도록 비밀 취급 인가를 받은 사람만 이해할 수 있었던 대략적 그림에서 가모는 그의 승리를 알리기 위해 울람을 초대했다(〈그림 8.10〉을 보라).

이 기밀로 분류된 로스앨러모스 보고서와 함께 비밀 취급을 받는 기술상의 획기적 발전을 가져온 당사자인 물리학자들 사이에서 수소폭탄에 대한 "담장 안의" 논쟁은 실질적으로 끝났다. 1951년 6월 국립 표준 연구소의 SEAC과 다른 곳에서 수행된 새로운 시뮬레이션을 앞에 놓고, 일

---

65) 손으로 쓴 일기, SUP.

반 자문 위원회는 핵무기에 대한 도덕적 반대로 비밀 공동체를 깜짝 놀라게 한 적이 있었는데, 이전 진술을 취소하고 그 폭탄을 제작하고 시험하는 것에 진력할 것을 승인했다. 심지어 오랫동안 그것에 반대하는 가장 강력하게 공개적으로 과학적 의견을 냈던 베테마저도 반대를 멈추었다. 1952년 10월 30일에 미국은 에니웨톡이라는 남태평양 섬에서 (다중 촉매 작용에 의한) "텔러—울람" 수소폭탄을 폭발시켰다. 10.2메가톤의 폭발력은 히로시마에 떨어진 무기의 500배였으며, 이 섬을 지구상에서 사라지게 했다.

뒤이은 수년에 걸쳐 열핵 폭탄은 급격히 증가했다. 미국은 1954년에 수송이 가능한 H-폭탄을 시험했으며, 소련도 곧 뒤이어 선례를 따랐다. 폰노이만은 이러한 발전이 때로는 불안전성을 포함하고 있었지만 불가피하고 건설적인 것으로 보았다. 1955년의 논문 「우리는 기술로부터 살아남을 수 있을까」에서 그는 원자로가 핵분열이 가능한 무거운 원소를 사용하지 않고 핵융합이 가능한 가벼운 원소를 사용하기까지 "성장"하게 될 미래를 간략히 묘사했다("핵분열은 원자핵 에너지를 방출하는데 자연의 정상적인 방법이 아니다").[66]

이 논의에 바로 뒤이어 조절된 기후에 대한 문단이 나왔는데, 거기서 그는 바로 지난 세기의 크라카토아와 마찬가지로 의도적으로 성층권에 먼지를 올려 보내 세계의 기상 시스템을 변경시키는 시대를 예측했다. 계속해서 핵무기와 크라카토아 사이의 관련을 과장하고 핵융합이 자연적이라는 그의 설명 바로 다음 그런 논의를 갖다 놓아서 사람들은 단지 폰노이만이 간접적으로 수소폭탄 무기로 날씨를 바꿀 수 있는 가능성을 제안하는 것으로 이해할 수 있을 뿐이다. "무엇을 할 수 있는가가 물론 무엇을 해야 되는가를 가리키는 것은 아니다. 다른 사람들을 괴롭히기 위하여 새로운 빙하 시대를 만들거나 모든 사람을 즐겁게 해주기 위

---

66) 폰노이만, 「우리는 살아남을 것인가」, *Fortune* 51(1955): 106~108쪽, 151~152쪽, 다음 폰노이만, 『수집된 업적』(1963), 6: 508쪽에 다시 게재되어 있다.

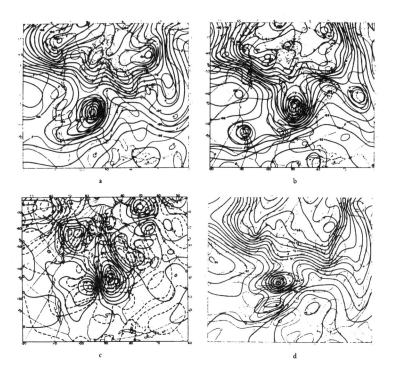

〈그림 8.11〉 수치(數値)적인 기후 예상(1949). 몬테 카를로와 함께 다른 시뮬레이션이 언제보다도 더 인기 있었다. 여기, 폰노이만과 동료들의 연구에서 기후에 대한 흉내 낸 연출이 있는데, 그 제목은 "1949년 1월 5일 0300 GMT의 기상 예보"다. 출처: 차니, 푀르토프트, 그리고 폰노이만, 「수치 방법」(1963), 6: 422쪽의 〈그림 2〉, copyright 1963, Pergamon Press Ltd., Headington Hill Hall, Oxford OX3 0BW, UK의 허락을 받았다.

하여 새로운 열대성의 '간빙기(間氷期)' 시대를 만드는 것이 꼭 이성적인 프로그램은 아니다." 그런데도 폰노이만은 아마 그가 지난 수년 동안 수행해 왔던 수소폭탄 무기와 기상 분석이라는 한 쌍의 닮은 시뮬레이션을 만듦으로써 그러한 결과를 예측하는 데 필요한 분석이 가능할 것이라는 데 조금도 의심을 품지 않았다(〈그림 8.11〉을 보라).

　핵분열 폭탄과 핵융합 폭탄의 발전, 컴퓨터의 활용, 그리고 제2차 세계대전과 그 직후 시기의 혼란으로부터 나온 기술 전쟁에서 다른 모든 개발 사항들을 지켜본 폰노이만은 기술적 결정론에 상당히 기울게 되었다. "현재 핵무기의 가공할 만한 가능성은 다른 사람들을 더욱더 가공하게 만들지도 모른다. 지구의 기후 조절이 가능해진 다음에는 아마 우리의 모든 현재 어려움들이 간단하게 보일 것이다. 우리는 우리 자신을 속이지 말아야 한다. 그러한 가능성이 실제로 일어난다면 그것은 부당하게 이용될 것이다."[67] 기술 전쟁에 대해 지금은 잘 모르는 어떤 정치적 결단이 개입되지 않는 한, 폰노이만은 오직 점점 더 심한 재난의 길고 긴 목록을 볼 뿐이다.

열핵 무기와 농축 핵분열 무기는 과학적 연구를 수행하는 데 새로운 방식을 구체화시켰다. 1948년과 1949년 동안 통계학자들과 수학자들, 전기 기술자들, 그리고 제한된 몇몇 사람들이 몬테 카를로와 게임, 거짓 무작위 수, 분산 축소, 그리고 흐름도 등이 공통 말투가 된 이런 새로운 교역 지대를 만드는 데 물리학자와 함께했다. 이제 연구하는 양식은 외부로 향해, 그리고 일련의 학술회의를 통해서 비밀의 영역을 넘어 연구 종사자들의 좀더 넓은 공동체로 성장했다. 그러한 담장을 넘으면서 누가 실험 과학자 또는 이론 과학자에 포함될 것인가, 그리고 무엇을 실험 또는 이론에 포함시킬 것인가에 대한 논쟁이 계속되었다.

4. 제3자의 사는 방식

1948년에 이르자 이미 몬테 카를로의 숨겨진 세상에 대한 욕구 불만이 제한된 공동체 바깥으로 쌓여가고 있었다. 나중에 컴퓨터 과학을 학문의 한 분야로 세우는 데 도움을 주었던, 수학자인 조지 포사이스는 자신이 폰노이만과 리히트마이어가 몬테 카를로를 이용하여 중성자가 전파되는 연구를 수행했음을 알고 있는데, 그러나 그것을 보기 위해서는 (핵무기에 대한) 최고 비밀 허가가 있어야 했다고 메모해 놓았다.[68]

---

67) 폰노이만, 「우리는 살아남을 것인가」, *Fortune* 51(1955): 106~108쪽, 151~152쪽, 다음 폰노이만, 『수집된 업적』(1963), 6: 519쪽에 다시 게재되어 있다.
68) 포사이스, 「여행에서 알게 된 것」이라는 제목의 메모, SC98, box 8, folder 33,

그 당시 포사이스는 국립 표준 연구소에 속한 국립 응용 수학 연구소의 로스앤젤레스 지부에 위치한 수치 분석 연구소에 있었다. 1948년 가을에 그는 로스앤젤레스 지부의 다른 사람들과 함께 새로운 기술을 조사하기 위한 몬테 카를로 프로젝트를 만들었는데, 그러나 곧 비밀 취급으로 분류된 자료를 얻기 어려워 일을 진행하는 데 방해받는다는 사실을 알게 됐다. 포사이스의 좌절감은 다른 곳에 있던 그의 동료들도 함께 느꼈다. AEC의 적용 금지령에 막혀 새어나오는 정보란 단지 매우 추상적인 것들뿐이었으며, 국립 응용수학 연구소장인 존 H. 커티스가 말한 것에 따르면, "계산 기술에 대한 이론의 효과적인 발전은 실제적인 것에 대해 추구되어야만 했다." 1948년 12월에 (모두 오크리지로부터 온) 수학자인 커스버트 허드와 앨스턴 하우스홀더는 로스앤젤레스에서 1949년 6월 말에 개최될 예정인, 몬테 카를로에 대한 최초의 비밀로 분류되지 않고 공개된 회의를 준비하는 데 RAND 회사에서 온 다른 두 통계학자들(핼릿 H. 거몬드와 시어도어 E. 해리스)과 힘을 합쳤다. 조직 위원회는 역시 국립 표준 연구소 소속인 존 H. 커티스와 레이먼드 P. 피터슨에 의해 보강되었다.[69] 시작부터 (실험 과학자인 로버트 R. 윌슨과 이론 과학자인 허먼 칸, 웬델 C. 드마커스를 포함한) 물리학자들을 (가장 중요하게는 길버트 킹) 화학자들과 (특별히 울람과 폰노이만) 수학자들, 그리고 (해리스와 커티스를 포함한) 통계학자들과 사귀게 하자는 것이 의도였다.[70]

로스앤젤레스 회의가 끝난 직후에 (이제는 IBM에 있던) 허드는 이번에는 1949년 11월과 12월에 뉴욕주의 엔디콧에서 개최될 예정인 과학적 계산에 대해 IBM 세미나의 일부분으로서 일련의 다른 회의들을 준비하기 시작했다. 그들 또한 "화학자와 물리학자가 공통으로 관심을 갖는 원자 구조와 분자 구조, 평형 계산, 반응률, 공명 에너지 계산, 차폐 계산,

GFP.
69) 커티스, 「서문」(1951), iii쪽.
70) 허드가 울람에게, 1949년 4월 26일, SUP.

몬테 카를로 계산, 그리고 붕괴 곡선의 맞춤 등과 같은 문제의 논의를 중심으로" 모일 것이었다.[71] 이 점에 관해서는 몬테 카를로가 컴퓨터 자체만큼이나 중요한 통합 기능을 하는 역할을 맡았다. 몬테 카를로는 참가자들이 수학적 확률 이론에서 콜모고로프의 결과를 논의하거나, 카드에 의해 프로그램된 IBM 402 전자 계산기의 기술적 세부 사항에 대해 논의하거나, 또는 슈뢰딩거 방정식의 고유값이 지닌 물리적 중요성에 대해 논의하거나에 관계없이 링궈 프랭커(가교 역할의 언어)가 되었다. 몬테 카를로에 대한 열의가 고조되었으며, 그것의 응용은 계속 성장해서 게이니스빌의 플로리다 대학에서 1954년 3월 16일과 17일에 개최된 제3회 몬테 카를로 회의에서 절정을 이루었다.

이 모든 학술회의들은 (수학, 통계학, 화학, 물리학, 공학, 설계 전문가, 생체도량형학 등) 전문 분야뿐 아니라 소속 기관에서도 여러 그룹의 참가자들을 모았다. 예를 들어 IBM 회의에는 광산 사무국, 노스롭 항공기, 웨스팅하우스, 코닝 유리, 연합 벌티 항공기, 셸 오일, IBM, 제너럴 일렉트릭, 페어차일드 항공기, 왓슨 과학계산 연구소, 벨 전화 연구소, 제너럴 아닐린 필름 회사, 아버딘 프루빙 그라운드, 지하수 관리국, 항공 기후 서비스, 그리고 다른 많은 곳에서 과학자와 기술자가 모였다. 이렇게 제한된 목적 아래서 페어차일드 항공기의 불규칙 진동 및 떨림 그룹의 책임자는 필립스 석유 회사의 기술자와 RAND 회사의 물리학자와 의견을 나누어야 했고 그렇게 하는 것이 가능했다. 그들이 의사소통에 사용한 것은 몬테 카를로 시뮬레이션의 언어였다.

그러나 무엇이 이 몬테 카를로였던가? 그것이 다우 케미칼 회사에서는 제품 설계사라 하고 코넬 대학에서는 수학자라고 하는 아주 그럴듯한 분류처럼 실험과 이론 사이에 보편적으로 인식된 구분과 어떻게 조화되었는가? 우리가 제4장에서 본 것처럼 제2차 세계대전으로 많은 미국의 대학들에서 그리고 지역 연구소와 국립 연구소를 위한 새로운 계획에서

---

71) 허드가 울람에게, 1949년 9월 22일, SUP.

이론 과학자와 이론 과학자 그룹의 지위가 대단히 향상되었다. 대학 교수를 모집하는 광고에서는 실험과 이론을 분명히 구분했다. 학생들은 자신이 이론 과학자인지 실험 과학자인지 분명히 해야 되는데, 두 가지 모두라고 할 수는 없었다. 곧 이론 전공 학생과 실험 전공 학생이 학위를 받기 위한 자격 조건이 달라질 예정이었다. 학술회의도 이론과 실험으로 구분되기 시작했다. 정말이지 1950년대 중반에 이르기까지 페르미는 젊은 시절에 이론과 실험 진영 모두에 참가한 것이 일상생활에서는 보기 드문 것으로 일종의 전설이 되었다. 그렇다면 물리학자들은 어느 한쪽이라고 확연히 갈라지지 않는 이런 시뮬레이션이라는 새로운 분야를 어떻게 이해했을까?

울람과 메트로폴리스, 그리고 폰노이만의 초기 노력으로 몬테 카를로 연구자들의 일부는 시뮬레이션이 이론 물리학이 필수적으로 가져야 할 특성들을 가지고 있다고 본 것에 반해, 다른 일부는 시뮬레이션이 자명하게 실험의 한 부분으로 보았다. 그리고 여전히 또 다른 일부는 시뮬레이션이 내가 작업대와 칠판이라는 전통적인 인식론적 두 기둥 사이의 제3자라고 생각하자고 제안한 혼성물로 보았다. 이제 15년이 흐른 뒤에도 여전히 분류상의 이러한 난제(難題) 뒤의 우려가 계속되고 있다. 물리학자인 키스 V. 로버츠는 다음과 같이 썼다. "계산 물리학은 이론과 실험 모두의 특성을 조금씩 결합하고 있다. 실험 물리학처럼 그것은 위치에도 의존하지 않고 크기에도 의존하지 않으며, 위상 공간에서도 실제 공간과 꼭 같이 쉽게 현상을 조사할 수 있다. 그것은 대수(代數) 공식처럼 프로그램도 실제 계산을 몇 번이라도 다룰 수 있다는 점에서 기호에 의존하지만, 하나하나의 개별적인 계산은 하나의 실험이나 관찰에 더 가깝고 수치 또는 도표에 의한 결과만을 제공할 뿐이다."[72]

그러나 작업의 겉으로 드러난 기호적인 성격이 칠판의 기술과 닮았다고 하더라도 오차 분석이나 문제 해결 방식은 여전히 작업대의 기술과

---

72) 로버츠, 「컴퓨터와 물리학」(1972), 7쪽.

더 많은 공통점을 지니고 있었다. 로버츠는 다음과 같이 계속했다. "진단을 위한 측정은 실험의 경우와 비교해서 상대적으로 쉽다. 그런 점은 예를 들어 여러-입자 상관관계를 얻게 해주는데, 그런 상관관계가 이론과 비교하여 검사될 수 있다. 반면에 유한한 그물 크기나 유한한 시간 간격 등에 의해 도입되는 '계산상의 오차'를 끊임없이 찾아야만 되고, 그래서 대규모 계산을, 프로그램이 실험 장치(노트, 실험 통제, 오차 계산 등등)이고 실제 실험에서 이미 수립된 방법론을 모두 채택한 수치(數値) 실험으로 생각하는 것을 선호하게 한다."[73]

간단히 말하면 오차를 추적하는 일상적인 관습이 몬테 카를로 전문가를 실험 과학자로 묶었다. 불꽃 상자를 사용하는 물리학자는 불꽃의 공간적 해상도에 한계가 존재한다는 것을 알며, 이것은 궁극적으로 입자의 운동량이나 에너지의 불확실성으로 연결되었다. 계산상의 오차도 이런 종류의 불확실성이었다. 이번에는 장치의 해상도에서 불확실성이 유래되었는데, 그 "장치"가 이제는 일종의 소프트웨어다.

시뮬레이션을 하는 사람들은 다른 활동들에서도 실험 과학자에 합류했다. 실험적 관습에서는 실험이 잘 진행되고 있다는 표시로 실험을 반복하면 결과가 변하는지, 또는 (알려진 근거에 의해서) 결과와는 관계가 없어야 하는 매개 변수에 따라 결과가 바뀌는지 등 실험 결과의 안정성이 이용되는 것은 일상적인 과정이다. 몬테 카를로가 시작될 때부터 그 전문가들은 그들의 결과가 일정하게 유지되지 않는다면 그것은 악몽일 것이라는 점을 잘 인식하고 있었다. 울람이 메트로폴리스와 함께 발표한 1949년 논문에서 저자들은 "우리가 고정된 분포가 존재한다고 믿는 문제에서는 우리의 '실험적' 분포가 한 단계에서 다음 단계로 가더라도 의미 있는 변화를 보이지 않을 때까지 실제 과정 또는 다른 과정에서 요구되는 수만큼 절차가 반복된다"는 점을 분명하게 했다.[74] 그는 안정성에

---

73) 로버츠, 「컴퓨터와 물리학」(1972), 7쪽.
74) 메트로폴리스와 울람, 「몬테 카를로 방법」, *Amer. Stat. Assoc.* 44(1949): 335~341쪽 중 339쪽.

대해 알고 있었음이 틀림없다. 초기 무기에 대한 계산들 중에서 많은 부분은 바로 그것 이상 아무것도 아니었다. 국지성(局地性)과 반복성, 안정성, 그리고 오차 추적과 같은 문제들이 시뮬레이션을 하는 사람들의 연구가 기본적으로 실험적이라고 분류하는 이유 중 일부를 차지한다(나는 나중에 좀더 깊은 다른 이유들에 대해 이야기할 것이다).

그렇지만 동시에 다른 일련의 관습들은 시뮬레이션을 하는 사람들을 수학자나 이론 물리학자에 연결되도록 만들었다. 1964년에 J. M. 햄머슬리와 D. C. 한스콤은 수학과 컴퓨터의 연결이 예전의 "순수" 수학과 "응용" 수학으로 표현한 분류를 가로지르는 수학에서 근본적으로 새로운 분류가 나올 것을 요구한다고 다음과 같이 주장했다.

상대적으로 최근의 이분법은 이론 수학자를 실험 수학자와 대조시킨다. 이러한 명칭들은 말하자면 이론 물리학자와 실험 물리학자에서 흔히 이용되는 것과 같은 종류다. 그러한 명칭들은 목표가 순수한지 또는 응용적인지에 따라 되지 않으며, 그것들은 이론 과학자가 빈방에서 백지(白紙)와 연필을 앞에 두고 앉아 있는 데 반해, 실험 과학자가 실험실에서 고가(高價)의 장비를 만지작거린다고 미리 가정하지 않는다. 비록 어떤 복잡한 수학적 실험은 전자 컴퓨터를 요구하기도 하지만, 다른 것들은 종이와 연필 이상을 요구하지 않는다. 가장 중요한 차이점은 이론 과학자들이 가정에서 결론을 추론하는 데 반해, 실험 과학자들이 관찰에서 결론을 끌어낸다는 것이다. 그것은 연역법과 귀납법 사이의 차이다.[75]

실험과 이론을 연역법과 귀납법으로 나눈 이러한 관점이 너무 단순하다고 볼 수도 있겠지만, 그것은 시뮬레이션 하는 사람을 강력하게 실험 과학자로 보는 지표라는 점에서 중요하다. "이론적 실험"이라든가 또는

---

75) 햄머슬리와 한스콤, 『몬테 카를로 방법』(1964), 1쪽.

"수학적 실험"이라는 언어가 문헌에 가득 차 있었다. 1950년대 초기에서 중반까지 『피지컬 리뷰』에 나온 것을 보면 수십 가지의 그런 예를 발견할 수 있다. 1MeV 광자(光子)의 반사율에 관해 두 저자(著者)들은 다음과 같이 썼다. "우리는 몬테 카를로 기술을 이용한 '이론적 실험'으로 실제로 아무런 정보도 존재하지 않는 이 양에 대해 좀더 믿을 만하게 계산할 수 있을 것이라는 생각이 들었다."[76]

기계에 의한 생활과 기호에 의한 생활 사이에 붙잡혀 물리 분야의 컴퓨터 프로그래머들은 많은 대학의 물리학과에서는 그들이 이론 과학자도 아니고 실험 과학자도 아니어서 버림받을 위기에 처해 있었다. 그들은 이론 자리나 실험 자리 어디든 지원해도 성사되기가 어려웠다. 동시에 시뮬레이션 하는 사람들은 또한 브룩헤이븐이나 CERN, 페르미 연구소, 그리고 SLAC 등 주요 국립 연구소나 국제적 연구소에서는 실험과 이론 사이의 어떤 중간 단계로도 대체할 수가 없었다. 이와 같이 그다지 중요하지 않기도 하고 꼭 필요하기도 한 이중의 역할 속에서 그들은 모든 대륙의 경계 지역 사람들에게 알려진 불안정한 업무 기능을 수행했다. 우리가 제5장에서 본 것처럼 1960년대를 지나오면서 컴퓨터가 입자 물리학을 변화시켰다. 그러한 변화 중에서 컴퓨터가 가져온 것으로 가속기 제작 또는 장이론 등과 같은 분야를 모두 포함하는 (자료 분석이라는) 활동의 범주를 만든 것이 있었다.

이러한 상황의 새로움은 루 코바르스키가 1971년 여름에 다음과 같이 분명히 언급했을 때도 사라지지 않았다. "과학자들은 자기 자신의 프로그램을 작성하는 것뿐 아니라 작동하고 있는 컴퓨터를 온라인으로 관리하는 것에 익숙해지고, 이론 과학자도 아니고 자료를 취하는 사람도 아니다. 하지만 컴퓨터를 전문적으로 이용하면서 자료를 처리하는 사람인 새로운 종류의 핵 과학자가 출현하면서 컴퓨터 관리자와 운영자들이 그들의 임무를 봐주기로 되어 있었다. 그러나 그들은 앉아서 기다릴 만큼

---

76) 헤이워드와 허벨, 「반사율」, *Phys. Rev.* 93(1954): 955~956쪽 중 955쪽.

침착하지 못했다."[77] 뉴욕 대학의 한 동료를 긍정적으로 인용하면서 코바르스키는 수학이란 흥미롭지 못한 관찰들 속에서 비상한 정리(定理)를 발견하는 것이 다이아몬드를 채굴하는 것과 유사하다고 말했다. 반면에, 컴퓨터는 마치 탄갱으로부터 화덕으로 조직적으로 흙더미를 옮겨 놓는 대규모의 일상적인 석탄 채굴 작업 방식으로 진리를 추구했다. 코바르스키는 다음과 같이 논평했다. "이러한 유사점은 수학의 정신과 컴퓨터 과학의 정신 사이에 놓여 있는 차이를 보여주고, 우리로 하여금 계산 물리학자 또는 계산 원자핵 화학자 또는 다른 사람이 된다는 사실이 수리 물리학자 등이 된다는 것과 전혀 동일하지 않으며, 그래서 실제로 원자핵 과학 분야에서 새로운 생활 방법이 열리고 있음을 깨닫게 해준다."[78]

코바르스키에게는 컴퓨터 콘솔 앞의 **생활 형식**이 이전에 이해되어 온 원자핵 물리학의 생활보다는 탄광업이나 해양학, 월리학(月理學), 그리고 고고학의 생활 형식에 더 가까웠다. "그렇게 새로운 상황을 이전의 가치 기준으로 판단하려는 시도가 많이 생겨날 것이다. 물리학자란 무엇인가? 실험 과학자란 무엇인가? 시뮬레이션은 실험인가? 풀려진 방정식의 출력물을 쌓아놓는 사람이 수리 물리학자인가? 그리고 궁극적으로 염려한 우리의 사고(思考)를 대신하여 컴퓨터를 이용하게 되지 않을까 하는 것이다"[79] 정체성(正體性)에 대한 불안은 사회적인 면과 인식적인 면 둘 다에서 왔다. "사고(思考)"가 파괴될지도 모른다는 두려움은 전에는 실험하기와 관련된 활동을 통제하는 즐거움(그리고 그 지위)을 잃어버릴지도 모른다는 두려움으로 해석되어야 했다.

다시 한번 더 실험 과학자 자신이 자신을 정의 내린 경계가 모호해지면서 불안이 생겼다. 우리는 전에 실험 물리학자가 스캐너와 화학자, 기술자, 대규모 그룹, 그리고 어느 정도로는 이론 과학자들과 함께 증명(그리고 저자[著者] 선정) 방식을 제대로 해내야 되었을 때 이러한 긴장을

77) 코바르스키, 「컴퓨터의 영향」(1972), 35쪽.
78) 코바르스키, 「컴퓨터의 영향」(1972), 29쪽.
79) 코바르스키, 「컴퓨터의 영향」(1972), 36쪽.

보았다. 이제 그것은 마지막 피난처이고, 위험에 빠진 것처럼 보이는 연구소의 구체성이다. 여기서 논쟁 대상은 시뮬레이션을 하는 사람들이 사용하는 "증명"의 의미인데, 그것은 이론적인가 실험적인가, 아니면 완전히 새로운 그 무엇인가? 단지 이 질문을 하는 것만으로 "실험"이라는 범주가 위안을 받는다. 우리가 지난 제7장에서 실험 과학자들이 시뮬레이션에 대한 집필도 포함할 것인가로 논쟁하는 것과 함께 추적했던 실험에서 저자(著者)로 선정되기 위한 기준이 바뀐 것을 기억하자.

시뮬레이션이 실험과 "같은가" 또는 이론과 "같은가"? 재현성을 살펴보자. 이론적 연구에서 논증의 재창조는 일반적으로 문제가 없다고 생각된다. 이론에서의 유도는 믿지 않더라도 재현하기는 상대적으로 쉽다. 이와는 대조적으로 실험적 노력은 공기 펌프와 프리즘, 레이저 등 모든 것들이 새로운 장소와 새로운 환경으로 이동시키는 것이 처음부터 대단히 어려웠던 것 등 많은 과학 역사학자들과 과학 사회학자들이 실제로 보인 것처럼 악명 높은 어려움을 제공한다.[80] 시작부터 시뮬레이션은 복합적인 문제를 제공했다. 작업은 물리적 대상에 붙어 있지 않아서 마치 양자 방출과 흡수에서 A와 B 곁수에 대한 아인슈타인의 유도처럼 이동 가능한 것처럼 보였다. 그러나 실제로는 그렇지 못했다. 많은 다른 사람들 중에서 키스 V. 로버츠가 이 사실을 한탄했으며, 상당한 노력을 들여서 시뮬레이션과 좀더 일반적으로는 컴퓨터 분석 프로그램을 특정한 위치에서 분리하기 시작했다.

(흔히 불리는 것처럼) "병목"을 열기 위해서는 세 가지 노력이 동시에 요구되었다. 첫째, 프로그램이 공개적으로 발표되어야 했다.[81] 그렇게 하는 것이 바람직했지만, 1950년대에 (덧붙인다면 그 뒤로 내내) 가장 관심을 끈 프로그램들은 인쇄된 잡지에 수록하여 배포되기에는 분량이 너무 많아서 그것은 단지 바람뿐인 희망으로 그쳤다. 둘째, 로버츠는 그

---

80) 복성에 대해서는 콜린스, 『변화하는 순서』(1985); 셰핀과 쉐퍼, 『거대한 해수(海獸)』(1985); 쉐퍼, 「유리 작업」(1989)을 보라.
81) 로버츠, 「컴퓨터와 물리」(1972), 17쪽.

가 "휴대성"이라고 부른 보편적인 언어의 사용과 자료 테이프 형태의 물질적인 배포를 강조했다.[82] 전자(前者)의 경우에는 기계 형태와 지역에 따른 프로그램 관습의 차이와 관련된 어려움에 봉착한 데 반해, 후자(後者)의 경우에는 많은 재산권에 대한 어려움으로 곤란을 겪었다. 예를 들어 1980년대에는 자료 테이프의 배포가 생물학에서 표본 세포의 배포와 유사하게 고려될 수 있는가라는 문제가 대두되었다. 마지막으로, 로버츠는 이론 물리학에서 라플라스 방정식이나 군론(群論), 벡터 대수(代數), 또는 텐서 해석과 같은 관습적으로 이용하는 반복 요소와 유사하게 "모듈 방식"이 프로그래머의 목표가 되어야 한다고 주장했다.[83]

공개적인 발표와 휴대성, 그리고 모듈 방식 등에 대한 지지와 같은 프로그램과 관련된 개개의 반응은 부분적이었다. 그 어느 것 하나도 그것이 국지화된 창작물이라고 깊게 각인된 일련의 관습들을 진정으로 보편화시킬 수 없었다. 일들의 이러한 상태를 한탄하면서 로버츠는 다음과 같이 논평했다. "오직 주요 연구소 한두 군데에서만 이용할 수 있는 (가장 유명한 것으로 로스앨러모스 유체 역학 코드와 같은) 좋은 프로그램들이 많이 있고, 프로그램을 원래 만든 사람이 다른 연구를 하기 때문에 더 이상 이용되지 않는 프로그램도 많이 있다."[84] 좀더 최근에는 이러한 현상이 "프로그램의 못 쓰게 됨"이라고 알려졌다. 사람과 기계는 계속 발전하고 오래된 프로그램은 기능 장애를 일으키며, 때로는 돌이킬 수 없을 만큼 그렇게 되기도 했다.

물리학자들이 시뮬레이션으로 만들어진 현실의 세상에서 특정한 장소를 근절시키려고 분투하는 동시에 다른 사람들은 이미 지금까지 근절시킨 데 대해 박수갈채를 보냈다. 예를 들어 코바르스키는 컴퓨터의 도움을 받는 연구의 새로운 양식으로 가능해진 "공간으로부터의 해방"과 "시간으로부터의 해방"이 동시에 이루어지는 것에 대해 이야기하기 시

---

82) 로버츠, 「컴퓨터와 물리」(1972), 17쪽.
83) 로버츠, 「컴퓨터와 물리」(1972), 19쪽.
84) 로버츠, 「컴퓨터와 물리」(1972), 20쪽.

작했다. "어쩌면 먼 거리에서의 연결이 텔레비전에서 이용되는 것만큼이나 범위가 넓어질 수 있다면, 컴퓨터를 이용하는 사람이 그의 물질적 사건이 만들어지고 있는 장소에서 많은 시간을 보내야 할 이유는 더 적어질 것이다. 이것은 심지어 살인 현장에 시체가 존재해야만, 다시 말하면 가속기에서 실제로 나온 입자가 검출기에 충돌하는 장소와 시간에 거기 있던 그 사람들만 물리학자라고 간주될 수 있다고 오늘날 판정하는 일종의 속물근성을 완전히 없애버릴지도 모른다."[85]

코바르스키는 여러 기관에 소속된 거품 상자 팀에 의해 중앙 집중된 실험실에서 일어나는 입자 충돌에서 바로 부호화시킨 사건을 고려하고 있었다. 그러나 브룩헤이븐 또는 버클리에서 만들어진 사건들이 쌓아놓은 카드나 또는 한 꾸러미의 테이프로 만들어질 수 있는 것과 마찬가지로 사건들이 시뮬레이션으로도 만들어질 수 있었다. 두 경우 모두, 여전히 실험의 중심적 단계인 분석이 어떤 한 장소로 국한되는 일이 없어진 것이었다.

시간으로부터의 해방도 비슷하게 실험 과학자의 생활에 좀더 쉽게 적응하게 만들었다. 코바르스키는 컴퓨터가 사건의 시간 척도를 흔히 10^{-9}초를 우리가 살고 있는 분과 시간, 날들의 척도로 확대시켰다는 사실을 격찬했다. 둘째, 컴퓨터의 도움으로 보통 한쪽 방향만 가리키는 시간이, 물리학자들이 순서가 다른 양식을 드러내기 위해서 계속 다른 방법을 이용하면서 동일한 사건 자료를 다시 처리함에 따라서 반복될 수 있는 시간으로 바뀌었다. 마지막으로, 컴퓨터에 의해 물리학자들은 가속기의 "실험 할당 시간"과, 강의와 학과 및 가족에 대한 의무를 가진 대학 소속 학자의 생활을 살아가는 물리학자들 자신의 시간 사이에 놓인 매듭을 끊을 수 있었다. 그러므로 그것은 여전히 또 다른 방법으로 (SLAC에 대한 샤론 트라웍의 인류학적 연구를 생각나게 하는 제목에서 빌려 온) 빛 줄기 시간과 인생 시간이라는 서로 다른 세상을 연결했다.[86]

---

85) 코바르스키, 「컴퓨터의 영향」(1972), 35쪽.

5. 실험을 확장하기

1. 자료, 오차, 분석

몬테 카를로 시뮬레이션이 발전하면서 시뮬레이션 전문가들은 실험 과학자들과 굉장히 많은 면을 함께하고 있다는 것이 분명해졌다——나는 공통 관심사의 예로 오차 추적, 장소에 국한된 성질, 반복성, 그리고 안정성 등을 들었다. 그러나 몬테 카를로 이용자들이 스스로를 실험 과학자라고 표현하는 것이 너무 널리 퍼져 있어서 실험실 작업대보다 컴퓨터 자판 위에서 수행되는 "실험"이라는 이야기의 밑바탕이 되는 관습들을 폭로하려는 노력으로 나는 이제 서로 다른 두 방법으로 이 개념에 대해 주의를 집중하고자 한다.

첫 번째 요점은 시뮬레이션을 하는 사람들이 "자료"를 만들 뿐 아니라 처리하는 데도 시간을 보낸다는 것이다. 여기서 "자료"의 인용 부호는 이 용어가 이제 몬테 카를로 시뮬레이션에서 거짓 무작위 수에서 발생된 것까지 포함하도록 확장되었음을 표시한다. 몬테 카를로 사람들은 즉시 알아볼 수 있는 것처럼 이러한 관습들은 이론적 활동보다는 실험적 활동과 더 많은 공통점을 가지고 있었다. 어떤 누구와도 마찬가지로 RAND 회사의 (나중에 1960년 『열핵 전쟁에 관해서』로 유명해진)[87] 허먼 칸은 시뮬레이션을 하는 사람이 중성자가 원자로의 차폐용 콘크리트 벽을 투과할 확률은 얼마라는 식으로, 단순히 확률만 보고하는 것이 임무가 아니라고 계속해서 강조했다. 대신 유일하게 의미를 지닌 진술은 (오차 계산에 의해) 확실성 m을 가진 확률이 p일 것이라고 말할 때다. "이러한 상황은 측정 결과가 이런 형태로 되어 있기 때문에 실험 물리학

---

86) 코바르스키, 「컴퓨터의 영향」(1972), 36쪽. (샤론 트라웍은 그녀의 『실험 할당 시간』[1988]에서 이것을 아주 잘 묘사했는데, 그곳에서 그녀는 검출기가 "두 종류의 우주 시간이 수렴"하는 장소로, 그중 하나가 입자 상호작용의 시간이며, 다른 하나가 "경험적" 시간이라고 썼다.)

87) 칸, 『열핵 전쟁』(1960).

자들에게 안 알려지지 않은 것은 분명하다." 칸은 만일 이러한 문제가 놀랍다면 그것은 통계적 편차를 감소시키려는 필요가 이론 과학자들이 늘 직면하는 상황은 아니기 때문이라고 주장했다. 몬테 카를로라는 상황에서 편차의 감소 문제가 나오는 이유는 "보통 (해석적) 의미로 수학적 계산을 수행하는 것이 아니라 무작위 수로 이루어진 목록의 도움을 받으며 수학적 실험을 수행하고 있기" 때문이다.[88]

컴퓨터가 추적할 수 있을 만큼 제한된 "입자" 표본을 가지고서도 흥미 있는 현상이 너무 드물게 나타나는 것이 대부분의 경우이기 때문에 불확정성은 매우 커지게 된다. 예를 들어 만일 1,000개의 중성자가 흉내 낸 원자로에서 나와 단지 10개만 장벽을 투과했다면, 이 10개의 입자에 대한 진술의 정확도는 얼마 되지 않을 것이다. 칸과 다른 사람들은 (울람과 폰노이만의 이전 연구를 따라서) 이러한 불확정성을 줄이기 위해 나누기와 통계적 추산, 그리고 중요도 표본 선택 등 세 가지 전략을 강조했다. 그는 1954년에 그 세 가지 방법이 (물리적 실험 과학자와는 달리) 실험 과학자가 조사하려는 대상을 "완전히 통제"하는 환경에 매우 적합하기 때문에 몬테 카를로 방법에 대해 뛰어난 적용력을 가지고 있다고 주장했다. "예를 들어 만일 [몬테 카를로를 운영하는 사람이] 곱슬머리에 발가락이 여섯 개이고 초록색 눈을 가진 돼지를 원했고, 만일 이 사건이 일어날 확률이 0이 아니라면, 농학자와는 달리 몬테 카를로 실험 과학자는 즉시 그 동물을 만들어낼 수 있었다."[89] 초록색 눈을 가진 돼지를 만들어내는 능력 외에 다른 것, 즉 통계적 표본 선택에 대해 수립된 이론으로부터 만들어진 좀더 전통적인 방법도 있었는데, 그런 것들로는 상관관계와 회귀(回歸), 체계적인 표본 선택, 그리고 계층별로 분류된 또는 할당된 표본 선택 등이 포함되었다.[90]

---

88) 고어첼과 칸, 「차폐 계산」, ORNL 429, 1949년 12월 19일, 10쪽.
89) 칸, 「표본 기술」(1956), 147쪽.
90) 몬테 카를로 연구의 초기에는 편차 감소 기술이 많은 서로 다른 방법으로 해석되었다. 그 기술들을 세 가지 새로운 그리고 세 가지 전통적인 방법으로 특별히

여기에 칸으로부터 인용한 간단하고 다 풀어놓은 예가 있다. 두 개의 공평한 주사위로부터 합이 3이 되도록 던지는 확률을 알고 싶다고 가정하자. 그 풀이는 해석적으로도 어렵지 않게 얻는다. 주사위의 각 면은 1/6의 확률을 갖는다. 두 주사위의 각 조합은 1/36의 확률을 갖는다. 그리고 합이 3을 얻기 위해서는 (1, 2와 2, 1 등) 두 가지 방법이 존재하므로 합이 3이 나오도록 던질 확률 p는 바로 1/36의 두 배, 즉 $p = 1/18$이다. 몬테 카를로는 N번 "실험"하여 성공한 수 n을 (여기서 성공은 3이다) 던진 총수 N으로 나누는 방법으로

$$\hat{p} = \frac{n}{N} \tag{8.15}$$

와 같이 작동한다. N번 시도한 다음에 $\hat{p}$는 보통 p와 똑같지 않으며, 그 통계적 오차는 표준 편차인 σ에 의해

$$\sigma = \sqrt{\frac{p(1-p)}{N}} \tag{8.16}$$

와 같이 측정될 수 있고, 이것은 백분율 오차로

$$\frac{100\sigma}{p} = 100\sqrt{\frac{1-p}{Np}} \tag{8.17}$$

와 같이 표현될 수 있다. N을 증가시킴으로써 편차가 작아질 수 있다는 것은 명백하지만, 백분율 오차가 단지 N의 제곱근에 비례하여 감소하기 때문에 그런 방법은 느리게 작동된다. 모든 편차 기술은 다른 방법으로 편차를 줄이도록 설계되었다.[91]

"중요 표본 선택"은 그러한 모형들 중에서 가장 결정적인 것들의 하나

조직하는 것은 칸, 「표본 기술」(1956), 146~190쪽에 나와 있다.
91) 칸, 「표본 기술」(1956), 148~149쪽.

이다. 만일 주사위에 무게를 가하여 1 또는 2가 보통보다 두 배 더 자주 나타나도록 할 수 있다면, 3을 얻을 확률 p는 네 배가 되어 $p = 2/9$가 된다. 식 (8.17)로부터 오차의 백분율은 결과적으로 둘보다 약간 큰 인자에 의해 감소한다는 것을 간단히 알 수 있다. 당연하게 $\hat{p}$에 대한 몬테 카를로 계산은 단순히 n/N이 아니라 우리가 주사위에 집어넣은 납탄환을 설명하도록 수정되어야만 하고 그 결과는 $\hat{p} = (1/4)\,n/N$인데, 여기서 가중(加重) 인자라고 알려진 1/4은 한쪽으로 치우친 표본 선택을 상쇄시킨다. 일반적으로 중요 표본 선택이라는 생각은 관심 있는 특별한 영역의 현상에 대한 조사를 증대시키고, 감소된 편차를 구하며, 그렇게 하고 나서 마지막 확률 계산에서 그렇게 치우친 면을 상쇄시키자는 것이다. 예를 들어 콘크리트 장벽을 투과하는 중성자를 계산하는 문제의 오차를 감소시키는 노력의 일환으로, 중성자들이 (사람들이 있는 장소인) 원자로 차폐 바깥쪽 방향으로 산란하는 데 여분의 큰 확률을 부여할 수도 있다.[92)]

두 번째 기술은 "나누기와 러시안룰렛"으로 알려져 있다. 대체적인 생각은 다음과 같다. 전형적인 몬테 카를로에서 많은 사건들의 순서가 그것들이 조금씩 바뀌어 가는 이전 단계들에 근거해서 흥미 없는 것들이라고 확인될 수가 있다. 주사위의 경우 첫 번째 던진 주사위에서 3, 4, 5 또는 6이 나오면 두 번째 던진 주사위에서는 무엇이 나오건 관계가 없다. 그러므로 우리는 두 번째 주사위 던지기 중에서 2/3를 제거할 수 있고 순진하게 던질 때보다 1/3만큼 더 적은 횟수만큼 주사위를 던지면 된다. 좀더 일반적으로 두 가지 방법으로 편차를 감소시키는 것이 가능하다. 첫째, 처음 단계에서 분리하는 경우가 흥미롭다. 예를 들어 만일 중성자가 대부분의 경우 원자로 바깥으로 나간다면 중성자가 거기서부터 어떤 경로를 취할 것인지 조사하는데 컴퓨터 시간을 많이 할애하는 것

---

92) 칸, 「표본 기술」(1956), 149~150쪽. 리히트마이어 또한 편차 감소를 위하여 기초 연구를 수행했다.

이 가치 있을 수도 있다. 반대로 만일 중성자가 바깥쪽 표면에서 먼 곳에 숨어 있다면, 중성자의 그 이후 행동에 대해 컴퓨터 시간을 조금이라도 사용하는 것은 가치 없을 수도 있다. 그러므로 경우들 중에서 어떤 백분율만큼은 중성자의 시뮬레이션을 더 이상 계속하지 않고 끝내는 것이 경제적이다. 칸이 말한 것처럼 (은유[隱喩]를 주목하라) "'전멸시키기'는 우연에 대한 보충 게임으로 이루어진다. 만일 보충 게임에서 진다면 표본은 죽는다. 만일 이긴다면 표본은 어떤 다른 표본이 죽었다는 사실을 반영하기 위하여 추가의 가중치를 얻는 것으로 인정받는다. 이 게임은 권총과 이마를 가지고 놀이하는 러시아의 우연 게임과 어떤 점에서 비슷하며, 그 이름이 나온 유래다."[93]

그 형상이 덜 야수적인 것으로 편차를 감소시키는 마지막 기술인 "기대값 방법"은 몬테 카를로와 해석적 기술이 결합되어 작동한다. 우리의 예에서 첫 번째 주사위를 던진 다음, 나머지 주사위의 확률을 계산하는 것은 간단한 일이다. 1 다음에 필요한 2를 얻을 확률은 1/6이다. 2 다음에 필요한 1을 얻을 확률도 1/6이다. 그리고 1 또는 2를 제외한 어떤 다른 것 다음에 주어진 것을 얻을 확률은 0이다. 이러한 기대들의 평균이 p에 대한 추산 값인데, 이 경우에는 1/3을 6으로 나누어서 1/18을 얻는다. 나누기에서처럼 이것들 모두가 편차를 감소시키며 던지는 데 필요한 수도 줄인다.[94]

이러한 방법들은 모두 "해답"의 중심 값에 대해 다른 추산값을 구하려는 것이 아니라, 대신 그 추산값 주위의 흩뜨림을 감소시키려는 노력으로 특징지어진다. 이러한 점에서 그것들은 실험 과학자가 그들의 결론에서 무작위 오차를 감소시키려고 애쓰는 것처럼 실험 과학자의 전략과 닮았다. 그리고 실험 과학자의 경우와 마찬가지로 시뮬레이션을 하는 사람은 조사하는 응시 범위를 좁히기 위하여 사전의 물리 지식을 여기에

---

93) 칸, 「표본 기술」(1956), 151쪽.
94) 칸, 「표본 기술」(1956), 151~152쪽.

삽입해야만 한다.

이러한 편차 감소 기술들로부터, 그리고 이전의 오차 추적에 대한 논의들로부터 나는 시뮬레이션 하는 사람들의 오차에 대한 관심에는 두 가지 면이 존재한다고 결론짓는다. 첫 번째(오차 추적)는 "올바른" 기대 값을 구하는 데 몬테 카를로의 능력과 관계있다. 시뮬레이션 하는 사람은 그것을 장비 자체에 존재하는 계통 오차를 줄임으로써 실험 과학자가 추구하는 정확도에 가까운 값을 경험한다. 두 번째(편차 감소 기술)는 실험 과학자들이 수행하는 검사의 정확도를 증가시키려는 시도와 직접적으로 유사한 것이다. 시뮬레이션을 하는 사람의 관습과 작업대에서 실험하는 사람의 관습 사이의 이러한 나날의 공통적인 성질을 함께 취하면 이들 두 그룹이 서로 동일함을 스스로 확인하기를 강요하는 데 도움이 되었다. 시뮬레이션 하는 사람들 중 일부는 더 나아가, 그들이 수행하는 시뮬레이션의 정확한 조건을 통제할 수 있으므로 실제로 실험 과학자들보다 더 유리하다고 주장했다. 다시 말하면 이론의 균형을 잡는 중심인물로 봐야 하는 것은 실험 과학자가 아니라 시뮬레이션을 하는 사람이라는 것이다.

칸은 "몬테 카를로 방법이 …… 실험보다 더 유익한데, 몬테 카를로의 결과와 해석적인 결과를 비교해보면 동일한 물리적 자료와 가정에 근거한다는 확실성이 존재하기 때문이다"라고 결론지었다.[95] 작업대에서 일하는 사람이 아니라 시뮬레이션을 하는 사람이 이제 과학이 요구하는 초록색 눈을 가진, 발가락이 여섯 개인 곱슬머리 돼지를 만들 수 있었다.

2. 추계주의(推計主義)와 그 적들

지금까지 내가 제시했던 (안정성, 오차 추적, 편차 감소, 재현성 등) 몬테 카를로가 실험하기에 흡수되는 형태들 모두는 근본적으로 인식론적이었다. 다시 말하면 그것들은 연구자들이 그들의 결론이 옳고 튼튼함을

---

95) 고어첼과 칸, 「차폐 계산」, ORNL 429, 1949년 12월 19일, 8쪽.

주장할 수 있는 모든 수단이다. 이제 나는 자연 철학적인 탐구의 형태로서 몬테 카를로의 정당성에 대한 형이상학적인 경우가 되는 것과 다른 방향을 취하고자 한다. (가끔 울람을 포함한) 다양한 사람들이 제시한 것처럼 그 주장은 몬테 카를로와 몬테 카를로 자체의 토대가 되는 통계적 세상 사이의 소문난 근본적인 유사성에 근거했다. 달리 말하면 몬테 카를로와 자연이 모두 통계적이므로 이 방법이 전에 해석적인 생각을 가진 수학자들에게는 보이지 않던 현실을 감지(感知)할 기회를 제공할 수 있었다. 울람이 한때 말한 것처럼 몬테 카를로에 대한 그와 폰노이만의 추적은 입자들이 계산상의 가공 "입자"들로 대표되는 물리적 문제를 동형(同型)으로 나타내는 상(像)에 대한 탐색이었다.[96]

아서 D. 리틀 회사의 화학자이자 전쟁 중에는 과학연구개발국(Office of Scientific Research and Development, OSRD)에서 작전 분석을 담당했던 길버트 킹은 몬테 카를로가 이러한 환영(幻影)이라는 해석을 탁월하게 대변하는 사람이다. 1949년 말에 IBM 세미나에서 이미 그는 "물리학자 또는 화학자의 입장에서 문제와 연결된 미분 방정식이 실제로 하나도 존재하지 않으며, 단지 추상화된 것일 뿐이다"라고 주장했다.[97] 2년 후에 그는 그 논평을 확대하여 컴퓨터를 "미화된 계산자라고 생각하면 안 되며" 완전히 새로운 방법으로 문제를 취급할 수 있는 "유기체"로 생각해야 한다고 주장했다. 킹이 보건대 몬테 카를로는 그 직접성에 의해 단지 또 다른 근사 방법으로만이 아니라 그보다 훨씬 더 중요한 역할을 갖게 되었다. "고전 수학은 단지 기술자와 물리학자를 위한 도구일 뿐이지 그들이 다루려고 시도하는 현실 속에 본래부터 속해 있지는 않다. 지금까지 물리적 세계의 메커니즘을 고전 역학에 속한 미분 방정식이나 또는 다른 방정식의 형태로 이상화시키거나 간단하게 만드는 것이 관례였는데, 그 이유는 지난 수백 년 동안 연필과 종이, 그리고 대

96) 울람, 「폰노이만」, *Bull. Amer. Math. Soc.* 64(1958): 1~49쪽 중 34쪽.
97) 킹, 「추가 논평」(1951), 92쪽.

수표 등 쉽게 구할 수 있는 수단으로 공략하는 풀이 또는 방법이 발견되었기 때문이다."[98] 공학은 그렇게 전통적인 종이와 연필로 풀이를 구하기에는 너무 복잡했다. 그 결과로 기술자들은 미분 방정식을 차분 방정식으로 대체하여 수치(數値) 방법을 이용한 근사적 풀이를 추구했다. 고전 수리 물리학자들에게 그러한 거친 방법은 대용(代用)일 뿐인 풀이였다. 킹의 세계관은 수리 물리학자들의 인식론적 계급 구조를 뒤집어 놓았다.

편미분 방정식에 대한 관념적 견해는 아인슈타인과 P. A. M. 디랙을 포함한 20세기 중반의 선도급 이론 물리학자들 중 일부에 의해 신봉되었다. 디랙은 다른 모든 이론적 장점들 중에서도 수학적 아름다움을 소중히 생각했으며, 심지어 양자 역학에서도 인과 관계를 담고 있는 기본적인 미분 방정식이 여전히 잘 성립하지만, 그럼에도 불구하고 미분 방정식이 양자 상태의 변화를 지배하면서도 "기호에 의한 형태를 유지하고 있다"고 주장했다.[99] 비록 아인슈타인이 디랙처럼 심하게 실험을 아름다움에 종속시키지는 않았지만, 그는 뉴턴 물리학과 현대 물리학 사이를 결정적으로 갈라놓는 점이 미분 방정식이라고 인정했다.

맥스웰에 대한 잘 알려진 경의를 표하면서 아인슈타인은 다음과 같이 썼다. "맥스웰 이후로 [물리학자들은] 물리적 현실이 역학적으로는 납득할 수 없지만, 편미분 방정식의 지배를 받는 연속적인 장에 의해 대표된다고 생각했다." 그 시대 이후로 양자 역학은 이론적 양들을 확률적 개념과 동일시하고 맥스웰의 방식에 의문을 표시했다. 이러한 "간접적" 대표 방식이 아인슈타인의 기분을 상하게 했으며, 그는 시간이 충분히 흐르면 물리학은 "맥스웰 방식에 의해 제대로 설명될 수 있는 프로그램을 수행하도록 시도하는 쪽으로, 다시 말하면 특이점 없이 편미분 방정식을 만족하는 장에 의해 물리적 현실을 기술하는 쪽으로 되돌아올 것"이라

---

98) 킹, 「확산 문제」, *Ind. Eng. Chem.* 43(1951): 2475~78쪽 중 2475쪽.
99) 디랙, 다음 문헌 크라, 『디랙』(1990), 81쪽에서 인용되었으며, 수학적 아름다움에 대해서는 제14장을 보라.

고 확신했다.[100]

편미분 방정식의 신성한 왕국으로 오라는 수리 물리학자들의 초청을 거절하고, 킹은 그러한 표현들이 세상을 일그러뜨리는 프리즘을 통해 대상을 굴절시켰다고 주장했다. 그는 기술자의 도구가 무엇인가 더 깊이 파묻힌 것을 직접 사상(寫像)한다고 주장했다. "미분 방정식을 통한 추상화를 통과해야 할 근본적인 이유가 하나도 존재하지 않는다. 기술적 또는 물리적 과정에 대한 어떤 모형이든 수학적 방정식을 세우는 데 어느 정도 공개적으로 제시되는 특정한 가정과 이상화를 필요로 한다. 때로는 덜 그럴듯한 다른 단순화를 도입함으로써 탐구할 상황을 직접 계산 기계 속에 집어넣을 수 있으며, 그러면 미분 방정식이나 또는 적분 방정식의 매개에 의해 가능한 것보다 더 현실적인 모형이 얻어진다."[101] 킹의 주장은 과격했다. 왜냐하면 외형(外形) 뒤에 숨은 관념적인 형이상학을 반영하는 미분 방정식과 적분 방정식에 과도한 가치를 부여하는 오랜 전통과는 반대로 킹은 현실에 대해 무엇인가 말할 것을 가진 사람이 ─ 수리 물리학자가 아니라 ─ 기술자라고 믿고 있었기 때문이다. "좀더 현실적인 모형"이 그러한 이유는 자연이 근본에 있어서 통계적이며, 그리고 통계적인 것을 회피하는 미분-적분 방정식과 같은 표현 방식이 실패할 운명이었기 때문이다.[102]

킹과 같은 산업 화학자에게는 생계 수단 확산 방정식

$$\frac{\partial \mu}{\partial t} = D \frac{\partial^2 \mu}{\partial x^2} \tag{8.18}$$

---

100) 아인슈타인, 「맥스웰의 영향」(1954), 269~270쪽.

101) 킹, 「확산 문제」, *Ind. Eng. Chem.* 43(1951): 2475~78쪽 중 2476쪽.

102) 미분 방정식 자체가 양자화된 시공간이라기보다는 연속적인 시공간을 미리 가정하고 있기 때문에 다른 방법으로 미분 방정식에 반대하는 주장을 계속하는 것이 가능하다. 그렇지만 킹은 시공간 연속체 자체를 반대하는 것이 아니라 결정론적인 연속된 과정에 반대하는 주장을 폈다.

을 생각하자. 여기서 t는 시간이고, μ는 염료의 농도이며, x는 공간 차원, 그리고 D는 확산 상수이다. 모세관에서 염료가 그 중간점에서 방출된 특별히 간단한 경우에 대해서는 풀이가 닫힌 형태로 알려져 있다. 그 풀이에 의하면 염료 분자들은 정해줄 수 있는 평균 거리 Δx를 시간 Δt 동안 움직이게 될 것이다. 이러한 과정은 하나의 동전을 가지고 수행된 간단한 몬테 카를로에 의해 흉내 내어질 수 있다. 만일 동전의 앞이 나오면 x를 Δx만큼 증가시키고, 동전의 뒤가 나오면 x를 Δx만큼 감소시킨다. 컴퓨터에 내장된 무작위 수 발생기는 짝수를 양의 증분(增分)에 대한 기저로 사용하고, 홀수를 음의 증분에 대한 기저로 사용하는 것과 비슷한 방법으로 진행할 수 있다. 이런 방법으로 많은 횟수만큼 반복되면 분포를 얻게 된다. 킹은 이러한 무작위 사건의 연속 과정을 널리 알렸다. "확산 방정식의 수학적 풀이[즉 해석적 풀이]는 이 분포에 대한 근사(近似)다. 확산 방정식의 수학적 풀이는 무한히 작은 단계로 이루어진 이상적 상황에 적용된다. 확산 방정식을 세우면서 기본적인 방식으로 계산 기계에 직접 집어넣는 경우보다 더 많은 가정들이 사용되었으며, 손을 사용하는 어느 것과도 전혀 다른 계산 방식으로 풀이까지 도달되었다."[103] 킹의 견해가 가장 간결한 형태로 나타난 것은 킹과 뉴욕 대학의 수학자인 유진 아이작슨 사이에 몬테 카를로 방법에 대해 가장 초기에 가진 어느 회의에서 벌인 활발한 대화였다. 킹은 방금 양자 역학에 몬테 카를로 방법을 적용하는 문제에 대해 이야기했다.

아이작슨 씨: 당신이 물리 문제에 대한 분석을 시작할 때, 그리고 복잡하고 유한한 차이로 기술되는 과정을 고려할 때 연속적인 미분 방정식을 가지고 그것을 좀더 간단한 유한한 차이로 기술되는 과정으로 근사해서 당신이 수행할 작업의 일부를 줄이는 것은 사실 아닌가?

---

103) 킹, 「확산 문제」, *Ind. Eng. Chem.* 43(1951): 2475~78쪽 중 2476쪽, 강조 부분이 첨가되었다.

킹 박사: 나는 확률적인 방법에 의해 문제가 지닌 물리를 다시 찾음으로써 대부분의 미분 방정식을 피해갈 수 있다고 생각한다.[104]

몬테 카를로 방법이 어떤 결정론적인 미분 방정식도 결코 할 수 없었던 방법으로 자연과 대응된다("문제의 물리를 되찾는다")는 킹의 견해를 나는 추계주의라고 부르고자 한다(〈그림 8.12〉을 보라). 그것은 몬테 카를로의 수많은 초기 이용에 나타났으며, 명백하게 그것이 만들어지는 데도 기여했다. 1949년에 물리학자 로버트 윌슨은 우주선 물리학이 단순히 물리적 시스템 자체가 무작위적인 요소를 가지고 있기 때문에 몬테 카를로에 대한 완벽한 실례(實例)라고 생각했다. "현재의 응용은 확률적으로 일어나는 문제에 몬테 카를로 방법을 적용하며, 과도한 노력을 들이지 않더라도 약 10퍼센트 정도의 정확도를 얻는 것이 얼마나 쉬운가를 보여준다."[105] 그리고 다른 곳에서는 "소나기 문제는 원래 확률적인 것이고 자연스럽게 몬테 카를로 방법을 직접 적용하는 데 적합하다."[106]

시뮬레이션이 자연과 어떻게 연관되는가에 대한 서로 철저하게 다른 두 가지 형이상학적 해석이 〈그림 8.12〉에 설명되어 있다. 관념적인 견해에서 "물리적 현실"은 편미분 방정식에 의해 포착되었거나 또는 포착되어야 했다. 확산이라는 특별한 경우 물리적 현실은 가는 모세관에 붉은 염료가 퍼져 있는 것이었다. 그것은 편미분 방정식에 의해 정당하게 그래야 하는 것처럼 "표현"되었다. 이 방정식은 어떤 특별한 경우라도 오른쪽에 보이는 것처럼 풀이를 갖는다. 열역학 방정식이 어떤 의미에서 아인슈타인에게도 옳았을까? 명백하게 그것들은 더 이상 단순화될 수 없었기 때문이 아니다. 통계 역학의 창시자 중 한 사람으로서 그리고 확산에 대한 유명한 일련의 논문 저자로서 아인슈타인은 확실히 열역학

---

104) 킹의 논의, 「확률적 방법」, 허드, 『계산에 관한 세미나』(1950), 48쪽에 나온다.
105) 윌슨, 「소나기」(1951), 3쪽.
106) 윌슨, 「몬테 카를로」, *Phys. Rev.* 86 (1952): 261~269쪽 중 261쪽.

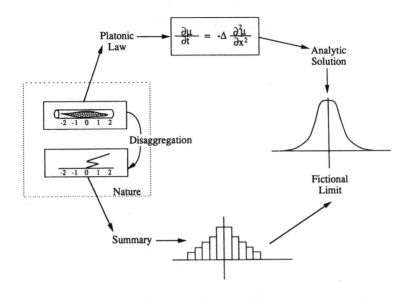

〈그림 8.12〉 몬테 카를로 형이상학. 몬테 카를로를 바라보는 한 가지 방법은 단순히 수치적 근사의 또 다른 형태라는 것이다. 그런 견해에서 우리가 (궁극적으로) 원하는 것은 맥스웰이 전기 동역학을 설명한 것과 같거나 또는 고전 열역학과 같은 이론인 편미분 방정식이다. 비록 나중에 물리학의 근저에는 불연속이 존재한다고 물리학이 입증했다고 하더라도 아인슈타인은 열역학이 세상에 대한 어떤 기본적인 진리를 반영한다고 생각했다. 길버트 킹은 사물들을 다르게 보았다. 그가 관계되는 한, 버팀목이 되는 것은 몬테 카를로가 아니라 편미분 방정식이었다. 연속체 물리학의 진가를 과도하게 인정하도록 강요한 것은 단지 우리 계산 능력의 한계였으며, 컴퓨터로 수행되는 몬테 카를로는 놀라운 치유법이라는 것을 알았다. 이제 몬테 카를로와 전자 컴퓨터를 가지고, 진정으로 우리 주위를 에워싸고 있는 근본적으로 불연속적인 현실을 재창조할 수 있게 되었다.

법칙들이 절대적이라고 믿지 않았다. 대신 그의 업적 전체를 통해 ─ 영구 기관은 불가능하다는 것과 같은 ─ 강제적인 물리 원칙들에서 비롯되고, 그러한 원칙들로부터 올바른 미분 방정식으로 표현될 수 있는 법칙을 유도하고자 했다. 그의 자전적(自傳的)인 에세이에서 (그가 특수 상대론의 방정식을 유도하는 상황에서) 다음과 같이 말했다. "더 오래 그리고 더 절망적으로 시도할수록 나는 오직 보편적이고 공식적인 원리의 발견만이 우리를 보증된 결과로 인도할 수 있다는 확신에 도달했다. 내 눈앞에서 본 예는 열역학이었다."[107] 관성 기준계의 변환 아래서 물리

법칙의 공변성(共變性)은 영구 운동 기계의 불가능성과 견줄 만한 원리였다.

맥스웰은 역학적 제일 원리로부터 자세하게 쌓아올리지 않고도 마침내 그의 방정식들로 나아갔다. 열역학은 물질에 대한 자세한 이론에서 추론하지 않아도 이해되었다. 그리고 특수 상대론은 전자(電子)의 구조와 에테르 동역학에 대한 자세한 지식이 없어도 나타났다. 그런 의미에서 확산 방정식이나 엔트로피를 다른 열역학적 변수와 연결짓는 표현들이 옳으면서도 아직 더 단순화시킬 수 있다. 내가 필연적으로 도식적 방식으로 물리 이론에 대한 "아인슈타인-디랙의 견해"라는 명칭을 부여하려고 하는 관념적 견해에서는 몬테 카를로 시뮬레이션이 항상 미분 방정식을 통하여 어떻게 표현할지 알게 되는 근본 원리들을 찾지 않아도 예측에 이르는 대용(代用)의 근사(近似)로 보일 것이다.

추계주의자의 견해에서는 (감히 "킹-칸의 견해"라고 부를 사람이 있는가?) 시뮬레이션에 속한 계수기가 오른쪽으로 걷거나 왼쪽으로 걷는 것은 확산과 같다. 두 가지 모두의 근저에 있는 무작위적인 과정에 의해 예측되었다. 그래서 추계주의자에게는 시뮬레이션이 자연적 사건과 일치했다. 몬테 카를로는 확산과 같은 유형의 현상이지만, 개별적인 존재의 운동으로 분해되었다. 각 입자는 x-축의 특정한 점에서 끝난다. 이 끝나는 점들을 히스토그램으로 모을 때 그림의 아래쪽에 표시된 개요를 얻는다. 이 분포를 오른쪽의 곡선으로 부드럽게 만들면 허구(虛構)의 극한으로, 실험을 수없이 "시행"하여 (가상적으로) 추정하면 구해진다. 관념론자에게는 추계주의자가 단순히 어쩌면 유용할지도 모르지만 그 이상은 아닌 또 다른 근사 방법을 개발했을 뿐이다. 추계주의자에게는 관념론자가 우리의 이해와 자연 사이에 (해석적 연속체 방정식이라는) 불필요한 개념적 존재를 삽입했다. 킹-칸의 견해가 옳다면 몬테 카를로는 자연의 얼굴을 들여다보는 직접적인 응시를 제공한다.

---

107) 아인슈타인, 「자전적 노트」(1970), 53쪽.

내가 강조한 것처럼 중성자 확산의 문제는 이 방법이 창안된 심장부에 놓여 있었으며, 그것은 계속하여 대부분 무기 설계와 그 효력 분야이지만 원자로 설계와 안전 등의 민간 관련 문제에서도 또한 어려운 응용을 제공하고 있었다. 앨스턴 S. 하우스홀더는 "물과 흑연 그리고 세포 조직"에서 중성자 연대 계산을 작성하면서 다음과 같이 주장했다. "무거운 입자들이 물질을 통해 확산하는 것에 대한 연구는 몬테 카를로 연구 방법을 위한 이상적인 무대를 제공한다. 우리는 여기서 주어진 함수 방정식을 맞추려는 인위적인 모형을 세우라고 강요받지 않고, 물리적 모형으로 직접 갈 수 있으며, 실제로 우리가 선택하지 않는 한 함수 방정식을 결코 생각해야 할 필요가 없다."[108] 이런 직접성이라는 개념은 중요하다. 그것은 몬테 카를로 방법에 대한 깊은 철학적 책무를 강조한다.

과정과 표현법에 있어서 형이상학적 반복에 대해 이와 동일한 믿음이 "보건 물리학"에서도 나타나는데, 그 분야에서 저명한 오크리지 기고가(寄稿家)인 낸시 디스뮤크는 세포 조직을 통과하는 중성자 전파에 대해 다음과 같이 썼다. "내가 관심을 가지고 있는 유형의 문제는 계산을 진행하기 위한 모형으로 충분한 물리적 모형이라는 의미에서 자연스러운 몬테 카를로 문제다. 단계마다 진정한 물리적 상황과 아주 밀접하게 닮은 실험이 (계산하는 기계에서) 수행된다. 우리 실험에서 무작위적인 선택이 만들어져야 할 때마다 항상 거기에 대응하는 물리적 상황도 무작위적 선택의 문제인 것처럼 보인다."[109] A. W. 마셜은 몬테 카를로가 미분방정식을 피하면서 확산과 같은 과정에 대한 "자연에 속한 모형"에 적용되었을 때 가장 생산적이라고 말했다.[110]

방금 인용한 저자(著者)들과는 달리 일부 "자연스러움"이나 "직접성" 또는 "자연에 속한 모형"의 모사(模寫)에 대한 옹호자들은 대응이라는 추상적인 근거에 대한 프로그램의 보증을 꺼려하는 사람들이었다. 대신

---

108) 하우스홀더, 「중성자 연대」(1951), 8쪽, 강조가 첨가되었다.
109) 디스뮤크, 「몬테 카를로 계산」(1956), 52쪽, 강조가 추가되었다.
110) 마셜, 「머리말」(1956), 4~5쪽.

그들은 순수하게 실용적인 근거에서 몬테 카를로에 의해 가장 효과적인 모형으로 만들어지는 것이 일련의 확률적인 과정들이라고 주장했다. 1950년대에 한 학술회의가 열리는 동안 하웰에 위치한 영국 원자 무기 연구 센터에서 한 프로그래머(어떤 하울렛 박사)가 말한 논평에 귀를 기울여보자. "나는 하웰에서 계산 서비스를 책임지고 있으며, 몬테 카를로 기술에 대해, 적어도 전문적으로는, 풀어달라고 요청받은 문제를 공략하는 또 다른 수치적(數值的) 무기라고 보는, 몬테 카를로 기술의 사용자를 대표한다. …… 나는 몬테 카를로에 가장 적합한 문제가 무엇인지, 그것은 얼마나 좋은 방법인지 — 전통적인 수치 해석보다 얼마나 더 좋은지 — 그리고 그것을 어떻게 개선할 수 있는지 등의 질문에 답변해야 된다."[111] 어떤 의미에서 이것은 가능한 가장 강력한 선상의 실용적인 견해다. 시뮬레이션 된(흉내 낸) 현실은 단지 그것이 다른 수치(數值) 처리 꾸러미와의 경쟁에서 획득한 신뢰만큼만 일치될 것이다.

실용적인 접근에 대해 약간 더 부드러운 해석이 몬테 카를로를 자기 발견 함수에 비해 하찮게 여기는 사람들로부터 나왔는데, 이들은 몬테 카를로를 가능한 한 가장 빠른 순간에 옆으로 차버릴 발판을 유혹적인 학습 도우미라고 봤다. 이러한 자세는 1949년 12월의 IBM 세미나에서 나온 다음 두 가지 진술에서 명백해지는데, 그중 첫 번째는 프린스턴의 수학자인 존 터키가 다음과 같이 말했다. "그 문제에서 몬테 카를로의 사용에 대한 견해 중 한 가지 요점은 얼마 후에는 몬테 카를로의 사용을 중지하는 것이다. 나는 그것이 사람들이 도달한 결론이라고 생각한다. …… 당신이 한동안 몬테 카를로를 가지고 논 다음 그 문제에서 무슨 일이 실제로 일어나고 있는지 발견하고, 그다음에 당신은 더 이상 그 문제에 대해서 몬테 카를로를 가지고 놀지 않는다." 좀 있다가 코넬의 수학자인 마크 케크는 비슷한 방법으로 로버트 윌슨이 우주선(宇宙線) 소나기

---

111) 하울렛, 다음 논문, 피엘러 외, 「논의」, *J. Roy. Stat. Soc. B* 16(1954): 61~75쪽 중 63쪽에 나온다.

를 탐구하기 위해 몬테 카를로를 사용한 것을 두고 다음과 같이 논평했다. "그들[윌슨과 그의 공동 연구자들]은 몬테 카를로 방법은 무엇이 진행되고 있는지 보여주기 때문에 가장 귀중하다는 것을 발견했다. 나는 정확도가 상대적으로 중요하지 않았음을 의미한다. 그들이 얻은 5퍼센트나 7퍼센트의 정확도는 낮다고 생각될 수도 있지만, 그들은 갑자기 다양한 추측을 공식화할 수 있는 해석적 묘사를 발견했다. 그중 일부는 순수한 해석적 성질도 가지고 있고, 나중에 잘 성립한다고 밝혀졌다. ……몬테 카를로의 목적 중에서 하나는 무슨 일이 진행되고 있는지를 이해하고, 그다음에 좀더 크고 좋은 일을 위해 사용하는 것이다."[112]

최근 몇 해 동안 일부 저자(著者)들은 형이상학적인 견해와 실용적인 견해 모두를 결합했다. 늦게는 1987년까지 실험 입자 물리학에 대한 한 교재는 (세상에서) 확률적인 대상들과 그것들의 몬테 카를로 펴현 사이에 존재하는 **특별한** 관계를 다음과 같이 강조할 수 있었다. "역사적으로 몬테 카를로 방법을 활용한 첫 번째 대규모 계산은 무작위 수를 채택하는 것이 매우 당연한 무작위 과정의 중성자 산란과 흡수에 대한 연구였다. 몬테 카를로 계산의 부분 집합인 그러한 계산은 **직접 시뮬레이션**이라고 알려져 있는데, 그것은 '가정적인 개체 수'가 …… 연구되고 있는 실제 개체수에 **직접 대응**하기 때문이다."[113]

이렇게 좀더 최신의 견해는 확률적인 과정의 시뮬레이션을 위한 형이상학적 정당화와 결정론적인 과정의 모형화를 위한 실용적인 정당성 인정이라는 두 가지 방식 모두에 의해 몬테 카를로를 원했다. 그러나 모든 사람이 몬테 카를로에 대해 그렇게 낙관적인 것만은 아니었으며, 그래서 호의적이지 않은 반응 중 대표적인 것을 소개하는 것도 가치 있는 일이다. 왜냐하면 일부 과학자들은 물리학에 만연한 몬테 카를로 방법의 채택에 대한 그들의 격분을 숨기지 못했기 때문이다. 응용 수학자인 존 햄

---

112) 두 인용 모두 허드, 『계산에 관한 세미나』(1950), 81쪽에 나오는 돈스커와 케크, 「몬테 카를로 방법」 다음의 논의에서 따왔다.
113) 제임스, 「몬테 카를로」([1980] 1987), 628쪽, 강조가 추가되었다.

머슬리와 키스 모턴에 관한 한, 몬테 카를로는 그들의 분야에서 한 줄씩 한 줄씩 모두 삭제되어야 했다. 1954년 1월에 그들은 다음과 같은 방법으로 말했다.

"우리는 몬테 카를로 방법이 모든 다른 방법이 실패했을 때만 사용되어야 할 최후의 수단이라고 느낀다. 그리고 그런 때라고 할지라도 단지 필수적인 것에 국한된 원래 무작위적 과정으로 제한하여 가능한 한 드물게 그리고 어떤 경우든 가능하다면 해석적 장치에 의해 희석하여 사용되어야 한다. …… 몬테 카를로 연구의 무작위적 요소는 환경이 허용하기만 하면 언제든지 통제되고 제한되고 절제되고, 폐지되어야 할 귀찮은 존재이며 필요악임을 아무리 강조해도 지나치지 않다. 그리고 우리는 무작위적 과정에 호소하지 않고 얼마나 많은 것이 이루어질 수 있을 것인가라고 보는 이러한 응용 수학자의 입장에 대해 무작위적 과정에 호소하면 얼마나 많은 것이 이루어질 수 있을 것인가라고 보는 순수 수학자의 입장과 대조를 이룬다."[114]

이러한 두 저자(著者)들에게는 (추측컨대 그들 자신과 같은) 응용 수학자와 (울람, 폰노이만, 그리고 에버렛을 포함한) 순수 수학자 사이에 전선(戰線)이 그려졌다. 왜 그랬을까? 이러한 응용 수학자들에게 세상으로부터 물리 법칙을 뽑아내기 위해서는 해석적 방법들이 요구되었는데, 그것은 그 방법들이 신뢰할 수 있는 결과로 인도했기 때문이다. 세상에 대한 이러한 견해를 가지고 순수 수학자들은 단지 한 개나 또는 두 개의 변수를 갖는 선형 미분 방정식이나 적분 방정식과 같은 간단한 문제를 계산하는 데 그들의 노력을 쏟으면서 단순히 호기심을 채우면서 즐길 따름이었는데, 왜냐하면 그러한 문제들이 일상적인 수치(數値) 방법으로

---

114) 햄머슬리와 모턴, 다음 논문, 피엘러 외, 「논의」, *J. Roy. Stat. Soc. B* 16(1954): 61~75쪽 중 74쪽에 나온다.

싸우기가 쉬웠기 때문이다. 그러한 하찮은 수학적 활동은 찾아야 할 변수가 여러 개인 비선형 적분 방정식과 같은 진정한 난제(難題)에 대한 진지한 탐구로 대체되는 것이 바람직했다.

그렇게 해서 1950년대 초 몬테 카를로를 향한 열광에 대한 두 가지 독립된 공격이 이루어졌다. 거기에는 원칙적으로 거짓 무작위 수의 인위적인 면과 시뮬레이션 자체에 대해 계속해서 크게 의심스러워하는 사람들이 있었다. 그리고 거기에는 햄머슬리나 모턴과 같이 실용적인 이유로 새로운 방법의 신뢰성을 의심하는 사람들이 있었다. 어느 방법으로나 이 사업의 상태가 의문 대상이었다. 이 새로운 시뮬레이션이 적법한 것인가에 대해 더 넓은 공동체가 갈라졌을 뿐 아니라 옹호자의 진지와 공격자의 진지 자체가 모두 나뉘어 있었다. "전체적으로" 바라보면 자연을 흉내 내는 사업이 가장 취약한 근거 위에 있었다. 시뮬레이션의 해석에 대한 어떤 동의도 전혀 없는 상황에서 전체 사업이 붕괴한다고 생각될 수도 있었다. 그렇게 되지는 않았다. 해석이 여러 가지로 갈리는 동안 이 분야는 계속 진행되었다.

3. 시뮬레이션이라는 분야

매우 다양한 분야들에 걸친 많은 증명들에서 몬테 카를로 시뮬레이션은 선택 사항이 아니었다. 그것이 없으면 어떤 증명도 전혀 가능하지 않았다. 몬테 카를로의 본성에 대해 좀더 관념상의 논의 근거를 세우기 위해, 그리고 실험과 이론의 경계를 다시 그린 몬테 카를로의 다양한 방법들을 강조하기 위해 이 새로운 도구가 사용된 몇몇 모범적인 방법들을 생각해 보는 것이 유용하다.

예를 들어 모형 자체로서가 아니라 수많은 모형 중 하나를 고르는 방법으로 몬테 카를로를 잘 활용한 그런 경우들을 생각하자. 지구 물리학이 눈에 띄는 예를 제공한다. 1968년에 MIT에서 왔으며 나중에 카터 대통령의 과학 자문관이 된 지구 물리학자인 프랭크 프레스는 (지구의 질량, 지구의 차원이 없는 관성 능률, 여섯 개의 거리에서 측정된 지진 위상의 진행 시간, 그리고 이 행성의 자유 진동에 대한 다양한 고유 주기 등과 같이) 활용이 가능한 자료를 가져왔다. 그다음에 그는 컴퓨터로 하여금 굉장히 다양한 지구 모형들을 하나씩 조사하도록 하고, 각각을 지구 물리학적 자료에 대해 검사했다. 좀더 구체적으로 프레스는 대략 500만 가지의 모형을 조사했는데, 그 모형들로부터 정해진 넓은 범위 내에서, 프로그램이 지구의 밀도 분포를 무작위로 골라냈다. 각각의 지구는 맨틀 내부에 모두 정해진 범위 내에 무작위로 분포된 압축 속도와 변형 속도, 그리고 밀도 분포를 가지고 있었다. 각 지구의 중심핵 반지름과 밀도 역시 정해진 범위 내에서 무작위로 선정되었다. 그런 다음에 컴퓨터가 예측한 지구 물리학 자료를 우리 지구에서 측정된 것과 대조했을 때 500만 개의 지구 중에서 단지 여섯 개만 통과했다. 이 연습의 목표는 살아남은 모형들이 얼마나 잘 일치하는지, 다시 말하면 활용이 가능한 지구 물리학적 자료가 지구에 대한 잠재적인 모형으로 얼마나 잘 들어맞게 하는지 보는 것이었다.

아니나 다를까 "통과"한 여섯 개의 모형 전부는 증가된 중심핵 반지름 그리고 액상 중심핵에 대한 철-니켈 고체 성분비와 철-실리콘 합금 등을 포함해 몇 가지 공통된 성질이 있었다. 흥미롭게도 프랭크는 또한 몬테 카를로 절차가 "지구의 구조에 대한 '초기' 모형들 또는 다른 선입관을 갖는 개념들로부터 파생된 편견"으로부터 과학 공동체를 자유롭게 함으로써 해방의 역할을 하는 것으로 보았다.[115] 이런 유형의 자료 대 모형의 (역[逆]) 시뮬레이션을 어떻게 분류해야 할 것인가? 실험적 이론으로 분류할 것인가? 이론적 실험으로 분류할 것인가? 그것은 자료로부터 연역한 경우인가? 이론으로부터 추론한 경우인가? 논쟁상의 형태를 이전의

---

115) 프레스, 「밀도 분포」, *Science* 160(1968): 1218~21쪽; 또한 이런 종류의 (모형 대 자료 대신 자료 대 모형에 의한) 역-몬테 카를로에 대한 소련 연구의 검토를 위해서는 카일리스-보록과 야노프스카야, 「역관계 문제」, *Geophys. J. Roy. Astr. Soc.* 13(1967): 223~234쪽을 보라. 또한 프레스와 비헬어의 초기 연구, 「추론」, *J. Geophys. Res.* 69(1964): 2979~95쪽.

범주들에 다시 돌려놓으라고 강요하는 그런 각각의 시도가 나에게는 이 과정의 새로움을 포착하기에 불가능한 거북하고 후진 행동으로 비쳐졌다. 다시 한번 더 나는 몬테 카를로가 설득력 있는 각양각색의 증거를 확장시키는 제3자라고 보는 것이 가장 좋다고 제안하고자 한다.

몬테 카를로는 때때로 단순히 모형이 아니라 현상이다. 그렇게 말하는 것은 다음과 같은 의미에서다. 고에너지 물리학에서 우리는 어떤 효과가 단지 무작위적인 변형과 다르다는 것만으로 증명되는 몇 가지 예들을 보았다. 버클리에서 돌아가는 FAKE/GAME 프로그램을 보자. 거기서 실험하는 사람들은 100개의 부드러운 곡선이 어떤 자료를 통과하도록 하여 대부분 "두 개의 돌출"에서 대부분 "하나의 돌출"까지를 평가해야 했다. (또는 비슷하게 몬테 카를로 프로그램으로 하여금 달리츠 도표를 흉내 내게 하고 측정된 달리츠 도표가 더 많이 밀집되어 있는지를 물어본다.) 합의에 의하여 그 그룹은 오직 실제 돌출이 몬테 카를로 변형에 의해 발생되는 것보다 더 많다고 판단될 때에만 새로운 발견에 대한 주장을 발표하게 되어 있었다.

비슷한 관습들이 많은 다른 분야에서도 사용되었다. 1969년에 시작된 연구에서 P. J. E. 피블즈와 그의 공동 연구자들은 많은 논쟁 대상이 되었던, 은하들로 이루어진 초(超)은하단이 존재하는가라는 문제를 해결하려고 했다. (G. O. 아벨을 포함한) 일부 천문학자들은 그러한 초은하단을 보이기 위해 표준으로 이용되는 아벨 은하 성단 목록을 이용했으며, 다른 사람들은 그 주장에 도전을 했다. 피블즈와 그의 뒤를 이은 공동 연구자들의 주장은 근본적인 방법에서 "실제" 아벨 목록에 적용된 통계적 척도와 "인위적인 몬테 카를로 목록"들에 적용시킨 그렇게 동일한 함수들을 서로 비교하는 것에 의존했다. 확률적인 배경 없이는 버클리의 "돌출"과 같은 은하의 "구역"은 어떤 의미도 갖지 못했다.[116] 생

---

116) 유와 피블즈, 「초은하단?」, *Astr. J.* 158(1969): 103~113쪽; 피블즈, 「통계적 분석 I」, *Ast. J.* 185(1973): 413~440쪽; 하우저와 피블즈, 「통계적 분석 II」, *Astr. J.* 185(1973): 757~785쪽; 피블즈와 하우저, 「통계적 분석 III」,

물학자들 또한 집단 사멸(死滅)의 가능한 주기성을 포함하는 특정한 현상들의 집중 발생을 탐구하기 위하여 몬테 카를로를 이용했다.[117] 이러한 예들 하나하나는 서로 다른 방법으로 과잉 과립상(顆粒狀)이라고 부를 수 있음을 보여준다. 몬테 카를로는 무작위적인 배경을 제시하며, 관찰된 세계는 더 많은 입자스러움을 가지고 있는 것처럼 보이거나 또는 보이지 않는다. 그러나 또다시 — 정반대의 논증에서처럼 — 이러한 연구자 하나하나가 우리 세계가 몬테 카를로 세계보다 덜 무작위적인가를 물어본다면, 상관관계에 대해 그러한 비교적인 계산을 "이론" 또는 "실험" 중 하나로 부른다는 것이 어느 때보다 더 이상해 보인다.

몬테 카를로 증명의 세 번째 형태는 다음과 같은 방법으로 진행된다. 알려진 또는 수립된 물리를 이용하여 물리학자들은 어느 특정한 실험 장치에서 나오게 되어 있는 자료를 흉내 내게 된다. 흔히 이렇게 흉내 낸 결과는 어떤 다른 해석 수단을 통해서도 구해질 수 없었다. 그러면 만일 측정된 자료가 흉내 낸 결과에서 벗어난다는 것을 가리킨다면, 그것은 새로운 효과 또는 입자의 증거라고 간주될 수 있을 것이다. 우리가 제5

Astr. J. Suppl. 253(1974): 19~36쪽; 피블즈, 「분포」, Astr. Astr. 32(1974): 197~202쪽; 피블즈와 그로스, 「통계적 분석 V」, Astr. J. 196(1975): 1~11쪽; 피블즈, 「통계적 분석 VI」, Astr. J. 196(1975): 647~652쪽; 그로스와 피블즈, 「통계적 분석 VII」, Astr. J. 217(1977): 385~405쪽을 보라.

117) 집단 사멸과 몬테 카를로에 대해서는 라우프와 셉코스키, 「주기성」, Proc. Natl. Acad. Sci. 81(1984): 801~805쪽을 보라. 물론 생물학에서 몬테 카를로를 다르게 사용하는 경우가 많이 있다. 예를 들어 (머스 머스쿨러스라는 이름의) 집쥐에는 특정한 치명적이고 반치명적인 t 대립 형질이 존재하는데, 아주 흥미롭게도 표준의 결정론적 모형은 한 개체 수에서 이 형질의 유지에 대해 너무 높은 값(관찰된 것보다 큰 값)을 예측한다. 몬테 카를로를 이용해 루원틴과 던은 유한한 개체 수와 결합된 몬테 카를로의 확률적인 성질이 실제 백분율을 더 잘 설명한다는 것을 증명했다. 몬테 카를로의 "실험적 개체 수"는 특별히 작은 개체 수인데, 그 형질이 소멸되는 유전적인 표류 효과를 보여주었다. 루원틴과 던, 「진화적인 동역학」, Genetics 45(1960): 706~722쪽을 보라. 생물에서 일종의 실험이라고 본 몬테 카를로에 대한 흥미로운 논의에 대해서는 디트리히, 「유포의 방어」(날짜 없음)를 보라.

장에서 본 것처럼 입자 물리학에 몬테 카를로를 적용한 초기 예 중의 하나는 1960년 스탠리 워치키, 그리고 빌 그라치아노가 앨버레즈와 함께 연구하면서 $\Lambda\pi\pi$의 생성을 관찰했다는 그들의 주장이 정당한지 알고자 했을 때 나왔는데, 그것은 $\Sigma\pi\pi$ 사건이 그 사건들의 공급원을 모방했을 뿐일지도 몰랐기 때문이다.[118] 그들의 $\Lambda\pi\pi$ 후보 중에서 얼마나 많은 것들이 남의 이름을 사칭하는 사기꾼에 의해 설명될 수 있었을까? 오로지 몬테 카를로만 말해줄 수 있었다. 거짓 무작위 수 발생기에 대해 알지 못하고서, 그들은 한 스캐너로 하여금 책에 나온 무작위 수를 IBM의 펀치 카드에 부지런히 타자하도록 지시했는데, 그 펀치 카드는 IBM 704 기계의 자심(磁心)에 입력될 것이었다. 자료가 충분하지 못하고 정확하지 못했다고 하더라도 704 기계는 $\Sigma\pi\pi$ 사건의 수가 극히 적을 것이라는 결과를 뱉어 냈다. 그러므로 Λ들은 진짜였다. 그러나 로스앨러모스 친구들이 중성자 빛줄기를 추적한 것과 똑같은 방법으로 이미 알려진 효과를 계산하고, 그 결과가 관찰된 실험적 신호 전체를 설명할 수 있는지 보라는 중심된 생각은 이러한 첫 번째 예측에 이미 존재했다.

몬테 카를로를 이렇게 신호-배경으로 이용하는 것은 수많은 물리학자들이 전문가가 된 많은 고에너지 물리학 실험에서 그렇게 잘 인정받는 부분이 되었다. 그러나 몬테 카를로의 이용이 간단한 것은 아니다. 그것과는 거리가 아주 멀다. 몬테 카를로를 그렇게 이용한 것들 중에서 가장 놀라운 (그리고 초기에는 논쟁을 불러일으킨) 하나는 1970년대 초의 약한 중성-전류 실험에서 찾아볼 수 있다.[119] 부분적으로는 그때 새로웠던 약-전기 통일 이론들에 의해 고무되어, 뮤온 뉴트리노가 뮤온으로 바뀌지 않으면서 쿼크 또는 전자에 의해 산란하는 효과를 실험적으로 추구하고 있었다. 왜냐하면 "고전적" 약 상호작용에 대한 지식은 그러한

---

118) 워치키, 「처음 몇 날」, 다음 문헌, 트라우어, 앨버레즈, 『발견하기』(1987), 168쪽에 나온다.
119) 이런 실험들에 대해 아주 자세히 설명한 것은 갤리슨, 『실험』(1987), 제4장~제6장에서 찾아볼 수 있다. 몬테 카를로가 광범위하게 논의되었다.

사건이 결코 일어나지 않을 것이라는 입장을 견지한 데 반해(실질적으로 모든 뮤온-뉴트리노 상호작용은 뮤온을 생성하는 것이라고 생각되었다) 1967~68년에 발표된 와인버그, 글래쇼, 그리고 살람의 약-전기 이론은 뮤온이 나오지 않는 사건이 다수(多數)일 것이라고 다르게 말했기 때문이다. 워치키와 그라치아노의 허술한 계산이 나온 지 10년 그 이상까지도, 고도로 복잡한 몬테 카를로가 개발된 후에도 많은 실험 과학자들은 여전히 그 기술을 상당히 염려스럽게 바라보았다. 자주 아주 설득력 있게 그들은 시뮬레이션이 표현한다고 알려진 현상을 정확히 창조할 수 없다고 또는 창조하지 못한다고 큰 소리로 걱정했다.

CERN에서는 다국적 거품 상자 팀이 새로운 무거운-액체 거품 상자인 가가멜을 이용한 여러 물리적 과정에 대한 대규모 탐구를 준비하고 있었다. 1970년대 초반을 통해 중성 전류의 존재가 그들의 물리 문제 우선순위 중 맨 위로 올라왔는데, (뉴트리노가 양성자와 중성자 내부로부터 산란하는) 그 효과가 가장 자주 나타나는 것은 정량화하기가 굉장히 어려운 가짜 배경을 가지고 있었으며, 당시에는 그 배경이 수백 가지의 중성 전류 후보들 전체를 설명하기에 충분할 만큼 잠재적으로 많아 보였다. 우리가 매우 자세히 본 것처럼 거품 상자는 대전 입자들을 포착하는 데 뛰어났으며, 그것들이 모든 방향에서 받아들이고 하나도 빼놓지 않고 기록하는 성질은 결국 그것들의 가장 유명한 장점이었다.

대전되지 않은 입자들의 경우는 또 다른 문제였는데, 여기서 문제는 다음과 같았다. 입사(入射)하는 뉴트리노는 벽과 마루, 그리고 상자를 둘러싸고 있는 차폐물의 원자핵과 충돌하여 방출시킨 중성자가 부딪쳐 상자 내부로 들어가 진짜 뉴트리노 사건처럼 보이지만, 진짜가 아닌 (원자핵이 세게 맞지만 뮤온은 나오지 않는) 그런 사건들을 만들어낼 수 있는가 (〈그림 8.13〉을 보라)? 여기서도 다시 한번 더 몬테 카를로가 필수적인데, 그것은 오직 몬테 카를로에 의해 만들어지는 수보다 더 많은 뮤온이 없는 여분의 사건들만 새로운 물리에 대한 확고한 증거가 될 수 있기 때문이었다. 내가 다른 곳에서 보인 것처럼 몬테 카를로에 대한 전쟁들은

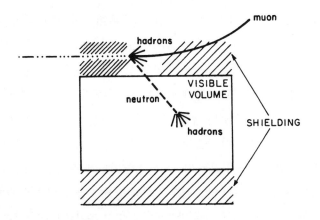

〈그림 8.13〉 몬테 카를로 받아들이기. 가가멜 공동 연구단에게 광각으로 들어오는 뮤온은 문제가 되지 않았다. 거품 상자는 모든 것을 보았다. 그들의 골칫거리는 오히려 예전-물리의 뉴트리노 상호작용에서 상자 밖에서 만들어진 중성자가 상자 안으로 확산되어 들어와 뉴트리노가 유발하는 뮤온이 없는 사건을 흉내 낼지도 모른다는 것이었다. 이러한 배경을 계산하기 위해 이 팀은 중성자의 생산에 대한 시뮬레이션을 만들고 상자 내에서 그것들의 활동을 추적했다. (여러 가지 방법에서 이 계산은 폰노이만에 의해 여러 해 전에 시작된 원래의 중성자 확산 문제를 재창조했다.) 오직 관찰된 뮤온이 수반되지 않은 사건들의 수가 배경의 수를 초과한다고 보이는 경우에만 중성 전류를 발견했다는 주장이 확립될 수 있었다.

오래 끌었고 치열했다. 몬테 카를로가 신뢰할 수 있을 만큼 충분히 실제 세계와 같은가? 방출된 중성자 한 개가 다른 중성자들의 캐스케이드를 촉진시켜서 그것들의 위태로운 반지름을 확장할 수 있는가? 시뮬레이션을 하는 사람들은 단지 단 하나의 중성자가 상자 안에서 진행할 수 있는 거리를 사실과 가깝게 예측했을까? 이러한 질문들이나 이와 같은 질문들에 대한 대답으로는 무엇이나 가능했는데, 그것은 거품 상자 팀이 뮤온이 나오지 않는 사건들을 아무리 많이 보았다고 하더라도 그 신호가 "평범한" 물리로부터 예상되는 배경을 초과하지 못하면 아무것도 의미하지 못하기 때문이었다. 실제로 가가멜 공동 연구단의 몇몇 주요 멤버들에게는 확고한 시뮬레이션으로써 몬테 카를로를 설치하는 것은 정확하게 중성 전류의 존재를 확인하는 것과 함께 일어났다. 배경이 없으면 신호도 없었다. 몬테 카를로가 없으면 증명도 없었다.

미국 쪽에서는 하버드-위스콘신-펜실베이니아-페르미 연구소 (Harvard-Wisconsin-Pennsylvania-Fermilab, HWPF) 공동 연구단이 중성 전류를 탐색하는 경쟁에서 불꽃 상자와 열량계를 이용했다. 그러나 HWPF는 약간 다르게 몬테 카를로를 활용했다. 그 당시 페르미 연구소에서 활용할 수 있었던 높은 에너지에서 뮤온이 없는 사건의 중성자 배경은 그렇게 특별히 중요하지는 않았지만, 또 다른 위험은 특히 중요했다. HWPF의 골칫거리는 입사하는 뉴트리노가 중성자나 또는 양성자를 세게 때려서 들뜨지 않은 뮤온을 함께 생산해 낼 수 있으며, 그러면 그 뮤온이 뮤온 검출기에 의해 방해받지 않고 검출기를 벗어날 수도 있다는 것이다(〈그림 8.14〉를 보라). 이러한 환경 아래서 검출기는 이 사건을 "뮤온이 없는" 것으로 기록하게 될 터인데, 그러나 그것은 관심 대상인 과정을 알려주는 것이 아니라 단지 장치가 말하는 것일 뿐이다. 그러한 사건들이 관찰되었고, 그 수도 엄청났다. 다시 한번 더 신호인가 아니면 배경인가라는 의문이 제기되었다. 이러한 점에서 두 팀은 비슷한 결과를 찾고 있었는데, CERN에서와 마찬가지로 몬테 카를로가 그것이 묘사한다고 알려진 과정과 얼마나 닮았느냐에 대해 많은 논쟁이 벌어졌다.

그렇지만 거기에 차이는 존재했다. 미국 사람들은 비슷하게 보이는 두 효과에 대해 (예를 들면 $\Sigma\pi\pi$를 흉내 내는 $\Lambda\pi\pi$와 뉴트리노 사건을 흉내 내는 중성자 배경에 대해) 그렇게 심하게 걱정하지는 않았다. 대신 그들은 검출기 자체의 기하적 설계에 대해 관심을 가졌다. 그들은 광각에 걸쳐 입사하는 뮤온에 대해 그들의 뮤온 검출기의 수용 정도는 어떠한가라고 질문하고 있었다. 1970년대와 1980년대, 그리고 1990년대에 흉내 낸 가짜 효과에 대한 문제가 많은 실험들에서 현저한 관심 대상이 되었던 것과 꼭 마찬가지로 동일한 기간에 걸쳐서 전자적(電子的) 검출기에 대한 몬테 카를로 계산의 수용도 문제가 관심 대상이 되었다. 초전도 거대 충돌 가속기에 대한 설계 하나만으로도 수천 명의 물리학자가 1년 동안의 작업 시간이 소요되었는데, 그중에서 많은 부분이 그러한 시

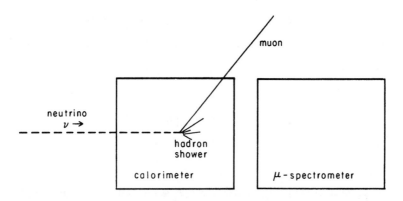

〈그림 8.14〉 가짜 중성 전류를 시뮬레이션 하기. 하버드-위스콘신-펜실베이니아-페르미 연구소 공동 연구단의 E1A에서 문제 된 것은 그들이 기록하고 있던 뮤온을 수반하지 않는 사건들이 실제로 뮤온이 없는 뉴트리노가 유발한 약 상호작용인가에 대해서다. 뮤온이 큰 각도로 달아날 수 있을까? 이러한 의문을 살펴보기 위해 그 팀은 알려진 물리(뮤온 뉴트리노는 상호작용할 때 항상 뮤온을 만든다는 예전의 약-상호작용 이론)를 취했다. 그렇게 하고 나서 그들은 몬테 카를로로 하여금 예전 물리의 사건들을 흉내 내도록 하고, 얼마나 많은 뮤온들이 뮤온 검출기를 빠져나가는지, 그래서 "뮤온을 수반하지 않는" 것으로 (잘못) 셈하는지를 계산했다. 이렇게 흉내 낸 뮤온을 수반하지 않는 사건을 관찰한 것과 비교해야만 과잉 부분이 만일 있다면 계산될 수 있었다. 그런 경우 "발견"이 나오기 위해서는 배경과의 대조가 꼭 필요했으며, 점점 더 많은 실험에서 몬테 카를로가 그러한 배경 계산의 일부를 형성했다.

뮬레이션에 집중됐다.

중성 전류에 대한 시뮬레이션이 수행되던 시기에 그러한 계산은 대단히 어려웠는데, 그것은 공동 연구단에서 무시할 수 없을 만큼 많은 사람들이 몬테 카를로가 신뢰할 만한 배경을 만들어내는 능력에 대해 편안하게 느끼지 못했기 때문이다. 그러나 어떤 의미에서는 그 실험들이 간단했고, 또는 적어도 제7장에서 논의된 하드론화 실험들보다는 더 간단했다. 중성 전류 실험에서 관계된 이론은 분명했다. 예전의 약 상호작용이론은 뉴트리노가 어떻게 상호작용할 것인가에 대해 상당히 간단한 예측을 내놓았다. 문제는 몬테 카를로를 어떻게 실행하는가에 관한 것이었다. 예를 들면 중성자들은 어떻게 산란하며 어떻게 때로는 하드론들의 캐스케이드를 유발시키는가? 우리가 7.8절에서 다양한 하드론의 제트 모형들을 고려했을 때 그보다 훨씬 더 많은 것을 움켜잡을 수 있었다. 실험에 손을 뻗치는 이론 과학자들에게 몬테 카를로는 단순히 검출기로 야기되는 말썽거리를 조정하는 데 필요한 것만 아니었다. 쿼크와 글루온 동역학이 관찰되는 입자로 합쳐지도록 인도하는 방법에 대해서 무엇을 계산할지에 대해 QCD 라그랑지안 자체는 알려주는 것이 별로 없었다. 결과적으로 시뮬레이션의 과학적-철학적 지위가 훨씬 더 불확실해졌다.

파인먼과 필드 같은 일부 이론 과학자들은 QCD라는 "근본적인" 이론에 대해 전념하기를 삼가면서도 여전히 몬테 카를로 방법을 사용했다. 동시에 실험 쪽에서는 몬테 카를로가 검출기의 설계와 시험에서 똑같이 중요한 역할을 맡았다. 그렇지만 궁극적으로는 몬테 카를로가 몬테 카를로 전문가들의 뚜렷한 직업적 정체성과 그리고 이론 및 실험의 바깥에 있는 인식론적 기능을 달성하면서 제트에 대한 시뮬레이션 사업이 성장했던 실험과 이론이라는 두 기둥 사이에 존재했다. 어떤 사람들은 "덩어리"를 선택했고, 다른 어떤 사람들은 독립 파편을 선택했으며, 또 다른 사람들은 "스트링"에 기울었다. 그럼에도 불구하고 다른 사람들은 단순히 자료를 재생산하는 도구적인 역할로부터 몬테 카를로를 들어올리는 어려운 과업을 시작했다. 뷰캐넌과 같은 물리학자들은 의문 대상이 되는 현상의 설명을 얻기 위해 시뮬레이션을 사용하기 시작했다. 그들은 어쩌면 QCD의 특정한 성질들을 자료 **설명**에 충분할 만큼 실험과 강력하게 연결시키기 위해 시공간 연속체 대신 격자(格子) 내에서 고려된 QCD의 성질을 이용할 수 있을 것이라고 주장했다.

그러나 의견의 일치가 이루어지지 않았다. 많은 다른 것들 중에서도 ISAJET, PYTHIA, FIELDAJET, COJET, EUROJET 등과 같은 이름들에서는 몬테 카를로가 (쿼크-글루온 상호작용에 대한 "강력"의 물리인) 기본적인 상호작용과 제대로 이해되고 있지 못하는 저에너지 하드론화에 대해 각각 서로 다른 가정들을 구현했다. 그러나 1980년대 말에 이르러 한 가지는 분명해졌는데, QCD가 (그리고 QCD를 포함한 모든 고에너지 이론들이) 시뮬레이션의 그물망을 빠져나가든 또는 실험실 세상에서 격리된 채로 영원히 남아 있을 것이라는 점이었다. 긴 안목으로 보면 이론도 아니고 실험도 아닌 시뮬레이션이 여기 남아 있었다.

6. FORTRAN 크리올어(語), 열핵(熱核) 방언

순수 수학자, 응용 수학자, 물리학자, 폭탄 제조업자, 통계학자, 수치 해석가, 산업 화학자, 수치 기상학자, 그리고 유체 동역학자 등 각각에 대해 몬테 카를로는 모두 다른 무엇이었다. 순수 수학자에게 몬테 카를로는 연립된 일련의 마코프 방정식과 결정론적 방정식에 대해 무한히 많은 도표들의 공간에서 정의된 척도였다. 통계학자에게 이 방법은 물리 과정에 특별히 응용되는 또 다른 표본 선택의 기술이었다. 그들은 그러한 기술들이 잘 알려져 있다고 간주했으며, 그 결과로 처음에 너무 많은 전후(戰後) 학술회의와 논의, 그리고 연구 노력 등에 참가하는 것을 주저했다. 비스하르트와 같은 수치 해석가에게 이 방법은 미분-적분 방정식의 풀이를 위한 수치적 도구에 하나 더 추가된 것이었다. 킹과 같은 산업 화학자에게 통계적인 관점은 그의 주제가 전에는 결코 가능하지 않았던 직접 표현되는 형태를 쾌히 받아들이게 했다. 폭탄 제조업자들은 뜨거운 매체에서의 방사선 수송과 유체 역학에 의해 너무 복잡해져서 실험과 이론 모두에서 그들이 평소 이용하던 것 중에서는 도저히 그 방법을 찾지 못했던, 물리적 과정에 대한 모형 만들기 기술을 찾게 되었다. 그러므로 이 방법에 대한 기호나 절차들이 각 영역마다 다르게 정해졌으며, 각 분야마다 용어나 정리(定理), 그리고 양식(樣式)이 서로 다르게 연결되었다.

그러나 이 모든 다양성에도 불구하고 1949년 6월의 로스앤젤레스의 수치 해석 연구소 학술회의에서 시작하여 1949년의 IBM 과학 세미나와 1954년 게이니스빌 회의까지 계속되면서 이 전문 분야의 대표자들이 공통된 주장을 발견할 수 있었고 또한 발견했음이 우리의 논의를 볼 때 분명하다. 게다가 울람과, 킹, 커티스, 그리고 하우스홀더를 포함하는 개인들이 서로 다른 문제 영역들에 걸쳐 별 어려움 없이 왔다 갔다 할 수 있었다. 폰노이만은 그가 기상학에서 할 수 있었듯이 그리 어렵지 않게 초고성능 폭탄과 원자로 문제, 또는 유체 동역학적 충격 계산 등을 넘나들었다. 화학 기술자는 시뮬레이션이라는 이러한 공통된 광장에서 원자핵 물리학자에게 말을 걸 수 있었다. 화학적 혼합에 대한 확산 방정식과 슈뢰딩거 방정식이 이러한 논의를 위한 목적에서는 실질적으로 구별되지가 않았다. 그렇지만 몬테 카를로의 공통된 근거는 더 이상의 제휴를 시사하지 않았다. 약간의 예를 들 수 있다면 핵공학과 사이클로트론 설계, 그리고 메존 이론이 성장하면서 원자핵 물리학자들은 그들의 화학자 동료들에 비해 훨씬 더 성장하고 있었다.

그러나 순간의 열기 속에서 다양한 기술 종사자들의 모임은 기술들이 그것들의 더 넓은 의미로부터 부분적으로 (그러나 전체는 아닌) 분리된 혼성어(混成語)를 만들어냄으로써 교역 지대의 경계를 정했다. 누구든 거짓 무작위 수가 "무작위"인 것의 "정수(精髓)"와 어떤 관계를 갖는가에 대해 꼭 견해를 같이하지 않더라도 거짓 무작위 수를 만들어내고 부여하는 방법을 배우게 되었다. 그것은 거짓 무작위 수열을 어떤 특정한 문제에 필요한 특정한 가중(加重)된 분포로 변환시키고자 하는 공통 능력의 문제로 되었다. 누구나 편차 감소의 기술을 배웠다.

몬테 카를로를 "단순한" 기술로, 즉 말하자면 내용이나 의미가 없는 형식이라고 생각하려는 유혹을 받을 수 있다. 그러나 우리가 본 것처럼 무작위성의 본성이나 시뮬레이션과 통계적 세상 사이의 연결에 대한 형이상학적 논쟁은 그러한 해석과 다름을 알려준다. 몬테 카를로 혼성어의 일부는 안내하는 개념과 수학적 조작의 수행원들인, 국지적으로 공통된 어휘의 수립과 관련되었다. 이러한 과정을 보기 위해 "게임"이라는 개념과 관련된 의미들로 이루어진 미묘한 공동체를 생각하자.

"게임"이라는 용어는 울람과 폰노이만의 글들에 널리 퍼져 있다. 울람의 초기 연구에서 우리는 어떻게 몬테 카를로가 혼자 하는 카드놀이를 수학적, 물리적 문제와 결합시킨 "게임"이라고 생각하게 했는지 보았다. 이것은 무심코 말한 과장이 아니었다. 유추(類推)로부터 유추가 나왔다. 1950년 8월 말에 울람은 미국 수학회가 개최한 회의에 참석했는데, 그곳에서 그는 다시 한번 더 다방면에 퍼져 있는 그의 관심사를 통합시키는 게임으로서 몬테 카를로의 개념을 활용했다. 예를 들어 제2차 세계대전이 일어나기 오래전에 울람은 집합 이론과 수학적 논리에 관심을 가지고 있었다. 이제 커트 괴델의 전쟁 전 연구를 돌아보면서 울람은 논리가 조합 분석의 한 분야로 간주될 수 있다고 언명했다. 그가 파악한 바에 의하면, "수학은 '솔리테르'라 부르는 혼자 하는 카드놀이인 한 부류의 게임들을 소개해 주는데 그것들은 주어진 규칙에 따라 기호를 가지고 논다. 괴델 정리의 한 가지 의미는 그러한 게임들이 지닌 성질 중 일부가 오직 그것들을 놀아봐야만 확인될 수 있다는 것이다."[120] "게임"도 그중 하나인 다양한 용어들이 이렇게 여러 가지의 공식적인 의견들을 한데 묶는 교환 언어의 일부를 형성하기 위해 진력한다. 각각은 다른 것에 대한 "동류어(同類語)"였다.

다중(多重) 차원 적분의 연속적이고 순서 바른 영역에서 울람은 다시 한번 더 몬테 카를로에 내기를 걸 기회를 발견했는데, 이번에는 앞에서 언급한 것처럼 적분될 부피에 포함된 알려진 부피 내부에서 표본을 택했다. "(무작위로 점을 만들어내는) 우연 게임을 노는 방법에 의해서 엄격하게 결정론적인 규칙에 따라 정의된 수의 정량적인 계산을 얻을 수도 있다." 여기서 울람은 관념적인 수학적 공간 내의 표본 선택에 적용할 수 있는 통계에 호소했다. 그가 말한 것처럼 다중 차원 적분은 "기하학적 확률"을 탐구하는 좀더 일반적인 문제 중에서 단 한 사례에 지나지 않는다.[121]

한 가지 "유사"한 상황은 놀랍지 않을 수 없다. 울람은 몬테 카를로 게

---

120) 울람, 「변환」(1952), 2: 206쪽.
121) 울람, 「변환」(1952), 2: 207쪽, 강조가 추가되었다.

임하기를 논리적 증명의 심장부로 가지고 왔다. 상당한 기간 동안 울람과 다수의 다른 논리학자들은 기하적 용어로 정의될 수 있는 대수(代數)로 논리를 표현하는 것에 대해 탐구했다. 그 생각은 다음과 같았다. 수학에 나오는 공식적인 시스템이 논리 또는 집합 이론의 불 연산(Boolean operation, 각 피연산 함수와 그 결과가 두 가지 값 중 하나를 취하는 연산을 말함 – 옮긴이)과 관련되며, 거기에 더하여 존재에 관한 양(量) 기호 ∃와 보편적 양(量) 기호 ∀를 반드시 사용해야 한다. 이러한 양 기호들은 "원통의" 또는 "투사체의" 대수(代數)로 이어지는 기하적 해석을 허용한다. 각 변수는 n-차원 공간의 차원과 대응하며, 여기서 한 점(x_1, x_2, $\cdots$, x_n)은 x_1에서 x_n까지 변수들 각각에 대해 값을 부여한 것이다. 그러면 존재에 관한 양 기호는 n차원에 놓인 일련의 점들을 n차원보다 더 작은 차원의 하부 공간에 직교 투영된 것으로 생각될 수 있으며, 보편적 양 기호는 ∃에 의해 정의될 수 있다. 이런 방법으로 수학에 나오는 어떤 명제라도 이렇게 대수적으로 정의된 기하적 집합으로 공식화될 수 있다. 만일 어떤 (닫힌) 명제가 참이라면 그것에 대한 부정에 대응하는 집합은 아무것도 포함하지 않을 것이다. 만일 그것이 거짓이라면 이 집합은 변수들에게 허용된 값들을 갖는 전체 공간을 망라할 것이다. 그렇다면 몬테 카를로와의 연결은 분명해진다.

우리는 관련된 집합이 비어 있다는 것(그 명제가 참이라는 것)을 스스로 (확률적인 의미로) 보여주기 위하여 무작위로 표본을 택한다. 다른 말로 하면 우리는 공간으로부터 무작위로 점들을 선정한다. 결과가 대수적인 조건을 만족하지 않는다고 계속해서 판명될 때마다 우리는 그 집합이 비어 있다고 그만큼 더 확신하게 된다(〈그림 8.15〉를 보라). 우리는 그 집합이 확률 p로 비어 있다고 말한다. 이것은 (조금 놀랍게도) 논리에 대응하는 명제가 바로 그만큼의 확률을 가지고 참이라고 알려져 있음을 의미했다. 비록 그러한 증명은 필연적으로 울람이 "스스로 발견하는 것"으로 남아 있었지만, 이러한 몬테 카를로 "증명"이 우리가 원하는 만큼 확률적으로 설득력 있도록 만드는 것이 가능할 것이다. 몬테 카를로는

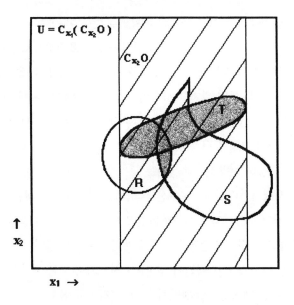

$$U = C_{x_1}(C_{x_2}O)$$

$C_{x_2}O$

T

R

S

↑
x_2

x_1 →

〈그림 8.15〉 몬테 카를로 논리. 다음 예를 보자. 거기서 명제 $Q = \exists x_1 \exists x_2 [T(x_1, x_2) \vee (R(x_1, x_2) \wedge S(x_1, x_2))]$이 "기하적"으로 대표되어 있다. 관계들 R과 S, 그리고 T는 임의로 그림과 같이 정의되었으며, Q라고 부를 회색 칠한 넓이는 네모-꺾쇠 안에 들어 있는 관계(대략 [T 또는 (R 그리고 S)]인 관계)를 만족하는 모든 점들을 확인한다. x_2에 관하여 이러한 관계의 존재에 대한 양을 지정하기 위해, x_2에 대해 넓이가 O인 원통을 취하고, 빗금으로 표시한 영역 $C_{x_2}O$를 구한다. x_1에 관하여 존재를 지정하는 것은 $C_{x_2}O$이 x_1 원통을 취하는 것과 같으며, 그리고 그렇게 하면 전체 공간 $C_{x_1}(C_{x_2}O) = U$를 가져온다. 이것은 당연한 결과인데, 왜냐하면 주어진 T, R, 그리고 S를 가지고 [T 또는 (R 그리고 S)]인 관계를 만족하는 점들이 존재하며, 따라서 그 명제는 참이고, (닫힌) 참 명제들은 전체 공간에 의해 대표되며, 그에 대한 부정은 (여집합의 결정에 의해) 빈 집합에 의해 대표되게 되어 있기 때문이다. 여기서 문제 되고 있는 명제의 부정에 대응하는 집합은 눈으로 보기에도 명백히 빈 집합이지만, 시각적인 검사가 일반적으로 가능한 것은 아니다. 그렇지만 그러한 부정 집합은 일반적으로 일련의 방정식들에 의해 지배될 것이다. 몬테 카를로 방법을 사용하여 명제의 참과 거짓을 판단하는 것은 공간 U로부터 무작위로 선정한 점들을 취하고 각 점들이 관심 대상인 명제에 대한 부정 집합을 지배하는 방정식들을 만족하는지 보기 위한 검사와 관련된다. (이것은 $\int f(x) | dx = 0$인지 알아내기 위해 직사각형의 표본을 뽑는 것과 정확하게 유사하다. $x_i \langle f(x_i)$를 만족하지 않는 점들이 많을수록 $f(x) = 0$일 확률이 높다.) 여기서 하나하나가 모두 q의 부정을 만족하지 않는 점들의 표본을 취한 다음 우리는 "이 영역이 특정한 확률로 비어 있다"거나 또는 똑같이 "Q는 그러한 확률을 가지고 참이다"라고 말해도 좋다. 출처: 셰리 라우시에게 감사드린다.

논리의 이런 한쪽 구석을 확률들의 과학으로 만들었다.[122]

유체의 운동을 기술하는 볼츠만 방정식과 같이 표면상으로 물리적 관련을 더 많이 갖는 적분-미분 방정식을 가지고, 연속체에 대한 표현은 전통적으로 (예를 들어 원자들 사이의) 무작위 걷기라는 좀더 기본적인 운동의 극한으로 해석되었다. 우리가 본 것처럼 울람은 몬테 카를로가 "적당한 게임의 모형을 구축하고 그 게임을 노는 방법으로, 즉 실험으로 분포 또는 대응하는 방정식의 풀이를 얻기 위해 수행하는" 이 절차의 역(逆)이라고 생각했다. 특히 우주선(宇宙線) 소나기에 대해서는 "가정된 확률을 가지고 우연 게임을 시행하는 방법으로 많은 수의 이러한 소나기를 '생산'하고 그 결과로 얻은 분포를 통계적으로 검사"할 수 있다.[123] 여기서 "실험"은 시도가 관련되어 있고, 그 시도의 결과를 연역적으로 예상할 수 없다는 개념을 강조하면서 "게임"이라는 용어를 강조했다. 그러한 "실험"은 물리계에 적용되는 것만큼이나 기하적(관념적) 확률의 게임에도 적용된다.

이러한 분석은 분열이 가능한 물질과 가능하지 않은 물질이 복잡하게 섞여 있는 혼합체에서 중성자가 전파되는 문제에서 더 도전적으로 성장하는데, 그것은 연속적으로 분포된 속도들의 수학이 만만찮기 때문이다. 메트로폴리스와 수행한 그의 이전 연구를 쫓아서 울람은 공간과 시간이 유한한 크기의 칸으로 이루어진 격자로 나뉜다고 가정하고, 중성자들의 점진적 변화를 대신 선형 변환의 반복으로 취급하라고 주장했다. 폰노이만의 공식에서 (그리고 나는 곧 울람과 폰노이만 사이의 연결에 대해 다시 설명할 것이지만) "확률적 게임"은 유형 i인 입자가 유형 j인 입자로 전환하는 확률에 대응하는 행렬의 요소 a_{ij}를 통하여 정의된다. 그뿐 아니라, a_{ij}에서 어떤 한 열에 속한 것들이라도 다 더하면 1이 되고, 각 항은 음수가 아니어야만 된다. 울람은 이것을 세 가지 방법으로 일반화할 수

---

122) 울람, 「몬테 카를로에 대해서」(1951), 211쪽; 또한 헨킨, 몽크, 그리고 타르스키, 『원통 대수』(1971)를 보라.

123) 울람, 「변환」(1952), 2: 267~268쪽, 강조가 추가되었다.

있다고 제안했다. 첫째, 각 a_{ij}는 전환 확률의 기대값이라고 간주될 수 있으며, 단지 실제로 어떤 확률 분포가 얻어질지에 대해서는 정하지 않고 그대로 놓아둔다. 둘째, 그는 임의의 실수 행렬에 대해 음수가 아닌 행렬을 동일한 대수적(代數的) 관계로 쓰는 것이 가능하다는 것을 주목했는데, 예를 들어 만일 다음

$$1 \approx \begin{vmatrix} 1 & 0 \\ 0 & 1 \end{vmatrix}, \quad -1 = \begin{vmatrix} 0 & 1 \\ 1 & 0 \end{vmatrix} \tag{8.19}$$

과 같다고 한다면 $(-1)^2 = 1$ 그리고 $(1)(-1) = -1$이 성립한다. 여전히 세 번째 일반화가 (순서로 된 실수 쌍 $\mathbb{R}^2$을 복소수 $\mathbb{C}$와 일치시킴으로써) 가능하다. 이렇게 일치시키면 음수가 아닌 실수 행렬이 복소수가 입력된 행렬과 동등하게 (동형[同型]으로) 쓰는 것이 가능하게 만든다. 이런 방법으로 임의의 복소수 값이 입력된, 발생 함수에 의해서 표현될 수 있는 어떤 과정이라도 음수가 아닌 실수 행렬로 씌어질 수 있으며, 그러므로 폰노이만의 확률 게임의 일종으로 볼 수 있다.[124]

고전 물리학이 아닌 경우를 언급하면서 울람은 슈뢰딩거 방정식이 몬테 카를로 무작위 걷기를 이용하여 조사될 수 있다는 (메트로폴리스와 함께 쓴 그의 원래 1949년 논문으로부터 나온) 다음과 같은 그의 이전 주장을 반복했다. "우리는 그러한 시스템의 행동을 미리 처방된 전환 가능성에 따라 이러한 입자들을 가지고 게임을 노는 방법을 이용하여 경험적으로 연구한다." 비록 슈뢰딩거 방정식에 대한 무작위 걷기 모형이 정확한 답을 주지는 않는다고 할지라도 그것은 해석적 풀이의 ε 이내에서 $1 - \eta$의 확률로 답을 제공해줄 것이다. 그 즉시 울람은 "현실에서" 적분 방정식이나 미분 방정식이 물리적 양들에 대해 단지 평균만을 표현한다고 거듭 말했다. 결과적으로 "확률 게임의 결과는 어느 정도 그러한 양들이 그것들의 평균값에서 얼마나 벗어났는가를 반영할 것이다. 그것은 말

---

124) 울람, 「변환」(1952), 2: 269쪽, 강조가 추가되었다.

하자면 수행된 무작위 과정의 결과로 피할 수 없이 존재하게 된 요동이 순수하게 수학적이지 않고, 어느 정도는 물리적 현실을 반영할 수도 있다는 것이다."[125]

"물리적 현실"의 "반영"에 관한 바로 이런 종류의 논평이 "단순히" 유효한 또는 계산상의 도구라는 몬테 카를로에 대한 울람의 시각을 읽을 수 없게 만든다. 지금 주목하고 있는 세상이 관념적이든 고전적이든 또는 양자 역학적이든 몬테 카를로는 우리로 하여금 순수하게 연역적인 수단이 실패하는 곳에 접근할 수 있도록 해준다.

실험의 자격으로 시행되는 시뮬레이션의 가장 놀라우면서도 당연한 확장 중 하나가 몇 개월 뒤(1953년) 존 파스타 그리고 엔리코 페르미와 함께 공동 연구한 울람의 계산 방법을 이용하여 비선형 동역학을 탐구하기 시작하면서 나왔다. 어느 단계가 되면 제목이 「비선형 문제의 연구」인 그들의 논문에 나오는 문제는 말하기가 어렵지 않았다. 만일 줄 위의 구슬들이 퍼텐셜 $V(x_i)$로 주어진 스프링에 연결되어 있다면, 얼마나 많은 에너지가 시간 함수로 어떻게 서로 다른 진동 방식으로 갈 것인가? 여기서 x_i는 i번째 점이 원래 위치에서 이동한 변위(變位)다. 좀더 구체적으로 선형 퍼텐셜 아래서 구슬들은 계산하여 얻을 수 있는 진동수를 가진 정상 방식의 진동을 형성한다. 페르미와 파스타, 울람은 만일 그들이 비선형 항을 첨가한다면 그 방식들은 분산될 것이며, 충분히 긴 시간이 흐른 뒤에는 시스템이 "열평형 상태에 도달"할 것으로, 즉 시스템이 모든 가능한 진동수에게 에너지를 균등하게 분포시킬 것으로 기대했다.

그러나 놀랍게도 그런 일은 벌어지지 않았다. "우리 계산의 결과는 시작부터 우리를 놀라게 만드는 결과를 보여준다. 에너지가 첫 번째 방식에서 더 높은 방식으로 점진적이며 연속적으로 흐르는 대신, 모든 문제들은 완전히 다른 행동을 보인다."[126] 예를 들어 〈그림 8.16〉에서

---

125) 울람, 「변환」(1952), 2: 270쪽, 강조가 추가되었다.
126) 페르미, 파스타, 그리고 울람, 「비선형」, LA-1940, 1955; 울람, 『유추』(1990), 142쪽에 전재(轉載)되었다.

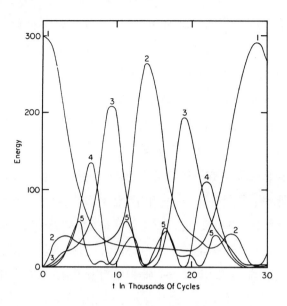

t In Thousands Of Cycles

〈그림 8.16〉 이루어지지 않은 열적 평형(1955). 출처: 페르미, 파스타, 그리고 울람, 「비선형」, LA-1940, 1955; 울람, 『유추』(1990), 146쪽에 전재(轉載)되었다.

MANIAC은 만일 모든 에너지가 낮은 진동수 방식 1에서 시작했다면, 초기 자료가 정상적인 것처럼 보이는 결과를 만들어냈다. 방식 2가 자라기 시작하고, 그 뒤를 방식 3, 방식 4, 그리고 방식 5가 이어 나갔다. 그러나 모든 것을 한꺼번에 보면 정상이 아니다. "예를 들어 방식 2는 말하자면 다른 모든 방식들을 희생시키고 아주 빨리 증가하기로 결심한다. …… 어느 한때는 이 방식이 다른 모든 것들을 합한 것보다 더 많은 에너지를 갖는다!"($t = 13,000$ 주기 부근에서). 하루의 끝에서는($t = 30,000$) 너무 놀랍게도 거의 모든 에너지가 다시 방식 1로 돌아와 있었다. "그러므로 '열평형 상태에 도달하는' 또는 우리 문제에서는 혼합되는 비율을 관찰하기는 매우 어려운데, 바로 그것이 이 계산을 한 원래 목적이었다."[127] 그것은 하나의 엄청난 "계산하는 기계에서 수행한 실험 연구"였

---

127) 페르미, 파스타, 그리고 울람, 「비선형」, LA-1940, 1955; 울람, 『유추』(1990), 142쪽에 전재(轉載)되었다.

다 —— (울람 자신의 특징짓기에 의하면) 그것은 마치 한 잔의 뜨거운 차가 방안에서 식은 뒤(이례적이 아님) 다시 차를 데우기 위해 방이 시원해진 것 같았다(믿을 수 없음).[128] 그것은 저자(著者)의 느낌표가 명백하게 표현하는 것처럼 일어날 수 없는 일이었다.

그렇게 평형에 도달하지 못하는 현상의 발견은 토마스 바이서트가 어느 정도 자세히 보인 것처럼 혼돈 동역학과 난류(亂流) 동역학이 발전하는 데 결정적으로 중요했다.[129] 그리고 울람과 다른 사람들이 제안한 것처럼 이러한 관심은 근본적으로는 가역적인 시스템이라는 기초 위에서 비가역 현상을 설명하는 오래된 볼츠만식의 문제에 대한 페르미의 오래 계속된 흥미로 거슬러 올라간다. 그러나 우리는 이제 계산을 담당한 바로 그 현장에 대해 (로스앨러모스에 대해) 좀더 구체적으로 이야기할 입장에 있다.

특히 1952년 5월경 (텔러와 울람의) 원통형 시뮬레이션을 당시 고등연구소에 방금 완성된 기계에 설치하는 것이 어느 정도 준비되었다.[130] 1953년 9월이 되어 그 연구소 팀은 시뮬레이션의 주기 수에 대해 방출된 에너지를 킬로톤 단위로 그래프로 그린 것을 보고했는데, 여기서 한 주기는 실제 시간으로 3×10^{-8}초에 해당했다.[131] 근본적으로 새로운 폭탄 설계에 더해 시뮬레이션 자체도 전보다 훨씬 더 복잡했으며 DD와 DT 상호작용에 대한 원자핵 동역학만 설명할 뿐 아니라 반응이 진행되면서 광자와 전자(電子)에 대한 몬테 카를로 처리에 대해 설명할 예정이었다. 유체 역학은 점점 더 복잡해졌다. 운동이 너무 크지 않은 세로 방향에 대해서는 (질량들의 위치를 쫓아가는) 라그랑주 방법이 사용되었고, 압축이 일어나는 동안 지름 방향의 매우 큰 흐름의 특성을 기술하는 데는 (흐름을 위치와 시간의 함수로 지정하는) 오일러 방법이 사용되었

---

128) 울람, 「연구」(1965), 977쪽의 서문.
129) 바이서트, 『페르미 파스타 울람』(1997)을 보라.
130) 에번스가 폰노이만에게, 1952년 5월 7일, FEP.
131) 에번스가 폰노이만에게, 1953년 9월 24일, FEP.

다. 폭탄이 폭발하기 시작하면서 그 구성 요소는 서로 다른 밀도와 속도를 갖는 플라스마가 되었다. 이제 "액체"화한 물질이 섞이면서 유체-동역학적인 불안정성이 일어나게 되었고, 서로 상대방을 무너뜨렸다. 밀도가 높은 플라스마가 밀도가 낮은 플라스마를 가속시키면서 레일리-테일러 불안정성이 전개되었으며, 한 속도의 플라스마 흐름이 더 빨리 또는 더 느리게 움직이는 지나간 플라스마 흐름과 층 밀릴 때는 켈빈-헬름홀츠 불안정성이 커졌다. 한때 에번스와 연구소의 동료들이 있던 그의 공동 연구자들은 컴퓨터에 스피커를 연결하여 유체에 들뜬 서로 다른 방식에 대응하는 음조(音調)를 "연주"했다. 몬테 카를로는 정적(靜的)인 백색 소음을 만들어냈다. 에번스는 훨씬 나중에 "각 방식마다 사랑스러운 곡조들이 1~2분씩 계속되다가" 결국에는 원래로 돌아갔다고 보고했다.[132) 케플러의 구(球)들이 그것들에 고유한 조화음을 가지고 있듯이 열핵 무기들도 자기 자신들의 조화음을 가지고 있었다.

텔러-울람 무기를 탐구하기 위하여 시작된 이러한 유체 역학 계산이 진행되던 중간에, 울람과 파스타는 고속(高速) 계산을 이용한 수리(數理) 물리학의 "자기 발견적" 연구에 관하여 그들의 1953년 논문을 작성했다.[133) 그들이 천명한 목표는 기체에서 성단(星團)까지 "수학 이론과 계산 방법에 대해 '정신적 실험'"을 수행하는 컴퓨터 능력을 탐구하는 일련의 논문들을 출간하는 것이었다. 그들의 접근 방법을 두드러지게 만드는 것은 그 방법이 미시(微視) 물리적으로 자세하게 그 구성 요소들을 쫓아가지 않고서도 그 과정을 특징짓는 (함수의 함수인) 범함수(汎函數)에 부여한 초점이었다. 예를 들어 그들은 물질의 조그만 부분들 각각에 대한 미시적 진행이 아니라 두 기체가 섞이는 정도를 추적했다. 또는 그들은 간단한 방식에서 시작하여 더 높은 진동수 방식까지 에너지가 이동하는 비율을 쫓아갔다. 이러한 방법으로 그들은 연기가 팽창하면서 소용

---

132) 에번스, 저자와의 인터뷰, 1991년 3월 2일.
133) 울람과 파스타, 「자기 발견적 연구」, LA-1557, 1953년, 울람, 『유추』(1990)에 전재(轉載)되었다.

돌이치는 것과 같은 더 큰 규모의 현상을 나타내 보일 수 있었다. 중력에 의해 결합된 별의 시스템에 착수하면서는 각 별의 운동이 아니라 무작위로 선정된 (몬테 카를로식으로 선정된) 하부 시스템의 각운동량을 결정했다. 또다시 울람과 파스타는 전체적으로 시스템의 특성을 기술하는 것을 목표로 했다. 별들의 경우 저자들은 별들의 모임이 안정된 크기로 결정되도록 하고, 그다음에 쌍성(雙星)과 세 쌍성의 갯수와 같은 성질들을 계산할 수 있기를 목표로 했다.

H-폭탄 그리고 울람-파스타의 "스스로 발견하는 연구"를 배경으로 하여 우리는 유명한 페르미-파스타-울람 논문을, 말하자면 불빛을 뒤에서 비추며 검토할 수 있다. 이 논문의 특징이 되는 — 이차원 혼합 과정에 대한 MANIAC 모형 만들기에서 에너지 방식을 추적하기까지, 파스타-울람 논문이 통계적 시스템과 결정론적 시스템 사이를 왔다 갔다 하는 것에서 "지적(知的) 실험"이라는 더 광범위한 개념까지 — 문제 부분은 1947년에서 1953년까지 로스앨러모스에서 수행된 H-폭탄 연구에 근원을 두고 있었다. 이러한 새로운 양식의 탐구는 이미 학문 분야 지도를 가로지르며, 부분적으로는 이론과 실험 사이의 이러한 혼성에 대한 새롭고 공유하는 어휘를 창조하는 방법으로 연구를 새로운 모양으로 고치기 시작했다.

"무작위성", "증명", 그리고 "실험" 등을 포함한 개념들의 모임에서 이러한 변경은 모두 물리학에서 논증이라는 관념에 의미심장한 변동이 일어나고 있다는 전조(前兆)다. "무작위성"은 관념적인 생각으로부터 컴퓨터에서 발생시킨 숫자들의 상관관계라는 실제적인 문제로 바뀌었다. 논거의 바로 그 접착제인 "증명"은 논리로 근사(近似)되었다. "실험"은 물리계나 논리적 명제, 또는 수학적 증명에 관한 것이라기보다 일련의 컴퓨터 시뮬레이션 작업이 되었다. 모든 것들이 함께 순환하며, 이제 일상생활의 정박지를 떠나 게임의 상(像) 주위에 모여 있다.

내가 울람의 연구를 전후(戰後) 환경에 놓고자 하는 것은 부분적으로 게임의 개념을 통해서다. 좀더 구체적으로 나는 울람의 게임에 대한 개념과 그 개념에 기인된, 처음 경우에는 폰노이만에 의해, 그러나 좀더 넓게는 제2차 세계대전 동안과 그 직후에 게임 이론과 작전 분석이 융합된 상황에서 비롯된 특유의 의미 사이에 존재하는 연결의 개략적 내용을 기술하고자 한다. 수학자 다비드 힐베르트의 조수로서, 폰노이만은 공리적인 기초로부터 수학을 세우고, 수학적 실체로 이루어진 관념적 또는 물리적 세계에 대한 어떤 관계로부터도 그 내용을 분리하려고 시도한 수학적 운동이라 할 수 있는 형식주의의 열렬한 옹호자가 되었다. 이러한 과정의 한 부분으로 힐베르트는 일종의 게임인 고등 수학의 규칙이 지배하는 일에 대하여 말하게 되었다. 1928년에 (그리고 1940년대 초에는 좀더 자세하게) 폰노이만은 단지 실내 게임뿐 아니라 n명의 참가자 사이에 진행되는 방대한 배열의 경쟁 활동들을 포함하는 엄밀한 게임 이론을 개발했다.[134]

특히 폰노이만과 모르겐슈테른은 세상 자체를 포함하여 게임과 관계된 용어들의 범위를 정하고, 그와 함께 놀이라든가 선택, 그리고 전략 등 관련된 개념들의 의미도 정했다. 모르겐슈테른과 함께 저술한 그의 1944년 저서에서 그는 그것을 이런 방법으로 말했다. "일상의 언어에서 [이러한 용어에 대한] 사용은 대단히 애매하다. 그것들을 기술하는 단어들이 어떤 때는 이런 의미로, 어떤 때는 저런 의미로 사용되고, 그리고 때로는 최악의 경우로 그것들이 동의어(同義語)인 것처럼 사용된다." 이 두 저자들은 이렇게 치밀하지 못한 정의들을 기술적인 것으로 다듬었는데, 그것들을 처음에 게임이 별 다른 것이 아니라 "그것을 기술하는 규칙들의 완비"라고 묘사하는 방법으로 비공식적으로 간략히 설명했다. 실제로 행해지는 게임의 한 사례가 놀이이며, 수(手)는 선택이 만들어지는 "기회"다. 예를 들어 체스 게임에서 다섯 번째 수는 게임의 주어진 시점에 존재하는 모든 선택들을 표시한다. 이런 의미에서 놀이는 선택들로 구성되며, 게임은 수(手)들로 구성된다. 마지막으로 전략은 경기자가 선

---

134) 폰노이만, "Gesellschaftsspiele" ([1928] 1963).

택을 만드는 원리다.[135)

결정의 자료 구조 나무로 게임을 표현하면 결정이 이루어질 수 있을 때 각 점에서 가능한 모든 선택을 가리킨다(〈그림 8.17〉을 보라). (기술적으로 순수한 게임의 상세한 형태라고 알려진) 이러한 종류의 표현법은 오래지않아 부담이 될 정도로 커졌고, 그래서 게임을 행렬로 다시 표현하게 되었는데 그것은 폰노이만의 공로 중 하나였다. 간단한 경우인 두 사람이 하는 게임에서 m개의 열들은 첫 번째 경기자의 m가지 전략에 대응하는 첨자 알파 i로 표시될 수 있다. 마찬가지로 n개의 기둥들은 두 번째 경기자의 n가지 전략에 대응하는 첨자 베타 j로 표시될 수 있다. 그러면 행렬의 기재 사항은 가장 간단한 경우에 경기자 1이 경기자 2에게 지불해야 하는 금액인 "빚"을 가리키게 된다.

제2차 세계대전 동안 폰노이만은 그의 게임 이론으로 돌아가면서 게임이라는 개념이 "작전 분석"의 노력을 통하여 널리 알려지게 되었다. 작전에 대한 연구는 다음과 같은 특정한 문제를 해결하기 위해 학제(學制) 간 노력의 일부로 시작했다. 유한한 자원을 가지고 어떻게 바다에 있는 가장 많은 수의 적 잠수함의 위치를 알아낼 것인가? 폭탄의 궤적이 무작위로 요동친다고 할 때 어떻게 폭탄의 피해를 추정할 것인가?[136) 작전 연구자들이 자주 논 한 가지 "게임"은 표적 지도에 점들을 분포시키고, 각 점 주위에 파괴 타원을 그린 다음, 당한 피해를 추산하기 위하여 겹치지 않는 넓이를 계산하는 것이었다. 그러한 방법을 훈련받고, 길버트 킹과 같은 사람은 1952년에 무작위 걷기 방법이 "작전 연구의 군사적 문제를 다루기 위하여 전쟁 동안에 부활"되었으며, 동시에 폰노이만과 울람에 의하여 몬테 카를로의 기초로 발전되었다고 쓸 수 있었다. 실제로 킹에게 작전 연구는 "작업하는 모형을 설치하는 것"이라고 정의되었으며, 몬테 카를로 방법은 단순히 그런 전략에 적당

---

135) 폰노이만과 모르겐슈테른, 『게임』(1953), 48~49쪽.
136) 나는 작전 연구의 역사에 대한 발표되지 않은 다음 두 논문을 함께 작성한 로빈 라이더에게 신세를 졌다. 「초기 발전」(1988), 「캡슐 역사」(발표 예정).

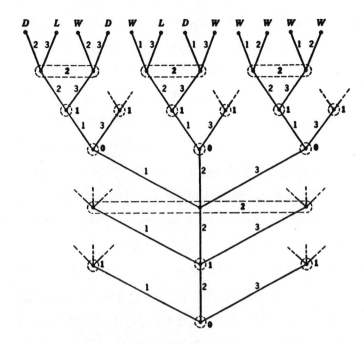

⟨그림 8.17⟩ 폰노이만 게임의 상세한 형태. 이 간단한 게임에서 두 명의 경기자와 한 명의 (경기에 참가하지 않는) 주인에게 각각 세 장의 카드를 나누어 주는데, 카드에 적힌 값은 1, 2, 그리고 3이다. 주인이 첫 번째 카드를 (맨 아래 마디 0으로부터 세 개의 동일한 확률을 갖는 갈래로 보인 것과 같이) 젖혀 보인다. 그다음에 두 경기자가 모두 선택하고 동시에 카드를 젖혀 보인다. 높은 카드는 주인 카드의 값과 동일한 점수를 얻는다. 보기의 예로, 경기자 1이 (동그라미를 그린 마디 0 위의 동그라미를 그린 마디 1에서) "2"를 고르면, 경기자 2에게 남겨져 있는 세 가지 가능한 수 하나하나가 (점선으로 표시된 긴 직사각형 내의 마디에서 나온 갈래들과 같이) 그려져 있다. 그러면 주인은 ("1"과 "3"을 대표하는 세 개의 마디 0으로부터 나온 갈래가 가리키듯이) 자기의 두 번째 카드를 젖혀 보이고, 놀이는 반복된다. 그래프를 따라 계속 올라가면, D(Draw, 비김), L(Loss, 짐), W(Win, 이김)은 첫 번째 경기자가 보이는 각 놀이에서의 결과를 표시한다. 폰노이만은 전략적 선택과 계산적 선택 그리고 무작위 선택에 의한 수(手)에 뜻하는 이런 종류의 그래프를 사용해 모든 게임들이 어떻게 대표될 수 있는가를 보였다. 그와 울람은 몬테 카를로가 무작위-선택 게임이라고 생각했다. 출처: 루스와 라이파, 『게임과 결정』(1957), 46쪽.

한 결정론적 규칙과 통계적 규칙 사이를 왔다 갔다 하는 융통성을 추가하는 것이었다.[137] 이러한 해석에서 킹이 그렇게 불렀듯이 몬테 카

137) 킹, 「자연적인 방식」, *J. Oper. Res. Soc. Amer.* 1(1952~53): 46~51쪽 중 49쪽.

를로는 작전 연구에 대한 "표현의 자연적 방식"이었는데,[138] 특히 컴퓨터에 의해 가능해진 훨씬 더 빨라진 계산 속도를 가지고는 더 그랬다.

작전 연구자들이 즐긴 전쟁 게임은 자주 그리고 구체적으로 폰노이만의 이전 게임 이론 연구에 의존했다. 예를 들어 1950년에 한 전략가는 제2차 세계대전 중 비스마르크해(海)에서 있었던 전투를 분석했다. 뉴기니의 접전이 격렬해지면서 정보 보고서는 일본군이 병력과 병참 수송대를 라바울에서 래로 이동할 것이라고 알려주었다. 수송대는 시계(視界)가 좋지 못한 북쪽 통로를 따라 이동하거나 날씨가 청명한 남쪽 통로를 따라 이동할 수 있었다. 어떤 길로 가든 수송대는 3일 동안 이동해야 된다. 케니 장군의 정찰기가 그 수송대를 관측하면 즉시 폭격을 시작할 수 있었지만, 케니는 그의 정찰기를 두 통로 중 하나만 골라서 보내도록 되어 있다. 그들의 각 선택에 따라 설명하면 그것은 전략가로 하여금 〈그림 8.18〉에 나온 행렬을 대략 그리게 만들었는데, 이 행렬에서 연합군의 북쪽 정찰 전략은 일본군이 남쪽으로 움직이거나 북쪽으로 움직이거나 이에 대항해 이틀 간 폭격하도록 했으며, 연합군의 남쪽 전략은 일본군이 북쪽으로 가기로 결정하면 하루 동안 폭격하게 했지만, 일본군이 남쪽으로 배치하도록 결정하면 3일 동안 폭격해야 한다.

게임의 이러한 "정상 형태"에서는 각 "경기자"가 상세한 형태에서처럼 각 수(手) 또는 각 선택을 고려하지 않는다는 점을 유의하자. 오히려 각 편은 단순히 전략을 (예를 들면 $i = 1 = $북쪽을) 선택하며, 이것이 놀이와 그 결과를 완전히 지정한다. 각 지휘관이 취할 수 있는 이러한 두 전략은 함께 게임을 지정했다. (이러한 전략들은 각 전략이 모든 환경에서 무엇이 일어날지 충분히 지정하기 때문에 "순수한 전략"이라고 불린다.) 이러한 예에서 북쪽-북쪽 결정에 대한 평형점이 존재한다. 연합군은 일본군이 그들의 노출을 최소화하려고 설계된 전략을 추구하리라는 점을 알고 그들의 폭격을 최대화하도록 추구한다. 역으로 일본군의 관점에서는

---

138) 킹, 「자연적인 방식」,*J. Oper. Res. Soc. Amer.* 1(1952~53): 46~51쪽.

	Japanese Strategies	
	Northern Route	Southern Route
Kenney's Strategies:		
Northern Route	2	2
Southern Route	1	3

〈그림 8.18〉 게임 이론의 작전 계획. 출처: 루스와 라이파, 『게임과 결정』(1957).

연합군이 어떤 전략을 구사하는가와 관계없이 그들이 북쪽으로 간다는 결정은 적어도 남쪽으로 간다는 결정보다 더 나쁘지 않다. 판명된 바에 의하면, 일본군은 실제로 북쪽으로 갔으며 그래서 끔찍한 손실을 입게 되었다.[139]

게임 이론은 훨씬 더 복잡해졌다. 폰노이만과 모르겐슈테른은 경기자가 두 명 이상인 게임과, 그리고 순전한 경쟁뿐만 아니라 협력을 포함하는 게임에 대해서도 탐구했다. 중요한 것으로는 폰노이만은 비스마르크해의 예에서 보인 것과 같은 순수한 전략뿐만 아니라 순수한 전략들에 대한 확률 분포를 포함하는 전략인 "혼합된 전략"에 대한 평형 조건에 대해서도 탐구했다. (위의 예에서 이것은 북쪽과 남쪽 사이에서 결정하기 위하여 동전을 던지는 것을 의미한다고 볼 수도 있다.) 작전 연구 그룹들은 이 새로운 기술을 재빨리 받아들였다. (존스 홉킨스의) 그러한 팀 하나는 다음과 같이 결론짓기까지 했다. "전쟁은 …… 많은 전투로 구성되는데, 각 전투는 개별적으로 우군 지휘관과 적군 지휘관이 각기 몇 가지 전략 중에서 선택해야 되는 게임이라고 간주할 수도 있다." 거의 다른 모든 곳에서와 마찬가지로 여기서도 "전략"은 폰노이만과 모르겐슈테른의 『게임 이론 그리고 경제적 행동』과 직접 관계된 "통상적인 방법"으로 정의되었다.[140]

---

139) 헤이우드, 「군사」, *J. Oper. Res. Soc. Amer.* 2(1954): 365~385쪽 중 369쪽, 이 논문은 루스와 라이파, 『게임과 결정』(1957), 65쪽에서 인용되었다.
140) 스미스 외, 「가치의 이론」, *J. Oper. Res. Soc. Amer.* 1(1952~53): 103~113쪽 중 112쪽.

잠깐 본론에서 벗어났는데, 이제 몬테 카를로로 돌아가겠다. 폰노이만은 1928년에 게임 이론에 관한 연구를 대강 한쪽으로 치워 두었다가 1940~41년에 그 주제로 다시 돌아와서 1943년 1월에 『게임 이론』을 완성하고 1944년에 출판했다. 의미심장하게도 게임이라는 개념은 전쟁 중에 울람의 저술에서 나타나지 않았으며, 심지어 그가 나중에 그 개념을 배치했던 (중성자 확산에 대한 수학과 같은) 주제에 관하여 쓸 때에도 나타나지 않았다.[141] 그러나 울람과 폰노이만이 1947년 9월에 몬테 카를로에 관한 첫 번째로 공개된 논문을 작성할 때에는 단지 한 문단으로 된 요약에 게임을 두 번이나 소개했다. 첫째, 그들은 몬테 카를로 절차를 컴퓨터에서 "일련의 '솔리테르' 카드 게임을 즐기는 것과 비슷하다"고 언급했다. 그런 다음 좀더 일반적으로 이 방법은 "[거짓 무작위 수열로부터] 수를 '고르는' 적절한 게임을 즐기는 것"으로 확인된다.[142] 이 시점을 시작으로 게임은 이 주제에 대한 울람과 폰노이만의 논문들에 속속들이 스며들게 되었다.

우리는 이제 폰노이만과 울람이 "게임"이라는 용어로 무엇을 의미했는지 좀더 정식으로 이해할 수 있다. 폰노이만은 모르겐슈테른과 함께 솔리테르를 한 사람이 하는 제로섬이 아닌 게임으로 묘사했다. 정상화된 형태로 그들은 숫자 $\tau = 1, \cdots, \beta$를 선택한 다음, 오직 단 한 사람만 $H(\tau)$인 이득을 받는 것으로 솔리테르를 정의했다.[143] 선택된 τ 각각은 단지 하나의 "수(手)"가 아니라 전체 전략 — 다시 말하면 가능한 모든 환경에서 경기자가 무엇을 할지에 대한 결정을 기억하는 것이 매우 중요하다. 몬테 카를로에서 경기자의 수(手)는 무작위 (또는 거짓 무작위) 수(數)

141) 허킨스와 울람, 「곱하기 과정」, LA-171, 1944년 11월 14일, 울람, 『유추』 (1990)에 전재(轉載)되었다.

142) 울람과 폰노이만, 「통계적인 것과 결정론적인 것」, Bull. Amer. Math. Soc. 53 (1947): 1120쪽. 이 논문은 처음에는 1947년 9월 2~5일, 뉴헤븐(예일)에서 개최된 미국 수학회 제53차 여름 회의 동안 울람에 의해 발표되었다.

143) 폰노이만과 모르겐슈테른, 『게임』(1953), 85~86쪽.

를 뽑고 그 수(數)를 이용하여 한 단계의 프로그램을 실행하는 것으로 결정된다. 그러므로 몬테 카를로 경기자의 "전략"은 기술적으로 "혼합된 전략"이다. 우리는 그러므로 단위 입방체 내부의 다중(多重) 차원 적분 계산이 컴퓨터화한 몬테 카를로에 의한 게임이라는 의미를 지정할 수 있다. 그러한 몬테 카를로는 혼합된 전략 $\tau = 1, \cdots, \beta$에 대한 한 사람이 제로섬이 아닌 정식 폰노이만 게임인데, 여기서 각 τ는 N개의 n-차원 점들의 수열을 알려준다. 여기서 "이득" $H(\tau)$는 모든 (적분 영역의 점들에 대한) "충돌"의 합을 N으로 나눈 것이다.

우리는 이제 게임 이론과 몬테 카를로, 그리고 작전 연구 사이의 관계의 고리를 마무리지을 수 있다. 게임 이론은 두 가지 방법으로 작전 연구의 형태를 만든다. 첫째, 게임 이론은 (비스마르크해의 전쟁 분석과 같은) 결정론적 전략 문제에 대한 특정한 공식 체계로 이어졌으며, 전사(戰士)들과 경제계 지도자, 그리고 다른 분석가들에게 전략이라는 개념이 정식으로 제한적인 의미를 갖게 하는 수학적 이론을 제공해 주었다. 동시에 작전 연구는 이 분야가 처음 시작하기 위한 "표현의 자연적 방식"으로서 몬테 카를로 시뮬레이션을 사용하기 시작했다. 미국 작전 연구회의 퇴임 회장이었던 MIT의 필립 모스는 1952년 그의 이임사에서 "게임"의 양쪽 측면 모두를 강조했다. 몬테 카를로에 관하여 모스는 만일 충분히 자주 "게임을 즐기기" 원한다면, 그것은 "말하자면, 종이 위에서 수행한 일종의 무작위 실험"이 될 것이라고 주장했다. 그리고 이런 종류의 흉내 낸 실험은 그러면 "공중의 연기자"를 흉내 낸 다른 인간들에 대항해 싸우면서 전기적 접촉과 도표가 준비된, 잠수함 함장을 연기하는 인간 배우와 결합될 수도 있었다. 인간 경쟁과 몬테 카를로는 함께 "게임하는 기술" 또는 "흉내 낸 작전 실험"을 구성했다.[144] 비록 모스는 그의 강연에서 게임 이론적인 "게임"을 "게임"의 몬테 카를로식 의미와 일치시

---

144) 모스, 「경향」, *J. Oper. Res. Soc. Amer.* 1(1952~53): 159~165쪽 중 163~164쪽.

키는 것을 피했지만, 실제로는 그 개념이 이리저리 무심코 입 밖으로 나왔다.

게임의 개념이 유포되면서 과학자들 또한 퍼져 나갔다. 1954년의 게이니스빌 학술회의에서 울람은 정식 이론과 확률적 시도라는 폰노이만 게임의 두 가지 의미를 결합함으로써 몬테 카를로를 정식 게임 이론과 묶어 "몬테 카를로 방법을 전술 게임에 응용하기"라는 공식적인 게임 이론상의 논문을 제출했다.[145] 모스는 하늘과 바다 사이의 전투에서 인간 경쟁의 게임을 몬테 카를로와 연결지었다. 이러한 활동들의 융합에 참가하는 사람들은 조지 가모가 수소폭탄과 작전 연구에 관한 그의 일들을 잠시 중단하고 탱크들 사이의 전투를 대표하는 보드 게임을 설계하던 때와 마찬가지로 그들의 관심까지도 게임의 보통 의미와 합쳤다(〈그림 8.19〉를 보라). 작전 연구 사무국의 책임자인 손턴 L. 페이지에 의하면, 숙련된 움직임과 무작위 요소가 결합되면("죽는 것"이 동전을 던져서 결정된다), 게임이 "다음 크리스마스 선물 시기에 상업적 가능성"으로 나타나는 것도 충분히 있을 법했다.[146]

몬테 카를로 옹호자들의 내부에서 연결된 그룹에게 "게임"이란 명백하게 대단히 다양한 활동들을 함께 묶는 강력한 용어였다. 그것은 인간 경쟁, 표본 선택, 확률적 시도, 통계적 물리계, 컴퓨터에 기반한 시뮬레이션, 그리고 심지어 때로는 연예에 이르기까지 다양한 특성들을 포함했다. 그것의 응용 분야로 집합 이론, 기하, 분자 물리학, 핵무기, 편미분 방정식 등이 합류했다. 내가 든 예들은 이러한 특성들의 어떠한 조합도 함께 발견될 수 있으며, 어느 하나도 필수적이라고 불릴 수가 없었다. 철학자에게 일들의 그러한 상태는 즐겁지 않을 수가 없다. 비트겐슈타인에게 게임의 개념은 **푸른 책, 갈색 책**(비트겐슈타인이 1933년부터 1935년까지 강의하며 기록한 노트로, 전반부 노트는 청색 표지, 후반부 표지는 갈

---

145) 울람, 「전술적 게임」(1956), 63쪽.

146) 페이지, 「탱크 전쟁」, *J. Oper. Res. Soc. Amer.* 1(1952~53): 85~86쪽 중 85쪽.

〈그림 8.19〉 가모의 탱크 전략 게임(1952~53). 조지 가모에 의해 설계된 탱크 전투 게임은 체스의 전쟁놀이 형태 중 변형이다. 이 게임은 육각형 공간을 가진 세 개의 보드를 가지고 진행되는데, 두 개는 각 경기자가, 그리고 세 번째 것은 심판이 가지며, 밝은 지역은 열린 전쟁터를, 그리고 어두운 지역은 삼림 지대를 의미한다. 어떤 경기자도 상대방 경기자의 보드를 볼 수 없다. 각 경기자는 놀이로부터 상대방의 수(手)를 추론해야 된다. 심판은 모든 수(手)들을 기록한다. 한 경기자가 자신의 탱크를 몇 개든 인접한 육각형으로 이동시키면 한 "수(手)"로 성립한다(이 모양은 단순한 사각형보다 움직일 수 있는 선택이 더 넓기 때문에 선정되었다). 수(手)들은 탱크가 상대편 탱크와 바로 인접한 공간에 진출할 때까지 교대로 이루어지며, 한 쌍의 탱크라도 인접하게 되면 심판은 "전투"를 부르게 되고, 전투는 동전을 던져서 결정된다. 만일 밝은 지역의 탱크가 어두운 지역의 탱크와 인접하게 되면 후자(後者)가 자동으로 이기며, 만일 한 탱크가 하나보다 더 많은 상대방 탱크와 인접하게 되면 동전을 던져서 많은 수의 탱크 중 하나가 져야 하고, 나머지 것들이 계속된다. 만일 한 탱크가 상대방 탱크와 동일한 지역으로 진입하려고 하면 "전투"는 오직 (어두운 지역인) 삼림 지대에서만 일어날 수 있다. 한 경기자의 탱크가 보드에서 모두 없어지면 게임이 끝난다. 출처: 페이지, 「탱크 전쟁」, *J. Oper. Res. Soc. Amer.* 1(1952~53): 85~86쪽 중 86쪽에서 페이지의 허락을 받고 전재(轉載)했다. Copyright 1952, Operation Research Society of America. 판권 소유자의 허락 없이 이것을 복사하는 것은 허용되지 않는다.

색 표지로 제본되었음 - 옮긴이), 그리고 **철학적 조사** 등과 함께 시작하여 개념이란 무엇을 의미하는가를 이해하려는 필수주의자에 대항해 그의 논증의 중심적 존재로 다음과 같이 이용되었다.

예를 들어 우리가 "게임"이라고 부르는 진행을 생각하자. 나는 보드 게임, 카드 게임, 구기(球技), 올림픽 게임 등을 의미한다. 그들 모두에 공통점은 무엇인가? "거기에는 무엇인가 공통된 것이 있어야만 한다. 그렇지 않다면 그들이 모두 '게임'이라고 불릴 수 없다"라고 말하지 말라. 그러나 그것들 모두에 공통된 것이 무엇이라도 있는지 살펴보라. …… 그것들은 모두 "재미있는가"? 체스를 삼목두기(서양 아이들이 즐겨 노는 쉬운 게임으로 noughts and crosses 또는 tic tac toe 라고도 불린다. 3×3칸을 그려놓고 두 사람이 동그라미와 가위를 차례로 그려 먼저 세 개가 나란히 되는 사람이 이긴다 - 옮긴이)와 비교하라. 또는 항상 승자와 패자가 있던가, 아니면 경기자들 사이에 경쟁이 있는가? 인내에 대해서도 생각해보자. 모든 구기(球技)에는 이기고 지고가 존재한다. 그러나 어린아이가 그의 공을 벽에 던졌다 다시 받을 때 그런 성질은 사라진다. 수완이 좋은 사람과 운이 좋은 사람에 의해 연기되는 배역을 보라. …… 그리고 그런 조사의 결과는 다음과 같다. 우리는 어떤 때는 전체적으로 유사한 것들을, 어떤 때는 세세한 점에서 유사한 것들을, 서로 겹치고 교차하는 유사한 것들의 복잡한 그물을 본다.[147]

어쩌면 그의 가장 유명한 비유에서 비트겐슈타인은 계속해서 이러한 유사성들의 특징이 "가족끼리 닮음"과 같다고 했는데, 여기서 얼굴 생김새는 서로 교차하지만 어느 한 생김새가 모든 멤버들에게서 다 나타나지는 않는다. "그리고 나는 '게임'이 가족을 형성한다고 말하지 않을 수 없

---

147) 비트겐슈타인, 『철학적 조사』(1958), 특히 66쪽.

다."[148]

비트겐슈타인이 말한 것은 위에서 간략히 설명한 게임의 개념과 틀림없이 일치한다. 즉 가모의 보드 게임에서 n-차원 적분 계산과 화학적 확산, 비스마르크해의 전쟁, 그리고 경제 이론까지 모든 것을 포함하는 근본적인 성질은 존재하지 않는다. 그렇지만 비트겐슈타인의 은유(隱喩)는 보통 언어에서 사용되는 "게임"에 대한 대단히 다양한 의미에 근거한다. 그렇게 넓은 영역에 대하여 세대(世代)의 선이 위로 올라가면서 (또는 아래로 내려가면서) 매우 급격하게 흩어지는 가족 계통 나무의 상(像)을 생각해 내는 것이 매우 적절하다는 데는 의심의 여지가 없다.

그러나 여기서 검토된 예에서 보면 "게임"의 의미 중에서 비트겐슈타인의 분석에 대한 추상적 개념화로 포착되지 않는 부분이 존재한다. 어느 정도는 게임의 의미라는 개념이 처음 사용된 다음과 같은 사건의 역사적 특수 상태 때문에 포착되지 않은 부분이 생겼다. 길버트 킹과 헤이우드, 그리고 다른 사람들과 함께 폰노이만과 울람은 제2차 세계대전 동안과 직후에 특명(特命)에 따른 활동에 종사하고 있었다. 놀랄 것 없이 전쟁에 참가한 과학자들은 비록 일반적인 언어 공동체와 완전히 격리된 것은 아니지만, 그래도 부분적으로는 격리된 말하기 방법을 공유했다. 기술적인 노련함과 공식적인 언어에서 제외당한 것은 "게임"을 일상적인 의미로부터 유리되게 만드는 데 기여했다. 그리고 이러한 경향은 당시 적어도 이 개념의 초기 단계와 형성 단계 동안에는 사람뿐만 아니라 의미까지도 고립시키려 했던 비밀의 담장에 의해 더욱 강화되었다.

이런 종류를 고려해보면 가족끼리의 닮음이라는 비트겐슈타인의 생각을 수정하라고 제안한다. 격리된 공동체에 대해서는, 또는 심지어 부분적으로 격리된 기술 공동체에 대해서는 의미들이 가족 계통 나무에 흩어져 있다기보다는 국지적 매듭에 결합되어 있다고 생각하는 것이 더 유용하다는 것을 알게 될 수도 있다(〈그림 8.20〉과 〈그림 8.21〉을 보

---

148) 비트겐슈타인, 『철학적 조사』(1958), 특히 67쪽.

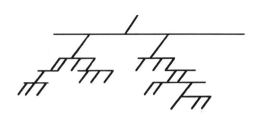

〈그림 8.20〉 의미에 대한 가족 계통 나무. 가족 나무 은유에서 각 개인에 일련의 얼굴 생김새가 존재하며, 가까운 친척은 그런 생김새의 일부를 공유한다. 그러나 비록 가까운 친척들로 이루어진 각 집합은 일부 생김새를 공통으로 지니고 있지만, 먼 친척들은 어떤 특정한 생김새도 공유하지 않을 수 있다. 자주 인용되는 어의(語義)에 관한 거미줄 집으로 확장하면, 매듭들은 진술에 대응하며 연결하는 선들은 "어의(語義)적으로 두드러진 관계"에 대응한다. 만일 "전자(電子)"와 같은 용어의 의미가 이 거미줄 집에 놓인 위치를 완전히 지정해야 주어질 수 있다는 개념을 진지하게 받아들인다면, 오직 동일한 이론들만 일련의 동일한 함의(含意)를 가질 수 있을 것이다. (포도어와 레포어,『전체론』[1992], 42쪽에 나오는 전체론에 대한 비판적인 평가를 보라.)

라). 이러한 매듭들은 거미줄에 있는 매듭처럼 고립되어 있지 않고, 여기 저기에 끈이 밖으로 나와 있다. 그럼에도 불구하고 국지적이고 밀집되어 있으며 내부에서 연결된 기술적 의미의 매듭이 어떤 특정한 자율성을 가지고 있다는 강력한 느낌이 존재한다. 매듭에서의 움직임은 전체로서 거미줄 집에서 부분적으로 자율적인 운동이다. 가모의 보드 게임이 그해의 크리스마스 때 잘 팔렸을 수도 있었다. 만일 그랬다면 다른 보드 게임과 다르지 않은 게임으로서 더 넓은 공동체의 사람들에게 알려졌을 수도 있었다. 그러나 여기서 논의된 대부분의 사용에서, 그리고 폰노이만과 모르겐슈테른이 스스로 인식하면서 지적했듯이 "게임"은 일상적인 사용으로부터 분리되어야만 했다(〈그림 8.22〉를 보라).

"표본 선택"과 "게임", "거짓 무작위성", "중요 표본 선택", "나누기", "러시안룰렛"과 같은 용어와 절차들이 함께 취해져서 아주 다양한 분야들로부터 문제에 접근하는 방법들을 포착하기 시작했다. 이런 식으로 생각하자 이해하게 된 사고방식이 분명해졌는데, 어쩌면 놀랍게 외부인들에게 가장 그러했다. 케임브리지 대학에서 온 영국의 방문자인 비스하르트 박사는 몬테 카를로에 관한 1949년 로스앤젤레스 학술회의가 끝난

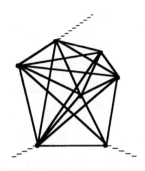

〈그림 8.21〉 의미에 대한 매듭. "네트워크"는 의미를 위하여 좋은 "은유(隱喩)"로 남아 있지만, 여기서는 만일 네트워크가 어떤 면에서라도 동일하지 않다면, 은유에 대해 과도하게 엄격한 해석은 서로 다른 이론들 중에서 어떤 의미도 분담될 수 없는 도움 되지 못하는 결론으로 이어진다고 제안받는다. 그러한 강경 노선 견해 대신 (매듭에서와 마찬가지로) 네트워크의 복잡한 부분들이 모든 부분을 움직일 수 있는 실제로 기계적인 네트워크나, 또는 하부 네트워크의 기능이 네트워크의 다른 부분에 대한 관계에서 준(準)독립적인 전기적 네트워크를 생각하는 것이 유용하다. 그러한 부분적인 독립성은 하부 네트워크 또는 매듭이 전체와는 어느 정도 관계하지 않고 국지적인 의미 관계를 지정할 수 있게 한다.

다음에 일어서서 다음과 같이 논평했다. "이 나라에 온 방문자로서 여기와 오크리지 모두 주로 물리학자이거나 또는 그렇지 않다면, 기계류 사용자들이 통계의 작전에 대해 식견을 갖추고 이야기하는 방식에 감명받았다. 나는 비록 시대가 바뀌었다고 하더라도 오늘날 영국에서 비슷한 사람들이 모여 이 주제에 대해 어느 정도 숙달된 사람들을 찾아낼 수 있을지 의문스럽다. 예를 들어 캐번디시 연구소는 전쟁 이후 그전과 비교해 훨씬 더 통계적인 기질을 갖게 되었다."[149] 천천히 이렇게 국지적으로 완성된 언어가 잠정적으로 활용되는 것 이상으로 정착되기 시작했다. 몬테 카를로와 그 내부 구조에 대한 연구가 여세를 모으기 시작했다. 정리(定理)들이 가정되고 증명되었으며, 경험 법칙들이 만들어졌고, 컴퓨터 프로그램들이 교환되었다. 비록 몬테 카를로가 서로 다른 연구 분야를 한데 묶는 몇 가지 초기의 중재적 조치들에서 시작했지만, 그것이 이

---

149) 거몬드의 요약, 「원탁」(1951), 40쪽으로부터 비스하르트.

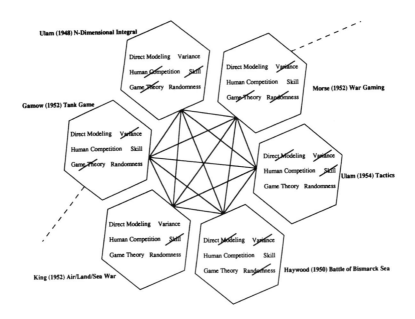

〈그림 8.22〉 "게임"에 대한 매듭의 의미. 비트겐슈타인이 "게임"이라는 용어에 대한 유명한 해부는 틀림없이 옳다. 우리가 게임이라고 알고 있는 꼭 그런 것들만 모두 골라낼 수 있는 필요충분조건들은 존재하지 않는다. 그럼에도 불구하고 게임 이론 및 그것과 관계된 구조를 둘러싸고 있는 행동과 신념의 복합체로서의 보통 게임에서는 어떤 특정한 성질들은 앞으로 나오고 다른 성질들은 배경으로 멀어진다. 폰노이만과 울람 그리고 그들의 동료들에게 두드러지게 보인 내부 연결 중에서 일부가 이 그림에 간단히 설명되어 있다.

제 자신의 학술 잡지와 자신의 전문가들을 갖추기 시작했다.

1960년대에 이르자 그동안에는 혼성어이던 것이 다른 분야와 합병되지 않고서도, 그리고 "조어(祖語)"로 번역될 필요 없이 연구를 지원할 만큼 충분한 구조와 흥미를 갖춘, 스스로를 지탱하는 하부 문화의 언어인 어엿한 크리올어가 되었다. 이 혼성 언어가 창조된 주요 장소가 로스앨러모스였다. 왜냐하면 개선된 핵무기를 찾는 과정에서 새로운 방식의 조정활동이 만들어지고, 다른 분야(다른 관습과 언어 그룹)의 과학자들이 의견을 나눌 수 있는 장소가 그곳이었기 때문이다.

물론 모두가 다 이런 새로운 "교역 지대"의 기능을 공유한 것은 아니었다. 일부는 게임 이론적인 측면에 집중했고, 다른 일부는 편차 감소나 수렴 문제 등에 더 집중했다. 거기에는 형식론자도 있었고, 실용주의적인 마음의 연구자도 있었으며, 역행렬을 구하는 것과 같은 특정한 문제의 특별한 방법에 관심을 갖는 사람도 있었고, 일반적인 접근 방법을 활용하려고 시도하는 다른 사람도 있었다. 1944년과 1948년 사이 수년 동안 표본 선택과 추계(推計)적 절차에 대한 탐구는 AEC의 끝없는 자원 그리고 폰노이만과 울람의 헌신적인 노력으로 육성되면서 무기 연구소의 온실 안에서 진행되었다. 이 시기 동안에 이미 몬테 카를로를 초청하여 문제를 혼성어로 번역하도록 발전시킨, 공유 능력이 거의 요구되었다. 아마 처음에는 비밀 유지를 명분으로 이 방법의 창안자들끼리만 외떨어져 함께 결속했는데, 몬테 카를로가 AEC라는 소수 사회 밖으로 알려지자 아직 확실하지도 않은 엄청난 것들에 대한 기대와 찬사가 쏟아졌다. 그것은 너무나도 강한 매력이었기 때문에 과도한 열광에 대한 경고를 불러일으켰다.

교역 언어를 조사하는 언어학자들은 외국인 말투와 혼성어, 그리고 크리올어 사이를 구별한다. 외국인 말투는 그 이름이 시사하듯이 답변을 요청하지 않는다. 그것은 언어상으로 문외한들이 사용하는 언어로, 거기서는 말하는 사람이 말의 구조를 문법적으로, 어휘적으로, 그리고 음성상으로 줄여서 이용한다. 좀더 미묘한 것은 혼성어인데, 그것을 이용하여 여러 그룹들이 상품을 교환한다. 그렇더라도 그 교환 기능에 고도(高度)로 특수한 혼성어는 외국인 말투보다 훨씬 더 다양한 방법으로 기능을 발휘한다. 각종 언어적 기능들이 증가하면서 혼성어는 성장하는 어린아이들을 위한 최초 언어로서 역할을 하도록 추진될 수도 있다. 그 시점에서 초(超)언어적인 반응이나 풍자, 유머, 그리고 일상생활과 함께하는 무수히 많은 풍습 등과 같은, 언어에 대한 광범위한 언어적 행동이 요구된다. 그러면 혼성어는 크리올어가 된다.

나는 다음 장에서 이론의 내부에서 그리고 분야의 내부에서 이루어지는 교환의 언어가 그러한 역동성을 뒤따르는 것으로 유용하게 간주될 수 있다는 점에 대해 아주 자세하게 논증하고자 한다. 컴퓨터 시뮬레이션은 보조 기능으로 시작했는데, 그 안에서 물리 문제를 극도로 축소한 것이 (처음에는 여자에게, 그리고 다음에 기계에게) 컴퓨터에 전해져서 그 컴퓨터가 계산을 수행했다. 점차적으로 시뮬레이션의 장소가 확장되었다. 학술회의와 공동 연구에 의한 출판을 통해 수학자와 통계학자, 물리학자, 그리고 다른 사람들이 그들의 공동 관심사를 표현하고 정리(定理)와 알고리즘, 프로그램, 그리고 비결 등을 교환하도록 하는 언어를 개척했다. 사람들과 대학원 학생들, 그리고 좀더 상급의 학자들이 교역 지대에서 생계를 꾸려 나갈 수 있게 되었을 때 ─ 실험 과학자도 아니고 이론 과학자도 아닌 몬테 카를로 컴퓨터 전문가가 의미를 갖게 되었을 때 크리올어 단계에 도달했다. 그들의 전문적 정체성(正體性)은 물리학자일 수도 또는 컴퓨터 과학자일 수도 있었다. 그들의 탐구 영역은 가상현실이었다.

소설 작가들은 (철학자나 역사학자보다도 더 분명하게) 가상현실의 강력하고도 정해지지 않은 유혹을 인식했다. 윌리엄 깁슨의 놀라운 3부작에서[150] 사이버 공간 ─ 물질적인 존재 바깥에 위치가 정해지지 않은 컴퓨터로 추구된 현실 ─ 이 우리의 일상적인 3차원 공간과 같은 정도로 중요한 의미를 지니고 있다. 시뮬레이션이 실제적인 것으로 되고 실제적인 것이 시뮬레이션이 된다. 인간의 개성들은 컴퓨터의 보편적인 "환경"으로 "들어 올려지고", 자료 보호는 치명적인 지뢰밭과 같은 불가침성을 갖게 된다. 실제로 전체 3부작이 대부분 물질적 평면상의 줄거리와 가상 환경 속에서 벌어지는 줄거리 사이의 해결되지 않은 긴장을 통해 구성되어 있다. 한순간 주인공이 사이버 공간에 서 있는 자신을 보기 위해 그의 제어 장치에서 아래를 내려다볼 때 우리나 그 모두 그의 진정한 자신이 놓여 있는 곳이 어디인지 알 수 없다. 물질적 현실과 컴퓨터가

---

150) 깁슨의 3부작은 『뉴로맨서』(1984), 『카운트 제로』(1986), 그리고 『모나리자 폭주』(1988)로 구성되어 있다.

발생시킨 현실은 현실과 상상 사이의 잘 이해된 이원성을 잃어버렸다.

시뮬레이션에 종사하는 사람들에게는 매일매일의 모진 세파에 대처하는 대안(代案)으로 사이버 공간의 유혹을 떨쳐버릴 수 없었다. 첫 번째 H-폭탄의 시뮬레이션에 대한 연구를 마치고 수년 뒤에 한 물리학자는 그가 젊은 박사후 연구원이던 시절의 다음과 같은 이야기를 내게 들려주었다. "나는 하드웨어의 현실성과 폭발의 현실성에 대해 내가 지금 설명하기에는 어려운 이상한 태도를 가졌다. 그러나 [그것이] 당시에는 강력하고 사실 같았다. 나는 실험실이나 …… 공작실이나 야금 시설에서 원자폭탄의 실제 하드웨어를 보고 싶어 하지 않았다. 그리고 나는 핵폭발도 보고 싶지 않았다."[151] 시뮬레이션이라는 대안(代案) 세계가 심지어 가장 초기에도 그것을 구사하는 사람들의 넋을 빼앗기에 충분한 구조를 가졌다. 그리고 그들이 황홀해하는 상태 속에서 그들은 연구하는 새로운 방법과 앞으로 올 오랜 시간 동안 그들을 특징지을 일련의 기술들을 배웠다.

몬테 카를로에게 능력을 부여해준 컴퓨터와 몬테 카를로 과학 공동체에 단결을 가져다줄 많은 것을 했지만, 그것은 그것이 없었더라면 고도로 이질적인 그룹들 사이에 교역 지대를 수립하는 방법으로만 가능했다. 그리고 그것은 국지적으로 공유된 문화를 수립한 것에 근거를 둔 단결이었으며, 지식의 계통 나무에 대한 콩트 철학파의 꿈과는 거리가 먼 단결이었다.

7. 결론

1. 기원과 학제 간 관련성

수학과 통계학의 많은 "원어민"들에게 물리학자들이 몬테 카를로 연구의 독창성이라고 주장한 것은 과장되었으며, 때로는 심지어 공격적이

---

151) 포드, P. 갤리슨과 P. 호건에 의한 H-폭탄 인터뷰, 1987년.

기까지 했다. 하버드에서 공부한 수학자이자 통계학자이며 1949년에 NBS의 국립 응용 수학 연구소장이었던 존 커티스를 대표적 경우로 볼 수 있다. 그는 "수학 또는 물리 문제의 풀이를 근사(近似)하기 위해 확률에 근거한 표본 선택 장치의 사용과 관련된 어떤 절차에도 '몬테 카를로 방법'이라는 차라리 생생하다고 할 수 있는 이름"을 적용하는 새로운 유행을 격렬하게 반대했다. 비록 메트로폴리스와 울람이 『저널 오브 더 아메리칸 스태티스티컬 어소시에이션』에 발표한 논문에서 "격려할 만한 철학적 제안"을 한 것을 인정하지만, 그는 그들이 많은 다른 사람들과 함께 "기초가 된 참고문헌"의 인용을 빠뜨린 것에 대해 유감으로 생각했다. 그 결과로 (그는 외교적으로 덧붙였다) "그 방법의 새로운 점에 대한 그릇된 생각이 역사보다는 오히려 응용에 관심을 갖는 사람들 사이에서 때때로 일어났다."[152]

커티스는 확률과 함수 방정식이 서로 연결된 것은 잘 아는 것처럼 이미 드무아부르, 라그랑주, 그리고 라플라스 시대 이래로 수세대에 걸쳐 계속되었다고 지적했다. 이론 물리학에서 그러한 연결은 아인슈타인뿐아니라 슈몰루초프스키, 레일리 경, 랑주뱅, 그리고 다른 사람들에서도 주요 관심사였다. 커티스는 울람과 폰노이만이 절차를 거꾸로 하여 결정론적 방정식을 푸는 데 확률을 이용한 새로운 관점을 취한 것은 사실이라고 인정했다. 그러나 거기서도 역시 "몬테 카를로 방법이 통계학자들에게는 전혀 신기한 것이 아니다"라고 주장했다. 특히 그는 다음과 같이 주장했다. "50년이상 통계학자들이 분배 이론에서 어려운 문제에 봉착했을 때 그들은 때때로 '모형 표본 선택'이라고 부른 것에 도움을 청했다." 이 과정은 일종의 항아리 모형 또는 시스템이나 무작위 수(數) 도표에서 뽑기를 설치하는 것으로 구성되는데, 거기서부터 분포를 알고자 하는 통계가 반복하여 관찰되고, 분포는 경험적으로 계산될 수 있다.[153] 이

---

152) 커티스, 「표본 선택 방법」(1950), 87~88쪽.
153) 커티스, 「표본 선택 방법」(1950), 88쪽.

론적으로 이것은 다중(多重) 차원 영역에서 다중 적분을 계산하는 것에 해당하며, (커티스에 따르면) 간단히 말해서 "모형 표본 선택'은 분명히 수치(數値) 적분에 대한 몬테 카를로 방법이다." 그는 윌리엄 실리 고셋의 t-분포(또한 스튜던트의 t-분포라고도 알려진 것)도 정확하게 그런 방법으로 결정되었다고 덧붙였다.[154]

물리학자로서 연구하는 물리학자들과 수학자들은 전형적으로 정확하게 정반대로 선언하면서 그들의 학술회의를 개최했다. 예를 들어 1954년 플로리다 대학에서 개최된 몬테 카를로 방법에 대한 초기 중요한 회의들 중 한 곳에 기고된 논문들을 소개하는 과정에서 (물리학자인) A. W. 마셜은 울람과 폰노이만의 우선권을 옹호했다. 그는 수십 년 동안 통계학자들이 정상적 분포의 모집단(母集團)을 위해 고안된 통계적 방법에 대한 비규격성 효과를 연구하기 위하여 무작위이게 만든 시험 절차들에 가졌던 관심을 인정했다. 그러나 "그 어떤 경우에도 통계학자들은 비슷한 생각도 갖지 않았고, 그것이 바로 몬테 카를로가 현재 형태로 시작한 것이다." 다시 말하면 통계학자들은 확률적인 모집단으로부터 통계적 표본 선택에 관심을 가지고 있었는 데 반해 울람과 폰노이만은 확률적인 유사 모형으로 결정론적 방정식을 취하고 후자로부터 표본 선택을 원했다. 그뿐 아니라 마셜은 통계학자들이 그들의 (별개의) 편차 감소를 표본 선택 영역의 문제와 결합하지 않았다고 주장했다.[155]

스튜던트의 t-분포가 1954년에 이르러 시금석이 되었다. 나중의 통계학자들에게 스튜던트는 그들의 분야가 누렸던 우선권의 상징이었다. 마셜은 놀랄 것 없이, 다음과 같은 겉치레의 칭찬을 함으로써 스튜던트를 쓰러뜨리려 했다. "스튜던트에 의한 몬테 카를로의 발명[이라고 알려진 것]에 관해서 말하면 그것은 이상한 경우다. 스튜던트는 뭔가 다른 것을, 그것도 대부분 몬테 카를로 계산보다 훨씬 더 좋은 것을 했다." 마셜

---

154) 커티스, 「표본 선택 방법」(1950), 88쪽.
155) 마셜, 「서론」(1956), 3쪽.

에 따르면, 스튜던트는 순수하게 (만일 엄밀하지 않다면) 해석적인 방법으로 t-분포에 도달했으며 그의 결론에 대해 더 확신을 갖고자 했다. 탐구용 표본을 취해 그는 t를 계산하고 χ^2을 이용하여 그의 가정을 표본 분포와 대조했지만, 이것은 시험이었지 이론을 발생시키는 부분이 아니었다. t와 r 모두에 대해 스튜던트는 그전의 표본을 근거로 추측했고, 그 것들을 해석적 공식으로 만든 표본과 비교하여 검사했다. "이 모든 것들이 몬테 카를로일 수도 있고 아닐 수도 있다. 그것은 대부분의 응용과는 다르며, 어찌 되었든 통계적 목적으로 표본 선택을 훌륭하게 이용한 동떨어진 사례다." 같은 문단에서 마셜은 그가 몬테 카를로 방법의 계보에서 스튜던트를 삭제한 의미를 다음과 같이 분명히 밝혔다. "몬테 카를로의 발전이 통계학자들과 독립적인 점과 그리고 통계학자 자신들의 문제에 표본 선택 기술을 적용하는 데 있어 특히나 초라한 변명은 일부 사람들에게, 특히 스튜던트가 몬테 카를로를 발명했다고 생각하는 사람들에게 놀랍게 보일 수도 있다."[156]

종합하면 마셜은 "몬테 카를로"에 대하여 세 가지 가능한 정의가 존재한다고 주장했다. 첫째는 그 방법이 결정론적 문제에 적용된 표본 선택 방법과 같은 것이었다. 둘째는 몬테 카를로가 (결정론적 문제인지 또는 확률적 문제인지에 관계없이) 어떤 표본이라도 존재하기만 하면 사용되고 있다고 말했다. 그리고 셋째는 몬테 카를로를 확인하는 데 필요한 성질은 표본 선택 방법을 편차 감소 기술과 함께 사용하는 것이라고 말했다. (그가 선호했던) 이 마지막 정의 아래서 이 경우를 해결하는 것은 간단했는데, 그것은 통계학자들이 다른 방법으로 처리하기 어려운 문제를 푸는 수단으로써 표본 선택과 함께 편차 감소를 결합시키지 않았기 때문이다. "우선권 문제와 영향의 방향을 결정하는 것은 항상 어렵지만, 몬테 카를로의 현재 발전의 경우에 대해서는 상황이 상대적으로 명백하다."[157] 마셜은 몬테 카를로가 수리 물리학에서 태어났으며, 좀더 특별하게

---

156) 마셜, 「서론」(1956), 6~7쪽.

는 울람과 폰노이만의 연구에서 태어났다고 결론지었다.

통계학자들과 수리 물리학자들은 서로 모욕하는 짓을 주고받으며 우선권을 거머쥐었다. 칸이 1949년 11월의 IBM 세미나에서 편차 감소에 대한 강연을 발표한 뒤 수학자인 존 터키는 다음과 같이 재치 있게 반격했다. "나에게는 물리학자들이 성장하고 있는 것처럼 보인다! 그들은 어려운 문제들에 도전하기 시작했으며 줄곧 다른 과학 분야에서 사용되어 온 기술들을 사용하기 시작하고 있다."[158] 칸은 1954년의 게이니스빌 회의에서 반격을 가했는데, 거기서 그는 통계학에 나오는 특정한 표준 표본 선택 기술들과 그가 논의했던 편차 감소 기술들은 상당히 중복된다는 논평으로 결론지었다. 그러나 중요 표본 선택과 러시안룰렛, 그리고 나누기 등은 통계학 교재에서 다루지 않았다. "이런 이유로 이러한 계산들을 설계하는 데 통계학에서 전문적인 도움을 받는 것은 매우 가치 있는 일이다. 그렇지만 만일 주로 통계학에 관심을 갖는 사람과 주로 문제 자체에 관심을 갖는 사람 사이에서 선택해야 된다면, 적어도 이 분야에서는 경험에 의하면 후자(後者)가 더 바람직하다. 이 마지막 논평이 통계학자에 대한 비방으로 의도된 것은 아니다."[159] 그는 문제에 대한 자세한 지식이 "일반적인 원리들을 상투적으로 적용하는 것"보다 훨씬 더 가치 있다고 주장하는 것이 칸의 의도였다고 말했다. 말이 나온 김에 일반적이고 일상적으로 적용할 수 있는 하나의 원리는 누군가를 비방할 의도가 아니었다고 말하면, 보통 비방이 의도되어 있다고 생각한다.

다른 곳의 한 수학자는 17세기의 어떤 사건이 몬테 카를로 방법의 응용이라고 간주될 수도 있는 첫 번째로 기록된 사례와 동일시까지 한 반면, 다른 통계학자들은 조금 약이 올라서 표본 선택 방법이 통계학자들에게는 전혀 새롭지 않음을 보이기 위해서 전례(前例)와 선례(先例)로 이루어진 계보도(系譜圖)를 제시했다.[160] 게이니스빌 학술회의가 끝난

157) 마셜, 「서론」(1956), 3쪽.
158) 칸의 논의인, 「수정」(1950)은 허드, 『계산 세미나』(1950), 26쪽에 나온다.
159) 칸, 「표본 선택 기술」(1956), 190쪽.

며칠 뒤에 당시 몬테 카를로 창시자를 위한 이제는 확장된 만신전(萬神殿)에 울람의 자리를 정하게 될 간략한 "역사적" 서문을 작성하고 있던 허먼 칸은 울람에게 이 장면을 어떻게 설정하는 것이 좋겠는가고 물었다. 울람은 다음과 같이 대답했다.

생각건대 비록 석기 시대의 동굴 주거인들이 이미 점(占)을 이용했으며 로마 사제들이 새들의 내부로부터 미래에 대한 예언을 시도했던 것이 사실이라고 할지라도 적당한 확률 과정에 의한 수단을 사용해서 미분 방정식과 적분 방정식을 풀었다는 것에 관해서는 문헌에 조금도 나와 있지 않았던 것 같다. 실제로 몬테 카를로라는 생각이 주로 전에 사용되었던 절차를 거꾸로 한 것으로 구성되었다고, 다시 말하면 확률 문제를 어떤 특별한 미분 방정식으로 바꾸어서 푼 것처럼 보인다. 물론 통계학에서 표본 선택 과정이 사용되었지만, 물리학 또는 순수 수학에 나오는 문제를 풀기 위해 확률 방식을 사용한다는 생각은 조니 폰노이만과 나 자신이 그것을 해결하려고 하기 전까지는 사용된 적이 없었다.[161]

"몬테 카를로"에 대한 올바른 정의가 무엇인지 판단하고 이것 또는 저것에 기여한 개인이나 분야에 공로를 인정하려고 시도하기보다는 전후(戰後) 장면에서 무엇이 이런 종류의 계산이 엄청나게 팽창하도록 촉진했는지 알아내기 위하여 논쟁에서 한 걸음 물러선 다음, 좀더 추상적으로 왜 몬테 카를로는 그렇게도 말이 많은 분야의 영역이 되었는지 물어보는 것이 더 가치 있음은 틀림없다.

시뮬레이션과 그 성장이 단순히 표본 선택이라는 통계학의 몇 가지 생각들의 합으로 이해될 수는 없다. 대신, 전후(戰後) 몇 해에 걸친 몬테 카

160) 거몬드, 「원형 탁자」(1951), 특히 39~40쪽.
161) 울람이 칸에게, 1954년 3월 23일, SUP.

를로의 증식은 몇 가지 뚜렷한 요소들에서 발전하여 커졌는데, 그중 일부는 어느 정도 추상적인 수학에서, 그리고 일부는 물리의 자세한 사항들에서 나온 데 반해, 또 다른 일부는 제도에 속한 것이고 기술적인 것이고 심지어 철학적인 것이었다.

시뮬레이션을 제2차 세계대전과 분리하는 것은 불가능하다. 첫째, 군부는 우라늄과 플루토늄 원자폭탄 프로젝트를 위해서뿐만 아니라 다양한 다른 군비(軍備)를 위해서도 충격 열역학의 부흥을 요구했다. 폰노이만은 1944년에 이미 그런 프로젝트들과 깊이 관련되어 있어서 이런 시뮬레이션들을 돕는 모형들과 기계적 계산 장치들을 만들어내는 데 깊이 관여해 있었다. 울람도 핵무기 문제들, 가장 구체적으로는 핵분열에서 중성자의 전파에 깊이 빠져들어 있었다. 곱하기 과정에 대한 초기 연구가 출현하고, 추계(推計)적 과정들이 역할하고 있을 때 해석적 풀이로의 접근을 허용했던 것은 이런 상황 아래에서다. 둘째, 전쟁 말기와 전후(戰後) 기간의 특징은 고성능 컴퓨터의 설치였다. 그것은 쌍방향 길로서 시뮬레이션은 계산 능력의 증가를 가져왔고, 증가된 계산 능력은 어느 때보다도 더 복잡한 시뮬레이션의 실행을 허용했다. 이런 변증법은 더 크고 더 작은 출력을 가진, 서로 다른 방사선 생성물을 내는, 그리고 더 작은 크기의 핵분열 무기를 만들도록 재설계하는 것을 허용했다.

컴퓨터는 원자로의 개선과 수포로 돌아간 (그러나 매우 비싼) 원자력 비행기의 개발 노력, 핵 차폐, 그리고 핵융합 폭탄에 대한 가능성 조사 등을 촉진시켰다. (핵공학이라는) 적용할 영역과 계산에 사용될 컴퓨터를 모두 가지고, 몬테 카를로와 함께 연구하는 과학자들은 실질적으로 무한한 자원을 가지고 있었다. 게다가 과학적 전쟁 연구에서 여러 분야들이 광범위하게 혼합된 것은 전쟁 뒤에도 계속되는 협력 관계를 격려했다. 화학자와 물리학자, 전기 기술자, 그리고 수학자들이 함께 폭탄 연구에 동참했건, 레이더 연구 또는 작전 연구에 동참했건 그들은 서로 이야기할 방법을 형성할 필요가 있었다. 그리고 몬테 카를로 기술이 바로 그렇게 했는데, 산업 화학자와 기상학자, 수(數) 이론 과학자, 통계학자,

그리고 원자핵 물리학자 등을 어떤 단 하나의 분야에만 연결되지 않은 상대적으로 자유로운 일련의 절차들을 가지고 동일한 컴퓨터실과 학술회의장에 오도록 했다.

그러나 이러한 부분적 융합이 마찰 없이 진행된 것은 아니었다. 각 그룹은 몬테 카를로 방법에 의미를 부여했는데, 그 의미가 국지적 동의를 얻는 지역 바깥까지 나와버렸다. 그리고 그러한 외부 지역에서는 의견의 일치가 존재하지 않았다. (나는 여기에 우선권에 대한 논쟁의 기원이 놓여 있다고 주장하고자 한다.) 특히 몬테 카를로의 성공이 자연에 대해서 무엇을 말하는가에 관해 의견의 일치가 거의 존재하지 않았으며, 정말이지 무엇이 몬테 카를로라고 인정받을 수 있는가의 경계에 대해서도 의견이 일치되지 않았다. 일부 수학자들은 거짓 무작위성에 대한 실용적인 정의에 대해 계속 기분이 언짢았으며, 통계학자들은 많은 몬테 카를로 연구자들이 표본 선택 기술을 이해하는 것에 대해 결코 완전히 만족하지 못했다. 그러나 몬테 카를로 시뮬레이션이라는 좀더 국지적인 지역에서의 부분적 자치권은 처음에는 일련의 관습들을, 그리고 나중에는 아주 실험적인 것도 아니고 아주 이론적인 것도 아닌 새로운 탐구 영역을 인수했다.

2. 시뮬레이션의 상태

새로운 기술을 정당화해야 할 시간이 되었을 때 몬테 카를로 공동체의 반응은 다양했다. 만일 실험하기의 빌려 온 오차 해석 방법이 첫째 몬테 카를로 수행하기를 "실험"이라고 부르는 인식론적 논거(論據)를 제공했다면, 둘째로는 같은 형이상학적 주장이 바로 뒤따랐다. 자연 자체와 마찬가지로, 그리고 미분 방정식과는 다르게 컴퓨터에 기반을 둔 몬테 카를로는 일련의 (흉내 낸) 무작위적이고 유한한 사건의 발생들로 진행한다. 이렇게 강한 의미에서 기체의 확산이나 중성자 산란, 그리고 우주선(宇宙線) 소나기의 발생 등에 대한 초기 몬테 카를로 적용은 자연을 **흉내**냈다. (몬테 카를로를 초기에 이용한 많은 전문가들의 견해인) 이런 견해에서는 몬테 카를로가 기호와, 그리고 16세기 이전에 조짐이 나타난 기호 언어적 의미 사이와 유사 관계를 제공했다. 몬테 카를로가 어떤 통계적 요소도 가지고 있지 않은 문제를 해결하는 데 표준 도구가 되어가면서 유일하게 특권을 가진 우월한 지위를 제공하는 것으로서 시뮬레이션의 전망은 점점 희미해지기 시작했다. 그럼에도 불구하고 문제들 "뒤"에서 "마치 자연이 자세를 취한 것처럼" 문제에 직접 접근하는 느낌은 몬테 카를로의 연기자들로부터 결코 떠나지 않았다.

다른 사람들은 시뮬레이션에 근거한 지식의 적법성에 대해 이의를 제기했다. 많은 이론 과학자들이 생각하기에 해석적 풀이는 계속해서 전기 기술자들과 그들의 근사적 방법이 접근할 수 없는 봉인(封印)을 가지고 있었다. 해석적 풀이는 왜 근사적인 방법과 시뮬레이션은 결코 알 수 없는 무엇이 일어나는가를 명백하게 알려주었다. 실제로 만일 어떤 이론적 표현법들이라도 플라톤의 천국에 서 있다면, 그것들은 분명 컴퓨터에서 나오는 무작위 수(數)들이나 끝없이 끌려나오는 자기(磁氣) 테이프가 아니라 미분 방정식의 정교한 초(超)표면이었을 것이다. 실험 과학자들에게 "오로지" 실험을 흉내 내기만 한 학생들에게 박사학위를 수여하는 것이 적법한 것인가에 대해 나중에 수십 년 동안이나 계속된 논쟁이 예시한 것처럼 몬테 카를로는 결코 "진정한" 실험하기의 지위를 차지하게 되지 않았다. 이것은 기술자와 그들의 계승자인 컴퓨터 프로그래머들을 난처한 입장에 처하게 했다. 그들은 일종의 공식화된 크리올어인 중간 언어를 말했다. 컴퓨터 시뮬레이션에 대한 언어는 이론 과학자와 실험 과학자 모두가 이해했다. ("물리학의 언어로써 계산하기"와 같은 이름의 학술회의들이 번성한 것은 우연이 아니었다.) 그 자체로 시뮬레이션을 하는 사람들은 고차 이론, 그리고 빛줄기 물리학과 입자 충돌에 대한 모래 같은 자세함 사이의 연결을 제공하는 없어서는 안 될 역할을 담당했다. 그러나 그들이 이러한 국지화에서 벗어난 교역 지대에서 필수적인 역할을 담당한 것과 꼭 마찬가지로 그들은 또한 입자 물리학의 실험 끝쪽과 이론 끝쪽 모두에서 과소평가되는 자신들을 발견했다.

나는 여기서 원자폭탄이 몬테 카를로 기술 분야와 은유적인 발생기로서 둘 다 공헌했다고 주장했다. 시뮬레이션은 농축 핵분열 무기 연구와 열핵 폭탄의 기본 설계에서 필수적이었다. 무기 프로젝트들은 단지 자원만 공급한 것이 아니고, 그 프로젝트들은 시뮬레이션에 대한 초기의 거의 모든 의견들에 대해 중성자 수송, 안전성 분석, 방사선 확산, 거짓 무작위 수(數) 발생기, 그리고 유체 역학 등 원형(原形) 문제들을 내놓았다. 몬테 카를로를 컴퓨터에 설치하는 데 대한 폰노이만의 초기 연구에서 이 방법에 대한 울람의 원래 숙고(熟考)까지, 허먼 칸의 편차 감소 방법에서 공기 파열, 조직 투과, 그리고 감마선의 확산까지 모든 곳에서 무기 설계의 손길을 느낄 수 있었다. 거기에는 자연스러운 예외도 존재했다. 로버트 윌슨은 몬테 카를로를 가지고 우주선(宇宙線) 소나기에 대한 연구를 계속했으며, 엔리코 페르미는 파이온-양성자 공명을 위한 계산에 컴퓨터를 사용했다. 그리고 이 방법이 담장을 뛰어넘어 진화론적 생물학과 별들의 성단 구성, 그리고 지구 과학으로까지 가자 그것이 로스앨러모스로부터 비롯되었다는 사실이 희미해져갔다.

그러나 시뮬레이션의 초기 세계는 무기에 대한 고려에 열중해 있었다. 핵무기는 시뮬레이션을 하는 사람들의 언어에서 스스로를 나타내는 데까지 그러한 초기 논의의 모든 측면에 스며들어 있었다. 이런 관점에서 나는 새로운 방법의 기원에 대한 분석을 가지고 몬테 카를로에 관한 1951년의 원탁 논의를 개최했던, (버클리의) 통계 연구소의 통계학자인 예지 네이만의 바꿔 말하기식의 요약으로 마무리짓는다. "우선 과학의 역사에 관해 이야기하면서 그[네이만]는 새로운 생각이 산발적으로 일어나는 서로 관련 없는 사건들과 함께 폭발하기 시작하는 것이 오히려 일반적인 것처럼 보였다고 관찰했다. 이것들 각각은 마치 우리가 연쇄 반응에서 일어나는 사건들로부터 상상할 수 있는 것처럼 추가 폭발들을 차례로 유발시키는 계기가 될지도 모른다. 조만간 새로운 생각에 대한 이러한 폭발들이 좀더 자주 일어나고, 우리는 궁극적으로 대량 폭발과 같은 것을 갖게 되는데, 거기서 그 생각들이 꽃을 피우고 공통의 지식으로 바뀐다."[162] 아마 그럴지도 모른다. 미시적 관점에서 보면 원자폭탄이 서로 연결되지 않은 핵분열들, 산란들, 방출들, 갑자기 폭발로 치닫는 마코프 우주 등 실제로 그러한 방법으로 진행된다. 그러나 폭탄의 외부에서 우리는 군사적 기초 시설과 연합해 특별한 무기를 만들고, 그 설계와 실현을 촉진하기 위한 지적(知的) 상부 구조를 만들어내려고 분투하고 있는 막강한 그룹의 과학자들로 구성된 임무 지향적 실험실을 본다. 우리는 역사 참여자들의 이야기가 물리학자들의 시뮬레이션에 대한 이야기에 종속됨을 목격하고 있었던가?

가장 꾸밈없이 가능한 형태로 컴퓨터는 기계와 대상, 그리고 방정식을 조작하기 위한 물건인 "도구"로 시작했다. 그러나 조금씩(한 바이트마다) 컴퓨터 설계자들은 컴퓨터가 도구가 아니라 자연을 표현하게 됨에 따라서 도구 자체로서의 개념을 해체했다. 그 과정에서 별개의 과학 분야들이 전에는 탐구 대상에 의해 서로 분리되었던 관습들의 전략으로 서로 연결되었다. 전에는 서로 떨어진 삶을 살았던 과학자들이 함께 모였으며, 새로운 세부 분야가 경계 지역을 차지하게 되었다. 단순성이라는 개념이 그들 머리 위에 세워졌다. 전에는 단순성의 정수(精髓)로서 간결한 미분 방정식이 나타났던 곳에서 그리고 수치(數値) 근사(近似)가 복잡해 보였던 곳에서, 이제는 기계가 읽을 수 있는 것들이 단순하게 되었고 미분 방정식이 복잡하게 되었다. 편미분 방정식이 플라톤의 하늘을 장식하는 고귀한 장식으로 나타났던 곳에서 이제 몬테 카를로 방법이 철저하게 인과 관계를 갖지 않은 세상의 구조를 진정으로 표현한다고 나타났다.

이와 같은 생각은 언어와 과학적 관습에 대한 두 가지 방법 사이에서 우리를 충돌하게 만든다. 오랫동안 친숙했던 한 가지 접근 방법은 사용함에 딸 정의된 관계들에서 간접적으로 주어진 의미를 취하는 것이다. 유명하게도 이것12은 힐베르트와 그의 추종자들이 "선(線)"과 "점", 그

---

162) 거몬드, 「원형 탁자」(1951), 39쪽.

리고 "면" 등은 단지 유클리드 기하의 명제들에 의해서만 정의되도록 했을 때 주장했던 것이다. 빈 서클에 호소한 이런 종류의 간접적 정의와, 그리고 그와 비슷한 것이 흔히 과학의 실증주의자 이후의 철학에서 인용되었다.

그러나 물리학의 관습은 유클리드 기하처럼 그렇게 균일한 것이 아니며, 소용되는 지식의 역동적인 가장자리에서 수학의 공리화된 분야에 대한 모형은 우리에게 제대로 공헌하지 못한다. 나는 구역 상대주의에 대한 해석의 뒤에는 의미에 대한 이런 개념이 놓여 있는 것이 아닌지 어렴풋이 느끼고 있다. (아인슈타인의 역학이나 뉴턴의 역학과 같은) 주어진 개념에 의한 방식에 대해 사용법은 이론이 기본 되는 존재론상의 구조를 선정한다. 유클리드 기하에서 힐베르트의 "선(線)"과 "점", 그리고 "평면"에 대한 간접 정의와 유사하게 "시간"과 "길이", "질량" 등도 사용법에 의해 의미를 갖는다. 그리고 이 주장은 더 계속된다. (예를 들어) "길이"는 아인슈타인 역학에서는 뉴턴 역학에서와 다른 성질을 가지기 때문에 이 두 가지 "체제"에서 연구하는 물리학자들은 "서로를 넘어" 이야기하고, 가장 강한 형식에서는 기본되는 대상이 서로 다르게 선정되기 때문에 "서로 다른 세상에서 산다."

몬테 카를로의 경우 이런 유형의 주장은 시뮬레이션의 관습을 수천 조각으로 부숴 버릴지도 모른다. "게임"과 "실험", "무작위", 그리고 심지어 "몬테 카를로"라는 개념도 쪼개질 수 있다. 예를 들어 E. C. 피엘러를 포함하는 한 그룹의 전문가들에 의해 사용되는 것처럼 "무작위"는 전기적 소음이나 알파 붕괴, 우주선(宇宙線) 도착 시간 등 "내가 직관적으로 무작위의 성질을 가지고 있다고 받아들일 수 있는 것을 갖고 있는" 과정의 예를 선정할 것이다. 그러나 폰노이만을 포함한 다른 사람들은 무작위 과정에 대해 그렇게 엄격한 물리적 관념을 위한 시간을 가지고 있지 않았다. "무작위"는 "실제적인 목적에서 무작위"하게 선정된 일련의 수(數)를 표시했다. 폰노이만의 거짓 무작위 수(數)는 알고리즘에 의해 발생되므로 그것들은 명백히 피엘러의 사용법과 양립하지 않았다. 그리고 준(準)무작위 수들은 좋은 답들을 빨리 구한다는 점에서 보통이 아니지만, 반(反)상관관계 시험에서 틀림없이 실패하게 되어 있으며, 그것이 거짓 무작위 옹호자들에게는 몬테 카를로 식탁에 입장하는 가격이다. 구역-상대주의자의 견해에 의하면, 우리는 어느 정도의 정당성을 가지고, 무작위성에 대한 서로 다른 개념으로 진술되는 이러한 몬테 카를로들이 서로 아무런 관계도 가지고 있지 않다고 말할 수 있다.

이런 방법으로 진행하면 우리는 어떤 경우에도 결국 서로 갈라진 체제로 이끌리게 되어 있다. 스탄 울람은 일관되게 "실험"을 공작대에서 작업하는 많은 사람에게는 친숙하지 않고 심지어 충격적이기까지 한 방법으로 사용했다. 그가 몬테 카를로를 운영하는 것은 컴퓨터에서 수행되는 물리학의 "실험"이 되었으며, 더 나쁜 경우도 있었다. 실험은 흉내 낸 핵무기에서뿐 아니라 비선형 미분 방정식에서도, 극단적인 경우에는 논리 자체에서도 나타났다. 마찬가지로 "게임"이라는 용어는 오래전에 응접실을 떠나 폰노이만과 울람에 의해 시뮬레이션에 적용되었다.

이제 이 개념은 시간이 흘러감에 따라 진화된 의미들을 취하게 되었다. 게임 중에는 경기자가 한 명인 게임도 있었고, 여러 명인 게임도 있었으며, 확률적인 요소를 갖고 있는 게임도 있었고, 그렇지 않은 게임도 있었으며, 적국(敵國)에 대항하여 즐기는 게임도 있었고, 자연에 대항하여 즐기는 게임도 있었다. 만일 우리의 생각들을 일관된 명제와 변하지 않는 의미를 갖는 유클리드 기하에 대한 해석으로 견고하게 고정시킨다면, 우리는 시뮬레이션에 대해 단지 이러한 초기의 무분별한 시절에 이루어진, 하나하나가 자기 자신의 기본 요소들을 지니고 있는, 하나하나가 모든 다른 것들에 대하여 비틀린 태도를 취하는, 수백 가지 체제에 대한 대결을 기술할 수 있을 뿐이다. 대신, 나는 의미가 유동적이기 때문에, 그리고 통계학자와 수학자, 무기 기술자, 양자 역학 학자, 그리고 공기 역학 기술자가 그들의 관심사들 사이의 지역 교차로에서 그들이 공유할 수 있는 의미들을 만들어내고 있기 때문에 몬테 카를로의 성장이 우리의 흥미를 자아내야만 한다고 생각한다.

솔직하게 나는 F. 제임스에게 찬성하는데, 그는 우리가 본 것처럼 "무작위성"의 다양성을 고찰하고, 그들 사이의 놀라운 차이들을 깨달았으며, 그러한 차이들을 사용법과 증명의 통상적인 관습에 따라 평가했고, 몬테 카를로에 대한 공유된, 실제에 근거한 개념을 유지해야 한다고 주장했다. 그는 준(準)-몬테 카를로가 통계적 요소를 전혀 갖지 않은 것은 사실이며, 그런 관점에서 원래 몬테 카를로가 안내한 개념으로부터 상당히 갈라져 나왔다고 주장했다. 그렇지만 여전히 준(準)-몬테 카를로가 18세기의 구적법(求積法)이 "정상적"인 몬테 카를로를 닮은 것보다는 훨씬 더 "정상적"인 몬테 카를로처럼 사용되었다. 처음에는 허약했지만, 몬테 카를로는 점차적으로 오차 처리나 역(逆) 구하기, 증명의 구조, 그리고 시험 등의 기술을 포함하여 그러한 지식을 얻었다.

한 영역씩 시뮬레이션은 초기 컴퓨터 과학이라는 건축에서 기둥이 되는 개별적인 전문기술과 학술회의, 그리고 교과서의 주제에서 실험과 이론 사이에서 대체할 수 없는 교차점을 점령하게 되었다. 시간 투영 상자를 이용한 우리의 양자 색 동역학의 연구에서 명백했던 것처럼 1980년대까지 물질적 검출기 없이 진행해야 하는 것만큼이나 몬테 카를로 없이 고에너지 실험을 설계하고 실행하고 해석한다는 것은 상상도 할 수 없는 일이었다.

실험실 작업의 의미가 변천하는 순간마다 저항하는 사람들이 존재했고, 때로는 상상이라고 하더라도 좀더 완벽한 실험과 좀더 완전한 실험 과학자가 사라지는 것을 생생히 보았던 사람들이 존재했다. 심지어 에멀션 시대에서도 일부 물리학자들은 도구 제작에서 시작하여 자료를 처리하고 논문을 작성하기까지 "모든 것"을 처리한 실험 과학자가 사라지는 것을 슬퍼했다. 당시에는 노동의 구분을 받아들이는 사람들도 있었지만, 500명의 공동 연구를 목전에 두고, 10명, 20명 또는 50명의 "작은" 공동 연구를 잃게 되는 것을 애도했다. 피스톤이나 땜납, 그리고 도선(導線)들과는 멀리서 자료 테이프를 분석하기만 하고 있는 자신들보다 더 젊은 거품 상자 동료들을 곁눈질로 바라보고 있는 1960년대의 고참 물리학자들 또한 생각해보자. 다른 사람들은 장비 제작은 산업이나 기술자들에게 빼앗긴 것을, 발견은 스캐너들에게 빼앗긴 것을, 또는 저자(著者)가 되는 권한은 위원회에 빼앗긴 것을 슬퍼했다. "진짜" 실험의 지나간 시대에 탐구에 의해 제공되었던 "현실"로부터 하나의 운명적인 마지막 발걸음으로서, 물질을 사용하지 않는 실험을 구성하는 몬테 카를로의 프로그램 짜기를 보는 것이 얼마나 쉬운가.

나는 정확하게 반대의 견해를 가지고 있다. 물리학이 증명을 위해 황금 사건과 통계적 실험, 시뮬레이션 등 새로운 방식을 채택한 것은 정확하게 물리학이 20세기에 철학에서뿐 아니라 산업에서, 전쟁에서, 기술에서, 그리고 다른 과학 분야에서 아주 철저하게 그물에 걸려 있기 때문이다. 물리학에서 감지(感知)된 일관성과 연속성, 그리고 내구력의 뒤에는 헤아릴 수 없이 많은 이질성(異質性)이 놓여 있다. 이러한 하부 문화들 사이의 조정을 이해하는 것이 다음 마지막 장의 과제다.

제9장 교역 지대
행동과 믿음의 조정

1부 교대로 삽입하기

이전 장들 전체에 걸쳐서, 그리고 많은 서로 다른 방법을 이용해 나는 자료를 생산하는 데 참가하는 과학적 문화들의 엄청난 다양성에 대한 느낌을 전달하려고 시도했다. 거기에는 상(像)과 논리에 대한 장기적(長期的)인 전통이 존재하지만, 또한 구름과 화산(火山), 그리고 사진술 등의 빅토리아 시대 주제들에 대한 윌슨과 파우웰의 관련 임무에서 제2차 세계대전의 무기 연구소들에 있는 기술자와 물리학자 사이의 때로는 불편한 관계를 통하여 서로 다른 상황에 놓인 연구소의 단편(斷片)들도 존재한다. 레이더와 A-폭탄을 생산하는 물리 공장에서 우리를 20세기 후반의 혼성으로 이루어진 분산된 컴퓨터가 연결된 실험실로 데리고 간 것은 다양성이다.

다시 한번 더 되풀이하면 나는 이러한 서로 다른 그룹들에서 정체성의 구별점과 그 그룹들 사이에 공통된 원인을 만들어낸 복합적 역동성 모두를 강조하고자 했다. 이 마지막 장에서 나는 전보다 더 강도 높게 자율 그리고 내부 연결이라는 한 쌍의 기둥들 사이의 긴장을 둘러싸고 있는 철학적, 방법론적 문제들의 일부에 대해 알아보겠다.

1. 서론: 물리학의 많은 문화들

나는 다음과 같은 것을 주장할 것이다. 과학은 통합되지 않으며 ─ 우리의 첫 직관과는 달리 ─ 힘과 안정을 가져온 것은 정확하게 이런 과학이 통합되지 않았기 때문이다. 이러한 주장은 통합이 과학의 일관성과 안정성을 보강시킨다고 주장했던 1920년대와 1930년대의 논리적 실증론자들과, 통합하지 않는 것이 불안정성을 시사한다고 논쟁했던 1950년대와 1960년대의 반(反)실증론자들의 잘 수립된 두 가지 철학적 움직임의 교의(敎義)에 반대한다. 이전 장들에서 나는 단지 물리학을 이론 중심의 단 하나의 문화로 보는 견해가 얼마나 편파적인지를 드러내려고 했다. 작업의 형태, 증명의 방식, 존재론적인 헌신 등 모두가 20세기의 어느 한 시점에서 물리학을 구성하는 많은 전통들 속에서 모두 다르다.

이 장에서는 이전의 논의들을 종합하면서, 그리고 과학의 역사와 철학에서 관계된 연구를 이용하면서 나는 물리학 내의 전문 분야들조차도 균질인 공동체들이라고 간주할 수 없다는 점을 주장할 것이다. 서론에서 간략히 설명된 직관으로 돌아가서 나는 통합되지도 않고 그렇다고 고립된 조각들로 쪼개지지도 않은 물리학의 묘사에 대해 더 상세하게 반영하고자 한다. 많은 전통들이 균질화되지 않고 서로 조정되기 때문에 나는 물리학의 발전에서 이런 복수 문화적 역사가 교대로 삽입되었다고 주장할 것이다. 이론 만들기와 실험하기, 도구 제작, 그리고 기술의 다른 전통들이 만나는데 ─ 서로 변환한다고 하더라도 ─ 그러나 그 모든 것에 대해서도 그것들은 그것들의 개별적인 정체성과 관습을 잃어버리지 않는다.

지나치게 단순화시킨다면 다음과 같이 말할지도 모른다. 논리적 실증론자들은 모든 이론에 걸쳐서 기초가 될 수 있는 관찰에 대한 "기본" 언어를 확인하는 것과 관련시키기 위하여 통합 프로젝트를 취했다. 반(反)실증론자들은 (내 견해로) 실험과 이론 사이의 그렇게 단단하고 빠른 선(線)이 그려질 가능성을 단호하게 파괴했으며, 어떤 그러한 "규약을 위한 언어"도 존재할 수 없었다고 (올바르게) 결론지었다. 그러나 그들의 주장은 실험과 이론이 서로 떼려야 뗄 수 없도록 뒤엉켜 있을 뿐만 아니라 그들의 개별적인 역동성을 너무나도 철저히 잃어버려서 활동의 한 부분에서 일어나는 중단이 다른 부분에서 수반되는 이동을 가정하지 않고서 생각한다는 것은 아무런 의미도 없는, 과학의 미래상까지 더 나아갔다. 거기에는 양(量)-기호의 역(逆)을 구하는 다른 (논리적/역사 편찬적/철학적) 대안(代案)도 존재한다. 어떤 이론의 변화에도 유효한 관찰 언어가 존재하지 않는다는 데 동의하지만, 적어도 이론(또는 실험 또는 도구)의 각 변화마다 계속해서 깨지지 않는 관습의 영역이 존재한다는 가능성을 열어두자. 이 장이 주는 부담은 그렇게 교대로 삽입된 역사를 갖는다는 것이 무엇을 의미하는지 역사 편찬적이고도 철학적으로 둘 다 탐구하는 것이다.

실험이 이론으로부터 얻은 부분적인 자율성을 묘사하는 데는 다른 방법들이 존재한다. 이언 해킹은 제한된 현실주의에 대한 그의 주장을 통하여 이론과 실험 사이를 갈라놓게 되었는데, 제한된 현실주의에서 존재에 대한 믿음의 인식론적 근거는 거대한 이론 내에서 존재의 역할로부터 온 것이 아니라 존재를 조작할 수 있는 능력으로부터 온다.[1] 우리가 반복해 본 것처럼 현실주의의 의문을 넘어 실험 과학자들은 그들 자신의 지속적 관심사뿐 아니라 이론의 극단적인 변경까지도 초월하는 신념 체계를 가지고 있다. 구름 상자 물리학자와 거품 상자 물리학자, 그리고 불꽃 상자 물리학자들은 모두 고급 이론의 주요 전위(轉位)에 대해서도 거의 완전한 연속성을 연구 대상으로 했으며, 그리고 많은 경우 도구 자체의 이론적 전위(轉位)를 가로지르는 많은 경우에서도 그러했다. 윌슨과 그의 구름 상자, 그리고 글레이저와 그의 거품 상자는 모두 도구 만들기가 실험적 탐구의 철저히 분리된 영역들과 계속해서 엇갈릴 수 있음을 보여준다. 윌슨은 기상학에서 원자 물리학까지 부드럽게 왕래했는데 반해, 글레이저는 구름 상자 입자 물리학으로부터 거품 상자 입자 물

---

1) 해킹, 『표현법』(1983).

리학과 미생물학까지 그의 마음속에 떠올린 기계를 타고 다녔다.

(내가 이 장의 1부에서 간략히 설명한) 나의 원래 희망은 더 큰 공동체를 그렇게 합판을 만들듯이 기술하면 다음 두 가지 일을 한꺼번에 하리라는 것이었다. 그것은 더 넓은 물리학 공동체 내부의 관습이 지닌 이질성을 강조하면서, 한편으로는 다른 쪽에서의 불연속성에 다리를 놓기 위해 한 수준에서는 연속성을 허용할 것이다. 이론이 갈라졌을 때 도구의 관습은 계속해서 쪼개지지 않은 채로 남아 있을 것이다. 새로운 기술들이 실험실을 바꾸어 놓더라도 이론들은 지속될 것이다. 비록 도구들이 바뀌었을 때라도 실험적 관습은 계속될 수 있을지도 몰랐다. 그리고 이런 방법으로 거시(巨視) 연속성이 국지적인 단절들과 공존할 것이다. 심지어 개념적인 단절을 가로질러서도 존재하는 어떤 연속성을 유지시키는 것처럼 물리학에 대한 물리학자들 자신의 경험은 이런 이유 때문에 순수하게는 개념적이 아닌 관습의 활동 무대에서 연속성의 국지적 존재 탓으로 돌릴 수 있을지도 몰랐다.

그러나 (이 장의 2부에서처럼) 내가 교대로 삽입된 관습이라는 합판을 만드는 식으로 한 해석을 더 강조할수록 그것은 더욱더 합판이 얇은 조각으로 갈라지는 것처럼 보였다. 다른 회의들, 다른 발표 전 논문 교환, 다른 학술지 등 이론 전문가와 실험 전문가, 그리고 도구류 전문가를 구분하는 기준은 별개의 공동체들을 식별하기 위해 쿤과 다른 사람들이 그 후에 도입했던 고전 사회학적 분할기(分割機)였다. 그뿐 아니라 실험 과학자와 이론 과학자는 거기에는 어떤 것들이 존재하는가, 그것들이 어떻게 분류되는가, 그리고 그것들의 존재 — 바로 같은 표준으로 비교할 수 없는 신념 체제를 확인하기 위해 쿤이 사용했던 기준을 어떻게 증명하는가 등에 대해 흔히 의견의 일치를 보지 못했다. 서로 구별되는 공동체들과, 그리고 같은 표준으로 비교할 수 없는 신념들로 층(層)들은 마치 부식하는 합판처럼 떨어져 나가는 듯했다. 만일 그것들이 상당히 분리되어 있다면 — "질량"이나 "에너지"와 같은 용어를 상당히 다른 방법으로 사용하는 구별되는 공동체가 존재한다면 — 그때는 한 수준의 연속성이 다른 수준의 불연속성을 받쳐주기란 거의 기대할 수 없을 것이다.

　이러한 고려들은 문제점을 너무 악화시켜서 어떤 두 문화가 (조작을 위한 기호와 절차에 대해 매우 다른 체제를 갖는 그룹들도) 상당한 상호작용 할 어떤 가능성도 없이 서로 지나쳐 갈 운명인 것처럼 보였다. 그러나 여기서 우리는 아주 다른 문화들이 가장 두드러지게는 교역에 의해 서로 상호작용 한다는 것을 정기적으로 연구하는 인류학자들로부터 배울 수 있다. 두 그룹은 비록 교환되는 대상에 대해서는 전혀 다른 의미를 부여한다고 할지라도 교환에 적용하는 규칙에 대해서는 동의할 수 있다. 그들은 심지어 교환 과정 자체의 의미에 대해서는 의견이 다를지도 모른다. 그럼에도 불구하고 교역의 상대자들은 광대한 **전체적** 차이의 존재에도 불구하고 **국지적**(局地的) 조정을 도출해 낼 수 있다. 심지어 더 고도로 세련된 방법으로 서로 상호작용 하고 있는 문화들은 자주 가장 기능 중심인 특수 용어에서 준(準)특수 용어인 혼성어를 거쳐 운문(韻文)이나 초(超)언어적인 사색(思索)처럼 복잡한 활동을 지원하는데도 충분할 정도로 훌륭히 제몫을 다하는 크리올어까지 변할 수 있는 의견 교환 시스템인 접촉 언어를 빈번히 수립한다. 여기서는 인류학적인 해석이 관계된다. 왜냐하면 전체적 의미보다는 오히려 국지적 조정에 초점을 맞추면 기술자와 실험 과학자, 그리고 이론 과학자들이 서로 상호작용 하는 방법을 이해할 수 있기 때문이다. 마침내 나는 장소와 교환, 그리고 지식 생산 사이의 연결까지 도달했다. 그러나 단순히 실험적 정보와 전략들이 발생되는 장소로서 실험실을 바라보는 대신, 나의 관심사는 신념과 행동 사이의 국지적 조정이 일어나는 ─ 부분적으로는 상징적이고 부분적으로는 공간적인 ─ 현장에 있다. 그것이 내가 교역 지대라고 부르는 영역이다.

2. 논리적 실증주의: 경험으로의 환원

금세기 초기에 논리적 실증주의자들이 경험의 기반에 대하여 근거가 될 지식을 찾고 있었다. 루돌프 카르납의 걸작인 *Der Logische Aufbau der Welt*는 보통 『세상의 논리적 구조』라고 번역되지만 『세상의 논리적 구축』이라고 해석하는 것이 더 좋을지도 모른다.[2] 왜냐하면 그것은 개개의 감각적 경험의 초보적 조각들에서 물리학까지, 그다음에는 개개의 심리학까지, 그리고 궁극적으로 모든 사회과학과 자연과학의 전체성까지 쌓아 올리는 구축이기 때문이다. 이런 구축의 기초를 확보하기 위해 카르납과 오토 노이라트는 둘 다 어떤 형태의 "규약에 따른 진술"과 논리를 통해 그것들을 조작하는 것이 그것들 사이에서 구축된 복합적 추론들의 정당성을 보장하는 언어를 형성할 것이라고 자세히 설명했다.

카르납은 나중에 다음과 같이 회상했다. "우리는 의심할 여지 없이 바로 주어지는 지식으로서 최저의 지식이 존재한다고 가정했다. 그것과 다른 종류의 지식은 어느 것이나 이 기초로 견고하게 지지되므로 마찬가지로 확실하게 결정될 수 있다고 가정되었다. 이것이 내가 『세상의 논리적 구조』에서 내린 해석이다."[3] 카르납은 지식이란 관찰이라는 견고한 기초에서 시작해 물리적 이론이라는 위의 층들을 거쳐 그곳으로부터 자기(自己)-심리학적인 것과 타인-심리학적인 것, 그리고 문화적인 것으로 올라가는 식으로 건물처럼 높이 올려지는 것이라고 묘사했다.[4] (카르납의 자기[自己]-심리학적인 것은 자신의 감정과 자신이 지각[知覺]

---

2) Aufbau라는 개념에 대해서는 갤리슨, 「Aufbau의 문화적 의미」(1993)를 보라. 논리적 구문론에 대한 카르납의 나중 연구를 기대하는 카르납의 Aufbau에 대한 해석이 다음 뛰어난 논문, 마이클 프리드먼, 「다시 생각하는 카르납의 Aufbau」, No 21(1987): 521~545쪽에서 찾아볼 수 있다.

3) 카르납, 「지식적 자서전」(1963), 57쪽.

4) 카르납 자신은 이러한 견해를 "구조주의"와 (서론에서 논의된) 인습주의의 변화하는 형태로 상당히 보강했지만, 역사학자와 철학자 사이에서 그의 연구와 더 널리 관계된 것은 이 "맨 밑바닥" 견해였다.

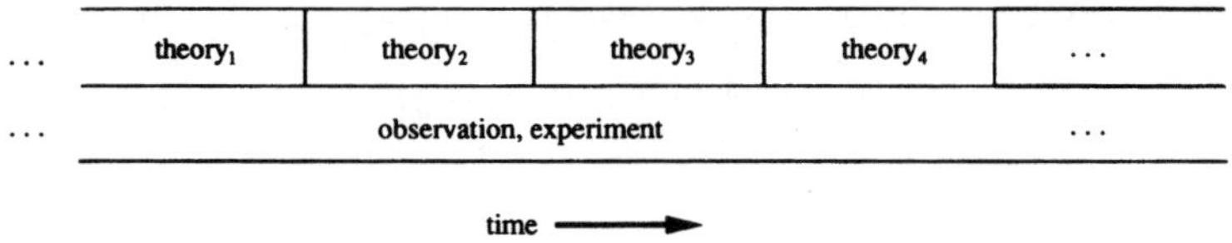

| ... | theory$_1$ | theory$_2$ | theory$_3$ | theory$_4$ | ... |

| ... | observation, experiment | ... |

time ⟶

〈그림 9.1〉 실증주의자의 시대 구분. 실증주의자의 시대 구분에서 과학적 해석의 연속성과 세력은 경험적 결과의 축적에서 비롯된다. 이론은 새로운 자료를 수용하기 위해 필요할 때마다 극적으로 변화하고 변화할 수 있다.

하는 존재에 대한 것이며, 타인-심리학적인 것은 다른 사람의 감정이나 다른 사람이 지각[知覺]하는 존재에 대한 것을 가리킨다 – 옮긴이)

〈그림 9.1〉에 나오는 도표는 내가 실증주의자들의 "중심 은유(隱喩)"라고 부르려는 것을 요약하고 있어서 도움이 될지도 모른다. 역사학자들은 간접적이거나 또는 구체적으로 어떤 연구라도 시대 구분으로 시작하는데, 시대 구분이란 연구하고 있는 영역에 적당한 단절과 연속을 처방하는 방법론적인 약속이다. 경험에 대한 보고를 모든 과학의 기초와 통합체로 묶어 실증주의자들은 관찰에 대해 부서지지 않고 축적되는 언어에 몸을 맡겼다. 카르납에게 이론들은 그러한 보장이 수반되지 않았다. 단지 그 이론들이 속기(速記)적인 방법으로 경험의 결과를 설명할 수 있는 한 그 이론들은 지탱될 수 있었다. 이론은 나왔다가 사라지지만, 규약에 따른 진술들은 그대로 남아 있다.

어떤 관점에서 금세기 초의 물리학자들은 그들 분야에 대한 실증주의자들의 설명을 편하게 받아들이고 있었다. 아인슈타인의 초기 연구와 저술들, 그리고 퍼시 브리지먼의 조작주의에서는 경험주의자(마흐주의자)의 기질이 분명히 보인다.[5] 정말이지 이론 이전의 실험에 대한 미국의 편애(偏愛)가 너무 심해서 하버드의 물리학과는 에드윈 켐블이 실험 결과를 내기 전까지는 양자 이론에 대한 그의 연구에 대해서 1917년

---

5) 홀턴, 「마흐, 아인슈타인, 그리고 현실에 대한 탐색」(1988), 237~278쪽. 브리지먼에 대해서는 발터, 『브리지먼』(1990)을 보라.

에 박사학위를 수여하는 것을 거부했다.[6] (플랑크와 로렌츠, 리엑케, 조머펠트, 그리고 다른 사람들과 같은 이론 과학자들에 의해 인도된) 이론 연구소가 존재한 유럽 대륙에서는 흔히 실험하는 상대방과 물질적으로 (자기 자신들의 건물이거나 동일한 건물의 분리된 다른 구역으로) 분리되어 있었다.[7]

1930년대에 걸쳐서 미국의 이론 물리학은 첫 번째 세대의 미국 양자 이론 과학자들과 저명한 망명자 시대를 맞았다. 그렇지만 성장하고 있는 이론 과학자들의 하부 문화가 심지어 전쟁이 끝난 뒤에도 물리 시설이 들어선 건물에서 그대로 보이고 있는, 널리 보급된 실증주의자적 자세를 전부 다 바꾸어 놓지는 못했다. 예를 들어 여러 분야가 혼합되어 입주한 건물에서 화학은 물리학의 위층에, 그리고 실험실은 공작실의 위층에 배치된 것 등이 전형적인 경우다. 이것을 실용적인 이유 때문으로 생각할 수 있기도 했지만, 실제로 자주 실용적인 이유들이 주어졌다. 물리 실험은 진동이 없어야 하므로 낮은 층에 위치해야 한다. 화학 실험실은 냄새가 나므로 환기를 위해 위층으로 배정되어야 한다.

그러나 건축가들은 진동으로부터 차단되는 것이 위층에서도 보장될 수 있으며 화학 매연은 흔히 공기보다 가볍기보다는 더 무겁다고 지적한다.[8] 그러므로 나는 실제 배치된 환기통보다 평면도에서 훨씬 더 많이 보는 것이 아닌가 생각한다. 우리는 지식의 물리학화된 건축을 목격하고 있다. 〈그림 9.2〉에 나온 브랜다이스 대학의 과학관을 고려하자. 1층은 주로 상점과 공작실이고, 2층은 물리학, 3층은 화학, 4층은 미생물학, 꼭대기 층은 동물과 새, 해부학이 차지하고 있다. 놀라운 일이 아니지만,

---

6) 켐블, 저자와의 인터뷰, 1977년. 이러한 실험에 대한 규칙을 보여주는 좀더 많은 예에 대해서는 소프카, 『양자 물리학』(1988), 23~25쪽을 보라.

7) 정니클과 매코마크, 『지적 지배』(1986), 예를 들어 괴팅겐, 2: 115쪽; 라이프치히, 2: 181쪽; 뮌헨, 2: 183쪽, 274쪽, 281~285쪽; 베를린, 2: 51쪽, 254~255쪽, 277쪽을 보라. 흔히 정밀 측정은 이론과 연관되었으며, 이론과 정밀 측정의 조합은 실험과 구분되었다.

8) 파머와 라이스, 『현대 물리학관』(1961), 28쪽.

ROOF PLAN

THIRD FLOOR PLAN

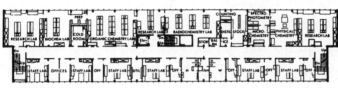

SECOND FLOOR PLAN

FIRST FLOOR PLAN

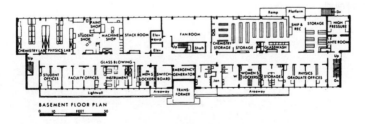

BASEMENT FLOOR PLAN

〈그림 9.2〉 실증주의자의 분야별 건축(1961). 매사추세츠주 월탐의 브랜다이스 대학 칼만 과학관. 출처: 파머와 라이스, 『현대 물리학관』(1961), 91쪽.

〈그림 9.3〉과 같이 이 건물이 물리학에 제공되었을 때 이론 그룹이 맨 위 층(또는 맨 위 밑의 층)을 차지한다. 이론 과학자들을 꼭대기 층에 배치 시키는 것이 아주 상례적인 것이 되어서 (8층 건물로 실험이 맨 꼭대기 층까지 배치되어 있는) 리버풀의 물리학관에 대해 건축가는 1950년대 말에 다음과 같이 논평했다. "보통 이론 물리학자는 칠판과 어떤 경우에 는 생각하기 위해 누워 있을 침대 등의 편의를 요구할 것이다. …… 우리 는 리버풀의 광경에 그에게 영감을 불어넣을지도 모른다는 헛된 희망을 가지고 그를 시 전체가 모두 내려다보이는 '상아탑'에 배정했다."[9]

과학의 역사가들도 철학자들과 과학자들이 벌이는 실증주의자 운동 에 동참했다. 바로 그때 유명한 『실험 과학 분야의 하버드 사례사(事例 史)』(1950)가 로버트 보일의 기체 법칙에 대한 발견, 파스퇴르의 발효 작용에 대한 탐구, 그리고 라부아지에의 열소설(熱素說) 타파 등 실험적 승리를 연대기에 올린 것이 우연은 아니었다.[10] 실험실 연구자들이 앞 으로 행진하자 이론이 부서졌던 것이 실증주의자들이나 그들의 상대 역 사가들에게 전혀 놀라운 일이 아니었다. 만일 $PV = nRT$라는 식이 관찰 을 더 잘 수용한다면 그것을 그대로 놓아두자. 만일 산소가 실험실의 사 실들을 열소(熱素)보다 더 잘 체계화시킨다면 그나저나 열소로부터 떠 나자. 과학에서의 통합은 관찰／실험(관찰과 실험 사이에 뚜렷한 구분 은 만들어지지 않았다)의 수준에서 일어났다. 그리고 과학적 사업의 안 정성은 이렇게 연속적이고 통합된 "물리학자"의 언어가 그 과학의 역 사를 통하여 연속적이고 발전적인 이야기를 제공하고 있다는 신념에 의거했다.

---

9) 스펜스, 「건축가와 물리학」(1959), 14쪽.
10) 코넌트와 내쉬, 『하버드 사례사』(1950~54).

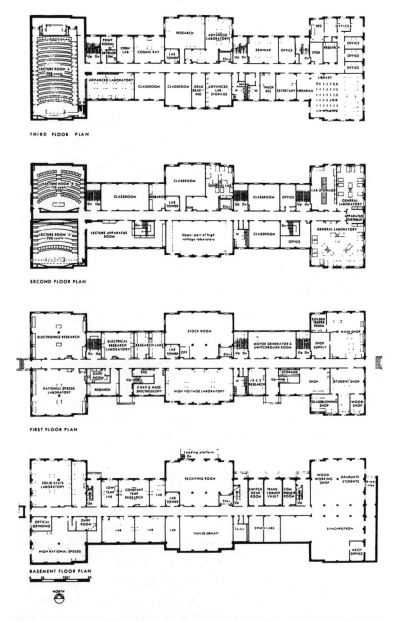

〈그림 9.3〉 전형적인 내부-학제 간 건축물(1961). 물리 실험실, 버지니아주 샬롯스빌 버지니아 대학. 출처: 파머와 라이스, 『현대 물리학관』(1961), 85쪽.

3. 반(反)실증주의: 이론으로의 환원

1950년대와 1960년대는 역사와 과학 철학 둘 다 새롭게 보급되기 시작한 개념적 도식에 대한 의견의 주입과 더불어 생긴 실증주의적 해석에 반대하는 예리한 반응을 나타냈다. 개념적 도식이라는 의견은 그 자체가 오랜 선상의 사고(思考)를 기반으로 했다. (다른 사람들 중에서도) 페트릭 가디너와 클라우스 퀸케가 지적한 것처럼 19세기 말의 신(新)-칸트 학파 전통은 칸트의 개념들과 범주들에서 보편주의자적인 요소들을 제거했으며, 질문이 틀에 박힐 수 있는 다중(多重) 방식의 가능성을 강조했다.[11] 확실히 제2차 세계대전 훨씬 전에 피에르 뒤앙과 앙리 푸앵카레, 오토 노이라트,[12] 그리고 어느 정도까지는 카르납[13] 등이 모두 과학적 신념에 대한 서로 다른 구조들의 가능성에 빠져 있었다. 1936년에 이르자 콰인은 "합의에 의한 진리"에서 구체적으로 "개념적 도식"이라는 용어를 사용하고 있었는데, 그렇지만 그것을 단수 형태로 "우리의 개념적 도식"이라고 사용했다.[14] 사용법이 구체적인 상대주의를 향해 인

---

11) 가디너, 「독일인」, *Monist* 64(1981): 138~154쪽. 또한 다음 논문의 유용한 서론, 크라우츠와 마일랜드 편, 『상대주의』(1982); 그리고 퀸케, 『신-칸트 학파』(1991)를 보라.

12) 뒤앙과 푸앵카레, 그리고 노이라트의 전체론에 대해서는 우에벨, 『빈 서클』(1991)에 나오는 우에벨, 헐러, 그리고 다른 사람들의 에세이를 보라. 헐러가 주목한 것처럼 노이라트는 그가 "진술이 '현실'과 비교된다는 표현과 그 이상을 거절했는데, 그것은 우리에게 '현실'이란 스스로 자신들 사이에서는 일관되지만 서로 상대 것에 대해서는 그렇지 않은 진술들의 몇 가지 총체성으로 대치되기 때문"임을 강조한다(노이라트, 「물리주의」[1983], 102쪽).

13) 논리적 실증주의의 역사에서 가장 중요한 최근의 에세이들 중 하나는 프리드먼의 「카르납의 Aufbau를 다시 생각함」, *Noûs* 21(1987): 521~545쪽이다. Aufbau에 대한 기초주의자들의 견해를 반박하면서, 프리드먼은 Aufbau가 다양하고 가능한 그러한 구조들 중 하나를 제외한 것으로 받아들여져야 하며, 그 목적은 모든 개념을 온전히 뚜렷하게 구분된 장소에 자리잡음으로써 객관성을 확보하기 위한 것이라고 주장했다.

14) 콰인, 「합의에 의한 진리」, 『역설』(1976), 102쪽: "새로운 발견들에도 불구하고

습주의를 어느 때보다도 더 밀고 나가면서 복수 사용법이 근거를 얻었고, 제2차 세계대전 후에는 더욱 그러했으며, "개념적 도식"에 대한 역사적 통로가 추적되기에는 너무 많은 갈래로 갈라졌다.

제임스 브라이언트 코넌트는 그의 『실험 과학 분야의 하버드 사례사(事例史)』(1950)의 내용에 그 용어를 30번 이상이나 포함시켰다──그것은 단지 그의 짧은 서론과 첫 번째 장에서일 뿐이다. 거기에는 토리첼리 개념 방식과 보일 개념 방식, 달톤 개념 방식, 심지어 원자핵 구조 개념 방식 등이 존재했다──개념적 도식들은 하나가 다른 것을 밀어내는 그들 사이의 경쟁과 역동성 안에서 조사되어야 했다.[15] 제2차 세계대전 전에 빈 서클의 명사(名士)에서 하버드로 옮긴 필리프 프랑크는 1950년대 초에 이르러 이미 "개념적 환경"에서의 변화가 스펙트럼의 신장(伸張)과 같은 잘 알려진 효과를 "새로운 혁명적인 이론"의 기초로 어떻게 변환시킬 것인가를 탐구하게 될, 과학에서의 사회학 창조를 강력하게 주장했다. 이러한 과학에서의 새로운 사회학은 중심 목표로 "새로운 개념

우리의 과학을 개조하려는 과정에서 만일 존재한다면 우리가 가장 나중에 내주려고 선정한 진술들이 존재한다. 그리고 그것들 중에서 우리가 전혀 내주려고 생각하지 않는 것들도 존재하는데, 그것들은 우리의 전체 개념적 도식에 비추어 너무 기본적이다. 후자(後者) 중에서는 차후의 세련된 철학 과정에서 그것들의 지위에 대해 우리가 더 무엇을 말해야 하는가에 관계없이 이른바 논리와 수학의 진리에 속할 것들이 존재한다."

15) 코넌트와 내쉬, 『하버드 사례사』(1950~54), x쪽, 8~11쪽, 25쪽, 50쪽, 58~59쪽, 그리고 62쪽. 코넌트가 달턴의 개념 방식과 토리첼리 개념 방식, 보일 개념 방식, 달톤 개념 방식, 그리고 원자핵 구조 개념 방식에 대해 언급한다. 코넌트에게는 이 용어가 좁고 특정한 신념보다는 더 넓은 무엇을 껴안는다. 그가 가장 가깝게 내린 정의는 "'이론'이라는 단어가 유효한 가정이나 또는 잘 받아들여지고 있는 개념적 도식 중 어느 하나를 의미하기 위하여 널리 사용된다는 것이다. 그 결과로 나온 애매함 때문에 우리는 그것의 초기 단계에서 새로운 생각으로서 '큰 척도에서 유효한 가정'이라든지 또는 '대체로 유효한 가정'이라는 구절의 사용을 선호한다. 그러한 가정에서 나온 연역이 실험적 시험에 의해 확인되고, 그 가정이 몇몇 과학자들에 의해 받아들여지는 즉시 그것을 개념적 도식이라고 부르는 것이 편리하다"(66쪽).

적 도식에 대한 과학자들의 저항에서 a) 그 저항의 근원과 b) 저항으로 채택된 기술" 등을 취할 것이다.[16] 호피어(語)(미국 애리조나주 북부에 사는 호피족의 언어임 – 옮긴이)에 대한 벤저민 워프의 널리 읽힌 저술들은 이 생각을 풍부하게 활용했으며,[17] 개념적 도식은 순식간에 과학에서 영어를 사용하는 사람들의 과학철학에 그렇게도 설득력 있는 관념으로 되었는데, 그것을 제외하고는 1950년대와 1960년대에 과학에 대한 프로그램 방식의 진술을 발견하는 것이 매우 어렵다.

1950년대에 가장 강력한 철학적 진술 중 하나가 주어진 언어적 체제는 그 체제를 위해 존재하는 대상을 전체적으로 결정한다는 견해를 옹호하는, 루돌프 카르납의 에세이 「경험주의, 의미론, 그리고 존재론」이었다. 심지어 그 체제 외부의 존재에 대해 아무런 의문이 없는 것마저도 인식할 만큼 의미 있는 발언이라고 해석될 수 있었다.[18] 토마스 쿤의 패러다임은 존재론에 대한 카르납의 구문론적이거나 의미론상의 설명과 아무런 관계도 갖지 않는 많은 (예를 들어 역사적 설명이나 사회적 설명 같은) 기능을 발휘했다. 그러나 서로 비교할 수 없는 지식의 (그리고 언어의) 구역들 내에 위치해 있으면서 의미와 대상에 대한 서로 다른 세상

---

16) 필리프 프랑크, 「가능한 연구 주제: 과학에서의 사회학」(1953), 과학의 통합을 위한 연구소 환경에서 분배된 등사판 인쇄된 문헌, RF RG 1.1 100 Unity of Science, 1952~56년; box 35, Folder 285, RFP.

17) 워프, 『언어』(1956).

18) 카르납, 「경험주의」(1952), 219쪽. 카르납은 체제와 독립적으로 전자(電子)가 존재하는지 묻는 것은 말이 되지 않는다고 주장한다. "[새로운 언어적 형태의] 수용(受容)은, 그것은 주장이 아니기 때문에 옳은지 또는 그른지로 판단할 수 없다. 그것은 단지 좀더 또는 좀 덜 편리하다든가 효과적이라든가, 그 언어가 의도하고 있는 목표에 대해 공헌한다는 것으로만 판단할 수 있다." 비록 콰인은 카르납이 해석적/종합적 구별을 사용한 것에 대해 항의했지만, 제재를 개념적 도식과 동일시하는데, 다음과 같이 어떤 문제점도 보지 못했다. "카르납은 존재론적 의문을 유지하고 있으며, 마찬가지로 논리적 원리나 또는 수학적 원리에 대한 의문은 사실에 대한 의문이 아니라 과학에 대해 편리한 개념적 도식 또는 체제를 선정하는 것에 대한 의문이다." 콰인의 경고는 체제가 과학 전체의 단지 일부로 제한할 수 없다는 것이다. 콰인, 「카르납의 견해」, 『역설』(1976), 211쪽.

들을 바라보는 쿤의 해석은 필리프 프랑크의 "개념적 도식"이나 카르납의 "체제"에서 "패러다임"까지 계속해서 변했다. 이론-더하기-실험에 대한 구역 설명이 수십 년 동안 서로 다른 형태로 지니고 있던 역사 편찬적인, 사회적인, 그리고 철학적인 힘을 얻은 것은 패러다임에 대한 이러한 새로운 개념과 1960년대 초의 관계된 생각들에서다.

가장 중요하게는 반(反)실증주의자들이 (기초주의자의 의미로 이해되는) 카르납식의 어떤 규약에 의한 언어도 때로는 "이론 오염" 또는 "이론의 고민"이라고 언급되는 조건인 원칙에 의해서도 심지어 존재할 수 없다고 주장했다. 철학자들의 선도(先導)를 따라—때로는 그들이 인정하려고 관심을 갖는 것 이상으로—생물학과 화학, 그리고 물리학의 역사가들은 이론이 먼저 변했고, 그런 다음 실험이 주형(鑄型)에 맞추기 위하여 순응했다는 예를 연달아 제시했다.

쿤과 러셀 핸슨을 포함한 지도급 반(反)실증주의자들 중 일부는 20세기 초 형태의 심리학으로 실증주의자들을 계속 매혹시켰고 그것을 새로운 용도로 사용했다. 그들은 이제 과학의 이론적, 언어적 변화가 갑작스러움과 형태 전환의 전체성으로 바뀌었다고 주장했다.[19] 마치 오리가 토끼로 바뀌듯이 열소(熱素)가 존재하지 않음을 보여주는 실험이 이제 산소의 존재를 드러내는 실험이 되었다. 이론은 경험을 통해 끝까지 강제된 변화를 이동시키고 영향을 받지 않은 언어나 이론 또는 인식을 조금도 남겨놓지 않는다.

폴 파이어아벤트는 실증주의자들의 중심 은유(隱喩)에 대한 그의 혐오감을 다음과 같이 내뱉었다. "[나의] 학위 논문은 우리의 관찰에 미치는 이론의 영향에 관한 철학 논문으로 읽힐 수 있다. 그래서 그것은 관찰이 …… 단순히 이론에 의해 고민하는 하는 것이 아니라 …… 충분히 이론적이라고 (관찰에 대한 진술은 '관찰상의 핵심'을 갖지 않는다) 주장한다. 그러나 이 학위 논문은 또한 과학자들에 의해 이론적인 용어로 사용

---

19) 쿤, 『과학적 혁명』(1970), 제10장; 핸슨, 『발견의 양식(樣式)』(1958), 제1~4장.

되는 것에 관한 역사적 논문으로 읽힐 수도 있다. 그런 경우에 그것은 과학자들이 자주 현상과 함께 추상적 문제를 재구성하기 위해 이론을 이용하며, 현상 중에서 어떤 부분도 이런 방법으로 다시 개편되는 가능성에서 제외되지 않는다고 주장한다."[20]

파이어아벤트에게는 이론적 용어와 관찰 용어 사이의 구분이 (빈 서클을 위해 관찰이 지니고 있던 특권을 가진 역할에 반대하여) "순수하게 심리적"이었다. 갈릴레이와 고전적 고대 시대에서 그 자신의 역사적 예들을 통해 그리고 더 광범위한 역사적 그리고 사회적 문헌에 대한 인용에 의해 그는 "우리가 어떤 특정한 시대에 '자연'이라고 간주할 수 있는 것이 그것에 속한 성질들 모두가 처음 우리에 의해 창조되었으며 그다음 우리 주위의 상태를 정돈하기 위해 사용되었다는 의미에서 우리 자신의 제작품이라고까지 말할 수 있다"라고 주장했다. 칸트와 관련시킨 학설에서 파이어아벤트는 "기본 이론이 모든 것에 스며드는 성질"을 고집했다.[21] 그리고 비록 파이어아벤트는 어떤 특정한 경우 서로 다른 경쟁 이론들에 대해 공통적으로 성립하는 사실들이 존재할지도 모른다는 것을 인정하지만, 일반적으로는 그렇지가 않다. "실험적 증거는 순수하고 간단한 사실들로 구성되지 않고, 오히려 어떤 이론에 의해 분석되고 모형으로 만들어지고 제품화된 사실들로 구성된다."[22] 때로는 이론이 과학 공동체가 오차를 취급하는 것을 구체화하고, 때로는 이론이 자료 선정의 기준을 만드는데, 그보다 더 흔히 이론이 자료를 표현하는 데 사용된다. 그의 견해에 대한 경구(警句)로 파이어아벤트는 괴테로부터 다음과 같은 한 구절을 선정했다. "Das Höchste zu begreifen wäre, dass alles Faktische schon Theorie ist."[23]

---

20) 파이어아벤트, 『현실주의』(1981), x쪽.
21) 파이어아벤트, 『현실주의』(1981), 45쪽, 118쪽. 다음과 같은 칸트에 대한 연결은 45쪽에 나온다. "잘 알려진 것처럼 이론적 가정들이 모든 것에 스며드는 그러한 성질에 대해 가장 강력하게 천명하고 조사한 사람이 칸트였다."
22) 파이어아벤트, 『현실주의』(1981), 61쪽.

쿤의 견해도 마찬가지로 다음과 같은 의미-자료 언어의 가능성에 대한 철저한 공격에 근거했다. "연이은 두 이론들을 항목 대 항목으로 비교하면 적어도 두 이론 모두의 경험적 결과가 손실이나 또는 변화를 가져오지 않고 번역될 수 있는 언어를 요구한다. …… 이상적으로 그러한 언어의 원시적 어휘는 순수하게 의미-자료 용어에 구문론(構文論)적 연결사(連結詞)로 구성될 것이다. 철학자들은 이제 어떤 그러한 이상적인 것을 성취하려는 희망을 포기했지만, 그들 중에서 많은 사람들은 계속해서 이론이 문제 되지 않으며, 필요한 정도로는 이론에 독립적인 방법으로 자연과 결부되어 있는 단어들만으로 온전히 구성된 기초 어휘에 의지해 비교될 수 있다고 가정하고 있다."[24] 도나 해러웨이가 1976년에 말한 것처럼 "[쿤이] 느낀 운영과 조작은 그러한 패러다임에 의해 결정되며 그것 없이는 실험실에서 실질적으로 어떤 것도 이루어질 수 없다. 과학의 기초로서 순수한 관찰 언어는 일들의 순서를 정확하게 거꾸로 만든다."[25] 이론의 구조 바깥에서 중립적이고 문제가 되지 않으며 아르키메데스적인 사항, 이것이 적이었다.

과학의 반(反)실증주의자 상(像)에서 중심적인 것은 약간의 경험을 이론적인 명제와 연결지으려는 실증주의자의 꿈은 결코 성공할 수 없으리라는 생각이었다. 이론은 장소의 자부심과 조화되어야 했다. 임레 라카토스는—그 의미가 콰인의 널빤지로 누른 직물(織物)과 크게 다르지 않다—일련의 동심 고리들에 의해서 과학이 발전하는 기본 단위인 프로그램을 모형으로 만들었다. 그 중심에는 (다른 곳을 생각할 수 있는가?) 이론의 "핵심"이 놓여 있었다. 예를 들어 뉴턴의 프로그램에서는 동역학 법칙과 만유인력에 대한 역제곱 법칙이 이 핵심에 놓여 있다. 이 이론적 핵심을 둘러싸써 격리시키는 것이 논박에 의한 공격에 맞서 핵심의 신념들을 구출하기 위해 프로그램에 첨가된 보조 가정(假定)들로 구

---

23) 파이어아벤트, 『현실주의』(1981), x쪽.
24) 쿤, 「고찰」(1970).
25) 해러웨이, 『결정체(結晶體)』(1976), 7~8쪽.

성된 "보호 띠"였다. 보조 가정(假定)들을 도입하여 효과적인 새로운 발견들과 설명들로 이어지는 한, 이 프로그램은 발전적이었다. 보조 가정들이 학습 발전에 별 기여를 하지 못할 때는 이 프로그램이 "퇴보"했으며, 그리고 버려졌다.[26]

라카토스 모형에서 흥미 있는 것은 한 번 더 말하면 이론의 탁월성이다. 이론적 가정들이 핵심에 놓이고 전체로서 프로그램에 대한 가장 지속된 공격을 제외한 모든 공격에서 살아남는다. 이론의 기본 요소들이 궁극적으로 무너질 때 그 결과는 파국적이다(또는 예상된 대로 해방시킨다). 프로그램의 전체성은 덜 중요한 수많은 것들과 함께 핵심과 고등 이론을 현상적 세계에 연결시키는 "낮은 수준"의 가정들을 함께 파괴시킨다. 그런 견해는 실증주의자의 입장과의 관계를 돌이킬 수 없도록 끊을 의도가 있었다.

하나의 예가 실증주의자와 반실증주의자 사이에 날카로운 대조를 이룬다. 칼 헴펠과 같은 논리적 경험주의자에게는 철학과 역사 둘 다 실험에서 시작해 현상을 나타내는 법칙으로, 그리고 궁극적으로는 이론까지 점차적으로 쌓아 올려졌음을 보여주었다. 그래서 헴펠에 의하면 사실에서 이론까지의 전형적인 진행은 원자 물리학에서 다음과 같이 잘 예시된다. 안데르스 요나스 옹스트롬은 수소의 스펙트럼 선들을 상세히 그렸고, J. J. 발머는 그러한 관계들을 경험적 공식으로 편찬했으며, 닐스 보어는 오래된 양자 이론에 근거해 그 공식들을 설명했다.[27] 이와는 대조적으로 라카토스의 방식에서는 실험과 경험 법칙이 무시할 만한 역할밖에는 맡지 않는다. 발머에 대해 라카토스는 다음과 같이 말한다. "재간 있는 스위스 학교 선생님의 칭찬받을 만한 시행착오가 없었을지라도 과학 발전이 늦춰지는 일은 없었을 것이다. 발머의 이른바 '선도적인 것'이 없었다고 하더라도 플랑크와 러더퍼드, 아인슈타인, 그리고 보어의 대담

---

26) 라카토스, 「방법론」(1970).
27) 헴펠, 『자연과학』(1966), 37~39쪽.

한 사색으로 앞으로 이동하는 호기심이 가득 찬 과학의 본선(本線)은 그들의 이론들이 지닌 시험적인 진술로서, 연역적으로 발머의 결과를 만들어냈을 것이 틀림없다."[28] 라카토스에게는 반실증주의자인 그와 동시대 많은 사람들에게와 마찬가지로 이론이 과학적 변화의 발동 장치였다. 이론은 자발적으로 전진했으며("과학의 합리적인 재건에는 '순진한 추측'"의 발견자가 겪는 고통에 대해서는 별 관심을 두지 않는다),[29] 흥미로운 역사는 순전히 사색적 탐구에 대한 이런 영역의 역사였다. 이론에 너무 치우쳤기 때문에 이론 자체가 균열될 때는 과학 활동의 전체 유대 관계가 끊어져서 효과적으로 관계를 맺을 수 없는 조각들로 해체되었다. 〈그림 9.1〉에서 전달된 상(像) 대신 반(反)실증주의자들은 그들의 중심 은유(隱喩)로 이론에 근거한 과학적 변화라는 해석을 채택했다.

반실증주의자들의 역사적 예들이 증가되었다. 핸슨은 1932년의 디랙 이론 전에는 여러 말도 필요 없이 단순히 디미트리 스코벨친과 같은 구름 상자 연구자들이 양전자로 보이는 어떤 입자 흔적을 "볼" 수조차도 없었다고 주장했다.[30] 밀리컨의 기름방울 낙하 실험에 대한 정밀한 연구에서 제럴드 홀턴은 밀리컨이 그의 노트에 자료를 받아들이거나 거부하게 한 방법들을 "이론적 전(前)가정들"이 만들었다고 주장했다.[31] 존 하일브론은 이론이 도구를 다시 처방하게 만든 방법들에 대한 완벽한 예로서 라이덴병을 들었다.[32] 알베르트 하스토르프와 제롬 브루너, 레오 포스트먼, 그리고 존 로드리그스의 심리학적 연구를 쿤이 이용한 것에서 명백하듯이[33] 중립적인 의미-자료의 공격에 대한 모형을 제공한 것은 지각(知覺)적 심리학이었다.

---

28) 라카토스, 「방법론」(1970), 147쪽.
29) 라카토스, 「방법론」(1970), 147쪽.
30) 핸슨, 『양전자』(1963), 136~139쪽.
31) 홀턴, 『과학적 상상력』(1978), 25~83쪽.
32) 하일브론, 「라이덴병」, 『이시스』 57(1966): 264~267쪽.
33) 쿤, 『과학적 혁명』(1970), 113쪽.

	observation$_1$	observation$_2$	observation$_3$	observation$_4$	
...	theory$_1$	theory$_2$	theory$_3$	theory$_4$	...

time ⟶

〈그림 9.4〉 반(反)실증주의자의 시대 구분. 반실증주의자의 시대 구분은 이론이 먼저 온다는 관점에서 실증주의자의 시대 구분을 거꾸로 한다. 그러나 이제 이론과 관찰이 동시에 시대 구분 된다고 가정되면서, 전체 해석에 추가 가정이 포함된다. 이론에서 강력한 변화가 일어나면 항상 관찰의 표준에서 부수적으로 동반되는 변경이 수반된다.

실증주의자의 중심 은유(隱喩)는 미결인 채로 남아 있었다. 이제 이론은 실험/관찰에 비해 우위를 지키고 있었다. 현상이 이제 더 이상 균열에서 면제되지 못했다. 이론이 변화되었을 때 사이가 틀어진 틈이 실험/관찰을 포함한 물리학의 전체 직물(織物)을 찢어 놓았다. 과학의 판들 사이에 생긴 그러한 균열된 틈들을 지나서 어떤 것도 가로지를 수 없었다. 새로운 중심 은유(隱喩)가 예전 은유를 대신했다(〈그림 9.4〉를 보라).

반(反)실증주의자의 중심 은유는 풍부한 결실을 가져왔다. 그것은 의미와 관계에 대한 새로운 철학적 논쟁과 과학의 실제에 대한 참신한 역사적 통찰력을 촉진시켰다. 관찰은 단순히 축적되며, 이론은 철학적 결과들에서 독립되어 있다는 환상에 의해 이제는 더 이상 과학이 규약 진술들에 대해 단순히 간단히 기록해 놓은 것으로 기술될 수는 없다.

실증주의자와 반실증주의자 시대 구분은 그들에게 줄 숭고함을 가지고 있다. 그것들은 모두 과학 전체를 유지하게 될 하나의 대사(臺辭)를 실증주의자는 관찰에서, 그리고 반실증주의자들은 이론에서 찾아냈다. 비록 실증주의자는 경험의 언어를 기대했고, 반실증주의자는 이론에서 열쇠가 되는 용어를 찾아냈지만, 그 둘은 모두 언어가 과학의 요체(要諦)임에 동의했다. 실증주의자는 기본이 되는 관찰에서 모든 전문 분야에 공통되는 기초가 과학의 통일성을 보장한다고 결론지었다. 이러한 기초의 가능성을 부정하면서 반실증주의자들과 그중에서도 현저하게는 쿤이 심지어 단 한 분야인 물리학마저도 "미시적(微視的) 진화"로 구분된 서로 소통하지 않는 수많은 부분들로 나누어 놓았다. 모든 것은 이론의 언어와 관계로 연결되었고, 이론은 갈갈이 찢어졌다.

변화가 형태의 변경이라는 생각을 강행하기 위해 이론 변화의 순간은 또한 경험적 분열의 순간임을 주장할 필요가 있었다. 나는 〈그림 9.4〉에서 그런 상(像)을 붙잡으려고 했는데, 이제 시대 구분의 단절은 이론과 실험 수준에서 모두 동시에 일어난다. 그뿐 아니라 인식론적인 우월함이 경험적인 것에서 이론적인 것으로 이동했다. 경험상의 간격을 건너 서로 의사소통할 수 없다는 진술이 이 상(像)에서는 과학적 관습의 모든 층을 통해 나 있는 파열의 전체성으로 출연한다. 또는 다른 방법으로 (쿤의 방법으로) 말하면 진행을 지배하는 개념이 존재하지 않는 "패러다임 변화"의 상(像)과 "서로 다른 세상"의 근저에 놓인 것은 단절을 가로지르는 공통의 관습에 대한 연속적인 토대의 결여다. 이것이 1960년대 초 이래로 과학에 대한 역사가들과 철학자들의 공동체에서 그렇게도 많은 논쟁을 불러일으켰고, 1980년대에 사회 구성주의의 신(新)-쿤식의 맥락에 의해 다시 재개된 논제(論題)다(여기서는 앤드루 피커링의 중요한 공헌인 "현상을 첫 번째로 놓는 것에 대항하여"를 생각하자).[34]

반(反)실증주의자들의 중심 은유(隱喩)는 그것을 권고하기에 충분하다. 단순히 진행적인 경험 영역에 대한 실증주의자 시각에서 그들의 비평에 의해 반(反)실증주의자들은 실험적 관습에서 이론이 맡고 있는 역동적인 역할에 주목하게 되었다. 이러한 전략은 이론적 관심사를 철학적 참여와 관념적 가정, 또는 과학의 국가 양식 등 과학적 연구의 더 큰 상황으로 연결하기 위해 역사 편찬의 여지(餘地)를 만들었다. 흥미로운 수많은 역사적 연구들은 지금까지 실험적으로 생산된 자료의 구성과 해석, 그리고 평가를 이론적 개념들이 어떻게 중대하게 변경시켰는지 드러냈다. 그뿐 아니라 반실증주의자들이 설득력 있게 주장한 것처럼 관찰의 세상에도 단절들이 존재한다는 것은 의심할 여지가 없다. 두 물체를

---

34) 피커링, 「현상」, *Stud. Hist. Phil. Sci.* 15(1984): 85~117쪽.

접촉시켜 비비면 서로 잡아당기거나 밀치는 것에 대한 체계적인 연구가 나중의 실험적 조사로, 정전기학으로, 그다음 전기 동역학으로 잇따라 융합되는 것은 아니다.[35]

실증주의자 해석과 반(反)실증주의자 해석 둘 다에 품위가 존재한다. 둘 다 과학적 진화에 대한 보편적 양식(樣式)을 발견하기 위해 계획 수립에 필요한 광대한 시야(視野)를 가지고 있으며, 그러한 이해를 향한 안내자로서 언어를 따라간다. 카르납의 말에 의하면, "과학에는 언어의 **통일성**, 즉 과학에 속한 모든 분야의 용어를 공통으로 환원시키는 기초가 존재하는데, 이러한 기초는 물리적 사물-언어에 대한 매우 좁고 균일한 계급 용어들로 구성된다."[36] 노이라트는 통합된 과학을 향한 움직임의 근저(根底)에 존재하는 과학의 언어가 지닌 보편성, 즉 국제성을 강조하면서 동일한 생각을 좀 덜 기술적으로 다음과 같이 표현했다. "그러므로 통합된 과학은 일반적으로 과학적 언어 사용에 있어서 국제성에 근거한 과학적 자세에 의해 지지받고 있다."[37] 통합에 대한 실증주의자들 신조(信條)와 반실증주의자들이 그것에서 탈피하는 것 모두의 근저에는 과학적 문제의 언어적 성질에 대한 이러한 느낌이 있다. 이와 같이 찰스 모리스가 쓴 것처럼 "과학의 통일성 또는 비(非)통일성의 정도는 여기 과학들이 공통의 언어적 구조를 갖는지 또는 가질 수 있는지에서 스스로 드러난다."[38]

반실증주의자들이 실증주의자들을 비난했을 때 그들은 논쟁에 대한 카르납과 노이라트, 모리스의 한계를 받아들였다 — 그리고 공통의 언어적 구조가 존재하지 않는다고 답했다. 정말이지 이것은 나중 카르납의 언어적 체제의 결과이거나 번역의 애매함에 대한 콰인의 엄청난 영향을 미치는 연구의 결과다. 그것은 또한 내가 쿤의 "같은 표준으로 잴 수

---

35) 하일브론, 『초기 현대』(1982).
36) 카르납, 「논리적 기초」(1955), 61쪽.
37) 노이라트, 「통합 과학」(1955), 23쪽.
38) 모리스, 「과학적 경험주의」(1955), 69쪽.

없음을 의미하는 것"의 취지, 즉 한 언어와 그 언어가 지시하는 구조가 다른 언어 시스템으로 충분히 번역할 수 없는 무능력이라고 취한 것이다.[39] 앞에서 언급한 다른 것들이 그러한 분열과 동맹했다. 쿤에게는 두 언어들에게 공통된 지시 대상의 역할을 하게 될 어떤 "규약 언어"도 없었다. 젊은 카르납에게는 그런 것이 있었다. 쿤에게는 이론이 분류를 위한 언어의 경계를 명백히 함으로써 인식론적으로 가장 먼저다. 카르납에게는 (또는 적어도 카르납에 대한 일반적인 해석에서는) 좀더 고급 순서에 해당하는 언어에 대한 협약이 만들어질 바로 그런 일련의 어근어(語根語)를 제공하면서 관찰 언어가 가장 먼저다.[40] 쿤의 견해에는 주어진 시대에 (한 패러다임 안에서) 관찰과 이론 사이에 통일성이, 원한다면 수직적 또는 공시적(共時的) 통일성이 존재한다. 더 젊은 카르납에게 그 통일성은 아래로부터 누적되고 연속적인 관찰 언어에서 들어왔다.

비록 독립적인 관찰 언어가 존재하는가에 대한 의견이 일치하지 않는다고 하더라도 쿤과 카르납 둘 다 가진 견해의 핵심에는 과학 활동이 주로 언어와 지시 관계의 어려움을 해명하는 것으로 이해된다는 가정이 놓여 있다. 게다가 쿤과 같은 반(反)실증주의자들은 과학적 명제의 진화를 더디게 했던 구조가 존재한다는 주장에는 데 실증주의자들과 함께했다. 논리적 실증주의자들에게는 한 이론을 다른 이론으로 대치하는 데 합리성을 부여할 각종 기준들이 존재했는데, 그들은 확증 주의와 입증설에서 그 기준들을 상세히 설명하고 탐구했다. 사회적인 수준에서 빈 서클의 "창립자"인 프랑크는 개념적 도식들의 분석과 그것들에 대한 저

---

39) 번역에 있어서 콰인의 애매함은 물론 쿤이 같은 표준으로 잴 수 없는 것을 의미한 것과 상당히 다르다. 콰인에게 번역이란 주어진 번역의 교본에 의거해 명확하게 결정된다. 여기서 어려움은 가능한 교본이 여러 가지 존재한다는 것이다. 쿤에게는 이론들 사이에 심지어 충분히 적절한 단 하나의 번역 시스템도 존재하지 않는다.

40) 최근 몇 해 동안에 논리적 실증주의자들에 대하여 정교한 비(非)-기초주의자의 해석들이 다양하게 출현했다. 예를 들어 다음 논문인 캣, 카트라이트, 그리고 장, 「오토 노이라트」(1996)를 보라.

항으로 그 역동성이 해결되어야 한다고 믿었다. 쿤에게도 그의 정상 과학과 위기 과학, 혁명 과학, 그리고 다시 정상 과학으로의 복귀 등 시간을 초월한 시대들의 순환에서 한 이론을 다른 이론으로 대치하는 데 대한 보편적인 구조가 존재했다.[41] 폴리비우스(기원전 2세기경 고대 헬레니즘 시대의 그리스 역사가로 40권으로 구성된『역사』가 유명하며 정치는 군주정-왕정-폭군정-귀족정-과두정-민주정 등으로 순환한다고 주장했다 - 옮긴이)의 정부 순환과 마찬가지로 쿤의 구조도 시간과 장소의 한계를 넘나들었다. 신기한 방법으로 그것은 방법상의 수준에서 과학들의 통합을 제공함으로써 백과사전 편찬자들의 한 가지 꿈을 달성했다. 그래서 카르납과 노이라트, 그리고 모리스가 편찬한『통합 과학에 대한 국제 백과사전』의 제2권 제2장에 저술되어 있는『과학적 혁명의 구조』는 대단히 — 보통 깨닫는 것보다 더 — 적절했다.[42]

이와 같이 반(反)실증주의와 논리적 실증주의는 과학적 발전에 대한 보편적 절차에 대한 탐색을 공유하고, 언어와 지시 관계가 실험과 이론 사이의 관계에 대한 분석에서 주된 어려움을 형성한다는 견해를 공유한다. 그런데 실증주의자와 반실증주의자 사이의 인연은 훨씬 더 깊다. 두 가지 모형은 모두 과학적 연구의 진행에 통일성을 부여하는 잘 수립된 계급 제도를 가지고 있다. 그것들은 서로의 뒷면이라는 것이 옳지만, 그것들이 거울에 비친 상(像)에는 상당한 유사성이 존재한다. 〈그림 9.4〉의 중심 은유(隱喩)는 쿤의 경우 중요한 경험적, 이론적 단절이 동시대에 존재한다는 특별한 가정 아래 〈그림 9.1〉을 거꾸로 한 것이다. 각 설명의 통일성은 어느 정도 까지는 리오타르가 "거대 서사(敍事)"라고 부르려고 했던 특권이 부여된 유리한 조건을 제공함으로써 강행된다. 실증주의자

---

41) 물론 파이어아벤트와 같은 일부 반실증주의자들에게는 그렇게 보편적인 체계가 존재하지 않는다. 한 이론을 다른 이론으로 교체하는 것은 무질서하게 이루어진다.

42) 이『백과사전』에서 쿤의『과학적 혁명』에 대한 역사는 갤리슨, 「상황과 구속」(1995)에 논의되어 있다.

들의 경우 그것은 "관찰의 기초"에서 나오며, 반실증주의자들의 경우 그 것은 이론적 "패러다임", "개념적 도식", 또는 실속 없는 "강경 노선"에서 나온다.[43] 관련짓지 않고 서로 상대방을 지나 떠다니는 통합된 지식의 구역이 존재한다는 이렇게 공유된 직관은 많은 장소에서 많은 방법으로 표현되었다.

이러한 반(反)실증주의자 해석만큼이나 강한 흥미를 돋우는 것으로, 실험하기에 대한 최근의 역사적, 철학적 연구는 그런 해석에 수정이 필요하다고 제안한다. 이 장의 남은 부분에서 나는 이전 장들에서 전개했던 실험과 이론, 그리고 도구들 사이의 관계에 대한 또 다른 묘사를 자세히 설명하고, 실험하기에 대한 최근의 또 다른 연구에 대해 고찰하고자 한다.

4. 삽입과 반(反)환원주의

골(Gaul, 기원전 58~50년에 걸쳐 카이사르가 통일을 위해 침공한 로마 부근 지역에 사는 민족의 이름으로 언어와 관습, 법이 서로 다른 세 지방으로 이루어져 있음 - 옮긴이)과 마찬가지로 20세기 물리학의 관습도 세 부분으로 나뉜다. 정말이지 수년 전에 분리된 과학 공동체들의 징후로서 쿤이 설정했던 바로 그 기준들이 실험과 이론, 그리고 도구로 그룹을 짓는 데도 적용된다.[44] 입자 검출기와 가속기 기술, 컴퓨터 자료 분석 시스템의 설계와 이행에 관심을 갖는 물리학자들과 물리학-기술자들을 위해서는 『뉴클리어 인수트루먼츠 앤드 메서드』와 『리뷰 오브 사이언티픽 인스트루먼츠』와 같이 별도의 학술지가 존재한다. 또한 『시오레티컬 앤드 메스매티컬 피직스』와 『저널 오브 시오레티컬 피직스』를 포함하여 오로지 이론적인 논문집도 존재한다. 그리고 유명한 『메서드

---

43) 거대 서사라는 개념에 대해서는 예를 들어 리오타르, 『포스트모더니즘적인 조건』(1984), 27~41쪽을 보라.

44) 쿤, 「재고(再考)」(1974), 462쪽.

오브 익스페리멘털 피직스』와 같은 순수하게 실험을 위한 논문집도 존재한다. 이론적인 주제와 실험적인 주제, 그리고 도구에 관한 주제에 대해 각각 별도의 학술회의가 개최된다. 그뿐 아니라 발표 전 논문의 교환과 논문 복사본의 교환으로 정의된 보이지 않는 단체들도 자주 이러한 계층화에 속한다. 최근 수십 년 동안 많은 학교에서 대학원 학생들이 실험 과학자 자격 또는 이론 과학자 자격으로 입학했고, 점점 더 많은 박사 학위가 실험과 구별되는 연구 분야로 간주되는 도구에 대한 기여로 수여되고 있다.45) 이렇게 서로 다른 하부 문화를 분리하는 유명한 워크숍과 학술회의, 그리고 여름학교들이 개최된다.

입자 물리학의 현안(懸案)에 대한 존스 홉킨스 워크숍에 대해 생각해 보자. 그것이 해에 따라 격자 게이지 이론이나 초대칭성 또는 대통일 이론에 초점을 맞추고는 한다. 국제 원자핵 표적 개발 학회의 (이 학회의 회원들은 ICBM이 아니라 베릴륨판을 만든다) 국제 학술회의나 또는 카파츠(폴란드의 유명한 겨울 휴양지로 오래전부터 이론 물리학 분야의 겨울학교가 이곳에서 자주 개최되었음 – 옮긴이)에서 개최되는 이론 물리학을 위한 겨울학교에 대해 생각하자. 아주 뻔한 일이지만 실험 물리학만을 위한 국립 연구소와 국제적 연구소들이 존재하며, 그중 일부는 상당히 유명한 이론 그룹을 갖추고 있고, 다른 곳들은 조그만 이론 그룹을 갖추고 있다. 잘 눈에 띄지 않는 곳으로 산업체 부설 연구소나 대학의 연구소에서 (그리고 때로는 더 큰 연구소의 일부분으로 되어 있는 곳에서) 오로지 도구의 개발만을 위해서 전념한다. 이론 과학자들 자신만을 위한 장소는 많지 않지만, 그들이 중요하지 않은 것은 아니다. 몇 군데 예를 든다면 산타바버라의 이론 물리학 센터와 레닌그라드의 이론 물리학 연구소, 프린스턴의 고등 연구소, 그리고 트리에스테의 이론 물리학 국제 센터 등이다. 또한 그러한 모임이 고에너지 또는 원자핵 물리학에

---

45) 순수하게 도구에 관한 연구에 대해 물리학 박사를 수여하는 문제는 물리학 공동체 내에서 많은 논쟁의 주제가 되어왔다. 예를 들어 미국 에너지성, 『장래의 방식』(1988), 33쪽, 53쪽을 보라.

국한된 것도 아니다. 응집 물질 이론 과학자들은 자주 금속 또는 여러 물체 문제에 대한 이론을 논의하기 위하여 실험 쪽 동료들을 제외하고 모이곤 한다. 천문학자들은 가끔 라디오 또는 광학 영역에서 도구의 기술에 관하여 회의하는 것이 적절하다는 것을 알게 되며, 양자 중력 이론 과학자들이 회의할 때는 실험 과학자나 도구 학자들이 별로 참석하지 않는다. 좀더 최근에는 계산이 위의 모든 분야와 구별되는 활동 무대로 등장했으며, 컴퓨터 전문가들이 "높은 광도(光度)와 높은 강도(强度) 시설을 위한 계산"과 같은 워크숍을 위해 규칙적으로 모인다.[46]

비록 한 활동 무대에서 다른 활동 무대로 이탈하는 것이 가능했지만, 그런 경우는 흔하지 않았고 억제되었다. (입자 물리학자들은 엔리코 페르미라는 훌륭한 예외를 지적하기 좋아하는데, 그는 젊을 때 이론과 실험 모두에 왕성하게 기여했다. 그는 지난 50년 동안에 단지 몇 명만이 그러한 장벽을 넘었다는 바로 그 이유 때문에 물리학자들의 영웅이다.) 이 모든 이유들 때문에 물리학과 물리학자들을 단 하나의 획일적인 구조로 구성되었다고 취급하는 것은 어색해진다. 역사가로서 우리는 문화들이 서로 다른 역동성을 지닌 하부 문화들로 구성되어 있다고 취급하는 것에 익숙해 있다. 이제 프랑스 혁명의 정치적 혼란이 똑같은 기준으로 경제나 사회적 구조, 정치, 그리고 문화생활을 바꾸지 않았다고 하는 것은 진부한 일이다. 정말이지 린 헌트가 보인 것처럼 혁명의 정치적 영향마저도 도시에 집중되어 있는 노동자들과 시골에 분산되어 있는 섬유 노동자들에게는 서로 다르게 느껴졌다.[47] 이제 물리학 공동체가 더 이상 복잡하지 않다는 것을 깨닫기에 꼭 알맞은 때다. 실험 과학자들은 이론과 함께 같은 시간과 같은 속도로 행진하지는 않으며, 이론 과학자나 도구 제작자들에게도 비슷한 이야기를 할 수가 있다. 예를 들어 1926~27년의 양자 역학 혁명에서 실험 물리학의 관습은 이론의 혼란

46) 그러한 회의에 대한 약간의 예들이 다음 책에 나와 있다. 도모코스와 코베스티-도모코스 편,『존스 홉킨스 워크숍』(1983); 자클로브스키,『원자핵 표적』(1981).
47) 헌트,『혁명』(1978).

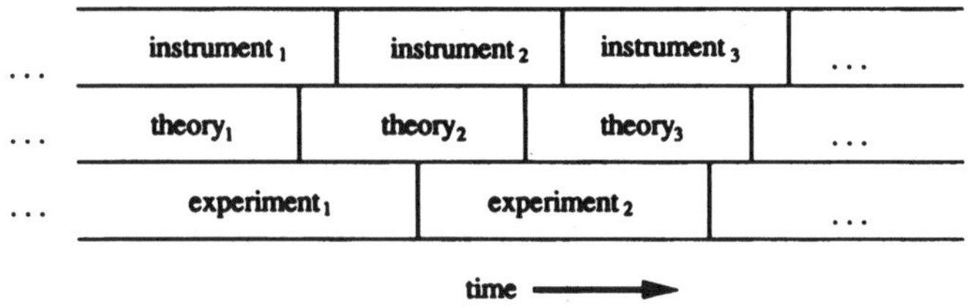
instrument 1
instrument 2
instrument 3
theory1
theory2
theory3
experiment1
experiment 2
time

〈그림 9.5〉 교대로 삽입된 시대 구분. 교대로 삽입된 시대 구분은 공동 시대 구분의 가정을 제외하고, 물리학의 하부 문화를 (적어도) 이론과 실험, 그리고 도구 제작 등 세 가지의 준(準)독립적인 그룹으로 분리한다. 그러나 세 가지 구분이 신성불가침인 것은 아니다. 이론은 내부적으로 충분히 다시 서로 다른 기간들로 이루어진 삽입된 부분들로 나뉠 수 있으며, 실험하기와 도구 제작에서도 마찬가지로 일어날 수 있다. 여기서 요점은 하나에서의 단절이 다른 것에서의 단절과 일치할 필요가 없다는 것이다.

스러운 재조정에도 불구하고 급격하게 변동되지 않았다. 분광학은 조금도 누그러지지 않고 계속되었으며, 비열의 측정이나 검은 물체 방사선의 측정 역시 그대로 계속되었다. 그리고 이러한 실험 기술의 전문가들은 위대한 이론적 구분의 양쪽에 속한 이론 과학자들과의 대화를 계속해서 조금도 주춤거리지 않고 진행했다. 각 하부 문화는 변화에 대한 자신의 리듬을 가지고 있고, 각각은 증명에서 자신의 고유한 표준을 가지고 있으며, 각각은 기관과 관습, 발명, 그리고 생각으로 이루어진 더 넓은 문화에 서로 다르게 새겨져 있다.[48]

이와 같이 역사적인 이유에서 관찰에 근거한 실증주의자의 중심 은유(隱喩)를 찾거나 또는 이론에 근거한 반실증주의자의 중심 은유(隱喩)를

48) 과학 활동을 그것들의 환경에서 탐색할 때는 많은 활동들에 대해서 단 하나의 환경이 존재하지는 않는다는 것을 깨닫는 것이 지극히 중요하다. 실험실에서 사람들 사이의 공동 연구를 정체성의 융합이라고 보기보다는 하부 문화 사이의 조정이라고 보는 것에 의해 그것들의 개별적인 더 넓은 세계에 독립적으로 새겨져 있는 활동가들을 볼 수 있다. 예를 들어 버클리의 거대한 거품 상자 연구소에서 핵무기를 다루는 AEC의 비밀 세계로부터 함께 온 연구자들과 대학 물리학의 불가해한 이론적 문화로부터 온 연구자들이 따로 모여 있는 것을 봐야만 되었다. 그들이 이 교차점에서 부분적으로 구성한 문화는 내가 "교역 지대"라는 말의 의미로 마음에 품고 있는 것이다.

찾는 대신, 나는 〈그림 9.5〉에 보이는 것처럼 세 개의 (또는 더 많은) 단계가 삽입되어 있는 더 넓은 계급의 시대 구분 체계를 허용하자고 제안한다.

서로 다른 준(準)자율적인 전통들은 그것들 자신의 시대 구분을 수반한다. 주목할 가치가 있는 열린-끝 모형에는 네 개의 국면을 가지고 있다. 첫째, 그것은 적어도 세 부분으로 나뉘어서 도구와 실험, 그리고 이론에 부분적인 자율권의 가능성을 부여한다. 도구 제작자들과 (한 예를 들자면) 실험 과학자들이 정확히 구분되지 않던 때인 물리학 역사의 순간들에서 쉽게 확인되는 것처럼 각 하부 문화가 개별적으로 대표되어야 하는 것이 꼭 필요하지는 않다. 또한 단절 시점들이 항상 개별적으로 일어나는 것도 아니다. 그리고 (우리가 앞 장들에서 본 것처럼) 각기 (거품 상자 사용자들과 불꽃 상자 사용자들처럼) 동일한 영역에서 활동하면서 서로 경쟁하는 실험적 하부 문화들이 존재했던 많은 시기가 있다. 둘째, 이러한 부류의 은유(隱喩)는 반(反)실증주의자의 열쇠가 되는 통찰력들 중의 하나인, 관찰에는 절대적으로 연속적인 기초가 존재하지 않는다라는 점을 통합한다. 실험하기의 단계와 도구 만들기의 단계가 모두 이론과 꼭 마찬가지로 그것들의 단절 시기가 있다. 셋째, 국지적 연속성이 교대로 삽입된다 — 우리는 이론과 실험하기, 그리고 도구 만들기가 동시에 일어나는 급격한 변화를 보리라고 기대하지 않는다. 어쨌든 그것들이 일렬로 배열되어 있는지를 결정하는 것은 역사적 조사에 관한 문제다. 정말이지 하나의 층이 갈라지는 순간에 다른 층의 연구자들이 그러한 갈라짐의 전후를 연구할 수 있도록 한 절차를 배치하기 위해 그들이 할 수 있는 것을 하리라고 기대할 만한 좋은 이유들이 존재한다. 급진적으로 새로운 이론이 도입될 때 우리는 실험 과학자들이 아직 증명되지 않은 도구가 아니라 가장 잘 확립된 도구를 이용하리라고 기대할 수 있다. 넷째, 우리는 층들 사이에 대략적으로라도 동등성이 존재하리라고 기대한다 — 어떤 한 단계도 특권을 갖지 않으며, 어떤 하부 문화도 그 분야에서 진행의 결정적 요소가 된다거나, 약화에 대한 주된 요소로 기여하지 않는다(교대로 삽입된 요소는 어느 한 하부 문화가 항상 "꼭대기"에 놓이지 않으며, 각각의 하부 문화는 다른 두 하부 문화와 경계를 이룬다는 것을 증명하기 위해 실제로는 삼차원으로 배치되어야 한다). 벽돌공은 전체 건물이 무너지지 않도록 벽돌을 위로만 쌓아 올리지 않는 것과 꼭 마찬가지로 연구자들도 한 관습 집단에서의 단절들을 다른 관습 집단의 연속성 위에 자리 잡으려고 시도한다. 그러한 (전체적인 계획이 아니라) 국지적 행동의 결과로, 전체로서 공동체는 그것의 관습들의 시대 구분을 일렬로 배열하지 못한다.

이론적인 단절을 가로질러 실험적 관습들이 살아남은 예들은 이제 실험에 관한 새로운 문헌에 풍부하게 나와 있다. 특정한 이론을 추론하거나 확인하거나 또는 반박하기 위한 자료를 제공하는 것 외에 실험의 역동성에 대한 진정한 관심이 처음으로 일어났다. 그리고 철학자들 사이에서는 누구도 해킹보다 지식 생산에 있어 실험이 담당한 역할의 다양성을 명료하게 말하지 않았는데, 이 실험의 역할은 과학적 연구에 대한 과도하게 추상적인 설명에서 보통 "실험"에 부여되었던 단순한 확인 기능을 훨씬 더 능가하는 것이다.[49] 그런 다음에 틀림없이 해킹은 실험하기와 현상의 창조에 내가 이러한 부류의 시대 구분 모형과 함께 마음에 두고 있던 바로 그런 종류의 부분적 자율권을 부여했을 것이다. 믿건대 그는 실험/현상 영역이 그 자체의 단절 시기(時期)들을 갖는다고 동의했을 것이다.

아마도 내가 의견을 달리하는 것은 하부 문화들 사이에서 동등성에 관한 것이다. 왜냐하면 비록 나도 실험하기에 그 자체의 생명을 부여하는 것에 찬성이지만, 그것의 생명이 빈약한 이론의 소멸 대가로 와서는 안

---

49) 프랭클린, 『무시』(1986), 예를 들어 103쪽 이후; 갤리슨, 『실험』(1987); 르노아르와 엘카나, *Sci. Con.* 2(1988): 3~212쪽; 구딩, 핀치, 그리고 쉐퍼, 『실험의 이용』(1989); 아친스타인과 하나웨이, 『관찰』(1985); 가공품과 실험에 대한 특별한 논점(論點)에 대해서는 스터치오, 『이시스』79(1988); 세퀸과 쉐퍼, 『거대한 해수(海獸)』(1985); 해킹, 『표현하기』(1983).

된다고 생각한다. 좀더 구체적으로 나는 실험적 존재의 생산에 대한 해킹의 연구를 다음과 같은 방법으로 해석한다. 만들고 움직이고 변화시키는 등의 개입의 가능성은 그런 경우가 될 수 있는 것에 구속 조건을 부과하는 방법이다. 해킹의 견해로는 양전자와 같은 대상을 마음대로 뿌리는 것이 가능할 때 이러한 제한이 너무 가혹해서 그것들의 "실제성"을 인정하는 것 외에는 다른 도리가 없다.

해킹에게 이론(또는 적어도 고등 이론)은 간섭주의자가 실험해야 한다는 강제력을 가지고 있지 않다. 이러한 이유 때문에 그는 이론들에 대한 반(反)현실주의를 옹호했으며, 중력 렌즈 또는 블랙홀과 같은 이론 단독으로 요구하는 그러한 존재들을 비난했다.[50] 그러나 해킹이 원래 준(準)자율적인 실험 영역의 견고성을 옹호했던 많은 이유들로 나는 이론과 도구 제작의 견고성을 옹호하고자 한다. 각 단계에는 준자율적인 구속 조건들이 존재한다. 뒤앙이 하나하나가 모두 자료를 설명할 수 있는 많은 이론들에 대해 이야기할 때 그는 자주 그의 예로서 위치 천문학을 마음에 두고 있었다.[51] 그러나 입자 물리학 또는 응집 물질 물리학과 같은 대부분의 이론 물리학은 마치 SLAC에서 수행되는 실험과 스넬의 법칙이 정하는 것 사이에 별 관계가 없는 것만큼이나 위치 천문학의 모형들과 거리가 있다. 이론 과학자는 실험 과학자와 사이좋게 지내기 위해서 어떤 입자나 효과가 존재한다고 자유로이 인정할 수 없다.

실험 과학자는 여러 가지 이유로 어떤 효과를 믿게 된다. 한 가지 이유는 시료를 바꾸거나 온도를 변화시키더라도 그 효과가 그대로 남아 있는 현상의 **안정성**이다. 실험의 종결을 향한 또 다른 길은 우리가 현상을 조사하는 데 **직접성**을 증가시키는 것과 연관되어 있다. 현미경의 해상도나 입자 빛줄기의 에너지, 장치의 민감도, 또는 신호의 배율 등을 증가시킴으로써 현상들을 서로 연결시키는 인과 과정을 더 자세히 조사할 수

---

50) 해킹, 『표현하기』(1983), 274~275쪽; 해킹, 「은하계 밖의 사실」, *Phil. Sci.* 56 (1989): 555~581쪽.
51) 뒤앙, 『목적과 구조』(1954), 168~173쪽, 190~195쪽.

있다.[52)]

이론 과학자의 경험도 그렇게 많이 다르지는 않다. 어떤 항에 음부호를 첨가하려 해도 그러면 이론이 반전성(反轉性)을 위배하기 때문에 그렇게 할 수가 없다. 어떤 항에 더 많은 입자들을 포함시키려고 하면 이제는 이론이 재규격화될 수 없게 되고 무한히 많은 수의 매개 변수가 필요해지므로 그렇게 하는 것이 금지되어 있다. 이론에서 입자 하나를 제거하려고 하면 이제 법칙은 해석할 수 없는 확률을 갖게된다. 이론에서 다른 항을 제거하면 모든 입자들이 진공으로 사라진다. 한 항을 두 항으로 나누면 이제 전하가 보존되지 않는다. 그리고 여전히 각운동량 보존과 선운동량 보존, 에너지 보존, 렙톤 수 보존, 그리고 바리온 수 보존 등을 만족해야 된다. 그러한 구속 조건들이 모두 다 단 하나의 지배적 이론에서 자명하게 나오는 것이 아니다. 오히려 그것들은 관습에서 서로 스며들어 있는 수많은 방침들의 총합이다. 에너지 보존과 같은 일부는 100년 이상 오래되었다. 반전성(反轉性) 보존과 같은 다른 것들은 폐기되기 전까지 상당히 오랫동안 살아남았다. 그리고 모든 자유 매개 변수들이 1 정도 크기의 비율이 유지되어야 한다는 자연스러움의 요구와 같은 다른 것들은 좀더 최근부터 시작되었다. 연구자 공동체 중에서 일부는 도저히 위배할 수 없는 벽을 제시한다고 받아들이고 있는가 하면, 단순히 노란 경고등을 번쩍이는 정도로 받아들이는 다른 일부는 등한시되었다. 그러나 함께 취하면 그러한 구속 조건들을 중첩시켜 어떤 현상을 사실로 단정하는 것은 실질적으로 불가능하며, (블랙홀과 같은) 다른 현상들을 피하기가 거의 불가능하게 만든다.

정말이지 블랙홀에 대해 놀라운 일은 (이론적으로) 물질 이론의 기본 구조에서 수많은 변형에도 불구하고 블랙홀이 형성된다는 것이다. 블랙홀은 강력이나 약력 또는 전자기력에 대한 이런저런 이론 등 자세한 사

---

52) 갤리슨, 『실험』(1987), 5.6절을 보라. 현상에 대한 인과 관계의 설명과 현실주의의 역학에 대해서는 카트라이트, 『법칙』(1983)을 보라.

항에는 의존하지 않는다. 그리고 다른 관찰들과 일관성 있도록 남아 있으려면 중력 이론에 대해 블랙홀의 형성이 어렵다는 방향으로는 실질적으로 어떤 일도 할 수 없다. 반입자에 대해서도 상황이 비슷하다. 만일 특수 상대론과 양자 역학, 그리고 (원인과 효과가 먼 거리의 작용이 아니라 가까운 거리의 작용에 의해 일어나야 한다는 개념인) 국지적 인과 관계를 받아들이기만 한다면, 입자의 전하가 변화하거나 입자 수가 변화하거나 힘의 본성이 변화하거나 또는 통일 방식이 존재하지 않는 것이 변화하거나 그 어떤 경우건 기본 대칭성은 조금도 영향을 받지 않고 그대로 유지된다. 모든 입자에 대해 반입자가 존재한다. 이렇게 변화에 대항하는 완고성은 이론에서 실험의 안정성에 대응하는 것이며, 궁극적으로 이론 과학자들에게 강요해서 (거의) 그들의 실험 동료들에게서 나올 수 있는 그러한 대상(對象)을 받아들이도록 하는 것이 바로 이러한 안정성의 경험이다.

실험에서는 직접성에 대한 탐색은 예를 들어 산란 실험에서 그 효과가 측정된 뒤에 가능해진 Z^0의 생성처럼 전에는 단지 추론될 수밖에 없었던 양들을 측정하기 위한 탐색이다. 이론 역시 그렇게 직접성을 증가시키는 것과 비슷한 것을 가지고 있다. 앙드레 마리 앙페르는 어떻게 연결될지는 미리 정하지 않고, 하나의 미시적인 전류 요소를 다른 요소와 직접 연결짓는 힘의 법칙을 찾고 있었다. 점차적으로 19세기 중반 수십 년 동안 패러데이와 톰슨, 그리고 맥스웰은 (대체로) 앙페르의 힘 관계를 그대로 유지하면서도 그러한 중간 관계와 인과 요소들을 발견했다. 좀더 최근 시대에는 1940년대에 전기 동역학에 대한 양자 장론의 탐색이 페르미의 점 상호작용에서 빠진 중간 단계를 제공하려는 유사한 시도였다. 이와 같이 안정성과 직접성에 대한 요구는 이론과 실험에서 모두 충족되는 방법을 가지고 있으며, 두 활동 모두를 심하게 구속시킨다. 이론과 실험 각각은 부분적인 자율권을 이루었으며, 예전의 의미에서, 즉 칸트의 의미에서 각각은 부분적으로 자신에 대한 법률 제정자가 되었다.

이러한 스스로 규정 정하기가 부분적으로 독립적인 부호 시스템 개발과 결합하여 이론과 실험이라는 개념이 더 넓은 물리학이라는 분야의 하부 문화로 자리 잡게 만든다. 초(超)-스트링 이론에서보다 이러한 준(準)자율권이 더 잘 예시되는 곳은 없는데, 거기서 많은 지도급 전문가들이 그 이론의 궁극적인 시험으로써 수학적 그리고 수학-물리적 구속 조건을 제시한다. 1987년에 마이클 그린과 존 슈바르츠, 그리고 에드워드 위튼이 말한 것처럼 "양자 중력은 항상 이론 과학자의 **가장 중요한 난제(難題)**였다. 실험은 어떤 안내도 되지 못했다. ……양자 중력에서 특성이 되는 질량 척도는 [10^{19}GeV인] 플랑크 질량이다. 이 질량은 실험으로 닿기에는 너무 멀기 때문에 예상 밖의 행운이 도래하기를 기대할 수 없다. …… 우리는 양자 중력 이론에 대해 실험에 의한 직접 시험을 희망할 수도 없다. 양자 중력을 시험하기 위한 진정한 희망은 항상 어떻게 일관성 있는 이론을 만드는가를 배우는 과정에서 중력이 다른 힘들과 어떻게 통합해야만 되는가를 알아낼지도 모른다는 것이다."[53] 초-스트링 이론들에서 와인버그는 비슷하게 "스트링 이론이란 거의 존재하지도 않는다"라고 주장했다. 그리고 바로 그러한 (와인버그의 용어로) "경직성" 때문에 "이 이론들에서는 약간 손질해서 무엇을 만들 수 있는 것이 전혀 없다. 그것들은 그 상태에서 옳거나 그르거나 둘 중 하나다."[54]

이론의 심하게 구속된 성질에 대한 나의 느낌은 물리학의 "유연성"을 심하게 강조하는 것에 대한 나의 불만의 근저를 이룬다. 서로 다른 수준들에 대한 구속 조건들은 심지어 그들의 실험 동료들이 동의하지 않거나 침묵으로 일관할 때에도 이론 과학자로 하여금 입자나 상호작용, 전자(電子)의 효과, 별의 현상, 블랙홀 등을 믿게 만드는 원인이 된다. 이러한 견해를 따르면 전체 사업은 작용의 영역이 너무 유연해서가 아니라 그것들이 너무 강건하기 때문에 튼튼하며, 그럼에도 불구하고 여전히 서로 잘 들어맞는다. 이러한 맞춤이 일어나는 과정은 단호하게도 규약 언

---

53) 이 인용에 대해, 그리고 초-스트링 이론의 구속 조건에 대해 더 알려면 갤리슨, 「한계가 있는 이론과 없는 이론」(1995), 385쪽을 보라.
54) 갤리슨, 「한계가 있는 이론과 없는 이론」(1995), 384~385쪽.

어로의 환원이거나 또는 두 개의 한정된 전통 사이의 상호 번역이 아니다. 이것이 이전 장들에 포함된 역사적 자료의 동기를 제공한 주장이며, 그것에 대한 이러한 초(超)역사적인 반향을 알려주는 이해다. 전체를 통해서 나의 초점은 균일화에 의해서가 아니라 **국지적 조정**에 의해서 연결된 자기 자신의 역동성들을 지닌 한정된 전통들에 맞추어졌다.

2부 교역 지대

5. 교환의 국지성

하부 문화들 사이의 차이와, 그리고 의사소통과 공동 활동에 대한 느낌으로 다가온 가능성을 함께 이해하려는 노력으로 앞에서 논의되었던 (〈그림 9.5〉) 교대로 삽입된 시대 구분이라는 해석을 다시 고찰하려 하지만, 이제는 층들 사이의 경계에 초점을 맞출—그리고 확장할—필요가 있다. 계측과 실험, 그리고 이론이라는 하부 문화들 사이의 상호작용이 지닌 특성을 규정하기 위하여 나는 이것들이 실제로는 물리학의 더 큰 문화에 속한 하부 문화라는 생각을 추구하고자 한다. 서로 구별되지만 교역을 나눌 만큼 충분히 가까이 있는 두 문화와 마찬가지로 그것들도 일부 활동들은 서로 공유할 수 있지만 많은 다른 활동들에서는 갈라진다. 결정적으로 중요한 것은 교역 지대의 국지적(局地的) 상황 아래서 분류와 의미, 그리고 증명의 표준에서 **차이**가 남에도 불구하고, 두 그룹이 서로 협동할 수 있다는 점이다. 그들은 교환의 절차에 대해, 그리고 언제 상품들이 서로에게 "같은 값"인지를 결정하는 메커니즘에 대해 의견 일치를 이룰 수 있다. 그들 두 그룹 모두 교환의 지속이 자신들이 떨어져 나왔던 더 큰 문화의 생존에 대한 선행 조건인 것까지도 이해하고 있다.

나는 "교역 지대"라는 용어가 실험하기와 이론 만들기, 그리고 도구 제작하기의 서로 통합되지 않은 전통들을 함께 결합시키는 사회적이고, 물질적이며, 지적(知的)인 모르타르로서 진지하게 받아들여지기를 바란다. 인류학자들은 교역을 통해 비록 교역 대상의 의미 ── 그리고 교역 자체 ── 가 양쪽에서 아주 다르다고 하더라도 상대방을 대면하는 서로 다른 문화들에 대해 익숙하다. 그리고 인류학자들과 함께 교역에 대한 개념 중 어떤 것도 중립적인 화폐에 대해 어떤 보편적인 개념을 미리 가정하지 않는다는 점을 주목하는 것이 중요하다. 그와는 정반대로 교역의 범주에 대한 관심 중에서 대부분이 사물들은 어떤 외부의 척도에 관계없이 (무엇이 무엇과 교환될 것인지가) 조정될 수 있다는 것이다.

예를 들어 컬럼비아의 남부 커코 계곡에서는 대부분 노예의 후손인 농부들이 마술의 시대와 마법, 그리고 치료술 등이 충만한 풍부한 문화를 유지하고 있다. 그들은 또한 지주 계급이라는 세력이 큰 집단과 끊임없이 접촉하고 있는데, 농부들 중 일부는 가게를 운영하고, 다른 사람들은 광대한 사탕수수 농장에서 일한다. 일상생활은 두 그룹 사이에서 상품의 구입, 집세의 지불, 그리고 임금의 지급 등 많은 수준의 교환을 포함하고 있다. 그리고 이 교역 지대 내에서 양편은 잘 수립된 행동 양식 내에서 완벽하게 잘 일할 수 있다.

그러나 각 편에서 화폐의 교환에 대해 가지고 있는 이해는 서로 다르다. 지주들에게 화폐는 "중립적"이며 다양한 자연적 성질을 가지고 있다. 예를 들어 화폐는 축적되어 자본이 될 수 있다 ── 화폐가 화폐를 낳는다. 노동자들에게 특정한 방법으로 획득한 자금은 의도와 목적 그리고 도덕적 성질을 갖는데, 어떤 것도 화폐에 대한 비밀 세례(洗禮)의 관습보다 더 놀랍지는 않을 것이다. 이 예식에서 가톨릭 사제가 유아에게 세례를 주는 동안 장래의 대부(代父)는 어린아이를 붙잡고 있는 그의 손에 1 페소 지폐를 숨기고 있다. 그 지방의 믿음에 의하면 결과적으로 그 어린아이라기보다는 페소 지폐가 세례를 받는 것이 되며, 이 지폐는 그 어린아이의 이름을 얻고, 그 장래의 대부는 그 지폐의 대부가 된다. 그 지폐가 유통되게 되면, 그 지폐를 소지한 사람은 그 지폐의 이름을 조용히 세 번 부른다. 그러면 충실한 이 페소 지폐는 보통 그 지폐를 받은 사람의 주머니에서 친척에 의해 원래 소지자에게로 돌아온다. 그래서 농부가 지주의 가게에서 달걀을 사는 데로 좁혀서 바라보면 두 사람이 사이좋게 상품을 교환하는 것을 볼지도 모른다. 그들은 생존을 위해서 교환에 의존한다. 그렇지만 우리의 좁혀진 시야에서 두 개의 대단히 다른 기호적, 문화적 시스템이 존재하는데, 그 시스템들에는 두 개의 일치하지 않는 가치관과 교환되는 대상에 대한 일치하지 않는 이해가 새겨져 있다.[55]

나는 몹시 다른 전체적인 의미임에도 불구하고 이들이 (심지어 매우 복잡하더라도) 어떻게 조정될 수 있는가를 예시로 보여주려는 특정한 목적을 가지고 이 인류학적 장면을 도입했다. 의미를 그렇게 부분적으로 공유하는 것은 연구소 관습의 역사와 물리학의 물질문화 역사에서 많은 시기에 두드러지게 나타났다. 응결(凝結) 물리학은 이온 주위의 물방울 생성을 드러내는 것을 목적으로 하는 일련의 절차와 해석을 남겼다. 빅토리아 시대의 기상학자들에게는 여기에 비와 안개, 그리고 뇌우(雷雨)로 이루어진 자연적 세상의 축소판이 있었다. 캐번디시의 이온 물리학자들에게는 여기에 이온으로 인해 볼 수 있게 된 세상이 있었는데, 이 세상에서 물방울 자체는 탐구의 주된 주제가 아니라 단지 꼬리표였다.

뇌우(雷雨)는 한쪽을 작게 만들었고, 원자는 다른 쪽을 크게 만들었다─그러나 중간에 교환이 이루어지는 지대(地帶)에는 구름 상자와 구름 상자와 관련된 연구소의 움직임들이 있었다. 큰 원자 세상과 작은 뇌우(雷雨) 세상이 구름 상자의 희미한 흔적에 대한 서로 양립할 수 없는 표현법이라고 말하는 게슈탈트 스위치식의 이분법을 잊어야 한다고 나는 주장하고자 한다. 왜냐하면 윌슨 자신의 관습에서는 전기장에 놓인 물방울에 대한 그의 조작에서 기상학적인 재창조와 이온에 대한 실험 사이에 근본적인 구별이 없기 때문이었다. 심지어 "안개", "비", "구름",

---

55) 화폐에 대한 비밀 세례의 예는 터시그, 『상품 숭배』(1980), 제7장을 보라.

그리고 "이슬비"라는 그의 단어들까지도 그것들이 그의 구름 상자 흔적들을 표시하게 되었을 때 그것들이 속한 거시 세계의 의미 중 많은 것들이 부분적으로 떼내어져 있었다. 캐번디시의 이온 물리학과 스코틀랜드의 자연 철학 사이의 조정은 공간을 차지했다 ─ 상자라는 물질적 공간과 응결 현상의 추구라는 개념적 공간이었다.

사물에 대한 구조주의자들의 시각으로는 경계는 크기를 갖지 않으며 경계가 없는 장소를 차지할 수가 없었다. 이 책의 주장은 그 반대다. 요점은 정확하게 범위를 정하는 활동 무대가 존재한 것만 아니다 ─ 그것 (교역 지대)은 적어도 10년에 해당하는 C. T. R. 윌슨의 연구와, 그의 제자인 세실 파우웰을 구름 상자에서 증기 선박을 거쳐 화산의 구름까지 인도할 정도로 풍부한 내용을 포함하고 있다. 둘 다 캐번디시 이온을 다루는 그들의 동료들과 ,그리고 지구 과학자와 기상학자, 기술자들로 이루어진 더 넓은 세계 사이의 교역 조정을 완수했다.

응결 물리학의 교역 지대에 관해서는 영속적인 것이 존재하지 않았다. 실제로 기상학과 물질 이론이 결합되는 현장으로서의 그것은 급속하게 분리되었다. 좀더 큰 결합을 향한 목적론적인 충동이 존재하지 않는다는 점을 역설하기 위해 나는 이것을 강조하고자 한다. 전에는 결합되어 있던 분야들이 어느 시점에서 분리되는 것이 결국 가능하기도 하다. 일부 혼성어나 크리올어가 소멸하는 것과 꼭 마찬가지로 과학적 내부 분야들 역시 인지(認知)할 수 없을 정도로 위축되거나 또는 변화될 수 있다. 18세기의 의료(醫療)-역학은 150년 뒤에 아인슈타인이 전자기학과 일반 상대성 이론을 직접 통합하려는 시도가 오래가지 못한 것만큼이나 계속 결합되지 못했다. 응결 물리학과 마찬가지로 이온학의 교역 지대도 한정된 기간만 지속되었다. 데머스가 〈그림 3.12〉에 보여준 번성하고 생산적인 교역 지대는 결국 건조한 필름처럼 부스러졌다.

데머스가 상상했던 것처럼 이온학은 고체 내에서 유형화된 흔적을 조사하는 것이었다. (사진술로부터 온 사람들인) 일부 예술 전문가들에게 그것은 원자로 된, 결정(結晶)으로 된, 그리고 아교질의 물질에서 기본

과정들을 탐구하는 것이었다. 우주선(宇宙線) 물리학자들에게 이온학은 깊은 우주에 대한 탐사(探査) 기구였고, 원자핵 물리학자들에게 그것은 물질의 기본 요소를 바라보는 방법이었으며, 지질 연대학자들에게 그것은 상상할 수 없을 정도로 먼 과거에 대한 탐사 기구였다. 응결 물리학과 마찬가지로 이온학도 학술회의와 공동 연구를 지원하기에 충분할 만큼 널찍한 여유가 있고, 에멀션 제작과 반응, 변형, 그리고 분석의 상세한 내용을 설명하는 큰 규모의 학술 보고서를 지원하기에 충분할 만큼 풍부한, 실재를 나타내는 개념 공간이었다. (에멀션과 구름 상자에서) 흔적 사진들을 자료로 만드는 것에 대한 보증은 응결 물리학과 이온학의 준(準)자율권이었다. 그리고 이러한 준자율적인 자료의 창조와 함께 해석이라는 학문이 나왔는데, 그것은 실험 과학자와 이론 과학자가 "이것은 뮤온으로 붕괴하는 파이온이며, 전자로 붕괴하는 뮤온이다"라는 식으로 말하는 것이 가능하게 되었던 영역이다. 해석들은 서로 대립할 수 있거나 일치에 이를 수도 있었지만, 이러한 일련의 언어적이고 과정적 중간 관습들이 공동 연구단에서 실험 과학자와 도구 제작자, 그리고 이론 과학자를 함께 묶었다.

용어로서 "공동 연구단"은 그것이 어떤 공유된 목표를 지향하는 서로 다른 개인들이나 또는 그룹들을 지칭하는 한에 있어서 유용하지만, 우리는 조정이 어떻게 일어나는가에 대한 상술(詳述) 쪽으로 더 나아갈 수 있고 그렇게 더 나아갔다. 정말이지 균일한 존재로 융합되는 것과는 전혀 사실과 다르게 서로 다른 그룹들이 그들이 전기 기술자인지 그리고 기계 기술자인지 또는 이론 과학자인지, 그리고 기술자인지 또는 이론 과학자인지, 그리고 실험 과학자인지 등 그들의 개별성을 종종 유지한다. 여기서 요점은 도구에 대한 그들의 서로 다른 접근 방법과 논증에 대한 그들의 특징 있는 형태에서는 이렇게 구별되는 그룹들이 그럼에도 불구하고 특정한 관습에 대해서는 그들의 접근 방법을 조정할 수 있다는 것이다. 우리가 본 것처럼 이론 과학자들은 자주 실험적 예측과 실험 과학자의 결과 사이에서 상세하고 조정적인 교역을 잘 해결한다. 여기서 어떤 다른 교환에서나 마찬가지로 두 하부 문화는 수립된 동등성과 교환된 정보의 본성 또는 조정의 인식론적 상황 등이 암시하는 것에 대하여 대체로 의견이 일치하지 않을지도 모른다는 점을 주목하자. 이론 과학자들은 어떤 실재(實在)가 예를 들어 군(群)의 대칭성이라든가 자연성, 재규격성, 공변성, 또는 유니타리성 등 그들의 관습에서 중심을 이루는 신조(信條)와 연결되어 있기 때문에 그러한 것들이 존재를 깊은 확신을 가지고 예측할 수도 있다. 실험 과학자는 그러한 예측을, 어쩌면 특정한 힉스 입자라든가 새로운 무거운 뉴트리노, 전자(電子)에 대한 초대칭의 동반자, 수명이 짧은 양성자 등을 찾고자 하는 목적의 자료 분석 프로그램의 다음 실행을 시도하기 위하여 필요한 또 다른 하나의 신기한 가정에 불과한 아주 다른 무엇으로 받아들일 수도 있다. 역으로 1970년대에는 원자 물리학에 속한 두 실험 공동 연구단이 와인버그와 살람, 그리고 글래쇼의 아주 유명한 중성 전류가 존재하지 않음을 주장하기 위해 비스무트에서 일어나는 반응을 이용했다. 꽤나 즉각적으로 이론 과학자들은 심지어 실험의 자세한 사항에 대한 설명 없이도 실험 결과는 잘못된 것이라고 취급하기 시작했다.

제2장에서 본 디랙에 대한 우리의 견해를 회상해 보자. 디랙은 상대론을 뒤엎으려는 실패한 실험적 시도에 잇따라 나온 새로운 결과 중 일부에 대해 크게 의심했다. 블래킷에게 그가, 즉 디랙이 "예기치 못했던 실험 결과"에 대해 걱정하기 전에 1년 동안 더 기다리겠다고 쓰면서 이론 과학자들이 흔히 의심하는 것을 다음과 같이 분명히 말했다. 비정상적인 실험 결과는 유행을 타지만 흔히 잠깐으로 그치게 된다. 다음과 같은 것은 그가 그의 긴 생애 전체를 통하여 반복한 말이다. "이제 이론과 관찰 사이에서 차이가 나타나지 않았는지, 잘 확인되었는지, 그리고 입증이 되었는지 등 문제를 똑바로 보자. 그것에 대해 우리는 어떻게 반응해야 하는가? 아인슈타인 자신은 어떻게 반응했을까? 그렇다면 이론이 기본적으로 옳지 않다고 간주해야 되지 않을까? 나는 마지막 질문에 대한 답변으로 단호하게 아니다라고 말하고자 한다. 자연이 진행하는 방법과

일반적인 수학적 원리들을 연결하는 기본적인 조화의 진가를 인정하는 사람은 누구나 아인슈타인 이론의 아름다움과 우아함을 가진 이론이 사실상 옳아야 한다고 느끼지 않으면 안 된다."[56] 블래킷은 그 사진들을 보여달라고 디랙에게 간청할 수도 있었지만, 실험 과학자인 블래킷에게 설득력 있는 것이 이론 과학자인 디랙에게도 꼭 그렇지는 않았음이 분명하다.

교역 지대에서는 양편이 모두 교환의 본성에 대해 구속 조건을 부과한다. 이 책이 진술되는 과정을 통해 상(像)에 속한 도구의 하부 문화와 논리에 속한 그것이 어떻게 경쟁하고 궁극적으로 어떻게 결합했는가를 자세하게 보았다. 좀더 정확하게는 두 전통이 함께한 것은 자주 기술적 장애로 인해 좌절된 조정 노력을 그만둔 것이다. 상대방을 비난하면서도 각 편은 끈질기게 상대 경쟁자의 장점을 획득하려고 했다. 논리 전통은 통계와 실험의 통제를 가지고 있었고 설득력 있는 세부 사항을 원했다. 상(像) 전통은 미세하며 시각적이고 총괄적이라는 장점들을 가지고 있었지만, 통계의 힘과 실험에 대한 통제를 원했다. 그렇지만 "전자적(電子的)인 거품 상자"는 상(像) 물리학자들에게 항상 원했고, 자주 기대했으며, 그만큼이나 자주 포기했던 상상의 도구인, 잡기 어려운 이상(理想)으로 남아 있었다. 거품 상자 물리학자들은 그들의 생산용 기계와 분석용 기계에 대한 통제를 준비하기 위해 반복하여 시도했다―그러나 반응의 유발이 가능한 거품 상자는 마지막 거대한 짐승을 떼어낼 때까지도 제작되지 못했고 제작될 수도 없었다. 양식(樣式) 인식에 대한 완전 자동화가 몇 번이고 되풀이해서 사라져버렸다.

전자적(電子的) 물리학자들 사이에서 "어떤 일이라도 한 번은 일어날 수 있다"는 의심에도 불구하고 사진을 찍는 불꽃 상자에서, 유광(流光) 상자에서, 글레이저가 상상한 화학적 비누에서 추출할 수 있었던 "흔적으로 이루어진 멋진 크리스마스트리"에서, 그리고 상(像)들을 전자적(電

---

56) 크라그, 『디랙』(1990), 285~286쪽에서 인용했다.

子的) 통제로 붙이려고 한 많은 잡동사니 등에서 믿을 수 있는 상(像)은 훌륭한 것으로 남아 있었다. 마크 I 검출기가 상(像)을 만들어내면서도 반응을 유발시킬 수 있는 기계를 제작할 수 있었던 것은 오직 지도급의 상(像) 그룹과 지도급의 논리 그룹의 공동 노력에 의해서 SLAC-LBL 공동 연구단이 계획적으로 구축된 다음에야 비로소 가능했다. 거기서는 제6장에서 기술한 것처럼 개별적인 사진이 완전한 상(像) 전문가들에 의하여 스캔받을 수 있었다. 거품 상자에 속한 컴퓨터 프로그래머들은 그들의 상(像) 하부 문화를 논리학자들의 전자 장치 심장부로 주입했으며, 스캐너들은 열량계와 섬광계, 그리고 컴퓨터의 조력을 받는 자료 취득에 의해서 마이크로필름에 인쇄된 사진들을 철저히 검토했다. 에멀션 사진과 거품 상자 인쇄물에 대해 경험 많은 거슨 골드하버와 같은 물리학자들은 상(像) 물리학자의 눈을 가지고 논리 실험에 대한 분석을 계속할 수 있었다. 어떤 의미에서는 두 전통들이 모두 포위된 공동 연구단의 내부에서 보호받으며 본래대로 남아 있었다. 교환에 대한 조정은 상(像)의 생산과 사용 주위에서 일어났다.

그러나 마크 I 물리학자들조차 그들의 사진을 활용하면서도 그들은 개별적인 황금 사건을 새로운 존재에 대한 결정적인 증거라는 논문을 출판하려 하지는 않았다. 오히려 1970년대 초에 약한 중성 전류를 공동으로 발견한 하버드-위스콘신-펜-페르미 연구소(E1A) 공동 연구단처럼 개별적인 사진들은 공동 연구단 내부에서 개인들을 설득하고 믿음의 범위를 넓히는 데 동원될 수 있었다. 그러나 그러한 상(像)들이 외부 세계를 움직이는 데 사용될 수는 없었다.

1970년대 중반에 전자적(電子的) 상(像)을 향한 이러한 연구소의 움직임과 함께 입자 물리학 실험하기의 양식이 정해졌다. 실험 장치들은 정보를 위한 기계들이 되었으며, 계산과 실험 사이의 경계는 모호해졌다. 시간 투영 기계가 이러한 전환을 똑똑히 보이도록 (첨단 기술의 내부 동작들이 구체적으로 나타나는 정도로) 만들었다. 검출기의 바로 심장부에는 단지 기체만 존재했다 — 모든 것은 대전(帶電) 결합 검출기에서 컴퓨터의 소형 처리기까지, 그리고 실험적 논증을 위해 고도로 해석된 자료로 나타날 때까지 "충돌"에 대해 작업하고 다시 작업하는 컴퓨터 프로그램을 여러 번 통과하는 정보에 관심을 기울였다. 시뮬레이션은 검출기가 제작되기 이전에 벌써 자료 취득에서 상상되는 검출기를 창조했으며, 궁극적으로는 결과를 분석하는 데 매우 중요했다.

TPC/PEP-4와 CERN, 페르미 연구소, 그리고 (계획 중인) SSC 검출기 등과 같은 기계에 의해서 생산되는 사진들과 함께 매우 작은 것에 대한 물리학에서는 100년 동안의 물리학을 통해 흘러간 상(像)과 논리라는 두 가지 위대한 인식론적 강들의 합류점에 도달했다. 그리고 만일 한 쌍의 상(像)으로 이 합류점을 표현하고자 한다면 그것은 1983년 1월에 CERN에 근거지를 둔 UA1 공동 연구단의 150명의 구성원들에 의해 제출된, 첫 번째 후보 W와 Z 사건의 상(像)이 될 것이다. 표류 상자와 열량계, 섬광계, 그리고 뮤온 상자에서 혼성으로 모은 집합물로부터 몇 안 되는 전자적(電子的)으로 생성된 사진들이 나왔으며, 수백 명의 물리학자들이 그 사진의 화소(畵素) 하나하나를 검사하는 데 수천 시간을 보냈다. 전에는 오직 사진술로만 인정되었던 물리 지식의 영역에서, 이제는 오직 논리 전통에서만 활용이 가능한 통제를 통해 분류된, 전자 장치 세계에서 만들어진 황금 사건들이 나왔다(〈그림 9.6〉과 〈그림 9.7〉을 보라).

이 사진들은 뒤이어 출현한 거대한 충돌 검출기에서 규칙으로 정해졌던 자료에 대한 혼성의 인식론적 기초로서 상(像) 전통과 논리 전통의 산출 결과물임을 실증(實證)했다. 물리학의 넓은 역사를 고전 역학과 고전 전자기학, 상대론, 양자 이론, 그리고 통일장 이론과 혼돈 이론, 그리고 스트링 이론 등 물리학의 이론으로 특징짓는 것이 친숙한 일이다. 좀 덜 극적이고 아마 분명히 덜 공개적으로 수많은 탐구의 장에서 정확도와 표준화가 표어가 되었던 19세기의 자료 등 자료의 시대들도 존재했다. 셈하기와 개별적인 사건에 초점을 맞추는 구름 상자 사진과 함께 물질에 대한 20세기 초기의 자료 다음에는 운명적인 20세기 중반을 거쳐 거품 상자가 토해내는 자료들의 홍수가 뒤따랐다. 만일 20세기 말이 그

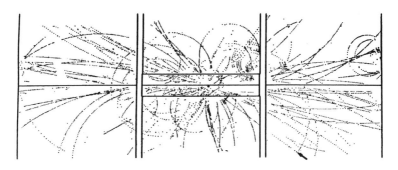

〈그림 9.6〉 황금 *W*(1983). 이 사진은 아마 틀림없이 지금까지 발견된 것들 중에서 첫 번째 전자적(電子的) 황금 사건이었다. 다시 말하면 강력한 통계적인 논증이 없으면서도 새로운 입자나 효과의 존재를 증명하기 위해 단 하나의 전자적(電子的) 사진이 도입된 첫 번째 경우다. 각 흔적은 대전된 입자의 경로에 대응하며, 화살표는 *W* 보존의 붕괴 결과로 나온 전자(電子)라고 알려진 흔적을 표시한다. (만일 이 사건이 이론적 예언을 따른다면) 전자와 함께 생성된 것이 관찰되지 않은 뉴트리노였는데, 그것의 존재는 관찰된 대전 입자들이 에너지 부족분으로부터 추론될 수가 있었다. 어떤 황금 사건 논증에서 일반적인 것처럼 공동 연구단은 예를 들자면 대전 입자의 "손실"이 없다는 등 *W*를 "흉내 낸" 배경의 가능성에 대해 방어해야 되었다. 출처: 아니슨 외,「실험」, *Phys. Lett. B* 122(1983): 103~116쪽 중 112쪽.

것에 전형적인 형태의 자료를 갖고 있었다면 아마 통제가 가능한 상(像)이었을 것이다. 왜냐하면 입자 물리학을 제외한 많은 영역에서 그림-만들기와 셈하기가 서로 결합하는 것을 보기 때문이다. 한쪽에 X-선과 방사선 의학자의 시각적 문화는 컴퓨터가 보조하는 단층 사진법(CAT) 스캔과 핵자기 공명(NMR) 사진술을 형성하는 비시각적인 전통과 결합했다. 라디오 천문학자들은 그들의 조심스러운 전자적(電子的) 추론들을 자주 입자 물리학자들과 함께 새로운 기술들을 빌려 오거나 교역하거나 교환하면서 대전된 결합 검출기와 컴퓨터를 시각적 천문학과 접목시켰다. 플라스마 물리학자들은 그들의 교역에서 재고품이나 할 수 있는 불안정성에서 일부는 대표적이지만 일부는 대표적이지 못한 상(像)들을 형성하기 시작했다. 지구 물리학자들은 컴퓨터가 지구 핵심부 표면의 상(像)을 그리기 시작하면서 전통적으로 통계적인 지진학의 선형 자료를 지형학적이고 구조적인 관심사와 결합하는 데 컴퓨터를 활용했다. 이렇

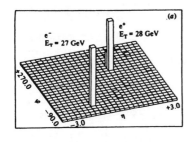
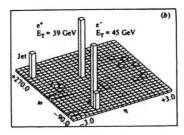
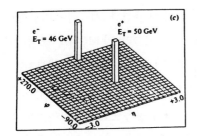
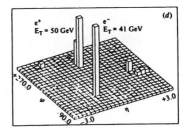

〈그림 9.7〉 황금 Z, 레고 그래프(1983). W와는 다르게 Z는 전자(電子)와 양전자 등 모두 다 대전 입자들로 붕괴할 수가 있다. 이 그림에는 처음 네 가지의 Z 후보들이 전시되어 있지만, 흔적으로서가 아니라 "레고 그래프"에서 처리된 자료 점들로 대표되어 있다. 파이 축을 따라서 있는 그대로의 감기지 않은 검출기의 좌표를 볼 수 있다. 에타 방향은 검출기의 길이를 따라서 측정하는 방에 대응한다. 자료를 이렇게 그림으로 표현했지만 모양을 그대로 보여주는 식이 아닌 것으로 제시하면 Z의 생성을 흉내 낼지도 모르는 어떤 다른 과정도 존재하지 않는 것을 보이게 만들 수 있으며, 공간에서 흔적들을 글자 그대로 재생산하는 것과 분리되어 그림으로 보이는 목적으로 컴퓨터를 이용하는 기회를 넓히게 됨을 보여준다. 출처: 아니슨 외, 「실험」, *Phys. Lett. B* 126(1983): 398~410쪽 중 403쪽.

게 많은 분야들을 망라해서 통제가 가능한 상(像)이 그동안 화학적 사진이 구현했던 수백 년 된 이상적 대상을 대신하게 되었다. 눈이라는 수동적인 기록을 통해 안다는 것이 이제 더 이상 조작을 통하여 안다는 것과 떨어져 있지 않았다.

　좀 덜 추상적으로 SSC와 D0, ALEPH, 그리고 CDF 등의 공동 연구단 목록을 철저히 조사해 보면 더 나이 든 물리학자들 사이에서 상(像) 전통과 논리 전통의 지지자들을 골라 낼 수 있다 — 이 사람은 에멀션과 그다음에 오랫동안 CERN의 거품 상자에서 종사했고, 저 사람은 섬광계와 계수기에서 불꽃 상자와 와이어 상자까지 갔다. 그러나 점점 더 특히

1980년대와 1990년대의 젊은 실험 과학자들의 경우 이러한 것들은 별 의미를 지니지 않은 구별이다. 두 전통 사이에 존재한 1970년대의 허약한 교역 지대는 실험하기의 새로운 세대를 위한 장소가 되었다. 그러나 조정 과정은 실험의 수행과 자료의 생산 이후까지 계속된다. 예를 들어 W와 Z에서 얻은 경험적 요청 사항들은 수많은 이론적 구속 조건들과 그 물처럼 조화되어야 했다. 이론 과학자들이 글래쇼-와인버그-살람 이론을 경청하는 주된 가장 강력한 이유는 그것이 유한한 (재규격이 가능한) 결과를 만들 수 있는 능력 때문이었다 — 그리고 몇 안 되는 W와 Z의 생성은 그 자체로서 그리고 그 자체에 의해서 이러한 성질을 시험하지는 못했다. 실험 과학자의 관점에서는 상이한 종류의 구속 조건들이 추가로 존재했다. 이론 과학자와 실험 과학자가 함께 공동으로 입자를 논의하기 위해서는 양쪽에서 주장하는 구속 조건의 집합 중에서 일부 공통되는 부분 집합이 성립해야 되었다. 그러한 교역 지대에서 고도로 속박된 조정과 다른 면에서는 공통점이 없는 하부 문화를 함께 묶는 복합 언어가 존재했다. 이제 이론과 실험 사이의 이러한 조정에 대해 좀더 자세하게 살펴보는 것이 가치가 있을 것이다.

6. 이론과 실험 사이의 교역

상대론적 질량은 지난 30년이 넘도록 통약불가능성(通約不可能性, 실증주의적 과학 철학자들이 가지고 있는 과학 이론의 한 견해로 측정과 이론 사이의 구분을 유지하는 것을 말함 – 옮긴이)의 의미에 대한 논의에서 표준 어구가 되어 왔으므로 상대론적 질량의 예가 시작하기에 적절한 지점이다. 쿤에게 아인슈타인 동역학의 출현은 혁명적 변화의 원형(原型)이었으며, 그가 주장하기를, 오직 느린 속도에서만 질량에 대한 두 개념들이 단 하나의 측정에 의해 측정될 수 있었다.[57] 이러한 견해를 따

---

57) "이미 수립되고 친숙한 개념들의 의미를 변화시키기 위한 이러한 필요가 아인

르면 질량에 대한 아인슈타인의 개념과 그의 이론상의 질량 개념이 치환된, 누구도 조작적으로 정의된 공간과 시간에 대한 아인슈타인의 견해에 공감하지 않은 H. A. 로렌츠와 막스 아브라함, 그리고 앙리 푸앵카레의 질량의 개념을 비교하기 위한 실험적 방식이 존재하지 않을 것으로 예상할 수 있다. 파이어아벤트는 단순히 거기에는 어떤 단 하나의 실험도 존재하지 않는다고 말한다. 질량에 대한 한 가지 측정이 존재하는 것처럼 보이는 곳에 실제로는 몇 가지가 존재한다. 한 실험은 고전 역학을 위한 것이고, 또 하나는 상대론자를 위한 것이다. 파이어아벤트에 의하면 다르게 생각하는 과학자는 누구든 해석에는 전혀 관심이 없는 도구주의자이거나 또는 "잘못 생각하고 있거나" 또는 단순히 너무나도 뛰어난 번역가여서 그들은 "이러한 이론들 사이에서 왔다 갔다 하며 바뀌는데 그 속도가 너무 빨라서 마치 하나의 이론 영역 내부에 남아 있는 것처럼 보인다."[58] 이러한 대안(代案)들 중에서 어느 것도 이론 과학자와 실험 과학자 사이에 무슨 일이 벌어지고 있는지 파악하지 못하는 것처럼 보인다.

"질량"이라는 용어가 전자(電子)에 대한 물리학이라고 불렀던 서로 다른 관계자들에 의해 다르게 사용되었다는 데 의심의 여지가 없다. 막스 아브라함과 H. A. 로렌츠는 모두 전자(電子)의 질량이 순수하게 그들 자신의 전자기장과 그들 사이의 상호작용으로부터 유래되었다고 믿었다. 아브라함과 로렌츠는 또한 전자가 물질의 기본 구성 요소라고 생각했기 때문에 전자(電子)의 "전자기(電磁氣)적 질량"이 세상에 대한 견해의 기

슈타인 이론의 혁명적 영향에서 중심적이다……. 우리는 심지어 그것을 과학에서 혁명적인 재교육의 원형이라고 볼 수도 있다"(쿤, 『과학적 혁명』[1970], 102쪽).

58) 파이어아벤트, 『경험주의의 문제』(1981), 159쪽: "과학자들이 마치 상황이 훨씬 덜 복잡한 것처럼 행동한다고 주장하는 것은 좋지 않다. 만일 그들이 그런 방법으로 행동한다면, 그들은 도구주의자이거나 …… 또는 잘못 생각한 것이다. 오늘날 많은 과학자들은 『공식』에 흥미를 가지고 있는 데 반해, 우리는 『해석』에 대해 논의하고 있다."

초가 되며, 그 안에서 역학적 질량은 유도된 개념이고, 전기는 자연의 주된 실체였다. 그러나 아브라함은 전자가 단단한 구이고 그 표면에 전하가 균일하게 분포되어 있다고 생각한 반면, 로렌츠는 그에 더하여 전자가 에테르를 통하여 움직이면서 평평해진다고 가정했으며, 그러한 가정을 가지고 마이컬슨-몰리 실험을 설명하는 데 사용했다. 그 뒤 곧 앙리 푸앵카레는 전자(電子)가 변형시키려는 압력 아래서 쪼개지지 않도록 변형 가능한 전자를 그대로 유지하기 위하여 비(非)전자기 힘을 첨가한 로렌츠 이론의 수정판을 소개했다.[59]

이러한 이론들은 질량의 의미에 대해 서로 상당히 다르다. 그리고 당시에는 이러한 이론들이 퍽 과격해 보였지만, 아인슈타인의 이론은 확실히 충격적이었다. 아인슈타인은 세상에 대한 전자기적 해석의 원대한 방식에 그의 질량에 대한 개념을 끼워 넣으려는 시도를 포기하고 그의 이론을 시계와 줄자로 바꾸어 놓은 공간과 시간의 형이상학적인 범주에 대한 실증주의자의 비평을 기초로 하여 이론을 세웠다. 쿤은 "질량"이라는 용어를 상대론적 이전 방법으로 그리고 상대론적으로 사용하는 것이 비교를 불가능하게 만든다고 주장한다. "오직 느린 상대 속도에서만 [뉴턴 질량과 아인슈타인 질량이] 동일한 방법으로 측정될 수 있고, 심지어 그때에도 그것들이 똑같다고 생각하면 절대 안 된다."[60] 실제로 정확하게 이렇게 서로 다르며, 그리고 낮은 속도가 아닌 경우 서로 다른 이론들을 비교하는 데 그야말로 깊이 빠져 있는 풍부한 실험적 하부 문화가 존재했다. 막스 카우프만과 알프레드 부커러가 길을 안내하면서 이러한 물리학자들은 전자(電子)의 "가로 질량"이라고 부른 것을 측정하기 위해서 자기장과 전기장을 사용하면서 연달아 실험을 계속했다. 그뿐 아니라 그들의 노력은 이론들 사이에서 중재하는 것과 관계된 (푸앵카레, 로렌츠,

---

59) 아인슈타인의 특수 상대성 이론에 대한 무수한 문헌들 중에서 가장 좋은 역사서는 밀러, 『특수 이론』(1981)이다. 가로의 전자(電子) 질량 실험에 대한 초기 실험적 증거에 대한 다음의 논의에서 나는 이 출처로부터 자유롭게 인용했다.

60) 쿤, 『과학적 혁명』(1970), 102쪽.

아브라함, 그리고 아인슈타인 등) 이론 과학자들 네 명 모두에 의해서 분명히 이해되었다. 로렌츠는 그러한 집합 중 하나가 그의 연구와 관련됨을 깨닫는 즉시 다음과 같이 패배를 인정했다. "유감스럽게도 전자가 평평해진다는 [것으로 질량을 설명하려는] 나의 가정이 카우프만의 결과와 일치하지 않으며, 그래서 나는 포기해야 된다. 이렇게 해서 내 생각은 끝이 났다." 이런 것들은 그 실험이 관계없거나 또는 그 실험을 이해할 수 없는 사람의 말이 아니다. 단지 약간 덜 절망적으로 푸앵카레는 카우프만의 자료에 의해서 "이 순간에 전체 이론이 아주 위협을 받을지도 모른다"라고 인정했다.[61]

아인슈타인은 그의 이론에 대해 좀더 자신을 가지고 있었으며 카우프만의 연구가 실행된 것에 대해 미심쩍게 생각했다. 그는 결과가 주는 원리가 적절한가에 대해 도전하지 않았다. 그와는 정반대였다. 아인슈타인은 카우프만과 부커러가 그들의 실험 방법을 이용해 이론을 조사할 수 있도록 전자의 가로 질량에 대한 예측을 얻는 데 상당히 애를 먹었다. 그는 카우프만의 자료에 대한 자세한 분석을 구축했다. 그리고 그는 심지어 전자(電子) 굴절 실험에 대한 자기 자신의 보완책을 설계했으며 그래서 누군가가 그런 실험을 수행해 주기를 희망했다.[62] 빠른 전자 실험에 참여하는 사람들에게 실험이나 실험의 가장 근사한 중요성에 대해 이야기하는 것에는 아무런 문제도 없는 것처럼 보였다.

파이어아벤트는 과학자들이 단지 하나만 존재하는 것이 명백한 뒤에 숨어서 두 가지 (또는 어쩌면 더 많은) 실험의 존재를 인정해서는 안 된다고 제안했다. 거기에는 세 가지 가능성이 존재했다. 그들은 도구주의자들일 수 있었다. 적어도 지금의 경우 방어하기가 어려운 위치인 것처럼 보일지도 몰랐다. 아인슈타인은 우주를 설계할 때 신은 얼마나 많은 선택 사항을 가지고 있었는지 찾아내는 것이 그의 목표라고 주장한 것

---

61) 밀러, 『특수 이론』(1981), 334~335쪽을 보라.
62) 밀러, 『특수 이론』(1981), 341~345쪽을 보라.

으로 유명하다. 그리고 이론 물리학의 공리적 기초는 실험으로부터 유추될 수 없다는 것을 인정하면서도 아인슈타인은 일관되게 이론적으로 표현될 것이라는 데 대해 마음속 깊이 자리 잡고 있는 낙관주의를 유지했다. "우리는 물질의 근저에까지 도달하지 않고서도 경험에 대해 대체로 제대로 다루는 (고전 역학 등과 같은) 이론들이 존재하는 곳으로 경험만으로도 안전하게 안내될 것이라고 희망할 수 있는가? 나는 주저하지 않고 즉시, 내 생각에는 우리가 그것을 발견할 수 있는 능력이 있다고 대답한다." 그는 계속해서 경험이 이론의 공식적인 구조에서 이론적인 새로운 생각을 제안할지도 모르며, 경험은 틀림없이 물리적 이론들이 증명되는 것에 대한 표준이 되어야 한다고 말한다. "그러나 창조적인 원리는 수학에 존재한다. 그러므로 특정한 의미로 고대인들이 꿈꾸었던 것처럼 순수한 사고(思考)는 진실을 붙잡을 수 있다는 것이 진리라고 고집한다."[63] 이것들은 도구주의자의 말이 아니다.

　아인슈타인과 로렌츠, 푸앵카레, 그리고 아브라함 등이 초능력적으로 빠른 번역가여서 "한 가지 이론 영역"에 남아 있는 것처럼 보이는 것(단지 그렇게 보이기만 하는 것)이 가능했겠는가? 아마도 아인슈타인은 전자기적인 세계관의 지지자들이 가진 언어와 계산상의 관습으로 전환했던 경우들을 찾아볼지도 모른다. 그러한 증거로는 전자의 내부 또는 표면에 대한 전하 분포의 자세한 사항에 대한 숙고이거나, 또는 전자(電子)가 전자기적으로 자신을 파괴하려는 것에 대한 저항의 수단을 동역학적으로 탐구하거나, 또는 물리적 이론의 출발점으로서 전자기(電磁氣)를 옹호하는 방법론적인 진술 등이 있었을지도 모른다. 내가 아는 한 출판되거나 출판되지 않은 기록에서 이런 종류의 연구에 대한 그런 예는 존재하지 않는다. 로렌츠 쪽(또는 푸앵카레나 아브라함 쪽)에서는 그 반대인, 어쩌면 개인적으로 이러한 이론 과학자들이 아인슈타인의 스스로 발견해나가는 출발점에서 시작하여 그들의 계산을 번갈아 시행하는 징

---

63) 아인슈타인, 『생각과 의견』([1954] 1982), 274쪽.

조를 찾아볼 수도 있다. 비록 방법론적인 진술이 직접 나타나지 않는다고 할지라도 우리는 적어도 단순한 기계적 숙고(熟考)에서 시작하고 물질의 구조가 한쪽으로 제쳐놓은 일부 계산을 기대할 수도 있다. 여기서도 발표되지 않은 논문들 중에서조차 나는 그러한 징조를 알지 못한다. 파이어아벤트가 제안한 세 번째, 그리고 마지막 대안(代案)은 "두 실험과 하나의" 해석을 부정하는 과학자는 단지 명백하게 "잘못"했을 뿐이라는 것이다. 로렌츠는 단순히 아인슈타인이 다른 프로그램 방식에 몰두한다는 것을 깨닫지 못했을 수도 있다. 그러나 로렌츠는 한때 아인슈타인이 "우리가 추론한 것을 단순히 공리(公理)로 간주한다"는 점에 주목했다.[64] 역으로 아인슈타인은 구체적으로 역학이 전자기 현상으로 환원될 수 있다는 것을 믿지 못한다고 주장했다. 각 편은 그들의 입장 사이에 존재하는 간격을 인지(認知)했으며, 이 간격은 물리적 이론의 현재와 미래 발전에 중요하다는 것도 인지했다.

이 예로부터 내가 얻고자 하는 교훈은 다음과 같다. 로렌츠의 이론과 아브라함의 이론, 그리고 아인슈타인의 이론에서 "질량"이 현상들을 분류하는 방식에 존재하는 "전체적"인 차이에도 불구하고, 일련의 제한된 행동과 믿음이 배치된 국지적인 활동 지대가 남아 있다. 카우프만과 부커러의 실험실에서 사진판 및 납으로 만든 관과 전기장의 활동 무대에서, 그리고 뜨거운 도선의 전자 방출 능력 내에서 실험 과학자들과 이론 과학자들은 비록 제한적이지만 믿음과 행동 사이에 효과적인 조정을 이끌어 냈다. 그들이 이끌어 낸 것은 절대로 규약 언어가 아니다──규약 언어는 감당하지 못할 만큼 너무 많은 이론들이 실험과 이론의 공동 행동으로 엮여 있다. 둘째, 공동으로 받아들인 절차와 논증을 수립하는 데 보편적인 것은 존재하지 않는다. 그리고 셋째, 실험실의 조정으로는 "질량"이라는 용어를 충분히 정의하지 못하는데, 그것은 이렇게 국지적인 상황을 넘어서면 이론들이 온갖 방식으로 뿔뿔이 흩어지기 때문이다.

---

64) 로렌츠, 『전자(電子) 이론』(1909), 230쪽.

우리는 (제7장에서) 우리 시간 주기의 반대편 끝에서, 즉 시간 투영 상자와 모형 세우는 사람들, 그리고 만발한 양자 색 동역학 이론 사이에 자리 잡은 확장된 경계 영역에서 실험과 이론 사이에 시행된 비슷한 국지적 조정을 보았다. 여기서 다시 한번 더 (쿼크 또는 파톤이 파이온과 같은 관찰이 가능한 입자들로 이루어진 제트로 재결합되는) 하드론화를 이해하려는 시도로, 우리는 (제트나 쿼크, 파톤, 글루온, 하드론화 등의) 용어들이 너무나도 이질적인 방법으로 이용되는 현상들에 대한 근거를 가지고 있는데, 그런 방법들이 표면상으로는 아주 다른 의미를 수반하고 있어서 그런 의미들을 서로 다른, 그리고 통약불가능성의 개념적 방식이나 패러다임에 두려고 기대할 수도 있을 정도다. 그럼에도 불구하고 다시 한번 더 우리는 대안(代案)들 사이에서 조정하고 심판하기 위해 맹렬하게 활동하는 사람들을 위한 장소를 가지고 있다. 아인슈타인과 아브라함, 로렌츠, 푸앵카레를 향하여 겨눈 통양불가능성에 대한 철학적 비난에서와 마찬가지로 우리는 의미에서 이러한 차이들이 그들의 의사소통을 혼동하기 쉽게 만들었는지 충분히 물어볼 수 있다.

제7장에서 다룬 내용으로 돌아와 요약하면서 우리는 파이어아벤트의 세 가지 대안(代案)들을 제기한다. 우리는 여기에 가지고 있는 것이 의사소통을 한다고 보이지만, 궁극적으로 문제가 되는 용어들이 물리적 의미에 대해 흥미를 갖지 않는 "단순히 도구주의자"들의 경우인가? 우리는 서로 다른 개념적 도식들 사이에서 초능력적으로 재빨리 왔다 갔다 하는 번역가들을 대면하고 있는가? 또는 문제가 된 물리학자들이 그들의 적은 다른 수단을 가지고 다른 목표를 추구한다는 점을 깨달을 수가 없어서 "잘못 생각하고" 있는 것인가? 나는 이런 세 가지 "착각한" 설명 중에서 어느 하나도 옳지 않다고 주장한다. 어떤 다른 것, 당장 좀더 실질적이고 좀더 흥미로운 것이 갈라진 틈 사이의 지대(地帶)에서 일어나고 있다.

르벨린 스미스가 그런 종교적 형상화로 말미암아 생기를 잃은 도구주의로부터 상상할 수 있는 한, 먼 거리를 두며 "나는 이래서 믿는다"라는 말과 함께 QCD에 대한 1981년 논의를 어떻게 시작했는지 회상하자.

실험과의 어떤 자세한 비교보다도 더 "선험적인" (이론상의) 동기를 인용하면서 그는 특정한 조건들에 대한 이론적 만족을 믿었다. 약-전기 이론의 재규격화될 가능성을 유지하려면 "색"이 필요했다. 어떤 관찰된 과정들이 대략 동일한 것을 보장하려면 카이랄 대칭성이 필요했다──이런 것들이 르벨린 스미스에게는 자료에 대한 안내 책자의 요약이 아니라 진리에 대한 시금석이 되었다. 해럴드 프리츠에게 믿음을 위한 이유들도 비슷하게 이론적인 것이었다──QCD의 매력은 강 상호작용에 대한 설명이 "순수하고 깨지지 않은 비(非)-아벨리안 게이지 이론"이었다는 배경을 포함했으며, 그 사실의 덕택으로 일반 상대성 이론의 "가장 간단하고 아름다운" 구조에서 QCD보다 더 공통점을 가지고 있는 것이 없었다. 이러한 심미적이고 이론적이 체제 때문에 그의 견해로 QCD는 "물리학의 궁극적인 목적이며 …… 기본적인 이론 물리학이 지향하는 발전의 끝"으로 이르는 길에 한 걸음 나아가 있었다.

우리는 제7장에서 심지어 토마스 고트샬크와 같은 모형을 만드는 사람들까지 일관되게 그들이 종이와 글자판 위에서 묘사하던 물리적으로 해석되는 절차에 대한 개념을 도입한 것을 보았다──그는 궁극적으로 그러나 무엇보다도 특히 그가 모형으로 만든 것을 QCD의 "독단적 주장"과 한데 묶은 반면, "진정한" 표준 규격의 근거가 없는 (독립 파편 모형과 같은) 경쟁자를 "파문(破門)"의 불을 향해 쫓아내고자 했다. 찰스 뷰캐넌은 그의 방식에 "기본적 현상론"이라는 구체적인(〈그림 7.37〉) 명칭을 붙이고, 하드론화 모형들의 개발과 프톨레마이오스에서 코페르니쿠스와 케플러를 거쳐 뉴턴까지 발달한 과학의 역사에서 현실주의자의 궁극적 자부심을 한데 묶었다. 아니다, 이러한 설명들이 무엇이건 간에 그들은 "단순한 도구주의자"가 아니었다.

이제 파이어아벤트가 제안한 것처럼 서로 다른 언어를 말하는 사람들이 "담론(談論)의 단일 영역"에 위치한 것처럼 보일 때 그들은 실제로 아주 빠르게 번역하고 있어서 잘못된 짝이 눈에 띄지 않는 게 (논리적으로는) 가능하다. 예를 들어 우리의 모형을 만드는 사람들과 실험 과학자들,

그리고 이론 과학자들이 정말 모두 QCD를 하고 있는 것인가? 다시 한 번 더 출판된 논문이나 출판되지 않은 논문 어떤 것에서도 그렇다고 시사되는 점은 존재하지 않는다. 파인먼은 QCD의 자세한 사항들을 너무 진지하게 받아들이는 것에 대해 비판적이었다. 그가 1980년대 중반에 제트 물리학에서 했던 모든 것은 재규격화할 수 있는 라그랑지안에 속한 색을 지닌 글루온과 쿼크를 피했다. 보 앤더슨은 그가 QCD의 "사용"을 모형 세우기에 대한 "영감(靈感)"으로 "기본" 이론에 호소했다라고 말하는 것으로 특징지었다 —— 그러나 하드론에 대한 스트링 모형에서는 어느 것도 QCD의 자세한 사항을 받아들였다는 것을 전제로 하지 않았다. 스트링 모형에는 글루온에 해당하는 것이 없었고, 라그랑지안 장론에 대한 언급도 전혀 없었다. 정말이지 QCD를 스트링 모형으로 자세하게 "번역"하면 아무데로도 가지 못할 것이다.

마지막으로, 하드론화에 대한 이러한 논쟁에 참여한 사람들은 단순히 반대편 사람들이 말하고 있는 것에 대하여 이해하는 데 "실수"를 범한 것인가? 그들이 혹시 반대자들을 너무나 오해해서 앤더슨이나 고트샬크가 파인먼이 "파톤"이라고 말하는 것을 듣고 그가 QCD 쿼크를 의미한다고 이해한 것은 아니었을까? 어떤 쥐꼬리만한 증거도 그러한 증거를 지지하지 않는다. "순수한" 양자 색 동역학 학자들은 TPC에서 나오는 실험 자료에 대해 할 말이 전혀 없다 —— 그 이론은 계산될 수가 없었다. 그리고 어떤 사람도 QCD에서 그 모형들 중 어떤 것도 유도해 낼 수 없었기 때문에 프리츠나 르벨린 스미스 누구도 QCD 자체를 위하여 스트링 모형이나 구역 모형, 또는 독립 파편 모형들에 대해 "실수"할 수 없었던 것이 틀림없는 사실이었다. 모형을 세우는 사람들의 전망을 따르면 그들의 설명 사이에 무엇이라도 있다면 차이의 최대화가 존재했다. 뷰캐넌의 〈그림 7.37〉은 서로 다른 모형들의 상태를 구체적으로 대조했다. 많은 저자(著者)들은 정확하게 초기 파인먼-필드 모형이 에너지와 운동량을 일관되게 보존하지 않았기 때문에 그 모형을 비웃었다. TPC 공동 연구단 자체는 서로 다른 모형들에 속한 물리적 성질들이 자료와 비교함으로써 구분될 수 있다는 주장을 논문으로 출판했다. 그들의 차이가 무엇이건 간에 이러한 논쟁에 참여한 사람들 중 누구도 그들과 그들의 대담자들이 쿼크와 제트에 대해 동일한 개념을 가지고 "진정으로 말하고" 있는가에 대하여 전혀 잘못 생각하고 있지 않았다.

이러한 부정적인 결론들은 긍정적 최종 결론으로 이어진다. 첫째, 서로 다른 설명들을 결합시키는 것 — 그런 설명들을 베르너 호프만이 "마지막 결투"라고 부른 것으로 가져오는 것 — 은 이론적 모형을 세우는 사람들뿐 아니라 TPC 공동 연구단에도 대단히 중요했다. 둘째, 심지어 현상론적으로 가장 잘 판단하고 있는 참가자들에게까지도 관찰 가능한 하드론의 생성에서 활동하는 물리적 원리들을 이해하는 것이 항상 목표였다. 이러한 쿼크나 파톤에 대해 말하는 **물리에 기초를 둔** 이야기가 있었으며, 관련된 모든 사람들은 비록 부분적이라고 할지라도 거기에 기여하기를 원했다. 셋째, 우리는 다양한 이론적 관계를 맞닿게 하고, 실험과 연결시키는 데 기여할 수 있는 내부 언어를 일관되게 개발하려는 시도를 본다. 그것이 바로 앤더슨과 그의 공동 연구자들이 1983년에 모형들은 "한편으로는 한 언어에서 다른 언어로 번역을 얻기 위한" 조정자로서 공헌할 수 있는 현상론의 역할을 갖는다고 주장했던 이유다.

"다른 한편으로" 앤더슨은 항상 물리적 원리들을 유발시키고 일반화시키는 데 기여할 수 있는 "동역학적 체제"로의 연결을 찾고 있었다. 그것은 또한 파인먼이 필드와 함께 그의 모형을 설계하는데 그것을 수단으로 하여 양성자-반양성자 충돌을 설명하는데 전자-양전자 소멸을 설명한 것과 똑같은 논리로 말할 수 있기 위하여 "표준"으로 형성되도록 설계했던 이유이기도 하다. 파인먼은 파인먼-필드 모형이 "진실"일 것이라고 믿었을까? 절대로 그렇지 않다. 그러면 이러한 모형들이 물리적 실재와 관계가 없었을까? 역시 그렇지 않다. 그 모형은 미래의 실험들을 설계할 정도로 더할 나위 없이 "충분히 실재와 가까웠다"고 할 수 있다. 뷰캐넌 역시 그러한 부분성을 빗대어 말했다. 그와 그의 동료들의 연구를 케플러 법칙 — 코페르니쿠스의 순수한 현상론과 뉴턴의 완전한 동역학 이론 사이의 중간에 위치한——의 수립과 견주면서 뷰캐넌은 현상들의 주요한 성질들이 어떻게 작동하는지, 그리고 믿을 수 있는 예측을 만들 수 있는지에 대한 설명을 목표로 삼았다. 뷰캐넌——파인먼이나 앤더슨, 그리고 다른 사람들과 마찬가지로——도 자료 테이프와 QCD 사이의 이러한 갈라진 틈새의 연구가 영원히 변치 않는 법칙으로 양피지에 새겨져야 한다는 착각을 하고 있지는 않았다. 그것은 오히려 관습에서 다른 방법으로는 억지로 갖다 붙인 접근 방식으로만 이해될 수 있는 매개하는 개념들이 서로 만날 수 있는 장소를 수립하는 방법이었다. "쿼크"와 "제트", 그리고 "하드론화"는 그것들이 담겨진 시뮬레이션과 함께 새로운 교역 지대에서 내부 언어를 형성할 수 있었다.

이론 과학자들과 실험 과학자들은 불가사의하게 순간적으로 행동하는 번역가들이 아니며, 해석에는 별 흥미가 없는 "단지" 도구주의자들도 아니다. 그들은 해석된 시스템의 부분들을 다른 시스템의 부분들과 전략상으로 조정하는 교역자(交易者)들이다. W. V. O. 콰인이 제2차 세계대전이 끝난 뒤 수년 동안 주장했던 전체론은 감탄하지 않을 수 없다. 이론적인 것에서 관찰 가능한 것을 절단하려는 데 대한 경계 기준을 소생시키려고 언제나 시도하는 것을 상상하기 쉽지 않다. 그렇지만 아마 우리는 다음과 같이 말할 수 있을 것이다. 두 거미줄 집이 만나는 교역 지대에는 행동과 믿음으로 이루어진 부분적으로 자율적인 집단으로 인식되는, 국지적이고 밀집된 어느 정도 단단한 연결의 집합체인 매듭들이 존재한다.

7. 교역의 장소

전자(電子)에 관한 이론들의 전성기에는 이론 과학자들과 실험 과학자들 사이의 교역이 우편으로 이루어졌다. 유럽 대륙에서 이론 기관과 실험 기관들이 멀리 떨어진 정도를 감안할 때 이것은 거의 놀라운 일이 아니다. 미국과 영국에서는 이러한 지리적 고립이 그만큼 두드러지지는 않았다. 미국 대학들이 1930년대에 이론 과학자들을 받아들이기 시작했을 때 이론 과학자들은 지적으로나 공간적으로 그들의 실험 쪽 동료들과 더 가까웠다. 그러나 이러한 공동체들에 관하여 마치 그들이 동등했던 것처럼 말한다면 그것은 왜곡된 것이다. 단지 버클리의 오펜하이머 그룹에만 전쟁 전에 이론 과학자들로 구성된 강력한 파견단이 존재했다. 다른 곳에서 웬델 퍼리나 존 반 블랙, 또는 존 슬레이터 등은 분명하게 소수파에 속했다.

많은 이유들로 제2차 세계대전은 이런 관계를 변화시켰다. 명백하게 로스앨러모스의 지도자로서 J. 로버트 오펜하이머의 공적이 이론을 두드러지게 만들었다. 그러나 더 중요하게는 우리가 제4장에서 본 것처럼 이론가들과 실험 과학자들, 그리고 기술자들이 대규모 전시(戰時) 프로젝트에서 서로 협력하며 연구하도록 강요받았다. 그들은 문제에 접근하는 데 각자 다른 사람들의 방법에 대해 거의 5년에 달하는 경험과, 그리고 전후(戰後)의 과학이 원자폭탄과 레이더에서 크게 공헌했다고 생각한 공동 협력을 활용해야 한다는 지속적인 믿음을 가지고 나왔다. 공동 연구단은 대부분 새로운 생각과 자료, 그리고 그룹들 사이에서 장비가 이리저리 이동하는 장소를 설립하는 것으로, 즉 교역 지대의 설치로 구성되었다.

사람들이 레드랩(The Rad Lab)이라고 부르게 된 방사선 연구소는 효과적인 레이더 시스템에 알맞은 진동수의 마이크로파를 생성할 수 있는 장치가 영국에서 발명될 즈음인 1940년대 말에 설립되었다. 리 두브리제는 1940년 10월 16일에 그 프로젝트의 장이 되는 것에 동의했고, 10월 말에 이르러 한 핵심 그룹이 MIT의 4-133호실에서 자체적으로 구성되었다. 처음에는 연구소의 구분하는 구조가 마치 연구소가 작은 사업체인 것처럼 레이더를 구성하는 전자(電子) 장치에서 변조기가 전력 신호를 마그네트론에 전달하고, 마그네트론의 송신기가 마이크로파 신호들을 전달하고, 안테나가 이 신호들을 방출하거나 수집하고, 수신기가 잡음에서 이 신호들을 분류해 내고, 그리고 표시기가 음극선관에 상(像)을

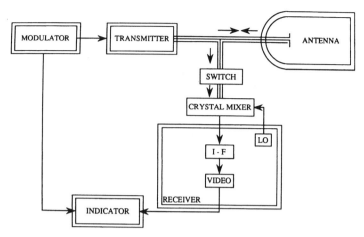

〈그림 9.8〉 레이더의 전자적 건축. 도식적으로 레이더는 몇몇 부품으로 나뉘어 있다.

나타내는 것 등과 같은 다섯 가지 부분을 그대로 복제해 설계되었다(〈그림 9.8〉을 보라). 〈그림 9.9〉에서 볼 수 있는 것처럼 물리적 건축이 〈그림 9.8〉의 전자적(電子的) 건축과 밀접하게 조화되었다. 물리와 전자 그리고 행정 등 이러한 세 가지 건축은 기술자와 물리학자 사이의 차이를 고려하지 않았다. 예를 들어 윌리엄 툴러는 전기 기술자였는데, 그의 책상은 실험적 우주선(宇宙線) 조사에서 훈련받은 물리학자인 헨리 네어의 책상 바로 옆에 놓여 있었다. 음성 녹음을 하는 메트로-골드윈-마이어를 위해 일하던 전기 기술자였던 윌리엄 헐은 이제 물리학자이자 전기 기술자인 A. J. 앨런과 케임브리지에서 학사와 박사학위를 수여받고 1940년에 예일의 조교수였던 물리학자인 어니스트 C. 폴라드와 함께 4-133호실의 신호 표시기 모서리 장소를 공유하고 있었다.

처음에는 이론 물리학자들이 연구소에서 실제 물리적 장소를 차지하지 못했다 — 이론 과학자들은 마치 전쟁 전에 우주선(宇宙線) 실험실이나 분광 그래프 실험실 또는 자기(磁氣) 실험실을 방문할 때와 매우 유사하게 때때로 나타나는 자문관이었다. 얼굴을 맞댄 접촉 — 〈그림 9.6〉에서 분명한 것처럼 문자 그대로 그랬는데 — 은 대단한 것으로 간주되었다. 한 실험 물리학자가 당시에 말한 것에 따르면 다음과 같다. "한 그룹

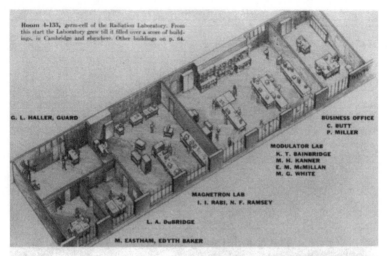

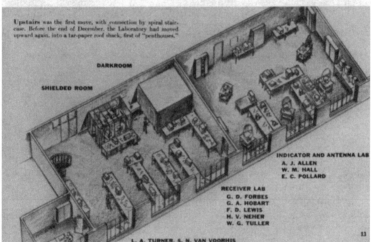

〈그림 9.9〉 물리적 건축과 전자적(電子的) 건축이 나란히 간다(1946). 당시 한 방사선 연구소 출판물은 4-133호실을 "방사선 연구소의 생식 세포"라고 불렀다. 그곳에서 그것은 위층으로 밀었고, 그다음에는 타르 종이를 바른 판자 지붕으로 올라가게 했으며, 궁극적으로는 대륙을 가로 질러 유럽까지 뻗쳐 있는 20개가 넘는 건물로 밀어냈다. 공간에 대한 이런 초기 전자적 기능에 의한 구분에서 기술자들과 물리학자들은 "순수" 과학과 "응용" 과학 주위의 양극화되는 노력보다는 오히려 부품들 주위에 그들의 연구에 따라 조직되었다. 공통 언어를 만들어내는 것이 하루의 일과가 되었다. 출처: 매사추세츠 공과대학, 『5년 동안』(1947), 13쪽.

이 발견한 것들이나 경험한 것들을 가끔 세미나나 문서로 된 보고서로 발표하는 것으로는 충분하지 않다. 전자(前者)의 경우에는 많은 것을 의미할 만큼 충분히 자세하게 다루지 못한 반면, 후자(後者)는 너무 자세하거나 단순히 읽히지 않는다." 대신, 그는 물리학자들이 같은 그룹에서 육체적으로 함께 연구하는 것이 필요하다고 제안했다. 그것은 "새로운 회로들과 일반적인 레이더 철학을 전파시키는 데 훨씬 더 빠르고 훨씬 더 쉬운 방법"이었다.[65]

그러나 진주만 공습이 있은 뒤에 군사상의 필요성은 대규모 제조를 위해 준비되지 않은 단순한 "빵판"을 위한 모형이 아니라, 완성된 프로젝트의 제작소 주위에 재조직되도록 연구소를 더더욱 강하게 압박했다. 반면에 많은 물리학자들은 그들의 부분 그룹들에서 "수평적"인 자율권을 보호하려고 했다. 그 결과로 나온 1942년 3월의 재조직은 (송신기나 수신기와 같은) 부품들에 근거한 부서와 (지상 시스템, 선박 시스템, 대공 시스템 등) 완성된 제품에 근거한 부서 등의 혼합을 제공한 타협이었다.[66] 수직적인 통합을 강요하려는 이러한 결정이 "단순히" 행정적인 것으로 나타날지도 모르지만,[67] 우리가 제4장에서 본 것처럼 그것은 물리학자들로 하여금 제품 지향적인 기술자들과 직접 교역하도록 강요하면서 물리학자들의 하부 문화에 대한 경계를 위협했기 때문에 뜨거운 논쟁 대상이 되었다.

1942년 초에 두브리제는 이론 그룹을 포함하여 연구를 위한 공식적인 부서를 수립했다. 이론 과학자들과 도구 설계자들 사이에서 진행되었던 일종의 교역을 보여주기 위해 나는 전기 기술자들의 도구 설계

---

65) 화이트, 「연구소 조직에 대한 제안」, 파일 「재조직」, box 59, RLP.

66) 구어락, 『레이더』(1987), 292~295쪽.

67) 구성 부품들에 대한 수직적 통합은 단순히 대규모 사업의 창조에 속한 부분만이 아니고, (챈들러에 의하면) 그것은 소규모 사업에서 대규모 사업으로 이전을 시사하는 단 하나의 가장 두드러진 구조적 변화다. 챈들러, 『눈에 보이는 손길』(1977).

에서 입자 물리학의 불가해하며 때로는 형이상학적인 세계로 연구 형태가 변화한 것에 초점을 맞추고자 한다. 이 실례(實例)에서 이론이 도구 설계의 구체적인 경우에 적용되는 연결이 쉽지 않다. 오히려 도구 제작자들 ─ 여기서는 전시(戰時)의 MIT 방사선 연구소의 전기 기술자들 ─ 이 세상에 대해 배우는 독특한 방법을 갖고 있었고, 그 방법을 채택한 것이 바로 이론이었다.

처음 보면, 전쟁은 양자 전기 동역학이라는 그렇게도 난해하고 추상적인 주제에 대해 그 어떤 기여도 하지 않은 것처럼 보일 수도 있다. QED에 대한 흔히 알려진 이야기는 대략 다음과 같이 진행된다. 1920년대와 1930년대에 빅토르 바이스코프와 H. A. 크레이머스, J. 로버트 오펜하이머, 닐스 보어, 그리고 줄리언 슈윙거를 포함해 그 주제에 흥미를 느낀 물리학자들은 전자(電子)에 대한 양자 이론이 특수 상대성 이론과 어떻게 결합할 것인가를 이해하는 데 진전이 없었다. 전쟁 연구라는 이유들 때문에 미국에 사는 모든 사람들은 필경 제2차 세계대전 동안에 그들에게 요구된 공학 대상의 연구에 기울였던 노력을 끝내고 난 다음 1940년대 후반에 의기양양하게 QED로 돌아왔다.

이 이야기는 적어도 두 가지 관점에서 거짓이다. 첫째, 실반 슈베버가 지적한 것처럼 QED의 개발은 부분적으로 I. I. 라비의 실험실에서 이루어진 윌리스 램과 R. C. 러더퍼드, 헨리 폴리, J. M. B. 켈로그, 그리고 P. 쿠시 등의 정밀 측정을 가능하게 만들었던, 전시(戰時)의 마이크로파 기술의 결과와 프린스턴에서 딕케가 수행한 연구 결과에 촉매제가 되었다.[68] 거기에는 대단히 놀라운 실험도 존재했지만, 전쟁의 영향은 훨씬 더 깊었다. 레이더에 관한 연구는 슈윙거가 물리 문제에 접근했던 전략에 의해서 형태를 바꾸었다. 줄리언 슈윙거 자신은 그의 레이더 연구가 전후(戰後) 사고(思考)에 강한 영향을 미쳤다고 주장했다. 나는 앞으로 설명을 완료하기 위해 레이더 분야에서 그의 실제 연구를 이용하여 그

---

68) 슈베버, 「양자 장론」(1984), 163쪽.

가 언급한 것을 부연하겠다.

　이전 장들과 마찬가지로 여기서도 결과가 아니라 관습에 주의를 기울이자. 전쟁 중에 슈윙거는 MIT 방사선 연구소의 이론 부서에서 활약했다. 그의 그룹은 사용 가능한 마이크로파 네트워크에 대한 일반적인 설명을 개발하는 과제를 맡았다. 통상적인 네트워크 이론 ── 저항기와 축전기에서의 라디오파의 이론 ── 은 실패했는데, 그것은 마이크로파의 파장이 보통 전기 부품들의 크기와 비슷하기 때문이다. 저항기나 구리 도선, 또는 원통형 축전기와 같은 보통 부품에서는 마이크로파 에너지가 방사되어 나갈 것이다. 이런 점이 전기 회로에 활용 가능한 구식 계산도구 전체를 소용 없게 만들었다. 슈윙거는 맥스웰 방정식으로 시작했고, 그의 공동 연구자들의 도움을 받아 기술자들과 물리학자들이 실제적인 네트워크 계산을 수행할 수 있는 일련의 규칙들을 유도했다.[69]

　전쟁이 진행되는 동안 "충분히 좋은 것"을 더 많이 그리고 방사선 연구소의 입력-출력 공학 문화를 흡수하면서 슈윙거는 전자기(電磁氣)에 대한 물리학자의 추상적 산란 이론을 포기하고, 전기 기술자들의 좀더 실제적인 표현법에서 마이크로파에 대응하는 것으로, 부품들에서 따로 관련 있는 측면을 모방하는 간단한 "등가 회로"를 찾아보기 시작했다.

---

69) MIT 방사선 연구소에서 슈윙거와 다른 사람들은 도파관 교차점으로 들어가고 나가는 방사선의 입력과 출력 특성을 결정하는 문제를 가지고 피나는 노력을 기울였다. 평행하게 연구하던 (또는 어쩌면 반평행하게 연구하던) 이론 과학자인 신이치로 토모나가는 일본을 위한 레이더 연구를 진행했다. 전쟁 초반부에 두 물리학자 각각은 교차점에 도달하고 떠나는 파동의 진폭들 사이의 관계를 활용하는 고전 "물리학자의 기술"을 사용하여 난관에 접근했다. 이 양들을 산란 "S"-행렬에 대입했을 때 이 양들은 어떤 특정한 대칭성을 만족했으며, 손실이 전혀 없는 과정에서는 그 양들이 유니타리티를 만족했다. 이러한 대칭성 때문에 전체적인 전자기장 묘사에 담긴 굉장히 많은 양의 정보를 비켜가고 단지 교차점으로 들어오고 나가는 측정할 수 있는 양들에 대한 관계만을 대표함으로써 S-행렬 공식 체제가 (하나의 도파관을 둘로 나누는 것과 같은) 문제의 풀이를 쉽게 만들었다. 그런데 어쩌면 놀랍게도 전후(戰後) 입자 물리학의 기초를 세운 두 사람이 모두 그들의 전시(戰時)『레이더』연구에 기반을 두고 이론적 산란 이론을 세웠다. 슈윙거,『선동자』(1980), 14~16쪽.

그것은 전기 기술자들 사이에서는 오래된 기술이었는데, 그들은 확성기와 같은 특별한 시스템들을, 그것들의 실제 전기적, 기계적 또는 전기-기계적 성질들에 의해서가 아니라 마치 확성기가 순수하게 전기적인 부품들로 이루어진 회로인 것처럼 취급하는 데 익숙했다. 다시 말하면 그들은 (상징적으로) 확성기에서 전자기적으로 발생된 음성에 대한 복잡한 물리를 "블랙박스"에 집어넣고 그들의 계산에서 그 블랙박스를 "등가의" 전기적 부품들로 바꾸어 놓았다. 비슷한 방법으로 마이크로파 회로에 포함된 속이 빈 전도성 관들과 공동(空洞)들을 (상징적으로) 보통의 전기적 부품들로 바꾸어 놓을 수 있었는데, 그렇게 하면 동공(洞空)들을 매번 맥스웰 방정식에서 복잡한 경계값 문제를 상세히 기술하지 않더라도 대수적(代數的)인 조작으로 분석하도록 만들 수 있었다. 전후(戰後)의 방사선 연구소 "도파관 편람"이 말하듯이 등가 회로의 채택은 "공학의 표준 계산에 의해서 정보가 유도될 수 있는 전통적인 공학적 틀에서 장(場) 계산의 결과를 구하는 목적으로서 기여한다."[70] 나의 흥미를 끄는 것은 바로 이러한 할당(割當)하는 과정, 즉 "공학적 틀"에 부어진 "배역의 주물"이다. 장(場)에 대한 계산에서 원래의 의미로부터 분리된 것에는 항들의 전체 의미가 축소되어 있다. 물리 또한 갑자기 공학적 지식이 된 것을 의미하지 않는다. 즉 마이크로파 진동수는 전압과 전류, 그리고 저항 등 잘 알려진 범주를 전기적 성질과 단순하게 일치시키는 것을 전혀 허용하지 않았다.

공학적인 혼성어로 다시 고쳐야 하는 가장 어려운 경우는 불연속성(돌출부, 틈새, 칸막이 등. 〈그림 9.10〉을 보라)을 수반하는 (길고 속이 빈 금속 상자인) 도파관의 등가 회로를 결정하는 것과 관련되었다. 전쟁전에 물리학자가 그러한 장치를 취급하려면 돌출부 주위의 전류와 그 주위에서 발생하는 대단히 복잡한 장(場)들에 대한 다루기 힘든 계산들을 포함했을 것이다. 누구든지 이미 제작된 회로에서 나오는 파동의 진

---

70) 마쿠비치, 『도파관 편람』(1986).

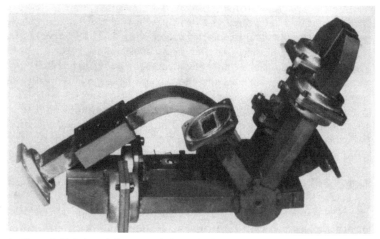

〈그림 9.10〉 복잡한 도파관(1945). 마이크로파 연구에서 대단히 어려운 문제 중의 하나는 복잡한 도파관이 어떻게 작동하는지를 이론적으로 예측하는 것이다. 평소의 라디오 진동수 기술은 높은 진동수 영역에서 실패하게 되었고, 이러한 "균형이 잡힌 이중 통신 장치"와 같이 도파관들의 복잡한 조합이 필요할 때 맥스웰 방정식과 그린 함수를 이용한 엄밀한 처리법은 전혀 다룰 수 없었다. 출처: RL-53-409, RLP.

폭을 측정하거나 (만일 수백 개의 부품을 설계하려고 시도했다면 이것은 거의 실행될 수가 없었다) 그렇게 하지 않는다면 ─ 슈윙거가 한 것처럼 ─ 그런 기하적 구조의 어려움을 피할 수 있는 이론적 방법을 고안해 내야만 했다. 슈윙거의 풀이는 불연속성 주위의 어려움을 그 주위에 국한시키고, 도파관의 그 부분에 등가 회로를 결정하기 위하여 변분법을 이용하여 예측되었다. 이 방법과 다른 방법들로, 슈윙거와 그의 공동 연구자들은 등가 회로에 대한 예들을 연달아 계산했다. 연속적인 전송선에 등가 회로는 잘 알려져 있었기 때문에 새로운 마이크로파 회로로 만들어진 것에서 등가 회로 요소들을 결합하고 기술자들이 요구하는 입력 전압과 출력 전압, 그리고 전류 사이의 관계인 실제적 양들을 유도하는 것은 일상적인 대수(代數) 계산만으로 가능한 일이었다.

슈윙거의 변환을 "단순한 근사(近似)"로 바꾼 것이라고 묘사하면 요점을 놓칠 것이다. 근사(近似)에는 도파관의 깊숙한 내부에 생기는 장(場)에 대해 근사적인 풀이를 산출하는 것을 포함해 여러 가지 형태가 존재한다. 입력과 출력 사이의 관계들에 유일하게 집중하는 이러한 과정은 특수했고 다른 근사 방식들과 달랐다 — 슈윙거가 기울인 노력의 목표는 장론의 언어에 속한 요소들을 공학의 등가 회로에 통용되는 요소들과 결합하는 일종의 단순화된 특수 용어(또는 혼성어)를 만들어내는 것이었다(〈그림 9.11〉을 보라). 이것은 맥스웰 이론에 대한 평소 물리학자들의 언어를 제한하고 수정해서 기술자들의 일상적인 계산 관습과 대수적(代數的)으로 (구문론[構文論]적으로) 일치하도록 만들려는 시도였다. 슈윙거는 물리학자들과 기술자들이 모두 이해할 수 있고, 그들이 모두 좀더 큰 관심사 — 한쪽에는 맥스웰 장이론의 개념들에 대한, 다른 쪽에는 라디오 기술자들의 관습들에 대한 — 로 연결시킬 수 있는 교차점을 만들어냈다.

간단히 말하면 전쟁으로 인해 슈윙거와 같은 이론 물리학자들은 장치에 관한 일들을 계산하고, 이러한 물질적 목표를 통해 장이론에 대한 그들 자신의 이전 언어를 전기 공학의 언어와 대수(代數)로 연결하면서 하루하루를 보내도록 강요당했다(등가 회로 계산을 응시하고 있는 슈윙거를 묘사하는 〈그림 9.12〉를 보라). 이론을 수정하고, 마이크로파 방사선을 위한 등가 회로를 만들어내고, 새로운 종류의 문제를 푸는 것 등 — 이것이 중요한 점인데 — 이 번역의 한 형태가 아니다. 심지어 〈그림 9.11〉에 나오는 "어휘"도 새롭게 계산된 이론적 요소들을 최근에 제작된 마이크로파 회로 소자(素子)의 부분들과 일치시키고 있다. 그것들 중에서 어느 것도 이론 과학자 또는 라디오 기술자 중 누구의 이전 관습 중 일부분이 아니었다. 경계는 확실하지만 번역은 없었으며, 형태 전환은 어느 곳에서도 보이지 않는다.

슈윙거가 이론 부서장인 조지 울렌벡에게 다음과 같이 썼을 때 심지어 부호 표기조차도 문제가 강제된 연락임이 분명했다. "부호에 관해 결정해야 할 질문이 있다. 나는 리액턴스가 0보다 작다고 간주했는데 그것은 유도에 의한 임피던스가 $-i\omega L = iX$이기 때문이다. 그런데 기술자는 $J\omega L = JX$라고 쓰고 그래서 그것이 0보다 크다고 간주한다. 우리가 기

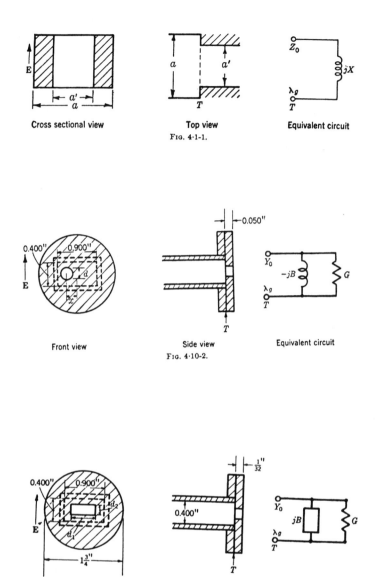

Cross sectional view

Top view

Equivalent circuit

Fig. 4·1-1.

Front view

Side view

Equivalent circuit

Fig. 4·10-2.

Front view

Side view

Equivalent circuit

Fig. 4·10-1.

⟨그림 9.11⟩ 물리적 도파관과 그것들에 등가 회로(제2차 세계대전, 1951년에 출판). 전시(戰時)에 슈윙거에게 주어진 임무는 마이크로파 부품들과 등가 회로를 이론적으로 결정하는 것이었다. 그러한 등가 회로들은 그다음 평소의 전기공학 계산에 사용되었다. 출처: 마쿠비치,『도파관 편람』(1986), 31a.

〈그림 9.12〉 MIT 방사선 연구소에서 슈윙거와 등가 회로 계산(1946). 슈윙거가 매일 마이크로파 영역에서 등가 회로에 대해 계산한 것은 그에게 실제적으로 유용하지 않은 물리량을 무시하거나 적분하여 제외시킴으로써 실제적으로 유용한 양을 계산할 수 있다는 감명 깊은 교훈을 얻게 했다. 그것은 그와 다른 사람들이 전쟁 직후 수년 동안 "기초" 물리학의 핵심에 계속 적용한 교훈이었다. 출처: 매사추세츠 공과대학, 『5년 동안』(1947), 34쪽.

술자를 따라야 할까?"[71] 슈윙거가 다음에 써 놓은 기록에서 볼 수 있는 것처럼 그 대답은 널리 알려진 그렇다. 좀더 중요하게는 동일한 회로가 교환을 위한 그 지방의 화폐가 되었다. 물리학자들에게 등가 회로는 장론이라는 더 넓은 기호 시스템에 연결되어 있었다. 기술자들에게 등가 회로는 그들의 예전 라디오 기술의 도구 상자를 자연스럽게 확장한 것이다. 이런 교역으로부터의 영향은 (다른 방법으로) 이론 과학자의 역할에 대한 그의 동료 이론 과학자들과 실험 과학자들의 견해에 영향을 미친 것처럼 슈윙거에게도 오랫동안 변치 않는 영향을 미쳤다. 여기에 라비가 1944년 2월 12일에 샘 앨리슨에게 보낸 편지가 있다.

---

71) 슈윙거가 울렌벡에게, n. d., 파일 "S", box 876, RLP.

일련의 용서할 수 없는 잘못들을 통해서 우리가 줄리언 슈윙거 박사의 공헌에 대한 논쟁에 휘말린 것처럼 보인다. …… 나는 보잘것없는 사람들의 싸움에 죄 없는 구경꾼으로 당신이 연루된 이유를 전혀 이해할 수 없지만, 어찌 되었든 나는 기꺼이 돕고 싶다. 역사적으로 말하면 슈윙거는 휠러 루미스가 방심 상태에 있던 순간에 나와 상의하지도 않고 야금 연구소로 파견되었다. …… 그렇게 해서 그는 시카고로 갔고, 그곳에서 내 짐작에 초인적인 과제를 수행했다. 처음부터 알고 있어야 했던 것, 즉 여기서 그의 임무가 완수되기에는 거리가 멀었고, 그가 얻어낸 오직 그에 의해서만 독일인들을 사살하는 데에 유용한 형태로 만들어질 수 있는 많은 결과들이 축적되었음이 뒤이어 발견되었다. …… 그동안에 그것이 진정으로 굉장히 중요하다는 사실이 연구소 주위의 각종 실험 물리학자들과 기술자들에게 분명해졌다. ……부디 연구소의 다른 구성원들에게 나의 안부를 전해주고, 적어도 유럽에 대한 침공이 끝날 때까지 당분간은 우리에게서 사람들을 데려가지 말 것을 그들에게 당부해주기 바란다.[72]

장이론(場理論)을 등가 회로의 입출력 관계로 떼어냄으로써 슈윙거는 레이더 설계의 많은 측면들을 예측할 수 있게 만들었다. 작업대에서 금속을 두들기기에 앞서 접속 상자에서의 변화가 신호의 세기에 어떤 영향을 줄지 예견하는 것이 가능해졌다. 그리고 이것은 오로지 정교한 구리 연동 장치의 내부 모든 점에서 장(場)에 대해 풀어야 한다는 물리학자의 당연한 성향을 포기함으로써 비로소 가능하게 되었다. 전쟁이 끝난 뒤에 모순이 없는 양자 전기 동역학을 그렇게 탐구하도록 슈윙거를 이끈 것이 바로 실험적으로 유용한 것을 추구하는 (그리고 감춰진 복잡성을 분리하는) 그러한 철학이었다. 슈윙거가 1947년 말에 말한 것처럼

---

72) 라비가 앨리슨에게, 1944년 2월 12일, 파일 "Personnel-Division 4", box 784, RLP, 강조가 추가되었다.

다음과 같은 것이 문제였다. "전기 동역학이 극단적인 상대론적 에너지에서는 수정되어야 한다는 데 의문의 여지가 없지만, 웬만한 상대론적 에너지에서는 아마 정확하다. 그러므로 현재 이론 중에서 단지 중간 정도의 에너지와만 관련이 있어서 상대적으로 믿을 만한 측면들에서 본질적으로 고에너지와 관련이 있고, 좀더 만족스러운 이론으로 수정되어야 할 측면들을 분리시키는 것이 바람직하다."[73)]

특히 슈윙거는 매우 높은 에너지 과정이 이론의 관측 가능한 결과에 단지 약하게만(로그 함수적으로만), 진공 편극과 자체 에너지 등에, 그리고 단지 몇 가지 특정 장소에만 영향을 미친다는 것을 알게 되었다. 전자(電子)의 자체 에너지의 경우 슈윙거는 전자의 질량이 고유의 역학적 질량과, 그리고 광자의 흡수와 방출에 의해 생기는 전자기적 질량 등 두 부분으로 이루어져 있음을 주목했다. 그러나 우리가 실험실에서 볼 수 있는 것은 전자의 실험적 질량일 뿐이지 결코 역학적 질량이나 전자기적 질량을 따로 관찰할 수는 없다. 슈윙거는 전자의 무한한 전자기적 질량을 계산한 다음, 전체 질량을 우리가 실험실에서 그 입자의 질량이라고 알고 있는 것으로 재규격화시켜야만 한다고 주장했다. 이러한 재규격 인자와 전하(電荷)에 대응하는 비슷한 재규격 인자가 전자(電子)의 자기(磁氣) 모멘트와 같은 다른 관찰 가능한 수많은 과정들에 대해 계산할 수 있도록 해준다.[74)] 비록 슈윙거의 관심사가 전쟁과 그다음 수년 사이에 급변했지만, 그가 방사선 연구소의 공학관(工學館)에서 획득한 이론적 태도는 후속 연구에 영구적인 자취를 남겼다.

슈윙거 자신은 두 가지 전혀 관계없어 보이는 도파관과 재규격이 연결되어 있다고 내비쳤다. 전쟁이 진행된 "혼란의 수년 동안"은 그 이상이었다. "도파관에 대한 연구는 주어진 실험적 환경 아래서 조사되지 않은 안쪽의 구조적 측면을 분리시키기 위하여 이론을 체계화하는 것의 실익

---

73) 슈윙거, 「양자 전기 동역학」, *Phys. Rev.* 73(1948): 416~417쪽 중 416쪽.
74) 슈윙거, 「양자 전기 동역학」, *Phys. Rev.* 73(1948): 416~417쪽 중 416쪽.

(實益)을 보여주었다. …… 그리고 바로 그러한 견해가 [나로 하여금] 자체-일관적인 공제(控除) 또는 재규격이라는 양자 전기 동역학의 개념에 이르게 했다."[75] 도파관 물리학에 대한 슈윙거의 연구를 이해하고서 우리는 이제 레이더 계산과 재규격 계산 사이의 이러한 연결 관계를 풀어 낼 위치에 있다.

마이크로파의 경우 불연속 영역에서 장(場)과 전류를 완전히 계산한다는 것은 불가능했고, 양자 전기 동역학의 경우 임의로 고에너지 과정에 대한 자세한 점을 알려고 하는 데는 가망이 없었다. 마이크로파 문제를 공략하기 위해 슈윙거는 (그의 작업모를 쓰고) 불연속 영역의 물리에 속한 성질 중에서 예를 들어 불연속으로부터 먼 곳에서 나오는 전압과 전류같이 "주어진 실험적 환경"에서 중요한 것들을 분리했다. 흥미로운 성질들을 분리시키기 위해 그는 불연속 영역의 전기 동역학에서 필요하지 않은 자세한 사항들을 등가 회로의 매개 변수로 처리했다. 양자 전기 동역학의 기본 문제에 직면해서도 1947년에 슈윙거는 이미 경험한 것과 유사한 방법으로 진행해야 되겠다고 결론지었다. 즉 양자 전기 동역학의 물리적 성질들 중에서 예를 들어 자기(磁氣) 모멘트 또는 산란 진폭과 같은 주어진 실험적 환경에서 중요한 것들을 분리해야 했다. 이런 양들을 쓸모없는 것들로부터 분리하기 위해 그는 고에너지 상호작용에서 필요하지 않은 자세한 사항들을 재규격 매개 변수로 처리했다.

이렇게 하여 전쟁 동안 이론 물리학자들이 그들의 기술자 동료로부터 배운 한 가지 교훈은 실제로 측정하고자 하는 것에 집중하고, 그러한 특정한 양들을 설명해야 하는 것보다 더 많이 이야기하지 않는 이론을 설계하라는, 간단하면서도 깊이 있는 것이었다. 이론 수립에 대하여 이렇게 실용적인 자세를 취한 것은 이론에 대한 이전(以前) 전통들과는 상당히 예리하게 단절된 것으로 파인먼이나 슈윙거의 동시대 사람들 중 일부는

---

75) 슈윙거, 『교반기(攪拌機)』(1980), 16쪽. 철학적으로 재규격은 "기초적"인 법칙과 "현상론적"인 법칙을 손상시킨다. 이러한 두 개념 사이의 예기치 않은 관계에 대해서는 카트라이트, 『법칙』(1983)을 참고하라.

결코 받아들일 수가 없었다. 심지어 20세기의 가장 위대한 이론 과학자 중 한 사람인 P. A. M. 디랙마저도 1980년대에 그가 사망할 때까지 재규격이라는 생각에 저항했다. 그러나 이 생각은 급속하게 뿌리를 내렸고, 적어도 수십 년 동안 자연을 기술하는 특성에 대한 이론 과학자들의 자세를 바꾸어 놓았다.

어느 정도까지 이러한 새로운 자세의 근원은 오랫동안 견지되었던, 관찰될 수 없는 것이 물리학에서 제외되어야 한다는 중부 유럽의 철학적 견해까지 거슬러 올라갈 수 있다. 마하가 원자론 앞에서 주저한 것이나 아인슈타인이 빛의 매질을 거부한 것, 보어와 하이젠베르크가 전자(電子) 궤도에 관하여 가능한 것 이상으로 말하는 데 마음을 내켜하지 않은 것 등은 분명히 실증주의자의 자세 중 일부를 공유했다. 그러나 전쟁에 대한 미국의 실용적이며 기술적인 태도는 관측 가능한 것에서 끝난다는 실증주의자의 이렇게 다양한 선언과 동일하지 않다. 원칙적으로 ("원칙적으로"의 특정한 의미에서) 복잡한 도파관 내부에서 자세한 전자기장 (電磁氣場)이 계산될 수도 있지만, 그것이 필요하지는 않다. 마찬가지로 "원칙적으로" (누구도 어떻게 할지에 대한 생각은 갖지 않았다고 하더라도) 폭탄 내부에서 핵분열이 만들어내는 중성자들에 대한 볼츠만의 적분-미분 방정식을 풀 수가 있다. 전시(戰時)에 실리적으로 계산할 수 있는 것에 대한 미국의 탐색은 원칙적인 관찰 가능성 앞에서 철학적으로 추진된 머뭇거림이 아닌 다른 무엇이었다. 그것은 공학과의 긴밀한 작업에서 태어난, 1초에 몇 주기인가로 표현된 진동수 변화와 킬로그램으로 표현된 임계 질량, 그리고 초당 와트로 표현된 전력 손실과 같은 계산상의 최종 실리를 향한 추적이었다.

8. 행동과 믿음의 조정

방사선 연구소에서 전통들 사이를 이렇게 왔다 갔다 거래하면서 제러미 벤담의 "원형 교도소"에 대한 푸코의 억지 해석에 대해 흥미로운 반

(反)유추(類推)를 볼 수 있다. 원형 교도소는 감시할 수 있고, 감시하는 것을 통제할 수 있는 "이상적"인 감옥의 중심 망루(望樓)였다. 비록 레이더 작업자의 특정한 공간적 배치가 중요했지만, 방사선 연구소의 4-133호실과 같은 이질적이면서도 헌신적으로 협동적인 실험실 구조는 어떤 한 그룹에게 절대적인 권위를 부여하지 않는다.[76] 왜냐하면 MIT에서는 서로 다른 하부 문화들 하나하나가 모든 사람들이 "레이더 철학"이라고 인정한 혼성된 관습들을 수립하기 위하여 장기 계약과 좀더 일반적이고 실제적인 연구 방식을 폐기하도록 강요받았다. 스트레스를 많이 받는 각종 하부 문화는 평화 시에는 불가능해 보이는 방법으로 그들의 행동과 표현을 조정했고, 우연히 동료가 된 그들은 레이더를 제작한다는 임무를 진척시키기 시작했다.

방사선 연구소의 확장과 병행하여 건조물이 나타나면서 새로운 교환 방식에 대한 건축적 구현을 뚜렷하게 볼 수 있다. 산업과의 교환이 물리학자들의 자기(自己) 구상을 형성하기 시작하면서 방들에는 이동 가능한 벽이 설치되었다. 실험실이 공장을 닮게 되었을 뿐 아니라, 제4장에서 강조된 것처럼 실험실의 산업적 구조로의 통합은 철저하게 계획적으로 진행되었다. 전쟁이 끝나갈 무렵 거의 30억 달러가 레이더에 사용되었으며, 방사선 연구소는 3,900명에 이르는 사람을 고용했고, "모형 공작소"가 설치된 연구소는 군부대에 2,500만 달러에 해당하는 장비를 인도했다.[77] 우리가 이미 잘 본 것처럼 이러한 개발은 미국 동부 해안 지방(브룩헤이븐)에 구체적으로 방사선 연구소를 모형으로 한, 거대한 중앙 집권적인 연구소를 설립하려는 물리학 공동체의 계획에 깊은 영향을 미쳤다. 전쟁이 끝나갈 무렵 "새로운 중앙 집권적인 연구소는 실질적으로 확장과 개조가 가능한 공장 형태여야 한다"는 헨리 스미스의 논평을 기억하자. "건물의 구조상 방 등이 구분되어 있어서는 안 된다." 그리고 이

---

76) 푸코, 『훈련』(1979), 195~228쪽.

77) 구어락, 『레이더』(1987), 4쪽. 전후(戰後) 연구소에 대한 군사적 모형과 공장 모형에 대해서는 갤리슨, 「전쟁과 평화 사이의 물리학」(1988)을 보라.

렇게 새로운 기관의 관념적인 민주주의를 강조하기 위해 그는 "소장 또는 어떤 다른 사람을 위해서도 벽으로 막힌 사무실은 피해야 한다"고 덧붙였다.[78] 민주화가 공동체를 균일하게 만듦으로써 이루어지는 것은 아니다. 이론 과학자와 실험 과학자, 그리고 기술자의 범주를 철폐할 것인가라는 문제는 존재하지 않는다. 오히려 기술자와 이론 과학자, 실험 과학자, 그리고 화학자는 어느 때보다 더 새로운 종류의 장치들이 연구소의 물질적 경치를 바꾸어 놓으면서 그들의 노력을 새로운 물리학의 중심적 특성으로 조정하는 것을 알 수 있게 되었다.

국립 가속기 연구소(National Accelerator Laboratory, NAL. 나중에 페르미 연구소가 됨)의 입안자들 역시 비록 하부 문화들 사이의 항구적인 간격을 인정했지만, 그래도 조정이 그들의 주요 목표임을 알았다. 이론 과학자는 비록 연구소를 위해 필요했지만, 또한 인접한 대학의 동료들과 접촉할 필요가 있었다. 그러한 목적을 위해 연구소는 매주 NAL "이론의 날"을 개최했고,[79] 더욱 야심적으로는 "이론 물리학 센터" 또한 문을 열었다. 시간과 공간, 그리고 기관의 특별한 날 등은 이론 과학자들에게 그들의 개별적인 정체성(正體性)을 공고히 하고 강화시키는 수단을 제공하는 것이었다. 동시에 새로운 실험 연구소는 그 울타리 안에 이론 그룹을 설치할 것을 주장했다는 것이 중요하다 ── 그것은 전시(戰時) 논의의 직접적인 결과다. (이론 과학자를 위해 유사한 공간적 그리고 제도상의 수용 시설이 CERN과 SLAC, DESY, 그리고 다른 고에너지 연구소들에 만들어졌다.)

페르미 연구소가 입자 물리학을 위한 도구와 실험에 정성을 기울이고 있는 동안 이론 과학자들은 강 상호작용 동역학이나 장론, 대칭성과 군론(群論), 공리(公理), 그리고 현상론적 연구에만 치중한 것이 아니라, 그들은 또한 중력과 일반 상대론, 핵 구조, 천체 물리학, 양자 액체, 그리고

---

78) 스피스, 「계획안」, 1944년 7월 25일, 1945년 2월 7일 개정, 8쪽, PUA.

79) 골드바서, 회람용 편지, 1969년 1월 14일, 분류되지 않은 파일, FLA.

통계 역학 등에도 몰두했다. "물론 어떤 이론 과학자 개인이 입자 물리학 내의 한 분야에서 다른 분야로 옮기고, 입자 물리학에서 '주변' 분야들 중에서 하나로 완전히 자유로운 선택 아래 옮길 수 있다는 것은 이해된다."[80] 이론과는 전혀 별개로, 실험의 개념 구상에서 잘 알려진 이런 차이 때문에 실험에서는 판이하게 다른 단절과 연속성을 이론에서 보게 된다.

이론과 실험을 균질하게 만드는 것이 하루이틀에 이루어지는 일이 아니었다. 페르미 연구소를 조직한 사람들이 쓴 것처럼 "수학적 추론의 세련됨과 입자 물리학의 발달을 가져온 기술은 보통 인간이 실험을 하기 위한 실험실이나 패러데이와 캐번디시, 그리고 레일리가 살았던 좋은 옛 시절이나 심지어 좀더 최근의 엔리코 페르미가 살았던 시절처럼 고요한 서재 둘 다에서 과학을 추구하는 것을 더 이상 허용하지 않는다."[81] 나는 장소의 분리에 의해 신호를 받아 이러한 문화들이 분리된 것은 우연이 아니라고 생각한다. "실험을 위한 실험실"이 더 이상 "서재의 고요함"과 동시에 일어나지 않는다. 활동 생활과 명상 생활 사이의 대비가 실험실 자체 내부에서 재현되었으며, 페르미 연구소 이사회의 마음속에서 그 구분이 공간적인 해결을 요구했다. "그룹의 모든 멤버들은 [NAL의 외부로부터 시설을 이용하는 실험 과학자들인] 사용자들 그리고 페르미 연구소에 소속된 실험 과학자들과 의견이나 지식을 교환하고 있다. 이러한 마음들의 만남은 …… 매주 금요일에 열리는 실험과 이론의 공동 세미나에서 좀더 공식적으로 일어나며 [그리고] 페르미 연구소에서 이론 과학자들과 실험 과학자들 사이의 교제를 향한 혁신적인 접근이다." "중앙 연구소의 3층에 위치한 사무실들이나 식당, 휴게소, 그리고 공항 등에서 비공식적인 만남"들이 더 자주 일어난다.[82] 이러한 장소들이 교역 지대

---

80) 「국립 가속기 연구소의 이론 물리학 센터를 위한 계획안」, 1969년 8월 19일, 2쪽, 분류되지 않은 파일, FLA.

81) 리, 「이론 물리학」, *NALREP*, 1975년 3월, 1쪽.

82) 리, 「이론 물리학」, *NALREP*, 1975년 3월, 7~8쪽.

가 된다. 그러한 교환들을 통해서도 실험 과학자를 이론 과학자로 만들 거나 이론 과학자를 실험 과학자로 만들려는 시도는 일어나지 않는다. 도리어 전쟁 동안에 물리학자들이 받아들인 공동 연구라는 개념은 이러 한 하부 문화들의 강화와 특히 국지적 환경들에서의 교환에 대한 강조 와 관련되어 있다.

하부 문화들 사이에 이렇게 다양한 교역의 예들은 과학적 관습(그리 고 지식의 건축 양식)이 초기 논리적 실증주의자들의 완고하게 분리된 관찰 언어와 사이가 좋지 않았던 것만큼이나 실험과 이론의 단순한 적 응성이라는 해석과도 사이가 좋지 않았다는 한 모형을 시사한다. 또는 아마 내가 그것은 둘 다에 연결되어 있다고 덧붙여야 할지도 모른다. 교 역 안에서 나는 과학적 관습의 상대적으로 강제적인 성질을 강조하고자 하는데 이때는──거의 아무것도 진행되지 않는다. 그러나 급격한 변화 가 발생할 때는──어떤 하부 문화도 그러한 변경에 면역이 되어 있지 못한데──반드시 다른 하부 문화들도 똑같이 중단되는 것은 아니다. 더 욱이 다른 하부 문화에 대한 한 하부 문화의 상대적인 완고함과 외래성 (外來性)은 계층들 사이의 혼선이 일어나지 않게 만들지 않는다. 오히려 그것은 교역 영역이 확립되면서 전체적인 기획의 구조가 반(反)실증주 의자들이 부정했던 장점을 가지고 있음을 확실하게 한다.

MIT의 방사선 연구소는 우리에게 교역 지대란 인식론적 문제이며, 그 리고 물질적인 장소라는 해석을 제공한다. 초기 방사선 연구소의 인원 배치를 보여주는 〈그림 9.9〉(4-133호실)는 기술자와 물리학자가 서로 보이는 곳에서 근무했음을 나타낸다. 실제로 번역의 가능성에 대한 반실 증주의자들의 비관적 자세를 향한 반응으로, 나는 MIT의 방사선 연구소 가 완벽한 반증(反證)이 된다고 생각한다. 방사선 연구소의 성공은 비록 물리학자와 기술자가 관련된 기계와 기술에 대해 현저하게 다른 이해를 가지고 교환의 장으로 들어왔다고 하더라도 행동이 진행될 수 있었던 그러한 공동 영역을 만들어낸 것과 직접적으로 관계가 있었다. 일단 전 쟁 중에 두드러지게 나타난 다음, 이러한 상호작용의 장소들은 브룩헤이븐에서 SLAC까지의 연구소들로 설계되었다. 정말이지 제이 마르크스가 전기 기술자와 기계 기술자, 그리고 다양한 유형의 물리학자들로 이루어진 그의 그룹을 한데 모으려는 시도를 좌절시킨 것은 공동 장소가 없다는 점이었다. 마르크스는 나중에 TPC 프로젝트에서 "다음번에는 모든 사람들을 다 수용하도록 서커스용 천막을 치겠다"고 강조했다. 이론 과학자들과 실험 과학자들이 TPC/PEP-4 연구에서 그들의 세계를 서로 연결하고자 했을 때 그들은 아실로마에서 그들 자신의 연수회를 개최했다. 장소는 그렇게도 간절하게 필요했던 조정을 수립하는 데 도움을 주었다.

또는 1990년대 초의 우리 논의를 기억하자. 심지어 초전도 거대 충돌 가속기(SSC)가 싸움 중인 희망으로 존속해 있을 때에도 그 연구소의 건축에 관한 종합 기본 계획은 "'H'로 이루어진 교차된 구획이 연구소 구내의 생활과 활력에 결정적인 역할을 한다고 주장했다. 구내의 과학적 측면과 공공(公共)의 측면을 연결하는 것이 이 '다리'다. 그것은 구내 생활과 '사람들이 상호작용하는 지대'의 교차 도로이다"(〈그림 7.35〉와 〈그림 9.13〉을 보라). "H" 모양의 "길"을 따라 컴퓨터 단말기들을 배열시키고, 이미 중앙에 관리하는 통제 시설과 강당, 그리고 도서관에 우체국과 카페테리아, 여행사를 추가하면서 건축가들과 물리학자들은 그들의 연구소에서 약화되었던 것인 중심부가 복구될 수 있기를 희망했다. SSC의 종합 기본 계획은 "이것이 물리학 공동체의 다양한 요소들이 공식적으로 그리고 비공식적으로 만나는 장소다"라고 이어갔다.[83] 그것은 설계에 의해서 실험 과학자와 가속기 물리학자, 그리고 이론 과학자가 그들이 두려워하는 사회적 그리고 지적(知的) 분열을 피하는 현장으로 도시 크기의 연구소-공동체에 구축되고, 단말기를 통하여 더 넓은 세상의 자료를 지닌 통신망과 연결된, 물질로 바뀐 교역 지대였다.

개념적 도식과 철저한 번역, 형태 전환, 그리고 패러다임 이동 등에 전

---

83) 사프디, 외, 『SSC 연구소』(1993), 54쪽.

〈그림 9.13〉H자 길의 교역 지대, SSC(1993). 이 건축상의 스케치는 "길과 같은" 복도를 묘사하는데, 사프디와 관계자들은 이곳이 연구소의 "공공" 부분과 "사적" 부분 둘 다를 위해서, 그리고 연구소 내에서 작업하는 (이론 과학자와 실험 과학자, 그리고 기술자 등) 서로 다른 집단들을 위해서 만남의 장소를 형성하기를 희망했다. 그것은 물질적인 "교역 지대"이거나 적어도 건축상으로 필요한 기초 구조를 제공하기 위한 것이었다. 출처: 사프디, 외, 『SSC 연구소』(1993), 68쪽. 미칼 사프디가 사진을 찍었다.

형적으로 쌓아 올린 시대 구분에서 떠나는 것에는 대가를 치러야 한다. 우리는 전체주의적인 변형이 갖는 생생한 은유적(隱喩的) 심상(心像)을 잃어버린다. 그렇게 전부가 아니면 아예 포기하는 변종(變種) 대신 우리는 두 가지의 복잡한 사회적이며, 상징적인 시스템들이 서로 맞설 때 만들어지는 국지적(局地的) 배치에 관하여 생각하는 데 약간의 안내가 필요하다. 인류학자들은 그러한 교환에 대해 친숙하며, 조사하기에 가장 흥미로운 분야 중 하나가 혼성어와 크리올어로 만들어지는 것에 대한 인류학적 언어학이었다. 나는 서로 다른 이론적 문화와 실험적 문화, 그리고 기술적 문화 사이에 경계 지대를 특징짓기 위하여 이러한 생각을 이전 장들 전체를 통해 이용했다. 그러나 "혼성어"와 "크리올어"와 같은 용어는 그룹들 사이의 경계에 위치한 언어와 관계된다. 혼성어는 보통 적어도 두 가지의 활용 중인 언어의 요소들에 의해서 구축된 접촉 언어를 가리킨다. "혼성어로 만들어지기"는 혼성어가 생성되는데 제한을 가하는 과정이다. 관례에 따라 "혼성어"는 심지어 몇 안 되는 사람들의 모임이라고 하더라도 모국어로 이용되는 언어를 묘사하는 데 사용되지는 않는다. 이와는 대조적으로 크리올어는 그럴듯하게 안정된 모국어로 활용될 수 있을 만큼 확장되고 복잡해진 혼성어다.[84]

전형적으로 긴급한 무기 프로젝트나 또는 좀 조용한 분석적 실험과 모방 실험을 연결하는 것에서 유래될 수 있는 만일의 경우로, 둘 이상의 그룹들이 교역이나 교환을 수립할 필요가 있을 때 혼성어가 발생한다. 그러한 언어가 발생하는 한 가지 방법은 우세하지만 더 작은 그룹이 자신의 문화적 정체성(正體性)을 유지하기 위해서이거나 그 그룹의 소속원들이 그들의 사회적 하위의 사람들은 그렇게 복잡한 구조를 배울 수 없다고 믿기 때문에 자신의 전체 언어를 억제할 때다. 의사소통을 위해서 우세한 그룹은 "외국인에게 건네는 말"을 만들어내는데, 그것은 그다음에 나날의 교역에 사용되면서 다듬어진다. 예를 들어 "경찰 모투어(語)"가 그런 방법으로 만들어져서 출현한다. 원래 모투 부족은 (지금은 뉴기니의 파부파 부족인데) 예를 들어 놀이 용품과 목재 제품을 위해 그릇과 해산물을 교환하는 등 그들의 다방면에 걸친 교역 네트워크에 이용하기 위하여 그들 언어(외국인에게 건네는 말)의 간이화된 변형을 만들었다. 인류학적 언어학자인 윌리엄 폴리는 이 단계에서 간이화된 모투어는 모

---

84) 다음에 나오는 부분의 상당 부분은 폴리, 「언어」(1988)에 나온 혼성어와 크리올어로 만들어지는 것에 대한 문헌의 뛰어난 종합 논문에 밀접하게 근거하고 있다. 모투에서 이렇게 특별한 발전에 대한 설명을 위해서는 더튼, 『경찰 모투어』(1985)를 보라.

투어 자체와 구별되는 언어가 아니었다고 추측한다. 1870년대를 시작으로 유럽 사람들이, 그리고 나중에는 중국 사람과 태평양 섬 사람들, 그리고 말레이 인도네시아 사람들이 도착했다. 그들 역시 모투어의 외국인에게 건네는 변형을 습득했다. 영국이 식민지 통치를 확립했을 때 그들은 대부분 모투어가 모국어가 아닌 경찰을 이용하여 그들의 우월성을 강요했다. 경찰은 유일하게 이용이 가능했던 링귀 프랭커인 간이화된 모투어로 도리어 쉽게 빠져 들어갔지만, 이제 식민지 통치 아래서 좀더 복잡한 기능을 담당하도록 그 언어를 다듬었다. 좀더 뒤얽히고 (강제적으로) 널리 퍼진 언어로서 경찰 모투어는 그 중요성이 증진되었다. 그 언어의 확산이 부분적으로는 경찰에 의해 체포된 범죄자들(예를 들어 사람을 사냥하는 사람들)이 자주 그들의 마을에서 높은 지위를 누리는 사람들이었다는 주위 사정에 의해서 의도되지 않은 도움을 받았다. 투옥되었던 사람들이 집으로 돌아올 때 그들은 경찰 모투어를, 그리고 그에 따라 더 큰 지위를 얻었다.[85]

모국어에서 혼성어로의 축약과 변경은 많은 축을 따라 발생한다.[86] 언어적 구조의 축소는 어휘의 제한을 통하거나 단음 형태의 단어를 통해 **사전(辭典)**적으로 일어날 수 있다. 언어적 구조의 축소는 종속절의 제거를 통하거나 단어 순서의 경색을 통해 **구문론적**으로 일어날 수 있다. 또한 어형 변화나 이형태(異形態)의 축소를 통하여 **형태론적**으로 일어날 수 있다. 또는 언어적 구조의 축소가 연속 자음과 다음절 단어의 제거를 통해 **음운론적**으로 일어날 수 있다. 처음에는 그러한 혼성어가 각 학습자의 이전(以前) 언어적 관습에 따라 서로 다르며 안정적이지 않을 수도 있다. 그러나 점차적으로 적어도 어떤 경우들에서는 혼성어가 안정될 것이다. 때로는 이것이 다른 언어적 배경을 갖는 학습자들이 그들 사이에서 의사소통을 할 필요가 있을 때 일어날 것이다. 혼성어가 사건과 대상

---

85) 폴리, 「언어」(1988), 173~174쪽.
86) 퍼거슨, 「간이화된 기록부」(1982), 60쪽을 보라.

에 대한 좀더 넓은 다양성을 떠맡을 만큼 확장되면서 혼성어는 단지 교역을 촉진시키는 것보다 더 큰 언어적 역할을 담당하게 된다. 궁극적으로 어린이들이 확장된 혼성어 "속"에서 성장하기 시작하면서 그 언어는 이제 더 이상 단순히 특정한 기능에만 기여하는 것이 아니라 이제 총체적인 인간의 요구에 부응해야 된다. 언어학자들은 그렇게 새로이 창조된 "자연" 언어를 크리올어라고 명명하며, 그렇게 되기까지의 과정을 "크리올어로 만들기"라고 한다.

여기에 적절한 이론적 요점은 완전한 번역이 결여된 언어들 사이에서 행동의 조정이 일어난다는 것이다. 뜻이 깊고 자주 인용되는 구절에서 쿤은 다음과 같이 주장했다. "이론들 사이나 또는 언어들 사이에서 번역은 왜 그렇게도 어려운가? 그것은 자주 언급되었던 것처럼 언어가 서로 다른 방법으로 세상을 재단하고, 우리가 보고하기에서 중립적인 언어 하부적 수단에 접근하지 못하기 때문이다."[87] 혼성어나 크리올어가 어떻게든 언어의 "아래" 또는 "위"에 있지 않다. 그러나 그것은 이렇게 중재하는 접촉 언어를 만들어내고 다양한 언어의 사용 영역에서 그렇게 하는 우리의 언어적 능력 속에 놓여 있다.[88] 물리 분야의 많은 하부 문화들을 연결시키는 데 중요한 가장자리에서 조정하려는 목적으로 기호 체계를 제한하고 국지(局地)화하는 것이 이러한 능력이다. 4-133호실의 물리학자들과 기술자들은 그들의 마이크로파 회로를 조립하면서 번역에 종사하고 있는 것이 아니며, 그들이 "중립적"인 관찰 문장을 만들어내고 있는 것도 아니다. 그들은 그들의 행동을 조정하기 위하여 강력하고 국지적으로 이해되는 언어를 만들어내고 있는 것이다.

---

87) 쿤, 「회상」(1970), 268쪽.
88) 우리의 언어를 혼성어로 만드는 이러한 능력이 어디서 오는 것일까? 데릭 비커톤은 그의 저서 『뿌리』(1981)에서 그런 질문을 제기한다. 그는 그것이 선천적인 "생체-프로그램"의 부분이라는 견해를 옹호하지만, 이러한 주장은 바로 좀더 일반적으로 언어적 능력의 존재와 범위 그리고 근원에 대한 광범위한 논쟁으로 바뀌어간다.

나는 접촉 언어의 역동성, 안정화와 조직, 확장에 대한 접촉 언어의 메커니즘을 지적하고자 한다. 왜냐하면 접촉 언어가 이론 과학자와 실험 과학자 사이(또는 실험 과학자와 도구 제작자 사이)의 대결과 관련된 질문을 제기하기 때문이다. 예를 들어 실험 과학자와 이론 과학자, 그리고 도구 제작자들이 그들의 관습을 다른 하부 문화들에 제시하기 위해 간단히 만드는 데 이용하는 과정은 검토를 필요로 한다. 우리는 크리올어 전문가인 C. 퍼거슨에 의해 제안된 사전적(辭典的), 구문론적, 형태론적, 음운론적 축들과 유사한 방향을 따라서 이 과정을 분명하게 말할 수 있을까? 물리학의 중심부에서 나온 다음 예를 고려하자.

　1960년대 초에 두 명의 저명한 물리학자인 시드니 드렐과 제임스 브조르켄은 양자 장론에 관한 책의 저술에 착수했다. 그들은 곧 사실상 서로 다른 두 권의 책을 써야 했음을 깨달았다. 첫 번째는 이론 과학자의 하부 문화 바깥에 존재하는 독자를 대상으로 한 것인데, 이론의 계산 법칙들로부터 시작했으며, 두 번째는 파인먼 기술에 대한 이론적 근거와 증명을 포함했다. 첫 번째 책은 파인먼 도표와 그들이 간단하게 만든 고전 현상인 (대전 입자가 광자를 방출하는) 제동(制動) 복사와 (전자[電子]가 광자의 방향을 바꾸는) 컴프턴 산란, 그리고 (전자와 반전자가 융합하여 한 쌍의 광자로 나타나는) 쌍소멸 등에 대한 적용을 포함했다. 이런 것들을 포함한 과정에 대해 더 높은 차수의 보정(補正)을 조사하기 위해 저자(著者)들은 체계적인 해설 없이 재규격 절차를 도입했다. 제1권은 기술들에 관한 책이었다. 제1권은 "운동량이 q이고 스핀이 0인 메존을 가리키는 내부 선마다 인자(因子) $i / (q^2 - \mu^2 + i\varepsilon)$을 [삽입하라]"와 같은 규칙으로 시작하는데, 여기서 μ는 메존의 질량이고 ε은 0보다 큰 작은 수이다.[89] "[이론에 대한] 좀더 직접적이고 좀 덜 공식적인 그러한 전개는, 연역적인 장론의 접근 방법보다는 흥미를 덜 돋운다고 할지라도 파인먼 도표를 정량적으로 계산하고 분석하며 이해하는데, 제2양자화

---

89) 브조르켄과 드렐, 『상대론적 양자 역학』(1964), 286쪽.

이론 과학자들로 이루어진 한정된 전문가 공동체보다 훨씬 더 큰 물리학자들의 공동체가 활용할 수 있는 온갖 비결을 가져다준다. 특히 우리는 입자 물리학에 흥미를 갖고 있는 실험을 하는 우리의 동료나 학생들을 고려하고 있다."[90]

"제2양자화"는 양자 장론의 체계적인 전개(展開)이며, "제2양자화 이론 과학자"들로 이루어진 "한정된 전문가" 공동체는 양자 장론의 관습이 "자연스러운" 특별한 이론 과학자들의 그룹을 가리켰다. 이렇게 더 작은 그룹이 그들의 활동을 SLAC과 같은 연구소들의 결과와 연결지으려 추구할 때 이론적 표현에서 풍부성은 부득이 한정적이었다(혼성어로 되었다). 두 권 중 "실험"을 다룬 것에서는 규칙들이 그들의 정당한 위치를 찾는 이론 체계가 빠져 있었다. 또한 양자 전기 동역학 내에서의 계산은 어떤 정확도로라도 계속 유한하게 유지될 것이라고 밝히는 논증과 같이 좀더 일반적인 증명도 제외되어 있었다.[91] 경찰 모투어에서와 마찬가지로 기호 체계의 "외국" 판을 만들기는 많은 전선(前線)에서 일어난다. 거기에서는 좀더 체계적인 증명보다는 오히려 설득력 있고 학습을 돕는 논법이 강조되며, 실험과는 조금 거리를 둔 (대칭성이나 불변량과 같은) 이론의 공식적인 성질들보다는 측정 가능한 양에 대한 계산이 더 주목 받는다. 아마도 좀더 미묘하게는 "이론적" 해석이 자주 단순히 실험 과학자들에게만 관계된 현상과 연결된다. 예를 들어 두 권 중 실험과 관계된 것에서는 (전자[電子]와 같은) 반(半)정수 스핀을 갖는 입자들은 파울리의 배타 원리를 만족한다고 간단히 가정하는 데 반해, 이론과 관계된 것에서는 이러한 주장이 로렌츠 공변성을 만족하고 유일한 바닥 상태를 갖는 모든 국지적 양자 장론에 대하여 입증되어 있다.[92]

이 결과와 다른 결과들은 궁극적으로 이론 과학자들을 위하여 기초적인 요소가 포함되어 있는 서로 다른 구조로 연결된다. 특히 두 권 중 실

---

90) 브조르켄과 드렐, 『상대론적 양자 역학』(1964), viii쪽.
91) 브조르켄과 드렐, 『상대론적 양자 장론』(1965), 330~344쪽.
92) 브조르켄과 드렐, 『상대론적 양자 장론』(1965), 170~172쪽.

험과 관계된 것에서는 기본 대상인 장(場) ψ가 단일 입자의 파동 함수를 대표한다. 실험 과학자들은 이 함수를 이른바 "제1"양자화라고 불리는 규칙, 즉 고전 물리학의 위치 x와 운동량 p가 연산자 x와 공간 도함수 d/dx로 대체된다는 규칙을 따라서 다양한 방법으로 다루는 것을 배운다. 그 결과로 나오는 미분 방정식을 풀고 그 입자의 파동 함수가 지닌 동역학은 그것에 의해 결정된다. 이론 과학자들에게는 ψ가 단일 입자의 파동 함수를 대표하지 않는다. 도리어 ψ는 시공간의 각 점에서 연산자로 간주된다. 단일 입자의 대역을 하는 대신 ψ는 각 시공간 점에서 입자들을 창조하거나 소멸시킬 수 있는 연산자들의 장(場)을 대표한다.

거기에 설정된 존재론적인 면에서의 이와 같은 근본적인 차이에도 불구하고, 실험 과학자들과 양자 장론 이론 과학자들 사이에는 합치하는 근거가 존재한다. 입자 물리학의 현상론적 세상을 기술하는 주위에 그러한 교역 지대가 형성된다. 광자(光子)는 어떻게 전자(電子)로부터 튕겨져 나가는가? 전자는 어떻게 반전자로부터 산란되는가? 양성자에 가까운 근방에서는 어떻게 광자가 전자와 반전자 쌍을 만들어내는가? 뮤온의 자기(磁氣) 모멘트를 어떻게 계산하는가? 이런 질문들과 그 비슷한 질문들과 관련해 실험 과학자들과 이론 과학자들은 표현의 규칙과 계산, 그리고 국지적 해석에 대한 의견의 일치에 도달하게 된다. 브조르켄과 드렐의 책 중 제1권은 실험 과학자와 이론 과학자 사이를 중개하는 안정된 혼성어를 만들어내려는 시도다. 수학적 구조의 축소와 예외적인 경우의 억제, 이론적 구조들 사이에 존재하는 내부 연결의 최소화, 간이화된 설명적 구조 등 — 이것들은 모두 이론 과학자들이 실험 쪽 동료들과의 교환을 위해 그들의 주제를 준비한 모든 방법들이다. 나는 규칙화를 향한 이러한 움직임을 자연 언어의 음운론적, 형태론적, 구문론적, 사전적(辭典的) 축소와 유사한 종류인 공식적인 언어로 받아들인다.

혼성어와 크리올어를 불러내는 것으로, 내가 담화에 대한 기계 조정을 "축소"하려고 의미한 것은 아니다. 나의 의도는 정상적으로는 "자연" 언어의 영역 내에 포함되지 않는 구조를 이루는 기호 체계를 포함시키기 위하여 접촉 언어의 개념을 확장하자는 것이다. 한편으로 이러한 확장적인 자세는 자연 언어를 고립시키려는 시도를 비판하는 것에 근거할 수 있다. 결국 심지어 영어와 같은 언어조차도 부분적으로 의도적인 중재에 의하여 제약받았다. 거꾸로 말하는 은어(隱語)나 운율이 같은 것을 이용하는 은어(隱語)와 같은 언어 놀이가 "순수한 자연" 언에 내부에 문법 상의 자취를 남겨 놓았다.[93] 다른 한편으로 서명하거나 FORTRAN, 그리고 심지어 전기 회로 설계와 같은(구축된) "비(非)자연" 언어는 어떠한 경계 설정 조건도 실패하게 되어 보이는, 그렇게 광범위한 표현 방식으로 사용될 수 있다.

그리고 실제로 놀라운 일이 아니지만 거기에는 대응하는 실험 과학자들이 그들 쪽에서 개발한 외국인에게 건네는 말이 존재한다. 이론 과학자들이 이론과 이론을 연결하는 "내부 원인에 의한" 구조를 억제시킴으로써 복잡성을 줄이는 것과 꼭 마찬가지로 실험 과학자들도 이론 과학자들에게 말하면서 실험적인 절차들을 다른 실험 절차로 묶어 연결짓는 세부 사항들을 건너뛴다. 도구 제작자들에 관해서 나는 외국인에게 건네는 그들의 말의 상당 부분을 구성하는 것이 기계 조정의 규칙화라고 제안하고자 한다. C. T. R. 윌슨은 발표된 그의 논문의 참고문헌에서 구면 유리 세공(細工)의 기발한 행동에 대한 인용을 삭제했다. 우리는 어느 곳에서도 그의 별나게 행동하는 상자에 대한 자취를 발견할 수 없다. 에멀션의 역사에서 보면 여과(濾過)의 층들이 많이 있었다. 화학자들은 그들의 화학식을 공개하지 않았다. 실험 과학자들은 그들의 개발이나 건조, 절단 등의 자세한 절차가 비록 그것들이 일관되고 변형되지 않은 흔적을 만들어내기 위해서 모두 필요하지만, 논문으로는 발표하지 않았다. 여러 해 뒤에 오직 오치알리니만 가이거-뮐러 관을 준비하는 데 그가 이용한 비결들을 기록했다.

일포드나 코닥 사의 경우에서처럼 특허를 받은 것에 대한 과묵(寡默)은

---

93) 예를 들어 뮐회슬러, 『혼성어』(1986), 60쪽을 보라.

그런 침묵을 설명만 할 뿐이다. 내 추측으로 좀더 중요한 것은 이런 관습들 중 많은 부분이 내부 참고용이라는 점이다. 그들은 실험실 절차를 실험 과학자들이 (그리고 도구 제작자들이) 이론 과학자들과 공유하는 교역 지대 현상과 좀더 직접 연결시키기보다는 오히려 일련의 실험실 움직임을 다른 실험실 움직임과 연결시켰다. 동시에 이런 기술 중에서 많은 부분은 적어도 일찍부터 규칙화를 빠져나갔으며, 그렇게 해서 실험실 내부의 실험에 대한 혼성어의 일부를 형성할 수 없었다. 그러나 조금씩 실험실 절차의 규칙화된 변형이 그것들의 원인이었던 관습들과 분리되고, 그것들은 내가 무언(無言)의 크리올어라고 부른 것을 형성하기 시작한다.

이렇게 절차의 "분리될 수 있는" 부분은 앨버레즈 그룹이 거품 상자 유리를 쇠로 만든 골격과 결합시키는 물질로서 인듐을 도입했을 때처럼 기능이나 공학적 지식 중에서 고립시킬 수 있는 부분으로 나올 수 있다. 그렇게 국지화된 지혜와 재료 사이에는 PANG이나 KICK — 또는 좀더 최근에는 각종의 중성자 몬테 카를로 또는 하드론화시키는 제트 제작자 — 과 같은 컴퓨터 프로그램이 설치되어 있다. 그들의 교환은 상(像) 전통에서의 관습들을 규칙으로 만들었을 뿐 아니라 흔적 분석 프로그램들 또한 논리 전통으로 넘겨져서 장기적으로 전에는 서로 경쟁하던 두 문화가 통합하는 데 공헌했다.

마지막으로, 전후(戰後) 일포드 사 제작의 에멀션이나 레이더 진동기, 다중-채널 분석기 또는 불꽃 상자 부품들의 분배와 같은 많은 경우 교환의 매체는 물질적일 수 있다. 이것은 "블랙박스로 만드는" 과정이 좀더 언어적인 형태인 혼성어로 만드는 것과 정확하게 물질적으로 대응하는 유사체로 보일 수 있다는 점을 시사한다. "전자(電子)"와 같은 용어가 주위 상황과 연관 없는 의미를 획득할 수 있는 것과 마찬가지로 국지적 진동기나 대전된 결합 장치, 그리고 컴퓨터 기억 장치 등과 같은 품목들도 그것들 본래의 상황에서 벗어나 새로운 상황들과 조정될 때 하부 문화들 사이에서 결합시키는 요소로서의 기능을 할 수 있다. 결국 이러한 도구들이 (분리되어서는) 핵무기나 레이더 개발에서 그것들의 기능을 드러내지 않으리라는 것은 군부 검열관들의 변치 않는 확신이었고, 그래서 그들은 제2차 세계대전이 종료된 수년 뒤에 실질적으로 모든 전자적(電子的) 도구류에 대한 비밀 취급을 해제하기에 이르렀다.

전쟁 중에 개최된 방사선 연구소 세미나를 시작으로, 회로 조립이나 부품 조정, 그리고 시험하기에 대한 기술들과 일반적으로 전승된 지식들이 과정들로 편찬되었으며, 전쟁 뒤 전자 제품의 대성황 시대에는 학생들이 장론이나 전통적인 라디오공학 등에 배속하지 않고 마이크로파 전자공학에서 성장하는 데 충분할 만큼 일체가 완비된 전 영역의 실습 교본으로 편찬되었다. 혼성어는 크리올어가 되었다. 마찬가지로 이론 물리학의 세부 분야로서 "입자 현상론"의 개발은 교역 지대의 확장이었다. 혼성어인 입자 물리학은 바깥쪽으로 확장되어 일부는 실험 과학자들로부터 빌리고 일부는 양자 장이론 과학자들로부터 빌려 그 어느 때보다도 넓혀진 관습들의 영역을 수용했다. 그들의 경계가 보여주는 정체성에 걸맞게 그러한 물리학자들은 자주 자신들이 이론 그룹과 실험 그룹 둘 다에 속해 있는 것을 발견했다. 그리고 수학과 핵무기 설계, 통계, 컴퓨터 제작 사이에서 시작된 몬테 카를로 기술은 실험과 이론을 결합하면서도 실험도 아니고 이론도 아닌 제3의 것으로, 좀더 넓게는 컴퓨터 과학에서 새로운 분야의 기둥으로 성장했다. 내가 여기서 사용한 것과 같은 방법에서 혼성어와 크리올어는 별개의 훨씬 더 큰 다른 관습 집단들과 연결시키는 데 공헌하면서도 동시에 자립하기에 충분한 자율적인 구조를 갖는 것으로 정의된다. 그러한 교역 언어들이 (몬테 카를로에서와 같이) 계산상의 방법 주위에서 유포되거나 (이온학이나 또는 전자적(電子的) 계수기 기술의 목록에서와 같이) 연구소의 움직임 주위에서 유포되든 간에 그들은 물리학의 다양한 하부 문화들을 더 크고 사이사이에 삽입했으며 좀더 성공적인 전체로 결합시키는 데 공헌했다.

무엇이 혼성어를 안정시키는가? 무엇이 특정한 목적을 위해 모아져서 경계가 정해진 언어 관습들의 하루살이 같은 제휴를 맺게 하고 그러한 제휴를 지속하고 확장하게 만드는가? 한 가지 흥미로운 추측으로 세 가지 또는 그보다 더 많은 언어들의 긴밀한 연대("제3의 혼성화")는 혼성어가 대상 언어 중 하나로 다시 흡수되는 것을 방지하는 데 기여한다는 것이다.[94] 아마도 거대한 전쟁 연구소들에 속한 가장 효과적인 성질은 이론 과학자와 실험 과학자, 그리고 도구 제작자의 관습들과 전기 기술자와 기계 기술자의 관습들 사이에 부과된 조화로운 편성이었다. 다른 것들 중에서도 화이트로 하여금 다른 것과 구별되는 "레이더 철학"이라고 말하게 만든 것은 이렇게 조정된 행동과 각 구성 그룹의 이전(以前) 경험 사이에 느낀 차이였다. 새로운 형태의 우연한 만남 또한 앨버레즈의 거품 상자 실험하기 시대에 기술과 실험 그리고 이론의 연쇄적 연결을 특징지었다——실험 과학자들이 컴퓨터로 작동하는 자료 분석과 자료의 원격 할당, 그리고 기계에서 실험 과학자를 분리하는 기술 등을 흡수해야 되었던 것이 그때였다. 이제 생산 라인과 달러당 사건 수, 그리고 "충분히 좋은" 기술 등에 대한 두려움을 극복하라고 일어서서 청중들에게 경고할 수 있는 사람은 바로 앨버레즈였다. 수소 거품 상자의 위협적인 환경 아래서 저온 물리와 공장식 구조, 중핵자 물리학 사이에서 새로운 종류의 물리학이 출현했다. 또한 1960년대 말에 실험적 하부 문화의 재결합이 멈추지도 않았다. 1970년대와 1980년대에 공동 연구단의 정치적 경제가 바뀌면서 어느 누구도 또는 어떤 한 그룹조차도 여러 기관과 관계되는, 그리고 자주 여러 국가가 관계되는 공동 연구단의 절대적 지도자가 될 수 없었던 것은 흔한 일이었다.

우리가 제7장에서 본 것처럼 그러한 지도력이 결여된 상황에서 수백명의 물리학자들이 육중한 충돌 빛줄기 검출기 주위에서 그들의 노력들

---

94) "제3의 혼성화"라는 용어는 파울리, 「언어」(1988), 173쪽에 의해서 출처가 K. 휘놈(1971)에 기인한다. 또한 토드, 『혼성어와 크리올어』(1990), 48쪽을 보라. "비록 혼성어 만들기의 과정이 그러한 영역으로 제한되지 않았다고 하더라도 확장된 혼성어와 크리올어는 오직 다중(多重)-언어 영역에서만 발전되는 것처럼 보인다. 단지 두 언어만 접촉하는 곳에서 한 그룹 또는 양 그룹 모두가 그 과정상 그들 자신의 언어를 유지하거나 포기하면서 다른 언어를 습득한다."

을 조정하는 새로운 방법을 찾아야 했다. 거기에는 새로운 학문 분야의 제휴가 일어났고 새로운 교역 지대가 존재했다. 컴퓨터는 자료의 보급에서 참가자들 사이를 연결시켜 주고 장치 자체를 연결시켜 주는 것으로 등장했다. 상(像)과 자료를 논리적으로 교묘히 다루는 것이 융합되었고, 실험의 "수행"은 원격 장소에서 시행되는 것이 가능해졌다. 시간 투영 상자나 초전도 거대 충돌 가속기의 설계와 건축, 그리고 작동에 있어서 기술적 그리고 사회적으로 혼합된 문제점들은 "실험 과학자"인 것이 무엇을 의미하는가에 대한 근본적인 의문을 제기했다. 누가 과학 논문의 저자(著者)로 인정받을 것인가에 대해 어느 때보다도 더 곤란하고, 어느 때보다도 더 구체적으로 다시 정의한 것보다 이렇게 새로운 증명 방식이 혼란스러워진 것이 더 잘 반영한 것은 없었다.

피상적으로는 다양한 실험 내부의 문화적 구분을 넘어 이리저리 도표와 각종 튜브, 그리고 회로판을 건네주는 것이 만나지 않고 세상을 가로지르는 경우처럼 보일 수도 있다. 그렇지만 이러한 묘사는 참가자들이 표현한 경험을 왜곡할 우려가 있다. 그들이 의사소통할 수단을 가지고 있지 못한 것은 아니지만, 의사소통이 문화의 전체적인 번역이나 감각-자료를 기초로 한 보편적인 언어의 수립을 통해서도 이루어지지 않았으며, 단지 조금씩 일어난다. 그것이 이질적인 실험 과학자들의 세상 내부에서 그런 것과 마찬가지로 역시 실험 과학자와 이론 과학자 사이에서도 그렇다. 여기에 반드시 제한적일 수밖에 없지만 다음과 같은 요약된 표어가 있다. 실험실 작업과 이론 연구는 번역으로 연결될 문제가 아니고, 그것들은 행동과 믿음 사이에서 조정될 문제다.

그러한 조정은 어떤 정해진 규칙도 없이 일어난다. 실험과 도구, 그리고 이론의 영구적인 양식에 대한 탐색은 저무는 태양을 쫓는 것이다. 관습의 혼성된 형태를 만들어내는 것은 결코 영구히 이루어질 수 없다. 실험실에서 사물을 증명하는 것에 대한 단 하나 일련의 기술은 존재하지 않으며, 실험을 이론에 연결하거나 또는 실험을 공학에 연결하는 불변의 공식은 존재하지 않는다. 어떻게 존재할 수 있을까? 나는 연구소의 물질문화가 공동 연구단과 기술, 시뮬레이션, 그리고 학문 분야의 제휴에서의 변화하는 방식을 통하여 끊임없이 유전(流轉)하는 것이 부서지기 쉬운 생명이 아니라 힘찬 생명의 징조로 받아들인다. 물론 그러한 발전의 단계마다 옛날 에덴 시대의 상실을, 개인 대신 그룹이, 격리된 실험실 대신 네트워크가, 공작실 대신 공장이, 노트 대신 컴퓨터가, 기사(技士) 대신 공학자가, 개인적으로 친숙한 팀 대신 여러 국가 공동 연구단이 들어선 것에 대해서 슬퍼하는 실험실 과학자들이 있었다. 이러한 상실이 나에게는 허구이며 단지 그리움일 뿐이라는 인상이다. 어떤 개인도 물리학 전체를 결코 호령해본 적이 없었다. 만일 실험이 마치 갈릴레이나 맥스웰이 했던 것처럼 수행된다면 2,000년에는 실험실 관습이 더 확립되었겠는가? 컴퓨터와 시뮬레이션, 논리 회로, 그리고 황금 사건 등이 없었더라면 더 좋았을까? 실험의 규범과 가치, 그리고 표준이 50년 동안 침체되었을 때, 그것들이 변화를 멈추게 되었을 때 그 분야는 죽게 될 것이다. 각 시대는 그 시대 자신의 상(像)에 따라 실험실을 다시 만들었으며, 실험실은 주위의 세상을 변화시키기 위하여 반응한다.

어떤 최후의, 좀더 넓게 철학적인 의문들에 관심을 돌리기 전에 아주 어려운 의문을 불가피하게 제시할 수밖에 없다. 자주 4-133호실이나 초전도 거대 충돌 가속기의 H-거리, TPC에 의해 개최된 이론 회의 또는 페르미 연구소의 실험-이론 세미나에 대한 설명에서와 마찬가지로 나는 교역의 현장이 과학상의 등장인물들 자신에게 중심이 되는 관심사라고 강조했다. 좀더 일반적으로 한 세기가 지나가는 동안 국지적 조정의 어려움과 필요성, 그리고 전략과 함께 이론 과학자와 실험 과학자가 사회적으로 분리된 것이 우리 이야기의 한 부분이었다. 우리는 다음과 같이 질문할 수 있다. 그렇게 계량 사회학적인 분리가 여기서 사용된 "하부 문화"라는 용어에서 필요한 부분인가? 한 물리학자 개인이 실험과 이론 사이를 왕래하며 이동하는 그런 경우에 층으로 나누고 교대로 삽입된 시대 구분에 대해 이야기하는 것이 유용한가? 이것은 미묘한 질문이며, 내 견해로는 아직 충분히 풀리지 않은 질문이고, 오직 인식론적으로 민감한 역사를 통해서만 궁극적으로 해결될 수 있는 질문이다. 그렇지만 문제를 좀더 정확하게 형식화하는 것은 가능하다.

인식론적인 수준에서 문제가 되는 것은 주어진 시간과 공간에 실험적 관습과 관련된 개념이나 논거(論據)가 이론적 관습과 관련된 개념이나 논거와 구별이 되는가 하는 점이다. 이러한 구속은 주어진 시간에 가능한 이론적 움직임의 조건을 실험이나 도구류에 대해 가능한 유사한 조건과 구별짓는 것이라고 말할 수 있다. 이런 방법으로 이해되면 그러한 조건들은 심지어 개별적인 연구자가 이론과 실험, 도구 제작 사이에서 이리저리 이동하고 있는 곳에서도 다른 방법으로 시대 구분이 될 수 있다. 윌슨도 이리저리 이동했다. 그러나 그의 모방 실험(그리고 그것이 기상학과 지구과학과 연합한 것)은 그가 사용했던 그 시대의 이론 이온 물리학과 (그리고 그것이 캐번디시의 해석적 물질 이론과 연합한 것과) 동시대로 구분되지 않는 역사적 역동성을 가지고 있었다.

그것은 만일 이론 과학자와 실험 과학자, 그리고 도구 제작자를 서로 분리되어 상호작용하는 공동체들로 만들게 한 실제적이고도 구조적인 강력한 힘을 무시한다면, 20세기 물리학의 특성을 이해할 수 없다. 그러한 역사는 아직 끝나지 않았다. 현재 변화하고 있는 단지 몇몇 경계들만 지적한다면, 우리는 이제 전자(電子) 산업과 실험의 새로운 분야들 사이에서, 컴퓨터 과학과 실험의 새로운 분야들 사이에서, 그리고 스트링 이론과 대수기하의 새로운 분야들 사이에서 재편성되고 있음을 본다. 언어와 이론의 관습들(그리고 실험과 도구, 그들 사이의 교역 지대의 관습들)이 변화하면서 이론 과학자와 실험 과학자는 새로운 작업장과 연합, 기술, 그리고 논문 발표 등의 생산을 통하여 강화된 정체성인 새로운 정체성을 창조한다. 어쩌면 문제를 다음과 같은 방법으로 처방할 수도 있다. 구속 조건 지도(地圖)에 대한 역사적 형상을 이해하는 것은 기술적이고, 사회적이며, 실제적이고, 그리고 추상적인 질문들의 엉클어진 혼합을 끊임없이 함께 끌어당기는 것을 의미한다. 결과적으로 "이론적이기 위한 조건들" 사이와 "도구이기 위한 조건들" 사이, 그리고 "실험적이기 위한 조건들" 사이의 관계와 그 조건들의 본성은 결코 하나의 영속적이고 무감각해진 배치 형태에서 고정되지 않는다. 그렇기 때문에 하부 문화들 사이에서의 관계는 "오직" 사회학일 뿐이라는 의미에서 사회학으로 귀착되지 않는다.

9. 밧줄, 벽돌, 그리고 형이상학

과학이 사이사이에 끼워 넣은 하부 문화들의 집합이라고 보는 견해는, 국지적으로 어렵게 획득한 많은 공유된 의미와 결합해 상대주의와 현실주의에 대한 논의에 어색하게나마 어울린다. 한 가지 의미로, 그러한 해석은 과학을 서로 격리되고 독립적인 지식의 구역들로 분해하려는 시도를 직접적으로 반대하기 때문에 "반(反)-반(反)-현실주의자"라고 분류될 수 있다.[95] 그러나 반-반-현실주의자가 되는 것이 형이상학적 또는 초월적 현실주의에 대한 방어는 아니다. 과학적 연구의 역사에서 어떤 방법으로든 진정으로 서로 다른 이론들이 서로 다른 방법으로 "새기거나" "조직하거나" 또는 "구축하는" 물리학에 의해 이해되지 않는 실체가 존재하는지 또는 존재하지 않는지에 대한 정보를 지니고 있는 무엇인가가 어떻게든 발견될 수 있는지 알기는 어렵다.

나는 역사화된 신칸트주의라고 불릴 수 있는 견해가 가장 마음에 든다. 다시 말하면 우리는 우리의 이론적 관습과 도구의 관습 그리고 실험

---

95) 나는 우리 감각의 신빙성에 대한 전체적인 회의론에 근거하여 예측된 상대주의자 형이상학을 위한 요구들에 대해 할 말이 없으며, 세상이란 단지 큰 통에 들어 있는 뇌에서 일어나는 꿈이라는 "가능성"에 대해서도 할 말이 없고, 대규모로는 물리 과학들과, 그리고 시간과 장소에 따라 크게 구분되는 문화들로부터 유추된 믿음의 영역들 사이의 비교에 대해서도 제공할 것이 없다. 만일 "하부 구조"의 골격이 너무 큰 크기를 가지고 있어서 수세기에 걸친 물리 과학을 총체적으로 포함한다면, 그 골격은 더 이상 이러한 용어와 비슷한 용어들이 의미하는 것에, 그리고 (과학 내부에서) 하부 구조의 상대주의를 옹호하는 데 사용된 그 용어들의 상대어에 대응하지 않는다.

실 관습의 전체를 가지고 있다. 그것들을 이용해 우리는 거기에 무엇이 있으며 그것이 어떻게 작동하는가에 대해 역사적으로 발전하는 묘사를 짜 맞추었다. 그런 결론들은 칸트가 말한 것이라고 생각되는 것처럼 초월적으로 현실주의적인 것이 아니라 경험적이며 현실주의적인 것으로 받아들여야 한다.[96] 어떤 가능한 개념을 넘어 그런 개념 이전에 또는 그런 개념 바깥에 무엇인가가 존재한다(ausser uns)는 견해인 초월적 현실주의는 칸트에 의하면 관념론의 한 형태로 이어진다. 세상은 단지 실제로 존재하는 지평선 위에 우리가 어떤 것을 상정하는 척도 아래서 환상과 투영의 한 형태가 된다. 그러나 왜 케이온이나 블랙홀을 컴퓨터나 책보다 덜 현실적이라고 취급하는가? 무엇이 우리가 할 수 있고 생각할 수 있는 총체적인 합계를 초월하여 존재할 것인가에 관하여 칸트가 우리에게 말해주는 것에 따르면 우리는 말할 수 있는 것이 전혀 없다. 이와는 대조적으로 우리는 세상에서 실험과 이론, 도구 제작의 장소와 그 장소들 사이의 관계를 해결하는 데는 진전을 가져올 수 있다. 그것은 한꺼번에 역사적이며 과학적이고 철학적인 공동 프로젝트다.

비록 명확하게 좀더 역사적이라고 할지라도 이 책 전체의 기초를 이루는 철학적 민감성은 도널드 데이비드슨과 힐러리 퍼트넘의 정당하게 영향력 있는 연구와 무엇인가 공통점을 가지고 있다. 하부 구조와 패러다임, 그리고 그와 같은 종류에 반대하는 데이비드슨의 주장은 "개념적 도식에 대한 바로 그 생각"에 상세히 설명되어 있다. 그 주장의 목표는 서로 다른 체계 또는 패러다임은 서로 상대방을 알기 쉽게 하는 것을 불가능하게 만든다는 관념에 대한 도전이다. 데이비드슨은 모든 그러한 체계에 대한 이야기가 궁극적으로 그가 반대하는 어떤 형태의 이원론(二元論)에 의거한다고 주장한다 ─ 워프는 언어가 경험을 "조직"하며, 여기서 경험은 개념적 도식과 아무런 관계가 없다고 썼다. 데이비드슨에 의

---

96) 칸트에 대한 나의 해석은 헨리 앨리슨의 탁월한 업적인 『칸트의 초월적 이상주의』(1983)의 해석을 아주 가깝게 뒤따라간다.

하면 쿤은 감각-자료 언어들의 존재를 부정하지만, 계속해서 체계들이 "자연에 부착되는" 서로 다른 방법들에 대해 이야기하는 데 반해, 파이어아벤트는 "외부" 시스템 또는 "외부" 언어인 "인간 경험"을 언급한다. 그러한 이원론은 ("세상", "자연", "사실" 또는 "감각적 자극"으로) 체험하는 ("예측하는", "조직하는", "대면하는" 또는 "짜 맞추는") 개념적 도식을 묘사한다. 데이비드슨이 그것을 이해하는 것처럼 두 개의 개념적 도식이 다르다고 부를 수 있는 바로 그 가능성은 공유된 믿음이 실질적인 본체(本體)로 존재함을 전제(前提)로 한다. 그는 다음과 같이 말한다. 다른 견해를 이해하려고 시도할 때 우리가 인용하는 자비의 원리는 불필요한 관대한 행동이 아니라, 그것은 어쨌든 이해할 수 있기 위한 전제 조건이다.[97] 이것이 바로 이온과 거품, 하드론화 또는 몬테 카를로에 대한 매우 다른 견해들이 문제가 될 때 내가 생각하는 것이 계속 나가는 경우다. 개념들과 관습들의 광대한 바다가 매우 다른 존재론과 상호작용의 법칙에도 불구하고, 말하자면 스트링 해석이나 구역 해석, 그리고 독립 파편 해석 등을 독특하게 배치하는 기초가 된다. 한 해석이나 또는 다른 해석에 대한 다양한 옹호자들이 (참가자들이 그렇게 부른 것처럼) "총격전"을 수행할 수 있었다는 것은 정확하게 그들이 그럼에도 불구하고 계산과 실험실 절차에 대하여 다른 층들의 믿음을 공유했기 때문이다. 파이온과 케이온, 파톤, 쿼크, 그리고 제트 등에 관한 우리의 개념은 어떤 체계의 한계로부터도 새어 나오며, 물리학에서 설득력 있는 주장은 그보다 더 강하다.

나는 국지적 조정과 전체적 의미 사이의 구별에 의해서 주어지는 "공유된" 믿음을 좀더 분명하게 주장하기를 원하는 조건으로 데이비드슨이

---

97) 데이비드슨, 「바로 그 생각」(1982), 74쪽. 이언 해킹은 데이비드슨의 생각을 중요하고도 흥미로운 방법으로 수정한다. 공유된 믿음의 핵심이 존재한다고 말하는 대신, 해킹은 "진실 또는 거짓의 후보"가 되는 문장들의 실질적 본체가 되기 위하여 우리는 거기에 갈 것을 제안한다. 해킹, 「언어, 진실과 이성」(1982)을 보라.

"체계와 세상의 이원론을 포기했다고 해서 우리가 세상을 포기한 것이 아니다"라고 결론지을 때 그의 의견에 완전히 동의한다. 대신, 그가 말한 것처럼 우리는 "그 야릇한 행동이 우리의 진술과 의견을 참이거나 거짓이 되도록 만드는 친숙한 대상들을 가지고 중재되지 않은 손길을 재건한다."[98] 세상이란 그것의 다루기 어려운 물리적 실체와 그것의 수학적 추상 개념 둘 다에서 우리가 살고 있는 장소다. 우리가 물리적 세상으로 만드는 것은 결코 손이 닿지 않는 "진실"에 대한 급이 떨어지는 근사(近似)가 아니다.

힐러리 퍼트넘은 그의 "내부적" 또는 "실용적" 현실주의를 방어하면서 한 가지 결정적인 측면에서 데이비드슨과 의견을 같이한다. 둘 다 형이상학적 이원론이 상대주의를 찬성하는 많은 주장들의 심장부에 있다고 진단한다. 이런 관점에서 그 또한 솔직하게 개념 없이는 우리가 무엇도 할 수가 없다는 신칸트주의의 입장을 취한다. 우리는 마치 쿠키를 틀에 의해 천편일률적으로 서로 다른 체계로 "잘라지는" 가루 반죽 같은 "물질"의 세계로는 성공을 할 수가 없다. 모든 개념들의 "바깥쪽"에 놓인 그러한 형이상학적 진실은 다른 것들보다 덜 진짜 같은 특정한 종류의 사물에 대한 경멸로 이어진다. 칸트에게는 버클리의 독단적인 이상주의가 생각은 실제이나 대상은 "단지" 환상이 되게 만들었다. 그리고 독단적인 이상주의는 항상 우리 생각을 어떤 다른 것과 불공평하게 대비하면서 예측되었기 때문에 그것은 초월적인 현실주의의 적이 아니고, 오히려 쌍둥이의 한쪽이었다. 퍼트넘의 말에 의하면 내부 현실주의는 칸트의 경험적 현실주의와 같으며, "'자체 내의 사물'이라는 관념은 의미가 없고, '우리가 자체로서의 사물을 알 수가 없기' 때문이 아니다." 사물 자체라는 이야기의 문제는 기능의 실패가 아니며 또한 우리의 종(種)에 특유한 능력의 실패도 아니다. 우리가 **사물 자체**에 대해 이야기할 때 퍼트넘은 "우리가 무엇을 말하고 있는지 우리는 알지 못한다"라고 역설했다. 가능한 모

---

98) 데이비드슨, 「바로 그 생각」(1982), 79쪽.

든 개념을 제거하라. 그러면 조금이라도 말할 것이 전혀 남아 있지 않는다. 이것은 인식론적 한계가 아니다. 우리가 실패한 것처럼 된 것은 아니다. "자체로서의 사물과 그 사물이 지닌 성질은 '자체로서' 동일한 계통의 생각들에 속해 있으며, 지금은 그 계통이 에워싸는 것은 쓸모없는 영토임을 인정할 때이다."[99] 좀더 긍정적으로 표현하면 우리는 ─ 대상의 개념과 같은 ─ 개념을 정말 가지고 있으며, 그 개념들을 가지고 파이에 관해서건 또는 파이온에 관해서건 우리가 만들 수 있는 주장들의 전체 세계에 관하여 말할 수 있고, 말하며, 그리고 말해야 한다.

현실주의와 이상주의에 대한 칸트의 언어를 인용하는 것이 어쩌면 내가 취하고 싶지 않은 일부 입장을 시사할지도 모른다. 이 연구는 그의 초월적 이상주의에 대한 기여인가? 그렇다이기도 하고, 아니기도 하다, 그러고는 아니다. "초월적"이라는 용어는 칸트 학파의 설명에서 두 가지 특징을 가지고 있다. 첫째, 그것은 조금이라도 고려될 개념이나 또는 사물을 위해 만족되어야 할 조건들에 관해 물어보는 분석법에 대한 칸트의 특징적 형태를 향하게 한다. 나는 이런 방식의 탐구를 좋아하며, 예를 들어 정당한 실험이라고 인정받기 위한 실험실의 노력이나 도구가 될 수 있는 장치 또는 이론의 지위를 요구하기 위해 좀더 공식적인 설명 등을 위하여 만족되어야 하는 조건들을 질문하는 것은 도움이 된다. 둘째, 그럼에도 불구하고 칸트의 "초월적"은 역사를 뛰어넘는 조건들을 시사한다. 지난 여덟 장들 모두가 하나같이 그러한 가정에 반대한다. 나는 정확하게 유효한 도구와 유효한 컴퓨터, 그리고 유효한 실험적 논법에 대한 기준이 시간이 흐르면서 어떻게 변화했는지에 관심을 가지고 있다. 마지막으로, (초월적이건 또는 그 반대이건) "이상주의"라는 바로 그 용어는 물질의 배제를 시사한다. 그러나 칸트가 마음속에 그러한 암시를 가지고 있든 아니든 간에 (그의 추종자들 중 많은 사람들은 분명히 가지

---

99) 퍼트넘, 『많은 얼굴들』(1987), 36쪽. 퍼트넘의 내부 현실주의에 대해 더 알려면 예를 들어 1994년 두위 강좌, 퍼트넘(1994), 특히 강좌 1을 보라.

고 있었다) 물리학의 물질문화는 이제 여기에 그려진 ─ 캔버스와 물감, 그리고 나무들에 이르기까지 ─ 그림-속으로 들어온다는 것이 명백해야 한다.

이러한 해석은 중요한 방법들에서 어떤 것도 잘 되지 않는다는 그의 느낌과 함께, 그리고 초월적 현실주의에 대한 그의 지속적인 의심과 함께 퍼트넘의 반(反)형이상학적인 현실주의와 잘 일치한다. 퍼트넘이 그의 견해를 표현한 방법에 관한 나의 염려는 다음과 같다. 체계와 진실의 이원론에 대한 형태에 반대하는 주장을 펴는 과정에서 그는 개념적 도식들에 대한 이야기를 다시 들고 나왔다. 정말이지 (세 가지의 요소로 얼마나 많은 "대상"이 구성될 수 있는가를 결정하는데 단순이론적인 합이 그 관계가 된다고 인정하든 말든 간에) 퍼트넘의 주장은 어떤 개념을 선택하는가에 진정으로 의존한다. 그러나 "개념적 도식"이라는 용어는 (그리고 "패러다임"을 포함하여 그 용어와 관계되는 것들은) 흔히 뉴턴 역학이나 아인슈타인 역학 또는 플로기스톤 화학과 같은 매우 큰 이론적 구조가 표시되어야 한다는 암시를 지니고 있다. 퍼트넘이 "대상이 개념적 도식과 '독립적'으로 존재한다는 생각에서 잘못된 것은 개념적 선택을 떠나서는 심지어 논리적 관념의 사용에 대한 표준도 존재하지 않는다는 점이다"라고 썼을 때[100] 나는 "개념적 선택"이라는 더 좁은 언어를 유지하고 "개념적 도식"이라는 훨씬 더 넓은 함의를 잃을 것이다.

동시에 쿠키를 찍어내는 틀의 은유(隱喩)에 대한 퍼트넘의 거부를 따르는 것이 대단히 합리적인 것처럼 보이며, 데이비드슨과 퍼트넘과 함께 나는 어떤 형이상학적 실체 또는 우리가 사는 "현세적 진실" 바깥이나 그에 앞서는 순수성에 대한 가정이 크게 사용되리라는 것을 보지 못한다. 문제점은 개념이 다른 모든 것을 철저하게 배제하며 개념들의 포괄적인 구역을 포함하는 철벽이라는 (또는 공리적 시스템이라는) 제안과 함께 개념이 체계 안으로 들어온다는 가설이다. 역사적으로는 우리가

---

100) 퍼트넘, 『많은 얼굴들』(1987), 35쪽.

본 것처럼 몬테 카를로라는 관념이나 무질서도 게임과 하드론화, 이온, 케이온 또는 표류 상자라는 관념은 그것들이 적용되는 분야나 그것들을 정의하는 속성들의 강력한 변화를 통하여 이해된다. 어떤 의미에서 이 책은 하나부터 열까지 철두철미하게 다른 집단의 개념들을 제외시키면서 역사-과학적으로 개념과 관습을 개념적 도식으로 범위를 한정하는 데 대한 반론이다.

이제 한 가지 은유(隱喩)로 결론을 내리고자 한다. 오랫동안 물리학자와 기술자는 무질서에 대해 깊은 불신을 품고 있었다. 그들은 무질서한 물질에서보다는 결정체(結晶體)에서 확실성을 찾았고, 얇은 판(板)이 쌓인 물체의 강도(强度)보다는 순수한 물질에서의 강도를 찾았다. 갑자기 지난 수년 동안 조용히 일어난 대변동 속에서 그들은 고전적 시각(視覺)이 거꾸로 가는 것을 발견했다. 결정체의 전자적(電子的) 성질은 ─결정체들의 질서 때문에─ 끔찍하게 실패할 때까지는 훌륭했다. 전자공학의 현대식 시대에 필요한 시종일관된 반응을 준 것은 무질서하게 배열된 원자들로 이루어진 비정질 반도체였다. 구조 기술자들이 동일한 교훈을 배우는 데 그다지 빠르지 못했다. 가장 강한 물질이 순수한 물질은 아니었다─가장 강한 물질은 층을 이루고 있었다. 그 물질들이 미시적으로 실패하면 그 실패는 물질 전체에서도 성립했다.

다른 목적으로 1868년에 찰스 샌더스 퍼스는 케이블이라는 형상을 불러냈다. 나는 그의 사용이 바로 옳은 방법으로 인용한 것이라고 생각한다. "철학은 그 방법에서 성공적인 과학을 모방해야 한다. …… 어떤 하나의 결정적인 결과보다는 오히려 다수(多數)의 다양한 주장들을 …… 신뢰할 수 있도록 …… 철학의 추론은 가장 약한 연결 부위보다 더 강하지 않은 사슬고리를 형성하지 말아야 하고, 케이블을 형성해야 한다. 케이블을 구성하는 실들은 유례 없을 정도로 아주 가느다랄 수도 있지만 그 수가 충분히 많고 빽빽이 연결되어 있다면 괜찮다."[101] 케이블

---

101) 퍼스, 「네 가지 부적당」(1984), 2:213쪽.

은 전체를 통과하는 길을 따라 감겨 있는 단 한 올의 황금사(黃金紗)에 의해서가 아니라 서로 뒤얽힌 실들과 함께 그 세기를 얻는다. 어떤 한 올의 실도 전체를 정의하지 않는다. 오히려 퍼스의 시대에 육중한 교량(橋梁)을 꼭 붙들고 있는 대단한 철 케이블은 모든 하중(荷重)을 견디는 하나하나가 아니라 제한된 세기를 가진 수많은 가닥의 줄들이 얽혀져서 강하게 만들어졌다. 수십 년 뒤에 개념을 갖는다는 것이 무엇을 의미하는가에 대해 숙고하면서 비트겐슈타인은 이제 상(像)의 역할을 정하는 데 실이 지닌 동일한 은유(隱喩)를 사용했다. "우리는 실을 꼬아서 줄을 짤 때처럼 수(數)에 대한 개념을 확장시킨다. 그리고 줄의 세기는 어떤 한 실이 전체 길이를 통하여 연결되어 있다는 사실에 있는 것이 아니고, 여러 가닥의 실이 서로 중첩되어 있다는 사실에 있다."[102] 개념과 관습, 그리고 논법 등이 개념적 도식 또는 역사적 실례를 든 증명의 입구에서 멈추지 않을 것이다. 그것들은 구분되면서 지속된다.

이러한 유추(類推)들은 깊이 내려간다. 그것은 과학적 공동체의 무질서이다 ─ 서로를 지탱하는 얇은 조각으로 이루어진, 유한하고 부분적으로 독립적인 층(層)들이다. 그것은 통일되지 않은 과학으로 ─ 논법의 다른 양식들이 교대로 삽입되어 있는데 ─ 그런 점이 그것의 세기와 통일에 대한 원인이 된다. 교대로 삽입하기는 훨씬 더 아래까지 영향을 미친다 ─ 심지어 도구들의 층(層) 안에서도 우리는 모방 전통과 분석적 전통이 서로 별개이다가 그다음에 결합하고, 상(像)과 논리가 경쟁하다가 그다음에 융합하는 것을 보았다. 그렇게 우리는 이론 내에서도 ─ 예를 들어 대칭성이나 장론, S-행렬 이론 등에 관해 서로 대치되는 견해들 ─ 하나가 다른 하나에 불완전하게 겹치면서 분열되는 것을 볼 수 있었다.

그러나 궁극적으로 케이블의 은유(隱喩)도 또한 스스로를 분해하는데, 퍼스가 실들이 "그 수가 충분히 많을" 뿐만 아니라 또한 "빽빽하게 연

---

102) 비트겐슈타인, 『철학적 탐구』(1958), 특히 67쪽.

결되어" 있다고 주장하기 때문이다. 케이블에서 그러한 연결은 단지 물질적으로 가까이 있다는 것에 불과하며, 개념들과 논법들, 도구들, 그리고 과학적 하부 문화들을 묶는 끈을 해명하는 데는 도움이 되지 못하는 관계이다. 사람들이 과학의 한데 묶는 문화를 만들어내는 것은 서로 다른 상징적 그리고 물질적 행동들을 조정하는 데서 나오기 때문에 어떤 역학적인 유추(類推)도 그렇게 하기에는 결코 충분하지 못할 것이다. 모든 은유(隱喩)들이 끝난다.

참고자료 약어

AdR   Archiv der Republik, Vienna, Austria.

AEP   Albert Einstein papers, published with permission of Princeton University Libraries, Princeton, New Jersey.

AGP   Adriano Gozzini papers (private).

AIP   Niels Bohr Library, American Institute of Physics, College Park, Maryland.

ARI   Archives of the Royal Institution, Churchill College, London, England.

ATP   A. M. Thorndike personal papers, Brookhaven National Laboratory, Upton, New York.

BCL   Bubble Chamber logbooks, 1953–57, Archives and Records Office, Lawrence Berkeley Laboratory, Berkeley, California.

BMuP   Bundesministerium für Unterricht, Osterreiches Staatsarchiv, Vienna, Austria.

BNB   Earliest bubble chamber notebook, M. Lynn Stevenson, Bubble Chamber logbooks, 1953–57, Archives and Records Office, Lawrence Berkeley Laboratory, Berkeley, California.

CEAP   Cambridge Electron Accelerator papers, by permission of the Harvard University Archives, Cambridge, Massachusetts.

CPnb   Cecil Frank Powell notebooks, Contemporary Scientific Archives Centre, deposited at University Library, University of Bristol, Bristol, England.

CPP   Cecil Frank Powell papers, Contemporary Scientific Archives Centre, deposited at University Library, University of Bristol, Bristol, England.

CWnb   C. T. R. Wilson notebooks, Royal Society, London, England.

CWP   C. T. R. Wilson papers (private).

DCP   Donald Cooksey papers, Director's Office, R&D Administration Files, Archives and Records Office, Lawrence Berkeley Laboratory, Berkeley, California.

DGP   Donald Glaser papers (private).

DGnb   Donald Glaser notebooks in Donald Glaser papers; among these papers are two bound notebooks in Glaser's handwriting, which will be referred to by their original numbers DGnb1 and DGnb2. The first has no date ; the second begins in October 1952.

DNP   Darragh E. Nagle papers (private).

DNyP   David Nygren papers (private).

DNyPI   David R. Nygren papers, TPC project files, 1974–83, Archives and Records Office, Lawrence Berkeley Laboratory, Berkeley, California.

DNyPII   David R. Nygren papers, TPC project files, 1974–83, Archives and Records Office, Lawrence Berkeley Laboratory, Berkeley, California.

DTP   Donald Tressider papers, Department of Special Collections, Stanford University Libraries, Stanford, California.

EAP   Edward Appleton papers, by permission of the Master and Fellows of the University of Edinburgh, Edinburgh, Scotland.

EBP   Elliott Bloom papers (private).

EGP   Eugene Gardner papers, Meson Experiment Files, 1945–50, Lawrence Radiation Laboratory (AEC RG 326), National Archives, Pacific Sierra Region, San Bruno, California.

ELP   Edward Lofgren records, Accelerator Division, R&D Records, 1953–83, Archives and Records Office, Lawrence Berkeley Laboratory, Berkeley, California.

EMP   Edwin McMillan papers, 1907–84, RG 434, Subgroup Lawrence Berkeley Laboratory, Series IV, National Archives, Pacific Sierra Region, San Bruno, California.

ERP   Ernest Rutherford papers, Niels Bohr Library, American Institute of Physics, College Park, Maryland.

EWP   Eugene Wigner papers, Department of Rare Books and Special Collections, Princeton University Libraries, Princeton, New Jersey.

FBP   Felix Bloch papers, Department of Special Collections, Stanford University Libraries, Stanford, California.

FEP   Foster Evans papers (private).

FLA   Fermilab Archives, Fermilab, Batavia, Illinois.

FTP   Frederick Terman papers, Department of Special Collections, Stanford University Libraries, Stanford, California.

GCP   Georges Charpak papers (private).

GFP   George E. Forsythe papers, Department of Special Collections, Stanford University Libraries, Stanford, California.

GGP   Gerson Goldhaber papers (private).

GRP   George Rochester papers (private).

HHP   H. Paul Hernandez papers (Time Projection Chamber files), 1976–81, Archives and Records Office, Lawrence Berkeley Laboratory, Berkeley, California.

HML   Hagley Museum and Library Collections, courtesy of Hagley Museum and Library, Wilmington, Delaware.

HUA   Harvard University Archives, by permission of the Harvard University Archives, Cambridge, Massachusetts.

IfR   Institut für Radiumforschung, Vienna, Austria.

JCP   James Cronin papers (private).

JMaP   Julian Ellis Mack papers, University of Wisconsin-Madison Archives, Madison, Wisconsin.

JMP   Jay Marx papers, TPC R&D Administrative Records, 1972–83, Archives and Records, Lawrence Berkeley Laboratory, Berkeley, California.

JNP   John von Neumann papers, Manuscript Division, Library of Congress, Washington, D.C.

JSP   John Clarke Slater papers, American Philosophical Society Library, Philadelphia, Pennsylvania.

LAA   Los Alamos National Laboratory Archives, Los Alamos, New Mexico.

LAP   Luis Alvarez papers, Scientist's Files I, 1936–88, and II, 1934–86, Lawrence Berkeley Laboratory, National Archives, Pacific Sierra Region, San Bruno, California.

LBL   Lawrence Berkeley Laboratory, Archives and Records Office, Berkeley, California.

LHP   Leopold Halpern papers (private).

LSP   Leonard Schiff papers, Department of Special Collections, Stanford University Libraries, Stanford, California.

LStP   M. Lynn Stevenson papers (private).

MBP   Marty Breidenbach papers (private).

MMPP   Michigan Memorial-Phoenix Project papers, University of Michigan Physics Department, Ann Arbor, Michigan.

MRP   Michael Ronan papers (private).

MSP   Moshe Safdie papers, Moshe Safdie Associates, Cambridge, Massachusetts.

NBA   Niels Bohr Archive, Niels Bohr Institute, Copenhagen, Denmark.

OAP   Otto Claus Allkofer papers (private).

OFP   Otto Frisch papers, by permission of the Master and Fellows of Trinity College, Cambridge, England.

PBP   P. M. S. Blackett papers, Royal Society, London, England.

PHP   Paul-Gerhard Henning papers (private).

PRO   Public Record Office, Kew Gardens, London, England.

PUA   Princeton University Archives, published with permission of Princeton University Libraries, Princeton, New Jersey.

RFP   Rockefeller Foundation Papers, Rockefeller Archive Center, North Tarrytown, New York.

RHP   Roger Hickman papers, Physics Department, Historical Records, by permission of the Harvard University Archives, Cambridge, Massachusetts.

RHilP   Roger Hildebrand papers (private).

RHofP   Robert Hofstadter papers (private).

RLE   MIT Research Laboratory of Electronics Papers, Massachusetts Institute of Technology, Cambridge, Massachusetts.

RLP   Radiation Laboratory papers (MIT), Office of Scientific and Research Development, National Archives, New England Region, Waltham, Massachusetts.

ROP   Robert Oppenheimer papers, Manuscript Division, Library of Congress, Washington, D.C.

RTP   R. W. Thompson papers (private).

SLAC   Stanford Linear Accelerator Center, Archives and History Office, Stanford, California.

SUA   Stanford University Archives, Department of Special Collections, Stanford, California.

SUP   Stanislaw Marcin Ulam papers, American Philosophical Society, Philadelphia, Pennsylvania.

UWA   University of Wisconsin-Madison Archives, Madison, Wisconsin.

WHP   W. W. Hansen papers, Department of Special Collections, Stanford University Libraries, Stanford, California.

WWP   W. A. Wenzel papers (private).

참고문헌

Achinstein, Peter, and Owen Hannaway, eds. 1985. *Observation, Experiment and Hypothesis in Modern Physical Science*. Cambridge, Mass.: MIT Press.

Ackermann, Robert J. 1985. *Data, Instruments, and Theory: A Dialectical Approach to Understanding*. Princeton, N.J.: Princeton University Press.

Aihara, H., et al. 1985. "Tests of Models for Parton Fragmentation by Means of Three-Jet Events in e^+e^- Annihilation at $\sqrt{s}$ = 29 GeV." *Physical Review Letters* 54: 270–73.

———. 1985. "Tests of Models for Quark and Gluon Fragmentation in e^+e^- Annihilation at $\sqrt{s}$ = 29 GeV." *Zeitschrift für Physik C* 28: 31–44.

Aitken, John. (1873) 1923. "Glacier Motion." *In Collected Scientific Papers,* edited by C. G. Knott, 4–6. Cambridge: Cambridge University Press. First published in *Nature* 7 (February 1873).

———. (1876–77) 1923. "On Ocean Circulation." *In Collected Scientific Papers,* edited by C. G. Knott, 25–29. Cambridge: Cambridge University Press. First published in *Proceedings of the Royal Society of Edinburgh* 9 (1876–77).

———. (1880–81) 1923. "On Dust, Fogs, and Clouds." In *Collected Scientific Papers,* edited by C. G. Knott, 34–68. Cambridge: Cambridge University Press. First published in *Transactions of the Royal Society of Edinburgh* 30 (1880–81).

———. (1883–84) 1923. "On the Formation of Small Clear Spaces in Dusty Air." In *Collected Scientific Papers,* edited by C. G. Knott, 84–113. Cambridge: Cambridge University Press. First published in *Transactions of the Royal Society of Edinburgh* 32 (1883–84).

———. (1883–84) 1923. "Second Note on the Remarkable Sunsets." In *Collected Scientific Papers,* edited by C. G. Knott, 123–33. Cambridge: Cambridge University Press. First published in *Proceedings of the Royal Society of Edinburgh* 12 (1883–84).

———. (1888) 1923. "On the Number of Dust Particles in the Atmosphere." In *Collected Scientific Papers,* edited by C. G. Knott, 187–206. Cambridge: Cambridge University Press. First published in *Transactions of the Royal Society of*

Edinburgh 35 (1888).

———. (1889–90, 1892, 1894) 1923. "On the Number of Dust Particles in the Atmosphere of Certain Places in Great Britain and on the Continent, with Remarks on the Relation Between the Amount of Dust and Meteorological Phenomena." In *Collected Scientific Papers,* edited by C. G. Knott, 297–331 (Part I), 332–62 (Part II), and 363–434 (Part III). Cambridge: Cambridge University Press. First published as Part I, *Proceedings of the Royal Society of Edinburgh* 17 (1889–90); Part II, *Transactions of the Royal Society of Edinburgh* 37 (1892); Part III, *Transactions of the Royal Society of Edinburgh* 37 (1894).

———. (1892) 1923. "On Some Phenomena Connected with Cloudy Condensation." In *Collected Scientific Papers*, edited by C. G. Knott, 255–83. Cambridge: Cambridge University Press. First published in *Proceedings of the Royal Society of London* 51 (1892).

———. (1900–1901) 1923. "Notes on the Dynamics of Cyclones and Anticyclones." In *Collected Scientific Papers,* edited by C. G. Knott, 438–58. Cambridge: Cambridge University Press. First published in *Transactions of the Royal Society of Edinburgh* 40 (1900–1901).

———. (1915) 1923. "The Dynamics of Cyclones and Anticyclones." In *Collected Scientific Papers,* edited by C. G. Knott, 459–67. Cambridge: Cambridge University Press. First published in *Proceedings of the Royal Society of London* 36 (1915).

Allison, Henry E. 1983. *Kant's Transcendental Idealism.* New Haven, Conn.: Yale University Press.

Allison, W. W. M., C. B. Brooks, J. N. Bunch, J. H. Cobb, J. L. Lloyd, and R. W. Pleming. 1974. "The Identification of Secondary Particles by Ionisation Sampling (ISIS)." *Nuclear Instruments and Methods* 119: 499–507.

Allkofer, Otto Claus. 1956. "Das Ansprechensvermögen von Parallel-Platten-Funkenzählern für die harte Komponente der kosmischen Ultrastrahlung." Diplom thesis, University of Hamburg.

———. 1969. *Spark Chambers.* Munich: Karl Thiemig.

Allkofer, O. C., E. Bagge, P. G. Henning, and L. Schmieder. 1955. "Die Ortsbestimmung geladener Teilchen mit Hilfe von Funkenzählern und ihre Anwendung auf die Messung der Vielfachstreuung von Mesonen in Blei." *Physikalische Verhandlungen* 6: 166.

Alonso, J. L., and R. Tarrach, eds. 1980. *Quantum Chromodynamics.* Lecture Notes in Physics, no. 118. Berlin: Springer.

Alston, Margaret, Luis W. Alvarez, Philippe Eberhard, Myron L. Good, William Graziano, Harold K. Ticho, and Stanley G. Wojcicki. 1960. "Resonance in the Lambda-π System." *Physical Review Letters* 5: 520–24.

———. 1961. "Resonance in the K-π System." *Physical Review Letters* 6: 300–302.

———. 1961. "Study of Resonances of the Σ-π System." *Physical Review Letters* 6: 698–705.

Alvarez, Luis W. 1966. "Round Table Discussion on Bubble Chambers." In *Proceedings of the 1966 International Conference on Instrumentation for High Energy Physics,* 271–95. Stanford, Calif.: Stanford University, Stanford Linear Accelerator.

———. 1972. "Recent Developments in Particle Physics." Nobel Lecture, II December 1968. In *Nobel Lectures Including Presentation Speeches and Laureates' Biographies: Physics 1963–70,* 241–90. New York: Elsevier.

———. 1987. *Adventures of a Physicist.* New York: Basic Books.

———. 1989. "The Hydrogen Bubble Chamber and the Strange Resonances." In *Pions to Quarks: Particle Physics in the 1950s,* edited by L. M. Brown, M. Dresden, and L. Hoddeson. Cambridge: Cambridge University Press.

Alvarez, Luis W., Phillippe Eberhard, Myron L. Good, William Graziano, Harold K. Ticho, and Stanley G. Wojcicki. 1959. "Neutral Cascade Hyperon Event." *Physical Review Letters* 2: 215–19.

Amaldi, E. 1956. "Report on the τ-Mesons." *Nuovo Cimento* 4 Suppl.: 179–215.

Amelio, Gilbert F. 1974. "Charge-Coupled Devices." *Scientific American* 230: 22–31.

Anderson, H. L., E. Fermi, E. A. Long, R. Martin, and D. E. Nagle. 1952. "Total Cross Sections of Negative Pions of Hydrogen." *Physical Review* 85: 934–35.

———. 1952. "Total Cross Sections of Positive Pions of Hydrogen." *Physical Review* 85: 936.

Anderson, H. L., S. Fukui, R. Gabriel, C. Hargrove, E. P. Hincks, P. Kalmus, J. Lillberg, R. L. Martin, J. Michelassi, R. McKee, and R. Wilberg. 1964. "Vidicon System of Chicago." In *Proceedings of the Informal Meeting on Film-Less Spark Chamber Techniques and Associated Computer Use,* CERN "Yellow Report" 64-30, edited by G. R. Macleod and B. C. Maglic, 81–93. Geneva: CERN Data Handling Division.

Andersson, B., G. Gustafson, G. Ingelman, and T. Sjöstrand. 1983. "Parton Fragmentation and String Dynamics." *Physics Reports* 97: 33–145.

Andersson, B., and Werner Hofmann. 1986. "Bose-Einstein Correlations and Color Strings." *Physical Review Letters B* 169: 364–68.

Andrade, E. N. da C. 1923. *The Structure of the Atom.* London: G. Bell and Sons.

Andreae, S. W., F. Kirsten, T. A. Nunamaker, and V. Perez-Mendez. 1964. "Automatic Digitization of Spark Chamber Events by Vidicon Scanner." In *Proceedings of the Informal Meeting on Film-Less Spark Chamber Techniques and Associated Computer Use,* CERN "Yellow Report" 64-30, edited by G. R. Macleod and B. C. Maglić, 65–79. Geneva: CERN Data Handling Division.

Appadurai, Arjun, ed. 1986. *The Social Life of Things: Commodities in Cultural Perspective.* Cambridge: Cambridge University Press.

Amison, G., A. Astbury, B. Aubert, C. Bacci, G. Bauer, A. Bézaguet, R. Böck, T. J. V. Bowcock, M. Calvetti, T. Carroll, P. Catz, P. Cennini, S. Centro, F. Ceradini, S. Cittolin, D. Cline, C. Cochet, J. Colas, M. Corden, D. Dallman, M. DeBeer, M. Della Negra, M. Demoulin, D. Denegri, A. Di Ciaccio, D. DiBitonto, L. Dobrzynski, J. D. Dowell, M. Edwards, K. Eggert, E. Eisenhandler, N. Ellis, P. Erhard, H. Faissner, G. Fontaine, R. Frey, R. Frühwirth, J. Garvey, S. Geer, C. Ghesquière, P. Ghez, K. L. Giboni, W. R. Gibson, Y. Giraud-héraud, A. Givernaud, A. Gonidec, G. Grayer, P. Gutierrez, T. HanslKozanecka, W. J. Haynes, L. O. Hertzberger, C. Hodges, D. Hoffmann, H. Hoffmann, D. J. Holthuizen, R. J. Homer, A. Honma, W. Jank, G. Jorat, P. I. P. Kalmus, V. Karimäki, R. Keeler, I. Kenyon, A. Kernan, R. Kinnunen, H. Kowalski, W. Kozanecki, D. Kryn, F. Lacava, J. P. Laugier, J. P. Lees, H. Lehmann, K. Leuchs, A. Lévêque, D. Linglin, E. Locci, M. Loret, J. J. Malosse, T. Markiewicz, G. Maurin, T. McMahon, J. P. Mendiburu, M. N. Minard, M. Moricca, H. Muirhead, F. Muller, A. K. Nandi, L. Naumann, D. Niemand, A. Norton, A. Orkin-Lecourtois, L. Paoluzi, G. Petrucci, G. Piano Mortari, M. Pimiä, A. Placci, E. Rademacher, J. Ransdell, H. Reithler, J. P. Revol, J. Rich, M. Rijssenbeek, C. Roberts, J. Rohlf, P. Rossi, C. Rubbia, B. Sadoulet, G. Sajot, G. Salvi, G. Salvini, J. Sass, J. Saudraix, A. Savoy-Navarro, D. Schinzel, W. Scott, T. P. Shah, M. Spiro, J. Strauss, K. Sumorok, F. Szoncso, D. Smith, C. Tao, G. Thompson, J. Timmer, E. Tsheslog, J. Tuominiemi, S. VanderMeer, J.-P. Vialle, J. Vrana, V. Vuillemin, H. D. Wahl, P. Watkins, J. Wilson, Y. G. Xie, M. Yvert, and E. Zurfluh. 1983. "Experimental Observation of Isolated Large Transverse Energy Electrons with Associated

Missing Energy at $\sqrt{s}$ = 540 GeV." *Physics Letters B* 122: 103–16.

Arnison, G., et al. 1983. "Experimental Observation of Lepton Pairs of Invariant Mass around 95 GeV/c^2 at the CERN SPS Collider." *Physics Letters B* 126: 398–410.

Aspray, William. 1987. "The Mathematical Reception of the Modern Computer: John von Neumann and the Institute for Advanced Study Computer." *In Studies in the History of Mathematics,* edited by E. Phillips, 166–94. Washington, D.C.: Mathematical Association of America.

———. 1990. *John von Neumann and the Origins of Modern Computing.* Cambridge, Mass.: MIT Press.

Aubert, B., et al. 1974. "Further Observation of Muon less Neutrino-induced Inelastic Interactions," *Physical Review Letters* 32: 1454–57.

Augustin, J. E., A. M. Boyarski, M. Breidenbach, F. Bulos, J. T. Dakin, G. J. Feldman, G. E. Fischer, D. Fryberger, G. Hanson, B. Jean-Marie, R. R. Larsen, V. Lüth, H. L. Lynch, D. Lyon, C. C. Morehouse, J. M. Paterson, M. L. Perl, B. Richter, P. Rapidis, R. F. Schwitters, W. M. Tanenbaum, F. Vannucci, G. S. Abrams, D. Briggs, W. Chinowsky, C. E. Friedberg, G. Goldhaber, R. J. Hollebeek, J. A. Radyk, B. Lulu, F. Pierre, G. H. Trilling, J. S. Whitaker, J. Wiss, and J. E. Zipse. 1974. "Discovery of a Narrow Resonance in e^+e^- Annihilation." *Physical Re view Letters* 33: 1406–1408.

Avery, R. E. 1989. "Bose-Einstein Correlations of Pions in e^+e^- Annihilation at 29 GeV Center-of-Mass Energy," LBL-26593. Ph.D. dissertation, University of California, Berkeley.

Bachelard, Gaston. 1971. *Epistémologie: Textes Choisis par Dominique Lecourt.* Paris: Presses Universitaires de France.

Bacher, R. F. 1939. "Elastic Scattering of Fast Neutrons." *Physical Review* 55: 679–80.

———. 1940. "The Elastic Scattering of Fast Neutrons." *Physical Review* 57: 352.

Badt, Kurt. 1950. *John Constable's Clouds.* London: Routledge and Kegan Paul.

Bagge, E. 1946. "Nuclear Disruptions and Heavy Particles in Cosmic Radiation." In *Cosmic Radiation,* edited by W. Heisenberg, translated by T. H. Johnson, 128–43. New York: Dover.

———. 1947. "Zur Theorie der Massen-Häufigkeitsverteilung der Bruchstücke bei der spontanen Kernspaltung." *Zeitschrift für Naturforschung* 2a: 565–68.

Bagge, E., F. Becker, and G. Bekow. 1951. "Die Bildungsgeschwindigkeit von Nebeltröpfen in der Wilsonkammer." *Zeitschrift für angewandte Physik* 3: 201–209.

Bagge, E., and J. Christiansen. 1952. "Der Parallelplattenzähler als Teilchenmeßgerät." *Naturwissenschaften* 39: 298.

Bagge, E., Kurt Diebner, and Kenneth Jay. 1957. "Von der Uransfaltung bis Calder Hall." *Rowohlts Deutsche Enzyklopädie* 41. Sachgebiet: Physik. Hamburg: Rowohlt.

Baggett, N. V., ed. 1980. *AGS 20th Anniversary Celebration.* Upton, N.Y.: Brookhaven National Laboratory.

Barboni, Edward J. 1977. "Functional Differentiation and Technological Specialization in a Specialty in High Energy Physics: The Case of Weak Interactions of Elementary Particles." Ph.D. dissertation, Cornell University.

Bardon, M., J. Lee, P. Norton, J. Peoples, and A. M. Sachs. 1964. "Sonic Spark Chamber System with On-Line Computer for Precision Measurement of Muon Decay Spectrum." In *Proceedings of the Informal Meeting on Film-Less Spark Chamber Techniques and Associated Computer Use,* CERN "Yellow Report" 64-30, edited by G. R. Macleod and B. C. Maglić, 40–48. Geneva: CERN Data Handling Division.

Barkas, Walter. 1965. "Data Handling in Emulsion Experiments," In *5th International Conference on Nuclear Photography,* CERN 65-4, edited by W. O. Lock, 67–75. Geneva: CERN.

Barnes, Barry. 1982. *T. S. Kuhn and Social Science.* New York: Columbia University Press.

Barnes, V. P., et al. 1961. "Observation of a Hyperon with Strangeness Minus Three." *Physical Review Letters* 12: 204–206.

Barnetson, Paul. 1970. *Critical Path Planning.* New York: Brandon Systems Press.

Bartel, W., et al. 1983. "Particle Distribution in 3-Jet Events Produced by e^+e^- Annihilation." *Zeitschrift für Physik C* 21: 37–52.

Barthes, Roland. 1974. S/Z, translated by Richard Miller. New York: Hill and Wang.

Bateson, Gregory. 1944. "Pidgin English and Cross-Cultural Communication." *Transactions of the New York Academy of Sciences II* 6: 137–41.

Beall, E., B. Cork, P. G. Murphy, and W. A. Wenzel. 1960. "Properties of a Spark Chamber," Bev-527. Typescript. 1 July.

———. 1961. "Properties of a Spark Chamber." *Nuovo Cimento* 20(1961): 502–508.

Beckurts, K. H., W. Gläser, and G. Krüger, eds. 1964. *Automatic Acquisition and Reduction of Nuclear Data.* Karlsruhe: Gesellschaft für Kernforschung.

Bell, P. R. 1948. "The Use of Anthracene as a Scintillation Counter." *Physical Review* 73: 1405–1406.

Bella, F., and C. Franzinetti. 1953. "On the Theory of the Spark Counter." *Nuovo Cimento* 10: 1335–37.

Bella, F., C. Franzinetti, and D. W. Lee. 1953. "Spark Counters." *Nuovo Cimento* 10: 1338–40.

———. 1953. "On Spark Counters." *Nuovo Cimento* 10: 1461–79.

Ben Nevis and Fort William Observatories, Directors. 1903. "Memorandum by the Directors of the Observatories of Ben Nevis and at Fort William in Connection with Their Closures." *Journal of the Scottish Meteorological Society* 12: 161–63.

Benoe, M., and B. Elliott. 1962. *Informal Meeting on Track Data Processing, Held at CERN on 19th July 1962,* CERN Report 62-37. Geneva: CERN Data Handling Division.

Benvenuti, A., et al. 1973. "Observation of Muonless Neutrino-induced Inelastic Interactions," *Physical Review Letters* 32: 800–803.

Berriman, R. W. 1948. "Electron Tracks in Photographic Emulsions." *Nature* 161: 928–29.

———. 1948. "Recording of Charged Particles of Minimum Ionizing Power in Photographic Emulsions." *Nature* 162: 432.

Bertanza, L., V. Brisson, P. Connolly, E. L. Hart, I. S. Mittra, G. C. Moneti, R. R. Rau, N. P. Samios, I. O. Skillicorn, and S. S. Yamamoto. 1962. "Possible Resonances in the Xi-π and *K-K* Systems." *Physical Review Letters* 9: 180–83.

Bertholot, André, ed. 1982. *Journal de Physique: International Colloquium on the History of Particle Physics* 43: C8-1–C8-493.

Bethe, Hans A. 1950. "The Hydrogen Bomb." *Bulletin of Atomic Scientists* 6: 99–104.

———. 1970. "Introduction." *In Computers and Their Role in the Physical Sciences,* edited by S. Fernbach and A. Taub, 1–9. New York: Gordon and Breach.

Beyler, Richard H. 1994. "From Physics to Organicism: Pascual Jordan's Interpretation of Modern Physics in Cultural Context." Ph.D. dissertation, Harvard University.

———. 1996. "Targeting the Organism: The Scientific and Cultural Context of Pascual Jordan's Quantum Biology, 1932–47." *Isis* 87: 248–73.

Bickerton, Derek. 1981. *Roots of Language.* Ann Arbor, Mich.: Karoma.

Birks, J. B. 1953. *Scintillation Counters.* New York: McGraw-Hill.

―――. 1964. *The Theory and Practice of Scintillation Counting.* Oxford: Pergamon.

Bjorken, J., and S. Drell. 1964. *Relativistic Quantum Mechanics.* New York: Mc-Graw-Hill.

―――. 1965. *Relativistic Quantum Fields.* New York: McGraw-Hill.

Blackett, P. M. S. 1952. "Foreword." In *Cloud Chamber Photographs of the Cosmic Radiation,* by G. D. Rochester and J. G. Wilson, vii. New York: Academic Press.

―――. 1953. "Closing Remark." In *Congrès International sur le Rayonnement Cosmique,* 290–91. Informal publication. Bagnères de Bigorre, July.

―――. 1960. "Charles Thomas Rees Wilson 1869–1959." *Biographical Memoirs of Fellows of the Royal Society* 6: 269–95.

―――. 1964. "Cloud Chamber Researches in Nuclear Physics and Cosmic Radiation." In *Nobel Lectures including Presentation Speeches and Laureates' Biographies: Physics 1942–62,* 97–119. New York: Elsevier.

Blackett, P. M. S., and G. Occhialini. 1932. "Photography of Penetrating Corpuscular Radiation." *Nature* 130: 363.

Blau, Marietta. 1925. "Über die photographische Wirkung Natiirlicher H-Strahlen." *Sitzungsberichte, Akademie der Wissenschaften in Wien, Mathematisch-naturwissenschaftliche Klasse, Abteilung IIa* 134: 427–36.

―――. 1925. "Die Photographische Wirkung von H-Strahlen aus Paraffin und Aluminium." *Zeitschrift für Physik* 34: 285–95.

―――. 1927. "Über die photographische Wirkung von H-Strahlen II." *Sitzungsberichte, Akademie der Wissenschaften in Wien, Mathematisch-naturwissenschaftliche Klasse, Abteilung IIa* 136: 469–80.

―――. 1928. "Über die photographische Wirkung von H-Strahlen aus Paraffin und Atomfragmenten." *Zeitschrift für Physik* 48: 751–64.

―――. 1928. "Über photographische Intensitätsmessungen von Poloniumpräparaten." *Sitzungsberichte, Akademie der Wissens chaften in Wien, Mathematisch-naturwissenschaftliche Klasse, Abteilung IIa* 137: 259–68.

―――. 1931. "Über das Abklingen des latentem Bildes bei Exposition mit α-Partikeln." *Sitzungsberichte, Akademie der Wissenschaften in Wien, Mathematisch-naturwissen schaftliche Klasse, Abteilung II* 140: 623–28.

―――. 1931. "Über photographische Untersuchungen mit radioaktiven Strahlungen." In *Zehn Jahre Forschung auf dem Physikalisch-Medizinischen Grenzgebiet,* edited by F. Dessauer, 390–98. Leipzig: Georg Thieme.

―――. 1934. "La Méthode photographiquè et les problèmes de désintégration artificielle des atomes." *Journal de Physique et le Radium,* 7th ser., 5: 61–66.

―――. 1949. "Grain Density in Photographic Tracks of Heavy Particles." *Physical Review* 75: 279–82.

―――. 1950. "Bericht über die Entdeckung der durch kosmische Strahlung erzeugten 'Sterne' in photographischen Emulsionen." *Sitzungsberichte, Akademie der Wissenschaften in Wien, Mathematisch-naturwissenschaftliche Klasse, Abteilung IIa* 159: 53–57.

Blau, Marietta, and K. Altenburger. 1924. "Über eine Methode zur Bestimmung des Streukoeffizienten und des reinen Absorptionskoeffizienten von Röntgenstrahlen." *Zeitschrift für Physik* 25: 200–14.

Blau, Marietta, and M. Caulton. 1954. "Inelastic Scattering of 500 MeV Negative Pions in Emulsion Nuclei." *Physical Review* 96: 150–60.

―――. 1953. "Meson Production by 500 MeV Negative Pions." *Physical Review* 92: 516–17.

Blau, Marietta, and J. A. De Felice. 1948. "Development of Thick Emulsions by a Two Bath Method." *Physical Review* 74: 1198.

Blau, Marietta, and B. Dreyfus. 1945. "The Multiplier Photo-Tube in Radioactive Measurements." *Review of Scientific Instruments* 16: 245–48.

Blau, M., and I. Feuer. 1946. "Radioactive Light Sources." *Journal of the Optical Society of America* 36: 576–80.

Blau, Marietta, and Elisabeth Kara-Michailova. 1931. "Über die durchdringende γ-Strahlung des Poloniums." *Sitzungsberichte, Akademie der Wissenschaften in Wien, Mathematisch-naturwissenschaftliche Klasse. Abteilung IIa* 140: 615–22.

Blau, Marietta, and Elisabeth Rona. 1926. "Ionisation durch H-Strahlen." *Sitzungsberichte, Akademie der Wissenschaften in Wien, Mathematisch-naturwissenschaftliche Klasse. Abteilung IIa* 135: 573–85.

―――. 1929. "Weitere Beiträge zur Ionisation durch H-Partikeln." *Sitzungsberichte, Akademie der Wissenschaften in Wien, Mathematisch-naturwissenschaftliche Klasse, Abteilung IIa* 138: 717–31.

―――. 1930. "Anwendung der Chamié'schen photographischen Methode zur Prüfung des chemischen Verhaltens von Polonium." *Sitzungsberichte, Akademie der Wissenschaften in Wien, Mathematisch-naturwissenschaftliche Klasse, Abteilung*

IIa 139: 275–79.

Blau, Marietta, and Hertha Wambacher. 1932. "Über das Verhalten einer kornlosen Emulsion gegenüber α-Partikeln." *Sitzungsberichte, Akademie der Wissenschaften in Wien, Mathematisch-naturwissenschaftliche Klasse, Abteilung IIa* 141: 467–74.

———. 1932. "Über Versuche, durch Neutronen ausgelöste Protonen photographisch nachzuweisen, II." *Sitzungsberichte, Akademie der Wissenschaften in Wien, Mathematisch-naturwissenschaftliche Klasse, Abteilung IIa* 141: 615–20.

———. 1932. "Über Versuche, durch Neutronen ausgelöste Protonen photographisch nachzuweisen." *Wiener Anzeiger, Akademie der Wissenschaften in Wien, Mathematisch-naturwissenschaftliche Klasse, Abteilung IIa* 9: 180–81.

———. 1934. "Physikalische und chemische Untersuchungen zur Methode des photographischen Nachweises von H-Strahlen." *Sitzungsberichte, Akademie der Wissenschaften in Wien, Mathematisch-naturwissenschaftliche Klasse, Abteilung IIa* 143: 285–301.

———. 1937. Disintegration Processes by Cosmic Rays with the Simultaneous Emissions of Several Heavy Particles." *Nature* 140: 585.

———. 1937. "Längenmessung von H-Strahlbahnen mit der photographischen Methode." *Sitzungsberichte, Akademie der Wissenschaften in Wien, Mathematisch-naturwissenschaftliche Klasse, Abteilung IIa* 146: 259–72.

———. 1937. "II. Mitteilung über photographische Untersuchungen der schweren Teilchen in der kosmischen Strahlung." *Sitzungsberichte, Akademie der Wissenschaften in Wien, Mathematisch-naturwissenschaftliche Klasse, Abteilung IIa* 146: 623–41.

———. 1937. "Vorläufiger Bericht über photographische Ultrastrahlenuntersuchungen nebst einigen Versuchen über die 'spontane Neutronenemission.'" *Sitzungsberichte, Akademie der Wissenschaften in Wien, Mathematisch-naturwissenschaftliche Klasse, Abteilung IIa* 146: 469–77.

Blieden, H., D. Freytag, F. Iselin, F. Lefebres, B. Maglić, H. Slettenhaar, S. Almeida, and A. Lang. 1964. "System Consisting of Sonic Spark Chambers, Time-of-Flight, and Pulse-Height Counters ('Missing-Mass Spectrometer') with On-Line Computer." In *Proceedings of the Informal Meeting on Film-Less Spark Chamber Techniques and Associated Computer Use,* CERN "Yellow Report" 64-30, edited by G. R. Macleod and B. C. Maglić, 49–56. Geneva: CERN Data Handling

Division.

Block, Ned, ed. 1981. *Imagery.* Cambridge, Mass.: MIT Press.

Bloom, Harold H. 1973. *The Anxiety of Influence: A Theory of Poetry.* London: Oxford University Press.

Boas, F. 1887. "The Study of Geography." *Science* 9: 137–41.

Bonner, T. W., and W. M. Brubaker. 1936. "Disintegration of Beryllium, Boron and Carbon by Deuterons." *Physical Review* 50: 308–14.

Born, Max. 1953. "Physical Reality." *Philosophical Quarterly* 3: 139–49.

Bothe, W. 1930. "Zur Vereinfachung von Koinzidenzzählung." *Zeitschrift für Physik* 59: 1–5.

———. 1964. "Coincidence." In *Nobel Lectures including Presentation Speeches and Laureates' Biographies: Physics 1942–62,* 271–79. New York: Elsevier.

Bothe, W., and W. Kolhörster. 1929. "Das Wesen der Höhenstrahlung." *Zeitschrift für Physik* 56: 751–77.

Braddick, Henry John James. 1954. *The Physics of Experimental Method.* New York: Wiley.

Bradner, Hugh. 1961. "Capabilities and Limitations of Present Data-Reduction Systems." In *Proceedings of an International Conference on Instrumentation for High-Energy Physics,* 225–28. New York: Wiley.

Bragg, W. H., and J. P. V. Madsen. 1908. "An Experimental Investigation of the Nature of the Gamma Rays." *Philosophical Magazine,* 6th ser., 15: 663–75.

———. 1912. *Studies in Radioactivity.* London: Macmillan.

Bretscher, Egon, Stanley P. Frankel, Darol K. Froman, Nicholas C. Metropolis, Philip Morrison, L. W. Mordheim, Edward Teller, Anthony Turkovich, and John von Neumann. 1950. "Report of Conference on the Super," LA-575. 16 February.

Brickwedde, F. G. 1960. "A Few Remarks on the Beginnings of the NBS-AEC Cryogenic Laboratory." In *Advances in Cryogenic Engineering,* edited by K. D. Timmerhaus, 1: 1–4. New York: Plenum.

Bridgman, P. W. 1927. *The Logic of Modern Physics.* New York: Macmillan.

———. 1952. *The Nature of Some of Our Physical Concepts.* New York: Philosophical Library.

Broser, Immanuel, and Hartmut Kallmann. 1947. "Über die Anregung von Leuchtstoffen durch schnelle Korpuskularteilchen I." *Zeitschrift für Natuiforschung* 2a: 439–40.

Brown, J. L., D. A. Glaser, and M. L. Perl. 1956. "Liquid Xenon Bubble Chamber." *Physical Review* 102: 586–87.

Brown, Laurie M., Max Dresden, and Lillian Hoddeson, eds. 1989. *Pions to Quarks: Particle Physics in the 1950s.* Cambridge: Cambridge University Press.

Brown, Laurie, and Lillian Hoddeson, eds. 1983. *The Birth of Particle Physics.* Cambridge: Cambridge University Press.

Brown, R. H., U. Camerini, P. H. Fowler, H. Muirhead, C. F. Powell, and D. M. Ritson. 1949. "Observations with Electron-Sensitive Plates Exposed to Cosmic Radiation." *Nature* 163: 47–51, 82–87. Reprinted in *Selected Papers of Cecil Frank Powell,* edited by E. H. S. Burhop, W. O. Lock, and M. G. K. Menon, 265–75. New York: North-Holland, 1972.

Brown, Sanborn C. 1966. *Introduction to Electrical Discharges in Gases.* Wiley Series in Plasma Physics. New York: Wiley.

Brush, S. 1978. "Planetary Science: From Underground to Underdog." *Scientia* 113: 771–87.

Brush, Steven, and Helmut E. Landsberg. 1985. *The History of Geophysics and Meteorology: An Annotated Bibliography.* Bibliographs of the History of Science and Technology, vol. 7. New York: Garland.

Buchanan, C. D., and S. B. Chun. 1987. "Simple Predictive Model for Flavor Production in Hadronization." *Physical Review Letters* 59: 1997–2000.

Buchwald, Jed. 1985. *From Maxwell to Microphysics: Aspects of Electromagnetic Theory in the Last Quarter of the Nineteenth Century.* Chicago: University of Chicago Press.

———. 1994. *The Creation of Scientific Effects: Heinrich Hertz and Electric Waves.* Chicago: University of Chicago Press.

———. 1995. *Scientific Practice: Theories and Stories of Doing Physics.* Chicago: University of Chicago Press.

Burke, Peter, ed. 1991. *New Perspectives on Historical Writing.* Cambridge: Polity Press.

Burks, Alice R., and Arthur W. Burks. 1988. *The First Electronic Computer: The Atanasoff Story.* Ann Arbor: University of Michigan Press.

Button, J., G. Kalbfleisch, G. Lynch, B. Maglić, A. Rosenfeld, and M. L. Stevensen. 1962. "Pion-Pion Interaction in the Reaction $p+p \rightarrow 2\pi^{+}+2\pi^{-}+n\pi^{0+}$." *Physical Review* 126: 1858–63.

Cahan, David. 1989. *An Institute for an Empire: The Physikalisch-Technische Reichsan-*

stalt, 1871–1918. Cambridge: Cambridge University Press.

Cahan, Robert N., and Gerson Goldhaber. 1989. *Experimental Foundations of Particle Physics.* Cambridge: Cambridge University Press.

Calkin, J. 1963. "A Mathematician Looks at Bubble and Spark Chamber Data Processing." In *Programming for HPD and Other Flying Spot Devices,* CERN Report 63-34, edited by J. Howie, S. McCarroll, B. Powell, and A. Wilson, 21–23. Geneva: CERN Data Handling Division.

Callendar, H. L. 1915. "On the Steady Flow of Steam through a Nozzle or Throttle." *Proceedings of the Institution of Mechanical Engineers* 131: 53–77.

Callendar, H. L., and J. T. Nicolson. 1898. "On the Law of Condensation of Steam Deduced from Measurements of Temperature-Cycles of the Walls and Steam in the Cylinder of a Steam Engine." *Minutes of Proceedings of the Institution of Civil Engineers* 131: 147–268.

Calion, Michel. 1986. "Sociology of Translation." In *Power, Action, and Belief A New Sociology of Knowledge?* edited by J. Law. London: Routledge and Kegan Paul.

Cambridge Scientific Instrument Co. 1913. *The Wilson Expansion Apparatus for Making Visible the Paths of Ionizing Particles.* List no. 117, June.

Camerini, U., H. Muirhead, C. F. Powell, and D. M. Ritson. 1948. "Observations on Slow Mesons of the Cosmic Radiation." *Nature* 162: 433–38. Reprinted in *Selected Papers of Cecil Frank Powell,* edited by E. H. S. Burhop, W. O. Lock, and M. G. K. Menon, 259–64. New York: North-Holland, 1972.

Cannon, Susan Faye. 1978. *Science in Culture: The Early Victorian Period.* New York: Dawson.

Cannon, W. B. 1900. "The Case System in Medicine." *Boston Medical and Surgical Journal* 142: 563–64.

Carlson, W. Bernard, and Michael E. Gorman. 1990. "Understanding Invention as a Cognitive Process: The Case of Thomas Edison and Early Motion Pictures, 1888–91." *Social Studies of Science* 20: 387–430.

Caroe, G. M. 1978. *William Henry Bragg, 1862–1942: Man and Scientist.* Cambridge: Cambridge University Press.

Carnap, Rudolf. 1950. "Empricism, Semantics, and Ontology." *Revue Internationale de Philosophie* II. Reprinted in *Semantics and the Philosophy of Language,* edited by L. Linsky, 208–28. Urbana: University of Illinois Press, 1952.

———. 1955. "Logical Foundations of the Unity of Science." In *International Ency-*

clopedia of Unified Science, ed. O. Neurath et al., vol. 1. Chicago: University of Chicago Press.

————. 1963. "Intellectual Autobiography." *In The Philosophy of Carnap,* edited by P. A. Schilpp, 3–84. Library of Living Philosophers, vol. 11. La Salle, Ill.: Open Court.

————. 1967. *The Logical Structure of the World and Pseudoproblems in Philosophy,* translated by Rolf George. Berkeley: University of California Press.

Cartwright, Nancy. 1983. *How the Laws of Physics Lie.* Oxford: Clarendon.

Cat, Jordi, Nancy Cartwright, and Hasok Chang. 1996. "Otto Neurath: Politics and the Unity of Science." In *The Disunity of Science,* edited by P. Galison and D. Stump. Stanford, Calif.: Stanford University Press.

Čerenkov, P. A. 1934. "Vidimoje Svečenije Čistyx Židkostej pod Dejstvijem γ-Radiacii." *Comptes Rendus de l'Academie des Sciences URSS* 2: 451–54.

Chadwick, J., A. N. May, T. G. Pickavance, and C. F. Powell. 1944. "An Investigation of the Scattering of High-Energy Particles from the Cyclotron by the Photographic Method." *Proceedings of the Royal Society A* 183: 1–25.

Chamberlain, Owen. 1989. "The Discovery of the Antiproton." In *Pions to Quarks: Particle Physics in the 1950s,* edited by L. M. Brown, M. Dresden, and L. Hoddeson, 273–84. Cambridge: Cambridge University Press.

Chamberlain, Owen, Emilio Segrè, Clyde Wiegand, and Thomas Ypsilantis. 1955. "Observation of Antiprotons." *Physical Review* 100: 947–50.

Chandler, Alfred D., Jr. 1977. *The Visible Hand: The Managerial Revolution in American Business.* Cambridge, Mass.: Belknap.

Charney, J. G., R. Fjörtoft, and J. von Neumann. 1961–63. "Numerical Integration of the Barotropic Vorticity Equation." In *von Neumann: Collected Works,* edited by A. H. Taub, 6: 413–30. London: Pergamon.

Charpak, G. 1954. "Etude de phénomènes atomiques de basse énergie liés à des désintégrations nucléaires; La diffusion élastique des rayons γ par les noyaux." D.sc. dissertation, University of Paris.

————. 1957. "Principe et essais préliminaires d'un nouveau détecteur permettant de photographier Ia trajectoire de particules ionisantes dans un gaz." *Journal de Physique* 18: 539–40.

————. 1962. "La Chambre à Etincelles." *Industries Atomiques* 6: 63–71.

————. 1962. "Location of the Position of a Spark in a Spark Chamber." *Nuclear In-*

struments and Methods 15: 318–22.

———. 1967. "Localization of the Position of Light Impact on the Photocathode of a Photomultiplier." *Nuclear Instruments and Methods* 48: 151–83.

———. 1978. "Multiwire and Drift Proportional Chambers." *Physics Today* 31(October): 23–30.

Charpak, G., R. Boucher, T. Bressani, J. Favier, and Č. Zupančič. 1968. "The Use of Multiwire Proportional Counters to Select and Localize Charged Particles." *Nuclear Instruments and Methods* 62: 262–68.

Charpak, G., P. Duteil, R. Meunier, M. Spighel, and J. P. Stroot. 1964. "Electrostatic Photography as a Means to Obtain Magnetic Records of Spark Chamber Pictures." In *Proceedings of the Informal Meeting on Film-Less Spark Chamber Techniques and Associated Computer Use,* CERN "Yellow Report" 64-30, edited by G. R. Macleod and B. C. Maglić, 341–44. Geneva: CERN Data Handling Division.

Charpak, G., J. Favier, and L. Massonnet. 1963. "A New Method for Determining the Position of a Spark in a Spark Chamber by Measurement of Currents." *Nuclear Instruments and Methods* 24: 501–503.

Charpak, G., D. Rahm, and H. Steiner. 1970. "Some Developments in the Operation of Multiwire Proportional Chambers." *Nuclear Instruments and Methods* 80: 13–34.

Christenson, J. H., J. W. Cronin, V. L. Fitch, and R. Turlay. 1964. "Evidence for the 2π Decay of the K_2^0 Meson." *Physical Review Letters* 13: 138–40.

Churchland, Paul M., and Clifford A. Hooker, eds. 1985. *Images of Science: Essays on Realism and Empiricism, with a Reply from Bas C. van Fraassen.* Chicago: University of Chicago Press.

Clifford, James. 1988. *The Predicament of Culture: Twentieth Century Ethnography, Literature and Art.* Cambridge, Mass.: Harvard University Press.

Coleman, William, and Frederic L. Holmes, eds. 1988. *The Investigative Enterprise: Experimental Physiology in Nineteenth Century Medicine.* Berkeley and Los Angeles: University of California Press.

Collins, George B. 1953. "Scintillation Counters." *Scientific American* 189 (November): 36–41.

Collins, George B., and Victor G. Reiling. 1938. "Čerenkov Radiation." *Physical Review* 54: 499–503.

Collins, H. M. 1974. "The TEA Set: Tacit Knowledge and Scientific Networks." *Science Studies* 4: 165–86.

———. 1985. *Changing Order: Replication and Induction in Scientific Practice.* London: Sage.

Collins, H. M., and T. J. Pinch. 1982. *Frames of Meaning: The Social Construction of Extraordinary Science.* Boston: Routledge and Kegan Paul.

Colodny, Robert G., ed. 1970. *The Nature and Function of Scientific Theories: Essays in Contemporary Philosophy.* Pittsburgh: University of Pittsburgh Press.

Conant, James Bryant, and Leonard K. Nash, eds. 1950–54. *Harvard Case Histories in Experimental Science,* 8 vols. Cambridge, Mass.: Harvard University Press.

Congrès International sur le Rayonnement Cosmique. 1953. Organized by the University of Toulouse with the support of UIPPA and UNESCO. Informal publication. Bagnères de Bigorre, July.

Conversi, M. 1982. "The Development of the Flash and Spark Chambers in the 1950s." *Journal de Physique* 43: C8-91–C8-99.

Conversi, M., S. Focardi, C. Franzinetti, A. Gozzini, and P. Murtas. 1956. "A New Type of Hodoscope of High Spatial Resolution." *Nuovo Cimento* 4 Suppl.: 234–37.

Conversi, M., and A. Gozzini. 1955. "The 'Hodoscope Chamber': A New Instrument for Nuclear Research." *Nuovo Cimento* 2: 189–91.

Conversi, M., E. Pancini, and O. Piccioni. 1945. "On the Decay Process of Positive and Negative Mesons." *Physical Review* 68: 232.

———. 1947. "On the Disintegration of Negative Mesons." *Physical Review* 71: 209–10.

Coon, J. H., and R. A. Nobles. 1947. "Hydrogen Recoil Proportional Counter for Neutron Detection." *Review of Scientific Instruments* 18: 44–47.

Cork, Bruce. 1960. "Charged Particle Detector." Unpublished typescript. 6 June.

Coulier, J. P. 1875. "Note sur une nouvelle propriété de !'air." *Journal de Pharmacie et de Chimie,* 4th ser., 22: 165–73, 254–55.

Cowan, C. L., Jr., F. Reines, F. B. Harrison, H. W. Kruse, and A. D. McGuire. 1956. "Detection of the Free Neutrino: A Confirmation." *Science* 124: 103–104.

Cowan, E. W. 1950. "A Continuously Sensitive Diffusion Cloud Chamber." *Review of Scientific Instruments* 21: 991–96.

Crane, H. R., E. R. Gaerttner, and J. J. Turin. 1936. "A Cloud Chamber Study of the Compton Effect." *Physical Review* 50: 302–308.

Cranshaw, T. E., and J. F. de Beer. 1957. "A Triggered Spark Counter." *Nuovo Cimento* 5: 1107–16.

―――. 1963. "Present Status of Spark Chambers." *Nuclear Instruments and Methods* 20: 143–51.

Cronin, James W. 1963. "Present Status." *Nuclear Instruments and Methods* 20: 143–51.

―――. 1981. "CP Symmetry Violation: The Search for Its Origin." Nobel Lecture, 8 December 1980, with preceding biographical remarks. In *Les Prix Nobel 1980: Nob el Prizes, Presentations, Biographies and Lectures,* 56–79. Stockholm: Almquist and Wiksell.

Cronin, James W., and George Renninger. 1961. "Studies of a Neon-Filled Spark Chamber." In *Proceedings of an International Conference on Instrumentation for High Energy Physics,* 271–75. New York: Wiley.

Crowther, J. G. 1968. *Scientific Types.* London: Barrie and Rockliff.

―――. 1974. *The Cavendish Laboratory, 1874–1974.* New York: Science History Publications.

Cüer, P. 1959. "Introduction. Où en est Ia Photographie corpusculaire?" In *Photographie Corpusculaire II,* edited by P. Demers, 9–18. Montreal: Les Presses Universitaires de Montréal.

Curran, S. C., and W. R. Baker. 1948. "Photoelectric Alpha-Particle Detector." *Review of Scientific Instruments* 19: 116.

Curran, S. C., and J. D. Craggs. 1949. *Counting Tubes: Theory and Applications.* New York: Academic Press.

Curtiss, John H. 1950. "Sampling Methods Applied to Differential and Difference Equations." In *Computation Seminar November 1949,* edited by C. C. Hurd, 87–100. New York: International Business Machines Corporation.

―――. 1951. "Preface." In *Monte Carlo Method,* edited by A. S. Householder, G. E. Forsythe, and H. H. Germond. National Bureau of Standards Applied Mathematics Series, no. 12. Washington, D.C.: U.S. Government Printing Office.

Dalitz, R. H. 1953. "On the Analysis of τ-Meson Data and the Nature of the τ-Meson." *Philosophical Magazine* 44: 1068–80.

―――. 1953. "The Modes of Decay of the τ-Meson." In *Congrès International sur le Rayonnement Cosmique,* 236–38. Informal publication. Bagnères de Bigorre, July.

―――. 1954. "Decay of τ-Mesons of Known Charge." *Physical Review* 94: 1046–51.

———. 1982. "Strange Particle Theory in the Cosmic Ray Period." *Journal de Physique* 43: C8-195–C8-205.

Danby, G., J. M. Gaillard, K. Goulianos, L. M. Lederman, N. Mistry, M. Schwartz, and J. Steinberger. 1962. "Observation of High Energy Neutrino Reactions and the Existence of Two Kinds of Neutrinos." *Physical Review Letters* 9: 36–44.

Dardel, G. von, and G. Jarlskog. 1964. "Vidicon Development for the Lund Synchrotron." In *Proceedings of the Informal Meeting on Film-Less Spark Chamber Techniques and Associated Computer Use,* CERN "Yellow Report" 64-30, edited by G. R. Macleod and B. C. Maglić, 105–109. Geneva: CERN Data Handling Division.

Dardel, G. von, G. Jarlskog, and S. Henriksson. 1965. "Status Report on the Lund Vidicon System." *IEEE Transactions in Nuclear Science,* NS-12, no. 4: 65–79.

Daston, Lorraine J. 1986. "The Physicalist Tradition in Early Nineteenth Century French Geometry." *Studies in History and Philosophy of Science* 17: 269–95.

Daston, Lorraine J., and Peter Galison. 1992. "The Image of Objectivity." *Representations* 40: 81–128.

Davidson, Donald. 1982. "On the Very Idea of a Conceptual Scheme." In *Relativism: Cognitive and Moral,* edited by M. Krausz and J. W. Meiland, 66–80. Notre Dame, Ind.: University of Notre Dame Press.

Davis, Natalie Zemon. 1983. *The Return of Martin Guerre.* Cambridge, Mass.: Harvard University Press.

Decamp, D., et al. 1990. "Aleph: A Detector for Electron-Positron Annihilations at LEP." *Nuclear Instruments and Methods in Physics Research A* 294: 121–78.

Dee, P. I., and T. W. Wormell. 1963. "An Index to C. T. R. Wilson's Laboratory Records and Notebooks in the Library of the Royal Society." *Notes and Records of the Royal Society of London* 18: 54–66.

Demers, P. 1946. "New Photographic Emulsions Showing Improved Tracks of Ionizing Particles." *Physical Review* 70: 86.

———. 1954. "Cosmic Ray Phenomena at Minimum Ionization in a New Nuclear Emulsion Having a Fine Grain, Made in the Laboratory." *Canadian Journal of Physics* 32: 538–54.

———. 1958. *Ionographie.* Montreal: Presses Universitaires de Montréal.

Derrick, M. 1966. "Bubble Chambers 1964–66." In *Proceedings of the 1966 International Conference on Instrumentation for High Energy Physics,* 431–84. Stanford, Calif.: Stanford University, Stanford Linear Accelerator.

The Design of Physics Research Laboratories. 1959. Symposium held by the London and Home Counties Branch of the Institute of Physics at the Royal Institution on 27 November 1957. London: Chapman and Hall.

Deutsch, Martin. 1948. "High Efficiency, High Speed Scintillation Counters for Betaand Gamma-Rays." *Physical Review* 73: 1240.

DeWitt, Bryce, and Raymond Stora, eds. 1984. *Relativity, Groups, and Topology II.* Les Houches, Session 40. New York: North-Holland.

Dicke, R. H. 1947. "Čerenkov Radiation Counter." *Physical Review* 71: 737.

Dietrich, Michael R. n.d. "Computational Testing: Monte Carlo Experiments and the Defense of Diffusion Models in Molecular Population Genetics." Typescript.

Dilworth, C. C., G. P. S. Occhialini, and R. M. Payne. 1948. "Processing Thick Emulsions for Nuclear Research." *Nature* 162: 102–103.

Dingle, Herbert. 1951. "Philosophy of Physics: 1850–1950." *Nature* 168: 630–36.

"Discussion on Symposium on Monte Carlo Methods." 1954. Proceedings of symposium on Monte Carlo Methods held before the Research Section of the Royal Statistical Society on 20 January 1954. *Journal of Royal Statistical Society B* 16: 61–75.

Dismuke, Nancy M. 1956. "Monte Carlo Computations." In *Symposium on Monte Carlo Methods,* edited by H. A. Meyer, 52–62. New York: Wiley.

Domokos, G., and S. Kovesi-Domokos, eds. 1983. *Proceedings of the Johns Hopkins Workshop on Current Problems in Particle Theory, 7, Bonn, 1983.* Singapore: World Scientific.

Donham, Wallace B. 1922. "Business Teaching by the Case System." *American Economic Review* 12: 53–65.

Donsker, M. D., and Mark Kac. 1951. "The Monte Carlo Method and Its Applications." In *Computation Seminar December 1949,* edited by C. C. Hurd, 74–81. New York: International Business Machines Corporation.

Döring, W. 1937. "Berichtigung zu der Arbeit: Die Überhitzungsgrenze und Zerreissfestigkeit von Fliissigkeiten." *Zeitschift für physikalische Chemie B* 36: 292–94.

Douglas, Mary. 1966. *Purity and Danger: An Analysis of Concepts of Pollution and Taboo.* New York: Praeger.

Duhem, P. 1954. *The Aim and Structure of Physical Theory,* translated by Philip Wiener. Princeton, N.J.: Princeton University Press.

DuPree, Hunter. 1972. "The Great Instauration of 1940: The Organization of Scientific Research for War." In *The Twentieth Century Sciences: Studies in the Biography of Ideas,* edited by G. Holton, 443–67. New York: Norton.

Dutton, Thomas E. 1983. "Birds of a Feather: A Pair of Rare Pidgins from the Gulf of Papua." In *The Social Context of Creolization,* edited by E. Woolford and W. Washabaugh, 77–105. Ann Arbor, Mich.: Karoma.

———. 1985. *Police Motu: iena sivari* (Its story). Waigani: University of Papua New Guinea Press.

Dykes, M. S., and G. Bachy. 1967. "Vibration of Bubble Chamber Liquid during Expansion." In *Proceedings of International Colloquium on Bubble Chambers,* CERN Report 67-26, edited by H. Leutz, 349–69. Geneva: CERN Data Handling Division.

Eckart, Carl, and Francis R. Shonka. 1938. "Accidental Coincidences in Counter Circuits." *Physical Review* 53: 752–56.

Eckert, J. P., Jr. 1953. "A Survey of Digital Computer Memory Systems." *Proceedings of the IRE* 41: 1393–1406.

Eddington, Arthur. 1939. *The Philosophy of Physical Science.* New York: Macmillan.

Ehrmann, Stephen C. 1974. *Past, Present, and Future: A Study of the MIT Research Laboratory of Electronics.* Cambridge, Mass.: MIT Sloan School of Management, MIT Center for Policy Alternatives. Typescript, MIT Archives.

Einstein, Albert. 1905. "Die von der molekularkinetischen Theorie der Wärme geforderte Bewegung von in ruhenden Flüssigkeiten suspendierten Teilchen." *Annalen der Physik* 17: 549–60. Translated and reprinted as "On the Movement of Small Particles Suspended in a Stationary Liquid Demanded by the Molecular-Kinetic Theory of Heat," in A. Einstein, *Investigations on the Theory of the Brownian Movement,* edited by R. Fürth, translated by A. P. Cooper, 1–18. New York: Dover, 1956.

———. 1931. "Maxwell's Influence on the Evolution of the Idea of a Physical Reality." In *James Clerk Maxwell: A Commemorative Volume, 1831–1931,* by Sir J. J. Thomson, Max Planck, Albert Einstein, et al. Cambridge: Cambridge University Press. Reprinted in A. Einstein, *Ideas and Opinions,* translated by S. Bargmann, 266–70. New York: Crown, 1954.

———. 1954. *Ideas and Opinions,* translated by S. Bargmann. New York: Crown.

———. 1956. *Investigations on the Theory of the Brownian Movement,* edited by R.

Fürth, translated by A. P. Cooper. New York: Dover.

———. 1961. *Relativity: The Special and General Theory: A Popular Exposition.* New York: Crown.

———. 1970. "Autobiographical Notes." In *Albert Einstein: Philosopher-Scientist,* edited by P. A. Schilpp, 2–94. La Salle, Ill.: Open Court.

Eliot, C. W. 1900. "The Inductive Method Applied to Medicine." *Boston Medical and Surgical Journal* 142: 557–71.

Elliott, John B., George Maenchen, Peter H. Moulthrop, Larry O. Oswald, Wilson M. Powell, and Robert Wright. 1955. "Thirty-Six-Atmosphere Diffusion Cloud Chamber." *Review of Scientific Instruments* 26: 696–97.

Elmore, W. C. 1948. "Electronics for the Nuclear Physicist. I and II." *Nucleonics* 2, no. 2: 4–17; no. 3: 16–36; no. 4: 43–55; no. 5: 50–58.

Elmore, W. C., and Matthew Sands. 1949. *Electronics: Experimental Techniques.* New York: McGraw-Hill.

Emslie, A. G., and R. A. McConnell. 1947. "Moving-Target Indication." In *Radar System Engineering,* edited by L. N. Ridenour, 626–79. Radiation Laboratory Series, vol. 1. New York: McGraw-Hill.

Emslie, A. G., et al. 1948. "Ultrasonic Decay Lines II." *Journal of the Franklin Institute* 245: 101–15.

Engineering Research Associates. 1950. *High-Speed Computing Devices.* New York: McGraw-Hill.

Fancher, D., H. J. Hilke, S. Loken, P. Martin, J. N. Marx, D. R. Nygren, P. Robrish, G. Shapiro, M. Urban, W. Wenzel, W. Gorn, and J. Layter. 1979. "Performance of a Time-Projection Chamber." *Nuclear Instruments and Methods* 161: 383–90.

Fazio, G. G. 1964. "A Vidicon Spark Chamber System for Use in Artificial Earth Satellites." In *Proceedings of the Informal Meeting on Film-Less Spark Chamber Techniques and Associated Computer Use,* CERN "Yellow Report" 64-30, edited by G. R. Macleod and B. C. Maglić, 95–104. Geneva: CERN Data Handling Division.

Ferbel, Thomas, ed. 1987. *Experimental Techniques in High Energy Physics.* Menlo Park, Calif.: Addison-Wesley.

Ferguson, Charles. 1982. "Simplified Registers and Linguistic Theory." In *Exceptional Language and Linguistics,* edited by L. K. Obler and L. Menn, 49–66. New York: Academic Press.

Ferguson, Leland, ed. 1977. *Historical Archaeology and the Importance of Material Things.* Papers of the Thematic Symposium, 8th annual meeting of the Society for Historical Archaeology, Charleston, South Carolina, 7–11 January 1975. Lansing, Mich.: Society for Historical Archaeology.

Fermi, E., H. L. Anderson, A. Lundby, D. E. Nagle, and G. B. Yodh. 1952. "Ordinary and Exchange Scattering of Negative Pions by Hydrogen." *Physical Review* 85: 935–36.

Fermi, E., J. Pasta, and S. Ulam. (1955) 1990. "Studies of Nonlinear Problems," LA 1940. Reprinted in S. M. Ulam, *Analogies between Analogies: The Mathematical Reports of S. M. Ulam and His Los Alamos Collaborators,* edited by A. R. Bednarek and F. Ulam, 139–54. Los Alamos Series in Basic and Applied Sciences, vol. 10. Berkeley and Los Angeles: University of California Press.

Feyerabend, Paul K. 1978. *Science in a Free Society.* London: NLB.

———. 1981. *Problems of Empiricism: Philosophical Papers,* vol. 2. Cambridge: Cambridge University Press.

———. 1981. *Realism, Rationalism and Scientific Method: Philosophical Papers,* vol. 1. Cambridge: Cambridge University Press.

Feynman, Richard P. 1949. "The Theory of Positrons." *Physical Review* 76: 749–59.

———. 1972. *Photon-Hadron Interactions: Frontiers in Physics.* Reading, Mass.: Benjamin.

Feynman, Richard P., Robert B. Leighton, and Matthew Sands. 1963–65. *The Feynman Lectures on Physics,* 3 vols. Reading, Mass.: Addison-Wesley.

Field, Hartry. 1990. "'Narrow' Aspects of Intentionality and the Information-Theoretic Approach to Content." In *Information, Semantics and Epistemology,* edited by E. Villanueva, 102–16. Oxford: Blackwell.

Field, R. D., and R. P. Feynman. 1978. "A Parametrization of the Properties of Quark Jets." *Nuclear Physics B* 136: 1–76.

Field, R. D., and S. Wolfram. 1983. "A QCD Model for $e^+ e^-$ Annihilation." *Nuclear Physics B* 213: 65–84.

Fieller, E. C. 1954. "Discussion on Symposium on Monte Carlo Methods." *Journal of the Royal Statistical Society B* 16: 61–75.

Fine, Arthur. 1986. *The Shaky Game: Einstein, Realism, and the Quantum Theory.* Chicago: University of Chicago Press.

Fitch, Val Logsdon. 1981. "The Discovery of Charge-Conjugation Parity Asymmetry."

Nobel Lecture, 8 December, 1980, with preceding biographical remarks. In *Les Prix Nobel 1980: Nobel Prizes, Presentations, Biographies and Lectures,* 80–93. Stockholm: Almquist and Wiksell.

Fodor, Jerry, and Ernest Lepore. 1992. *Holism: A Shopper's Guide.* Oxford: Blackwell.

Foley, K. J., S. J. Lindenbaum, W. A. Love, S. Ozaki, J. J. Russell, and L. C. L. Yuan. 1964. "A Counter Hodoscope Digital Data Handling and On-Line Computer System Used in High Energy Scattering Experiments." *Nuclear Instruments and Methods* 30: 45–60.

Foley, William A. 1988. "Language Birth: The Processes of Pidginization and Creolization." In *Language: The Sociocultural Context,* edited by F. J. Newmeyer, 162–83. Linguistics: The Cambridge Survey, vol. 4. Cambridge: Cambridge University Press.

Forman, P. 1987. "Behind Quantum Electronics: National Security as Basis for Physical Research in the United States, 1940–60." *Historical Studies in the Physical and Biological Sciences* 18: 149–229.

Forster, T. 1815. *Atmospheric Phaenomena.* London: Baldwin, Cradock, and Joy.

Foster, B., and P. Fowler, eds. 1988. *40 Years of Particle Physics: Proceedings of the International Conference to Celebrate the 40th Anniversary of the Discoveries of the π- and V-Particles, held at the University of Bristol, 22–24 July 1987.* Bristol: Adam Hilger.

Foucault, Michel. 1979. *Discipline and Punish: The Birth of the Prison,* translated by A. Sheridan. New York: Vintage.

———. 1980. *Power/Knowledge: Selected Interviews & Other Writings 1972–77,* edited by C. Gordon. New York: Pantheon.

———. 1984. *The Foucault Reader,* edited by P. Rabinow. New York: Pantheon.

———. 1984. "What Is an Author?" In *The Foucault Reader,* edited by P. Rabinow, 101–20. New York: Pantheon.

Frank, Charles, ed. 1993. *Operation Epsilon: The Farm Hall Transcripts.* Berkeley and Los Angeles: University of California Press.

Frank, F. C., and D. H. Perkins. 1971. "Cecil Frank Powell, 1903–69." *Biographical Memoirs of Fellows of the Royal Society* 17: 541–55, with an appendix by A. M. Tyndall, 555–57.

Frank, I., and Ig. Tamm. 1937. "Coherent Visible Radiation of Fast Electrons Passing through Matter." *Comptes Rendus de l'Académie des Sciences URSS* 14: 109–

14.

Franklin, Allan D. 1979. "The Discovery and Nondiscovery of Parity Nonconservation."
    Studies in the History and Philosophy of Science 10: 201–57.

———. 1981. "Millikan's Published and Unpublished Data on Oil Drops." *Historical
    Studies in the Physical Sciences* 11: 185–201.

———. 1983. "The Discovery and Acceptance of CP Violation." *Historical Studies in
    the Physical Sciences* 13: 207–38.

———. 1986. *The Neglect of Experiment.* Cambridge: Cambridge University Press.

———. 1992. *The Rise and Fall of the "Fifth Force": Discovery, Pursuit, and Justifica-
    tion in Modern Physics.* New York: American Institute of Physics.

Freedberg, David. 1989. *The Power of Images: Studies in the History and Theory of Re-
    sponse.* Chicago: University of Chicago Press.

Freeman, Eugene, ed. 1976. *The Abdication of Philosophy; Philosophy and the Public
    Good: Essays in Honor of Paul Arthur Schilpp.* La Salle, Ill.: Open Court.

Freundlich, H. F., E. P. Hincks, and W. J. Ozeroff. 1947. "A Pulse Analyser for Nuclear
    Research." *Review of Scientific Instruments* 18: 90–100.

Friedman, Michael. 1987. "Carnap's *Aufbau* Reconsidered." *Noûs* 21: 521–45.

Fritzsch, Harald. 1980. "Masses and Mass Generation in Chromo and Flavour Dynam-
    ics." In *Quantum Chromodynamics,* edited by J. L. Alonso and R. Tarrach,
    278–319. Lecture Notes in Physics, no. 118. Berlin: Springer.

Fukui, Shuji. 1983. "Chronological Review on Development of Spark Chamber in Ja-
    pan." Unpublished typescript. March. Courtesy of the author.

Fukui, Shuji, and Sigenori Miyamoto. 1957. "A Study of the Hodoscope Chamber," IN-
    STCA-10. Kyoto: Institute for Nuclear Study, Air Shower Project, 14 Decem-
    ber.

———. 1958. "A Study of the Hodoscope Chamber II: A Preliminary Study of a New
    Device of a Particle Detector" (in Japanese), INS-TCA-11. Translated by Shuji
    Fukui. Kyoto: Institute for Nuclear Study, Air Shower Project, April.

———. 1959. "A New Type of Particle Detector: The 'Discharge Chamber.'" *Nuovo Ci-
    mento* 11: 113–15.

Furry, W. H. 1947. "Discussion of a Possible Method for Measuring Masses of Cosmic
    Ray Mesotrons." *Physical Review* 72: 171.

Fussell, Lewis, Jr., and Thomas H. Johnson. 1934. "Vacuum Tube Characteristics in Re-
    lation to the Selection of Coincident Pulses from Cosmic Ray Counters." *Jour-*

nal of the Franklin Institute 217: 517–24.

Fyfe, Gordon, and John Law, eds. 1988. *Picturing Power: Visual Depiction and Social Relations.* Sociological Review Monograph no. 35. London: Routledge and Kegan Paul.

Galilei, Galileo. 1970. *Dialogue Concerning the Two Chief World Systems—Ptolemaic and Copernican,* translated by S. Drake. Berkeley: University of California Press.

Galison, Peter. 1983. "The Discovery of the Muon and the Failed Revolution against Quantum Electrodynamics." *Centaurus* 26: 262–316.

———. 1983. "How the First Neutral Current Experiments Ended." *Reviews of Modern Physics* 55: 477–509.

———. 1983. "Rereading the Past from the End of Physics: Maxwell's Equations in Retrospect." In *Functions and Uses of Disciplinary Histories,* edited by L. Graham, W. Lepenies, and P. Weingart, 7: 35–51. Hingham, Mass.: Kluwer.

———. 1985. "Bubble Chambers and the Experimental Workplace." In *Observation, Experiment and Hypothesis in Modern Physical Science,* edited by P. Achinstein and O. Hannaway, 309–73. Cambridge, Mass.: MIT Press.

———. 1987. *How Experiments End.* Chicago: University of Chicago Press.

———. 1988. "History, Philosophy, and the Central Metaphor." *Science in Context* 2: 197–212.

———. 1988. "Philosophy in the Laboratory." *Journal of Philosophy* 185: 525–27.

———. 1988. "Physics between War and Peace." In *Science, Technology, and the Military,* edited by E. Mendelsohn, M. R. Smith, and P. Weingart, 47–86. Sociology of the Sciences, vol. 1. Dordrecht: Kluwer.

———. 1989. "Bubbles, Sparks, and the Postwar Laboratory." In *Pions to Quarks: Particle Physics in the 1950s,* edited by L. M. Brown, M. Dresden, and L. Hoddeson, 213–51. Cambridge: Cambridge University Press.

———. 1989. "The Trading Zone: The Coordination of Action and Belief." Preprint for TECH-KNOW Workshops on Places of Knowledge, Their Technologies and Economies, UCLA Center for Cultural History of Science and Technology, Los Angeles.

———. 1993. "The Cultural Meaning of *Aufbau.*" In *Yearbook of the Institute Vienna Circle 1/93: Scientific Philosophy: Origins and Developments,* edited by F. Stadler, 75–93. Dordrecht: Kluwer.

————. 1995. "Contexts and Constraints." In *Scientific Practice: Theories and Stories of Doing Physics,* edited by J. Buchwald, 2–13. Chicago: University of Chicago Press.

————. 1995. "Theory Bound and Unbound: Superstrings and Experiments." In *Laws of Nature: Essays on Philosophical, Scientific and Historical Dimensions,* edited by F. Weinert. New York: de Gruyter.

Galison, Peter, and Barton Bernstein. 1989. "In Any Light: Scientists and the Decision to Build the Superbomb, 1942–54." *Historical Studies in the Physical and Biological Sciences* 19: 267–347.

Galison, Peter, and Bruce Hevly, eds. 1992. *Big Science: The Growth of Large-Scale Research.* Stanford, Calif.: Stanford University Press.

Galison, Peter, Bruce Hevly, and Rebecca Lowen. 1992. "Controlling the Monster: Stanford and the Growth of Physics Research, 1935–62." In *Big Science: The Growth of Large-Scale Research,* edited by P. Galison and B. Hevly, 46–77. Stanford, Calif.: Stanford University Press.

Galison, Peter, and Caroline Jones. "Laboratory, Factory, and Studio: Dispersing Sites of Production." In *The Architecture of Science,* edited by P. Galison and E. Thompson. Cambridge, Mass.: MIT Press. Forthcoming.

Gardener, M., S. Kisdnasamy, E. Rössie, and A. W. Wolfendale. 1957. "The Neon Flash Tube as a Detector of Ionising Particles." *Proceeding s of the Physical Society B* 70: 687–99.

Gardiner, Patrick. 1981. "German Philosophy and the Rise of Relativism." *Monist* 64: 138–54.

Gardner, E., and C. M. G. Lattes. 1948. "Production of Meson s by the 184-Inch Berkeley Cyclotron." *Science* 107: 270–71.

Gargamelle Construction Group. 1967. "The Large Heavy Liquid Bubble Chamber 'Gargamelle': The Optics." In *Proceedings of International Colloquium on Bubble Chambers,* CERN Report 67-26, edited by H. Leutz, 295–311. Geneva: CERN Data Handling Division.

Gary, J. W. 1985. "Tests of Models for Parton Fragmentation in e^+e^- Annihilation," LBL-20638. Ph.D. dissertation, University of California, Berkeley.

Geertz, Clifford. 1973. *The Interpretation of Cultures: Selected Essays.* New York: Basic Books.

————. 1983. *Local Knowledge: Further Essays in Interpretive Anthropology.* New

York: Basic Books.

———. 1995. "Culture War." *New York Review of Books* 62, no. 19 (November 30).

Geiger, H. 1913. "Über eine einfache Methode zur Zählung von α-und β-Strahlen." *Vehandlungen der Deutschen Physikalischen Gesellschaft* 15: 534–39.

Geitel, Hans. 1900–1901. "Über die Elektrizitätszerstreuung in abgeschlossenen Luftmengen." *Physikalische Zeitschrift* 2: 116–19.

Gelernter, H. 1961. "The Automatic Collection and Reduction of Data for Nuclear Spark Chambers." *Nuovo Cimento* 22: 631–42.

Gell-Mann, M. 1956. "The Interpretation of the New Particles as Displaced Charge Multiplets." *Nuovo Cimento* 4 Suppl.: 848–66.

"General Discussion on On-Line Computer Use." 1964. In *Proceedings of the Informal Meeting on Film-Less Spark Chamber Techniques and Associated Computer Use,* CERN "Yellow Report" 64-30, edited by G. R. Macleod and B. C. Maglić, 299–312. Geneva: CERN Data Handling Division.

Gentner, W., H. Maier-Leibnitz, and W. Bothe. 1940. *Atlas typischer Nebelkammerbilder mit Einfohrung in die Wilsonsche Methode.* Berlin: Julius Springer.

———. 1954. *An Atlas of Typical Expansion Chamber Photographs.* New York: Wiley.

Germond, H. H. 1951. "Round Table Discussion: Summary." In *Monte Carlo Method,* edited by A. S. Householder, G. E. Forsythe, and H. H. Germond, 39–42. National Bureau of Standards Applied Mathematics Series, no. 12. Washington, D.C.: U.S. Government Printing Office.

Getting, I. A. 1947. "A Proposed Detector for High Energy Electrons and Mesons." *Physical Review* 71: 123–24.

Getting, Ivan A. 1989. *All in a Lifetime: Science in the Defense of Democracy.* New York: Vantage.

Giannelli, G. 1964. "Magnetostriction." *Nuclear Instruments and Methods* 31: 29–34.

———. 1964. "A Magnetostriction Method for Spark Localization." In *Proceedings of the Informal Meeting on Film-Less Spark Chamber Techniques and Associated Computer Use,* CERN "Yellow Report" 64-30, edited by G. R. Macleod and B. C. Maglić, 325–31. Geneva: CERN Data Handling Division.

Gibson, W. 1984. *Neuromancer.* New York: Ace.

———. 1986. *Count Zero.* New York: Arbor.

———. 1988. *Mona Lisa Overdrive.* New York: Bantam.

Giere, Ronald. 1988. *Explaining Science: A Cognitive Approach.* Chicago: University of

Chicago Press.

Gillispie, Charles C., ed. 1981. *Dictionary of Scientific Biography.* New York: Scribners.

Ginzburg, Carlo. 1983. *The Cheese and the Worms: The Cosmos of a Sixteenth Century Miller,* translated by J. Tedeschi and A. Tedeschi. New York: Penguin.

Glaser, Donald A. 1950. "The Momentum Distribution of Charged Cosmic Ray Particles near Sea Level." Ph.D. dissertation, California Institute of Technology. Published as "Momentum Distribution of Charged Cosmic-Ray Particles at Sea Level." *Physical Review* 80 (1950): 625–30.

———. 1952. "Some Effects of Ionizing Radiation on the Formation of Bubbles in Liquids." *Physical Review* 87: 665.

———. 1953. "Bubble Chamber Tracks of Penetrating Cosmic-Ray Particles." *Physical Review* 91: 762–63.

———. 1953. "A Possible 'Bubble Chamber' for the Study of Ionizing Events." *Physical Review* 91: 496.

———. 1954. "Progress Report on the Development of Bubble Chambers." *Nuovo Cimento* 11 Suppl.: 361–68.

———. 1955. "The Bubble Chamber." *Scientific American* 192 (February): 46–50.

———. 1964. "Elementary Particles and Bubble Chambers." Nobel Lecture, 12 December 1960. In *Nobel Lectures including Presentation Speeches and Laureates' Biographies: Physics 1942–62,* 529–51. New York: Elsevier.

Glaser, Donald A., and David C. Rahm. 1953. "Characteristics of Bubble Chambers." *Physical Review* 97: 474–79.

Glazebrook, Richard, ed. 1923. *A Dictionary of Applied Physics,* 5 vols. London: Macmillan.

Godfrey-Smith, Peter. 1991. "Signal, Decision, Action." *Journal of Phillosophy* 88: 709–22.

———. 1992. "Indication and Adaptation." *Synthese* 92: 283–312.

Goertzel, G., and H. Kahn. 1949. "Monte Carlo Methods for Shield Computation," ORNL 429. Report from Oak Ridge National Laboratory. 19 December.

Goethe, Johann Wolfgang, 1960. *Schriften zur Geologie und Mineralogie; Schriften zur Meteorologie. Gesamtausgabe der Werke und Schriften in zweiundzwanzig Bänden.* Stuttgart: J. G. Cotta'sche Buchhandlung Nachfolger.

Goldhaber, Gerson. 1989. "Early Work at the Bevatron: A Personal Account." In *Pions to Quarks: Particle Physics in the 1950s,* edited by L. M. Brown, M. Dresden, and L. Hoddeson, 260–72. Cambridge: Cambridge University Press.

Goldhaber, G., et al. 1959. "Pion-Pion Correlations in Antiproton Annihilation Events." *Physical Review Letters* 3: 181–83.

———. 1960. "Influence of Bose-Einstein Statistics on the Antiproton-Proton Annihilation Process." *Physical Review* 120: 300–12.

Goldschmidt-Clermont, Y. 1966. "Progress in Data Handling for High Energy Physics." In *XII International Conference on High-Energy Physics,* edited by Y. A. Smorodinskii et al., 439–62. Moscow: Atomizdat.

Goldsmith, Maurice, and Edwin Shaw. 1977. *Europe's Giant Accelerator: The Story of the CERN 400-GeV Proton Synchrotron.* London: Taylor and Francis.

Goldstine, Herman H. 1972. *The Computer: From Pascal to von Neumann.* Princeton, N.J.: Princeton University Press.

Gooding, David. 1990. *Experiment and the Making of Meaning: Human Agency in Scientific Observation and Experiment.* Dordrecht: Kluwer.

Gooding, David, Trevor Pinch, and Simon Schaffer, eds. 1989. *The Uses of Experiment: Studies in th e Natural Sciences.* Cambridge: Cambridge University Press.

Gottstein, K. 1967. "Introductory Remarks." In *Programming for Flying Spot Devices: A Conference Held at the Max-Planck-Institut für Physik und Astrophysik, Munich, on 18–20 January 1967,* edited by B. W. Powell and P. Seyboth, 1–4.

Gozzini, A. 1951. "La costante dielettrica dei gas nella regione delle microonde." *Nuovo Cimento* 8: 361–68.

———. 1951. "Sull'effetto Faraday di sostanze paramagnetiche nella regione delle microonde." *Nuovo Cimento* 8: 928–35.

Grandy, Richard E., ed. 1973. *Theories and Observation in Science.* Central Issues in Philosophy Series. Englewood Cliffs, N.J.: Prentice-Hall.

Grashey, Rudolf. 1905. *Atlas typischer Rontgenbilder vom normalen Menschen.* Munich: Lehmann.

———. 1908. *Atlas chirurgish-Pathologischer Rontgenbilder.* Munich: Lehmann.

Greene, Mott. 1982. *Geology in the Nineteenth Century: Changing Views of a Changing World.* Cornell History of Science Series. Ithaca, N.Y.: Cornell University Press.

Gregory, B. P. 1965. "The Future Perspectives for Emulsion Work at CERN: Closing Talk." In *5th International Conference on Nuclear Photography,* CERN 65-4, edited by W. O. Lock, 107–10. Geneva: CERN.

Groth, Edward J., and P. J. E. Peebles. 1977. "Statistical Analysis of Catalogs of Extragalactic Objects. VII, Two- and Three-Point Correlation Functions for the High-Resolution Shane-Wirtanen Catalog of Galaxies." *Astrophysical Journal* 217: 385–405.

Groves, Leslie M. 1983. *Now It Can Be Told: The Study of the Manhattan Project.* New York: Da Capo.

Guerlac, Henry E. 1987. *Radar in World War II.* Tomash Series in the History of Modern Physics 1800–1950, vol. 8. Los Angeles: Tomash.

Guilbaut, Serge. 1983. *How New York Stole the Idea of Modern Art: Abstract Expressionism, Freedom, and the Cold War.* Chicago: University of Chicago Press.

Gupta, Akhil, and James Ferguson. 1992. "Beyond 'Culture': Space, Identity, and the Politics of Difference." *Cultural Anthropology* 7 (February): 6–23.

Gurney, R. W., and N. F. Mott. 1938. "The Theory of the Photolysis of Silver Bromide and the Photographic Latent Image." *Proceedings of the Royal Society London A* 164: 151–67.

Hacking, Ian. 1983. *Representing and Intervening: Introductory Topics in the Philosophy of Natural Science.* Cambridge: Cambridge University Press.

———. 1989. "Extragalactic Reality: The Case of Gravitational Lensing." *Philosophy of Science* 56: 555–81.

Halliday, E. C. 1970. "Some Memories of Prof. C. T. R. Wilson, English Pioneer in Work on Thunderstorms and Lightning." *Bulletin of the American Meteorological Society* 51: 1133–35.

Hammersley, J. M., and D. C. Handscomb. 1964. *Monte Carlo Methods.* London: Methuen.

Hanbury-Brown, R., and R. Q. Twiss. 1956. "A Test of a New Type of Stellar Interferometer." *Nature* 178: 1046–48.

Hannaway, Owen. 1986. "Laboratory Design and the Aim of Science: Andreas Libavius versus Tycho Brahe." *Isis* 77: 585–610.

Hansen, Chuck. 1988. *US. Nuclear Weapons: The Secret History.* Arlington, Tex.: Aerofax.

Hanson, Norwood Russell. 1958. *Patterns of Discovery: An Inquiry into the Conceptual Foundations of Science.* Cambridge: Cambridge University Press.

———. 1963. *The Concept of the Positron: A Philosophical Analysis.* Cambridge: Cambridge University Press.

Haraway, D. 1976. *Crystals, Fabrics, and Fields: Metaphors of Organicism in Twentieth Century Developmental Biology.* New Haven, Conn.: Yale University Press.

———. 1989. *Primate Visions: Gender, Race and Nature in the World of Modern Science.* New York: Routledge and Kegan Paul.

Harman, P. M. 1982. *Energy, Force, and Matter: The Conceptual Development of Nineteenth-Century Physics.* Cambridge History of Science Series. Cambridge: Cambridge University Press.

Hasert, F. J., W. Faissner, W. Krenz, J. Von Krogh, D. Lanske, J. Morfin, K. Schultze, H. Weerts, G. H. Bertrand-Coremans, J. Lemmone, J. Sacton, W. Van Doninck, P. Vilain, C. Bactay, D. C. Cundy, D. Haidt, M. Jaffre, P. Musset, A. Pullia, S. Natali, J. B. M. Pattison, D. H. Perkins, A. Rousset, W. Venus, H. W. Wachsmuth, V. Brisson, B. Degrange, M. Haguenauer, L. Kluberg, U. Nguyen-Khac, P. Petiau, E. Bellotti, S. Bonetti, D. Cavalli, C. Conta, E. Fiorini, M. Roilier, B. Aubert, L. M. Chounet, J. McKenzie, A. G. Michette, G. Myatt, J. Pinfold, and W. G. Scott. 1973. "Search for Elastic Muon-Neutrino Electron Scattering." *Physics Letters B* 46: 121–24.

Hauser, M. G., and P. J. E. Peebles. 1973. "Statistical Analysis of Catalogs of Extragalactic Objects. II, The Abell Catalog of Rich Clusters." *Astrophysical Journal* 185: 757–85.

Hawes, Louis. 1969. "Constable's Sky Sketches." *Journal of the Warburg and Courtauld Institutes* 32: 344–65.

Hawkins, David, Edith Truslow, and Ralph Carlisle Smith, eds. 1983. *Project Y: The Los Alamos Story.* Tomash Series in the History of Modern Physics, 1800–1950, vol. 2. Los Angeles: Tomash.

Hawkins, D., and S. Ulam. (1944) 1990. "Theory of Multiplicative Processes, I," LA-171. 14 November. Reprinted in S. M. Ulam, *Analogies between Analogies: The Mathematical Reports of S. M. Ulam and His Los Alamos Collaborators,* edited by A. R. Bednarek and F. Ulam, 1–15. Los Alamos Series in Basic and Applied Sciences, vol. 10. Berkeley and Los Angeles: University of California Press.

Hayward, Evans, and John Hubbell. 1954. "The Albedo of Various Materials for 1-MeV Photons." *Physical Review* 93: 955–56.

Haywood, D. G., Jr. 1954. "Military Decision and Game Theory." *Journal of the Operations Research Society of America* 2: 365–85.

Hazen, W. E., C. A. Randall, and O. L. Tiffany. 1949. "The Vertical Intensity at 10,000 Feet of Ionizing Particles That Produce Penetrating Showers." *Physical Review* 75: 694–95.

Heilbron, J. L. 1964. "A History of the Problem of Atomic Structure from the Discovery of the Electron to the Beginning of Quantum Mechanics." Ph.D. dissertation, University of California, Berkeley.

———. 1966. "G. M. Bose: The Prime Mover in the Invention of the Leyden Jar?" *Isis* 57: 264–67.

———. 1977. "Lectures on the History of Atomic Physics 1900–1922." In *History of 20th Century Physics,* Proceedings of the International School of Physics "Enrico Fermi" Course 70, edited by C. Weiner, 40–108. New York: Academic Press.

———. 1982. *Elements of Early Modern Physics.* Berkeley and Los Angeles: University of California Press.

———. 1989. "An Historian's Interest in Particle Physics." In *Pions to Quarks: Particle Physics in the 1950s,* edited by L. M. Brown, M. Dresden, and L. Hoddeson. Cambridge: Cambridge University Press.

Heilbron, J. L., and R. W. Seidel. 1989. *Lawrence and His Laboratory: Nuclear Science at Berkeley, 1931–61.* Berkeley: University of California, Office for History of Science and Technology.

Heisenberg, Werner. 1945. *Wandlun gen in den Grundlagen der Naturwissenschaft,* 6th ed. Leipzig: Hirzel.

———. 1952. *Philosophical Problems of Nuclear Science,* translated by F. C. Hayes. New York: Pantheon.

Helmholtz, Robert von. 1886. "Untersuchungen über Dämpfe und Nebel, besonders über solche von Lösungen." *Annalen der Physik und Chemie* 27: 508–43.

Hempel, Carl G. 1966. *Philosophy of Natural Science.* Foundations of Philosophy Series. Englewood Cliffs, N.J.: Prentice Hall.

Henkin, Leon, J. Donald Monk, and Alfred Tarski. 1971. *Cylindric Algebras,* 2 vols. Amsterdam: North-Holland.

Henning, Paul-Gerhard von. 1957. "Die Ortsbestimmung geladener Teilchen mit Hilfe von Funkenzählern." *Atomkern-Energie* 2: 81–82.

Hermann, Armin, John Krige, Ulrike Mersits, and Dominique Pestre, with a contribution by Lanfranco Belloni. 1987. *History of CERN Volume 1: Launching the Euro-*

pean Organization for Nuclear Research. New York: North-Holland.

Hermann, Armin, John Krige, Ulrike Mersits, and Dominique Pestre, with a contribution by Laura Weiss. 1990. *History of CERN Volume II: Building and Running the Laboratory, 1954–65.* New York: North-Holland.

Hernandez, H. P. 1960. "Designing for Safety in Hydrogen Bubble Chambers," UCRL Engineering Note 4311–14 M 33. Reprinted in *Advances in Cryogenic Engineering,* edited by K. D. Timmerhaus, 2: 336–50. New York: Plenum.

Herz, A. J. 1948. "Electron Tracks in Photographic Emulsions." *Nature* 161: 928–29.

———. 1965. "Measurements in Nuclear Emulsions." In *5th International Conference on Nuclear Photography,* CERN 65-4, edited by W. O. Lock, 81–87. Geneva: CERN.

Herzog, G. 1939. "Search for Heavy Cosmic-Ray Particles with a Cloud Chamber." *Physical Review* 55: 1266.

———. 1940. "Circuit for Anticoincidences with Geiger-Müller Counters." *Review of Scientific Instruments* 11: 84–85.

Hesse, Mary. 1970. "Is There an Independent Observation Language?" In *The Nature and Function of Scientific Theories,* edited by R. G. Colodny, 35–78. Pittsburgh: University of Pittsburgh Pres s. Reprinted in M. Hesse, *The Structure of Scientific Interference.* London: Macmillan, 1974.

———. 1974. *The Structure of Scientific Interference.* London: Macmillan.

———. 1974. "Theory and Observation." In M. Hesse, *The Structure of Scientific Interference.* London: Macmillan.

Highfield, Arnold, and Albert Valdman. 1980. *Theoretical Observations in Creole Studies.* New York: Academic Press.

Higinbotham, W. A. 1965. "Wire Spark Chambers." *IEEE Transactions in Nuclear Science,* NS-12, no. 4: 199–205.

Higinbotham, W. A., J. Gallagher, and M. Sands. 1947. "The Model 200 Pulse Counter." *Review of Scientific Instruments* 18: 706–15.

Hildebrand, Roger H., and Darragh E. Nagle. 1953. "Operation of a Glaser Bubble Chamber with Liquid Hydrogen." *Physical Review* 92: 517–18.

Hincks, E. P., H. L. Anderson, H. J. Evans, S. Fukui, D. Kessler, K. A. Klare, J. W. Lillberg, M. V. Sherbrook, R. L. Martin, and P. I. P. Kalmus. 1966. "Spark Chamber Spectrometer with Automatic Vidicon Readout." In *Proceedings of the 1966 International Conference on Instrumentation for High Energy Physics,* 63–67.

Stanford, Calif.: Stanford University, Stanford Linear Accelerator.

Hine, M. G. N. 1964. "Concluding Remarks." In *Proceedings of the Informal Meeting on Film-Less Spark Chamber Techniques and Associated Computer Use,* CERN "Yellow Report" 64-30, edited by G. R. Macleod and B. C. Maglić, 371–76. Geneva: CERN Data Handling Division.

A History of the Cavendish Laboratory 1871–1910. 1910. London: Longmans, Green.

Hitch, Charles J. 1966. *Decision-Making for Defense.* Berkeley: University of California Press.

Hlawka, Edmund. 1961. "Funktionen von beschrankter Variation in der Theorie der Gleichverteilung." *Annali di Mathematica Pura ed Applicata* 54: 325–33.

Hoddeson, Lillian. 1983. "Establishing KEK in Japan and Fermilab in the United States: Internationalism and Nationalism in High Energy Accelerators." *Social Studies of Science* 13: 1–48.

———. 1992. "Mission Change in the Large Laboratory: The Los Alamos Implosion Program, 1943–45." In *Big Science: The Growth of Large-Scale Research*, edited by P. Galison and B. Hevly, 265–89. Stanford, Calif.: Stanford University Press.

Hoddeson, Lillian, Ernest Braun, Jürgen Teichmann, and Spencer Weart. 1982. *Out of the Crystal Maze: Chapters from the History of Solid-State Physics.* New York: Oxford University Press.

Hoddeson, Lillian, Paul W. Henriksen, Roger A. Meade, and Catherine Westfall. 1993. *Critical Assembly: A Technical History of Los Alamos during the Oppenheimer Years, 1943–45.* New York: Cambridge University Press.

Hofmann, Werner. 1981. *Jets of Hadrons.* Springer Tracts in Modern Physics, vol. 90. Berlin: Springer.

Hofstadter, Robert. 1948. "Alkali Halide Scintillation Counters." *Physical Review* 74: 100–101.

Hohmann, C., and W. Patterson. 1960. "Cryogenic Systems as Auxiliary Power Sources for Aircraft and Missile Applications." In *Advances in Cryogenic Engineering,* edited by K. D. Timmerhaus, 4: 184–95. New York: Plenum.

Hollebeek, Robert John. 1975. "Inclusive Momentum Distributions from Electron Positron Annihilation at $\sqrt{s}$ =3.0, 3.8, and 4.8 GeV." Ph.D. dissertation, University of California, Berkeley.

Hollis, Martin, and Steven Lukes. 1982. *Rationality and Relativism.* Cambridge, Mass.:

MIT Press.

Holmes, Frederic L. 1985. *Lavoisier and the Chemistry of Life: An Exploration of Scientific Creativity.* Madison: University of Wisconsin Press.

Holton, Gerald, ed. 1972. *The Twentieth Century Sciences: Studies in the Biography of Ideas.* New York: Norton.

———. 1978. *The Scientific Imagination: Case Studies.* Cambridge: Cambridge University Press.

———. 1978. "Subelectrons, Presuppositions, and the Millikan-Ehrenhaft Dispute." In G. Holton, *The Scientific Imagination: Case Studies,* 25–83. Cambridge: Cambridge University Press.

———. 1988. *Thematic Origins of Scientific Thought: Kepler to Einstein,* rev. ed. Cambridge, Mass.: Harvard University Press.

Horowitz, J. 1967. *Critical Path Scheduling: Management Control through CPM and PERT.* New York: Ronald Press.

Horwich, Paul, ed. 1993. *World Changes: Thomas Kuhn and the Nature of Science.* Cambridge, Mass.: MIT Press.

Hough, P. V. C., and B. W. Powell. 1960. "A Method for Faster Analysis of Bubble Chamber Photographs." *Nuovo Cimento* 18: 1184–91.

Hounshell, David A. 1988. *Science and Corporate Strategy: DuPont R&D, 1902–80.* Cambridge: Cambridge University Press.

———. 1992. "DuPont and the Management of Large-Scale Research and Development." In *Big Science: The Growth of Large-Scale Research,* edited by P. Galison and B. Hevly, 236–61. Stanford, Calif.: Stanford University Press.

Householder, A. S. 1951. "Neutron Age Calculations in Water, Graphite, and Tissue." In *Monte Carlo Method,* edited by A. S. Householder, G. E. Forsythe, and H. H. Germond, 6–8. National Bureau of Standards Applied Mathematics Series, no. 12. Washington, D.C.: U.S. Government Printing Office.

Householder, A. S., G. E. Forsythe, and H. H. Germond, eds. 1951. *Monte Carlo Method.* National Bureau of Standards Applied Mathematics Series, no. 12. Washington, D.C.: U.S. Government Printing Office.

Howard, Luke. 1803. "On the Modifications of Clouds, and on the Principles of their Production, Suspension, and Destruction: Being the Substance of an Essay Read before the Askesian Society in the Session 1802–1803." *Philosophical Magazine* 16: 97–107, 344–57; 17: 5–11.

————. (1822) 1960. "Luke Howard an Goethe." In J. W. Goethe, *Schriften zur Geologie und Mineralogie; Schriften zur Meteorologie. Gesamtausgabe der Werke und Schriften in zweiundzwanzig Bänden.* Stuttgart: J. G. Cotta'sche Buchhandlung Nachfolger.

Howie, J., S. McCarroll, B. Powell, and A. Wilson, eds. 1963. *Programming for HPD and Other Flying Spot Devices: Held at the Collège de France, Paris, on 21–23 August 1963,* CERN Report 63-34. Geneva: CERN Data Handling Division.

Howelett, J. 1954. "Discussion on Symposium on Monte Carlo Methods." *Journal of the Royal Statistical Society B* 16: 61–75.

Hughes, Thomas P. 1983. *Networks of Power: Electrification in Western Society, 1880–1930.* Baltimore: Johns Hopkins University Press.

Hulsizer, Robert I., John H. Munson, and James N. Snyder. 1966. "A System for the Analysis of Bubble Chamber Film Based upon the Scanning and Measuring Projector (SMP)." *Methods in Computational Physics* 5: 157–211.

Hunt, Bruce J. 1994. *The Maxwellians.* Ithaca, N.Y.: Cornell University Press.

Hunt, Linda. 1985. "U.S. Coverup of Nazi Scientists." *Bulletin of the Atomic Scientists* 41 (April): 16–24.

Hunt, Lynn Avery. 1978. *Revolution and Urban Politics in Provincial France: Troyes and Reims, 1786–90.* Stanford, Calif.: Stanford University Press.

Hurd, Cuthbert C., ed. 1950. *Computation Seminar November 1949.* New York: International Business Machines Corporation.

————. 1951. *Computation Seminar December 1949.* New York: International Business Machines Corporation.

Hyde, H. Montgomery. 1980. *The Atom Bomb Spies.* London: Hamilton.

Hymes, Dell, ed. 1971. *Pidginization and Creolization of Languages: Proceedings of a Conference Held at the University of the West Indies, Mona, Jamaica, April 1968.* Cambridge: Cambridge University Press.

Ihde, Don. 1991. *Instrumental Realism: The Interface between Philosophy of Science and Philosophy of Technology.* Bloomington: Indiana University Press.

International Center for Theoretical Physics, ed. 1972. *Computing as a Language of Physics: Lectures Presented at an International Seminar Course at Trieste from 2 to 20 August 1971.* Organized by the International Centre for Theoretical Physics, Trieste. Vienna: International Atomic Energy Agency.

Irving, David. 1967. *The German Atomic Bomb: The History of Nuclear Research in*

Nazi Germany. New York: Da Capo.

Jackson, John D. 1975. *Classical Electrodynamics,* 2nd ed. New York: Wiley.

Jaklovsky, Jozef, ed. 1981. *Preparation of Nuclear Targets for Particle Accelerators.* New York: Plenum.

James, Frank, ed. 1989. *The Development of the Laboratory: Essays on the Place of Experiment in Industrial Civilization.* London: Macmillan.

James, F. 1987. "Monte Carlo Theory and Practice." In *Experimental Techniques,* edited by T. Ferbel, 627–77. Menlo Park, Calif.: Addison-Wesley. First published in *Reports on Progress in Physics* 43 (1980): 1145–89.

Jánossy, L., and B. Rossi. 1940. "On the Photon Component of Cosmic Radiation and Its Absorption Coefficient." *Proceedings of the Royal Society London A* 175: 88–100.

Jardine, Nicholas. 1991. *The Scenes of Inquiry: On the Reality of Questions in the Sciences.* Oxford: Clarendon.

Jdanoff, A. 1935. "Les Traces des Particules H et α dans les Émulsions sensibles à la Lumière." *Le Journal de Physique et le Radium* 6: 233–41.

Jelley, J. V. 1951. "Detection of μ-Mesons and other Fast Charged Particles in Cosmic Radiation, by the Čerenkov Effect in Distilled Water." *Physical Society of London, Proceedings A* 64: 82–87.

―――. 1958. *Čerenkov Radiation and Its Applications.* New York: Pergamon.

Jencks, Charles. 1984. *The Language of Post-Modern Architecture,* 4th ed. New York: Rizzoli.

Jentschke, W. 1963. "Invited Summary and Closing Speech." *Nuclear Instrumentation and Methods* 20: 507–12.

Johnson, T. H. 1932. "Cosmic Rays-Theory and Experimentation." *Journal of the Franklin Institute* 214: 665–88.

―――. 1933. "The Azimuthal Asymmetry of the Cosmic Radiation." *Physical Review* 43: 834–35.

―――. 1933. "Comparison of the Angular Distributions of the Cosmic Radiation at Elevations 6280 ft. and 620 ft." *Physical Review* 43: 307–10.

―――. 1938. "Circuits for the Control of Geiger-Müller Counters and for Scaling and Recording Their Impulses." *Review of Scientific Instruments* 9: 218–22.

―――. 1938. "Cosmic-Ray Intensity and Geomagnetic Effects." *Reviews of Modern Physics* 10: 193–244.

Johnson, T. H., and J. C. Street. 1993. "A Circuit for Recording Multiply-Coincident Discharges of Geiger-Müller Counters." *Journal of the Franklin Institute* 215: 239–46.

Jones, C. A. 1991. "Andy Warhol's 'Factory': The Production Site, Its Context, and Its Impact on the Work of Art." *Science in Context* 4: 101–31.

———. 1997. *Machine in the Studio: Constructing the Postwar American Artist.* Chicago: University of Chicago Press.

Jordan, Pascual. 1941. *Die Physik und das Geheimnis des Organischen.* Lebens Braunschweig: Friedr. Vieweg und Sohn.

———. 1949. "On the Process of Measurement in Quantum Mechanics." *Philosophy of Science* 16: 269–78.

———. 1972. *Erkenntnis und Besinnung: Grenzbetrachtungen an naturwissenschaftlicher Siehl.* Oldenburg: Stalling.

Judd, J. N. 1888. "On the Volcanic Phenomena of the Eruption, and on the Nature and Distribution of the Ejected Materials." In *The Eruption of Krakatoa and Subsequent Phenomena: Report of the Krakatoa Committee of the Royal Society,* edited by J. G. Symons, 1–46. London: Harrison.

Jungnickel, Christa, and Russell McCormmach. 1986. *Intellectual Mastery of Nature: Theoretical Physics from Ohm to Einstein. Volume 1: The Torch of Mathematics, 1800–1870; Volume II: The Now Mighty Theoretical Physics, 1870–1925.* Chicago: University of Chicago Press.

Kahn, Herman. 1950. "Modification of the Monte Carlo Method." In *Computation Seminar November 1949,* edited by C. C. Hurd, 20–27. New York: International Business Machines Corporation.

———. 1956. "Use of Different Monte Carlo Sampling Techniques." In *Symposium on Monte Carlo Methods,* edited by H. A. Meyer, 146–90. New York: Wiley.

———. 1960. *On Thermonuclear War.* Princeton, N.J.: Princeton University Press. Kallmann, Hartmut. 1949. "Quantitative Measurements with Scintillation Counters." *Physical Review* 75: 623–26.

Kant, Immanuel. 1929. *Critique of Pure Reason,* translated by N. K. Smith. New York: St. Martin's.

Kargon, R. 1981. "Birth Cries of the Elements: Theory and Experiment along Millikan's Route to Cosmic Rays." In *The Analytic Spirit,* edited by H. Woolf, 309–25. Ithaca, N.Y.: Cornell University Press.

Kay, Lily E. 1988. "Laboratory Technology and Biological Knowledge; The Tiselius Electrophoresis Apparatus, 1930–45." *History and Philosophy of the Life Sciences* 10: 51–72.

Keener, William A. 1892. "Methods of Legal Education." *Yale Law Journal* 1: 144, 147.

Keilis-Borok, V. I., and T. B. Yanovskaja. 1967. "Inverse Problems of Seismology." *Geophysical Journal of the Royal Astronomical Society* 13: 223–34.

Keller, A. 1983. *The Infancy of Atomic Physics: Hercules in His Cradle.* Oxford: Clarendon Press.

Kenrick, Frank B., C. S. Gilbert, and K. L. Wismer. 1924. "The Superheating of Liquids." *Journal of Physical Chemistry* 28: 1297–1307.

Keuffel, J. Warren. 1948. "Parallel-Plate Counters and the Measurement of Very Short Time Intervals." Ph.D. dissertation, California Institute of Technology.

———. 1948. "Parallel-Plate Counters and the Measurement of Very Small Time Intervals," *Physical Review* 73: 531.

———. 1949. "Parallel Plate Counters," *Review of Scientific Instruments* 20: 202–208.

Kevles, Daniel Jerome. 1978. The Physicists: *The History of a Scientific Community in Modern America,* 4th ed. New York: Knopf.

———. 1994. "Perspective 1995. The Death of the Super Collider in the Life of American Physics." In D. J. Kevles, *The Physicists: The History of a Scientific Community in Modern America,* 1–6. Cambridge, Mass.: Harvard University Press, 1994.

King, Gilbert W. 1950. "Stochastic Methods in Quantum Mechanics." In *Computation Seminar November 1949,* edited by C. C. Hurd, 42–48. New York: International Business Machines Corporation.

———. 1951. "Further Remarks on Stochastic Methods in Quantum Mechanics." In *Computation Seminar December 1949,* edited by C. C. Hurd, 92–94. New York: International Business Machines Corporation.

———. 1951. "Monte Carlo Method for Solving Diffusion Problems." *Industrial and Engineering Chemistry* 43: 2475–78.

———. 1952–53. "The Monte Carlo Method as a Natural Mode of Expression in Operations Research." *Journal of the Operations Research Society of America* 1: 46–51.

Kinoshita, S. 1910. "The Photographic Action of the a-Particles Emitted from Radioactive Substances." *Proceedings of the Royal Society London A* 83: 432–53.

─────. 1915. "The Tracks of the a Particles in Sensitive Photographic Films." *Philosophical Magazine* 28: 420–25.

Kirsch, G., and H. Wambacher. 1933. "Über die Geschwindigkeit der Neutronen aus Beryllium." *Sitzungsberichte, Akademie der Wissenschaften in Wien, Mathematis chnaturwissenschaftliche Klasse, Abteilung IIa* 142: 241–49.

Kleinknecht, K., and T. D. Lee, eds. 1986. *Particles and Detectors: Festschrift for Jack Steinberger.* Berlin: Springer.

Klotz, Heinrich. 1988. *The History of Postmodern Architecture,* translated by R. Donnell. Cambridge, Mass.: MIT Press.

Knoepftmacher, U. C., and G. B. Tennyson, eds. 1977. *Nature and the Victorian Imagination.* Berkeley: University of California Press.

Knott, Cargill G. 1923. "Sketch of John Aitken's Life and Scientific Work. "In *Collected Scientific Papers,* edited by C. G. Knott, vii–xiii. Cambridge: Cambridge University Press.

Kohnke, Klaus C. 1991. *The Rise of Neo-Kantianism: German Academic Philosophy between Idealism and Positivism.* Cambridge: Cambridge University Press.

Kohler, Robert E. 1982. *From Medical Chemistry to Biochemistry: The Making of a Biomedical Discipline.* Cambridge: Cambridge University Press.

Korff, Serge A. 1955. *Electron and Nuclear Counters.* Toronto: Van Nostrand.

Kowarski, L. 1961. "Introduction." In *Proceedings of an International Conference on Instrumentation for High-Energy Physics,* 223–24. New York: Wiley.

─────. 1962. "Concluding Remarks." In *Informal Meeting on Track Data Processing, Held at CERN on 19th July 1962,* CERN Report 62-37, edited by M. Benoe and B. Elliott, 99–100. Geneva: CERN Data Handling Division.

─────. 1963. "Concluding Remarks." In *Programming for HPD and Other Flying Spot Devices,* CERN Report 63-34, edited by J. Howie, S. McCarroll, B. Powell, and A. Wilson, 237–41. Geneva: CERN Data Handling Division.

─────. 1963. "Introduction." In *Programming for HPD and Other Flying Spot Devices,* CERN Report 63-34, edited by J. Howie, S. McCarroll, B. Powell, and A. Wilson. Geneva: CERN Data Handling Division.

─────. 1964. "General Survey: Automatic Data Handling in High Energy Physics." In *Automatic Acquisition and Reduction of Nuclear Data,* edited by K. H. Beckurts, W. Glaser, and G. Krüger, 26–40. Karlsruhe: Gesellschaft für Kernforschung.

————. 1965. "Concluding Remarks." In *Programming for Flying Spot Devices: A Conference Held at the Centro Nazionale Analisi Fotogrammi, INFN, Bologna, on 7–9 October 1964,* CERN Report 65-11, edited by W. G. Moorhead and B. W. Powell. Geneva: CERN Data Handling Division.

————. 1967. "Concluding Remarks." In *Programming for Flying Spot Devices: A Conference Held at the Max-Planck-Institut für Physik und Astrophysik, Munich, on 18–20 January 1967,* edited by B. W. Powell and P. Seyboth, 409–16.

————. 1972. "The Impact of Computers on Nuclear Science." In *Computing as a Language of Physics: Lectures Presented at an International Seminar Course at Trieste from 2 to 20 August 1971,* edited by International Center for Theoretical Physics, 27–37. Vienna: International Atomic Energy Agency.

Kraft, Phillip. 1977. *Programmers and Managers: The Routinization of Computer Programming in the United States.* Berlin: Springer.

Kragh, Helge. 1990. *Dirac: A Scientific Biography.* New York: Cambridge University Press.

Krausz, Michael, and Jack W. Meiland, eds. 1982. *Relativism: Cognitive and Moral.* Notre Dame, Ind.: University of Notre Dame Press.

Krienen, R. 1963. "A Digitized Spark Chamber." *Nuclear Instruments and Methods* 20: 168–70.

Krige, J. 1987. "The Development of Techniques for the Analysis of Track-Chamber Pictures at CERN," CERN Report CHS-20. Geneva: CERN Data Handling Division.

Kuhn, T. 1970. "Reflections on My Critics." In *Criticism and the Growth of Knowledge,* edited by I. Lakatos and A. Musgrave, 231–78. Proceedings of the International Colloquium in the Philosophy of Science, vol. 4. Cambridge: Cambridge University Press.

————. 1970. *The Structure of Scientific Revolutions,* 2nd ed. International Encyclopedia of Unified Science. Chicago: University of Chicago Press.

————. 1974. "Second Thoughts on Paradigms." In *The Structure of Scientific Theories,* edited by F. Suppe, 459–82. Urbana: University of Illinois Press.

————. 1978. *Blackbody Theory and the Quantum Discontinuity, 1894–1912.* London: Oxford University Press.

Kuper, Adam. 1994. "Culture, Identity, and the Project of a Cosmopolitan Anthropology." *Man, The Journal of the Royal Anthropological Institute* 9: 537–54.

Ladurie, Emmanuel Le Roy. 1979. *Montaillou: The Promised Land of Error,* translated by B. Bray. New York: Vintage.

Lakatos, I. 1970. "Falsification and the Methodology of Scientific Research Programmes." In *Criticism and the Growth of Knowledge,* edited by I. Lakatos and A. Musgrave, 91–195. Proceedings of the International Colloquium in the Philosophy of Science, vol. 4. Cambridge: Cambridge University Press.

Lakatos, I., and A. Musgrave, eds. 1970. *Criticism and the Growth of Knowledge.* Proceedings of the International Colloquium in the Philosophy of Science, vol. 4. Cambridge: Cambridge University Press.

Lamb, Willis E. 1951. "Anomalous Fine Structure of Hydrogen and Singly Ionized Helium." *Reports on Progress in Physics* 14: 19–63.

Lamb, Willis E., and R. C. Retherford. 1947. "Fine Structure of the Hydrogen Atom by a Microwave Method." *Physical Review* 72: 241–43.

Langdell, C. C. 1979. *Selection of Cases on the Law of Contracts with a Summary of the Topics Covered by the Case,* 2nd ed. Boston: Little, Brown.

Langsdorf, Alexander, Jr. 1939. "A Continuously Sensitive Diffusion Cloud Chamber." *Review of Scientific Instruments* 10: 91–103.

Latour, Bruno. 1986. "Visualization and Cognition: Thinking with Eyes and Hands." *Knowledge and Society: Studies in the Sociology of Culture Past and Present* 6: 1–40.

———. 1987. *Science in Action: How to Follow Scientists and Engineers through Society.* Cambridge, Mass.: Harvard University Press.

———. 1988. *The Pasteurization of France.* Cambridge, Mass.: Harvard University Press.

Latour, Bruno, and Steve Wool gar. 1987. *Laboratory Life: The Construction of Scientific Facts.* Cambridge, Mass.: Harvard University Press.

Lattes, C. M. G., H. Muirhead, G. P. S. Occhialini, and C. F. Powell. (1947) 1972. "Processes Involving Charged Mesons." In *Selected Papers of Cecil Frank Powell,* edited by E. H. S. Burhop, W. O. Lock, and M. G. K. Menon, 214–17. New York: North-Holland. First published in *Nature* 159 (1947): 694–97.

Lattes, C. M. G., G. P. S. Occhialini, and C. F. Powell. (1947) 1972. "Observations on the Tracks of Slow Mesons in Photographic Emulsions." In *Selected Papers of Cecil Frank Powell,* edited by E. H. S. Burhop, W. O. Lock, and M. G. K. Menon, 228–55. New York: North-Holland, 1972. First published in *Nature* 160

(1947): 453–56, 486–92.

Lawrence Berkeley Laboratory, Stanford Linear Accelerator Center, and SLAC-LBL Users Organization. 1974. *Proceedings of the 1974 PEP Summer Study,* LBL-4800, SLAC 190, PEP-178. Berkeley, Calif.: Lawrence Berkeley Laboratory.

———. 1975. *Proceedings of the 1975 PEP Summer Study,* LBL-4800, SLAC 190, PEP-178. Berkeley, Calif.: Lawrence Berkeley Laboratory.

Lawrence Radiation Laboratory. 1960. *LRL Detectors: The 72-Inch Bubble Chamber.* Publ. no. 31, 10 M, July 1960. Berkeley: University of California.

Lee, B. W. 1978. "Theoretical Physics at Fermilab." *NALREP: Monthly Report of the Fermi National Accelerator Laboratory,* March: 1–9.

Lenoir, Timothy. 1986. "Models and Instruments in the Development of Electrophysiology, 1845–1912. *Historical Studies in the Physical and Biological Sciences* 17: 1–54.

———. 1988. "Practice, Reason, Context: The Dialogue between Theory and Experiment." *Science in Context* 2: 3–22.

Lenoir, Timothy, and Yehuda Elkana, eds. 1988. *Science in Context* 2: 3–212.

Leprince-Ringuet, L. 1953. "Discours de cloture." In *Congrès International sur le Rayonnement Cosmique,* 287–90. Informal publication. Bagnères de Bigorre, July.

Leprince-Ringuet, L., and Michel Lheritier. 1944. "Existence probable d'une particule de masse 990 m_0 dans le rayonnement cosmique." *Comptes Rendus de l'Academie des Sciences* 219: 618–20.

Les Prix Nobel 1980: Nobel Prizes, Presentations, Biographies and Lectures. 1981. Stockholm: Almquist and Wiksell.

Leslie, Stuart W. 1990. "Profit and Loss: The Military and MIT in the Postwar Era." *Historical Studies in the Physical and Biological Sciences* 21: 59–85.

———. 1993. *The Cold War and American Science: The Military Industrial Academic Complex at MIT and Stanford.* New York: Columbia University Press.

Leslie, Stuart W., and B. Hevly. 1985. "Steeple Building at Stanford: Electrical Engineering, Physics, and Microwave Research." *Proceedings of the IEEE* 73: 1169–80.

Leutz, H., ed. 1967. *Proceedings of International Colloquium on Bubble Chambers, Held at Heidelberg, 13–14 April 1967,* CERN Report 67-26, vols. 1 and 2. Geneva: CERN Data Handling Division.

Levere, Trevor H., and William R. Shea. *Nature, Experiment, and the Sciences: Essays in Honor of Stillman Drake.* Dordrecht: Kluwer.

Levi, Giovanni. 1991. "On Microhistory." In *New Perspectives on Historical Writing,* edited by P. Burke, 93–113. University Park, Pa.: Pennsylvania State University Press.

Lewontin, R. C., and L. C. Dunn. 1960. "The Evolutionary Dynamics of a Polymorphism in the House Mouse." *Genetics* 45: 706–22.

Lieberman, P. 1960. "E.R.E.T.S. LOX Losses and Preventative Measures." In *Advances in Cryogenic Engineering,* edited by K. D. Timmerhaus, 2: 225–42. New York: Plenum.

Lindenbaum, S. J. 1963. "A Counter Hodoscope System with Digital Data Handler and On-Line Computer for Elastic Scattering and Other Experiments at Brookhaven AGS." *Nuclear Instruments and Methods* 20: 297–302.

———. 1966. "On-Line Computer Techniques in Nuclear Research." *Annual Review of Nuclear Science* 16: 619–42.

———. 1972. "Data Processing for Electronic Techniques in High-Frequency Experiments." In *Computing as a Language of Physics: Lectures Presented at an International Seminar Course at Trieste from 2 to 20 August 1971,* edited by International Center for Theoretical Physics, 209–79. Vienna: International Atomic Energy Agency.

Livingston, M.S. 1980. "Early History of Particle Accelerators." *Advances in Electronics and Electron Physics* 50: 1–88.

Llewellyn Smith, C. H. 1981. "Summary Talk." In *QCD and Lepton Physics.* Proceedings of the 16th Rencontre de Moriond, vol. 1, edited by J. Tran Thanh Van, 429–48. Les Ares, France.

Lock, W. O., ed. 1965. *5th International Conference on Nuclear Photography Held at CERN, Geneva, 15–18 September 1964,* CERN Report 65-4. Geneva: CERN.

Lockyer, K. G. 1964. *An Introduction to Critical Path Analysis.* New York: Pitman.

Loeb, Leonard B. 1939. *Fundamental Processes of Electrical Discharge in Gases.* New York: Wiley.

Lorentz, Hendrick Antoon. 1909. *The Theory of Electrons and its Applications to the Phenomena of Light and Radiant Heat.* New York: Stechert.

Lubar, Steven, and W. David Kingery, eds. 1993. *History from Things: Essays on Material Culture.* Washington, D.C.: Smithsonian Institution Press.

Luce, R. Duncan, and Howard Raiffa. 1957. *Games and Decisions: An Introduction and Critical Survey.* New York: Wiley.

Lukacs, Georg. 1975. *The Young Hegel: Studies in the Relations between Dialectics and Economics,* translated by Rodney Livingston. London: Merlin.

Lynch, Michael. 1985. "Discipline and the Material Form of Images." *Social Studies of Science* 15: 37–66.

Lynch, Michael, and Samuel Edgerton. 1988. "Aesthetics and Digital Image Processing: Representational Craft in Contemporary Astronomy." In *Picturing Power: Visual Depiction and Social Relations,* edited by G. Fyfe and J. Law, 184–220. Sociological Review Monograph no. 35. London: Routledge and Kegan Paul.

Lynch, Michael, and Steve Woolgar, eds. 1990. *Representation in Scientific Practice.* Cambridge, Mass.: MIT Press.

Lyotard, Jean-Francois. 1984. *The Postmodern Condition: A Report on Knowledge.* Theory and History of Literature, vol. 10, translated by Geoff Bennington and Brian Massumi. Minneapolis: University of Minnesota Press.

Mack, Pamela. 1990. "Straying from Their Orbits: Women in Astronomy in America." In *Women of Science: Righting the Record,* edited by G. Kass-Simon and P. Farnes, 72–116. Bloomington: Indiana University Press.

Macleod, G. R. 1963. "The Development of Data-Analysis Systems for Bubble Chambers, for Spark Chambers, and for Counter Experiments." *Nuclear Instruments and Methods* 20: 367–83.

———. 1964. "On-Line Computers in Data Analysis Systems for High Energy Physics Experiments." In *Proceedings of the Informal Meeting on Film-Less Spark Chamber Techniques and Associated Computer Use,* CERN "Yellow Report" 64-30, edited by G. R. Macleod and B. C. Maglić, 3–9. Geneva: CERN Data Handling Division.

———. 1964. "Discussion." In *Proceedings of the Informal Meeting on Film-Less Spark Chamber Techniques and Associated Computer Use,* CERN "Yellow Report" 64-30, edited by G. R. Macleod and B. C. Maglić, 299–312. Geneva: CERN Data Handling Division.

Macleod, G. R. and B. C. Maglić, eds. 1964. *Proceedings of the Informal Meeting on Film-Less Spark Chamber Techniques and Associated Computer Use,* CERN "Yellow Report" 64-30. Geneva: CERN Data Handling Division.

Madansky, Leon, and R. W. Pidd. 1950. "Some Properties of the Parallel Plate Spark Counter II." *Review of Scientific Instruments* 21: 407–10.

Maglić, B. C., L. W. Alvarez, A. H. Rosenfeld, and M. L. Stevensen. 1961. "Evidence for a T=0 Three-Pion Resonance. "*Physical Review Letters* 7: 178–82.

Maglić, B. C., and F. A. Kirsten. 1962. "Acoustic Spark Chamber." *Nuclear Instruments and Methods* 17: 49–59.

Mahoney, Michael. 1983. "Reading a Machine: The Products of Technology as Texts for Humanistic Study." Unpublished typescript.

Maienschein, Jane. 1983. "Ex perimental Biology in Transition: Harrison's Embryology, 1895–1910." *Studies in History of Biology* 6: 107–27.

————. 1991. *Transforming Traditions in American Biology, 1880–1915.* Baltimore: Johns Hopkins University Press.

Marcuvitz, Nathan. 1986. *Waveguide Handbook.* IEE Electromagnetic Waves Series. London: Peregrinus.

Margeneau, Henry. 1950. *The Nature of Physical Reality: A Philosophy of Modern Physics.* New York: McGraw-Hill.

Marsaglia, George. 1968. "Random Numbers Fall Mainly in the Planes." *Proceedings of the National Academy of Science* 61: 25–28.

Marshall, A. W. 1956. "An Introductory Note." In *Symposium on Monte Carlo Methods,* edited by H. A. Meyer, 1–14. New York: Wiley.

Marshall, John. 1951. "Čerenkov Radiation Counter for Fast Electrons." *Physical Review* 81: 275–76.

Marx, Jay N. 1976. "PEP Proposal-I," TPC-LBL-76-24. 3 June.

Marx, Jay N., and David R. Nygren. 1978. "Time Projection Chamber." *Physics Today* 31: 46–53.

Massachusetts Institute of Technology. 1947. *Five Years at the Radiation Laboratory.* Cambridge: Massachusetts Institute of Technology.

Mather, R. L. 1951. "Čerenkov Radiation from Protons and the Measurement of Proton Velocity and Kinetic Energy." *Physical Review* 84: 181–90.

Mayr, E. 1982. *Growth of Biological Thought.* Cambridge, Mass.: Harvard University Press.

McCormick, Bruce H., and Daphne Innes. 1961. "The Spiral Reader Measuring Protector and Associated Filter Program." In *Proceedings of an International Conference on Instrumentation for High-Energy Physics,* 246–48. New York: Wiley.

McLaren, John, John Murray, Arthur Mitchell, and Alexander Buchan. 1903. "Memorandum by the Directors of the Observatories on Ben Nevis and at Fort-William in Connection with Their Closure." *Journal of the Scottish Meteorological Society*

12: 161–63.

Mendelsohn, Everett, Merritt Roe Smith, and Peter Weingart, eds. 1988. *Science, Technology, and the Military.* Sociology of the Sciences, vol. 1. Dordrecht: Kluwer.

Menon, M., and C. O'Ceallaigh. 1953. "Observations on the Mass and Energy of Secondary Particles Produced in the Decay of Heavy Mesons." In *Congrès International sur le Rayonnement Cosmique,* 118–24. Informal publication. Bagnères de Bigorre, July.

Merz, J. T. 1965. *A History of European Thought in the Nineteenth Century,* vol. 2. New York: Dover.

Metropolis, Nicholas, and S. Ulam. 1949. "The Monte Carlo Method." *Journal of the American Statistical Association* 44: 335–41.

Meyer, Herbert A., ed. 1956. *Symposium on Monte Carlo Methods: Held at the University of Florida, 16 and 17 March 1954.* New York: Wiley.

Michel, Louis. 1953. "Absolute Selection Rules for Decay Processes." In *Congrès International sur le Rayonnement Cosmique,* 272–79. Informal publication. Bagnères de Bigorre, July.

Michl, W. 1912. "Über die Photographie der Bahnen einzelner α-Teilchen." *Sitzungsberichte, Akademie der Wissenschaften in Wien, Mathematisch-naturwissenschaftliche Klasse, Abteilung IIa* 121: 1431–47.

———. 1914. "Zur photographischen Wirkung der α-Teilchen." *Sitzungsberichte, Akademie der Wissenschaften in Wien, Mathematisch-naturwissenschaftliche Klasse, Abteilung IIa* 123: 1955–63.

Millard, Charles. 1977. "Images of Nature: A Photo-Essay." In *Nature and the Victorian Imagination,* edited by U. C. Knoepflmacher and G. B. Tennyson, 3–26. Berkeley: University of California Press.

Miller, Arthur I. 1981. *Albert Einstein's Special Theory of Relativity: Emergence(1905) and Early Interpretations (1905–11).* Reading, Mass.: Addison-Wesley.

Miller, D. H., E. C. Fowler, and R. P. Shutt. 1951. "Operation of a Diffusion Cloud Chamber with Hydrogen at Pressures up to 15 Atmospheres. "*Review of Scientific Instruments* 22: 280.

Montgomery, C. G., and D. D. Montgomery. 1941. "Geiger-Müller Counters." *Journal of the Franklin Institute* 231: 447–67, 509–45.

Moore, Walter, J. 1988. *Schrodinger, Life and Thought.* Cambridge: Cambridge University Press.

Morgenau, Henry. 1950. *The Nature of Physical Reality: A Philosophy of Modern Physics.* New York: McGraw-Hill.

Morris, C. 1955. "Scientific Empiricism." In *International Encyclopedia of Unified Science,* edited by O. Neurath et al., 1: 63–75. Chicago: University of Chicago Press.

Morse, Philip, M. 1952–53. "Trends in Operations Research." *Journal of the Operational Research Society of America* 1: 159–65.

Mott-Smith, L. M. 1932. "On an Attempt to Deflect Magnetically the Cosmic-Ray Corpuscles." *Physical Review* 39: 403–14.

Mouzon, J. C. 1936. "Discrimination between Partial and Total Coincidence Counts with Geiger-Müller Counters." *Review of Scientific Instruments* 7: 467–70.

Mozley, Ann. 1971. "Change in Argonne National Laboratory: A Case Study." *Science* 173: 30–38.

Muhlhausler, Peter. 1986. *Pidgin and Creole Linguistics.* Language in Society, vol. 11. Oxford: Blackwell.

Musgrave, Alan. 1985. "Realism versus Constructive Empiricism." In *Images of Science: Essays on Realism and Empiricism, with a Reply from Bas C. van Fraassen,* edited by P. M. Churchland and C. A. Hooker, 197–221. Chicago: University of Chicago Press.

Nagel, Ernest. 1961. *The Structure of Science: Problems in the Logic of Scientific Explanation.* New York: Harcourt, Brace, and World.

Nagle, D. E., R. H. Hildebrand, and R. J. Plano. 1957. "Scattering of 10–30 Mev Negative Pions by Hydrogen." *Physical Review* 105: 718–24.

National Academy of Sciences. 1972. *Physics in Perspective,* 2 vols. Washington, D.C.: National Academy of Sciences.

Neddermeyer, S. H., E. J. Althaus, W. Allison, and E. R. Schultz. 1947. "The Measurement of Ultra-Short Time Intervals." *Review of Scientific Instruments* 18: 488–96.

Needell, Allan. 1983. "Nuclear Reactors and the Founding of Brookhaven National Laboratory." *Historical Studies in the Physical Sciences* 14: 93–122.

Needels, T. S., and C. E. Nielsen. 1950. "A Continuously Sensitive Cloud Chamber." *Review of Scientific Instruments* 21: 976–77.

Neher, H. Victor. 1938. "Geiger Counters." In *Procedures in Experimental Physics,* edited by J. Strong, 259–304. New York: Prentice-Hall.

Neurath, Otto. 1955. "Unified Science as Encyclopedic Integration." In *International Encyclopedia of Unified Science,* edited by O. Neurath et al., 1–27. Chicago: University of Chicago Press.

———. 1983. *Philosophical Papers 1913–46,* edited by R. S. Cohen and M. Neurath. Dordrecht: Reidel.

———. 1983. "Sociology in the Framework of Physicalism." In O. Neurath, *Philosophical Papers 1913–46,* edited by R. S. Cohen and M. Neurath, 58–90. Dordrecht: Reidel.

Neurath, Otto, Rudolf Carnap, and Charles Morris, eds. 1955. *International Encyclopedia of Unified Science,* vol. 1. Chicago: University of Chicago Press.

Nishijima, Kazuhiko. 1955. "Charge Independence Theory of *V* Particles." *Progress of Theoretical Physics* 13: 285–304.

Nye, Mary Jo. 1972. *Molecular Reality: A Perspective on the Scientific Work of Jean Perrin.* New York: Elsevier.

———. 1984. *The Question of the Atom: From the Karlsruhe Congress to the First Solvay Conference, 1860–1911.* Los Angeles and San Francisco: Tomash. Nygren, D. 1968. "A Measurement of the Neutron-Neutron Scattering Length." Ph.D. dissertation, University of Washington.

———. 1974. "The Time Projection Chamber: A New 4π Detector for Charged Particles," PEP-144. In LBL, SLAC, and SLAC-LBL Users Organization, *Proceedings 1974 PEP Summer Study.* Berkeley, Calif.: Lawrence Berkeley Laboratory.

———. 1975. "The Time Projection Chamber-1975," PEP-198. In LBL, SLAC, and SLAC-LBL Users Organization, *Proceedings 1975 PEP Summer Study.* Berkeley, Calif.: Lawrence Berkeley Laboratory.

Obeyesekere, Gananath. 1990. *The Work of Culture: Symbolic Transformation in Psychoanalysis and Anthropology.* Chicago: University of Chicago Press.

Occhialini, G. P. S., and C. F. Powell. (1947) 1972. "Nuclear Disintegrations Produced by Slow Charged Particles of Small Mass." In *Selected Papers of Cecil Frank Powell,* edited by E. H. S. Burhop, W. O. Lock, and M. G. K. Menon, 224–27. New York: North-Holland, 1972. First published in *Nature* 159(1947): 186–89.

O'Ceallaigh, C. 1951. "Masses and Modes of Decay of Heavy Mesons." *Philosophical Magazine* 42: 1032–39.

———. 1953. "Determination of the Mass of Slow Heavy Mesons." In *Congrès Interna-*

tional sur le Rayonnement Cosmique, 121–27. Informal publication. Bagnères de Bigorre, July.

———. 1982. "A Contribution to the History of C. F. Powell's Group in the University of Bristol 1949–65." *Journal de Physique* 43: C8-185–C8-189.

Olesko, Kathryn M. 1991. *Physics as a Calling: Discipline and Practice in the Königsberg Seminar for Physics.* Ithaca, N.Y.: Cornell University Press.

O'Neill, Gerard K. 1962. "The Spark Chamber. *"Scientific American* 207: 36–43.

Ophir, Adi, S. Shapin, and Simon Schaffer, eds. 1991. *Science in Context* 4: 1–218, with an introduction, "The Place of Knowledge," by A. Ophir and S. Shapin, 3–22.

Ordway, Frederick I., and Mitchell R. Sharpe. 1982. *The Rocket Team: From the V-2 to the Saturn Moon Rocket.* Cambridge, Mass.: MIT Press.

Oreskes, Naomi. 1988. "The Rejection of Continental Drift." *Historical Studies in the Physical and Biological Sciences* 18: 311–48.

Ortner, Gustav. 1940. "Über die durch Höhenstrahlung verursachten Kernzertriimmerungen in photographischen Schichten." *Sitzungsberichte, Akademie der Wissenschaften in Wein, Mathematisch-naturwissenschaftliche Klasse* 149: 259–67.

———. 1950. "Dr. H. Wambacher" [Obituary]. *Nature* 166: 135.

Ortner, G., and G. Stetter. 1923. "Über den elektrischen Nachweis einzelner Korpuskularstrahlen." *Zeitschrift für Physik* 54: 449–70.

Owens, Larry. 1990. "MIT and the Federal 'Angel': Academic R&D and Federal-Private Cooperation before World War II." *Isis* 81: 188–213.

———. 1992. "OSRD, Vannevar Bush, and the Struggle to Manage Science in the Second World War." Unpublished typescript.

Page, Thorton L. 1952–53. "A Tank Battle Game." *Journal of the Operations Research Society of America* 1: 85–86.

Pais, Abraham. 1986. *Inward Bound: Of Matter and Forces in the Physical World.* Oxford: Oxford University Press.

———. 1982. *"Subtle Is the Lord—": The Science and Life of Albert Einstein.* Oxford: Clarendon.

Palmer, A. de Forest. 1912. *The Theory of Measurements.* New York: McGraw-Hill.

Palmer, Ronald R., and William M. Rice. 1961. *Modern Physics Buildings: Design and Function.* Progressive Architecture Library. New York: Reinhold.

Paradis, James, and Thomas Postlewait, eds. 1981. *Victorian Science and Victorian Val-*

ues: Literary Perspectives. Annals of the New York Academy of Sciences, vol. 360. New York: New York Academy of Sciences.

Paris, Elizabeth. 1991. "The Building of the Stanford Positron-Electron Asymmetric Ring: How Science Happens." Unpublished typescript.

Parkinson, W. C., and H. R. Crane. 1952. "Final Report." Ann Arbor: University of Michigan Cyclotron, Engineering Research Institute.

Parmentier, Douglass, Jr., and A. J. Schwemin. 1955. "Liquid Hydrogen Bubble Chambers." *Review of Scientific Instruments* 26: 954–58.

Parmentier, Douglass, Jr., A. J. Schwemin, L. W. Alvarez, F. S. Crawford, Jr., and M. L. Stevensen. 1955. "Four-Inch Diameter Liquid Hydrogen Bubble Chamber." *Physical Review* 58: 284.

Paton, James. 1954. "Ben Nevis Observatory 1883–1904." *Weather* 9: 291–308.

Pearce, Susan M. 1989. *Museum Studies in Material Culture.* London: Leicester University Press.

Peck, R. A., Jr. 1947. "A Calibration for Eastman Proton Plates." *Physical Review* 72: 1121.

Peebles, P. J. E. 1973. "Statistical Analysis of Catalogs of Extragalactic Objects. I, Theory." *Astrophysical Journal* 185: 413–40.

———. 1974. "The Nature of the Distribution of Galaxies." *Astronomy and Astrophysics* 32: 197–202.

———. 1975. "Statistical Analysis of Catalogs of Extragalactic Objects. VI, The Galaxy Distribution in the Jagellonian Field." *Astrophysical Journal* 196: 647–52.

Peebles, P. J. E., and Edward Groth. 1975. "Statistical Analysis of Catalogs of Extragalactic Objects. V, Three-Point Correlation Function for the Galaxy Distribution in the Zwicky Catalog." *Astrophysical Journal* 196: 1–11.

Peebles, P. J. E., and M. G. Hauser. 1974. "Statistical Analysis of Extragalactic Objects. III, The Shane-Wirtanen and Zwicky Catalogs." *Astrophysical Journal Supplement* 253: 19–36.

Peirce, Charles Sanders. 1984. "Some Consequences of Four Incapacities." In *Writings of Charles Sanders Peirce, A Chronological Edition. vol. 2, 1867–71*, 211–42. Bloomington: Indiana University Press.

Perez-Mendez, V. 1965. "Review of Film-Less Spark Chamber Techniques: Acoustic and Vidicon." *IEEE Transactions on Nuclear Science*, NS-12, no. 4: 13–18.

Perez-Mendez, V., and J. M. Pfab. 1965. "Magnetostrictive Readout for Wire Spark

Chambers." *Nuclear Instruments and Methods* 33: 141–46.

Perkins, Donald H. 1947. "Nuclear Disintegration by Meson Capture." *Nature* 159: 126–27.

――――. 1987. *Introduction to High Energy Physics,* 3rd ed. Menlo Park, Calif.: Addison Wesley.

Perret, Frank A. 1935. *The Eruption of Mt. Petée 1929–32.* Baltimore: Waverly.

Pestre, D., and J. Krige. 1992. "Some Thoughts on the History of CERN." In *Big Science: The Growth of Large-Scale Research,* edited by P. Galison and B. Hevly, 78–99. Stanford, Calif.: Stanford University Press.

Pevsner, A., R. Kraemer, M. Nussbaum, C. Richardson, P. Schlein, R. Strand, T. Toohig, M. Block, A. Engler, R. Gessaroli, and C. Meltzer. 1961. "Evidence for a Three-Pion Resonance Near 550 Mev." *Physical Review Letters* 7: 421–23.

Peyrou, C. 1967. "Bubble Chamber Principles." In *Bubble and Spark Chambers: Principles and Use,* edited by R. P. Shutt, 1: 19–58. Pure and Applied Physics, vol. 27. New York: Academic Press.

Piccioni, Oreste. 1948. "Search for Photons from Meson-Capture." *Physical Review* 74: 1754–58.

――――. 1989. "On the Antiproton Discovery." In *Pions to Quarks: Particle Physics in the 1950s,* edited by L. M. Brown, M. Dresden, and L. Hoddeson, 285–95. Cambridge: Cambridge University Press.

Pickering, Andrew. 1981. "Constraints on Controversy: The Case of the Magnetic Monopole." *Social Studies of Science* 11: 63–93.

――――. 1981. "The Hunting of the Quark." *Isis* 72: 216–36.

――――. 1984. "Against Putting the Phenomena First: The Discovery of the Weak Neural Current." *Studies in History and Philosophy of Science* 15: 85–117.

――――. 1984. *Constructing Quarks: A Sociological History of Particle Physics.* Chicago: University of Chicago Press.

Pidd, R. W., and Leon Madansky. 1949. "Some Properties of the Parallel Plate Spark Counter I." *Physical Review* 75: 1175–80.

Pinch, Trevor. 1982. "Kuhn—The Conservative and Radical Interpretations: Are Some Mertonians 'Kuhnians' and Some Kuhnians Mertonians?" *4S Newsletter* 7: 10–25.

Pjerrou, G. M., D. J. Prowse, P. Schlein, W. E. Slater, D. H. Stark, and H. K. Ticho. "A Resonance in the Xi-π System at 1.53 Gev." In *International Conference on*

High Energy Physics at CERN, edited by J. Prentki, 289–90. Geneva: CERN.

Plano, Richard J., and Irwin A. Pless. 1955. "Negative Pressure Pentane Bubble Chamber Used in High-Energy Experiments." *Physical Review* 99: 639.

Pless, Irwin A. 1956. "Proton-Proton Scattering at 457 Mev in a Bubble Chamber." *Physical Review* 104: 205–10.

Pless, Irwin A., and Richard J. Plano. 1955. "A Study of 456 MeV Proton Interactions with Hydrogen and Carbon." *Physical Review* 99: 639–40.

Polanyi, Michael. 1958. *Personal Knowledge: Towards a Post-Critical Philosophy.* London: Routledge and Kegan Paul.

——. 1969. *Knowing and Being: Essays.* London: Routledge and Kegan Paul.

Pontecorvo, B. 1960. "Electron and Muon Neutrinos." *Soviet Physics JETP* 37: 1236–40.

Powell, B. W., and Paul V. C. Hough. 1961. "A Method for Faster Analysis of Bubble Chamber Photographs." In *Proceedings of an International Conference on Instrumentation for High-Energy Physics,* 242–485. New York: Wiley.

Powell, B. W., and P. Seyboth, eds. 1967. *Programming for Flying Spot Devices: A Conference Held at the Max-Planck-Institut für Physik und Astrophysik, Munich, on 18–20 January 1967.*

Powell, C. F. 1912. "On an Expansion Apparatus for Making Visible the Tracks of Ionising Particles in Gases and Some Results Obtained by Its Use." *Proceedings of the Royal Society London A* 87: 277–90.

——. (1925) 1972. "Supersaturation in Steam and Its Influence upon Some Problems in Steam Engineering." In *Selected Papers of Cecil Frank Powell,* edited by E. H. S. Burhop, W. O. Lock, and M. G. K. Menon, 37–48. New York: North-Holland, 1972. First published in *Engineering* 127 (1925): 229.

——. (1928) 1972. "Condensation Phenomena at Different Temperatures." In *Selected Papers of Cecil Frank Powell,* edited by E. H. S. Burhop, W. O. Lock, and M. G. K. Menon, 49–73. New York: North-Holland, 1972. First published in *Proceedings of the Royal Society A* 119 (1928): 555–77.

——. (1937) 1972. "Royal Society Expedition to Montserrat, B. W. I. Preliminary Report on Seismic Observations." In *Selected Papers of Cecil Frank Powell,* edited by E. H. S. Burhop, W. O. Lock, and M. G. K. Menon, 131–48. New York: North-Holland, 1972. First published in *Proceedings of the Royal Society A* 158 (1937): 479–94.

——. (1940) 1972. "Further Applications of the Photographic Method in Nuclear

Physics." In *Selected Papers of Cecil Frank Powell*, edited by E. H. S. Burhop, W. O. Lock, and M. G. K. Menon, 158–63. New York: North-Holland, 1972. First published in *Nature* 145 (1940): 155–57.

———. (1942) 1972. "The Photographic Plate in Nuclear Physics." In *Selected Papers of Cecil Frank Powell*, edited by E. H. S. Burhop, W. O. Lock, and M. G. K. Menon, 164–69. New York: North-Holland, 1972. First published in Endeavor, October 1942.

———. 1950. "Mesons." *Reports on Progress in Physics* 13: 350–424.

———. 1953. "H-I. Photographic-Post-Discussion." In *Congrès International sur le Rayonnement Cosmique*, 233–35. Informal publication. Bagneres de Bigorre, July.

———. 1953. "Recapitulation et discussion sur les mesons lourds charges." In *Congrès International sur le Rayonnement Cosmique*, 221–24. Informal publication. Bagnères de Bigorre, July.

———. 1954. "A Discussion on *V*-Particles and Heavy Mesons." *Proceedings of the Royal Society A* 221: 277–420.

———. 1972. "C. T. R. Wilson, Biography by C. F. Powell." In *Selected Papers of Cecil Frank Powell*, edited by E. H. S. Burhop, W. O. Lock, and M. G. K. Menon, 357–68. New York: North-Holland.

———. 1972. "Fragments of Autobiography." In *Selected Papers of Cecil Frank Powell*, edited by E. H. S. Burhop, W. O. Lock, and M. G. K. Menon, 7–34. New York: North-Holland.

———. 1972. *Selected Papers of Cecil Frank Powell*, edited by E. H. S. Burhop, W. O. Lock, and M. G. K. Menon. New York: North-Holland.

Powell, C. F., and G. E. F. Fertel. (1939) 1972. "Energy of High-Velocity Neutrons by the Photographic Method." In *Selected Papers of Cecil Frank Powell*, edited by E. H. S. Burhop, W. O. Lock, and M. G. K. Menon, 151–54. New York: North-Holland, 1972. First published in *Nature* 144 (1939): 115–18, and reprinted in *The Study of Elementary Particles by the Photographic Method*, C. F. Powell, P. H. Fowler, and D. H. Perkins. London: Pergamon, 1959.

Powell, C. F., P. H. Fowler, and D. H. Perkins. 1959. *The Study of Elementary Particles by the Photographic Method.* London: Pergamon.

Powell, C. F., and G. P. S. Occhialini. 1947. "Appendix A: Method of Processing Ilford 'Nuclear Research' Emulsions." In C. Powell and G. P. S. Occhialini, *Nuclear*

Physics in Photographs: Tracks of Charged Particles in Photographic Emulsions. Oxford: Clarendon.

Powell, C. F., and G. P. S. Occhialini. 1947. *Nuclear Physics in Photographs: Tracks of Charged Particles in Photographic Emulsions.* Oxford: Clarendon.

Powell, C. F., G. P. S. Occhialini, D. L. Livesey, and L. V. Chilton. (1946) 1972. "A New Photographic Emulsion for the Detection of Fast Charge Particles." In *Selected Papers of Cecil Frank Powell,* edited by E. H. S. Burhop, W. O. Lock, and M. G. K. Menon, 209–13. New York: North-Holland, 1972. First published in *Journal of Scientific Instruments* 23 (1946): 102–106.

Preiswerk, P. 1964. "Introduction." In *Proceedings of the Informal Meeting on Film-Less Spark Chamber Techniques and Associated Computer Use,* CERN "Yellow Report" 64-30, edited by G. R. Macleod and B. C. Maglić, 1–2. Geneva: CERN Data Handling Division.

Press, Frank. 1968. "Density Distribution in Earth." *Science* 160: 1218–21.

Press, Frank, and Shawn Biehler. 1964. "Inferences on Crustal Velocities and Densities from P Wave Delays and Gravity Anomalies." *Journal of Geophysical Research* 69: 2979–95.

Proceedings of an International Conference on Instrumentation for High-Energy Physics: Held at the Ernest O. Lawrence Radiation Laboratory, Berkeley, California, 12–14 September 1960. 1961. New York: Wiley.

Proceedings of the International Congress of Mathematicians: Cambridge, Massachusetts, 30 August–6 September 1952. 1952. Providence: American Mathematical Society.

Proceedings of the Purdue Conference on Instrumentation for High-Energy Physics. 1965. Published as *IEEE Transactions in Nuclear Science,* NS-12, no. 4.

Purcell, E. 1964. "Nuclear Physics without the Neutron: Clues and Contradictions." In *Proceedings of the 10th International Congress of the History of Science,* 121–133. Paris: Hermann.

Putnam, Hilary. 1987. *The Many Faces of Realism.* La Salle, Ill.: Open Court.

———. 1994. "The Dewey Lectures 1994." *Journal of Philosophy* 91, no. 9.

Quercigh, E. 1964. "Direct Recording on Magnetic Tape in Spark Chambers." In *Proceedings of the Informal Meeting on Film-Less Spark Chamber Techniques and Associated Computer Use,* CERN "Yellow Report" 64-30, edited by G. R. Macleod and B. C. Maglić, 345–49. Geneva: CERN Data Handling Division.

Quine, W. V. O. (1955) 1973. "Posits and Reality." In *Theories and Observation in Science,* edited by R. E. Grandy, 154–61. Englewood Cliffs, N.J.: Prentice-Hall. From original version, later superseded, of *Word and Object.*

———. 1960. *Word and Object.* Cambridge, Mass.: MIT Press.

———. 1976. *The Ways of Paradox and Other Essays,* rev. ed. Cambridge, Mass.: Harvard University Press.

Rabinow, Paul, ed. 1984. *The Foucault Reader.* New York: Pantheon.

Rahm, David, C. 1956. "Development of Hydrocarbon Bubble Chambers for Use in Nuclear Physics." Ph.D. dissertation, University of Michigan.

———. 1969. "Donald A. Glaser: Nobel Prize for Physics in 1960." Unpublished manuscript. American Institute of Physics.

Rankin, Angus. 1891. "Preliminary Notes on the Observations of Dust Particles at Ben Nevis Observatory." *Journal of the Scottish Meteorological Society* 9: 125–32.

Rassetti, Franco. 1941. "Disintegration of Slow Mesotrons." *Physical Review* 60: 198–204.

Raup, David M., and J. John Sepkoski. 1994. "Periodicity of Extinctions in the Geologic Past." *Proceedings of the National Academy of Science* 81: 801–805.

Reineke, John E. 1971. "Tây Bôi: Notes on the Pidgin French Spoken in Vietnam." In *Pidginization and Creolization of Languages,* edited by D. Hymes, 47–56. Cambridge: Cambridge University Press.

Reines, Frederick. 1960. "Neutrino Interactions." *Annual Review of Nuclear Science* 10: 1–26.

———. 1982. "Neutrinos to 1960–Personal Recollection." *Journal de Physique* 43: C8-237–C8-260.

Reines, Frederick, and C. L. Cowan, Jr. 1953. "Detection of the Free Neutrino." *Physical Review* 92: 830–31.

Reines, Frederick, C. L. Cowan, Jr., F. B. Harrison, A. D. McGuire, and H. W. Kruse. 1960. "Detection of the Free Antineutrino." *Physical Review* 117: 159–73.

Reiter, Wolfgang. 1988. "Das Jahr 1938 und seine Folgen für die Naturwissenschaften an Österreichs Universitiiten." In *Vertriebene Vernunft II: Emigration und Exit österreichischer Wissenschaft,* edited by F. Stadler. Vienna and Munich: Jugend und Yolk.

Renneberg, Monika, and Mark Walker, eds. 1994. *Science, Technology, and National Socialism.* Cambridge: Cambridge University Press.

Reyer, E. 1892. *Geologische und geographische Experimente.* Leipzig: Wilhelm Engelmann.

Reynolds, Osborne. 1879. "On the Manner in Which Raindrops and Hailstones Are Formed." *Memoirs of the Literary and Philosophical Society of Manchester,* 3rd ser., 6: 48–60.

Rice-Evans, Peter. 1974. *Spark, Streamer, Proportional and Drift Chambers.* London: Richelieu.

Rider, Robin E. 1988. "Early Development of Operations Research: British and American Contexts." Presented at the joint meeting of the British Society for History of Science and the History of Science Society, Manchester, 11–14 July.

———. "Capsule History of Operations Research." In *Encyclopaedia of the History and Philosophy of Mathematical Sciences,* edited by I. Grattan-Guinness. London: Routledge and Kegan Paul. Forthcoming.

Riordan, Michael. 1987. *The Hunting of the Quark: A True Story of Modern Physics.* New York: Simon and Schuster.

Roberts, A. 1964. "Properties of Conventional Camera-Film Data Acquisition Systems with Narrow-Gap Spark Chambers." In *Proceedings of the Informal Meeting on Film-Less Spark Chamber Techniques and Associated Computer Use,* CERN "Yellow Report" 64-30, edited by G. R. Macleod and B. C. Maglić, 367–69. Geneva: CERN Data Handling Division.

———. 1964. "Some Reflections on Systems for the Automatic Processing of Complex Spark Chamber Events." In *Proceedings of the Informal Meeting on Film-Less Spark Chamber Techniques and Associated Computer Use,* CERN "Yellow Report" 64-30, edited by G. R. Macleod and B. C. Maglić, 287–98. Geneva: CERN Data Handling Division.

Roberts, K. V. 1972. "Computers and Physics." In *Computing as a Language of Physics: Lectures Presented at an International Seminar Course at Trieste from 2 to 20 August 1971,* edited by International Center for Theoretical Physics, 3–26. Vienna: International Atomic Energy Agency.

Rochester, G. D., and C. C. Butler. 1947. "Evidence for the Existence of New Unstable Elementary Particles." *Nature* 160: 855–57.

———. 1982. "The Development and Use of Nuclear Emulsions in England in the Years 1945–50." *Journal de Physique* 43: C8-89–C8-90.

Rochester, G. D., and J. G. Wilson. 1952. *Cloud Chamber Photographs of the Cosmic*

Radiation. New York: Academic Press.

Rollo Russell, F. A., and E. Douglas Archibald. 1888. "On the Unusual Optical Phenomena of the Atmosphere, 1883–6, Including Twilight Effects, Coronal Appearances, Sky Haze, Coloured Suns, Moons, Etc." In *The Eruption of Krakatoa and Subsequent Phenomena: Report of the Krakatoa Committee of the Royal Society,* edited by J. G. Symons, 151–463. London: Harrison.

Romaine, Suzanne. 1988. *Pidgin and Creole Languages.* London: Longman.

Rosenfeld, A. H. 1963. "Current Performance of the Alvarez-Group Data Processing System." *Nuclear Instrumentation and Methods* 20: 422–34.

Rossi, Bruno. 1930. "Method of Registering Multiple Simultaneous Impulses of Several Geiger's Counters." *Nature* 125: 636.

———. 1932. "Nachweis einer Sekundarstrahlung der durchdringenden Korpuskularstrahlung." *Physikalische Zeitschrift* 33: 304–305.

———. 1964. *Cosmic Rays.* New York: McGraw-Hill.

———. 1982. "Development of the Cosmic Ray Techniques." *Journal de Physique* 43: C8-69–C8-88.

———. 1985. "Arcetri, 1928–32." In *Early History of Cosmic Ray Studies: Personal Reminiscences with Old Photographs,* edited by Y. Sekido and H. Elliot, 53–73. Dordrecht: Reidel.

Rossi, Bruno, and Norris Nereson. 1942. "Experimental Determination of the Disintegration Curve of Mesotrons." *Physical Review* 62: 417–22.

Rossi, Bruno, and Hans Staub. 1949. *Ionization Chambers and Counters: Experimental Techniques.* New York: McGraw-Hill.

Rossiter, Margaret. 1982. *Women Scientists in America: Struggles and Strategies to 1940.* Baltimore: John Hopkins University Press.

Rotblat, J. 1950. "Photographic Emulsion Technique." *Progress in Nuclear Physics* 1: 37–72.

Rudwick, Martin J. S. 1976. "The Emergence of a Visual Language for Geological Science, 1760–1840." *History of Science* 14: 149–95.

———. 1985. *The Great Devonian Controversy: The Shaping of Scientific Knowledge among Gentlemanly Specialists.* Chicago: University of Chicago Press.

Rutherford, E., and Hans Geiger. 1908. "The Charge and Nature of the a-Particle." *Proceedings of the Royal Society London A* 81: 162–73.

Safdie, Moshe, and Associates, Inc., Architects and Planners, with Peter Walker, William Johnson and Partners Landscape Architects, Inc. 1993. *SSC Laboratory. Dallas, Texas. Main Campus Development Plan.* Doc. no. Y1100029—rev. A. 31 May.

Sahlins, Marshall David. 1985. *Islands of History.* Chicago: University of Chicago Press.

———. 1993. "Goodbye to *Tristes Tropes:* Ethnography in the Context of Modern World History." *Journal of Modern History* 65: 1–25.

———. 1995. *How "Natives" Think: About Captain Cook, for Example.* Chicago: University of Chicago Press.

———. 1995. "'Sentimental Pessimism' and Ethnographic Experience; or, Why Culture is Not a Disappearing 'Object.'" Typescript.

Sahlins, Peter. 1989. *Boundaries: The Making of France and Spain in the Pyrenees.* Berkeley and Los Angeles: University of California Press.

Salam, Abdus. 1964. "Summary of Conference Results." In *Nucleon Structure: Proceedings of the international Conference at Stanford University, 24–27 June 1963,* edited by R. Hofstadter and L. I. Schiff, 397–414. Stanford, Calif.: Stanford University Press.

Saudinos, J. 1973. "Operation of Large Drift Length Chambers." In *Proceedings of the 1973 International Conference on Instrumentation for High-Energy Physics, Frascati, Italy, 8–12 May 1973,* edited by S. Stipcich. Frascati: Laboratori Nazionali del CNEN, Servizio Documentazione.

Schaffer, Simon. 1988. "Astronomers Mark Time: Discipline and the Personal Equation." *Science in Context* 2: 115–45.

———. 1989. "Glass Works: Newton's Prisms and the Uses of Experiment." In *The Uses of Experiment: Studies in the Natural Sciences,* edited by D. Gooding, T. Pinch, and S. Schaffer, 67–104. Cambridge: Cambridge University Press.

———. 1989. "A Manufactory of Ohms: The Integrity of Victorian Values." Presented at Mediums of Exchange: Building Systems and Networks in Science and Technology, UCLA, 2 December.

Schilpp, Paul A., ed. 1970. *Albert Einstein Philosopher-Scientist.* Library of Living Philosophers, vol. 7. La Salle, Ill.: Open Court.

Schlick, Moritz. 1979. *Philosophical Papers: Volume 1(1909–22),* edited by H. L. Mulder and B. E. B. van de Velde-Schlick, translated by P. Heath. Vienna Circle Collection, vol. 11. Dordrecht: Reidel.

———. 1987. *The Problems of Philosophy in Their Interconnections: Winter Semester*

Lectures 1933–34, edited by H. L. Mulder, A. J. Kox, and R. Hegselmann, translated by P. Heath. Dordrecht: Reidel.

Schreider, Yu A., ed. 1966. *The Monte Carlo Method: The Method of Statistical Trials,* translated by G. J. Tee. Oxford: Pergamon.

Schwartz, M. 1960. "Feasibility of Using High-Energy Neutrinos to Study the Weak Interactions." *Physical Review Letters* 4: 306–307.

———. 1972. "Discovery of Two Kinds of Neutrinos." *Adventures in Experimental Physics* 1: 81–100.

Schweber, S. S. 1984. "Some Chapters for a History of Quantum Field Theory: 1938–52." In *Relativity, Groups, and Topology II,* Les Houches, Session 40, edited by B. DeWitt and R. Stora, 37–220. New York: North-Holland.

———. 1988. "The Mutual Embrace of Science and the Military ONR: The Growth of Physics in the United States after World War II." In *Science, Technology, and the Military,* edited by E. Mendelsohn, M. R. Smith, and P. Weingart, 3–45. Sociology of the Sciences, vol. 1. Dordrecht: Kluwer.

———. 1992. "Big Science in Context: Cornell and MIT." In *Big Science: The Growth of Large-Scale Research,* edited by P. Galison and B. Hevly, 149–83. Stanford, Calif.: Stanford University Press.

———. 1994. *QED and the Men Who Made It.* Princeton, N.J.: Princeton University Press.

Schwinger, Julian. 1948. "On Quantum-Electrodynamics and the Magnetic Moment of the Electron." *Physical Review* 73: 416–17.

———. 1980. *Tomonaga Sin-itiro: A Memorial. Two Shakers of Physics.* [Japan]: Nishina Memorial Foundation.

Scottish Meteorological Society. 1884. "Report of the Council." *Journal of the Scottish Meteorological Society* 7: 56–60.

Secord, James A. 1986. *Controversy in Victorian Geology: The Cambrian-Silurian Dispute.* Princeton, N.J.: Princeton University Press.

Seidel, Robert W. 1978. "Physics Research in California: The Rise of a Leading Sector in American Physics." Ph.D. dissertation, University of California, Berkeley.

———. 1983. "Accelerating Science: The Postwar Transformation of the Lawrence Radiation Laboratory." *Historical Studies in the Physical Sciences* 13: 375–400.

———. 1986. "A Home for Big Science." *Historical Studies in the Physical Sciences* 16: 135–75.

———. 1996. "The Hunting of the Neutrino." Typescript.

Seitz, F. 1958. "On the Theory of the Bubble Chamber." *Physics of Fluids* 1: 2–13.

Sekido, Yataro, and Harry Elliot, eds. 1985. *Early History of Cosmic Ray Studies: Personal Reminiscences with Old Photographs.* Astrophysics and Space Science Library, vol. 118. Dordrecht: Reidel.

Seriff, A. J., R. B. Leighton, C. Hsiao, E. W. Cowan, and C. D. Anderson. 1950. "Cloud Chamber Observations of the New Unstable Cosmic-Ray Particles." *Physical Review* 78: 290–91.

Servos, John W. 1990. *Physical Chemistry from Ostwald to Pauling: The Making of a Science in America.* Princeton, N.J.: Princeton University Press.

Shankland, Robert S. 1936. "An Apparent Failure of the Photon Theory of Scattering," *Physical Review* 49: 8–13.

———. 1937. "The Compton Effect with Gamma-Rays," *Physical Review* 52: 414–18.

Shapin, Steven. 1988. "The House of Experiment in Seventeenth Century England." *Isis* 79: 373–404.

———. 1994. *A Social History of Truth: Civility and Science in Seventeenth-Century England.* Chicago: University of Chicago Press.

Shapin, S., and S. Schaffer. 1985. *Leviathan and the Air-Pump: Hobbes, Boyle, and the Experimental Life.* Princeton, N.J.: Princeton University Press.

Shaw, Napier. 1931. "A Century of Meteorology." *Nature* 128: 925–26.

Sherry, Michael S. 1977. *Preparing for the Next War: American Plans for Postwar Defense, 1941–45.* New Haven, Conn.: Yale University Press.

Sherwin, Chalmers W. 1948. "Short Time Delays in Geiger Counters." *Review of Scientific instruments* 19: 111–15.

Shutt, R. P., ed. 1967. *Bubble and Spark Chambers: Principles and Use,* 2 vols. Pure and Applied Physics, vol. 27. New York: Academic Press.

Smart, J. J. C. (1956) 1973. "The Reality of Theoretical Entities." In *Theories and Observation in Science,* edited by R. E. Grandy, 93–103. Englewood Cliffs, N.J.: Prentice Hall. First published in *Australasian Journal of Philosophy* 34 (1956): 1–12.

Smith, Crosbie, and M. Norton Wise. 1989. *Energy and Empire: A Biographical Study of Lord Kelvin.* Cambridge: Cambridge University Press.

Smith, Nicholas M., Jr., Stanley S. Walters, Franklin C. Brooks, and David H. Blackwell. 1952–53. "The Theory of Value and the Science of Decision—A Summary."

Journal of the Operations Research Society of America 1: 103–13.

Smith, Robert W., and Joseph N. Tatarewicz. 1985. "Replacing a Technology: The Large Space Telescope and CCDs." *Proceedings of the IEEE* 73: 1221–35.

Smorodinskii, Y. A., et al., eds. 1966. *XII International Conference on High-Energy Physics: Dubna, 5–15 August 1964,* 2 vols. Moscow: Atomizdat.

Snow, G. A. 1962. "Strong Interactions of Strange Particles [and discussion]." In *International Conference on High-Energy Physics at CERN,* edited by J. Prentki, 795–806. Geneva: CERN.

Snyder, J. N., R. Hulsizer, J. Munson, and A. Schneider. 1964. "Bubble Chamber Data Analysis Using a Scanning and Measuring Projector (SMP) On-Line to a Digital Computer." In *Automatic Acquisition and Reduction of Nuclear Data,* edited by K. H. Beckuris, W. Gläser, and G. Krüger, 239–48. Karlsruhe: Gesellschaft für Kernforschung.

Solenoidal Detector Collaboration. 1992. *Technical Design Report,* SDC-92-201, SS-CLSR-1215. Berkeley, Calif.: Lawrence Berkeley Laboratory, 1 April.

Sopka, Katherine Russell. 1988. *Quantum Physics in America: The Years through 1935.* Tomash Series in the History of Modern Physics 1800–1950, vol. 10. Los Angeles: Tomash.

"Spark Chambers." 1963. *Nuclear Instruments and Methods* 20: 143–219.

"Spark Chamber Symposium." 1961. *Review of Scientific Instruments* 32: 480–98.

Spence, Basil. 1959. "The Architect and Physics." In *The Design of Physics Research Laboratories,* 13–17. London: Chapman and Hall.

Spinrad, R. J. 1965. "Digital Systems for Data Handling." *Progress in Nuclear Technology and Instruments* 1: 221–46.

Stadler, Friedrich, Hrsg. 1988. *Vertriebene Vernunft II: Emigration und Exil österreichischer Wissenschaft.* Vienna and Munich: Jugend und Yolk.

Star, Susan Leigh, and James R. Griesemer. 1989. "Institutional Ecology, 'Translations' and Boundary Objects: Amateurs and Professionals in Berkeley's Museum of Vertebrate Zoology, 1907–39." *Social Studies of Science* 19: 387–420.

Steinmaurer, Rudolf. 1985. "Erinnerungen an V. F. Hess, den Entdecker der kosmischen Strahlung, und an die ersten Jahre des Betriebes des Hafelekar-Labor." In *Early History of Cosmic Ray Studies: Personal Reminiscences with Old Photographs,* edited by Y. Sekido and H. Elliot, 17–31. Astrophysics and Space Science Library, vol. 118. Dordrecht: Reidel.

Steppan, Elvira. 1935. "Das Problem der Zertrlimmerung von Aluminium, behandelt mit der photographischen Methode." *Sitzungsberichte, Akademie der Wissenschaften in Wien, Mathematisch-naturwissenschaftliche Klasse, Abteilung IIa* 144: 455–74.

Stern, Nancy. 1981. *From ENIAC to UNIVAC: An Appraisal of the Early Eckert-Mauchly Computers.* Digital Press History of Computing Series. Bedford, Mass.: Digital Press.

Stetter, G., and H. Thirring. 1950. "Hertha Wambacher." *Acta Physica Austriaca* 4: 318–20.

Stetter, G., and Hertha Wambacher. 1944. "Versuche zur Absorption der Höhenstrahlung nach der photographischen Methode I: Zertrümmerungssterne unter BleiAbsorption." *Sitztungsberichte, Akademie der Wissenschaften in Wien, Mathematisch-naturwissenschaftliche Klasse* 152: 1–6.

Stewart, Irvin. 1948. *Organizing Scientific Research for War: The Administrative History of the Office of Scientific and Research Development.* Boston: Little, Brown.

Stigler, Stephen M. 1986. *The History of Statistics: The Measurement of Uncertainty before 1900.* Cambridge, Mass.: Harvard University Press.

———. 1991. "Stochastic Simulation in the Nineteenth Century." *Statistical Science* 6: 89–97.

Strauch, K. 1965. "Innovations in Visual Spark Chamber Techniques." *IEEE Transactions in Nuclear Science,* NS-12, no. 4: 1-12.

———. 1974. "Introductory Remarks," PEP-138, September 1974. In LBL, SLAC, and SLAC-LBL Users Organization, *Proceedings 1974 PEP Summer Study.* Berkeley, Calif.: Lawrence Berkeley Laboratory.

Street, J. C., and E. C. Stevenson. 1937. "New Evidence for the Existence of a Particle of Mass Intermediate between the Proton and Electron." *Physical Review* 52: 1003–1004.

Street, J. C., and R. H. Woodward. 1934. "Counter Calibration and Cosmic-Ray Intensity." *Physical Review* 46: 1029–34.

Strong, John. 1930. *Procedures in Experimental Physics.* New York: Prentice-Hall.

Stuewer, Roger. 1971. "William H. Bragg's Corpuscular Theory of X-Rays and γ-rays." *British Journal for the History of Science* 5: 258–81.

———. 1975. *The Compton Effect: The Turning Point in Physics.* New York: Science History Publications.

————. 1985. "Artificial Disintegration and the Cambridge-Vienna Controversy." In *Observation, Experiment and Hypothesis in Modern Physical Science,* edited by P. Achinstein and O. Hannaway, 239–307. Cambridge, Mass.: MIT Press.

————. 1986. "Rutherford's Satellite Model of the Nucleus," *Historical Studies in the Physical Sciences* 16: 321–52.

Sturchio, Jeffrey, ed. 1988. Special Issue on Artifact and Experiment. *Isis* 79: 369–476.

Sullivan, Woodruff T., III. 1988. "Early Years of Australian Radio Astronomy." In *Australian Science in the Making,* edited by R. W. Home, 308–44. Cambridge: Cambridge University Press.

Super, R. H. 1977. "The Humanist at Bay: The Arnold-Huxley Debate." In *Nature and the Victorian Imagination,* edited by U. C. Knoepftmacher and G. B. Tennyson, 231–45. Berkeley: University of California Press.

Suppe, Frederick. 1974. *The Structure of Scientific Theories.* Urbana: University of Illinois Press.

Sutherland, Arthur E. 1967. *The Law at Harvard: A History of Ideas and Men, 1817–1967.* Cambridge, Mass.: Belknap.

Sviedrys, R. 1970. "The Rise of Physical Science at Victorian Cambridge," with commentary by Arnold Thackray. *Historical Studies in the Physical Sciences* 2: 127–51.

Swann, W. F. G. 1936. "Report on the Work of the Bartol Research Foundation, 1935–36." *Journal of the Franklin Institute* 222: 647–714.

Swann, W. F. G., and G. L. Locher. 1936. "The Variation of Cosmic Ray Intensity with Direction in the Stratosphere." *Journal of the Franklin Institute* 221: 275–89.

Symons, J. G., ed. 1888. *The Eruption of Krakatoa and Subsequent Phenomena: Report of the Krakatoa Committee of the Royal Society.* London: Harrison.

Taft, H. D., and P. J. Martin. 1966. "On-Line Monitoring of Bubble Chamber Measurements by Small Computers." In *XII International Conference on High-Energy Physics,* edited by Y. A. Smorodinskii et al., 390–92. Moscow: Atomizdat.

Taussig, M. 1980. *The Devil and Commodity Fetishism in South America.* Chapel Hill: University of North Carolina Press.

Taylor, H. J. 1935. "The Tracks of α-Particles and Protons in Photographic Emulsions." *Proceedings of the Royal Society London A* 150: 382–94.

Taylor, H. J., and V. D. Dabholkar. 1936. "The Ranges of α Particles in Photographic Emulsions." *Proceedings of the Royal Society London A* 48: 285–98.

Taylor, H. J., and M. Goldhaber. 1935. "Detection of Nuclear Disintegration in a Photographic Emulsion." *Nature* 2: 341.

Teller, Edward. 1950. "Back to the Laboratories." *Bulletin of the Atomic Scientists* 6: 71–72.

Thackray, Arnold. 1970. Commentary in "The Rise of Physical Science at Victorian Cambridge." *Historical Studies in the Physical Sciences* 2: 127–51.

Thomas, Nicholas. 1991. "Against Ethnography." *Cultural Anthropology* 6: 306–22.

———. 1991. *Entangled Objects: Exchanges, Material Culture, and Colonialism in the Pacific.* Cambridge, Mass.: Harvard University Press.

Thomson, J. J. (1846) 1989. "Introductory Lecture." In *Energy and Empire: A Biographical Study of Lord Kelvin,* edited by C. Smith and M. N. Wise, 121–22. Cambridge: Cambridge University Press.

———. 1886. "So me Experiments on the Electric Discharge in a Uniform Electrical Field, with Some Theoretical Considerations about the Passage of Electricity through Gases." *Proceedings of the Cambridge Philosophical Society* 5: 391–409.

———. 1888. *Applications of Dynamics to Physics and Chemistry.* London: Macmillan.

———. 1893. "On the Effect of Electrification and Chemical Action on a Steam-Jet, and of Water-Vapor on the Discharge of Electricity through Gases." *Philosophical Magazine,* 5th ser., 36: 313–27.

———. 1897. "Cathode Rays." *Philosophical Magazine,* 5th ser., 44: 293–316.

———. 1898. "On the Charge of Electricity Carried by the Ions Produced by Röntgen Rays." *Philosophical Magazine,* 5th ser., 46: 528–45.

———. 1937. *Recollections and Reflections.* New York: Macmillan.

Thomson, J. J., and E. Rutherford. 1896. "On the Passage of Electricity through Gases Exposed to Röntgen Rays." *Philosophical Magazine,* 5th ser., 42: 392–407.

Thorndike, Alan M. 1967. "Summary and Future Outlook." In *Bubble and Spark Chambers: Principles and Use,* edited by R. P. Shutt, 2: 299–300. New York: Academic Press.

Thomes, John. 1979. "Constable's Clouds." *Burlington Magazine* 121: 697–704.

Timmerhaus, K. D., ed. 1960–63. *Advances in Cryogenic Engineering,* 4 vols. New York: Plenum.

Ting, Samuel, Gerson Goldhaber, and Burton Richter. 1976. "Discovery of Massive Neutral Vector Mesons." *Adventures in Experimental Physics* 5: 114–49.

Tocher, K. D. 1951. "The Application of Automatic Computers to Sampling Experiments." *Journal of the Royal Statistical Society B* 16: 39–61.

Todd, Loreto. 1990. *Pidgins and Creoles*. London: Routledge and Kegan Paul.

Tomas, David, G. 1979. "Tradition, Context of Use, Style, and Function: Expansion Apparatuses Used at the Cavendish Laboratory during the Period 1895–1912." M.S. thesis, University of Montreal.

Tomonaga, S., and G. Araki. 1940. "Effect of the Nuclear Coulomb Field on the Capture of Slow Mesons." *Physical Review* 58: 90–91.

Toulmin, Stephen. 1953. *The Philosophy of Science: An Introduction*. New York: Harper and Row.

Townsend, John Sealy Edward. 1915. *Electricity in Gases*. Oxford: Clarendon.

———. 1947. *Electrons in Gases*. London: Hutchinson.

Traweek, Sharon. 1988. *Beamtimes and Lifetimes: The World of High Energy Physicists*. Cambridge, Mass.: Harvard University Press.

Treitel, Jonathan, A. 1986. "A Structural Analysis of the History of Science: The Discovery of the Tau Lepton." Ph.D. dissertation, Stanford University.

———. 1987. "Confirmation with Technology: The Discovery of the Tau Lepton." *Centaurus* 30: 140–80.

Trenn, Thaddeus. 1976. "Die Erfindung des Geiger-Müller-Zählrohres." *Deutsches Museum, Abhandlungen Berichte* 44: 54–64.

———. 1986. "The Geiger-Müller Counter of 1928." *Annals of Science* 43: 111–35.

Trower, W. Peter, ed. 1987. *Discovering Alvarez: Selected Works of Luis W. Alvarez, with Commentary by His Students and Colleagues*. Chicago: University of Chicago Press.

Turner, G. 1981. "Wilson, Charles Thomas Rees." *Dictionary of Scientific Biography* 14: 420–23.

Tuve, M. A. 1930. "Multiple Coincidences of Geiger-Müller Tube-Counters." *Physical Review* 35: 651–52.

Tye, Michael. 1991. *The Imagery Debate*. Cambridge, Mass.: MIT Press.

Tyndall, A. M. 1971. "Powell." Appendix to F. C. Frank and D. H. Perkins, "Cecil Frank Powell, 1903–69." *Biographical Memoirs of Fellows of the Royal Society* 17 (1971): 541–55.

Tyndall, A. M., and C. F. Powell. 1930. "The Mobility of Ions in Pure Gases." *Proceed-*

ings of the Royal Society A 129: 162–80. Reprinted in *Selected Papers of Cecil Frank Powell,* edited by E. H. S. Burhop, W. O. Lock, and M. G. K. Menon, 77–95. New York: North-Holland, 1972.

Uebel, Thomas C. 1991. *Rediscovering the Forgotten Vienna Circle: American Studies on Otto Neurath and the Vienna Circle.* Dordrecht: Kluwer.

Ulam, S. M. 1951. "On the Monte Carlo Method." In *Proceedings of a Second Symposium on Large-Scale Digital Calculating Machinery, 13–16 September* 1949, 207–12. Cambridge, Mass.: Harvard University Press.

———. 1952. "Random Processes and Transformations." In *Proceedings of the International Congress of Mathematicians: Cambridge, Massachusetts, 30 August–6 September 1950,* 2: 264–75. Providence, R.I.: American Mathematical Society.

———. 1956. "Applications of Monte Carlo Methods to Tactical Games." In *Symposium on Monte Carlo Methods,* edited by H. A. Meyer. New York: Wiley.

———. 1958. "John von Neumann, 1903–57." *Bulletin of the American Mathematical Society* 64: 1–49.

———. 1965. Introduction to E. Fermi, J. Pasta, and S. Ulam. "Studies of Non Linear Problems," Paper no. 226. In *Enrico Fermi: Collected Papers. Volume 2, United States 1939–54,* edited by E. Segrè, 977–78. Chicago: University of Chicago Press.

———. 1990. *Analogies between Analogies: The Mathematical Reports of S. M. Ulam and His Los Alamos Collaborators,* edited by A. R. Bednarek and F. Ulam. Los Alamos Series in Basic and Applied Sciences, vol. 10. Berkeley and Los Angeles: University of California Press.

Ulam, S. M., and J. Pasta. 1990. "Heuristic Studies in Problems of Mathematical Physics on High Speed Computing Machines." In S. M. Ulam, *Analogies between Analogies: The Mathematical Reports of S. M. Ulam and His Los Alamos Collaborators,* edited by A. R. Bednarek and F. Ulam, 121–38. Berkeley and Los Angeles: University of California Press.

Ulam, S. M., and L. D. Tuck. "Possibility of Initiating a Thermonuclear Reaction," LA-560.

Ulam, S. M., and von Neumann, J. 1947. "On Combination of Stochastic and Deterministic Processes: Preliminary Report" [abstract]. *Bulletin of the American Mathematical Society* 53: 1120.

U.S. Air Force. Technical Staff and Air Training Command. 1960. *Fundamentals of*

Guided Missiles. Los Angeles: Aero Publishers.

U.S. Atomic Energy Commission. 1966. Final Report. Part I. "Report on Investigation of Explosion and Fire: Experimental Hall, Cambridge Electron Accelerator, Cambridge, Massachusetts, July 5, 1965," TID-22594. Washington, D.C.: U.S. Government Printing Office.

U.S. Congress. Joint Session. 1965. *Hearings before the Subcommittee on Research, Development, and Radiation of the Joint Committee on Atomic Energy: Eighty-ninth Congress, First Session on High Energy Physics Research, 2–5 March 1965,* 377–78. 89th Cong., 1st sess., 1965. Washington, D.C.: U.S. Government Printing Office.

U.S. Department of Energy. Office of Energy Research. 1988. "Report of the HEPAP Subpanel on Future Modes of Experimental Research in High Energy Physics," DOE/ER-0380. Washington, D.C.: U.S. Government Printing Office.

Urey, Harold C. 1950. "Should America Build the H-Bomb?" *Bulletin of the Atomic Scientists* 6: 72–73.

Valdman, Albert, ed. 1977. *Pidgin and Creole Linguistics.* Bloomington: Indiana University Press.

Valdman, Albert, and Arnold Highfield, ed. 1980. *International Conference on Theoretical Orientations in Creole Studies (1979, St. Thomas, V.I.).* New York: Academic Press.

Van Fraassen, Bas. 1980. *The Scientific Image.* Oxford: Clarendon.

Van Heiden, Albert, and Thomas L. Hankins, eds. 1994. Special Issue on Instruments. *Osiris* 9: 1–250.

Vernon, W. 1964. "Spark Chamber Vidicon Scanner with Discrete Scan." In *Proceedings of the Informal Meeting on Film-Less Spark Chamber Techniques and Associated Computer Use,* CERN "Yellow Report" 64-30, edited by G. R. Macleod and B. C. Maglić, 57–63. Geneva: CERN Data Handling Division.

Vishnyakov, V. V., and A. A. Typakin. 1957. "Investigations of the Performance of Gas-Discharge Counters with a Controlled Pulsed Power Supply." *Soviet Journal of Atomic Energy* 3: 1103–13.

Volmer, Max. 1939. *Kinetik des Phasenbildung die Chemische Reaktion.* Dresden and Leipzig: Theodor Steinkopff.

von Neumann, John. (1928) 1963. "Zur Theorie der Gesellschaftsspiele." In *Von Neumann: Collected Works,* edited by A. H. Taub, 6: 1–26. London: Pergamon.

First published in *Mathematische Annalen* 100 (1928): 295–320.

———. (1944) 1963. "Proposal and Analysis of a New Numerical Method for the Treatment of Hydrodynamical Shock Problems." *In Von Neumann: Collected Works,* edited by A. H. Taub, 6: 361–79. London: Pergamon. First published as OSRD-3617. 20 March.

———. (1951) 1961. "Various Techniques Used in Connection with Random Digits." In *Von Neumann: Collected Works,* edited by A. H. Taub, 5: 768–70. London: Pergamon. First published in *Monte Carlo Method,* edited by A. S. Householder, G. E. Forsythe, and H. H. Germond, 36–38. National Bureau of Standards Applied Mathematics Series, no. 12. Washington, D.C.: U.S. Government Printing Office.

———. 1955. "Can We Survive Technology?" *Fortune* 51: 106–108, 151–52. Reprinted in *Von Neumann: Collected Works,* edited by A. H. Taub, 6: 504–19. London: Pergamon, 1963.

———. 1961–63. *Design of Computers, Theory of Automata and Numerical Analysis.* vol. 5 of *Von Neumann: Collected Works,* edited by A. H. Taub. London: Pergamon.

———. 1961–63. *Theory of Games, Astrophysics, Hydrodynamics and Meteorology.* vol. 6 of *Von Neumann: Collected Works,* edited by A. H. Taub. London: Pergamon.

———. 1961–63. *Von Neumann: Collected Works,* 6 vols., edited by A. H. Taub. London: Pergamon.

———. 1981. "First Draft of a Report on the EDVAC." In *From ENIAC to UNIVAC: An Appraisal of the Early Eckert-Mauchly Computers,* edited by N. Stern, 177–246. Digital Press History of Computing Series. Bedford, Mass.: Digital Press.

von Neumann, John, and Oskar Morgenstern. 1953. *Theory of Games and Economic Behavior,* 3rd ed. Princeton, N.J.: Princeton University Press.

Wagner, A. 1981. "Central Detectors." *Physica Scripta* 23: 446–58.

Walenta, A. H., J. Heintze, and B. Shürlein. 1971. "The Multiwire Drift Chamber: A New Type of Proportional Wire Chamber." *Nuclear Instruments and Methods* 92: 373–80.

Walker, Mark. 1989. *German National Socialism and the Quest for Nuclear Power.* Cambridge: Cambridge University Press.

Waller, C. 1988. "British Patent 580,504 and Ilford Nuclear Emulsions." In *40 Years of Particle Physics*, edited by B. Foster and P. Fowler, 55–58. Bristol: Adam Hilger.

Walter, Maila L. 1990. *Science and Cultural Crisis: An Intellectual Biography of Percy Williams Bridgman (1822–1961).* Stanford, Calif.: Stanford University Press.

Wambacher, Hertha. 1931. "Untersuchung der photographischen Wirkung radioaktiver Strahlungen auf mit Chromsäure und Pinakryptolgelb vorbehandelten Filmen und Platten." *Sitzungsberichte, Akademie der Wissenschaften in Wien, Mathematischnaturwissenschaftliche Klasse, Abteilung IIa* 140: 271–91.

———. 1940. "KernzertrUmmerung durch Höhenstrahlung in der photographischen Emulsion." *Sitzungsberichte, Akademie der Wissenschaften in Wien, Mathematis chnaturwissenschaftliche Klasse* 149: 157–211.

———. 1949. "Mikroscopie und Kernphysik." *Mikroskopie: Zentralblatt für Mikroskopische Forschung und Methodik* 4: 92–110.

Wambacher, Hertha, and Anton Widhalm. 1943. "Über die kurzen Bahnspuren in photographischen Schichten." *Sitzungsberichte, Akademie der Wissenschaften in Wien, Mathematisch-naturwissenschaftliche Klasse* 152: 173–91.

Warnock, Tony. 1987. "Random Number Generators." *Los Alamos Science* 15: 137–41. Special issue on Stanislav Ulam.

Warren, Mark D. (1907) 1987. *The Cunard Turbine-Driven Quadruple-Screw Atlantic Liner "Mauretania."* Wellingborough: Patrick Stevens. Primarily a facsimile reprint of a 1907 volume.

Wasserman, Neil H. 1981. "The Bohr-Kramers-Slater Paper and the Development of the Quantum Theory of Radiation in the Work of Niels Bohr." Ph.D. dissertation, Harvard University.

Wedderburn, E. 1948. "The Scottish Meteorological Society." *Quarterly Journal of the Royal Meteorological Society* 74: 233–42.

Weimer, Albert. 1947. "The History of Psychology and Its Retrieval from Historiography II: Some Lessons for the Methodology of Scientific Research. "*Science Studies* 4: 367–96.

Weinberg, Alvin M., and Eugene P. Wigner. 1958. *The Physical Theory of Neutron Chain Reactors.* Chicago: University of Chicago Press.

Weinberg, S. 1980. "Conceptual Foundations of the Unified Theory of Weak and Electromagnetic Interactions." *Reviews of Modern Physics* 52: 515–23.

Weiner, C., ed. 1977. *History of Twentieth Century Physics.* Proceedings of the International School of Physics "Enrico Fermi" Course 70. New York: Academic Press.

Weinert, Friedel, ed. 1995. *Laws of Nature: Essays on Philosophical, Scientific and Historical Dimensions.* Berlin: de Gruyter.

Weissert, Thomas. 1997. *Fermi, Pasta, Ulam: Genesis of Simulation in Dynamics.* New York: Springer.

Weisskopf, Victor. 1972. "Life and Work of Cecil Powell, A Tribute." In *Selected Papers of Cecil Frank Powell,* edited by E. H. S. Burhop, W. O. Lock, and M. G. K. Menon, 1–6. New York: North-Holland.

Welton, Theodore A. 1948. "Some Observable Effects of the Quantum-Mechanical Fluctuations of the Electromagnetic Field." *Physical Review* 74: 1157–67.

Westfall, Catherine. 1989. "The Site Contest for Fermi lab." *Physics Today* 42: 44–52.

Westfall, RichardS. 1977. *The Construction of Modern Science: Mechanisms and Mechanics.* Cambridge: Cambridge University Press.

Weyl, Hermann. 1916. Über die Gleichverteilung von Zahlen mod. Eins." *Mathematische Annalen* 77: 313–53.

Wheaton, Bruce R. 1983. *The Tiger and the Shark: Empirical Roots of Wave-Particle Dualism.* Cambridge: Cambridge University Press.

Wheeler, John A. 1946. "Polyelectrons." *Annals of the New York Academy of Science* 48: 219–38.

———. 1946. "Problems and Prospects in Elementary Particle Research." *Proceedings of the American Philosophical Society* 90: 36–47.

———. 1947. "Elementary Particle Physics." *American Scientist* 35: 177–93.

Whipple, F. J. W. 1923. "Meteorological Optics." In *A Dictionary of Applied Physics,* edited by R. Glazebrook, 3: 518–33. London: Macmillan.

Whorf, Benjamin L. 1956. *Language, Thought, and Reality: Selected Writings,* edited by J. B. Carroll. Cambridge, Mass.: MIT Press.

Wilson, C. T. R. 1895. "On the Formation of Cloud in the Absence of Dust." *Proceedings of the Cambridge Philosophical Society* 8: 306.

———. 1896. "The Effect of Röntgen's Rays on Cloudy Condensation." *Proceedings of the Royal Society London* 59: 338–39.

———. 1897. "On the Action of Uranium Rays on the Condensation of Water Vapor." *Proceedings of the Cambridge Philosophical Society* 9: 333–38.

―――. 1887. "Condensation of Water Vapor in the Presence of Dust-Free Air and Other Gases." *Philosophical Transactions of the Royal Society London A* 189: 265–307.

―――. 1899. "On the Comparative Efficiency as Condensation Nuclei of Positively and Negatively Charged Ions." *Philosophical Transactions of the Royal Society London A* 193: 289–308.

―――. 1899. "On the Condensation Nuclei Produced in Gases by Rontgen Rays, Uranium Rays, Ultra-Violet Light, and Other Agents." *Proceedings of the Royal Society London* 64: 127–29.

―――. 1901. "On the Ionisation of Atmospheric Air." *Proceedings of the Royal Society London* 68: 151–61.

―――. 1902. "Further Experiments on Radio-Activity from Rain." *Proceedings of the Cambridge Philosophical Society* 12: 17.

―――. 1902. "On Radio-Active Rain." *Proceedings of the Cambridge Philosophical Society* 11: 428–30.

―――. 1903. "Atmospheric Electricity." *Nature* 68: 102–104.

―――. 1903. "On Radio-Activity from the Snow." *Proceedings of the Cambridge Philosophical Society* 12: 85.

―――. 1910. "1899–1902." In *History of the Cavendish Laboratory, 1871–1910*, 195–220. London: Longmans, Green.

―――. 1911. "On a Method of Making Visible the Paths of Ionising Particles through a Gas. "*Proceedings of the Royal Society London A* 85: 285–88.

―――. 1912. "On an Expansion Apparatus for Making Visible the Tracks of Ionising Particles in Gases and Some Results Obtained by Its Use." *Proceedings of the Royal Society London A* 87: 277–90.

―――. 1954. "Ben Nevis Sixty Years Ago." *Weather* 9: 309–11.

―――. 1960. "Reminiscenses of My Early Years." *Notes and Records of the Royal Society of London* 14: 163–73.

―――. 1965. "On the Cloud Method of Making Visible Ions and the Tracks of Ionising Particles." In *Nobel Lectures including Presentation Speeches and Laureates' Biographies: Physics 1963–70*, 194–214. New York: Elsevier.

Wilson, David B. 1982. "Experimentalists among the Mathematicians: Physics in the Cambridge Natural Sciences Tripos, 1851–1900." *Historical Studies in the Physical Sciences* 12: 325–71.

Wilson, J. G. 1951. *The Principles of Cloud-Chamber Technique.* Cambridge Monographs in Physics. Cambridge: Cambridge University Press.

Wilson, Robert R. 1951. "Showers Produced by Low Energy Electrons and Photons." In *Monte Carlo Method,* edited by A. S. Householder, G. E. Forsythe, and H. H. Germond, 1–3. Washington, D.C.: U.S. Government Printing Office.

———. 1952. "Monte Carlo Study of Shower Production." *Physical Review* 86: 261–69.

———. 1972. "My Fight against Team Research. "In *The Twentieth Century Sciences: Studies in the Biography of Ideas,* edited by G. Holton, 468–79. New York: Norton.

Wise, M. Norton. 1988. "Mediating Machines." *Science in Context* 2: 77–113.

———. 1994. "Pascual Jordan: Quantum Mechanics, Psychology, National Socialism." In *Science, Technology, and National Socialism,* edited by M. Renneberg and M. Walker, 224–54. Cambridge: : Cambridge University Press.

———, ed. 1995. *The Values of Precision.* Princeton, N.J.: Princeton University Press.

Wismer, K. L. 1922. "The Pressure-Volume Relation of Superheated Liquids." *Journal of Physical Chemistry* 26: 301–15.

Wittgenstein, Ludwig. 1958. *Philosophical Investigations,* 2nd ed., translated by G. E. M. Anscombe. Oxford: Blackwell.

Wojcicki, Stanley G. 1987. "My First Days in the Alvarez Group." In *Discovering Alvarez: Selected Works of Luis W. Alvarez, with Commentary by His Students and Colleagues,* edited by W. P. Trower, 163–70. Chicago: University of Chicago Press.

Wood, John G. 1954. "Bubble Tracks in a Hydrogen-Filled Glaser Chamber." *Physical Review* 94: 731.

Woodward, R. H. 1935. "The Interaction of Cosmic Rays with Matter." Ph.D. dissertation, Harvard University.

———. 1936. "Coincidence Counter Studies of Cosmic Ray Showers." *Physical Review* 49: 711–18.

Woolford, Ellen, and William Washabaugh, eds. 1983. *The Social Context of Creolization.* Ann Arbor, Mich.: Karoma.

Worthington, A. M. 1908. *A Study of Splashes.* London: Longmans, Green.

Wu, C. S., E. Ambler, R. W. Hayward, D. D. Hoppes, and R. P. Hudson. 1957. "Experimental Test of Parity Conservation in Beta Decay." *Physical Review* 105:

1413–15.

Yu, J. T., and P. J. E. Peebles. 1969. "Superclusters of Galaxies?" *Astrophysical Journal* 158: 103–13.

Zaniello, Thomas A. 1981. "The Spectacular English Sunsets of the 1880s." In *Victorian Science and Victorian Values: Literary Perspectives,* edited by J. Paradis and T. Postlewait, 247–67. New York: New York Academy of Sciences.

Zaremba, S. K. 1969. "The Mathematical Basis of Monte Carlo and Quasi-Monte Carlo Methods." *Studies in Applied Mathematics* 3: 1–12.

Zhdanov, G. B. 1958. "Quelques problèmes méthodologiques présentant de l'intérêt aux grandes et très grandes ènergies pour l'investigation de processus par la mèthode des émulsions." In *Premier Colloque International de Photographie Corpusculaire,* 233–39. Paris: Centre National de Ia Recherche Scientifique.

Zila, Stefanie. 1936. "Beitrage zum Ausbau der photographischen Methode für Untersuchungen mit Protonenstrahlen." *Sitzungsberichte, Akademie der Wissenschaften in Wien, Mathematisch-naturwissenschaftliche Klasse, Abteilung IIa* 145: 503–14.

찾아보기

『피지컬 리뷰 레터스』 892, 1077
피커링, 앤드루 892, 1279
피터슨, 레이먼드 P. 1178
필드, 리처드 1055, 1312

ㅎ

하드론 865, 946, 1048, 1113, 1310
하부 문화 742, 865, 1103, 1240, 1300
하스토르프, 알베르트 1277
하우스홀더, 앨스턴 S. 1137, 1201
하인, M. G. N. 823
하일브론, 존 1277
한스콤, D. C. 1182
한킨스, 루스 993
해러웨이, 도나 1275
해리스, 시어도어 E. 1178
해킹, 이언 1261
핵자 구조 768, 865
핸베리-브라운, R. 1081
핸슨, 러셀 1273
햄머슬리, 존 M. 1139, 1204

헉슬리, 줄리언 1123
헐, 윌리엄 1316
헤닝, 파울-게르하르트 787
헤스, 빅토르 F. 747
헴펠, 칼 1276
호데마허, 에드 1021
호로비츠, 사이 979
호프만, 베르너 1050, 1313
호프만, 한스 1097
호프스태터, 로버트 768
호프스태터, 밥 890
혼성 기계 856, 1086
혼성어 740, 1064, 1216, 1321
혼성 장치 914
홀러빅, 로버트 863
홀턴, 제럴드 1277
황금 사건 736, 823, 914, 1257
후쿠이, 수지 798, 902
휘태커, 스콧 863
흔적 735, 832, 912, 1038, 1277
힌치클리프, 이언 1052
힐베르트, 다비드 1227

지은이 피터 갤리슨(Peter Galison)

1977년 미국 하버드 대학을 졸업하고, 1983년 같은 대학에서
이론물리학과 과학역사 전공으로 박사학위를 받았으며,
지금은 하버드 대학의 과학사와 물리학 교수로 있다.
그는 저술과 영화 작업을 통해 실험하기, 기기장치, 이론으로 구성된
물리학의 세 하부 문화와 더 넓은 세계에서 물리학이 차지하는 위상 사이의
복잡한 상호작용을 탐구한다. 그는 1998년 그해의 가장 뛰어난
과학사 책 『상과 논리』를 출판한 공로로
'파이저상(Pfizer Award)'을 수상한 것을 비롯해,
1999년 '막스 플랑크 앤 훔볼트 슈티프퉁 상(Max Planck and Humboldt
Stiftung Award)'을 수상하고, 2017년 '파이스상(Pais Prize)'을 수상했으며,
2020년 블랙홀에 대한 첫 번째 영상을 캡처한 공로로
'기초 물리학에서의 획기적인 발견상(Breakthrough Prize
in Fundamental Physics)'을 공동 수상했다.
주요 저서로는 *How Experiments End*(1987), *Image & Logic*(1997),
Einstein's Clocks, Poincaé's Maps(2003), *Objectivity*(2007)가 있고,
감독 또는 연출한 영화로는 「Ultimate Weapon: The H-bomb Dilemma」(2000),
「Secrecy」(2008), 「Containment」(2015)가 있다.

옮긴이 이재일(李在一)

서울대학교를 졸업하고 같은 대학에서 박사학위를 받았으며
지금은 인하대학교 물리학과 명예교수다.
그는 물질의 성질에 대한 이론적 연구,
특히 자성에 대한 이론적 연구에 크게 기여했으며, 인하대학교 물리학과 교수,
한국 자기학회 회장, 한국 물리학회 회장을 역임했다.
저서로는『자성재료물리학』(2001, 공저) 등이 있으며,
번역서로는『물리이야기』(1992, 공역) 등이 있다.

옮긴이 차동우(車東祐)

서울대학교를 졸업하고 미국 미시간 주립대학에서 박사학위를 받았으며,
지금은 인하대학교 물리학과 명예교수다.
그는 이론 핵물리학을 연구했으며,
인하대학교 물리학과 교수를 역임했다.
저서로는『핵물리학』(2004),『대학기초물리학』(2014, 공저) 등이 있으며,
번역서로는『양자역학과 경험』(2004),『아이작 뉴턴의 광학』(2018),
『러더퍼드의 방사능』(2020) 등이 있다.

한국연구재단 학술명저번역총서

서양편 ● 90 ●

'한국연구재단 학술명저번역총서'는
우리 시대 기초학문의 부흥을 위해
한국연구재단과 한길사가 공동으로 펼치는
서양고전 번역간행사업입니다.

상과 논리 2

지은이 피터 갤리슨
옮긴이 이재일·차동우
펴낸이 김언호

펴낸곳 (주)도서출판 한길사
등록 1976년 12월 24일 제74호
주소 10881 경기도 파주시 광인사길 37
홈페이지 www.hangilsa.co.kr
전자우편 hangilsa@hangilsa.co.kr
전화 031-955-2000~3 **팩스** 031-955-2005

부사장 박관순 **총괄이사** 김서영 **관리이사** 곽명호
영업이사 이경호 **경영이사** 김관영
편집 백은숙 노유연 김지연 김대일 김지수 김영길
관리 이주환 문주상 이희문 원선아 이진아 **마케팅** 서승아
디자인 창포 031-955-2097
CTP출력 및 인쇄 예림 **제본** 영림

제1판 제1쇄 2021년 2월 22일

값 45,000원

ISBN 978-89-356-6362-0 94080
ISBN 978-89-356-5291-4 (세트)

● 잘못 만들어진 책은 구입하신 서점에서 바꿔드립니다.
● 이 도서의 국립중앙도서관 출판시도서목록(CIP)은 서지정보유통지원시스템 홈페이지(seoji.nl.go.kr)와
국가자료공동목록시스템(www.nl.go.kr/kolisnet)에서 이용하실 수 있습니다.

한국연구재단 학술명저번역총서

● 서양편 ●

● 한국연구재단 학술명저번역총서 서양편은 계속 간행됩니다.